中世日本の信用経済と徳政令

井原今朝男著

吉川弘文館

目　次

第二部　幕府の流通経済政策と信用経済圏

凡例

一、本書収載の既発表稿については、初出通りに収載することを基本とするが、その後の研究状況をふまえて注を大幅に拡充し、研究上の論点については補注を付した。

一、用字・用語・仮名遣いおよび、注表記等の統一は必要最小限に行った。

一、編集上、・明白な誤植・誤記は訂正し、図版の再録は必要なものに限ることとした。また、初出時に付されていたルビは適宜取捨した。

一、現在地名について、初出時より変更のあったものは、補記を施した。

一、本文中の史料の出典については、次の通り略す。

『鎌倉遺文』八六二八号文書　→鎌八六二八

『平安遺文』補遺三一五号文書　→平補三一五

『神奈川県史　資料編』一二〇八号文書　→神一二〇八

『信濃史料』第四巻四六四頁　→信史四―四六四

『上越市史　史料編三　中世編』史料番号三二号　→上越三二

序論　新しい経済史学の展望
――近代経済学の枠組みを克服するために――

はじめに

本書は、筆者がこれまで発表してきた中世社会経済史に関する論文や報告のうち、信用と債務・投機に関わるものを集めた論文集である。日本中世の領主経営・流通・商業・経済現象を信用・債務・投機の視点からとらえなおし、中世の徳政令をモノの移動と取戻という循環型経済の二面性という普遍性・一般性・通時性的原理の中に位置付けようと企図したものである。

新稿として、債務史の視点からみた院政期から鎌倉後期までの質経済の変遷史の中に、質入地の取戻を命じた文永の徳政令を位置づけた論考を配した。これまで、永仁の徳政令は、売買地を本主に無償取戻を命じたものと理解されてきたが、それに先行して質入地を本主に有償で取戻を命じた文永四年徳政令や、質入地を無償で本主に取り戻すように命じた文永十年徳政令がともに執権北条時宗によって発令されたことは、蒙古襲来の陰に隠れてほとんど知られていない。しかし、この事実は、中世前期の社会において、土地の売買取引よりも質入取戻という貸付取引が先行して発達し、それによる社会問題が政治改革を必要としていたことを物語っている。貸付取引は、人間関係における信用によって負債が可能になり、活動資金を入手できることを意味する。まさに信用経済は、貸付取引・債務契約や質契約での借金による経済活動をいう。

本書が、信用経済・債務契約や質契約を主要な研究対象に選んだのは、社会経済史研究におけるパラダイムの転換の必要性を問題提起したいがためである。それによって、社会経済史研究を活性化し、二十一世紀の国際金融危機の下で債務者と債権者が共存し、債務と返済が永久に継続する循環型経済の原理を探索する人文社会科学の国際的研究課題にわずかながらでも寄与したいと考えるためである。

戦前から戦後の社会経済史研究は、商品や貨幣経済が発展して信用取引が発展するという自由競争市場原理の視点で貫かれてきた。いいかえれば売買取引を主軸にした分析手法をとってきた。そのため、モノの移動と取返しをみとめた徳政令は売買取引に敵対するものとして悪法の最たるものとされてきた。しかし、富が債権者のみに偏在する不均等を是正し、債権者と債務者が共存して循環的再生産経済が存続するためのシステムから見直せば、悪法との評価もかわってこよう。とりわけ、二十世紀末から二十一世紀の国際金融経済は、信用を軸に債務債権関係史の枠組みの中で活動を展開しており、国際金融危機と債務危機は、アメリカをはじめとする先進国はもとより貧困国の国家財政や自治体財政から企業・家計に至るまで、社会全体に波及している(1)。

福島原子力発電所事故と核兵器の開発は人類の存否を根底から問い直すことをもとめている。地球上の資源はもはや無限ではありえず、地球環境問題は、生物の多様性を保全し、循環型経済原理の探索が人類の生存をかけた緊急の人類的な課題であることをわれわれに教えている。これらの人類的課題に応える人文社会科学の構築のためには、信用取引＝借用の概念を再検討し、金融・投機・流通・消費・決済などを含む広い社会経済現象を、売買取引と貸付取引の二大原理によるものとして分析しなおすことが必要になっていると考える。

一　社会経済史のパラダイム転換——売買取引と貸付取引の二元論——

本書に収めたの諸論考は、一九八三年から現在の新稿まで三〇年間余の歳月が流れている。この間の社会経済史研究の変遷にも大きなものがある。

筆者が大学生活をおくり、戦後歴史学にふれた六〇年代後半から七〇年代初期は、哲学・歴史・文学の人文科学が基礎学問とされ、農業経済・経済学・法制史・社会学・法学などの社会科学分野においても、戦後の農地改革や自作農創設政策に関連して、社会経済史学や土地制度史学の研究者が学問世界をリードしていた。それは土地問題こそが当時の国民的課題であり、人文社会科学の現代的課題と考えられたからである。

それが二十一世紀初頭の現代では、経済学や社会経済史・土地制度史学の退潮が誰の目にもあきらかになっている。それは、大学改革の中で近代的学問の体系が根本的に見直されている如く、現代の国際社会構造の原理が、明治以来の近代社会の枠組みの根本的な変動を受けていることによるものといえよう。大学における学問知は、日本資本主義が自立した一九二〇年代に体系化されたもので、近代日本列島の自然環境を大前提に、生産力の発展と生活の豊かさの実現を目標にしてつくりあげた近代知の体系であった。

しかし、現代の人類が直面している現実社会は、地球環境が悪化し、千年単位での周期性をもったプレート移動の地震や気候変動による大規模災害がくりかえされる時代に突入した。フォッサマグナや中央構造線が分布する日本列島は、火山活動や土砂崩れ・深層崩壊をくりかえす壮年期地形が分布しており、地球的規模で見ても稀有な自然環境の多様性をもっており、それゆえに生物多様性の宝庫であるという。その中で日常生活の安穏を確保していくことは、二十一世紀の日本市民にとっても容易なことではない。とりわけ、一九九一年の日本経済のバブル崩壊にはじまる債務危機と空白の十年、さらには二〇〇八年アメリカのサブプライムローンの証券化された不良債権問題からの国際金融危機は、膨大な信用創造が崩壊し国際経済を大混乱に陥れた。レーガノミクスやノーベル経済学賞を独占したサプライ・サイド経済学や金融工学への批判が出され、金融資本主義の崩壊が叫ばれている。(2) 大学改革の中で、マルクス経済学は姿を弱め、心理経済学など資本主義の利潤追求に貢献する効率性・合理性・均衡の三原則を重視する経済学の論文が評価・量産され続け、現実への批判力をなくしている。二〇〇〇年代の経済学・経済史学は、現代自由競争の市場経済が生み出す現実に対峙して理論化しようとする社会的批判力を喪失して久しい。現状の経済学や社会経済史学は、正面から批判的に研究対象とすべき現代的・国民的な研究課題を見出しえていないのである。経済学内部からも自己批判の声がだされるようになってきた。(3)

自由市場原理による経済現象は、もはや私的所有の絶対性と商品貨幣経済の原理だけでは理論的に整理できなくなっている。かつて我妻栄(4)が論じたように、商品や貿易の売買代金は、売掛債権として債務債権関係に転化して国際金融機関を媒介にした収支決算システムを介して処理されていく。近代所有権よりも債権が優越する時代に入っている。すべての経済活動が信用創造と金融市場の為替レートの収支決済システムに左右されており、経済と金融の一体化が進展している。

これからの新しい経済学・経済史学は、商品・貨幣経済・売買取引の単独原理の段階から、信用経済・債務債権関係・貸付取引・投機・収支決算の原理を組み込んで再構築されなければならない段階に到達している。いまこそ、国際金融経済の現実と対峙する批判力をもった新しい経済史学を再構築するためには、信用・債務・投機の視点から諸現象を捉えなおすパラダイム転換が求められている。

研究史の中の信用取引論

そのためには、貨幣論と信用取引論の概念の再検討が必要になっていると筆者は考えている。旧来の経済学の常識は、商品売買の中から貨幣経済が発展して信用取引がはじまったとする。貨幣は、金本位制や管理通貨制度によって保証され、「売買は賃貸借を破る」として所有権は債権に優越するものとされてきた。債務不履行では質物が自動的に質流され、所有権が移転して債務と相殺されるのが当然とされ、前近代社会を含む経済の原理とみなされてきた。

塩澤君夫・後藤靖編『日本経済史』（有斐閣、一九七七年）には、信用・債務債権関係・質・信用創造などの用語は登場しない。永原慶二編『日本経済史』（有斐閣、一九六七年）では、近世の「質地小作関係の展開」で質地年季・質地流地禁令がとりあげられ、明治前期の「資本の本源的蓄積」で地所質入書入規則や売買・質書入による所有権移転が取り上げられるにすぎない。債務債権関係による物流や質経済による土地の移動・取戻などはまったく分析の対象にされていない。

社会経済史研究では、信用経済は近世米市場の掛取引にはじまるもので、古代・中世商業史では「信用欠如の時代」とされてきた。豊田武は「信用欠如の時代に市場取引の安全をはかるため、現金取引はまたやむをえない方法であった」[5]と主張した。作道洋太郎は大坂米市場の米切手に信用取引を見出している[6]。信用経済は商品流通の発展の結果であるという研究者の常識について根本的な批判がなされていない。

確かに、日本社会史ブームを巻き起こした網野善彦は、神人・供御人らによる神物の借上や貸借・流通を金融論としてとりあげ、資本主義的要素が中世に始まることを主張した[7]。しかし、その主張は旧来の稲作農業中心史観や土地所有論中心史観に対する批判であり、歴史史料の解釈論・読み替えによる歴史像の提示にすぎない。農民中心史観に対するアンチテーゼとしての金融・流通・海運業などの非農業民の活動を具体的にあきらかにしたのみである。網野史学は、金融や信用という経済現象が、借用・債務契約・質経済と不可分な関係にあるという経済史学の実体論や本質論を問題にしなかった。網野の問題提起をさらに信用や債務とはなにか、という経済史の分析概念の再検討を求める理論的な諸問題に発展させて議論を深めていく必要がある。

網野史学の影響下で、信用経済にかかわる歴史史料の解明が進展したことは事実である。平安期には切符・切下文によって下行＝支払システムが機能しており、切符・切下文が手形として第三者に渡る事例が佐藤泰弘によって解明され、信用経済の萌芽とみる見解が提起された(8)。桜井英治は流通型為替や切符による手形の流通、借書の流通が中世社会に存在しており、信用取引の存在に関心が向けられるようになった(9)。中世にも債権の流通化が起きていたことをあきらかにした。高木久史は、室町期に掛取引が行われており、近世社会の米市場よりも古い段階で、信用取引・帳簿上での債務処理が行われていたことを実証的にあきらかにした(10)。こうして、平安・院政期から中世社会には信用経済が存在していたことは、現象論としてはほぼ定着しつつある。

信用の実体論

しかし、信用とはなにか、信用取引・信用経済とはいかなる経済現象なのかについて分析概念にまでもどって再検討しようとする実体論や、本質論に関わる議論はまったくなされていない。

筆者は、信用とは人間の信頼関係によって借用・債務ができる経済関係であるという理解から、前近代社会においては貸付取引が商品の売買取引に先行していたことをあきらかにしてきた。中世の債権は国家による保証がなく、担保や抵当によって保護される性格も弱く、債権は債務者の許容する範囲内で保護されるにすぎなかった。中世ではモノに対する支配権は重層的な権利に分割されていたため、債務者も債権者もモノに対する独自の権利を有しており、両者の共存の原理によって多様な取引が成立した。売買取引や貸付取引によって質権や占有権が移転しても、質物が自動的に他人の所有物になることはなかった。「質券の法」や、「質地に永領の法なし」という慣習法が生きており、債権よりも質権がつよく独立しており、「売買は賃貸借を破る」という近代法の原理は未成立であった。古代・中世では、神や仏に対する信仰が人間相互の信頼関係よりも優越しており、神物・仏物は、人物よりも尊重され、人によるモノの私的所有は曖昧で不安定であった。中世のモノに対する支配権は、「職」という概念によって、占有・保有・使用・収益・用益・財産権など多様で重層的な諸権利から成り立っており、複数の主体が分割して行使することができた。さらに無利子の借銭、伝借・転質・向物や最少分返済法、半額弁済法など、近世・近代社会では忘れられた中世独自の貸借慣習法が存在していたことを解明してきた[11]。

信用とはなにか

信用取引を旧来の経済学・経済史学のように貨幣経済の発展形態として理解することは、いまや時代おくれである。二十一世紀の人文社会科学は、信用や信用創造を経済学的に理論化し、それを制御する原理を探し出し、民衆知・人類知にしなければならない。

『広辞苑』（第四版）の「信用」は「①信じて任用すること、②給付と反対給付との間に時間的なずれのある交換。信用取引」とするのみである。しかし、経済活動での「時間的なズレ」の処理問題こそが債務・負債であり、利子をうみ、あるいは為替レートの変動で投機ともなり、利害を異にするのである。なお、第六版では追記がなされている。

『社会科学辞典』[12]の「信用」は、「商品の掛売りは一定期間ののちに代金を支払うという約束にもとづいておこなわれる。……掛売りや貸付けは商品または貨幣のかたちで価値を譲渡するから、一定期間後に等価が利子をつけ加えて返済されることが条件である。価値を譲渡した人は債権を、譲渡された人は債務をもつ。この債権・債務関係を信用という」と記述している。

ここでは、信用が債権・債務関係であることを明示している。信用とは代価を後日に支払うので、ズレの時間、借用・負債が発生するから、借物に利子が付随する。それゆえ、信用取引とは債務契約であり、貸付取引になる。いいかえれば、現代の商品取引は信用取引が優越して、当事者間では一方が債権をもち、他方が債務を負って決済システムを媒介にして、利子・負債問題を処理せざるをえないものになっている。債務債権関係史の学問分野は、貸付取引・負債や質など人間関係の信用を取り扱う学問分野であるといわなければならない。

イギリス経済史研究者の楊枝嗣郎[13]によれば、貨幣論の分野でも、商品流通の発展から貨幣が登場したとする通説的見解に対して、貸付取引から計算貨幣が先行して登場したとする見解が対置されているという。ハインゾーン&シュタイガーは、money の語源が債務の催促や支払を要求する債権者の意味であり、貨幣は商品交換ではなく、貸借に関わっていたと主張しているという。経済学分野では、信用や信用創造をめぐる議論は、貨幣論とともに、信用理論をめぐって激しい論争となっている[14]。

貨幣は金・銀の使用価値と交換価値の統一体とする古い貨幣論や国家法や共同体法の指定した法貨としての貨幣論なども、金本位制や管理通貨制度の崩壊した現代ではその欠陥が明白になっている。いまや地域社会や国際社会が、貨幣で交換ができるという予想の無限連鎖をみとめる信用が貨幣を貨幣たらしめているという貨幣循環論が有力な学説となっている[15]。債務債権関係は、債務と返済の循環が無限にくりかえされる中で機能する人間関係である。その原理が、二十一世紀の人類知になっていくことが平和と国際協調の世界をつくりだせるのである。

現代の国際金融と債務債権問題

現代の世界経済は国際金融の信用創造の中で動いていることは誰もが知っている。スーザン・ジョージ[16]が指摘した債務危機の現実は解決の道がみえないまま深刻化し、核兵器の危機・地球環境の危機とならんで人類生存の三大危機になっている。国際金融危機では、債権者・債権国の権利保証のみが債権論として論じられるのみで、債務者・債務国の権利保護についてはまったく無視されている。金融投資活動の暴走をどのように規制するか、ヘッジファンドへの監視を高め、不透明性をどのように打破していくのか、高リスク・ハイリターンの投資活動と詐欺罪をはじめとする新しい犯罪との線引きを何処に置くのか、諸国の金融規制法体系をどのように整備していくか、それにともなう国内法規の再編成など諸問題が山積されている。しかし、それらをどのように批判的に検討するのか、理論的学問的な方法論の探索が急務の課題である。

債権の行使は、健全な債務者の存在があってはじめて可能になる。債務者と債権者との相反する権利を利害調整して、両者が共存する経済原理を探し出し、紛争や訴訟を平和裏に解決して、債務者と債権者が共存して債務と返済の循環がスムースに永久に連続する社会的原理をみつけださなければならない。この二十一世紀の難題に立ち向うための導きの糸はなにか。

歴史こそ未来を切り開く鏡である。あらためて古代から現代にいたる人類史の中で、信用取引や信用経済において債務者と債権者がどのように利害対立や紛争をのりこえて共存する多様な方策をみつけて利害調整してきたのか、債務史の歴史の中にその秘密をさぐりださなければならない。二十一世紀の国際債務危機を克服する方策や教訓は、人類史の債務債権関係の歴史の中から導き出さなければならない。

長い人類史の中や日本古代中世史の中をみただけでも、債務者の権利保護策がとられており、債務者の権利保護の多様な歴史的形態が存在していた。近代資本主義社会では消え去ってしまった豊かな史実をあきらかにしておくことは、未来の人類社会が債務債権関係のあり方や本質論を解明するうえで、大きな役割と貢献を果たすことにつながると筆者は信じている。人文社会科学分野では、信用や信用創造・貨幣の本質論の学問分野は、理論面でも実証面でもおくれている。経済学や国際経済史学の分野の研究課題とリンクさせながら、歴史学での債務債権関係史の研究の前進に寄与する道をさぐりだすことが求められている。

新しい社会経済史学の射程

信用・債務の視点から社会経済史研究をとらえなす新しい社会経済史学＝債務史研究は、近代経済学ではみえない過去の消え去った経済現象を探りだし、そこで機能していた貸借慣習法や質経済の原理を解明することができる。それは、近代経済学では批判的にとらえることができない現代社会の国際金融の信用創造や、債務危機の現象論をこえてその実体論や本質論の議論に、歴史史実を通じて議論に参加することが可能になる。それによって、現代の国際金融や債務危機、債務債権関係の諸矛盾を批判的に分析するための視点と方法を提供し、二十一世紀の人類・民族間の信用や信用取引をめぐる紛争や戦争を克服する上でも何らかの寄与をなしうることが可能になろう。

近代経済学ではみえない経済現象

近年の社会経済史の中でも、信用取引・貸付取引などに関する論考が増えている。桜井英治『贈与の歴史学』（中公新書、二〇一一年）は、現代社会の経済現象としては、賄賂・贈賄などマイナス評価をえているものが、中世社会では人間関係や政治・経済を左右する重要な経済活動であったことをあきらかにした。近代経済学では忘れられた贈与という現象の歴史学的分析が、近代経済学の枠組みを再検討するために有効であることを示している。本郷恵子も(17)、現代社会のバブル期に登場した奢侈・放蕩・贅沢三昧など無限ともいえる消費が生産をひっぱる経済現象が、中世・院政期にはじまることを指摘している。上皇・女院・受領らによる任国からの富の収奪によって過剰と蕩尽に覆い尽されたバブル経済が支えられていたという。過差・蕩尽の際限なく消費する中世の経済現象が、大地震と天候不順と飢饉・源平争乱と並行して存在していた。それは、二十一世紀の現代でも、一方でグローバルリッチの富裕層によるグローバル文化現象が、貧困国の飢饉と内戦の悲惨な現実と並存している事実と対応している(18)。こうしてみれば、現代の歴史学も、国際金融経済の社会矛盾を科学的批判的に分析するための現代的課題をもっているといわざるをえない。

金融投資犯罪と博打研究

国際金融危機では、世界は先物取引・オプション取引・スワップ取引など金融投資に対してどのように規制するのかが国際問題になっている。ヘッジファンドへの規制とともに、投資での不正と犯罪とが未分化なまま連続しており、金融投資と詐欺罪との微妙な境界線の線引きはこれから二十一世紀の市民意識が決定していく将来的課題になっている。バブル崩壊期に、日本でも投資をめぐる詐欺事件が頻発し、ライブドア事件や西武鉄道の証券取引法違反事件などで国民周知のこととなっている。しかし、近代経済学や現代法学の世界も、投資と犯罪という現代的な国民的課題を学問的な研究対象にはしていないと聞く(19)。

しかし、賭け事に財や銭を懸けて勝ち負けをつけることが犯罪と一線を画してきた歴史は、中世史の中にすでに見えていることである。また、賭け事と博打、海外貿易と海賊、陸上輸送と山賊など、輸送業者が犯罪人と同居していたことは日本史学の常識である。投機と詐欺の表裏の関係を暴きだし、その境界の一線がどのように歴史的につくりだされてきたのかを分析することに、博打・海賊・山賊などの歴史研究が寄与する道が存在しうるといえよう。近代経済学では思いもよらない研究対象といわねばならない。

一例を示せば、古代では、正月十七日の射礼の翌日、賭弓の勝負に皇朝銭が懸けられ、勝者は射分銭を獲得した。相撲でも荒手結と真手結の勝者に天皇から賭物を賜う慣例になっていた。中世では建保三年（一二一五）、後鳥羽院は連歌勝負で銭を懸物として尋常句に百文、秀句に二百文宛て配分される連歌懸銭を行っていたが、まだ社会からは犯罪視されていなかったことがわかる。[20] 院政期から鎌倉期には相撲・和歌・連歌・賭弓・貝合・競馬・鶏闘・双六・博打など神仏の意志を占うことに銭やモノを懸けて利益を獲得することが盛業した。中世博奕史研究によれば、犯罪とされた博奕は四一半と呼ばれれものが最初であったという。それは暦仁元年（一二三八）を初見史料とし、銭貨・米穀・布絹已下大小資財を懸けて打ったもので博奕が犯罪である半面、横の関係を重視した理想的な博奕とされていたという。[21] 照井貴史の研究[22]によれば、鎌倉期には囲碁・盤双六の目勝や目増などの博打がはじまり、南北朝以降には四一半にかわって丁半・チョボ一や、賽を打つ「事文」「賽打」などの博奕宿が検断沙汰から犯罪になったという。確かに、中世寺院の寺辺では寛元三年（一二四五）木幡浄妙寺の住人が平等院末寺禅定寺寄人六人と同道・京上したとき、法性寺々辺で持ち銭を懸けて競馬を行い刃傷事件を起し、権門寺院間の大訴訟事件になった（「禅定寺文書」鎌六五九九）。寺辺での「国中馬駒労等」による博打への規制がつよまり、弘長元年（一二六一）の興福寺「寺辺新制」では、四一半の博打を好むことを非法として大衆僉議で禁制が出され（「福智院文書」鎌八七三二）、文永年間には春日神人の博奕が落書で犯罪として処罰され神人職を解かれ、宿所を破却している（『春日社記録』文永九年三月九日、四月四日、三十日条）。東大寺の寺辺でも元亨四年（一三二四）に博打が寺中狼藉の基とし、打手・駄坊・借銭をみつけたときは落書で罪科に処すとして誓文を作成させている（「東大寺文書」鎌二八七四五）。賭け事に銭貨を懸けて投資することが博打や博奕として犯罪視されるようになったのは弘長・文永年間以降からであり、室町期になって分野も拡大した。[23] こうしてみれば、鎌倉から室町への転換期に、勝負や賭け事に銭を懸けて投資することの一部が博打や博奕として犯罪視され、博奕宿や寺辺という特定の場が検断沙汰の対象とされた歴史像が描けそうである。こうした研究の蓄積によって、金銭の投資対象の勝負事や賭け事と犯罪との線引きを、どこでなにゆえなされたのかについて解明することが可能になろう。その歴史の教訓が、二十一世紀の国際投資での犯罪との線引きに貢献できる日がやってくると信じたい。

帳簿上での債務処理と掛売研究

日本の近代商法では、統一書式方式による手形処理が世界の中でもっとも発達し、電子債権処理の方式が模索されている。[24] 近世社会では、大福帳による掛売り・掛買いの商慣習が発達し、年一回から数回の決済までの時間の利息処理などの決算システムが地域ごとに多様な形態をもっていた。そうした貸付取引での短期・長期の会計処理での決算システムの解明は、新しい債務史研究の大きな研究課題といわなければならない。

なにより、中世において市場での現金取引とともに、貸付による信用取引が先行して発達していたとすれば、帳簿による収支決算システムはどのようになっていたのか、中世の結解状や算用状の研究は重要な研究課題といわなければならない。にもかかわらず、中世決算帳簿類の存在そのものが知られておらず、その復元作業もはじまったばかりである。銭貨を用いずに、計算貨幣によって収支を帳簿上の相殺によって行う決算システムや、監査システムについては、ほとんど未開拓な研究分野である。[25] また、掛売り・掛買いはいつはじまるのかについても再検討されなければならない。高木久史は、[26] 近世商業史での商業信用取引とされていた掛取引について、はじめて中世後期にみえる「売懸」「買懸」等の史料用語について事例検出して集成的検討をくわえ、売掛債権保護の実態を解明した。しかし、鎌倉期の定期市での代金の支払い方式は、銭による現金取引とされるのみで、掛売り・掛買いの実態についてはまったく不明なままである。あらためて貸付取引・質経済・債務史の研究分野は広大な荒野のごとき状態といえよう。

貧富の格差問題とモノの移動と取戻

私見によれば、市場経済原理は商品の売買取引によってモノの所有権は売手から買手に移動することで他人の所有物に転化するという大前提から成立している。それゆえ、売手と買手の関係は平等ではあっても、商品のモノの取戻しを認めない一方通行の交換経済であり、独占市場の中では売り手優位の立場は不変である。貧富の格差は拡大する一方であり、富裕者ほど税金を負担して所得の再配分によって貧富の平準化をはかるという福祉国家論は社会的欺瞞やダブルスタンダードになっている。

債務危機と地球資源の限界性のもとで存続せざるをえない二十一世紀の人類社会が、平和と国際協調のもとで生きつづけるためには、モノの移動と戻りが相互に成される循環型経済原理のもとで生活していくことが必要になっている。現代こそ、モノの移動と戻りを当然とする循環的経済原理をみつけださなければならない転換期にある。かつて日本資本主義が確立し近代知の学問体系が生まれた時代、貧富の階級関係を研究対象にして本庄栄治郎『日本社会史』（改造社、一九二四年）をめぐって喜田貞吉との論争が展開された。二十一世紀のグローバル経済論が全盛期にあるからこそ、その虚構性をあきらかにするためにも富裕と貧困の格差社会に対する歴史学的分析の試み(27)を積み重ね、債務者と債権者が共存する循環型経済原理を創り出す努力を重ねていきたい。共同利用・共同管理・共有によるコモンズの世界をさぐり(28)、二十一世紀の未来の地球と日本社会に引き継ぐべき中世の遺産をあきらかにしていくことが、歴史学という学問の固有の任務と責任であろう。私的所有絶対論の世界から、コモンズの思想の世界に人類社会が移り住む道への選択ができる日が近いことを願いたい。

二　信用・債務・質経済からみた流通経済史研究の成果と課題

戦後社会科学のパラダイム

戦後の社会科学・経済史学の分野では、本源的蓄積としての小商品生産論の堀江英一説、農村工業のマニュファクチュア重視の服部之総理論、局地内市場と遠隔地間流通の分離論の大塚久雄理論、都市からの自由・反封建萌芽説の羽仁五郎理論などが共通したパラダイムとなっていた。そこでは、農村での農業生産の発展過程こそが奴隷制を克服して封建制を生みだし、小商品生産によって階層分解が進展して資本主義発達史となるという世界史の法則性を説くことが経済史や土地制度史研究の柱とされた(29)。そこでは、原始共同体の物々交換から商品流通がはじまり、貨幣の登場、商品市場経済の発展という基本法則が存在するものされ、売買は貸借に優越する。現金取引は信用取引に先行する。小商品生産やマニュファクチュアによる地主=ブルジョアの形成などの歴史理論がつくられ、社会経済史に関わるパラダイムが生みだされた。

豊田武の商業史と封建都市論

豊田武『増訂中世日本商業史の研究』(岩波書店、一九五二年)は、戦前・戦後にかけての先駆的な業績で、座・諸産業や農村の様相・都市の発生過程を解明したもので、商業・流通の発展を封建制と都市と農村という視角から分析しようとしたものであった。そのため豊田は、並行して『日本の封建都市』(岩波書店、一九五二年)を刊行し、日本とヨーロッパ中世都市の比較史的方法が採用されていたことがわかる。

中世前期領主制と堀之内論・農村支配論

戦後の中世史研究は、石母田正の領主制論によって主導された。古代から中世社会を生み出した階級主体は農村の開発領主であるという仮説にもとづいて領主制研究が推進された。鎌倉時代の領主制は、開発領主論として精緻化していく。戸田芳実による富豪層の宅の論理、石井進の領主制の同心円モデル、大山喬平の村落領主と構成的支配論などが一体となって、灌漑・勧農機能による農村支配を中核においた領主制論を展開した(30)。とりわけ、小山靖憲の上野国新田荘での東国武士の堀之内論は、領主の居館(屋敷地)・前田・佃(直営地)と地頭(公文)職の村落支配圏という領主制論モデルの典型例とされた[31]。

領主制と商業・流通論の苦闘

領主制は農村の開発領主から生まれるとされたため、領主制と流通経済問題を関連づけて理論化する研究動向は悪戦苦闘した。工藤敬一[32]は、地域での領主制の形成と「封建制の成立過程」が一致しないと両者を切り離した。領主制の第一段階は勧農機能を中心とした所領の経営と徴税活動を本来的な構造と評価し、鎌倉中後期に年貢の銭納化・荘園市場の成立などの社会変動により、第二段階の「流通機能を不可避的にその基礎とする領主制」に変質転化し地域的封鎖制を打破していくと論じた。永原慶二[33]も、陸奥好島荘で、「荘の流通機能の掌握に立ちおくれていった」預所伊賀氏の領主制と「交換・流通の諸契機をみずから把握することができた」地頭岩城氏の領主制を「領主制におけるふたつの道」と論じた。

領主制論と商業史論の理論的問題

河合正治[34]は、惣領小早川貞平・宣平が一族・家臣団の沼田市場居住や市場商人との婚姻を禁じた史実を明らかにし、中世前期の領主層は商業流通活動を分離・規制したとし、「商業資本を自ら進んで胎内に吸収」するのは鎌倉中後期から南北朝内乱以降になってからの惣領であり、窮乏化するのは庶家であると主張して定説化していった。佐々木銀弥[35]も河合説を踏襲している。

中世前期は勧農機能を基盤にした第一段階の農村の領主制から、鎌倉後期から南北朝期以降に流通機能を基盤にした第二段階の都市の領主制に展開していくものと位置づけられ、在地領主制は灌漑・勧農機能を介して村落支配を展開し、荘園制を下支えする構造と説明され、定説となった[36]。

商業流通史の自立化と求心的経済圏論

生産・農業史・農村重視の経済史から、流通・商業・経済活動の独自性を研究対象とした流通史・商業史・経済史の自立化が展開されるようになるのは、体系日本史叢書の『産業史』（山川出版社、一九六五年）、『流通史』（同、一九六九年）を待たなければならない。しかも、産業史も流通史も豊田武理論の枠内で展開された。

中世の商品市場の独立性は、佐々木銀弥『荘園の商業』（吉川弘文館、一九六四年）、同『中世商品流通史の研究』（法政大学出版局、一九七二年）が荘園制での代銭納と荘園商業によって生まれるとし、商品流通の研究分野がはじめて独立する。脇田晴子『日本中世商業発達史の研究』（御茶の水書房、一九六九年）は、荘園領主と在地領主の支配によって成り立つ荘園体制は一定の商品流通の発展を前提にしており、求心的な全国的商品経済構造をもち、京都を核とした首都市場圏と遠隔地流通のふたつの流通圏をもっていたとする構造論を提起した。豊田武・佐々木銀弥・脇田晴子による商業史・商品流通・貨幣経済史研究は、領主制と切り離され、むしろ荘園制論と結びついて理論化された。永原慶二・網野善彦ら(37)もこの見解を支持し、もっぱら荘園制と商業史・流通経済史が一体のものとして通説化した。

そのため、反対に地頭制や御家人制・幕府の制度改革や在地領主制の展開が、荘園制や流通経済構造にどのような影響を与えたのかについては研究が手薄になっていく。二〇〇〇年代に入って井上聡や清水亮など(38)が御家人と荘園制の関係を再検討しはじめている。

徳政令研究と本主権論

笠松宏至『日本中世法史論』（東京大学出版会、一九七九年）、勝俣鎮夫『戦国法成立史論』（東京大学出版会、一九七九年）は、中世において永代売買が未成熟であったとして、売買・質との未分離な中で本主権が生き続けるため、地発や徳政を契機に本主に戻ることを当然とする政治思想が存在していたとする新しい徳政論を提示した。法制史・社会史・経済史分野にも大きな影響を与え、とりわけ、網野善彦の社会史ブームとあいまって、中世史研究の動向を左右した。

菅野文夫[39]は、鎌倉初期の公家法書では永代売買が成立していたとする一方で、本銭返売・年季売は質契約であり、永代売買と質契約の区別は鎌倉後期以降に明瞭になっていくと論じた。これは、中世における永代売買未成立論の笠松・勝俣説への実証的な批判であったが、論争や論点にはならなかった。七海雅人[40]は、幕府が永代売買地や質流地において買得安堵の下文・下知状を出して徳政禁制としていた事例を全国的に拾い上げ、永仁三年（一二九五）から存在したことを明白にした。これによって、鎌倉期に永代売買が未成立であったとする笠松・勝俣説が動揺することになった。とりわけ、中世後期については、中島圭一・早島大祐[41]が相次いで室町期には永代売買や債権の安定性が定着していたことをあきらかにして、中世における永代売買の未成熟説は根本的な批判を受けており、新しい展開が求められている。

拙論「質経済の展開と徳政令」（新稿、本書第三部第三章）は、鎌倉期の流通経済を質経済の展開過程に位置づけなおし、質入地の本主による取戻令としての文永徳政令が北条時宗によって発令され、売買地の無償取戻令の弘安・永仁徳政令に先行していた事実をあきらかにしたものである。これにより中世の流通経済が売買取引と貸付取引の二つの原理で機能していたこと、徳政令が本来質入地の本主への取戻令である反面で、幕府の買得安堵の下文をえたものは徳政免除を命じて永代売買・質流を公認するという二面性をもっていたことを指摘し、売買と質との分離が歴史とともに定着する過程であったことを明示した。きびしいご批判をえたい。

中世都市論と東国の物流

都市論は京都・鎌倉を中核として論じられた。三浦圭一[42]は都市京都の求心性を分業による流通に求めた。木内正広と高橋昌明[43]は、御家人・地頭らが京都での屋地・墓所を拠点に経済活動を展開したと主張した。脇田晴子は、京都の首都流通圏を都市論として整理し、京都の住民構成、土地所有、都市共同体、都市と農村の対立を徳政令と徳政免除の二面性などを京都の求心性の構造として論じた(44)。

他方、関口恒雄(45)は、十三世紀後半からの流通経済の発展は単なる農業生産力の発展に起因するのではなく、元寇がもたらした全体的交通関係という政治的要因によるものと主張した。あわせて「武士階級による京都での経済的活動を行ったという推定は支持できない」と木内・高橋らの諸説を批判した。これを契機に、地頭・御家人らの都市・宿場での流通・経済活動の事例研究は畿内・西国では沈静化し、東国を事例に検討されるようになった。斉藤利男・山本隆志(46)などが東国において都市論研究をつづけた。

荘園遺構調査と交通・流通論

一九八〇・九〇年代に自治体史編纂での荘園遺構調査や山城分布調査が推進され、開発や行政発掘調査で居館跡の発掘調査や保存整備事業が推進された。新城常三『新稿社寺参詣の社会経済史的研究』(塙書房、一九八二年)は、中世寺院・神社への参詣をめぐる水陸交通・流通問題を実証的にあきらかにした。しかし、そこでは領主制論と商業・流通史との相互関係の解明という研究課題は主要な論点となっていない。

拙論「信濃国伴野荘の交通と商業」(『信濃』三五―九、一九八三年。本書第一部第一章)は、長野県史荘園遺構調査の研究成果であったが、鎌倉期において信濃伴野荘の地頭が小笠原伴野氏から霜月騒動で北条氏に交代しても、一貫して荘園年貢は地頭領主によって信濃から鎌倉を介して京都院御所に送付されていたとし、信濃・上州・鎌倉・京都の交通ルートとともにそのルートに沿って北条氏所領が政治的に分布されていることを指摘した。これは、鎌倉期の交通・流通問題を荘園制と切り離して、地頭領主による荘園年貢輸送を可能とした社会制度的な基盤を解明しようとしたものであった。

山本隆志(47)は、西上州と鎌倉との交通と守護安達氏との関係を解明し、峰岸純夫「信濃善光寺への道―「宴曲抄」を中心に―」（初出一九九八年、『中世東国の荘園公領と宗教』吉川弘文館、二〇〇六年）は鎌倉から善光寺までの宿を復元した。とりわけ、山本は、[48]中世前期における幕府による宿駅・早馬・送夫などの整備事業と、尾張萱津宿・上野世良田宿・下野宇都宮宿などが地頭によって開発され、馬市・馬喰座などが生まれたとし、鎌倉期に社会的な交通や流通の社会基盤が整備されていたことをあきらかにするなど大きな成果をあげた。

これらは、鎌倉前期においてすでに領主制が流通・経済・商業の機能に大きく関与していたことをあきらかにしたものであった。工藤・戸田・石井・大山・永原・河合・小山などに代表される勧農機能による領主制から流通機能による領主制へという二段階領主制論を実証によって打破する業績であったと考えられる。

都市的な場の研究

他方、関口論文の問題提起は蒙古襲来・弘安徳政研究と都市論・物流研究とを結合させる役割を果たした。博多・大坂・鎌倉・東国・一乗谷・多賀城・草戸千軒など発掘成果を文献研究と結びつける成果をあげた。[49]九〇年代に入ると、榎原雅治[50]が宿や河口の市町で土豪・有徳人らの高利貸・土地集積・人夫手配など経済活動を具体的史料で解明した。東国でも網野善彦・石井進編『中世の風景を読む　都市鎌倉と坂東の海に暮らす』（新人物往来社、一九九四年）、湯浅治久『中世東国の地域社会史』（岩田書院、二〇〇五年）、鈴木哲雄『中世関東の内海世界』（岩田書院、二〇〇五年）に結実する「都市的な場」の実証研究が蓄積され、中世前期領主制による経済流通活動の実態が徐々に解明された。

地域経済圏論争

鈴木敦子[51]は、脇田・佐々木・三浦らの求心的流通構造論を批判して、中世後期には安芸宮市のように地域経済圏が成立していたとする新しい論点を提示した。京都の求心的流通構造とは別に地域経済圏の流通構造を二元論的に分析する方法を打ち出した。

佐藤和彦・木村茂光・池上裕子・井原今朝男らは、都市論を批判して、農村と都市との交流の中で生まれる農村町場論や地域的流通圏の内実を具体化する地域論の重要性を提起した。[52]

求心的流通構造と地域経済圏の結節論争は、佐々木銀弥や矢田俊文が論点を出し、[53] 佐々木銀弥『日本中世の流通と対外関係』（吉川弘文館、一九九四年）は、領国経済圏における商業・流通活動が、貿易活動と相互関係の中で活発化したとする。

首都市場圏論

脇田の提起した首都市場圏論については、二〇〇二年日本史研究会大会報告で早島大祐[54]が、応仁文明の乱以後の復興経済で首都市場圏が立ち直り、戦国織豊期の首都も惣町と町組をもった都市として近世化していく過程を論じた。他方、地域流通圏論の立場からは、地域間流通と地域内流通との相互関係をどのように理解するかをめぐって理論上の混乱が起きた。佐々木説に近い脇田晴子[55]は「もう一つの問題は、局地内市場と遠隔地間流通は交流しないという大塚史学の図式があった。その論理で行けば隔地間流通と隔地間を往来する中央特権商人から始まる中世社会の消費経済や都市が問題にならない事になる」と批判点を指摘した。この問題は、戦国期の領国経済圏内流通と遠隔地間流通とが市場や城下町商業とどのように関係しているかを問い直す難問であった。それをどう克服するかについて、戦国期の地域経済圏説の立場からは新しい問題提起もなく論争も下火になったままになっている。[56]

拙論「中世後期における債務と経済構造」（『日本史研究』四八七、二〇〇三年。本書第三部第三章）は、桜井英治とともに早島報告のコメントとして報告したものである。室町戦国期には京都への求心的流通構造が空洞化し京都周辺の流通拠点都市が首都市場圏を構成していたこと、求心的流通構造が室町期荘園制による物流のほかに、宗教・教育・文化・芸能など非荘園制的流通の求心性、地域流通圏内部での市・町・津・港・橋場・府中などでの交流が遠隔地間交通とリンクしていたことを論じた。坂本亮太[57]は奈良国内での交通網と町場と諸座の関係を位置づけ直し地域内流通と遠隔地間交流との接点を解明しようとしている。なお、後述する本書第二部第三章「中世の遠隔地間交易と関東地域ブロック経済圏の諸矛盾」も、脇田が指摘した大塚理論のパラダイム「局地内市場と遠隔地間流通の分離論」が誤謬であることを史実で実証しようとしたものである。ご批判をえたい。

発掘調査と陶磁器流通問題

鎌倉期の武士が居館の堀之内・内堀周辺の灌漑用水管理の勧農機能を通じて村落支配したとする領主制論は、荘園調査や発掘調査の中で疑問視された。橋口定志や広瀬和雄[58]は、十二世紀後半には堀に囲まれた方形館が出現するものの、領主の館の堀では水がながれた様相がみられず、用水路の役割は果たしていないとした。荘園遺構調査研究の分野では、水野章二[59]が、「鎌倉期の在地領主が居館の周囲を取り巻く水堀の灌漑用水を通して民衆支配を行っていたとするかつての通説はそのままでは成り立たない」と通説批判を展開した。

戸田芳実『歴史と古道』（人文書院、一九九二年）、石井進『中世の村を歩く』（朝日選書、二〇〇〇年）が提起した坂道・荘園を歩く歴史学は、考古学との学際的研究で進展した。考古学の発掘調査では青磁・白磁など貿易陶磁や国内産陶磁器の出土例が増加し、その流通問題が研究テーマとして登場した。網野善彦は、地頭・御家人らの所領配置から海上交通への積極的な関与を想定して海・河の領主・海運業と北条被官衆との関係に注目した見解を積極的に打ち出した[60]。永原慶二編『常滑焼と中世社会』（小学館、一九九五年）、新城常三『中世水運史の研究』（塙書房、一九九四年）、吉岡康暢『中世須恵器の研究』（吉川弘文館、一九九四年）、河野眞知郎『中世都市鎌倉―遺跡が語る武士の都』（講談社、一九九五年）が、水運・陸運での湊・津・道への問題関心を呼び、陶磁器や中世都市や市・道路・城下町の発掘調査に関心が高まった。

幕府の経済政策論と地域経済圏論

東国の地域流通圏が、京都や鎌倉の求心的流通構造とどのような関係になっているかについて論じたのが、拙論「幕府・鎌倉府の流通経済政策と年貢輸送」（永原慶二編『中世の発見』吉川弘文館、一九九三年、本書第二部第二章）であった。幕府や鎌倉府による流通経済政策が鎌倉と京都を核とした求心的流通構造をつくりだすとともに、東国の地域内におかれた関所・市・湊・津などでの幕府・鎌倉府による徴税活動を通じて地域経済圏内部でも流通・商業・貸借・交通活動が活発化していることを論じた。

拙論「町と村の交流—旅の諸相・交流の場・各地を歩く人々」（『体系日本史叢書15 生活史』山川出版社、一九九四年、本書第二部第一章）は、前稿で論じた鎌倉・京都を結ぶ求心的流通構造の具体相を典拠史料にもとづいて歴史叙述とした。売買取引の商業活動とは別に、領主制支配による流通・交通夫役や貸付取引による貸借や負債処理にともなう流通・交通の具体相を論じた。

九〇年代には幕府・鎌倉府の寺社政策について山田邦明[61]が論じ、関東内部の富有人や蔵本については、小森正明[62]が具体像を解明し東国の政治権力の施策と地域の流通・交通とが密接に連動していることをあきらかにした。

物流研究の進展

峰岸純夫・村井章介編『中世東国の物流と都市』（山川出版社、一九九五年）、綿貫友子『中世東国の太平洋海運』（東京大学出版会、一九九八年）、藤原良章・村井章介編『中世のみちと物流』（山川出版社、一九九九年）、藤原良章『中世のみちと都市』（山川出版社、二〇〇五年）などは、東国の物流と太平洋海運や日本海々運の歴史事象を掘り起こした。中世考古学の分野でも、小野正敏編集代表『図解日本の中世遺跡』（東京大学出版会、二〇〇一年）、『兵庫・岡山・広島三県合同企画展　津々浦々をめぐる—中世瀬戸内の流通と交流』（広島県立歴史博物館事務局　二〇〇四年）、小野正敏・萩原三雄編『鎌倉時代の考古学』（高志書院、二〇〇六年）、伊藤裕偉『中世伊勢湾岸の湊津と地域構造』（岩田書院、二〇〇七年）、高橋慎一朗編『史跡で読む日本の歴史6　鎌倉の世界』（吉川弘文館、二〇一〇年）などが蓄積され、特に榎原雅治『中世の東海道をゆく』（中公新書、二〇〇八年）は中世の自然景観を復元する必要性を問題提起している。中澤克昭[63]は文献と考古学など学際的研究の成果によってあたらしい中世の流通・交通史像を描き出している。近年では市村高男編『御影石と中世の流通』（高志書院、二〇一三年）が、中世石塔の石材物流を検討する分野を開拓している。

新しい問丸論の登場

豊田武の問職―問丸―問屋の卸売業化という発展段階論は長いこと定説の位置を占めていた。「貢納物輸送と商品との混入」が米・塩合物・牛馬の市場取引を発達させ、問丸による取引商品の単純化と卸売業務がつよく、問屋の手数料は「倉敷料」として百分一を標準にしていたにすぎず、隔地間の価格差での売捌きによる利益が富の源泉とされ、問屋が独占価格の決定権をもったと説明された[64]。これを批判した宇佐見隆之[65]は、新しい問丸像を提示した。宇佐見は、豊田の史料の網羅的収集の利点が反対に鎌倉期段階のものに戦国期史料が紛れ込んでいるなど史料操作に問題点があると批判する。問・問丸の本来的機能は流通の輸送・荷継機関であったことを論じ、卸売機関としての問屋との段階差を明瞭にした。

豊田説では、貸付取引・信用経済はまったく想定されていない。現地での雇役・手間料・荘園領主側の自己負担分や荘園・国衙・寺社の財務処理での帳簿付の収支決算システムは考察の外におかれ、大量の請取状・結解状・決算帳簿群などは商業史研究には活用されていない。わずかに田中浩司[66]らが結解状・納下状の研究をはじめている。中世帳簿論の開拓が大きな研究課題である。

中世為替論の進展

一九八九年、大徳寺の塔頭徳禅寺の襖の下張から為替・替銭史料が発見され、拙論で紹介・考察した。[67]為替や替銭請取状は、借用文書から発達したもので、信用経済は債務史として検討される必要があることを問題提起した。他方、東寺百合文書の為替史料について、桜井英治は、[68]額面が十貫文の定額の為替が市中に流通して不特定多数を相手に活用された流通型為替と評価し、十六世紀には割符の機能が断絶するとした。オーダーメイドの流通型割符説については、宇佐見隆之が批判している。[69]早島大祐は、[70]割符と現銭輸送をセットで物資の軽量化の手段という視点から解釈すべきとして、決済が振出時になされた割符と現地での取次時に決済された割符の二類型に分類する説を立てた。辰田芳雄・伊藤啓介・井上正夫もいずれも東寺百合文書の割符をもちいて解釈の多様性を論じている。[71]とりわけ史料解釈に際して、為替と替銭との段階差、送金為替と流通型為替との段階差、借銭と振替システムなど為替の構造論の理解が論者によってまちまちであることが論争になりにくい背景になっている。論点整理が必要な段階に至っている。

中世貨幣論の高揚

出土銭貨の考古学的研究は、鈴木公雄『出土銭貨の研究』（東京大学出版会、一九九九年）として中間総括された。池享編『銭貨』（青木書店、二〇〇一年）、浦長瀬隆『中近世日本貨幣流通史』（勁草書房、二〇〇一年）が刊行され、中世貨幣論が高揚した。議論のテーマは、中世銭貨の宋銭・明銭の輸入と堺・京都などでの私鋳銭・模鋳銭問題、東国と西国での永楽銭の流通圏の差異、伊勢神宮周辺での地域的貨幣流通慣行の独自性、悪銭の地域的流通、十六世紀における銭貨から米流通への逆転現象、金・銀貨流通の転機、近世の三貨制への移行過程など移行期を中心に活発な論議がつづいた。鈴木公雄編『貨幣の地域史』（岩波書店、二〇〇七年）が主要な論点整理を行った。

桜井英治の信用経済論

桜井英治は、[72]はじめて中世経済史の中で信用取引を正面から論じ位置づけようとした最初の試みであったといえる。

債権の移転を否定する池享との論争に言及して、中世に借書が流通していたことを実証した。貨幣経済の発展の上に信用経済が展開するとしてきた通説的パラダイムについて、「実物経済―貨幣経済―信用経済という単線的な発展図式は、歴史の実態を正しくうつしだしてはいない」[73]と批判する。これは、旧来の経済史学が売買取引・私的所有一元論であったことの根本的批判であり、十六世紀を手形流通の衰退期と評価して重要な問題提起を行った。

信用経済論と求心的経済論

新田英治[74]は、流通経済論に信用経済論を加味して重要な問題提起を行った。新田は、十四世紀の京都を核とした流通圏と鎌倉を核とした求心的流通圏との間に財物の安定した流れのうえに立った信用経済が成立しており、為替送進や決済を可能にしたと評価する。十五世紀に幕府と鎌倉府の対立という政治性によって東西の流通経済が断絶されると、「一種のブロック経済を形成」する。それが十六世紀には信用経済が崩壊して為替や切符などの使用が断絶する社会的理由ではないか、との仮説を提示した。これは桜井英治が十六世紀を信用経済の崩壊とした問題提起を東西の流通経済圏論と結びつけて分析しようとしたもので、前近代の信用経済が政治状況と分かち難く結びついているという流通経済の政治性を提示するものでもあった。

関東ブロック経済論の検討

新田の分析方法の影響によって、関東におけるブロック経済圏の成否問題と、室町期国人領主による流通経済の政治性問題という二つにわかれて研究が進展することになった。

小森正明[75]が、関東寺社の造営に際して、鎌倉府が関銭・帆別銭・酒壺役銭など経済的支援をおこなった史実をあきらかにした。これは、鎌倉公方による流通経済の政治性を明瞭にした業績といえ、関東におけるブロック経済圏の成否を検討する糸口を切り開いた業績と考える。

拙論「中世の遠隔地間交通と関東ブロック経済圏の諸矛盾」（第一回内陸遺跡研究会報告「十六世紀から十七世紀内陸部の流通と社会背景」『海なき国々のモノとヒトの動き』報告集　二〇〇五年、改題・原稿化して本書第二部第三章）は、考古学分野での山梨・長野・群馬・岐阜など内陸部の考古遺物からモノとヒトの動きを検討する研究会での報告を原稿化したものである。三代の室町将軍に仕えた政僧満済准后の日記には、駿河・甲斐・信濃・越後など内陸部の守護と兵を関東公方対策として関東に動員した記録が多い。足利持氏・成氏の東国反乱を流通経済の政治性としてとらえなおし、十五・十六世紀の関東ブロック経済圏の仮説を提示したものである。もとより関東地域経済圏と京都との求心的経済交流が断絶したわけではないが、関東ブロック経済圏の形成が政治状況に敏感に左右されていたことも事実であり、その分析が成功しているか否か、きびしいご批判をえたい。

宋銭政策論争の高揚

筆者は[76]、かつて平氏政権・朝廷・幕府の宋銭政策を検討し、在地での銭出挙・私出挙の中で宋銭が流通していたとする仮説を提示した。さらに拙論「銭貨出挙と宋銭流通―宋銭政策論争をめぐって―」（日本銀行金融研究所貨幣史研究会報告二〇〇二年、改稿して本書第三部第一章）は、銭貨出挙の在地史料や利子制限法との関係で宋銭流通を位置づけようとした。同「中世における信用経済と流通」（『新訂増補週刊朝日百科47　日本の歴史　古代7』朝日新聞社、二〇〇三年）は、自由市場原理の売買取引にはよらない経済・流通として負債や質契約をとりあげ、割符・替文・替銭請取状・預状を信用経済文書としてとりあげた。同「『後鳥羽院日記』逸文と懸銭の流行」（『日本歴史』七一四、二〇〇七年、のちに『室町廷臣社会論』塙書房、二〇一四年所収）は、建暦年間に後鳥羽院が宋銭をもちいて懸銭連歌を行っていた事例から、宋銭が地下での賭け事で流通していた事例と評価した。

これらの諸論考で提示した政治権力による宋銭政策と銭貨出挙に宋銭が用いられたとする仮説については、井上正夫・高橋昌明らの賛否・批判のあと、二〇一三・一四年に渡邊誠・保立道久・中島圭一・伊藤啓介ら[77]から批判をうけ、論争点が明瞭になってきた。そこで、これらの論争点を加筆して、論文化したものが、本書第三部第一章「中世の銭貨出挙と宋銭流通」である。中世史研究をめぐる論争は、近年では稀有な事例であり、学問の世界ではもっとも望ましい出来事であり、引き続き生産的な論争が展開されることを期待したい。

移行期の流通・商業史の課題

桜井が信用経済の崩壊と評した十六世紀から、近世・十七世紀への移行期の流通経済史の解明は近年貨幣論の分野で活況を呈している。本多博之・川戸貴史・千枝大志・中島圭一[78]などの研究成果があいついで刊行されている。反面、信用経済や商業史の分野では史料上の限界から停滞を余儀なくされている。十六世紀を中世から近世貨幣への転換期とする研究動向に対応して商業史の展開については桜井英治「中世・近世の商人」（中西聡・桜井編『流通経済史』山川出版社、二〇〇二年）が商人司・初期豪商の登場として特徴づけ、中西聡は、三都への近江・伊勢商人の進出像をあげている（中西聡編『日本経済の歴史』名古屋大学出版会、二〇一三年）。中世史の側からは澁谷一成[79]が十六世紀の手形流通を検討し、宇佐見隆之[80]が、道や町の整備が農商分離をすすめ、西廻り航路の発展による流通構造の転換が商人像の転換を生み出していくとしている。九州では鈴木敦子[81]が、肥前龍造寺領国の交通・町・貨幣流通を論じているが、近世商業秩序への移行過程は未開拓で、史料の探索と分析方法の革新が求められている。

権門寺社の権門都市論

戦後の都市論では城下町・門前町・湊町などの類型化が盛んであった。城下町論や寺内町論などの研究動向や論点は研究史を含めて小島道裕『戦国・織豊期の都市と地域』（青史出版、二〇〇五年）や鍛代敏雄『戦国期の石清水と本願寺―都市と交通の視座』（法蔵館、二〇〇八年）に譲り、ここでは、権門寺社の権門都市論について注目しておきたい。

伊勢神宮の門前町については、岡野友彦[82]が、伊勢神宮の権門都市として広域的流通圏を支配する側面を分析しようとしている。千枝大志[83]は伊勢神宮流通圏内では「七十二文銭」「九十六文銭」など独特の省百法が機能していたことをあきらかにし、地域貨幣流通圏が存在していたと評価している。

美川圭[84]らは、京都を都市とする諸説を相対化して、再開発される白河や鳥羽を「王家の権門都市」として分析する視点を提示した。鍛代敏雄[85]も、戦国期の「八幡」「淀六郷惣中」を本所石清水八幡宮の「境内都市」支配として論じ、淀川流域の寺内町を「戦国宗教領主」本願寺の都市支配として分析している。須磨千頴[86]も賀茂別雷神社境内諸郷の復元をすすめ、それが氏人惣中によって支配され、惣中が諸役人を組織し村段銭や懸銭を賦課し、宿老・若殿原の一四〇人は「構」「堀」を構え武装し、社家町の居住区を東手・中手・西手の三つに地域区分しており、惣が債務契約の主体になっていたと指摘する。賀茂社と氏人惣中による境内諸郷支配について、筆者は須磨説に依拠し惣中が家産官僚制を持った家政権力として位置付けたことがある[87]。

もとより、岡野・美川・鍛代・須磨らが統一した方法論で分析したわけではないが、いずれも、王家・寺社権門が境内郷村を境内都市として支配し、そこに独立性と自治性と権力性を備えた存在として歴史像を描き出したことに成功していると筆者は考える。王家・寺社権門が、独自の都市支配を行っていたとすれば、本所が文字通り都市領主であったことになる。土佐の公家大名一条家が家臣団と領国支配を行い、伊勢の北畠家も領国経営を行っており、公家大名とみる見解もある[88]。本所の公家が領国支配を行うことができたと同様に、権門寺社が本所として都市を支配する社会権力であったか否かを議論すべき研究分野ともいえよう[89]。新しい中世の都市権力の多様性や未開拓の諸問題を解析する方法論になっていると考える。今後の発展が期待される。

積み残された論争点

中世史での論争点が積み残された事例は領主制の二段階論だけではない。丹生谷哲一は、著書『日本中世の身分と社会』（塙書房、一九九三年）刊行に際して、石井進による丹生谷批判にはじめて反論を提示した。この論争のスタートは、丹生谷[90]が、散所御家人の一類として多田院御家人をとりあげ、将軍家と摂関家との重層的主従関係にあったことを指摘したことにある。石井進「書評」（『法制史研究』三〇、一九八〇年）が厳しくこれを批判した。石井は、第一に頼朝が御家人と非御家人とを区分して将軍―御家人の主従関係をつくったもので、すべての武士身分を御家人制に編成することは放棄していたとする。第二に、多田御家人は大番役を務めておらず、かわって多田院への奉仕をした特殊な存在とした。この批判点に対して、丹生谷はすぐ反論しなかった。丹生谷説に賛同して石井から批判された網野善彦[91]も「たしかに問題は今後に残されている」として石井説に譲歩した。学界では丹生谷・石井論争としては受け取られず、散所御家人論や御家人の重層的主従関係論は日陰者の扱いであった。丹生谷はこの論争点を一九九三年に再度問題にした。改めて、多田院御家人が御家人でありながら近衛家にも奉仕したとし、「御家人でありながら北条氏被官でもあるという境遇」の事例を指摘した小田雄三説をあげて反論した。この論争点が積み残されている（拙著『中世の国家と天皇・儀礼』（校倉書房、二〇一二年、一二四頁）。

新在地領主論と重層的主従関係論

二〇〇〇年代に入って『歴史評論』編集委員会は「特集　中世在地領主論の現在」（『歴史評論』六七四、二〇〇六年）や「鎌倉時代をどう捉えるか」（『歴史評論』七一四、二〇〇九年）をとりあげたが、領主制の二段階論の問題点や石井・丹生谷論争に触れたものはいない。

こうした研究史・学説史の問題点・論点をはじめて歴史学研究会の大会報告で論じたのが、高橋修[92]であった。高橋は、在地領主の流通への関与を二段階論で評価する通説を正面から批判し、地域支配の観点から流通に対応する機能を「普遍的・本来的な問題としてとらえなおす」ことを主張した。高橋は、鎌倉期にも在地領主が「町場」に「宿所」を獲得し、飢饉で農村から流出される浪人らを「雇仕」して開発行為を行ったとし、中世前期の領主制も流通機能を組み入れた地域社会の公的権力として検討しようとしている。田中大喜[93]も、鎌倉期在地領主が近隣他氏と婚姻関係や地縁的関係を結ぶのは、百姓の山野河海の用益を保障したり、百姓の負債問題処理など地域紛争回避のためであり、町場を結節点として本貫地・都市・散在所領を結ぶ広範なネットワークに注目する。幕府法では庶子の所当公事の対捍分を惣領に肩代わりさせていたとし、幕府法が惣領職という法概念を作り出してきたとして惣領制論に新しい分析の光を当てている。

秋山哲雄[94]は、「東国御家人は本貫地と鎌倉や京都を往来する存在」と規定し、「御家人を移動する存在」と評価する。鎌倉中の御家人と没落御家人との格差が生まれ、「将軍と御家人との間で成立していた主従関係が御家人と御家人との間にも成立し」、「鎌倉における重層的な主従関係の存在を確認」（五六頁）している。

秋山は、石井・丹生谷論争に触れていないが、鎌倉御家人の重層的主従関係をみとめており、結果論として丹生谷説に組することになる。そもそも、法制史研究では、佐藤進一が「彼等の一部は得宗被官たると同時に御家人であった」（『鎌倉幕府訴訟制度の研究』畝傍書房、一九四三年、のちに岩波書店、一九九三年復刊、一一九頁）とし、御家人が将軍と北条氏という二人の主人をもっていたことを認めている。古澤直人[95]も、鎌倉後半期の幕府政治史を北条氏・御内人と御家人一般との対立として理解している。こうしてみれば、鎌倉御家人は当初から、将軍家のほかに摂関や北条氏などとも重層的主従関係をもちえた存在であったといえよう。領主制も勧農機能を基盤した段階から流通機能を基盤とした領主制に転換するといった二段階論の領主制論や、石井・丹生谷論争も克服され新しい研究段階に入ったものとみるべきであろう。

したがって、島津忠久が頼朝の御家人であるとともに惟宗忠久一門として近衛家の下家司であったように、宇都宮頼綱が鎌倉御家人でありながら、西園寺公経や藤原定家との縁者としての在京活動を展開していた事例[96]も、御家人の重層的主従関係の一環として幅広く位置付けるべきであろう。

在地領主の家産制的流通経済論

私見では、鎌倉地頭・御家人層も室町期の国人・奉行人らも被官・所従・下人らを家産制に組織した家政権力であったから、領主経営のための家産制的流通経済機関を所領分布にあわせてもっていた。それらの解明も、流通経済の政治性に関わる研究課題と考える。

拙論「公家新制の公田興行令と得宗領での公田開発」（『信濃』五四―三、二〇〇二年。本書第一部第二章）は、北条氏領において、鎌倉中期の耕地荒廃・公田減失の下で公武一体の公田興行令が出され、地頭代小出氏の消極姿勢にもかかわらず、得宗領の政所池上氏による公田開発が現実化して公田年貢の興行が一時的に実現された事例をあきらかにした。北条氏の家政運営が公武一体の徳政と連動していたことを論じたものである。

他方、御家人の家産制ネットワークを論じたものに柳原敏昭の研究がある[97]。柳原は鹿児島県待躰松遺跡を文献史料から検討し、阿多北方の地頭二階堂行久に注目して、二階堂氏の所領が全国の沿海地帯に分布し、鎌倉から房総半島・東海・紀伊関東・北九州を経て南九州に至る海上交通のネットワークがみられるとし、瀬戸内海でも忽那七嶋の忽那氏が二階堂氏の被官であったことを具体的にあきらかにした[98]。湯浅治久も有力御家人が東国・京都・九州を往反しながら、鎌倉に所領経営のための金融専門家をおき、全国に散在した所領からの年貢調達や必要経費の支払い・借上との折衝を含めて財物の運用・投資・負債処理や活用を図っていたことを指摘している。

井原今朝男「城と領主権力の二面性—権力の場としての城と民衆—」（小島道裕編『武士と騎士』思文閣出版、二〇一〇年。本書第一部第三章）は、フランス史との城郭をめぐる比較史の共同研究での論考である。柳原・湯浅両説に学んで、中世前期から室町期の領主層が、京都・鎌倉を核にしながら所領の散在性に即応した年貢徴税・輸送・交通・借用・債務処理・投資・収支決算システムを組み込んだ総合商社的な家産制的官僚制を内部にもった家政権力として成立していたことを理論化しようとしたものである。

かつて入間田宣夫・福田豊彦(99)は鎌倉御家人の家政機関を解明する方法論を提起した。しかし、その方法論は継承されないまま中絶してしまった。改めて、在地領主層がもっている家産官僚制的家政機関をモノとヒトに即して具体的にあきらかにしていくことが、重要な研究課題といえよう。

鎌倉御家人像の転換をもとめて

鎌倉御家人の歴史像は、戦前の関東武士論にはじまって、戦後の開発領主論・領主制論・騎馬武者論・国衙在庁論・職能論・京武者論・軍事貴族論などの変遷をみながら総合化の方法を模索している。最近、高橋修編『実像の中世武士団—北関東のもののふたち—』（高志書院、二〇一〇年）と高橋慎一朗編『列島の鎌倉時代—地域を動かす武士と寺社—』（高志書院、二〇一一年）が印象にのこった。前者が大学の地域貢献のための公開シンポジウムの成果であり、後者は考古学と文献史学の交流をつづけてきた帝京大学山梨文化財研究所のシンポジウムである。前者は、「東国武士」にテーマを絞り、伊藤瑠美「関東武士研究の軌跡」（高橋修編『実像の中世武士団』）のように研究史や論点整理とともに、「京と向き合う」のテーマで五本、「奥州と結ぶ」で三本、「地域社会と武士団」で六本の論考を配している。一方、後者は、「村落の支配者」として東国・肥前・石見の武士をとりあげ、「寺社への信仰」として日光・会津新宮熊野・遠州蒲神明社の三本、「社会の内と外」で伊予・相模・北陸を取り上げる。意図も目的も研究対象も異にしながら、鎌倉武士を地域社会の中でとらえなおし、京都・鎌倉・陸奥との遠隔地間交通とともに、地域の寺社や町場・交通との関係で具体的な歴史像を描いている。地域社会と流通交通の視点と方法から捉えようとしている点がまったく一致しているのに驚いた。とりわけ、前者の田中大喜「地域の町場に集う武士たち」は大都市との交流だけではなく、地域の宿や町場で地域的な結合関係を結んでいた歴史像を描き出した。後者では高橋一樹「北陸社会の交通と地域区分」が、「内海をつなぐ道」が求心構造と地域間交通との結節構造をなしていたとする。いまや、遠隔地間交通と地域流通圏の両方に目配りしながら領主層の経済活動を解明することが当たり前の時代になったといえよう。

とすれば、いつしか、売買取引と貸付取引の並存の中で中世の流通経済問題を考えることが当然とする研究段階が到来することも夢ではあるまい。

貸付取引・債務史研究をめぐって

宋銭輸入と銭貨出挙をめぐる論点は、二〇一四年六月に『日本史研究』六二二号が「小特集　中世貨幣の成立」を組み、中島圭一「「中世貨幣」成立期における朝廷の渡来銭政策の再検討」、伊藤啓介「「中島貨幣」論と中世税記貨幣史研究」が、保立道久・井原今朝男らへの批判を展開している。中世社会経済史分野での久しぶりの論争が展開されている。

売買取引と貸付取引（信用取引）の二元論の問題提起に対しては、『歴史評論』が二〇一四年九月号（七七三号）が「特集　債務史研究の可能性をさぐる」のテーマで特集号を組んだ。井原今朝男「総論―債務史研究の課題と展望」のほかに、日本史学では村石正行「日本中世の契約社会における債権・債務文書」と荒木仁朗「日本近世農村における債務と証文類」、イタリア中世史でのマウロ・カルボーニ「前近代社会における質屋と質業」、徳橋曜「中世イタリア社会のおける債務の重み」が、質経済の内部構造を論じている。貸付取引や質経済を債務・債権関係に焦点を当てて分析する方法が議論されるようになった。

二〇一五年二月には歴史学研究会が『歴史学研究』九二八号で、佐藤泰弘「日本中世における信用取引」、菅野文夫「紛失状を〝立てる〟こと」、本郷恵子「中世における文書と信用」、川戸貴史「中世後期日本の貨幣経済と信用取引」、オラー・チャバ「日明貿易における商慣習と信用取引について」の五本の論文を掲載して、「小特集　日本中世の契約と取引慣行―中世経済史研究の現在―」の企画を組んでいる。

さらに、同年三月に『歴史評論』七七九号の「特集　日本中世法慣習研究の現段階」では、長谷川裕子「「モノのもどり」をめぐる日本中・近世史研究」が徳政問題の研究史を跡付けて債務史研究に言及している。

こうしてみると、一時退潮気味といわれていた中世社会経済史の分野でも、活発な研究活動が展開されつつあるといえよう。これらの論争点の前進にむけて本書がいくばくかの寄与がなしえるなら幸いである。

注

(1)　井原今朝男『中世の借金事情』(吉川弘文館、二〇〇九年)、同『歴史は眠らない　ニッポン借金事情』(日本放送出版協会、二〇〇九年)参照。
(2)　ロベール・ボワイエ『金融資本主義の崩壊』(藤原書店、二〇一一年)。
(3)　岩井克人・鶴光太郎・小林慶一郎ほか『経済学は何をなすべきか』(日本経済新聞出版社、二〇一四年)。
(4)　我妻栄『近代法における債権の優越的地位』(有斐閣、一九五三年)。
(5)　豊田武『中世日本の商業』(吉川弘文館、一九八二年)。
(6)　作道洋太郎『日本貨幣金融史の研究』(未来社、一九六一年)。
(7)　網野善彦『日本中世に何が起きたか』(日本エディタースクール出版局、一九九七年)。
(8)　佐藤泰弘『日本中世の黎明』(京都大学学術出版会、二〇〇一年)。
(9)　桜井英治「借書の流通」(小野正敏・五味文彦・萩原三雄編『モノとココロの資料学』高志書院、二〇〇五年)。

(10) 高木久史『日本中世貨幣史論』（校倉書房、二〇一〇年）。
(11) 井原今朝男『日本中世債務史の研究』（東京大学出版会、二〇一一年）。
(12) 社会科学辞典編集委員会編『社会科学辞典』（新日本出版社、一九六七年）。
(13) 楊枝嗣郎「貨幣の抽象性と債務性」『歴史の中の貨幣―貨幣とは何か』（文眞堂　二〇一二年）。
(14) 信用理論研究学会編『現代金融と信用理論』（大月書店、二〇〇六年）、楊枝嗣郎『歴史の中の貨幣―貨幣とは何か』（前掲書）。
(15) 岩井克人『貨幣論』（ちくま学芸文庫、一九九八年）。
(16) スーザン・ジョージ『債務危機の真実』（朝日選書、一九八九年）。
(17) 本郷恵子『中世人の経済感覚』（ＮＨＫブックス、二〇〇四年）や『蕩尽する中世』（新潮選書、二〇一二年）。
(18) ジェレミー・シーブルック『階級社会―グローバリズムと不平等』（青土社、二〇〇四年）。
(19) 井原今朝男「金融今昔二三　住宅ローン拡大とサラ金の盛衰」、同「国際金融危機の時代」（『月刊金融ジャーナル』六七七・六七八、二〇一三年）。
(20) 井原今朝男「「看聞日記」にみる『後鳥羽院日記』逸文と懸銭の流行」（『室町廷臣社会論』塙書房、二〇一四年）。
(21) 増川宏一『賭博の日本史』（平凡社、一九八九年）、照井貴史「四一半の隆盛と中世社会」（『日本歴史』六六〇、二〇〇三年）。
(22) 照井貴史「『吾妻鏡』と目勝・目増」（『六軒丁中世史研究』一〇、二〇〇四年）、同「中世後期の博奕と博奕宿」（『六軒丁中世史研究』九、二〇〇三年）、同「中世奈良博奕検断考」（『歴史』一〇二、二〇〇四年）。
(23) 井原今朝男「中世寺院を支えた寺辺の人々」（『史実　中世仏教』第二巻、興山舎、二〇一三年）。
(24) 大垣尚司『電子債権』（日本経済新聞社、二〇〇五年）。
(25) 井原今朝男「中世の計算貨幣と銭貨出挙」（前掲注11書所収）参照。国内為替を隔地間の支払差額や相殺のための決済取引として分析する方法論は、安倍惇『為替理論と内国為替の歴史』（柏書房、一九九〇年）にみえる。東大寺未成巻文書の請取状群から東大寺の中世決算帳簿群が復元できることは、井原今朝男「東大寺における中世決算帳簿群の復原」（科研報告書『日本中世債務史の基礎的研究』研究代表井原今朝男、二〇〇六年）参照。地方寺社の決算帳簿については、信濃の諏訪大社文書の天正六年上諏訪造営帳が収納帳と下行帳を合わせた決算帳簿であることは、井原今朝男「中世の印章と出納文書」（有光友学編『戦国期印章・印判状の研究』岩田書院、二〇〇六年）参照。なお、長谷川幸一「天正六年の諏方社造営事業と造営帳作成について」（『駒沢史学』七六、二〇一一年）は、帳簿の中に天文・永禄などの先例記載があることから、造営帳は過去の先例記載で天正六年の徴収納入状況を示していないと拙論を批判する。拙論は、造営帳が天正六年の造営銭徴収納入状況を示すものなどとは主張していない。天正六年上諏訪造営帳が古帳の先例記載があることは伊藤富雄説の指摘通りであり、それを前提にしたうえで、清書帳の記載内容の「都合」が収納額、「右之仕所」が下行額、「余銭」が残額に相当し、帳簿内容の全体像が権門寺社で用いられている結解状・納下帳に当たることを主張したもので、権門・地方寺社の家産財政はともに決済・決算・監査のシステムが共通するのではないかと問題提起しているにすぎない。長谷川論文は、清書帳の記載内容の読解は拙論と同様であるとしながら、なぜ決算帳簿や監査機能をもっていないと批判するのか納得できない。誤読による批判であり拙論の認識を改めず、維持できるものと考える。

(26) 高木久史「日本中世後期の掛取引について」（『日本中世貨幣史論』前掲注10書、初出は二〇〇九年）。

(27) 井原今朝男編『生活と文化の歴史学三　富裕と貧困』（竹林舎、二〇一三年）。

(28) 秋道智彌『コモンズの地球史―グローバル化時代の共有論にむけて―』（岩波書店、二〇一〇年）、同編『日本のコモンズ思想』（岩波書店、二〇一四年）。

(29) 永原慶二編『日本経済史』（有斐閣叢書、一九七〇年）。

(30) 戸田芳実『日本領主制成立史の研究』（岩波書店、一九六七年）、石井進『中世武士団』（小学館、一九七四年）、大山喬平『日本中世農村史の研究』（岩波書店、一九七八年）。

(31) 小山靖憲『中世村落と荘園絵図』（東京大学出版会、一九八七年）。

(32) 工藤敬一「鎌倉時代の領主制」（『日本史研究』五三、一九六一年、のちに『荘園制社会の基本構造』校倉書房、二〇〇二年所収）。

(33) 永原慶二「領主制支配における二つの道―好島荘の預所と地頭をめぐって」（『日本中世社会構造の研究』岩波書店、一九七三年）。

(34) 河合正治「鎌倉武士団とその精神生活」（『中世武家社会の研究』吉川弘文館、一九七三年）。

(35) 佐々木銀弥「安芸国沼田小早川氏市場禁制の歴史的位置」（『日本中世の都市と法』吉川弘文館、一九九四年）。

(36) 稲垣泰彦編『荘園の世界』（東京大学出版会、一九七三年）。

(37) 永原慶二「荘園領主経済の構造」（『日本中世社会構造の研究』岩波書店、一九七三年）、網野善彦『中世東寺と東寺領荘園』（東京大学出版会、一九七八年）。

(38) 井上聡「御家人と荘園公領制」（五味文彦編『日本の時代史8　京・鎌倉の王権』吉川弘文館、二〇〇三年）、清水亮「鎌倉期地

頭領主の成立と荘園制」(『歴史評論』六七四、二〇〇六年、のちに『鎌倉幕府御家人制の政治史的研究』校倉書房、二〇〇七年所収)。

(39) 菅野文夫「中世における土地売買と質契約」(『史学雑誌』九三―九、一九八四年)。

(40) 七海雅人「鎌倉幕府の買得安堵」(『歴史学研究』六九三、一九九七年、のちに『鎌倉幕府御家人制の展開』吉川弘文館、二〇〇一年所収)。

(41) 中島圭一「中世後期における土倉債権の安定性」(勝俣鎮夫編『中世人の生活世界』山川出版社、一九九六年)、早島大祐「京都近郊における永代売買地の安定化」(初出は一九九九年、のちに『首都の経済と室町幕府』吉川弘文館、二〇〇六年所収)。

(42) 三浦圭一「中世の分業流通と都市」(『大系日本国家史2 中世』東京大学出版会、一九七五年、のちに『日本中世の地域と社会』思文閣出版、一九九三年所収)。

(43) 木内正広「鎌倉幕府と都市京都」(『日本史研究』一七五、一九七七年)、高橋昌明「西国地頭と王朝貴族」(『日本史研究』二三一、一九八一年)。

(44) 脇田晴子『日本中世都市論』(東京大学出版会、一九八一年)。

(45) 関口恒雄「荘園公領制経済の変容と解体」(『日本経済史を学ぶ』有斐閣、一九八二年)。

(46) 山本隆志「鎌倉後期における地方門前宿市の発展」(『歴史人類』一七、一九八九年、のちに『東国における武士勢力の成立と展開』思文閣出版、二〇一二年所収)、斉藤利男「中世東国の地方都市」(『中世の東国』三・四、一九八二年)。

(47) 山本隆志「西上州における交通と守護権力」(地方史研究協議会編『内陸の生活と文化』雄山閣、一九八六年)。

(48) 山本隆志「鎌倉時代の宿と馬市・馬喰」(『年報日本史叢』筑波大学歴史人類学系、一九九九年、前掲注46書所収)。

(49) 網野善彦・石井進・福田豊彦編『よみがえる中世Ⅰ～Ⅹ』(平凡社、一九八八～九二年)網野善彦・石井進編『中世の風景を読む』(第一巻～第七巻、新人物往来社、一九九四～九五年)。

(50) 榎原雅治「中世後期の山陽道」(石井進編『中世の村と流通』吉川弘文館、一九九二年、のちに『日本中世地域社会の構造』校倉書房、二〇〇〇年所収)。

(51) 鈴木敦子「中世後期における地域経済圏の構造」(初出は『歴史学研究』別冊、一九八〇年『日本中世社会の流通構造』校倉書房、二〇〇〇年所収)。

(52) 佐藤和彦「中世町場の研究視角」(地方史研究協議会編『日本の都市と町』雄山閣、一九八二年)、木村茂光「日本中世分業・流通史の一視角」(『歴史評論』四二六号、一九八五年)、池上裕子「市場・宿場・町」(初出は一九九〇年、のちに『戦国時代社会構造の研究』校倉書房、一九九九年)、井原今朝男「東国荘園の替銭・借麦史料」、同「中世東国商業史の一考察」ともに改題して前掲注11書所収)。

(53) 佐々木銀弥「中世後期地域経済の形成と流通」(永原慶二・佐々木潤之介編『日本中世史研究の軌跡』東京大学出版会、一九八八年)が地域経済圏を批判的に論じ、矢田俊文「中世水運と物資流通システム」(『日本史研究』四四八、一九九九年)が「物資の集散地」論で流通・交通の結節論を問題提起した。

(54) 早島大祐「中世後期社会の展開と首都」(『首都の経済と室町幕府』吉川弘文館、二〇〇六年)。

(55) 脇田晴子「社会的分業と市場構造の転換」(『講座日本荘園史4　荘園の解体』吉川弘文館、一九九九年)。

(56) 鈴木敦子『戦国期の流通と地域社会』(同成社、二〇一一年)では、大塚久雄論や脇田の批判点はまったくとりあげていない。

(57) 坂本亮太「中世後期の地域内流通を考える―大和の諸座を事例に―」(『中近世土器の基礎研究』二二、二〇〇六年)。

(58) 橋口定志「中世方形館を巡る諸問題」(『歴史評論』四五四、一九八八年)、広瀬和雄「中世村落の形成と展開」(『物質文化』五〇、一九八八年)。

(59) 水野章二「鎌倉期の村落と荘園制」(『日本中世の村落と荘園制』校倉書房、二〇〇〇年)四六三頁。

(60) 網野善彦『海と列島の中世』(日本エディタースクール出版部、一九九二年)、同『日本社会再考』(小学館、一九九四年)。

(61) 山田邦明『鎌倉府と関東』(校倉書房、一九九五年)。

(62) 小森正明「常陸国富有人注文の基礎的考察」(『茨城県史研究』七一、一九九三年)、同「中世後期東国における蔵本について」(『日本歴史』五四二、一九九三年、のちに改編して『室町期東国社会と寺社造営』思文閣出版、二〇〇八年所収)。

(63) 中澤克昭「生産・開発」、同「交通」(高橋慎一朗編『史跡で読む日本の歴史6　鎌倉の世界』前掲書)。

(64) 豊田武「問丸の発達」(『増補中世日本商業史の研究』岩波書店、一九五二年)二六〇頁。

(65) 宇佐見隆之「港津における問の終焉」(初出は一九九二年)、同「港津の問の展開」(初出は一九九三年)、同「木守と問」(初出は一九九六年　いずれも改題・改編してのちに『日本中世の流通と商業』(吉川弘文館、一九九九年所収)。

(66) 大徳寺の結解状について、田中浩司「戦国期寺院領主経済の一齣」(『中央大学大学院論究』文学研究科二二、一九八三年)、同

「十六世紀前期の京都真珠庵の帳簿史料からみた金の流通と機能」（峰岸純夫編『日本中世史の再発見』吉川弘文館、二〇〇三年）、東福寺の結解状について、井原今朝男「東国荘園年貢の京上システムと国家的保障体制」（『国立歴史民俗博物館研究報告』一〇八、二〇〇三年）が分析している。

(67) 井原今朝男「東国荘園の替銭・借麦史料」（初出は一九八七年）、「中世東国商業史の一考察」（初出は一九八八年、解題してともに『日本中世債務史の研究』前掲注11書所収）。

(68) 桜井英治「割符に関する考察」（『史学雑誌』一〇四―七、一九九五年、のちに『日本中世の経済構造』岩波書店、一九九六年所収）。

(69) 宇佐見隆之「割符考」（『日本中世の流通と商業』前掲書）。

(70) 早島大祐「割符と隔地間交通」（『首都の経済と室町幕府』吉川弘文館、二〇〇六年）。

(71) 辰田芳雄「年貢送進手段としての割符について」（『岡山朝日研究紀要』二七、二〇〇六年）、伊藤啓介「割符のしくみと為替・流通・金融」（『史林』八九―三、二〇〇六年）、井上正夫「割符のしくみとその革新性」（『史学雑誌』一二〇―八、二〇一一年）。

(72) 桜井英治「日本中世における貨幣と信用について」（『歴史学研究』七〇三、一九九七年）、同「中世の貨幣・信用」（桜井・中西聡編『新体系日本史12　流通経済史』山川出版社、二〇〇二年）、同「借書の流通」（小野正敏・五味文彦・萩原三雄編『モノとコトバの資料学』高志書院、二〇〇五年）。

(73) 桜井英治「中世の貨弊・信月」（桜井・口西聡編『新体系日本史12　流通経済史』前掲注72書）。

(74) 新田英治「中世後期、東西両地域間の所領相博に関する一考察」（『学習院史学』三七、一九九九年）。

(75) 小森正明「香取社の造営についての覚書」（『日本史学集録』二五、二〇〇二年）、同「黄梅院華厳塔の造営とその用脚について」（『史境』四七、二〇〇三年）。のちに「寺社造営の推進主体と鎌倉府」「寺社造営の経済的基盤と鎌倉府」と改稿され前掲注62『室町期東国社会と寺社造営』）。

(76) 井原今朝男「宋銭輸入の歴史的意義」（池享編『銭貨』青木書店、二〇〇一年、のちに改題して『日本中世債務史の研究』前掲注11書所収）。

(77) 渡邊誠「平安末・鎌倉初期の宋銭流通と国家」（『九州史学』一五三、二〇〇九年）、保立道久「平安末期から鎌倉初期の銭貨政策」（悪党研究会編『中世荘園の基層』岩田書院、二〇一三年）や中島圭一「「中世貨幣」成立期における朝廷の渡来銭政策の再検討」、伊藤啓介「中島圭一氏の「中世貨幣」論と中世前期貨幣史研究」（ともに『日本史研究』六二二、二〇一四年）。高橋昌明・井上正夫らとの論争点については井原今朝男『日本中世債務史の研究』（第二章一二七頁でも言及した）を参照されたい。

(78) 本多博之『戦国織豊期の貨幣と石高制』（吉川弘文館、二〇〇七年）、川戸貴史『戦国期の貨幣と経済』（吉川弘文館、二〇〇八年）、高木久史『日本中世貨幣史論』（前掲注10書）、千枝大志『中近世伊勢神宮地域の貨幣と商業組織』（岩田書院、二〇一一年）、中島圭一「京都における「銀貨」の成立」（『国立歴史民俗博物館研究報告』一一三、二〇〇四年）は毛利の大森銀山掌握とともに十六世紀七〇年代には京都では金に代わって銀が送金・贈答の主流になり、八〇・九〇年代に銀貨が定着して近世の銀貨使用圏に入ったとする。

(79) 澁谷一成「一五・一六世紀の北陸における手形類の動向と機能」（『洛北史学』五、二〇〇三年）で、十六世紀の信用経済の空白期を論じている。

(80) 宇佐見隆之「中世末期地域流通と商業の変容」（『日本史研究』五二三、二〇〇六年）。

(81) 鈴木敦子『戦国期の流通と地域社会』（前掲注56書）。

(82) 岡野友彦「神宮神官の苗字にみる権門都市宇治・山田」（『Mie history』一八、二〇〇六年）、千枝大志「宇治山田の発展」（伊勢市『伊勢市史　第二巻　中世編』二〇一一年）。

(83) 千枝大志「一五世紀末から一七世紀初頭における貨幣の地域性」（『中近世伊勢神宮地域の貨幣と商業組織』前掲注78書）。

(84) 美川圭「京・白河・鳥羽—院政期の都市」（元木泰雄編『日本の時代史7、院政の展開と内乱』吉川弘文館、二〇〇二年）、大村拓生『中世京都首都論』（吉川弘文館、二〇〇六年）参照。

(85) 鍛代敏雄『戦国期の石清水と本願寺』（法蔵館、二〇〇八年）。

(86) 須磨千頴『賀茂別雷神社境内諸郷の復元的研究』法政大学出版局、二〇〇一年）、同「中世における賀茂別雷神社氏人の惣について」（『南山経済研究』六—二・三、七—二・三、九—三、一〇—一・三、一一—一・二・三、一九九一〜九八年）。

(87) 井原今朝男「中世国家史研究の意義と課題」（『中世の国家と天皇・儀礼』校倉書房、二〇一二年）。

(88) 石野弥栄「戦国期の公家大名土佐一条氏の性格」（『国学院高等学校紀要』二一、一九八八年）、野並史佳「戦国期土佐一条氏についての一考察」（科研成果報告書『中世土佐一条氏関係の史料収集および遺跡調査とその基礎的研究』研究代表市村高男、二〇〇五年）、藤田達生編『伊勢国司北畠氏の研究』（吉川弘文館、二〇〇四年）参照。

(89) 本所家政権力論は、井原今朝男「室町廷臣の近習・近臣と本所権力の二面性」(『室町廷臣社会論』塙書房、二〇一四年)参照。
(90) 丹生谷哲一「鎌倉幕府御家人制研究の一視点」(『大阪教育大学歴史学教室　歴史研究』一六、一九七九年)。
(91) 網野善彦『日本中世の非農業民と天皇』(岩波書店、一九八四年)二〇六頁。
(92) 高橋修「中世前期の在地領主と「町場」」(『歴史学研究』七六八、二〇〇二年)。
(93) 田中大喜「在地領主結合の複合的展開と公武権力」(『歴史学研究』八三三、二〇〇七年)。
(94) 秋山哲雄「都市鎌倉の東国御家人」(『北条氏権力と都市鎌倉』吉川弘文館、二〇〇六年)、同「中世権力と都市支配」(『歴史学研究』八五九、二〇〇九年)。
(95) 古澤直人「鎌倉幕府と中世国家」『鎌倉幕府と中世国家』(校倉書房、一九九一年)。古澤は書名と同じこの第五章の論考で、「幕府主従制」の形成・展開・変質について理論的な仮説を提示した。その中で、幕府主従制を「将軍―御家人」と「御家人―郎従」との二つの主従制範疇でとらえる通説的見解を批判する。鎌倉殿―御家人の主従制は十三世紀初頭までに、政変で没落した有力御家人の庶家が北条被官になり、承久の乱や蒙古襲来など非常時の軍事指揮下で御家人が守護被官や得宗被官になったこと、守護領や得宗領で御家人が守護代・地頭代として登用されたことなどから、後期の幕府主従制は、御家人であるとともに守護被官・得宗被官にも組み込まれた「重層的な主従編成」(四三五頁)がなされ、「御家人層との鋭い緊張関係」(四二九頁)が存在したとする理論的見通しを述べた。これについて、九〇年代〜二〇〇〇年代の御家人制研究の中では、得宗専制論や御家人軍制論が主要な研究動向となり、古澤の理論的仮説による御家人の重層的主従関係論の実態解明や重層的主従関係が生まれる歴史的社会的背景の多様性の解明については、ほとんど研究の進展がみられなかったといえる。その理論的仮説は、今後具体的史料による実証的研究によって、その多様性や歴史的背景が具体化されなければならない。
(96) 山本隆志「関東武士の都・鄙活動」(『東国における武士勢力の成立と展開』思文閣出版、二〇一二年)。
(97) 柳原敏昭「二階堂氏の所領と海上交通」(初出は二〇〇二年、のちに『中世日本の周縁と東アジア』吉川弘文館、二〇一一年所収)。
(98) 湯浅治久「「御家人経済」の展開と地域経済圏の成立」(『中世都市研究』一一、二〇〇五年)。
(99) 入間田宣夫「延応元年五月廿六日平盛綱奉書について」(『山形史学研究』一三・一四、一九七九年)、福田豊彦「鎌倉時代における足利氏の家政管理機構」(『日本歴史』三四七、一九七七年)。とりわけ入間田宣夫「奥州における北条氏所領の内部構造・コメント」（『北日本中世社会史論』吉川弘文館、二〇〇五年）は、鎌倉御家人研究の課題として、関東御領と北条氏所領・得宗領との相互関係や内部構造論、御家人と北条被官衆・得宗被官との重層的主従関係、年貢徴納・公事諸役をめぐる地頭・地頭代との内部構造論、北条氏・足利氏・葛西氏など有力御家人の家政機関・私的裁判機構論の解明などをあげている。本章の初出論文についても「北条氏所領における公田年貢の徴収体制、たとえば地頭代官の惣領と庶子とが、どのように公田を配分し、鎌倉に公田年貢を納入したかという問題については、未解明の部分が多く、今後の課題だとする指摘が井原前掲稿（「公家新制の公田興行令と得宗家領の公田開発」）によって行われている。まったく、そのとおりである」（同著、二一〇頁）とある。これらの研究課題は、「特集　中世在地領主論の現在」（『歴史評論』六七四、二〇〇六年）、「特集　鎌倉時代をどう捉えるか」（『歴史評論』七一四、二〇〇九年）、秋山哲雄・田中大喜・野口華世編『日本中世史入門』（勉誠出版、二〇一四年）などの近年の研究史論と比較検討しても、今なお深めるべき重要な研究課題だといえる。

第一部　在地領主の所領経営と流通経済

第一章　信濃国伴野荘の交通と商業

はじめに

圃場整備事業の進展と、中央道・関越自動車道・北陸新幹線など高速交通網の整備という大型プロジェクトの登場は、土地に刻まれた歴史のみならず、地域の生活環境をその根底から破壊の危機に陥し込む。地域の歴史と伝統を生かした町づくりやその基礎資料となるべき地域の記録保存すら、系統的になされぬまま毎日がすぎていく。

全国に先がけて、一志茂樹や信濃史学会が提唱してきた事前の記録調査や地籍図の保存についてもなんらの具体的措置がとられないままである。圃場整備事業実施前に義務づけられている事前の空中写真や大縮尺の実測図は、その価値の大きさにもかかわらず、事業完了とともに廃棄処分にまかされている。歴史地理学の資料として不可欠な近世絵図は県下の近世史料の調査項目からはずされ、土地に付属した伝承・習慣・民俗などとともに霧散の危機にある。

こうした現状を前に、袖手傍観することは歴史的遺産の破壊に手を貸すことでしかない。研究者としての非力を省みず、長野県史編纂にともなう荘園遺構調査に不十分ながらも着手している意図は、今をおいてその景観や微地形・小名・地割・用水系統・伝承・民俗等の記録保存が不可能であるからにほかならない。

本章はそうした視点から、大井荘荘園遺構調査(1)につづいて、隣荘の伴野荘をとりあげ、鎌倉末期の伴野館・桜井宿・伴野市庭の復元を通じて、東国荘園における交通形態について考察したものである。
信濃国伴野荘については、これまで市村咸人による伝領関係、[2] 阿部猛による大徳寺の荘園支配、[3] 佐藤和彦による現地踏査[4]などが検討されてきた。その結果、

(1) 鎌倉前期、本家は後院、領家は藤原基家であったが、後期には両職とも皇室領として持明院統に伝領されたこと。

(2) 地頭職は小笠原長清・時長を経て伴野氏一族が伝領したが、弘安八年霜月騒動により没官され、北条氏一門の手に帰したこと。

(3) 建武年間には、領家・地頭両職とも大徳寺が掌握し、一円所領としてその年貢は八千貫前後に及んだこと。

などが明らかにされている。

しかし、伴野荘と京・鎌倉を結ぶ農村都市間の交通形態については、伴野市や麻商人の存在が分散的に指摘されるのみで、具体的検討がなされてこなかった。

戸田芳実・保立道久・黒田日出男らによる荘園制的交通形態論の深化[5]や入間田宣夫・福田豊彦らの北条氏や足利氏らの所領支配と鎌倉との関係論の提起[6]は、伴野荘における農村都市間の交通形態を分析する視点を提供するものといえよう。

本章では、これらの諸氏の問題提起をうけ、方法論の上では、そうした交通形態が現地の歴史景観や微地形・地名・地割・用水系統などにどのような痕跡を残しているか、という歴史地理的方法によって検討しようとするものである。もとより、その方法・調査ともに不適正、不十分との謗りを免れぬものではあるが、極力その記録保存の意味から報告するものである。

一　鎌倉街道と北条氏所領

鎌倉初期、伴野荘と京・鎌倉との関係については、文治年間の年貢未済問題に関する一連の関係文書が『吾妻鏡』に所載されていることから、その一端を復元することができる。すなわち、文治二年（一一八六）十月二十七日条に

　廿七日庚子信濃国伴野庄乃貢送文到来、二品則副二御書一、令レ進二京都一給、地頭加々美二郎長清日者頗緩怠云々、

とある。これは、文治二年三月、後白河院による幕府に対する東国荘園の年貢未済催促をうけて(7)、地頭小笠原長清が伴野荘年貢について送文とともに鎌倉に送り、頼朝の副書を付して京都に納入したことを示している。

さらに、文治四年九月二十二日条にはつぎの頼朝御教書が記載されている。

　信州伴野御庄御年貢、令二沙汰進一之由、地頭長清所二令レ申候一也、恐々謹言、

　　九月廿二日　　頼朝

　進上　師中納言殿

　追申

　　何御倉に可レ被二検納一候とも被二定下一候なハ毎度以二書状一　不レ可二申上一候、只地頭可レ令二下知一候者也、重

　　恐々謹言、

ここでも、伴野荘年貢を、どの御倉に納入するか院が決定すれば、毎度書状によらず頼朝が地頭に下知すること、地頭長清は、幕府からの催促と指示によって年貢を納入し、その旨頼朝御教書によって院に伝達されていたこと、等が明らかである。

文治年間伴野荘年貢は、院から幕府を媒介に地頭に催促され、鎌倉を経て京に納入される信用構造になっていたのである。(8) その後も、小笠原長清は甲斐国小笠原荘や稲積荘等を本領とし、頼朝寵臣として鎌倉に居住していたことからして、伴野荘年貢は現地から鎌倉に送られ、そのあと京上したものといえよう。

この年貢納入ルートは、鎌倉末期、この地が北条氏一門の所領になってからも変わらなかったものと考えられる。

嘉暦四年（一三二九）諏訪上社頭役結番状案(9)から、伴野荘関係を抄録すれば、

御射山左頭　佐久郡伴野庄大澤、鷹野郷駿河守跡

御射山左頭　佐久郡伴野庄三塚・小宮山両郷遠江守跡

□左頭　佐久郡内伴野庄内

□左頭　佐久郡伴野庄桜井・野澤・臼田郷丹波前司跡

などがある。嘉暦年間、伴野荘内大澤・鷹野・三塚・小宮山・桜井・野澤・臼田という有力諸郷が北条氏一門によって分割支配されている。これら諸郷の年貢は、北条氏を介して京都に納入されていたものと考えられる。

とくに北条氏を媒介とした信濃・京都との関係については、注目すべき史料が『明月記』にある。藤原為家が信濃国の知行国主となり、定家が信濃国務に従事しようとした時、その使者忠弘法師は鎌倉を経て信濃に入国し、実情視察のあと四条の入道在所に出向いた時、入道宇都宮頼綱はつぎのごとく述べている。

依二朝恩一預二国務一由、以二消息一先可レ被レ触二武州并駿河彼国守護一、一事以上可レ被二計行一由、尤可レ宣、(10)

このことは、信濃における知行国主の国務はもとより荘園領主の年貢輸送についても、守護北条氏の了解が一定の効果をもつものと公家や宇都宮氏が考えていたことを示している。北条氏が信濃、鎌倉・京都への交通網について特殊な支配体制を有していたとの推測をもたらすものといえよう。

では、信濃・鎌倉を結ぶ鎌倉街道は、当時どの地点を通過していたのであろうか。

この点について注目すべき史料は正安三年（一三〇一）成立とされる『宴曲抄』である。それは、鎌倉から善光寺参詣の道筋を歌謡にしたものであり、由井浜から武蔵野・入間川・大蔵・比企野原・荒河・見馴川・朝市・児玉・雉ケ岡・鏑川・倉賀野・豊岡を経て「松井田にとどまるらん」と記している。このあと上野から信濃に入ってつぎのごとく記載されている。

一急雨《ひとむらさめ》のやすらひに、まだ染やらぬ紅葉ばの薄紅の A 臼井山、おもふごちは道行ぶりもうれしくて　いかでわかれむ離山の　其名もつらし過なばや、雲間にしるき明方の　浅間の煙にまがふは、高根にのこる横雲の跡よりしらむ篠の目、日かげのどけく水蒄《ノキ》の松原、遙々《はるばる》とへだつる方や葛原の　里より遠の程ならむ、B 深きはしらず桜井に花の白浪散かかり、霞める空そおぼつかなき、望月の駒引かくる布引の山の楚交《そがひ》にみゆるは海野・白鳥とぶとりの、飛鳥の川にあらねども、岩下かはる落合や、淵は瀬に成たぐひならん、C 富士の根の姿に似たるか塩尻・赤池・坂木・柏崎、同雲居の月なれど、何の里もかくばかり、よも佐良科とみゆるは姨捨山の秋の夜、筑摩・篠ノ井・西河、さまざまの渡を越過て、既に彼所に詣つつ……(11)

この中世歌謡に記載された地名が、そのまま鎌倉街道の宿であったとはいえず、一定の文学的粉飾が施されたとはいえ、その街道筋の景観が歌われていることは明らかである。ここで注目される記載は、三点である。

すなわち、(A)から上野国松井田から信濃への峠は、古代東山道の入山峠ではなく、碓氷峠が利用されていたことが知られる。

とくに(B)からは、桜井・望月と通じ、布引山から海野・白鳥を見ている記載となっているから、小諸に出ずに大井荘から伴野荘に迂回し庄内桜井郷を通過して千曲川沿いに北上していることが注目される。(12)

つぎに(C)については、「富士の根の姿に似たるか」を単なる塩尻の枕詞とみて、岩下・落合から千曲川右岸にそって塩尻・赤池・坂木・柏崎へと通じた街道と見るか、それとも塩尻の枕詞にかけながら、千曲川左岸から塩尻・赤池・坂木・柏崎など山麓集落をながめ見た記載と読み、室賀峠越の街道筋を推定するか二通りの読みが可能であろう。[13]しかし、いずれにせよ、上野から信濃に入った鎌倉街道が小諸に出ずに、伴野荘に迂回し桜井郷を宿としていたことは、この地が北条氏一門の支配地であることとあわせて注目すべき事実といわねばならない。

桜井の地字図を示せば、図1の如くで「橋詰」「町田」「金井場」「大工作」など交通地名が残存し、それらに付属して「仮宿」という宿場地名が小字名として存在している。これこそ桜井宿の痕跡ではなかろうか。一遍上人による伴野市庭での踊念仏は、この鎌倉街道が伴野荘内を通過していたことによるものと考えられる。

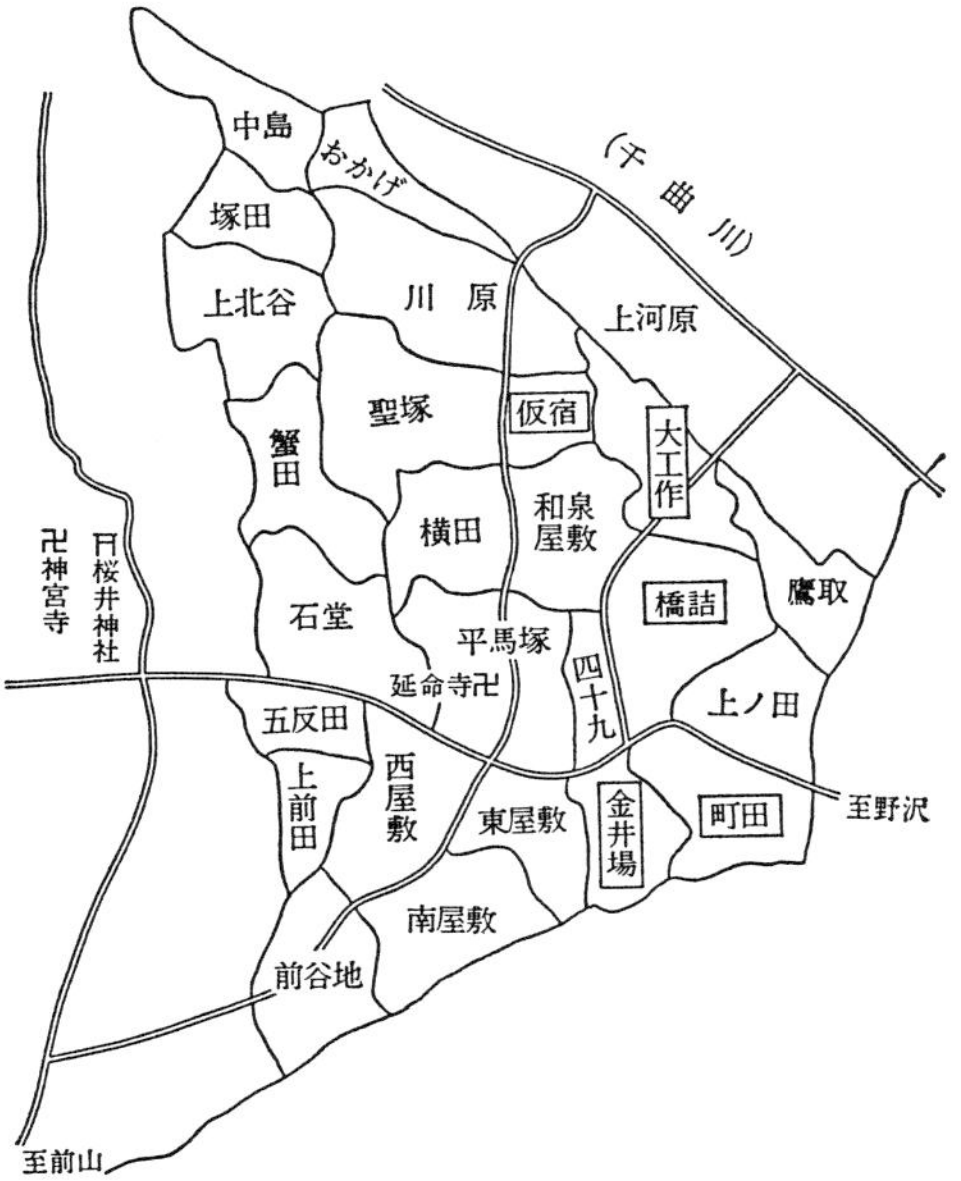

図1　上桜井の地字図と交通関係地名

鎌倉街道が北条氏所領の伴野荘桜井郷を通過していることと関連して、当時の上信交通圏について注目すべき説話が「諏訪大明神絵詞」にある。

正応ノ比、当国御家人小諸太郎と云物、当社頭役ノ時、下部下女等隣国上州ニ越テ朝市ヲスキケルニ、関東ノ執権貞時朝臣ノ管領シケル杲円号平左衛門入道当国守護代従人牛ヲカイテ下女ニヲイカケタリケル程ニ、口論ヲシ出テ打擲刃傷ニ及ヒケルカ、権勢ニホコリテ聽テ彼下人ヲ誅セントスル所ニ、忽眼暗

ナリテ、犯人ノ首ヲ打ハツス事両度ナリ、(14)

これによれば、第一に、当時信濃国御家人小諸太郎の下人・下女が頭役勤仕の準備のため上野国朝市の里まで売買に出向いていることが知られる。嘉暦四年（一三二九）諏訪上社頭役結番状案には「左(右カ)頭　佐久郡小諸、小諸太郎」とあり、小諸郷の住人であったことが確認される。小諸郷の御家人にとって上野国朝市は頭役勤仕の諸物資を確保するための重要な市場であったのであり、中世前期における上信間の地域的流通圏が形成されていたことを示している。

第二に、正応年間（一二八八〜九三）上野国朝市では牛が商品として売買されていたことが知られる。とくに前述のごとく朝市は鎌倉街道の宿であり、伴野荘内桜井郷や伴野市と同じ地域的流通圏内に位置していた。しかも「一遍上人絵伝」(15)には、伴野市と犀川には牛の放牧が描かれており、千曲川の河川敷での牛の飼育が盛んであったことを窺わせる。とくに、建武元年（一三三四）「伴野庄年貢注文」(16)によれば、代銭納となっているとはいえ、その年貢は「牛飼料」「牛腹帯」「牛鞦糸」なる項目で賦課されていたのであり、中世前期以前、この地域に牛の生産が展開されていたことが推測される。

牛が上野国朝市で商品化されていたことは、東国において牛の需要が大きかったことを物語っている。牛の利用法としては当然運送手段か農耕や開発での牛耕が考えられ、その利用法の解明は東国における開発や農業生産のあり方に大きな問題をなげかけるものといわねばならない。

第三に注目されることは、上野国が守護代平頼綱の支配下におかれていたことである。佐藤進一はこの史料から、霜月騒動以後安達氏にかわって北条得宗が上野国守護職を手中にし平頼綱入道杲円を守護代にしたものとされている(17)。この朝市での刃傷事件はその後、「国ノ注進ニ次テ　鎌倉ニテモ裁断アル所」となったという。いわば国衙と幕府の両者の管轄下で処理されたことが窺われ、北条氏の権力が市の管理や交通網の掌握にのり出していたのではないかと推測される。とくに伴野荘への北条氏一門の入部も、霜月騒動を契機としていたのであり、鎌倉末期に北条氏が上野国から信濃国に及ぶ交通網支配に積極的な姿勢を示していたのではないかと考えられる。こうした北条氏による交通網支配については、信濃国内の所領配置をみればいっそうその推測を強いものとさせる。

鎌倉後期、信濃における北条氏所領は、湯本軍一によれば一三ヵ所に及び、善光寺付近、千曲川両側、松本、上田、伊那飯田方面のいずれも交通・軍事・政治上の要地に多いことが指摘されている(18)。

とくに、私がここで注目したい事実は佐久郡伴野荘・小県郡塩田荘・同小泉荘・更級郡舟山郷・同四宮荘・水内郡大田荘などの北条氏所領がいずれも千曲川左岸にそって分布していることである。塩田北条氏が居館を構えた塩田荘では、塩田城跡の北方に「竹の内」の地名がのこり居館跡と推定され、その前方に「大道下」「下城戸」「道城」の地名がのこり、「鎌倉街道」との伝承をもつ古道が東西に通じている（図2）。『宴曲抄』にある塩尻の故地、上田市下塩尻には、高さ一七八センチと一六六センチの大型石造五輪塔二基が市指定文化財となっている。両者とも水輪にバンの梵字を薬研彫しており、鎌倉末期とされている。

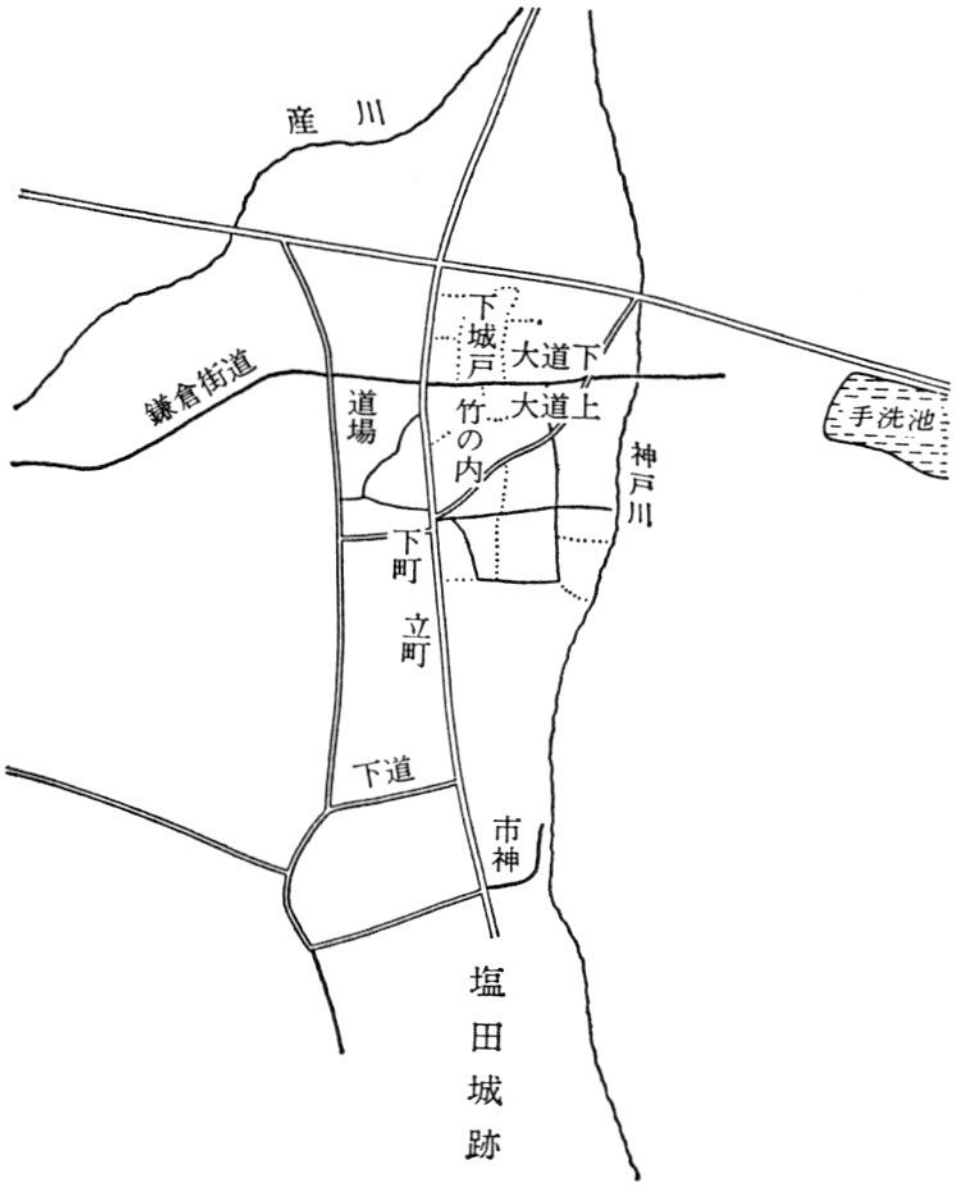

図2　塩田北条氏の居館推定地と鎌倉街道（『塩田城－その歴史と発掘より』修正転載）

小泉荘は、国府に通ずる保福寺峠と善光寺に向かう室賀峠の二つの道の分岐点にあり、両者を掌握する重要地域であり、ここには、北条泰時が善光寺不

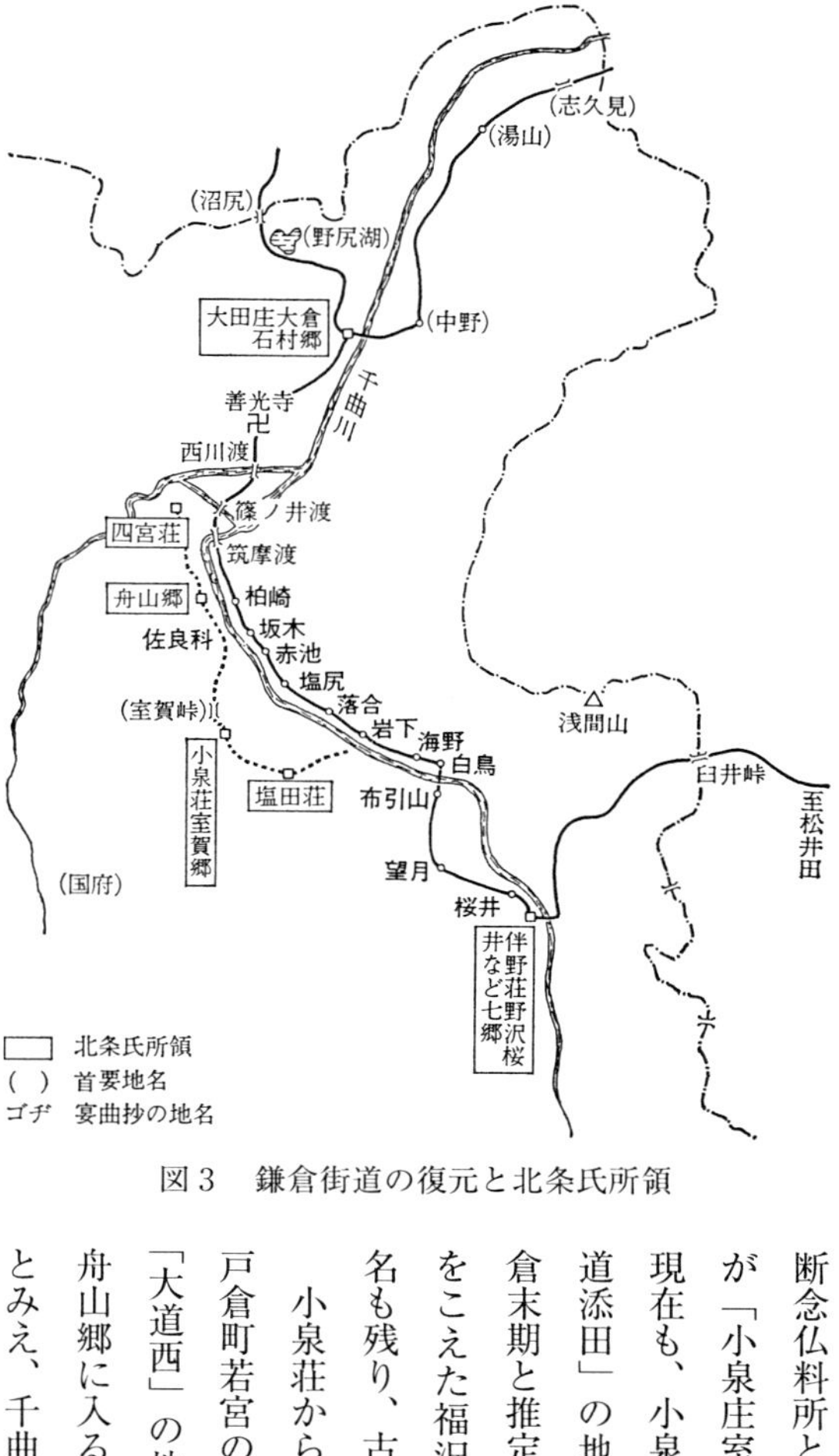

図３　鎌倉街道の復元と北条氏所領

断念仏料所として寄進した水田六町六段が「小泉庄室賀郷内」として所在した。現在も、小泉には「町裏」「大道下」「大道添田」の地名がのこり、五位塚には鎌倉末期と推定される板碑がある。室賀峠をこえた福沢には「荒宿」「宿」なる地名も残り、古道や宿の存在が推定される。

小泉荘から千曲川左岸を北上すると、戸倉町若宮の佐良科神社に通じ、ここに「大道西」の地名がのこり、「道中」から舟山郷に入る。舟山郷は中世には更級郡とみえ、千曲川の流路が蛇行する氾濫原の自然堤防上に立地しており、『地下に発見された更埴市条里遺構の研究』（長野県教育委員会、一九六八年）の指摘するごとく、旧河道が現在の尾米川とみれば千曲川左岸の氾濫原に位置していたこととなる。この地は、嘉暦年間信濃守護北条基時の所領とみえ、南北朝期には守護館の存在が確認される重要拠点であり、舟山郷前方にみえる「古峠」から麻績に通ずる古道があつまる交通の要衝であった。

水内郡大田荘大倉郷は、沼尻を経て越後国府に通ずる古道と千曲川の河川交通との接点に位置する。ここには「大道下」「道東」なる地名がつづき、千曲川との接点には「橋場」「大道添」の小字名がのこっている。

以上、北条氏所領と鎌倉街道との関係をまとめれば、図3のごとくである。明らかに千曲川左岸にそって北条氏所領が配置され、いずれも「大道下」「大道添」「大道西」などの地名が分布している。これに対して、千曲川右岸には、東部町・上田市・坂城町・更埴市などの小字図・字界図を検討してみても塩尻から岩鼻に通ずる地点に「大道添」が一ヵ所あるのみである。(19)

前述のごとく『宴曲抄』の記載からは善光寺道が千曲川左岸であったかどうかを読みとることは、史料の負担能力を超えているが、これらの事実は、鎌倉末期の鎌倉街道が北条一門の所領にそって政治的に設定され、千曲川水運も活用されていたことを推測させ、交通網と政治権力との密接な関連を窺わせているといえよう。

新城常三は、塩田北条氏が鎌倉に通ずる街道を建設したことを指摘している。(20)『吾妻鏡』によれば、寛元二年（一二四四）、信濃御家人千田蓮性と市村景家との相論に際し、讒訴の罪に処された景家に対して、「募二讒訴過料一、可レ直二一所橋一之由、被レ仰二付景家一云々」(21)と命じられており、過料として橋の修理が行なわれている。幕府の鎌倉街道整備に対する姿勢が窺われる。

その意味で北条氏の各郷村支配についても交通形態との関連から再検討してみる必要があろう。

二　伴野館址と河川交通

伴野荘における北条氏所領のうち、桜井・三塚・野沢・臼田の諸郷は千曲川氾濫原の自然堤防上に位置し、前山丘陵突端部の大澤・小宮山両郷や千曲川河川段丘の鷹野郷などとは立地条件を異にしている。

建武二年（一三三五）の伴野庄年貢注文[22]によれば、これらの諸郷のうち、野沢郷は千三百貫文とあり、伴野荘で最大規模の郷村であり、佃も二ヵ所存在していた。臼田郷は上下に二分され、上臼田村には一町一反の佃と九反六十歩の地頭手作が存在していた。桜井郷にも佃が配置され、前述のごとく鎌倉街道の宿が存在していた。いずれも伴野荘における重要な中心的郷村であったことが知られる。

とくに野沢郷には現在も伴野館址が残存し県指定史跡となっている。現在の伴野城跡は東西七四メートル、南北一一〇メートルの長方形をなし、四方の堀跡を用水路が通じ、西・北・東側に土塁を残している。これまでの研究では「本遺跡は鎌倉前代にはじまり、伴野氏歴代の居城とした五百年近い年月にわたって使用されたもの[23]」とされ、県内における鎌倉期の居館址の典型例とされている。最近の『日本城郭大系』においても、その「築地」は「鎌倉時代以来のもの」とされ、同様の見解[24]がとられている。しかし、県外の実例やその規模・遺構・地割・用水系統などからみて、現存する遺跡がそのまま鎌倉期以来の伴野館とはとうてい考えられない。

この点で注目される史料は、寛延四年（一七五一）九月日作成の「野沢原両村絵図[25]」である。この近世絵図（図4・5）によると、現存の居館址の外側に、さらに「芝土手、木立杉」や「木立、ヤブ、石ガキ」などと記載された土塁が四方にめぐらされ、用水路がその土塁を囲んで流れている。いわば現存の居館址は内郭にすぎず、その周囲に外郭が江戸期には明瞭に存在していたのである。この内郭と外郭をとりまく用水路は、水源を同一にし、「惣而用水ハ壱里余上ニ而千曲川ゟ水上ケ申候、是も堰本役野沢原両村ニ而勤堰下八ヶ村有之候」とあり、八ヶ村用水の堂川を利用していることが知られる。さらにこの堂川とは別系統の用水路が、居館と千曲川との間で居館東側に屈曲するように描かれ、現在の前掘川に相当することが確認される。

この近世絵図を現地形図や字切図に照合しつつ現地踏査[26]を行うと、この地域が町部で圃場整備事業の実施をまぬが

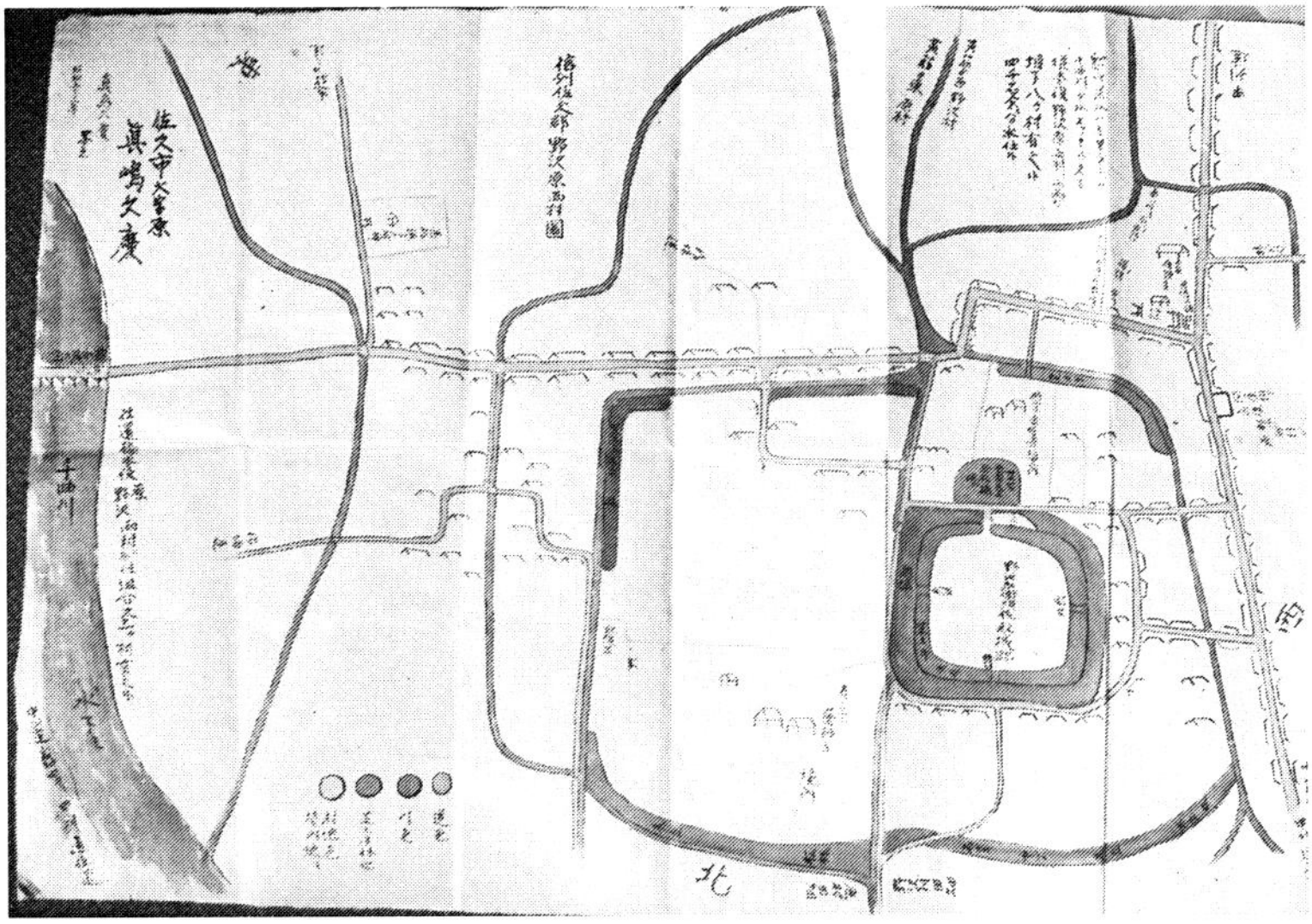

図4　佐久郡野沢原両村絵図（寛延四年）

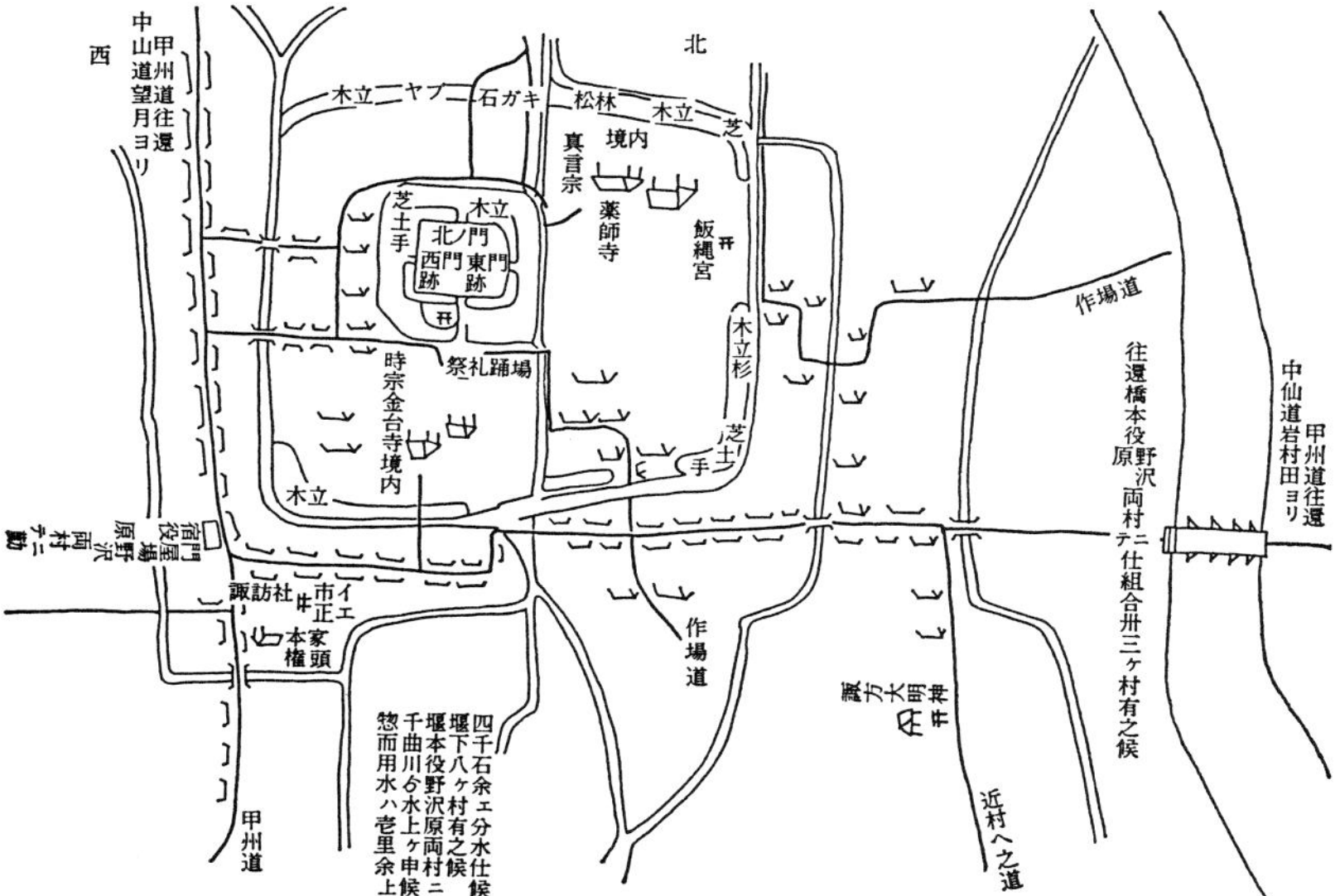

図5　信州佐久郡野沢原両村図（野沢原両村絵図、寛延四辛未九月日書之於江戸下谷）

れたため、現地比定が容易で、伴野館址の復元が可能であることが判明した。

すなわち、近世絵図に描かれた土塁はその大部分が消滅しているが、僅かに東側の一部が薬師寺の南に稲荷社として残存し、北側の土塁の痕跡が天明の飢饉に際して救済事業として建設された石垣の南側に一五メートル程残存している(27)(図6)。

外堀の用水路は、近世絵図のごとく堂川の流路として現存し、金台寺から薬師寺をとりこんでいる。とくに南西の隅は二ヵ所で流路が直角に切られており、角切の遺構となっている(28)。この用水路こそ居館に付属した堀ノ内の痕跡といえよう。この復元居館址は、地割・地名の上でも「居屋敷」「屋敷」の地域内に含まれている。

これらを一九七一年佐久市都市計画図（二五〇〇分一）に記載すれば図7のごとくである。

復元された居館址本体の基本プランは中心線で南北二二五メートル、東西三二五メートルで、北辺は三五〇メートルに及び北にむかって末広がりになっている。まさに、ほぼ二町四方館址であり、一方の軸がやや長く末広がりになっている点も含めて、峰岸純夫が足利・新田・河越諸氏の館址について報告された事実と一致する(29)。また、復元館址によれば、薬師寺と飯縄社が館内の東北隅に位置することとなり(30)、薬師寺裏の水田からは五輪塔の出土が伝えられている。奥田真啓の研究によれば、鎌倉武士は館内に墓所・寺院を建立するとともに神社をも勧請し、堀内鎮守として東北角または西北角に設置したといい、館の宗教的要素が極めて強かったことを鎌倉期の居館の特徴とされている(31)。

また、居館址に流れ込む八ヶ村用水（堂川）が近世において野沢原両村を堰本としていることは、中世においてこの用水路が伴野館堀ノ内の用水確保の目的で開削され、この館主がその勧農権を掌握していたことの痕跡と考えられる。

以上の諸点から、この復元される伴野館址こそ鎌倉末期の居館として考えるべきものと思われる。

図6　わずかに残る伴野館址の土塁（並木徳夫氏宅裏）

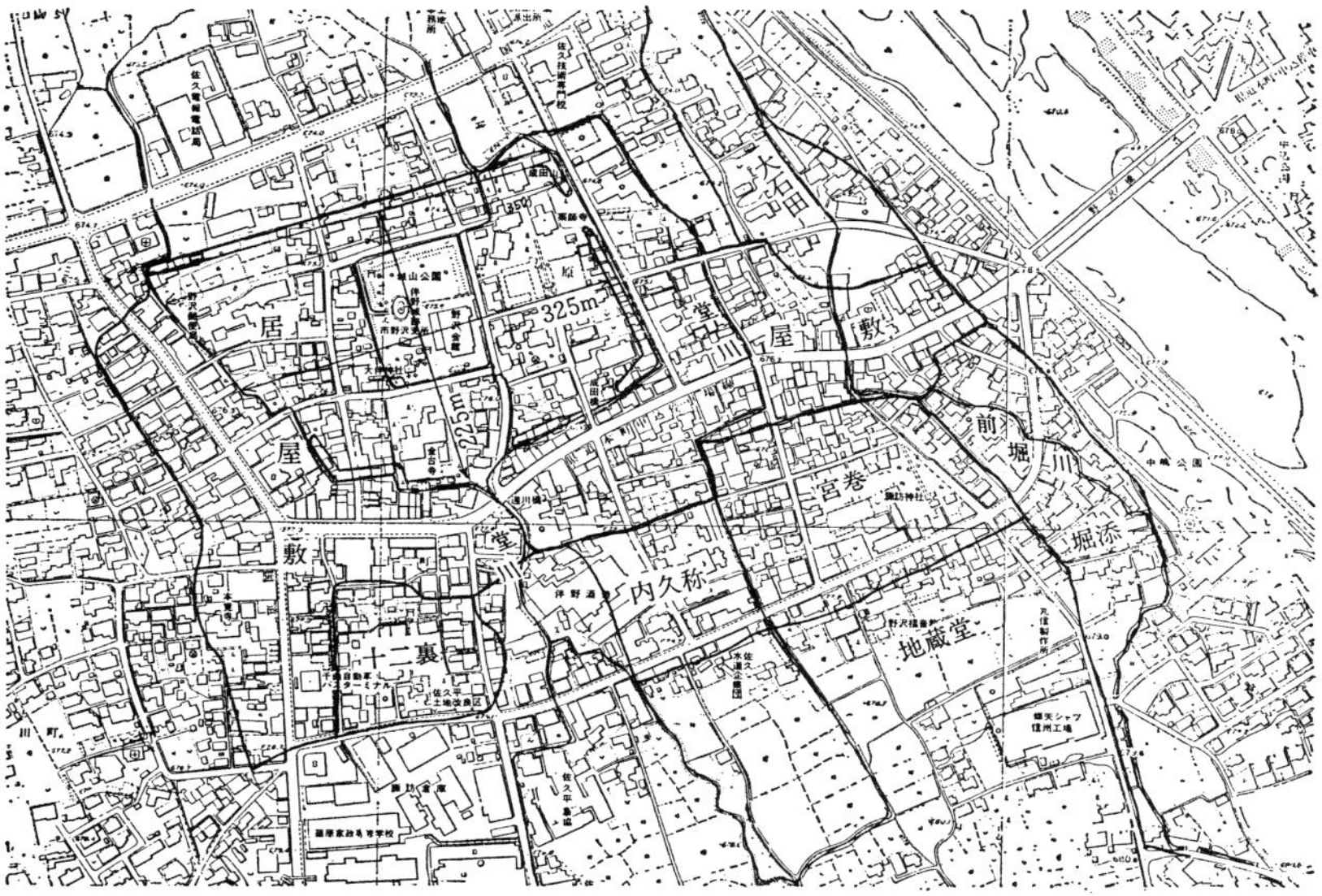

図7　伴野館の復元図と地割

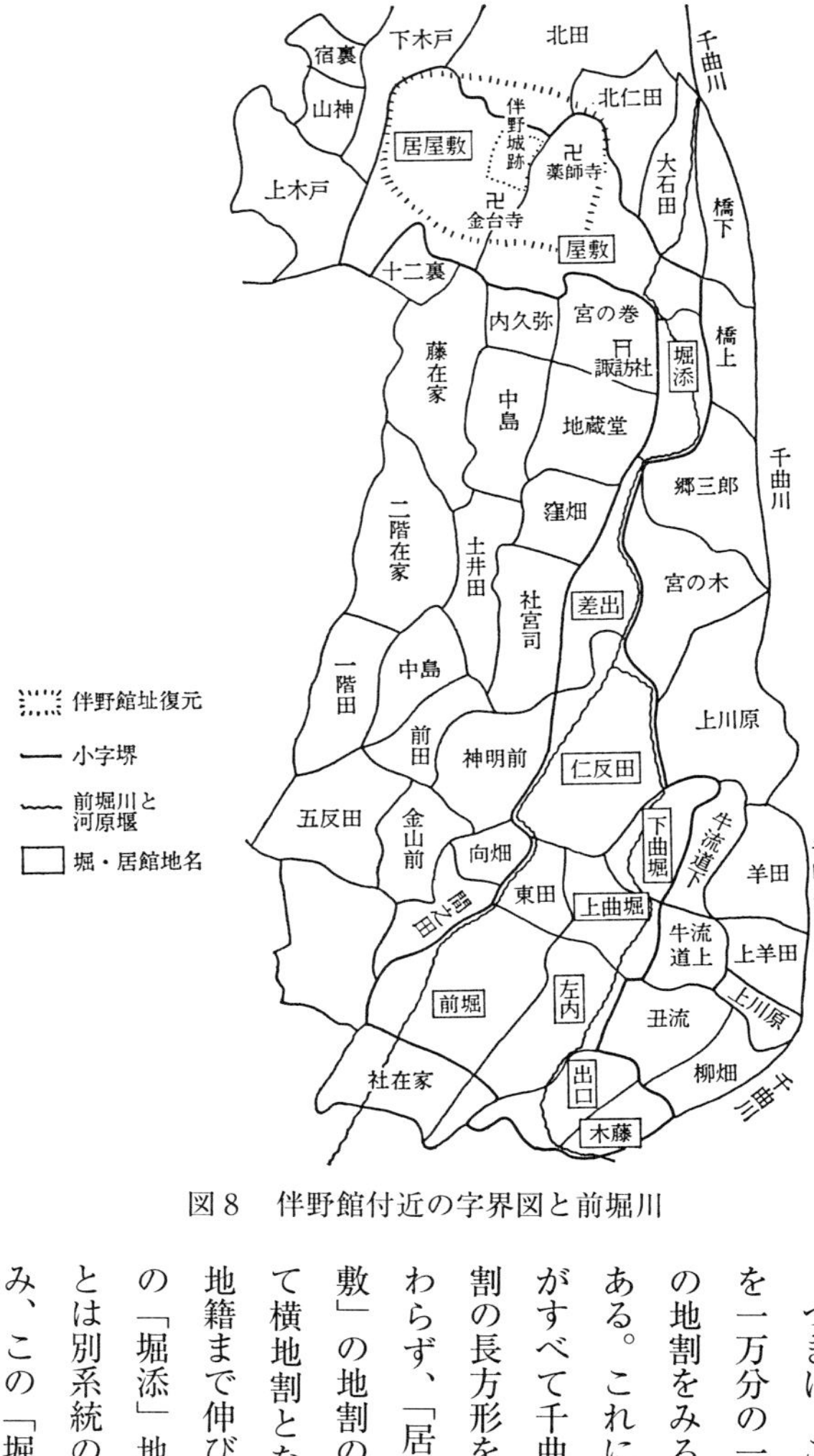

図８　伴野館付近の字界図と前堀川

つぎに、この館址付近の字界図を一万分の一地形図におとしてその地割をみると、図８のごとくである。これによると、周囲の地割がすべて千曲川の流れにそって縦割の長方形をなしているにもかかわらず、「居屋敷」につづく「屋敷」の地割のみがそれらを横断して横地割となっており、「堀添」地籍まで伸びている。しかも、この「堀添」地籍に伴野館址の用水とは別系統の「前堀川」が流れ込み、この「堀添」と「屋敷」との接点部分でカギ形に屈曲しているのである。

この前堀川流域の小字名は、「大石田」「堀添」「差出」「仁反田」「下曲堀」「上曲堀」「前堀」とつづき、「出口」「木藤」で千曲川に接しており、いずれも堀地名が多く幅の狭い長方形地割がつづいていることが注目される（図８）。

現在この前堀川は居館付近にその流路が残存するのみで、圃場整備事業によって破壊された。それ以前の空中写真、地形図ともに事業完了とともに廃棄処分になったため、千曲川との関係を地図上に復元することができなかった。しかし、聞取調査や高柳区有文書の近世絵図など[32]によると、「木藤」と「大柳」との間で千曲川から取水し、前堀川に合流する用水路が所在し「河原堰」と呼ばれていたという。この前堀川、河原堰こそ、元来は居館の用水系統とは別に堀地名と幅の狭い長方形地割にそって単独で千曲川に出ていたものと考えられる。このことは、前堀川が単なる居館の用水路ではなく、居館に付属した重要施設の存在をうかがわせるものといえよう。

私は前堀川の呼称、幅の狭い長方形地割、堀地名の集中、用水系統の相違、居館付近での屈曲などの諸点からして、この前堀川が河越館と同様、船入施設の痕跡ではないかと考えている。

この推定に誤りがないとすれば、伴野館は千曲川の水運利用を想定して基本プランがつくられていたことになり、野沢郷を所領としていた北条氏一門が利用した居館として用水路確保による勧農機能だけでなく、川船による荘内の公私所当物の運送・集積という行政上・交通上の機能をも有していたこととなる。

千曲川氾濫原に位置する野沢郷にわざわざ伴野館が建設された事実は、こうした千曲川水運利用を想定してこそ初めて合理的に説明され得るものといえよう。石井進は安芸国沼田・肥後国人吉・武蔵国河越などの居館がいずれも沼田川、球磨川、入間川の舟運との関連をもって設定されていたことを指摘されている[33]。

この地域が鎌倉街道と千曲川との信濃における最初の結節点であったことからすれば、伴野荘と善光寺間の河川交通路は、東北信の大動脈に相当する。伴野館址も千曲川の水運利用や行政的機能との関連で設定されていたものであり、東北信の大動脈を確保する意味をもっていたものと推定されよう。

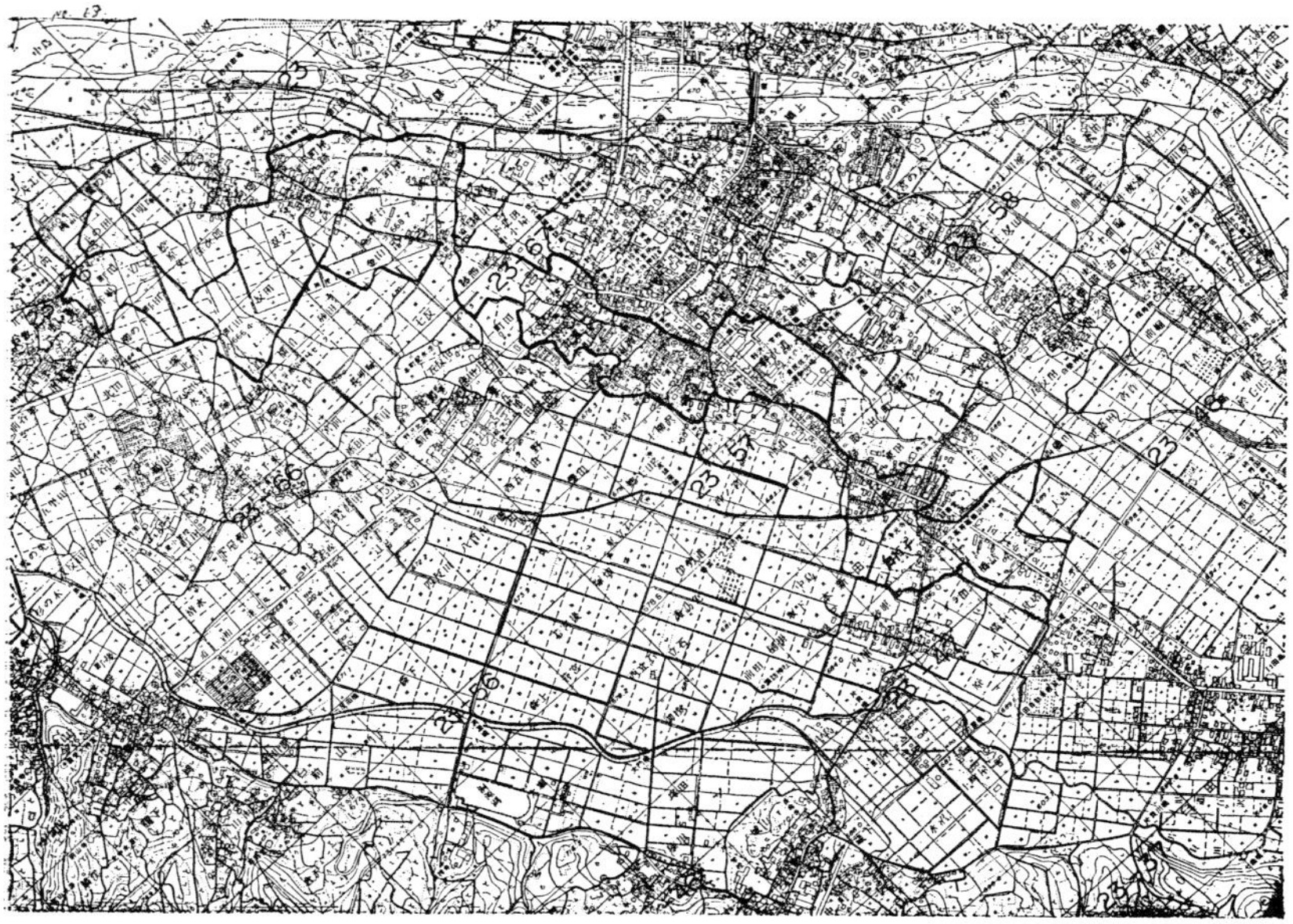

図９　佐久平の字切図

三　伴野市と氾濫原

伴野荘の交通流通機能を考える場合、最も大きな問題は「一遍上人絵伝」『一遍聖絵』に描かれた伴野市の存在である。絵伝の詞書には、

其年（弘安二年）信濃国佐久郡伴野の市庭の在家にして歳末の別時のとき、紫雲はじめてたち侍りけり、(34)

とあり、踊念仏発祥地とされている。この伴野市の現地比定については古来諸説あり、定説をみていない。(35)その復元のためには、まず中世の古道の復元から検討されなければならない。まず、臼田・野沢・桜井付近の字切図を一万分の一地形図におとしてみれば図９のごとくである。

ここから注目されることは、臼田から野沢を経て桜井にいたる自然堤防上に道路・交通地名が連続していることである。すなわち、取出町の「橋詰」をスタートに、「柏作」「白拍子」「沖道」「野沢道」「舞台」「上木戸」「山神」「下木戸」「宿裏」「大道寺」「上町屋」「舞台」「金山」「下町屋」「子の神」「双六」「町田」「市道」「町田」「金井場」「町田」とつづいて、桜井の「橋詰」に至る。まさに、取出町の「橋詰」から桜井の「橋詰」まで道路、市場地名が連続しているのである。

とくに取出町の「橋詰」は古来高柳村の上流千曲川岸辺にあり、氾濫でここに移ったとの伝承がある。事実、「慶長十五年佐久郡四組貫高付覚」(36)の付説には、「橋詰村今高柳ト合シ、上高柳ト称ス」とあり、高柳村の上に千曲川に接して橋詰村が存在していたことが確認される。

「佐久郡天正図」(37)とされる古絵図によると千曲川には北御牧村島川原から対岸の小県郡田中に一本と佐久郡橋詰村の地から対岸の下越辺に一本と、合計二本の橋が描かれている。これらのことから、現地の市川武治は橋詰が「橋管理のためわざわざおかれた村」と推測されている(38)。

橋詰があった高柳については、『蔗軒日録』に文明十六年（一四八四）、信濃僧瑞知客が和泉国海会寺の大叔を訪ねた際、「高柳相去一里、友野殿ノ在所ヲハマイ山ト云、四方有沼田、三方ハ町、山城也」(39)とのべたことを記録している。この高柳村がこの地方を見る一つの起点と意識されていたことが知られ、建武二年（一三三五）の伴野荘年貢注文にも「高屋木」としてその郷名が知られている。

以上から、高柳村橋詰が文明年間には千曲川を渡った最初の地点で、戦国期には橋を有した交通上の要衝で、千曲川左岸の自然堤防上の村落を通る古道の始点であったといえよう。この古道の位置する「市道」地籍では圃場整備事業にともなう発掘調査が実施されている。それによれば、平安時代の国分期（考古学の時期区分では九世紀）以降の住居址二、竪穴状遺構五が検出されており、第六号住居址からは鉄鏃、祥符通宝各一が出土し、四号竪穴状遺構から鉄澤二、皇宗通宝一、五号竪穴状遺構からは磁器一、青磁片四、鉄釘四、至和元宝一が出土している(40)。

これら宋銭の鋳造時期は、祥符通宝が一〇〇八年、皇宗通宝が一〇三九年、至和元宝が一〇五四年とされ、日本では中世を通じて流通していたことが明らかにされている。それらが磁器や青磁片などとともに出土していることからみても、平安・鎌倉期にもこの地籍で古銭の流通が存在したことを示しており、『宴曲抄』から知られる桜井に通じた鎌倉街道もこの古道と考えて誤りなかろう。

弘安年間、「一遍上人絵伝」に描かれた伴野市は文和年中（一三五一〜五五）には「伴野町」に発展したといわれており[41]、その所在はこの古道と密接な関連をもっていたものといえよう。

寶月圭吾のご教示によれば、大徳寺領播磨国小宅荘では、鎮守として崇導社が祠られ市庭と古道が密接な関係にあったという。「播磨国小宅荘三職方実検絵図」[42]によれば、崇導社の北方に「散所屋敷」、南方に「八日市」が描かれ、散所では「崇導免」、八日市では「在家屋敷付免」とあり、市場関係者の屋敷免の特権や崇導社との特殊な関係が知られる。したがって、伴野市も古道と結びついていたものと考えられる。

そこで、第一に注目される地点は伴野館址の西側に「上木戸」「下木戸」「舞台」「山神」「宿裏」「大道寺」など一連の町地名が集中していることである。以下、地名の史料批判が必要である。ここでは居館に付属した町屋が上木戸から下木戸まで存在し、そこに鋳物師や宿が存在していたという歴史景観が想定される。

しかし、この地を鎌倉期の伴野市に比定するにはあまりに居館に近すぎるように思われる。安芸国沼田庄における文和二年（一三五三）「市場禁制」によれば、小早川氏は沼田市を掌握しているとはいえ、その商品流通に対しては消極的で、家臣の市場接触を禁じて市場の平和維持につとめ、家臣団を館近くに集住せしめることを主眼にしていたという[43]。小早川氏が市場管理に積極的姿勢に転ずるのは十四世紀後半から十五世紀とされている。

著名な越後国奥山荘波月条絵図[44]でも、七日市・高野市は、中条・黒川両氏の館に近いとはいえ、むしろ「太伊乃河」河岸に描かれており、河川敷と市とのつながりを窺わせている。

したがって、信濃においても居館に隣接して町屋が設置され在地領主が商品流通に積極的姿勢になる時期については、独自の検討課題だといわねばならない。

浅野文庫所蔵「諸国古城之図」(45)に描かれた小県郡浦野の岡村城は、千曲川を利用して構築された平城の東側に、町

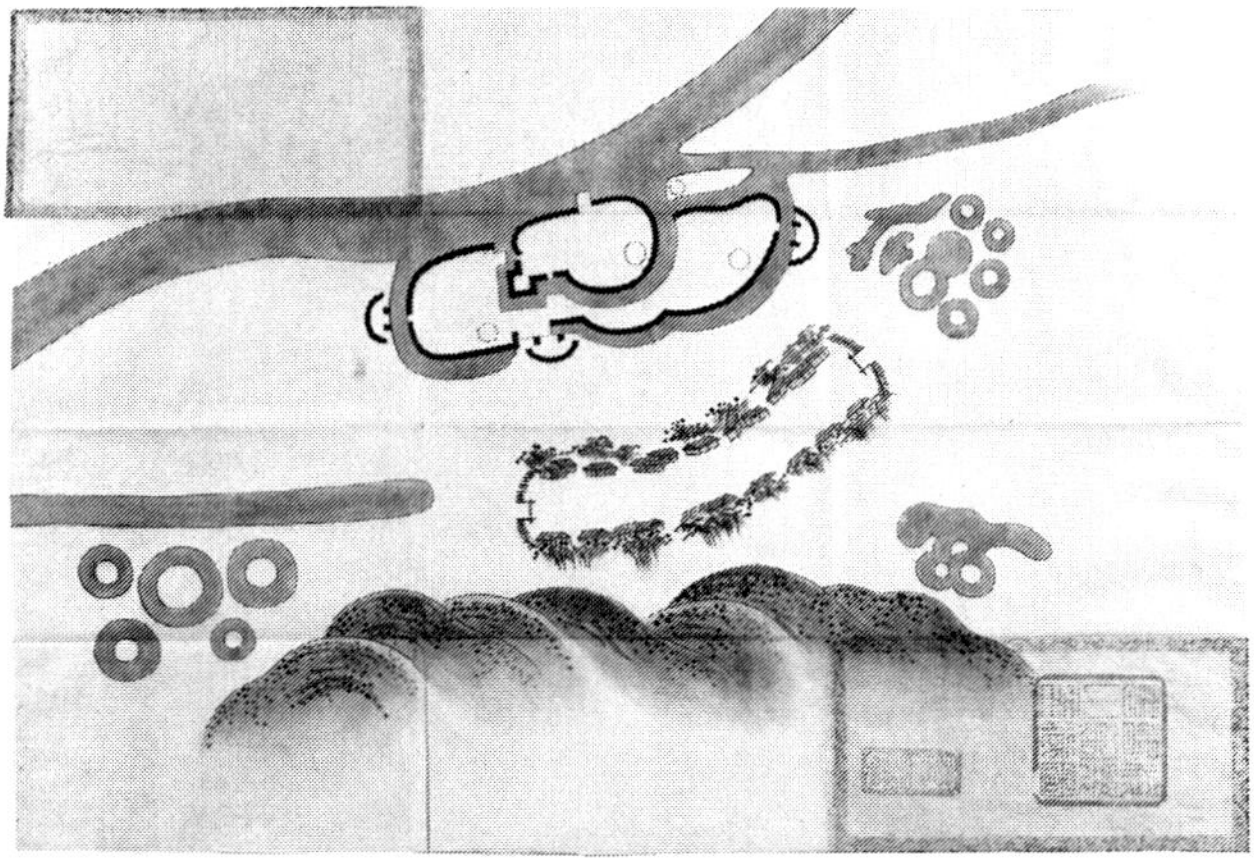

図10　小県郡浦野岡村城古図

図11　前山城（伴野殿在所）付近の字切図

屋が並び周囲に沼地が描かれている。とくに町屋の出入口には柵と木門で構成される木戸があり、道路をはさんだ左側に一一戸、右側に一〇戸の在家が記載されている（図10）。戦国期の平山城には木戸でかためられた町屋が城下に形成されていたことを示すものといえよう。

佐久郡でも、前述の『蔗軒日録』に伴野殿在所とされた前山について「四方に沼田有、三方は町、山城也」と記載されていた。現在この地域の字界図をみれば、図11の通りである。七二六メートルの「城山」にきずかれた山城の下に「屋敷添」「居屋敷」の地名が残り、その周囲に、「町後」「南町」の小字名がつづき、その外側の片貝川流域に、「鷹の免」「八反田」「土井」「清水」「中川原」の地名が存在している。この地名・微地形・地割から復元される山城と屋敷地に隣接する町、その周辺に広がる湿田地帯という歴史景観は『蔗軒日録』にいう文明年間の伴野殿在所のそれであったことが知られる。

したがって、伴野館址の西側に地名として残る「上木戸」「下木戸」にかこまれた町もこのような室町期の居城に付属した原初的な城下町の痕跡と理解すべきではなかろうか。

かつて、藤沢直枝は伴野市をこの伴野館址に付属した地に比定されたが、私はむしろ伴野館址西側の地点が室町期の居城に付属した町屋の歴史景観に類似しすぎるように思われ、危惧の念を禁じえない。

とすれば、第二に注目される地点は、現在の跡部村の「上町屋」「下町屋」「舞台」「金山」「子の神」「双六」などの地名が集中する所である（図9）。

この地域は、千曲川本流に面した最初の自然堤防上に立地しており、『跡部区誌』による近世千曲川氾濫の水害記録の調査では、「戸隠」「町屋先」「宮浦」「下川原」などが近世において河原で、洪水の際はこの地まで川瀬となり、「上町屋」から「俣田」にかけては水害危険にさらされる水防の第一線であり、未開発の河原ゆえに耕地の被害も問題にならなかったという。この地の性格は、中世ではいっそう顕著であったと考えられ、建武二年の伴野庄年貢注文にも跡部は全く記載されておらず、耕地として年貢対象地にならない河川敷であったと推定される。

この点で注目すべきは「一遍上人絵伝」における伴野市庭の景観である。それによれば、市庭には掘立柱の在家六軒と牛の放牧や松林が描かれて、市のたたない日の閑散とした河原の風景が窺われる。このうち、牛の放牧は「犀川の渡」の場面にもみられており、千曲川河川敷で広く行なわれていたと推定されることは前述の通りである。現在でも千曲川流域の中洲には「牛島」「牛流」「牛追」などの牛地名が多く残存している。

伴野市庭での放牧はこの地が河川敷であったことを窺わせ、跡部の歴史景観と一致する。最近、網野善彦は中世における市と河原との関係に注目されているが[46]、中世前期にはそのような事例が数多く知られる。

備中国新見荘では、「地頭方損亡検見并納帳」に記載された市庭在家後地について、

壱間　分地子銭一六四文、但大水流畢源三郎入道分仍寺家之上御使被見知畢

とある。これによれば、市庭在家が大水で流失しており、新見市が河川敷に所在したことが知られる。新見荘では高梁川と西川の分岐点東岸に「三日市」の小字が残っていたことを、清水三男が指摘している[47]。

また前述の「播磨国小宅荘三職方実検絵図」でも、「八日市」が「四日市河」と「堀溝河」との合流した氾濫原に描かれており、隣荘揖保荘の「四日市」も同一地域に推定されている[48]。また、越後国奥山荘における「七日市」「高野市」も「太伊乃河」河岸に立地していたことは、前述の絵図のほか、建治三年十一月五日沙弥道円譲状に「たかの、いちハ（高野市場）のそハのかハ（河）のなかれ（流）なり」[49]とあることからもあきらかである。この絵図を再検討された服部英雄

は、高野市を現在の高野部落南方に比定されている。[50]

これらの事例からも、伴野市が千曲川氾濫原の自然堤防上に立地した、この跡部付近に比定されるべきものといえよう。

近年、佐久平の圃場整備事業にともなう発掘調査では、前述の市道遺跡のほか、跡部の隣郷三塚遺跡[51]でも、祥符通宝・至和通宝各一が出土しており、これらは、伴野荘内の諸郷村では中世前期において銭貨の流通が竪穴式住居に居住する階層にまで浸透していたことを窺わせているものといえよう。[52]

以上の検討から、伴野荘における千曲川氾濫原は、自然堤防の微高地を利用した古道、市庭の設定、河川敷での牛の放牛などがみられ、中世社会での共同利用地としての性格をもち、年貢の運送や集積など行政交通流通機能上重要な役割をはたしていたものといえよう。

むすびに

これまで北条氏の伴野荘支配については有力郷村掌握の事実が指摘されるのみで、その政治的歴史的意義についてはあきらかにされてこなかった。

しかし、本章を通じて少なくとも北条氏の伴野荘支配が一荘園での得分確保といった問題にとどまらず、信濃における交通網掌握の一つの拠点であったことが推察された。

いいかえれば、伴野荘は、鎌倉街道と千曲川との南の結節点かつ出入口にあたり、千曲川水運利用と関係した伴野館や上信間の地域的流通圏内に位置した伴野市が所在し、行政交通流通機能上重要な役割をはたしていた。それゆえに霜月騒動以後、北条氏はこの地に目をつけ、伴野氏にかわって入部したものといえよう。とくに小諸の御家人にとって上野国朝市が諸物資を売却換金し、かわりに頭役勤仕の必要品を購入する場であったごとく、地域的な在地領主レベルの市場流通関係が発達していたのである。この地域的流通圏の成立の上に十四世紀の「麻商人」が介在する。だとすれば、南北朝期大徳寺文書にあらわれる「麻商人」も、単に伴野荘での麻の売買に従事した在地商人と考えることは許されない。

警固用遺(途)、馬佰文《麻商人》人五十之由、水沼申レ之、止二公事一旨申候、不審、商人皆出候、不レ似(以カ)レ麻也、

この記載からすれば、伴野荘では警固用途料として馬百文、人夫五十文が徴収されて麻商人も皆、麻ではなく銭貨で支出したものといえる。伴野荘では千曲川舟運が広く利用されて、荘官地頭の居館である伴野館に年貢物が集積され、そこからは荘園領主の費用負担によって麻商人＝輸送業者に年貢輸送がゆだねられるという形態が想定されよう。とくに、千曲川流域の荘園では、麻布の生産が多い。塩田荘の白布・市村高田荘の垂布、大田荘の白布・細美布などいずれも信濃麻・青苧である。麻商人はこれら地域の諸物産を鎌倉街道や千曲川を利用して広く売買、集積、運送したりしながら、同時に荘園年貢の輸送も請負うといった都市と農村とを結んだ遠隔地商人として理解すべきではなかろうか。

中世後期には、信濃麻の流通路は、直江津・柏崎に出て越後青苧とともに日本海ルートによるものと、桑名・東海道側ルートによるものとに二分されていたことが指摘されている。だとすれば、中世前期における麻商人の活躍や年貢輸送ルートについても、信濃—鎌倉—京という東海道側ルートのほかに、広く日本海ルートとの関係も考慮して検討されなければならない。しかし、それらの検討は本稿の直接の課題ではない。今後の研究課題として追求していければと考えている。

注

（1）井原今朝男「第一回長野県史荘園遺構調査—伴野・大井両荘における佃について」（『長野県史だより』二、一九八三年）、同「東国における佃の一形態—信濃国大井荘小田井郷の構造」（『中世の東国』五、一九八三年）。
（2）市村咸人「鎌倉時代に於ける佐久伴野庄の伝領」（第一次『信濃』七—五）。
（3）阿部猛「信濃佐久郡伴野庄について」（『信濃』七—五、後に「大徳寺領信濃佐久郡伴野庄」と改題して『中世日本荘園史の研究』大原新生社、一九七三年に所収）。
（4）佐藤和彦「ワタリ歩く荘園—信濃国伴野荘」（『月刊歴史』三六、一九七一年）。
（5）戸田芳実「古道踏査と中世史研究」（『日本史研究』二二三、一九八一年）、保立道久「荘園制支配と都市農村関係」（『歴史学研究・別冊特集　世界史認識における民族と国家』一九七八年）、黒田日出男「荘園制的神祇支配と神人寄人集団」（竹内理三編『荘園制社会と身分構造』校倉書房、一九八〇年、のちに『日本中世開発史の研究』校倉書房、一九八四年所収）。
（6）福田豊彦「鎌倉時代における足利氏の家政管理機構」（『日本歴史』三四七、一九七七年）、入間田宣夫「鎌倉時代の国家権力」（『大系日本国家史』中世、東京大学出版会、一九七五年）。
（7）『吾妻鏡』文治二年三月十二日条。
（8）文治年間源平争乱にともなう東国荘園の年貢未済問題が大きな政治問題となっており、幕府は本所領家による個別交渉による処理を拒否し、後白河院を媒介とした年貢催促のみを成敗するという原則を示していた（一九七九年日本中世史セミナー　口頭報告「東国における農業生産の一実態」）。伴野荘年貢未済問題もそうした公武間交渉の一環としておこなわれていたことに注目する必要がある。
（9）「守矢文書」嘉暦四年三月日（信史五—七〇）。
（10）『明月記』安貞元年閏三月二十九日条。信濃国務問題で、『明月記』に登場する「入道」「四条の入道」「入道法師」が、宇都宮頼綱にあたることは、山本隆志「関東武士の都鄙活動」（初出論文は二〇〇六年、のちに『東国における武士勢力の成立と展開』思文閣出版、二〇一二年所収）を参照。
（11）『宴曲抄』上（信史四—五〇一）。
（12）桜井の地名は、現在小県郡滋野と佐久市の二ヵ所に所在する。『宴曲抄』の桜井について『上田小県誌』第一巻（一九八〇年）

は、小県郡に比定するが、『宴曲抄』の誤読で、佐久市桜井と考えるべきであろう。峰岸純夫「信濃善光寺への道」（『中世東国の荘園公領と宗教』吉川弘文館、二〇〇六年、初出論文は一九九八年）は、千曲川右岸コースを辿るものと想定して、桜井を東部町とする。名所・地名を読み込んだ中世歌謡集であるため、街道コースの特定はなしえないと思われるので、旧説のままとする。

(13) 塩尻・赤池・坂木・柏崎のうち、赤池・柏崎は現在の地名としてみえない。しかし「坂城町字界図」によれば、新地の西側に「西赤池」なる小字名が存在し、また柏崎は、柏王神社・柏岩寺の所在する戸倉町柏王と考えられる。

(14) 「諏方大明神画詞・緑起第三」（『信濃史料叢書』第三巻、信史六―二二五）。

(15) 「一遍上人絵伝」（『日本絵巻大成』別巻、中央公論社、一九七八年）。

(16) 「大徳寺文書」。伴野庄領家方年貢注文・建武元年五月十日（信史六―二二六）。

(17) 佐藤進一『鎌倉幕府守護制度の研究』（東京大学出版会、一九七一年）九〇頁。

(18) 湯本軍一「信濃国における北条氏所領」（『信濃』二四―一〇、一九七二年）。

(19) これらの「小字図」「字界図」は、一九八二年より県史編纂の一環として「地籍図の保存収集」を始めたもので、関係市町村、教育委員会のご援助、ご協力による。記して感謝の意を表したい。

(20) 新城常三『鎌倉時代の交通』（吉川弘文館、一九六七年）二八一頁。なお、その史料的根拠については明示されていない。

(21) 『吾妻鏡』寛元二年六月五日条、千田蓮性・市村景家は、水内郡千田郷・市村高田郷の御家人と考えられ、修理した橋はこの地域を流れる犀川の渡しにかけたものと思われる。「一遍上人絵伝」の〝犀川の渡〟の場面には、蛇行する犀川の諸流一帯と河岸に乱杭を打ち並べて道路とし、乱流の間に板木をわたして橋としている。こうした橋の維持は、大変な労力を必要とし、御家人らに過料として課せられていたものといえよう。

(22) 「大徳寺文書」。建武二年十月廿一日伴野荘年貢注文。この文書について東京大学史料編纂所蔵写真本によって検討すると、各郷の肩付記載等は明らかに「異筆」とすべきことなど多くの史料批判が必要である。それらは本稿の直接の課題でないので別稿に譲り、『信濃史料』がこの文書の宛名としている「伴野庄年貢注文領家地頭」はこの裏文書の端裏書であることを指摘するにとどめておきたい。

(23) 『長野県指定文化財調査報告書』第四集（長野県教育委員会、一九六五年）、なお、この見解は、古くは藤沢直枝が『長野県史蹟名勝天然記念物報告書』第二三輯（長野県、一九四六年）の「伴野氏館址」でこの居館を「鎌倉時代の館址」としたことに始まる。

(24)『日本城郭大系』第八巻（木内寛氏担当執筆、新人物往来社、一九八〇年）。

(25)真島久慶氏所蔵。絵図裏書には「原村ゟ差上、薬師寺、野沢原両村絵図、寛延四辛未年九月日書之、於江戸下谷」とあり、薬師寺旧蔵のものと思われる。この絵図閲覧には臼田都雄氏の多大の御協力による。

(26)現地踏査は一九八二年八月十八・十九日、九月二十九日、翌年三月二十八・二十九日の三回行なわれた。臼田都雄氏をはじめ菊池清人・沖田悦夫氏、佐久市教育委員会佐久市誌編纂室・望月町教育委員会に多大のご協力をいただいた。記して謝意を表したい。

(27)並木徳夫氏宅裏、底辺約九メートル、上辺約四メートル、高さ一・八メートルでその一部が残存している。

(28)このような館址の隅が「入角」や「角切」になっている例は、県内でも須坂市井上の井上氏居館址、県外でも典型的な館址とされる熊谷市東別府の別府氏館址が知られ、方一町の館の南東隅が「入角」となっている（『埼玉の館城跡』埼玉県教育委員会、一九六八年）。なお、別府氏館址の現地調査（一九七九年七月二十二日）には滝沢健次氏のご協力を得た。記して謝意を表する。別府氏館地については、奥田真啓「新田氏の氏寺信仰　上・下」（『歴史地理』六九―四・六、一九三七年）に言及されている。

(29)峰岸純夫「東国武士と館」（西垣晴次編『地方文化の日本史3　鎌倉武士西へ』文一総合出版、一九七八年）、豊田武『武士団と村落』（吉川弘文館、一九六三年）。

(30)復元館址には、南正面に金台寺が含まれるが、その位置・性格からして後世この地に移転してきたもので、「南西方面にもと所在した」という伝承が注目される。

(31)奥田真啓「鎌倉武士の館に就て」（『歴史地理』七一―四、一九三八年）、同「武士の氏寺の研究(1)(2)」（『社会経済史学』一一―一・二、のちに『中世武士団と信仰』柏書房、一九八〇年所収）。

(32)佐久市高柳　平林実氏口述。「高柳区有古文書」。

(33)石井進「中世の居館址と河川」（『千曲』一五、一九七七年）。

(34)絹本著色一遍上人絵巻四（信史四―三二七）。

(35)『長野県史蹟名勝天然記念物報告書』（前掲注23書）で藤沢直枝氏は、野沢伴野館址周辺に比定し、『跡部区誌』（一九八二年）は跡部村周辺に比定している。なお、今井雅晴氏によれば、この絵伝にみえる伴野の現在の位置について、河合禎隆氏が「踊り念仏について」（「大正大学昭和五十五年度卒業論文」未刊）で疑義を呈されていることを指摘されている（「踊り念仏の板碑」『時衆研究』九五、一九八三年）。

(36)『南佐久郡誌』。
(37) 臼田都雄氏復写図、なお「佐久郡天正図」と称されるものは、田中実氏旧蔵「信濃国佐久郡永楽高述帳」（望月町教育委員会保管）にも記載されている。
(38)「高柳村概要―高柳区有古文書目録」（一九八〇年）。
(39)『蔗軒日録』文明十六年十月二十三日条（信史九―三二七）。
(40)『佐久市埋蔵文化財調査報告・市道』（佐久市教育委員会、一九七六年）。
(41) 原田伴彦『中世における都市の研究』（講談社、一九四二年、五九頁）。
(42) 西岡虎之助編『日本荘園絵図集成』上巻（東京堂出版、一九七六年）所収。
(43) 佐々木銀弥「中世の都市と商品流通」（『岩波講座日本歴史8・中世四』岩波書店、一九六七年）。
(44) 前掲注42書所収。
(45) 矢守一彦編『浅野文庫蔵諸国古城之図』（新人物往来社、一九八一年）解説拙稿参照。
(46) 網野善彦・阿部謹也『対談　中世の再発見―市・贈与・宴会』（平凡社、一九八二年）七〇頁。
(47)「東寺百合文書」・ク函　建武元年備中国新見荘地頭方損亡検見并納帳、清水三男「荘園と市場」（『中世荘園の基礎構造』清水三男著作集第三巻、校倉書房、一九七五年）。
(48) 前掲注42「解説編」二三三頁、八木哲浩「揖保川の西遷」（『揖保川町史　第一巻本文編Ⅰ』揖保川町、二〇〇五年）。
(49)「中条家文書」建治三年十一月五日沙弥道円譲状（『奥山庄史料集』新潟県教育委員会、一九六五年）。
(50) 服部英雄「奥山庄波月条絵図とその周辺」（『信濃』三二―五、一九八〇年）。
(51)『三塚鶴田―長野県佐久市三塚鶴田遺跡発掘調査報告書』（佐久市教育委員会、一九七六年）、『跡部町田―長野県佐久市跡部町田遺跡発掘調査報告書』（佐久市教育委員会、一九七八年）。
(52) 跡部村には、民俗芸能として「踊り念仏」が伝承され、長野県民俗無形文化財に指定されている。また「舞台」「上町屋」には「舞台石」「祇園石」と伝える石が残り、また小名などの地名については『跡部区誌』に詳しいのでそれによられたい。

（補注1）伴野市庭の一遍踊念仏の痕跡

本論文は、『一遍聖絵』に描かれた「伴野市庭」の中世の市場・町屋跡を長野県佐久市跡部地区に比定した。その後、一九八八年に大徳寺塔頭徳禅寺の襖の下張から、佐久伴野荘二日町屋の中世古文書群が発見・公開された（『長野県史通史編　中世1巻』長野県、一九八六年、井原今朝男『日本中世債務史の研究』東京大学出版会、二〇一一年所収）。二日町屋が跡部地区の「上町屋」「下町屋」の地名に対応すること、「野沢原郷百姓」が「町屋住人」であったことも判明した。長野県佐久市跡部地区の西方寺に伝承された「跡部の踊り念仏」は、長野県民俗無形文化財に指定されていたが、その後、二〇〇〇年十二月には国の重要無形民俗文化財に指定された。「史跡　跡部踊り念仏発祥地」の碑が建てられ、二〇一四年には跡部念仏保存会『国重要無形文化財　跡部の踊り念仏』の報告書が刊行された。それによると、寛政三年（一七九一）正月の「念仏講入用控帳」、明和三年（一七六六）三月の「踊躍念仏仲間結成趣意書」・「仲間法度覚書」、安永三年（一七七四）正月の「踊躍念仏二代目取立帳」、天保十一年（一八四〇）二月の「常行三昧念仏諸入用控帳」や、宝暦八年（一七五七）六月金台寺に招かれた他阿一海が揮毫した「南無阿弥陀仏」の名号掛軸が発見された。近世での踊念仏が中絶を繰り返しながら復活・相伝された実態があきらかにされた。しかも、跡部区には「川原田」の共有地があり、明治の地租改正・戦後の農地改革を潜り抜けて今も跡部土地利用農業協同組合によって維持されているという。これらから、鎌倉時代に一遍が伴野市庭で踊念仏をはじめてから、その痕跡が跡部地区に連綿として伝承されてきたことがあきらかにされている。

（補注２）　市場設定の主体者と場をめぐる論争点

保立道久「宿と市町の景観」（『自然と文化』一三、一九八六年）は、『一遍聖絵』の伴野市の景観が市の立たない日の市町の景観を示すものとした。保立は「町の中世的展開と支配」（高橋康夫・吉田伸之編『日本都市史入門Ⅱ　町』東京大学出版会一九九〇年）で、越後国小泉荘の市町の景観を論じた斉藤利男「古代・中世の交通と国家」（『日本の社会史二　境界領域と交通』岩波書店、一九八七年）と、上野国世良田市を論じた山本隆志「鎌倉後期における地方門前市の発展」（『筑波大学歴史人類』一七、一九八九年）と佐久伴野市の本論考の三つの事例から、「領主による町場の設定・町屋在家の設定」＝「地方町場の景観」の具体像として総括した。同「市の屋形・仮屋」同『日本都市史入門Ⅲ　人』）では「多くの場合市庭と町屋はルーズながらも複合して一つの市町を構成していた」典型例として佐久伴野市を位置づけている。これらは、都市と農村との対立を前提にした都市論の一環として「都市的な場」を地方・田舎の中に探ろうとする研究動向を代表するものである。

他方、都市論を批判的に検討する立場からは、都市と農村の未分化な中から、市場・町場・宿などが無主地や境界に設定され、人々が無税地のために集まるとする（井原今朝男「中世の為替と借用証文」『日本中世債務史の研究』東京大学出版会、二〇一一年）。本論文でも徳禅寺文書から、伴野荘二日町屋の為替史料群が発見され、その分析から、年貢輸送の替銭請取状を発した商人淨阿や二日町屋の住人が野沢原郷の御百姓であったことから、中世の農村と都市は対立する存在ではなく、むしろ両者が未分化な一体性をもった存在が「町場」であり、農村商人を生み出していたとする。『一遍聖絵』の伴野市庭が野沢原郷に隣接して河原の自然堤防上に存在し、二日町屋に発展したとする仮説を提示した（井原「鎌倉時代の社会」『長野県史　通史編中世1』一九八六年、『日本中世債務史の研究』前掲書）。鎌倉期の市町については、領主による市立による都市的な場の設定論と、都市と農村の未分化な中での町場論・農村商人像をめぐる論争がつづいている。

（補注3）　農村商人像をめぐ論点

吉岡康暢「東国の都市と物流をめぐって」（峰岸純夫・村井章介編『中世東国の物流と都市』山川出版社、一九九五年）において、吉岡は考古学から流通論へのアプローチの仕方について問題提起をした。吉岡は、中世東国の陶磁器流通について、Ⅰ初期　十一世紀後半―十二世紀前半、Ⅱ前期　十二世紀中葉～十三世紀前半＝鎌倉でのカワラケの大量消費、Ⅲ中期　十三世紀後半から十四世紀前半＝中国陶磁器の大量消費・西国産食器の波及・拡散、Ⅳ後期　十四世紀後半から十五世紀中葉＝中国陶磁器の減少・渥美・常滑陶器の大量移入と東北への波及、Ⅴ末期　十五世紀後半～十六世紀末＝城館主層による唐物集中的所有、の五段階に時期区分をする。とりわけ、Ⅰ初期における陶磁器の広域流通について、脇田晴子らの提起した神人・供御人による貢納制請負輸送説について否定的評価をあたえた。吉岡によると、伊勢湾西岸では百姓が貢納物弁済のために窯場を開いたとする新見解を提示し、渥美・常滑陶器の流通範囲は、神人らの御厨・御園の範囲を越えて東北太平洋岸にも及んでいるとする。都市的商人や神人・供御人が直接介在しえない在地の民需品流通システムを想定する必要があるとして、文献史学の面から「農村と町場に依拠して在地交易活動を行う「農村商人像」の研究として、吉田敏弘「中世後期における市庭網と農村商人」（『空間・景観・イメージ』地人書房、一九八三年）と井原今朝男「中世東国商業史の一考察」をあげている。宮瀧交二「中世東国における陶磁器の流通と海上・河川交通」（峰岸純夫・村井章介編『中世東国の物流と都市』山川出版社、一九九五年）も中世東国の陶磁器流通は、国人領主クラスの在地領主層ではなく、「農村商人とも言うべき人々が十分に関与することが出来た」（一五三頁）と評価している。考古学的分野からは農村商人が武士的商人像や神人供御人的商人像とが対立的に理解されているようである。

しかし、吉岡の拙論の取り上げ方には一部誤解がある。旧来の中世商人像は、豊田武によって武士的商人像と神人供御人的商人像の二類型が指摘されるのみあった。それらは都市と農村の対立を前提にして都市から商人が生まれる道筋を主要な発生過程論としている。

そこで、拙論ではむしろ農村の百姓身分のものが町屋在家をもち町屋住人となって商人化していく類型が存在したとして農村商人像を提起した。洛中の替銭屋を相手にした割符を振り出した浄阿が野沢原御百姓であったことに示されるように、農村商人は荘園制的物流＝貢納制を支える社会存在になっていた。農村商人は年貢物の輸送・物流＝荘園制的貢納制に従事する一方で、私物としての商売物をあわせて輸送・物流に従事し遠隔地間交易によって私的利潤を追求するという二面性をもっていた。神人供御人的商人が、御厨御園の荘園制的貢納制の枠組みに依拠しながら、私物を商売物として遠隔地にまで交易して特別価格差による利益を獲得した二面性と同一である。脇田のいう神人供御人的商人の場合も、年貢物と商売物の二種類の物流をあつかったものと考えられている。吉岡の批判にもかかわらず、神人供御人的商人も本所の御厨・御園の範囲を遙かに超える遠隔地交易を実現しえたものというべきである。したがって、武士的商人・神人供御人的商人・農村商人のいずれの類型でも、年貢物（貢納制的公物）と商売物（商品的私物）の物流・輸送・交易・販売に従事したものとみなさなければならない。中世の物流は「数多の公物私物」（『今昔物語』）・「公私所当物」（「禰寝文書」）・「公私納物」（「大乗院文書」）「公私負物」（「円覚寺文書」）など、公私未分離のものと理解されていたことに留意されなければならないのである。

（補注４）『宴曲抄』の史料批判

正安三年（一三〇一）に記録された『宴曲抄』は、その後、山本隆志、峰岸純夫らにより鎌倉街道上道の地名比定の史料として活用され、交通史料として利用されるようになった。『宴曲抄』を撰述した明空については、外村久江『早歌の研究』（至文堂、一九六五年）によって、忍性の常陸三村寺と金沢文庫とも関係の深い僧侶と指摘された。明空は、『諏訪郊験』を『拾果抄』に採録した。『諏訪郊験』の記載内容は、称名寺の僧全海が正和二年（一三一三）に書写した『諏波私注』の「七不思議事」とほぼ一致しており、正安〜正和年間に、早歌・宴曲の曲目として、善光寺や諏訪神社の縁起が流布していた。関東の文化圏は、応永年間にも機能しており。武蔵国村岡の有宝寺・如意輪寺の僧衆らが村岡経の唱道＝聖道として上洛していた（井原「鎌倉期の諏訪神社関係史料にみる神道と仏道」『国立歴史民俗博物館研究報告』一三九、二〇〇八年）。鎌倉から室町期にかけて関東の民間で「聖道」として波及していた「早歌うたひ」の民衆知を『宴曲抄』『諏訪郊験』『拾果抄』の史料批判の中から探り出すことは今後の研究課題といわなければならない。

第二章　公家新制の公田興行令と得宗領の公田開発

はじめに

一九九〇年代における研究動向のひとつとして地域史・地域社会論が市民権をえたことが指摘できる。八〇年前後の自治体史編纂による史料群の拡大がもたらした大きな成果といえよう。(1)昨今では各時代の国家権力がどのような地域支配秩序を構築したのか、国家による地域編成論の解明なしに国家史研究そのものが成立しえないこともあきらかになりつつある。その意味では、かつての中央史と地方史という対比的な図式そのものが克服されつつあるといえよう。しかし、地域史の中で国家史とリンクさせた具体的研究が展開されているわけではない。

戦前、「百姓に歴史があるか」と揶揄されていた時代に、栗岩英治は、「新国史を地方史の上に樹てよ」「郷土史は直ちに国家史・世界史のもつ内在性のすべてを具有する」「国家に国史が成立する以上、村にも村史が成立する」と先駆的に主張していた。(2)それから五〇年以上の歳月が経過し、地方における個人のみならず社会生活全般がますます政治や国家・国際関係と密接不可分になっている。しかし、栗岩が提起した問題は具体的に解明されているわけでもなければ、そのための研究法が論議されているわけでもない。

本章は、「中世における開発と環境」のテーマでコメントを求められたのを契機に、中世における在地での具体的な開発が、公家新制や武家新制という国家史とどのようにリンクして展開していたのかを中世前期の伊那谷を事例に検討したい。栗岩の提示した問題に接近するとともに、新しい地域史研究の方法論をもとめて論議が活発化することを願うものである。

一　得宗領伊那春近領小出二吉郷における公田開発

得宗による御内裁許

平安から鎌倉期に荒野開発の事例は数多く報告、研究されてきたが、公田開発の具体例はきわめて少ない。その一例を関東御領で得宗領でもあった信濃国伊那春近領にみることができる。史料1「工藤文書」の正応元年（一二八八）十一月三日北条貞時下知状案写は、信濃国伊那春近領小出二吉郷で地頭代小井弖氏の惣領小井弖道覚（忠綱）と庶子工藤盛綱が公田の年貢課役配分をめぐって争った訴訟判決文である。これまでの研究に依拠して経過をみよう。

信濃国伊那春近領は関東御領で北条得宗家が地頭で、小出二吉郷の給主（地頭代）に小出弖工藤氏が任じられた(4)。小出弖氏の私領として「細田」「桑木田」「本河原田」などが天竜川の段丘上に小黒川の用水を利用して展開されており、公田は天竜川の氾濫原に位置し小井弖氏に請負され惣領・庶子が配分率に応じて年貢・課役を分担弁済していた(5)。この文書について、『鎌倉遺文』や鈴木国弘は関東下知状案と評価し、幕府御家人の政所池上氏が「本来神大祝のもった、かの政所職」を「入手」したと評価している(6)。しかし、稲垣泰彦が指摘したごとく、関東下知状ではなく北条貞時裁許状とみるべきで、北条得宗家が得宗領に関して裁許したものとすべきである。事件の発端を確認しよう。

史料1には、

当郷公田元六町也、而依㆓河成㆒被㆑減㆓于二町㆒、年来雖㆑令㆑弁㆓勤其課役㆒、去弘安八年比先政所池上弥次郎入道之時、発㆓河成㆒依令㆑加㆓増六町㆒也、

とある。春近公田が河成によって六町から二町に減少し、課役も削減されて弁済してきたが、弘安八年（一二八五）頃政所池上弥次郎入道の時に河成の再開発が行われ、公田が六町に加増された。そのため、課役の増加をだれが負担するかをめぐって惣領と庶子の間で争論となったのである。惣領忠綱側はつぎのように主張した。

盛綱知行分公田元一段小也、依㆓三倍加増㆒者、可㆑弁㆓勤四段分加㆑之処、弘安十年分僅弁㆓一段分㆒、所㆑残不㆑弁㆓三段分㆒条無㆑謂、加㆑之、如㆓亡父能綱建長三年二月六日公事配分状㆒者、所領者雖㆑譲㆓与之㆒、至㆓四分限公事㆒者、任㆓神追配分㆒、可㆑致㆓沙汰㆒云々、就㆓彼状㆒、各可㆑有㆓其沙汰㆒之由、書㆓置起請文㆒也、任㆓件状文等㆒、盛綱可㆑勤㆓四段課役㆒之旨、可㆑被㆓仰下㆒由申也、

庶子分の公田は一段百二十歩であるから、三倍の加増分を加えて四段分の課役を納入すべきだという論理で、建長三年（一二五一）二月六日の公事配分状と各人の自発的な起請文を根拠にあげたのである。公田の面積や年貢額は起請によるものとする中世的観念が生きていた。(7) 庶子盛綱側の反論は次のとおりである。

盛綱亡父師能公田元一段小之条勿論也、但去弘長比、師能与惣領道覚于時、忠綱相論之刻、互令㆓和与㆒、河原田一段地本者、付㆓忠能（綱カ）㆒可㆑弁㆓一段所当㆒、小分役者師能可㆑弁㆑之、於㆓自今以後㆒者、迄㆓于子々孫々㆒不㆑可㆑違之由、弘長二年十二月互書㆓違和与状㆒、同廿三日武蔵守殿御時給㆓御下知㆒、経㆓廿六ケ年㆒畢、而弘安八年池上入道時、河成加増之間、盛綱知行公田小令㆑加㆓増一段㆒、弁㆓勤所当公事㆒之条、全無㆓過失㆒旨陳㆑之、

庶子側は、弘長二年（一二六二）十二月和与状で、公田の河原田一段の地本は惣領側に付けて所当を弁済し、庶子側は小分＝百二十歩分を弁済することになっており、武蔵守長時の下知状もらって二六年も経過している。弘安八年

地上入道の時の加増分については小分の三倍である一段分の所当公事を弁済したと反論した。つまり、庶子分の公田が一段小か百二十歩かの認定に両者の対立点があったのである。

当時幕府は和与を奨励し、幕府で訴陳が行われた事件で和与状がつくられたときは、将来の改変・濫訴を禁止する下知状を執権や鎮西探題が出すことが鎌倉幕府の正式な訴訟手続きであった[8]。「比志島文書」、鎮西下知状（鎌一六三六九）はそれを実証する具体例である。したがってここでいう「武蔵守殿御時御下知」とは執権長時が和与状に加判した関東下知状とみてまちがいない。得宗北条貞時の判決はつぎのように決した。

雖レ申二子細一、就二弘長二年和与状一、武蔵守殿御時御下知、経二廿六ケ年一畢者、於二状文一者輙難レ棄二破之一、然則河成加増、定二盛綱一、可レ令レ弁二勤公田一段課役一之、

ここで得宗貞時は、弘長二年二月二十三日和与状に執権武蔵守長時が署判を加えた下知を不易とし、年紀法により庶子分の公田を小分＝百二十歩と認定し、その三倍として一段分の年貢課役負担を命じた。庶子側が勝訴したのである。

ここから判明する事実は、㈠伊那春近領小出二吉郷の公田は元六町であったが、河成によって二町に減少していた。弘安八年（一二八五）ごろになって政所池上弥次郎入道の時、河成を発し六町に加増するという公田の再開発が行われた。㈡庶子の師能―盛綱父子側の公田は元一段百二十歩であったが、弘長二年和与状で一段分の地本が惣領側に付けられ、百二十歩に再調整された。㈢公田が二町から六町に加増されたから、庶子分の「所当公事」「課役」も三倍にして弁済すべきであるという点では両者とも一致している。

惣領庶子間の年貢公事配分状の変遷

ここから、鎌倉将軍家に納入されるべき関東御領春近領の年貢公事は公田の面積の変動に応じて惣領と庶子に配分

され、その率に応じて結解・算用されることがわかる。地頭得分は得宗家に納入されたのであろうが、以上から年貢公事配分制度の変遷をまとめるとつぎのようになる。

第一期、惣領能綱の時代。建長三年（一二五一）二月六日公事配分状の時期。

春近公田　六町　庶子分―一段百二十歩

第二期、惣領忠綱の時代。弘長二年（一二六二）和与状・執権長時下知状の時代。[補注1]

春近公田　二町　庶子分―百二十歩。一段の地本は惣領に付ける。

第三期、弘安八年（一二八五）の公田再開発で訴訟となり、正応元年（一二八八）得宗貞時裁許状の時代。

春近公田　六町　庶子分―一段（三百六十歩）

小出二吉郷の給主（地頭代）工藤小井弖氏の公田年貢徴収体制は、いいかえれば惣領と庶子とが公田をどのように配分し鎌倉に公田年貢を納入したかという問題である。その変遷が、建長・弘長・弘安年間の三つの時期に区分され、執権や得宗の裁許をえて確定していたことは興味深い。こうした変遷は、全国の得宗領でも同様の現象がみられたものと考えられるが、具体的に確認される事例は数少ない。これまでの研究では全国の関東御領や得宗領の検出が盛んであるが、幕府や得宗がそこからどのように公田年貢徴収体制を強化していたのか、その変遷についての研究は今後の課題だといわなければならない。

ここでは、この三つの時期区分が関東新制や公家新制からみた特別の時代と重なっていることに注目したい。笠松宏至によると、建長五年北条時頼による十三ケ条の立法は田舎の習を変改しようとする「撫民」を政策基調のひとつとした徳政であり、弘長元年の関東新制と弘長三年の公家新制は公家武家両政権による徳政令、弘安・元亨の公家・武家新制もそれに次ぐ足並みをそろえた徳政令であったという。[9] してみると、得宗領伊那春近領という一地域での年貢配分をめぐる給主一族内部の紛争と再調整をめぐる三つの時期区分は、北条氏による徳政の政策基調と密接に関係しており、幕府や公家政権の国政運営に左右されていたと考えざるをえない。

したがって、まず時頼の建長五年前後の撫民政策と第一期の工藤小井弖能綱発給の建長三年（一二五一）二月六日公事配分状との関連から検討しておきたい。なにゆえ建長三年という年に惣領と庶子の間で公事配分状を作成する必要があったのか、その歴史的社会的背景をみておかなければならない。その点で注目すべきは建長五年十月十一日の追加法二九五条である。「諸国本新地頭所務事」と題した追加法は、本地頭や新地頭の新儀非法を禁止したものであるが、その中につぎの一文がある（『中世法制史料集』）。

但於㆓本司之跡㆒者、随㆓郷保㆒、依㆓荘園㆒、所務各別也、非㆓一様㆒、或依㆑為㆓開発領掌之地㆒、令㆑備㆓進本年貢㆒之外、於㆓惣領之下地㆒者、一向本司進㆓退之㆒、或自名知行之外者、不㆑相㆓綺惣領地本㆒所多㆑之云々、所詮本司所務之例、考㆓先規之由緒㆒、可㆑致㆓沙汰㆒之処、仮㆓地頭名字㆒、掠㆓往代之所務㆒、構㆓新儀㆒、称㆓本地頭之例㆒、致㆓押領㆒之条、甚以無道也、

この時期に地頭非法として禁止された行為のひとつであるが、その意味は概略つぎのようになろう。本司のいた所領に地頭が補任された場合では、郷保や荘園によって地頭の所務のあり方は別々で一様ではない。ある場合では、本司の開発領掌の地であるとして地頭は本年貢を備進するのみで惣領の下地はすべて本司が進退することもあるし、ある場合には本司が自名を知行するのみでその外は惣領の地本に干渉しないという事例も多い、本司所務の例は慣習に従うべきであるのに、地頭の名を仮りて新儀を行ったり本地頭の例だといって押領することは無道であるというのである。「不相綺惣領地本所多」について、「惣領が地本に干渉しない」と解することができないわけではないが、『吾妻鏡』文治二年（一一八六）十一月二十四日条所収の宣旨にも「非㆓指謀反跡㆒之処、宛㆓行加徴課役㆒、張㆓行検断㆒、妨㆓惣

領之地本に」とあることからすれば、「惣領之下地」と「惣領地本」とは対句になっており、「惣領の地本に」と読むべきであろう。

こうしてみれば、建長年間、時頼は地頭の新儀非法において惣領の権力行使を極力停止させ、本司の権限保護という撫民政策を基調としていたことはまちがいない。この得宗領春近領でいえば、地頭北条氏の下で地頭代になっていた工藤小井弖氏による「先規之由緒」を極力尊重するという政策的立場にあったといえよう。工藤小井弖能綱譲状案写によれば、京の大番役が賦課されたとき、父為綱の所労（病気）が長期に及んだため能綱が比企能員の催促に従って京上し、その最中の正治元年（一一九九）六月二十二日に父為綱が死去した。工藤小井弖為綱―能綱の父子は守護の指揮下に入る御家人であったことが判明する。その後の工藤小井弖氏を『吾妻鏡』によってみると、安貞三年（一二二九）と貞永二年（一二三三）正月三日条には小井弖太郎兵衛尉が登場しており、嘉禎三年（一二三七）から仁治二年（一二四一）正月三日条までは小井弖左衛門尉が合計六回にわたって正月垸飯での御馬を負担している。(10) 彼らは将軍直臣の御家人でありながら、得宗領春近領の給主＝地頭代になっていたのである。いいかえれば、工藤小井弖氏は地頭北条氏に対して小井弖二吉郷を本領とした「本司所務之例」を主張し下地は「一向本司進退」を主張しうる立場にあったのである。

こうした中で、建長三年二月五日に工藤小井弖能綱は師能や太郎宮熊王・弥二郎らに分割相続して仮名文字の譲状を作成し、「宮藤右馬太輔子忠綱のゆつり状」も存在していた（信史四―一六四）。建長三年二月六日公事配分状はこのような中で作成された。まさに御家人として人生を終えようとする工藤小井弖能綱が、時頼の下に春近年貢や公事を負担しなければならない子孫のために一族内部の公事配分状を作成し置文としたのである。御家人工藤小井弖氏は将軍の直臣であるとともに、得宗領の給主＝地頭代として得宗被官化するという両属関係の道を歩みはじめる転換点にあった。この時期一族内部の公事配分状は惣領が置文や譲状とともに決定しえたのである。

御家人工藤氏の所領が、関東御領から得宗領になって北条氏が地頭として入部すると、旧来の御家人工藤小井弖氏が地頭代や給主に補任され直されたのである。このような事例は、奥州・出羽・津軽の北条氏所領でもみられ、結城・小山・三浦氏ら有力御家人が北条氏から地頭代に補任されており（遠藤巌「東北地方における北条氏所領の研究（2）」（『日本文化研究所研究紀要』別冊七）、大仏北条氏の越後・佐渡でも、地頭代に御家人らが補任安堵されていたことが指摘されている（高橋一樹「平安末・鎌倉期の越後と佐渡」田村裕ほか編『中世の越後と佐渡』高志書院、一九九九年）。幕府政治の変遷過程で、御家人が関東御領や北条氏所領において地頭代や給主に補任されて二重の主従関係に編成されることによって、公田年貢の未進問題や御家人役負担の訴訟問題がどのように変化していったかをあきらかにすることが次の研究課題である。

なお、地頭―地頭代の補任問題は、安田元久・田中稔・工藤敬一・五味克夫・海老沢衷・井原今朝男・外岡慎一郎・山隅惟実らが指摘した九州や西国での惣地頭と小地頭や惣荘地頭と一分地頭との内部構造と関連する研究課題である。近年、御家人役負担の内部構造として清水亮「鎌倉期九州の国御家人統制と惣地頭」・「鎌倉時代の惣地頭・小地頭間相論と鎌倉幕府」（『鎌倉幕府御家人制の政治史的研究』校倉書房、二〇〇七年）や七海雅人「鎌倉幕府の御家人役負担体系」（『鎌倉幕府御家人制の展開』吉川弘文館、二〇〇一年）として論じられている。具体的な実証研究を越えて、地頭―地頭代との内部構造として一般化しえる共通点・制度面とそれぞれの独自性とを区分けして、御家人制の実体論・本質論へと議論を深化させていくことが研究課題になっているといえよう。

二　公家新制の公田興行令と御領政所による公田復興策

弘長公家新制の公田興行令

工藤小井弓氏一門が、能綱の定めた公事配分状を変える和与状を作成し、執権長時の下知状をえたのは弘長二年（一二六二）であった。工藤小井弓氏の第二期が始まるこの年、幕府は弘長の武家新制を発した。翌弘長三年（一二六三）八月十三日には朝廷が公家新制四十一ケ条を発し、その二四条に「諸国正税の減失を興行すべき事」を命じ、二五条にはつぎのようにある。(11)

一可レ興二行同公田減失一事

仰、聖主之政者因二人心一、宰吏之務者叶二民望一。而近来之法、誠非二其宜一、任中国検之時、遍依二地頭土民之隠容一、不レ全二万頃百畝之町数一、或又仮二神威一、或又寄二権勢一、国之凋弊、職而斯由、前司縦雖二違犯一、後司宜二改直一安レ民者君之恵也、悔レ非者人之廉也、兼又雖二前司去レ任之後一、売買共可レ有二其科一、

これは国司に対する公田興行令である。(補注2)為政者は、国司任中国検の際に地頭や土民らが隠田行為を行い国司がそれを見逃しているために公田の減失がおこり、国の凋弊の原因になっていると認識していた。しかし、現実はもっと複雑であり、得宗領小出二吉郷の春近公田のように洪水や災害による河成・畠成などによる公田減失がそのまま固定化し、再開発が行われなかったのである。この時期の公田は、摂家領越後国白河荘上条内岩鷲田在家においても「本所御年貢においては公田肆段の沙汰を致すべしと云々」（「安田文書」鎌二四〇一四）とあるごとく、国衙領のみを指すものではない。公田については入間田宣夫・田沼睦・中野栄夫らの公田論や石井進による批判があるが、(12)ここでは荘園・国衙領の双方において年貢公事の賦課対象となった耕地を公田といっていることが確認できればよい。公家新制での

公田興行令は、本所年貢賦課対象地の復興をめざした徴税体制再建のあたらしい政治動向で、荘園制の所領構造の再編成をめざしたものといわなければならない。弘長の公田興行令は新しい政策基調であった。

しかし、伊那春近領小出二吉郷では、春近公田が元来六町であったものが河成で二町に減少したまま再開発はおこなわれず、むしろそれが固定化されつつあった。工藤小井弖氏庶子分の公田は一段百二十歩であったのに、庶子分は四分の一のわずか百二十歩にすることで和与し、惣領・庶子和与状に執権長時の下知状を得たのである。それは公田が二町に減少したことを幕府も追認し、庶子の負担分も削減されたことを意味している。いいかえれば、河成による公田の減少は地頭代にとっては春近年貢の負担減を意味していたのであり、在地の利益は公田減失にあったことがわかる。それから正応元年（一二八八）の訴訟判決まで二六年間年貢公事の配分をめぐる一族間の紛争はなかった。こうしてみると、弘長新制による公田の再開発は給主・地頭代による年貢負担を拡大させることになり、中世公田制のもとでは、在地側が再開発の主体になることはありえなかった。公田興行の主体はどこに求められたのであろうか。

関東御領・得宗領での不作・河成の復興令

その二〇年後、幕府も新しい政治改革に動きだした。安達泰盛の徳政として著名になった弘安七年（一二八四）五月二十日の新御式目三十八ケ条の中に、関東御領に関する追加法五〇八条がある（『中世法制史料集』）。

一、御領御年貢、毎年被レ遂二結解一、可レ被レ全二御得分一事

その具体化のため、弘安徳政令とされる一連の法令である五一六・五二九・五四五・五六八条が制定された[13]。この「御領御年貢」とは関東御領の公田に賦課された年貢をいい、「御得分」は地頭職としての得宗の地頭得分を指すものといえよう。五一六条は「御年貢、定二日限一可二徴納一、若過二期日一者、可レ被レ召二所領一事」と納入期日の順守を命令する。五二九条には「関東御領事、非御家人幷凡下之仁、或称二相伝一号二請所一、或帯二沽券質券等一、多以領作之由、有二

其聞一、尋二明越中越後両国之当知行之交名、田畠在家員数一、可レ被二注申一之状、依レ仰執達如レ件」とある。関東御領における請所や領作者についての交名注進を越中・越後両国守護北条公時に命じている。諸国の守護は関東御領での当知行者と田畠在家員数を把握する手段を有していたのである。関東御領の実態が守護や国衙機構によって掌握されていたことになる。この推測を論証する史料として「薩藩旧記」・権執印文書（鎌一五四三六）をみよう。この弘安八年（一二八五）二月二十日関東御教書案には、

薩摩国田文事、前々雖レ令二注進一、不二子細一歟、神社仏寺国衙荘園関東御領等、且注二分地頭御家人一、且又尋二明領主之交名一、来十月中、可レ令二注申一之状、依レ仰執達如レ件、

とある。薩摩国では国田文に国衙領・荘園と並んで「関東御領等」が明示され、その地頭御家人や領主の交名が記録、注進されていたことがわかる。石井進によれば諸国大田文は国衙系のものと幕府系のものが存在していたという。いつの時点から大田文に関東御領の当知行者や田畠在家員数が登録されるようになったか今後の検討課題とせざるをえない。この時期に中世人がいう関東御領の概念が、石井進のいう関東御領と得宗領の一体化したものを指すのか、筧雅博のいう本所領家の地位を幕府がもつ武家領（関東御領）を指すのか[14]、最近高橋典幸のいう「御家人領」を指すのか[15]、あるいは別の実態なのかについては、判断を保留せざるをえない。ここでは関東御領が荘園国衙領とならんで国の田文に登録され、国制的保護の対象になっていたことが確認できれば十分である。

追加法五四五条は関東御領の所領年貢の納入時期を遠国は翌年七月、近国は翌年三月中にして結解を行うように限定した。期日を過ぎた場合別納の地は政所例郷に落とし、例郷では所帯を改易するという罰則が決められた。五六八条では後家および女子による御領の知行を禁止。弘安七年（一二八四）十月二十二日評定では、所当公事を寄子等が対捍して惣領が立替え訴訟になったとき、立替額の倍額の弁償を命じるとともに、未済が明白な場合には寄子等の所

領を惣領に分付することを命じている（追加法五六六条）。領家年貢は惣領・頭人が庶子・寄子分の未進分も代納する義務があり、その場合には倍額弁償法が認められ、それができないときには所領を分付することが幕府法で認められており、そうした体制整備は得宗領からはじまり関東御領へと拡大していたことは別稿で指摘した(16)。したがって、この五六六条も、関東御領における年貢対捍の処罰をきめたものと理解すべきであろう。以上、これらの諸条は全体として関東御領における年貢公事徴収体制の強化策と評すべきである。将軍権力と御家人との主従関係を再構築しようとする弘安徳政の政策基調からして関東御領の再建は当然の帰結であるといえよう。これらの諸条文を弘安の関東御領興行令とよぶことができる（村井章介『北条時宗と蒙古襲来』ＮＨＫブックス、二〇〇一年、二一二頁）。

弘安の関東御領興行令と併せて、その前後に得宗領での御内法も整備されていることに注目すべきである。弘安六年（一二八三）四月には追加法四九〇条が出された。

　御判有レ之

恒例《御内》臨時公事間事、或就二政所一、或定二頭人一、被二仰下一之処、給主幷寄子等、称レ令二対捍一、不レ遣二其道一之条、無レ謂、然者頭人幷政所、先致二沙汰一、可レ注二申子細一、寄子幷給主等、背二彼催促一、致二自由対捍一者、随二公事之躰一可レ被レ付二寄子所帯於頭人一、次政所経二公用一事、於二別納之地一者、可レ被レ落二例郷一、至二例郷一者、可レ付二政所一、但以二不実一於二注申一者、政所頭人可レ有二其咎一之状如レ件、

この法令は「御内」と傍注があり、あきらかな御内法である（『中世法制史料集』三九六頁）。得宗領での公事徴収体制について、政所・頭人と給主・寄子との関係を整理し、政所・頭人の責任とその催促に背いた給主・寄子の所帯を頭人に付けるべきことを明文法にした。関東御領・得宗領の構造を物語る史料として入間田らによって分析された著名な史料であるが、ここでは第一に得宗領での政所・頭人による給主・寄子への監督権強化という政策が、弘安の関東御

領興行令に先行していることに注目したい。第二にこの御内法こそ、伊那春近領小出二吉郷において政所池上入道が給主小井弓氏に対する監督を強化した根拠法であったとみてまちがいない。

さらに注目すべきは、得宗領での不作河成の再開発令が出されていることである。追加法六〇六条をみよう。

一、諸御領不作河成事、在御判

給主等、就ㇾ申二子細一、加二検見一之処、閣二前々不作河成一、向當不ㇾ遂二其節一之間、田数減少、公損之基也、自今以後、如ㇾ然訴訟出来之時者、可ㇾ被ㇾ遂二実検一也、次前々検見所々、同可ㇾ有二其沙汰一矣、

『中世法制史料集』の編者は「在御判」を貞時の袖判であり御内法令であろうとし、条文配列の順序から弘安九年（一二八六）ごろかと推定している。[17] 袖判奉書が得宗家の発給文書であることは多くの事例があり、御内法とみてまちがいない。「諸御領」については『吾妻鏡』建久四年（一一九三）十月二十一日条にも「諸御領」の乃貢結解勘定を私宅で行うことを禁じ「政所」で行うように命じている。これは五味文彦のいうごとく[18]関東御領と理解せざるをえないから、「諸御領」とは、関東御領と得宗領とを含んだ幕府法概念と考えられる。六〇六条は、関東御領・得宗領において給主側が洪水や不作などで実検使の派遣を望んだとき、以前認定された不作・河成の地はそのままで再検注をおこなうことはないので、田数が減少して公損之基になっている。これより以後は、実検使の派遣を積極的におこない不作河成となった所でも検注し直して年貢負担の田数に組み込めというのである。ここでいう「田数」は公田を指すことはあきらかである。この御内法の制定意図が、関東御領・得宗領における不作・河成地への実検使を派遣し公田数を復興しようとしたものといえよう。関東御領・得宗領での新規の不作・河成による実検使の派遣要請を逆手にとって、旧来の不作・河成地への検注権を強化することによって公田を復興させるべく積極策に打って出たのである。それは、弘長の公家新制における公田興行令の延長線上の措置といえよう。

だとすれば、弘安八年に同じ得宗領の伊那春近領小出二吉郷において行われた政所池上入道による公田再開発は、この得宗貞時による不作河成復興令の政策に発した可能性が高くなる。

御領政所の機能と役割

前述の史料1には「去る弘安八年頃先の政所池上弥次郎入道の時河成を発し依って六町に加増せしむ也」とある。注目すべき第一は、地頭代とは別に政所の池上弥次郎入道が春近公田再開発の主体として派遣されている。第二に、「河成を発し」とは「地発し」と同様開発行為を指し、二町に減少していた春近公田の再開発をいう。「六町に加増」という背景には再開発による公田の再検注がある。あきらかに御内法六〇六条がいう実検使の派遣と不作河成復興令による公田興行策と軌を一にしている。政所池上弥次郎入道による再開発と実検使による再検注が行われ、公田は二町から元の六町に復興したのである。伊那谷での河成再開発と再検注は、貞時の御内法による不作河成復興令を受けて具体化されたものと考えるのが自然といえよう。ここから、御内法としての追加法六〇六条は条文の配列から弘安九年と推定するよりも、弘安八年としたほうがより合理的だといえよう。(補注3)

得宗領での年貢公事徴収体制の強化については、正安二年（一三〇〇）に「得宗御内御領」となった若狭国太良荘で実検使の派遣や「十分一百姓御免」がみられたことは網野善彦や松浦義則の研究に詳しい。(19)ここ伊那春近領では、政所の池上氏が派遣されている。伊那郡の春近公田の再開発という事態にみられる政所の機能強化の事例はどこまで一般化できるのであろうか。関東御領や得宗領の政所については入間田宣夫の研究により、北条得宗家公文所―政所―給主の組織ができたこと、関東御領・得宗領はともに政所の直領―例郷―別納という所領構成をとっており共通した構造であったこと、政所に任命された人物は北条被官としては著名ではなく、所領管理のエキスパートとして一定期間をかぎって鎌倉から派遣されて各地を転々とする存在であったこと、政所の権限は検断・年貢収納、人夫雑役支配、新田開発、百姓訴訟審理などであったことの諸点が明らかにされている。[20] しかし、その論考は東北地域の得宗領研究を目的にしたもので、政所についての検討ではなく、現地での給主との関係については具体的に解明されているわけではない。これまでの北条氏所領の諸研究に学んで、[21] 関東御領と得宗領・北条氏一門領の政所関係史料を整理すればつぎのようになろう。

陸奥国平賀郡政所綿貫入道	「新渡戸文書」仁治二年三月十八日（鎌五七八二）
駿河国富士領上方政所	『吾妻鏡』文治二年七月十九日
摂津国多田荘政所大蔵丞泰綱	「満願寺文書」嘉禎四年四月　日（鎌補一二三六）
政所沙弥	「同」文永十年閏五月二十二日（鎌一一三二八）
政所沙弥道教	「多田神社文書」正安二年二月二十二日（鎌二〇五九六）
政所沙弥	「満願寺文書」元亨二年八月十八日（鎌二八一四三）
浦上左衛門入道	「多田神社文書」嘉暦二年閏九月二十九日（鎌三〇〇二六）
政所巨勢朝通	「満願寺文書」嘉暦三年三月二十日（鎌三〇一九九）
豊前国門司関政所	「東文書」建武二年五月七日（『大日本史料』六篇二冊）
肥後国阿蘇政所左衛門太郎	「阿蘇家文書」年未詳五月二十日書状（『大日本古文書』家わけ十三、七八頁）
下総国埴生荘政所	「金沢文庫文書」年月日未詳貞顕書状（鎌二三二〇八）
常陸国北郡政所	「同」（鎌二三二〇八）
常陸国久慈西政所	「同」年月日欠某書状（『金澤文庫古文書』所務編五四六四）
陸奥国好島荘飯野政所	「飯野文書」徳治二年六月十三日（鎌二二九八三）

信濃国伊那春近政所池上入道　「工藤文書」正応元年十一月三日（鎌一六八〇六）
越後国奥山荘政所　「中条家文書」嘉禎四年四月四日（鎌五二二九）
同　『金沢文庫古文書』五一八三／一二二一
遠江国蒲御厨政所出羽左衛門大夫　「蒲神明宮文書」建長六年正月十四日（鎌七六九二）
同　工藤木工左衛門尉　「同」正安四年十月二十四日（鎌二一二六六）
伊予国久米郡惣政所大江左衛門尉顕元　「金沢文庫文書」正中二年十一月日（鎌二九二六四）

これらの政所は、関東御領・得宗領・北条氏一門領の郡・荘・関・領・御厨など所領単位ごとに置かれている。この政所は、摂関家政所や将軍家政所・得宗家公文所など中央の家政機関としての政所ともちがい、また荘園の現地荘務機関としての荘園政所とも区別されるものである。関東御領や得宗領・金沢領など北条一門領に特徴的な所務組織であり、それらと区別するため御領政所と呼ぶことにする。現地の郷ごとの給主・地頭代と御領政所との関係やその独自機能について可能な限り検討しよう。

まず、御領政所が複数の給主を統括する現地統括機関であったことが注目される。遠江国蒲御厨の場合がより具体的である。[22] まず「蒲明神宮文書」（鎌九一三五）をみよう。

花押
当御厨神寿社事、為㆓去弘長三年大風㆒、令㆓破損㆒云々、早任㆓先例㆒、不㆑論㆓不輸別納之地㆒、為㆓御厨平均之役㆒、今年中可㆘令㆓造営㆒給㆖之由所㆑被㆓仰下㆒候也、仍執達如㆑件、
文永元年七月廿九日　沙弥光念奉
蒲御厨政所出羽左衛門大夫入道殿

蒲惣検校殿

この袖判は文永元年（一二六四）七月十六日沙弥下文（鎌九一三二）の花押や建長六年（一二五四）正月十四日奉書（鎌七六九二）の袖判花押と同一で時頼の可能性が高いが、没年と矛盾があり、『静岡県史　資料編』と同様今後の検討課題として留保しておきたい。弘長三年（一二六三）の大風で被害の出た蒲神明社の復興を御厨内での不輸地や別納地に関係なく平均役によって造営することを蒲御厨政所と検校に命じたものである。蒲神明社の復興は地頭代らが自発的に行うものではなかったから、得宗家が御厨政所を介して現地の不輸地や別納地など複数の給主を動員して復旧事業に当たらせた。御領政所が得宗領におかれた複数の給主の統括機関であり、その現地指揮をとったことはまちがいない。

得宗家の発給文書に袖判奉書や袖判下文などが多いことはこれまでも注目され、頼朝の袖判下文が安堵にもちいられた事例から、袖判が主人と従者との主従関係を具体的・感覚的に示すものと解釈され、武家文書の特質として論じられてきた(23)。しかし、こうした袖判下文や袖判奉書は、武家文書としてよりも、むしろ荘園文書の中で早くから発達していたものと考えられ、領家・預所が現地荘官にあてて出される荘園文書にも数多く見出される(24)。その点で、袖判文書を武家文書の典型として主従関係を視覚的に示すものという、これまでの理解は再検討の余地があると考えている。この点は別途に考察が必要である。

つぎに津軽の事例をみよう。

a　「宮崎文書」（鎌五七八一）

津軽岩楯尼中亡父墓堂燈油佛聖田事、當知行岩楯村者、依レ為二公田狭少一、本田壹町所レ令二給免一也、其外荒野貳町、近辺郷内、随二政所計一宛行、可レ令二請作一候也、然者、以二本新参町一、可レ引二募彼料田一之状、如レ件、

仁治二年三月十八日　（花押）

b「新渡戸文書」（鎌五七八二）

花押

津軽岩楯尼申亡夫墓堂仏聖田事、當知行岩楯村者、依レ為二最少所一、只本田壹町所レ被二免除一也、其外近郷中に、さもありぬへからむ荒野貳町令二開作一て、可レ引二募彼料田一之由御下知了、然者、其旨を相計て、荒野貳町之跡可下令二打渡一給上之由、所レ被二仰下一候也、仍執達如レ件、

仁治二年三月十八日　左衛門尉時治奉

政所綿貫入道殿

これは、仁治二年（一二四一）北条泰時下文のa文書を受けて、得宗家執事左衛門尉時治がb文書を作成し、得宗泰時の袖判をえて発給したもので、陸奥国平賀郡政所綿貫入道に宛てている。なぜ、こうした二通の文書を同一日に作成する必要があったのか。b文書はa文書の副状であり施行文書と考えることもできるが、領家としての得宗権力が荘園文書をもちいて荘務機関としての政所に命令伝達したものと考えることもできよう。得宗権力の性格を考える上で注目すべき現象である。a文書の内容は、岩楯村が「公田狭少」であるため本田の免除は一町とし、荒野二町を近辺郷内のものに政所の裁量にしたがって宛行い請作させたのである。b文書はその具体化である。ここでも、年貢公事の賦課対象となる「公田」が少ないため荒野を指定し、政所がその開作・開発を主導し近辺の郷内に配分して請作までさせた。墓堂仏聖田は免田になっても、本新三町を請作した近郷中は年貢負担を強要されるから、給主ら在地武士による自発的な開発はありえない。そのため、政所の計で近辺郷内に宛行って荒野を請作させる強制的な措置が

必要になったのである。ここからも、御領政所が給主や近郷中をも統括指揮する領域支配の行政権をもち、公田の管理にあたっていたことが確認される。荒野の開発は東国武士の特徴とされ、中世大開発時代の象徴とされているが、その内部には在地武士の給田・免田としての開発と、こうした年貢負担をともなう公田のための荒野開発とが存在していたのであり、両者を区別して論じる必要がある。(25) 得宗家の御領政所は現地で複数の給主を指揮して公田部分の開発事業を推進し、その管理経営に従事し領域支配の権限を公認されていたことがわかる。

こうしてみれば、伊那春近の政所池上弥次郎入道が、公田の再開発のために給主の小井弖氏のみならず近郷の給主を指揮して、天竜川河川敷の洪水被害の復旧に乗り出したのも当然といえよう。給田としての荒野開発は給主や地頭代らが主体になりうるが、年貢公事の負担増につながる公田としての荒野開発は権力機関としての御領政所が主体者にならざるをえなかったのである。御領政所は、北条氏の行政執行機能を代行していたといえる。

関東御領・得宗領の内部矛盾

ではこうした政所に任命された諸氏はどのような存在であったのか。池上弥次郎入道については、興味深い史料がある。島津久経は、建治三年（一二七七）将軍御所造営に際して大工宗親・宗仲から所課用途二百五十三貫文を借用し、信濃国太田荘津野郷を年期の質物に入れた（「島津家文書」信史四―四四七）。御所造営という御家人役勤仕が債務関係を生み出していた。福島金治はこの大工宗親・宗仲が、日蓮の檀越で武蔵国池上本門寺を造営する将軍家大工池上宗親・宗仲ではないかとする。(26) とすれば、御家人の系譜をもった将軍家により近い存在であったといえよう。この池上氏が大工として戦国時代伊那谷の各地で活躍したことはすでに触れた。(27) 遠江国蒲御厨政所の出羽左衛門大夫入道の出羽氏については、仁治・正応年間尾張守護を勤めた出羽判官中条家平・頼平が出羽を称して左衛門尉を代々官途としていた。(28) とすれば、守護にもなりうる御家人系の武士といえよう。大江顕元は、元徳三年（一三三一）三月ごろ「一京土器事、被㆑仰㆓顕元㆒之由承候了、御所旬雑掌」（「金沢文庫文書」神二八四九）とあり、やはり将軍御所旬雑掌の周辺で京土器の調達に従事していた。別の史料「金沢文庫文書」（鎌二九二六四）によれば、正中二年（一三二五）十一月御物奉行で夏装束に関与する六波羅奉行人でもあったことがわかる（『金沢文庫古文書武将編』四三二）。彼を金沢貞顕の被官とみる見解もあるが[29]、六波羅に奉仕する奉行としての独自性も留意する必要があり、二重の主従関係にあったものとすべきであろう。こうしてみると、御領政所には意外に将軍御所や守護に関係する御家人の子孫が顔を出していることが注目される。もちろん入間田のいう得宗被官系もみられる。工藤木工左衛門尉は得宗被官工藤氏の一門で小井弓氏と同族である。多田荘政所大蔵丞泰綱は嘉禎四年（一二三八）六月二十四日北条得宗家公文所奉書（「多田院文書」鎌五二六〇）にみえ、得宗被官・御内人であったことがわかる。なお、摂津国多田荘政所の浦上入道は播磨国浦上荘（『吾妻鏡』文治五年三月十三日条）との関係が推察され、元弘三年（一三三三）蓮華寺自害交名注文に浦上八郎がみえる（『太平記』）が詳細は不明である。阿蘇政所左衛門太郎は、阿蘇大宮司と副祝などの在地紛争について奉行人清原満定から「内々」に「訴訟これ無き様相計り給うべき候哉」と要請されており、在地における阿蘇社司内部の紛争の調停機関としても期待されていたらしい[30]。その本姓などはわからない。綿貫入道、巨勢朝通などについても不明である。いずれも入道を称しており、得宗被官と断定しうる諸氏が少ないことが特徴とされている。

　こうしてみると、関東御領・得宗領や北条一門領の御領政所には、確かに得宗被官が任命されていたが、その半面、将軍御所と関係をもった御家人系の諸氏が補任されていたことも事実である。これまでの研究では関東御領と得宗領・北条氏一門領とは一体化しており、給主には得宗被官が進出していたことが指摘されてきた。しかし、給主を監督する御領政所に御家人層の子孫が意外と補任されていることからすれば、関東御領の御領政所職の補任権をある時期将軍家が一定程度掌握して御家人層を登用し、部分的であっても得宗被官の進出を抑えていた可能性があるのではなかろうか。北条氏は得宗領の給主層には得宗被官を据えることができても、御領政所については前代からの系譜を無視して将軍家の関係する御家人系の諸氏を排除しつくすことが憚られたのではなかろうか。こうしてみれば、関東御領・得宗領・北条氏一門領の相違点についても再検討が必要になろう。[31] いいかえれば、これらの所領支配機構は、郷ごとの給主・地頭代と、それを監督する御領政所を通じた二重構造をなしており、得宗が得宗被官を通じて一元的に支配するというような単純なものではなく、将軍御所とも関係をもった御家人系列の諸氏を無視しえなかったのであり、複雑な内部矛盾をかかえていたことになる。[32] 得宗権力が、将軍家を警戒し裏でその権限削減に努めたのも、関東御領や得宗領支配の内部に、将軍御所と結び付こうとする勢力を抱えており、その足下の経済基盤が御家人系と御内人系の内部分裂という不安定要素をもっていたことによると評価することもできよう。改めて関東御領と得宗領を厳密に区別して検討することが必要になろう。とりわけ、弘安四年（一二八一）には「寺社権門領本所一円地」（『壬生官務日記抄』）の存在が確認され、そうした新しい領域編成との関係、また給主と御領政所との相互関係や給主代以下の活動についても今後さらに留意して検討する必要があろう。[33]

三　新しい地域史研究の方法について

中世灌漑用水の知識体系—中世の切堤

「工藤文書」によれば、給主工藤小井弖氏は小黒川流域や天竜川氾濫原の開発や所領経営のために多様な水田の呼称や用水灌漑施設を構築していたことがわかる。史料から抽出すると「河原作田」「細田」「桑木田」「河原田」「柳原之荒田」「戸沢の溝」「葦原池」「旧堀」「大川井」「田の頭の切堤」「弓溝」「開け溝の滝」「十郎か家の西の側の古川」

などである（信史四―一六五・一七九）。『長野県史　通史編2中世1』では地名調査や地籍図などによって「河原作田」「細田」「桑木田」「河原田」「柳原之荒田」が伊那市西春近山本地区の山麓線と小黒川流域に立地し、中小河川の流路や湧水を活用していたことをあきらかにすることができた。現在の小黒川・戸沢川・犬田切川は、「工藤文書」では「おくる川のもと」「大とさわ」「いぬたきり」（信史四―一六五）とみえる。しかし、灌漑用水路の用語を「工藤文書」でみると「溝」「池」「旧堀」「大川井」「田の頭の切堤」「弓溝」「あけ溝」「古川」などであり、多様な中世用語の実態はまったく検討しえなかった。中世人にとっては、「溝」「池」「堀」と「旧堀」とは互いに区別されていた。溝には「弓溝」と「あけ溝」、川にも「大川井」と「古川」を区別していた。「古川」は春近公田との関係から、後述するごとく、天竜川氾濫原の地名として「古川添」などとして残存しており、それが該当するとすれば、天竜川の旧河道の一部という可能性も考えられる。「田の頭の切堤」とは、棚田や谷戸田の用水確保のための灌漑施設で水田の上部に設営された堤と考えられる。県内では、大田荘の故地豊野町神代の表堤・裏堤地区に一九八三年前後まで沢の奥に切堤がつくられていた実例を調査したことがある。集中豪雨による鉄砲水や押出しをさけるため堤の片方を切断しておき、半分の堤によって溜まった帯水を地下に浸透させて沢水を長期に安定的に確保しようとしたものである。(34)中世の切堤がそうしたものかさらに検討が必要であるが、単純に雨水を利用する天水田と区別しなければならないことを教えている。

最近、中世史料にみえる水田呼称を抽出し「堀田」「深田」「冷水田」などを湿田系耕地としてその農法を検討しようとする新しい研究法が山本隆志によって提起されつつある。(35)同様の研究手法は中世の灌漑用水路についても必要なことと考える。少なくとも、中世人は現代人の私たちにはわからないほど灌漑用水施設に関する詳細な知識体系をもっていたことは確かである。それらを駆使して「洪水」や「水押し」などの災害に立ち向かい、それを水田造成技術に活用していたのである。

春近公田の再開発条件—氾濫原開発

政所池上氏による春近公田の再開発は、「河成」になり、「河原田」と呼ばれているから氾濫原に立地していたことはまちがいない。地字名調査によれば、現地に「春近免」の地名を残し天竜川の氾濫原に立地したことからすれば、天竜川という大河川の恒常的な洪水災害との闘いが日常的に展開されていたと考えざるをえない。工藤文書の建長三年（一二五一）二月六日藤原能綱譲状案写（信史四—一六五）にはつぎのような記載がみえる。

きつねあんとうたといふさふらいの居たりしところハ、こうすいにおしうしなわれて、今ハたかしまとなつけたり、しかれハ、その島のきわを、みなみさまに、いまた水をしのあと見ゆ、

つまり、狐安藤太という侍の居館が建長三年以前に洪水に押し流され、「高島」と名付けられ、当時においても「水押し跡」が見られたことがわかる。この一帯は天竜川に支流の三峰川が合流するため、氾濫・洪水や土石流の押出しなどの常襲地帯であり、そうした低湿地帯にも鎌倉期にはすでに侍層の居館が構築され、周辺の開発が進展していたことを示している。洪水災害に先行して開発が進行していたことに留意する必要がある。現地には「狐安藤太」や「高島」の地名はないが、西から小黒川、東から三峰川が天竜川に合流する氾濫原一帯は伊那市伊那部にあたり、そこに「青島」「中島」「福島」「狐島」など島地名が数多く分布している（図12）。中でも、「狐島」は中州地形であり、現在安定した居住地帯となっており、荒神社があり神明社と合祀されている。狐島のこの神社には建久年間に工藤犬房丸が流されたという犬房丸伝承があり、大欅の一帯は明治ころまで天竜川・三峰川が氾濫しても洪水被害を防止したという伝承を伝えている（『伊那市神社誌』）。伊那谷各地にのこる犬房丸伝承は得宗被官工藤氏一門の痕跡といえよう。この一帯こそ、鎌倉期に洪水に流された狐安藤太の居館跡の高島にふさわしい立地条件と考える。同文書には「ふな

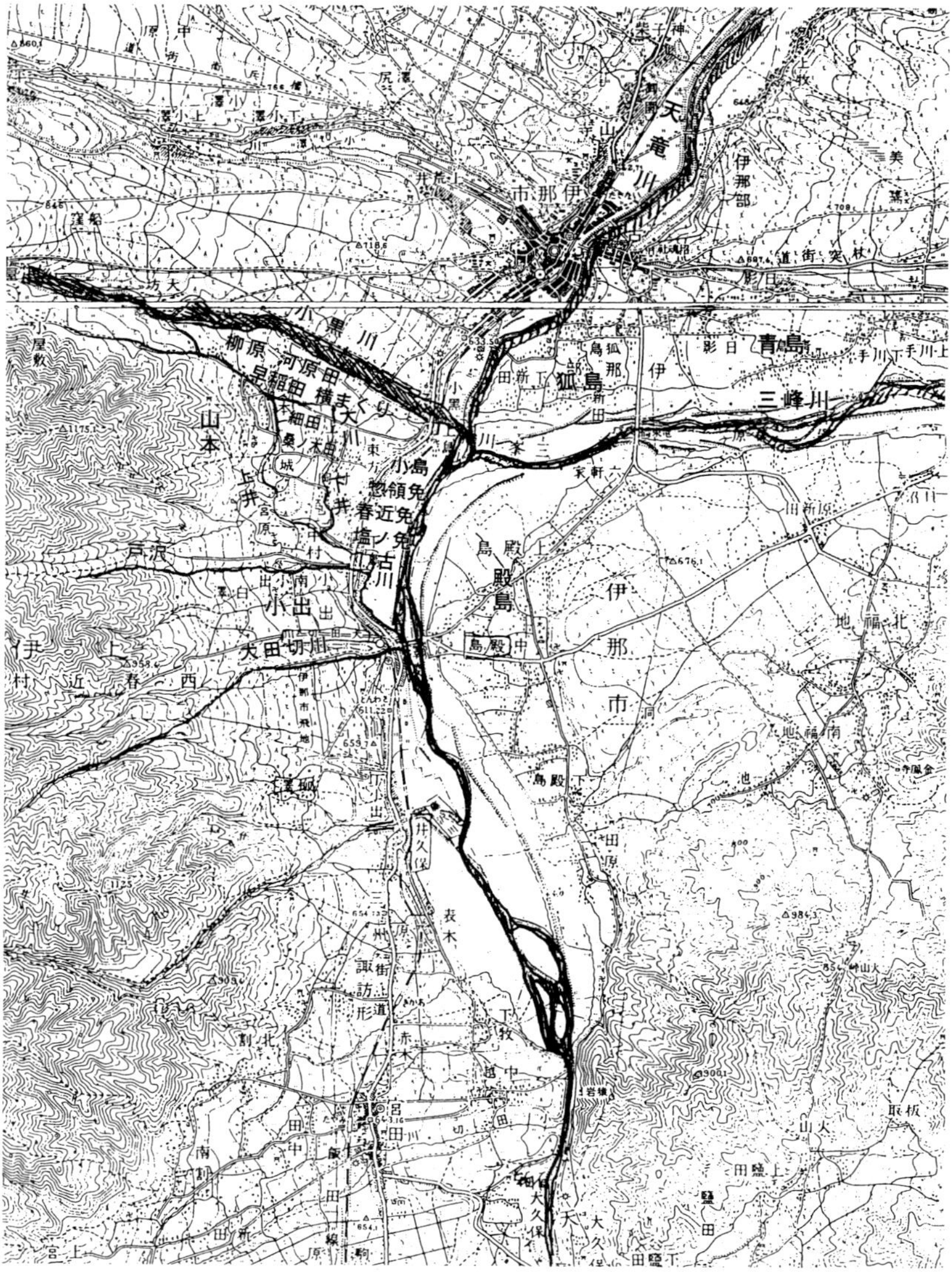

図12　春近領小井弖二吉郷現地比定図

とのしまの田のしりをひかしきたにきりつく」とある。船殿島にも水田があり、その田の際を東北に境界線があったというのである。この船殿島は、現在の小出字上島の対岸に「殿島」という地名として残り、天竜川氾濫原の微高地で近世における天竜川の渡川点でもあった(36)。

こうしてみると、天竜川と小黒川・三峰川が合流する大氾濫原一帯では、上島地区の「春近免」一帯、狐島付近の「高島」一帯、殿島付近の「船殿島」一帯はすでに鎌倉期の水田開発が随所に進展していたことになる。「河成」の被害が大きいかわりに、定期的な氾濫で肥沃土も豊富な水田適地であったことが窺える。一見して中世の開発には不可能と思われがちな天竜川と中小河川の合流する大氾濫原の低湿地帯にこそ、すでに建長三年(一二五一)以前に、在地の侍層が居館を構えて周辺を開発し、中州地形を利用して水田開発が先行していたことがあきらかであろう。そうだとすれば、弘安八年(一二八五)段階になって政所池上氏が「河成」を発して春近公田を二町から六町に再興・拡大することは、得宗権力を背後にもった政所が近郷の給主ら領主層を動員すれば決して困難な開発事業とはいえず、十分に可能であったことがわかる。

最近、東国中世史においても、中世考古学の側から中世前期の武士居館の遺跡が中世低湿地中の微高地から検出される事例が指摘され、関東における大河川の広大な氾濫原や低湿地の開発が東国武士団によって手が付けられたことが想定されつつある(37)。伊那谷の得宗領での公田開発や狐安藤太の居館や水田開発もその具体的事例のひとつといえよう。

しかし、こうした氾濫原一帯での中世開発の痕跡をたどることには荘園遺構調査では大きな限界がある。中世の灌漑用水施設や水田造営技術をこの地域で研究し復元するためには、将来におけるこの一帯での発掘調査の機会を待つしかあるまい。いいかえれば、この地域一帯の地下に中世の遺跡や遺物が眠っていることを現地の発掘担当者や文化財関係者がよく認識しておくことが重要で、その詳細な現地踏査図の作成が必要になる(38)。そのためにも、今後どのような研究方法が重要になるのか検討しておく必要があろう。

地域史研究方法の変遷

信濃では、戦前の栗岩英治・戦後の一志茂樹らによって提唱された文献史料以外の諸資料を用いた総合的地域史研究の研究手法として現地調査を重視してきた。土地に刻まれた歴史の探索である。『長野県史　通史編』でもその方法論を基礎に、あくまで紀年銘資料を中心に現地調査の成果を編年しなおす手法をとってきた。

そうした地域史研究の方法は、一九九〇年代に入って大きく分化しつつあるように思う。一つは服部英雄『景観にさぐる中世』（新人物往来社、一九九五年）、『地名の歴史学』（角川書店、一九九九年）などに代表される地名・歴史景観研究。第二は、豊野町教育委員会『信濃国太田荘調査報告』（一九九四年）、大山喬平編『中世荘園の世界』（思文閣出版、一九九六年）、海老沢衷『荘園公領制と中世村落』（校倉書房、二〇〇〇年）、水野章二『日本中世の村落と荘園制』（校倉書房、二〇〇〇年）に代表される現状詳細記録保存や村落景観研究の動向。第三は中世城郭研究会や千田嘉博『織豊期城郭の研究』（東京大学出版会、一九九九年）に代表される山城・城郭などの縄張り図研究。県内では信濃史学会編『信濃中世の館跡』（二〇〇〇年）に代表される。第四には、市村高男『戦国期東国の都市と権力』（思文閣出版、一九九四年）、小島道裕・仁木宏らに代表される城下町・寺内町研究の動向。湯本軍一「信濃高梨氏城下の景観復原」（石井進編『中世の村落と現代』吉川弘文館、一九九一年）や更埴市教育委員会『長野県更埴市屋代城範囲確認調査報告書』（一九九五年）などが代表的なものであろう。第五に『考古学による日本歴史』（雄山閣出版、一九九七年～）や『中央自動車道長野線埋蔵文化財発掘調査報告書4　総論編』（一九九〇年）、とりわけ『松本市史』（第二巻歴史編、一九九六年）の原明芳「遺跡からみた平安時代の松本平」、野村一寿「掘り出された中世のくらし」に代表されるように発掘調査の成果のみによる歴史叙述の動向などである。地域史研究や地域社会論の盛行はそれ自体大きな研究の前進であり、研究の深化である。

発掘調査と文献調査の断絶

その反面で発掘調査と地籍図との連携、あるいは考古学的研究の成果と現地調査研究との統合をめざした研究方法の探究を意図的に追求するという鍛練はあまり行われていないのではないかと思う。

私は、かつて『長野県史　通史編』の編纂過程で、発掘調査での用水路調査と地表用水路とを比較検討したことがあった。当時、一九八〇年代の発掘調査では用水路にはほとんど関心が払われていなかった。たとえば、佐久郡大井荘の範囲内において御代田町・小諸市野火付遺跡の発掘調査が行われ、『長野県史』では東西南北の大溝の交差する地点に分水口が設定された構造を私の手持ち写真で掲載報告したが、発掘調査報告書には用水路（分水口）出土の構造図は採録されなかった。また長野市篠ノ井石川地区の表面条里水田でみられた畦越し灌漑の方式が、更埴市条里発掘調査や石川条里的遺構発掘調査で埋没条里での灌漑方法としてもみられることを指摘した(39)。発掘調査によっていくつか水口跡が出土し、畦畔断絶の手法を解明できる事例が存在していたのであるが、それらは発掘調査者の関心にはのぼらず、発掘現場の図面も報告書に記載されないままになっていた。残念ながら現在の発掘調査でも類似の現象は起きている。

中央道長野線発掘調査で松本市内の三宮遺跡・北栗遺跡・南栗遺跡などでは砂礫層の分布が各所で出土し、現在の堂沢・宮沢・小境沢・くぬぎ沢・久保沢などと関連する流路と推定され、その年代が考古学的に検討されるものと期待されたが、両者の関係を検証する調査は行われなかった。長野市南宮遺跡でも、『長野市誌』編纂過程で発掘調査担当者との共同研究会において、十一世紀の住居跡群が千曲川洪水砂で埋没したことが指摘され、十一世紀の洪水災害の実態が通史編に叙述された。[40]その際に、現在の大御堂堰の下から自然流路の砂礫層が出土していることがあきらかにされた。しかし、その詳細図面や両者の関係を考古学的に検証する手段はのこされていなかった。こうしたことは、洪水や土砂災害の跡や用水路の開削年代を考古学的に検証することの研究テーマが発掘関係者に認知されていないこと、歴史研究者との共同研究や情報交換の場が意図的に追求されていないことなど多くの問題点を指摘することができよう。

考古学的研究と現地踏査研究との統合をめざして

しかし、最近、部分的であれこうした点を克服しようとする研究動向が散見されるようになった。歴史考古学の分野でも、埋蔵されていた灌漑用水施設関係の遺構についての情報が集成され、検討がはじまった。[41]宮脇正実は、『長野県史　通史編』での荘園調査を基礎に、現地調査での地籍図の上に、中央道長野線の発掘調査で出土した「くね下の居館跡」の図面を統合した。[42]この「くね下の居館跡」は、現地調査では発見されなかったが、発掘調査で十四・五世紀のものとされた。この宮脇の作業の結果、「くね下の居館跡」は現在の中郷神社前で合流する用水路の用水を堀跡に導水していたことがあきらかになった。この結果、すくなくとも、中郷神社前の合流用水路の用水体系は、中世の十四・五世紀の用水体系を継承している可能性がきわめて高くなったものといえ、発掘調査だけでは明らかにしえない情報を引き出すことが可能であることを示した。市川隆之[43]は、発掘調査で出土した居館跡の発掘図面を地籍図の中に部分的に配置することによって、表面地割と発掘調査の所見とを対比検討する道を開いている。今回の宮島義和報告では、更埴市の地籍図と発掘調査遺構図を統合させて、「一〇世紀後半の用水と圃場整備前の堰」の図を作成している。それによれば、屋代用水の町浦堰や下条堰が九世紀に開削され、十世紀にいったん消滅する用水路跡と重複し、下条堰は十三世紀に再開発された用水路と重なり、屋代用水の堰ごとの開削年代を特定できる可能性の高いことが指摘できる。(44) そうした総合的検討は今後の課題ではあるが、発掘調査と現地踏査図・地籍図との対比検討が重要であり、鍵を握ることはあきらかである。このような発掘調査遺構図を中世城郭の詳細な縄張り図や地籍図と統合しようとする試みは、愛知県清洲城や東北横断自動車道遺跡調査報告書などでも部分的に試みられている。(45) しかし、両者をつきあわせて分析し新しい情報を引き出す手法はとられていない。

考古学的調査によって知られる発掘情報には長所と短所がある。遺物や遺構の時代的変遷を特定することはできる。しかし、それらは廃棄された時点の情報を提供してくれるにすぎず、なにより発掘した調査範囲内での情報で部分的なものにならざるをえない。

他方、現地踏査によって得られる情報は、地籍図・縄張り図や地名・地割・用水路図などを統合させた詳細踏査図により、地域的広がりと総合性を備えてはいる。しかし、そこには調査者の主観的要素をぬぐいえない点で客観性が弱い。開発や人的営為の時代的複合性はあきらかである。したがって、両者を統合することによって、互いの欠点と長所を補完しあうことが是非必要になる。考古学的調査と現地調査のそれぞれの特性を踏まえて、両者を結合・統合させて歴史分析に活用する総合的調査方法論を意図的に探求する試みがもっと活発になされる必要があるのではなかろうか。

なお、その際には遺跡・遺物・遺構に関する資料の公開性と再検証性を確保すること、つまり発掘資料は文献史料と同様に研究者には平等に公開され提供されるという研究の自由が保証されなければならない。私のわずかな経験でも、発掘調査は個人発見的性格が強く、特定な人にしか公開されなかったり、報告書の発行までは資料についての意見を述べることを規制するような風潮が発掘関係者の中に存在する。しかも、発掘調査報告書はなかなか刊行されない。埋蔵文化財調査での秘密主義・縁故主義は、上高森遺跡での捏造問題のような事件を生み出す温床になっているものといえよう。文献史学も考古学も史資料が平等に公開され、意見を異にする研究者も含め自由に発言・研究し再検証されうることが絶対条件でなければ学問にはならない。研究の自由と公開性の確保は不可欠であることを指摘しておきたい。

注

（1）一九九〇年代の日本中世史研究動向については、井原今朝男「九〇年代日本中世史の研究動向と課題」（『歴史評論』六一八、二〇〇一年）参照。

（2）栗岩英治『町村の史的価値及びその研究法』（信濃史料刊行会、一九五三年、四・四一頁）。この著書は栗岩の死後遺稿集として出版された。井原今朝男「地方史の研究と市河文書の活用」（『長野県立歴史館研究紀要』一六、二〇一〇年）。戦前、栗岩の主張した長野県史は、時局柄編纂不能となり、戦後、国民主権の日本国憲法によって、民衆史、町村史編纂が可能になった。明治百年、明治民権百年の地域史掘り起し運動によって全国自治体史編纂事業や文書館博物館建設事業が広まり、一九八三年、国立歴史民俗博物館開館により、考古学、民俗学、文献史学の三学協同による新しい歴史学や民衆史を軸にした歴史展示が実現された。

（3）「工藤文書」。「工藤文書」の原本調査は、第一回は長野県史編纂の過程で一九八六年十月二日、第二回は長野県立歴史館の「諏訪信仰の歴史と文化」準備で一九九五年九月八日、いずれも矢島武雄・彦治氏宅でおこなった。矢島・工藤両家は元高島藩士で姻戚関係にあったことから、矢島家が「工藤文書」を預かったという。「工藤文書」は近世の続紙《ぞくし》（つぎ合わせた紙）に写された江戸時代の写本で、近世文書のように巻かれていた。しかし、中世文書の仮名文字や文書様式も忠実に写した良質の写本と判断され、『信濃史料』の評価のごとく信頼に足る文書と判断される。同家所蔵の滋野姓矢島氏系図によれば、九代矢島八兵衛満村は承応元年十二月十三日諏訪にて生まれ、工藤内蔵助重真女を妻にした。彼女は享保二十年（一七三五）八月十日に死去している。また、矢島伝左衛門尉満仮は、実は工藤三助重督二男とあり、文化十四年（一八一七）二月十六日諏訪にて生まれたとある。工藤家から養子を迎えていたのであり、こうした関係から「工藤文書」が矢島家に伝来したものと判断された。なお、戦国文書三点は戦後に工藤家に返却され、現在は所在不明である。影写本が諏訪教育会に残る。中世文書六通は、長野県立歴史館所蔵となった。

(4) 稲垣泰彦「春近領」(『日本中世社会論』東京大学出版会、一九八一年)。なお、工藤文書と春近領小出二吉郷の現地比定を最初に試みたのは、有賀積男「小出文書とその郷土的背景」(『信濃』六―六、一九五四年)であり、近世文書の活用など貴重な成果がある。『長野県史　通史編2中世1』はその成果を継承していることをこの場を借りて明記しておきたい。

(5) 井原今朝男「中世村落の形成」(『長野県史　通史編2中世1』長野県史刊行会、一九八六年)。なお、伊那市西春近の荘園遺構調査は一九八三年六月三~四日、同年八月八~九日、同年十一月三十日~十二月一日に行われた。飯塚政美氏と当時の赤羽哲区長のご協力をえた。なお「春近免」の地名と位置は、明治五年差出略図(小出郷倉所蔵、図13)に「字春近免」七筆あり、合計一町

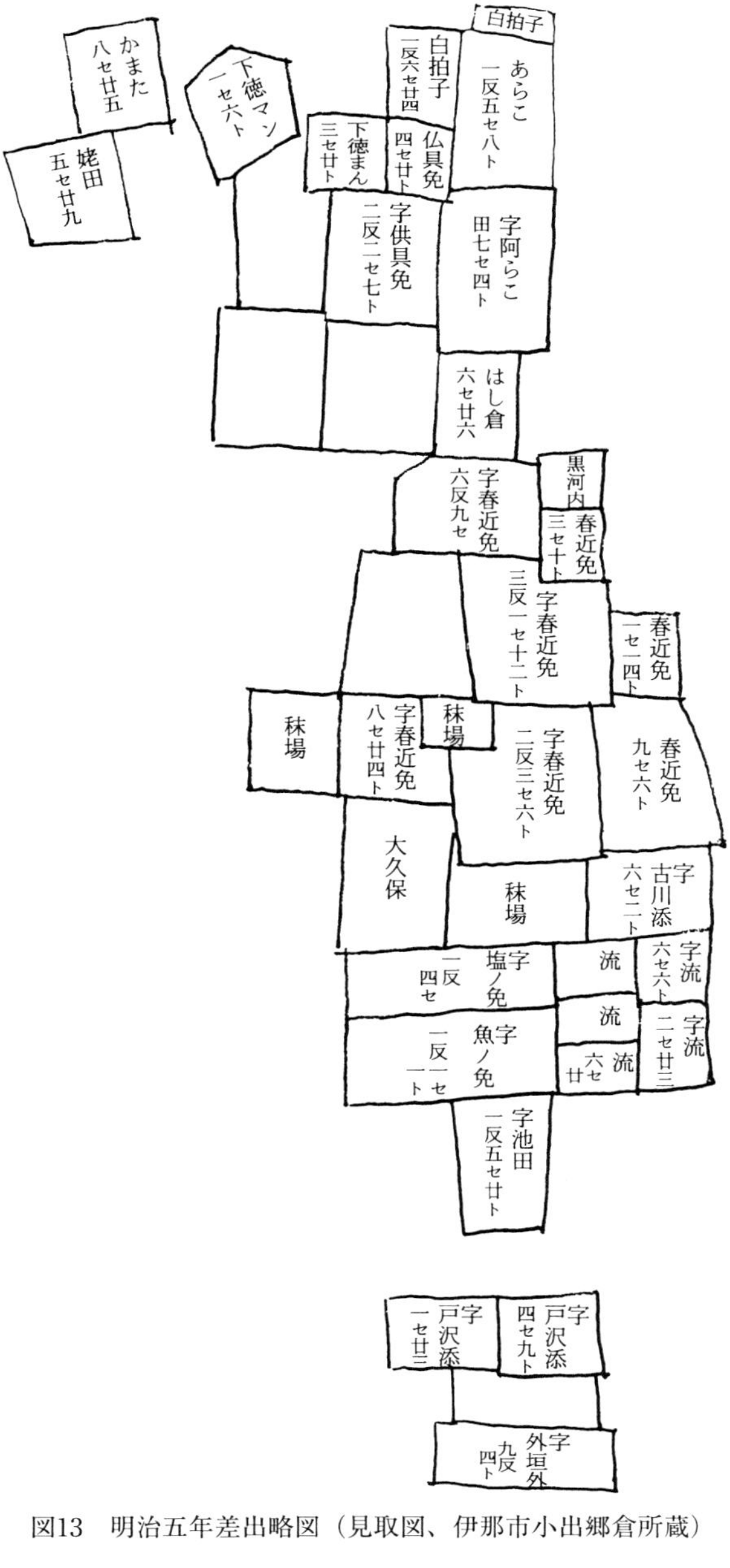

図13　明治五年差出略図(見取図、伊那市小出郷倉所蔵)

四反六畝十二歩になる。周囲に「秣場」「大久保」「塩ノ免」「魚免」「池田」「流」「古川添」「あらこ」「仏具免」「白拍子」「徳まん」などが記載されている（図13）。西春近地名表（『西春近村史料報告』第三集）に「番匠免」「塩免」「魚ノ免」「惣領分」「仏具免」「白拍子」「徳まん」などの地名がある。古い土地台帳には「惣領分」の地番が二二七六・二三〇一、「流」が二二一三とあり、その地域は上島から下島一帯にかけての河岸段丘下の氾濫原であることが判明した。当時の聞き取り調査によると、その付近は微高地で昭和十三年（一九三八）天竜川の大氾濫でもこの水田のみが流されなかったという。『長野県史　通史編2中世1』三四三頁図35の根拠資料は以上のとおりである。その後の調査に伊那市教育委員会『伊那市の小字名』（一九八九年）、宮脇正実「小井弖氏館跡」（信濃史学会編『信濃中世の館跡』信毎書籍出版センター、二〇〇〇年）があり、河岸段丘上や小黒川流域の小井弖氏の私領に関する地名調査は著しい進展をみせている。しかし、「春近免」はともにとられていないので、この場をかりて根拠資料を明示しておく。

（6）　鈴木国弘「社家領主論―信濃国一宮諏訪上社神氏の場合」（『信濃』三三―五、一九八一年）。
（7）　入間田宣夫「庄園制支配と起請文」『百姓申状と起請文の世界』（東京大学出版会、一九八六年）。
（8）　平山行三『和与の研究』（吉川弘文館、一九六四年）。
（9）　笠松宏至「鎌倉後期の公家法について」（『中世政治社会思想』下、岩波書店、一九八一年）。
（10）　飯塚政美「伊那春近領について」（『伊那市歴史シンポジウム信濃の牧・春近領・宿場』伊那市教育委員会、一九九九年）参照。
（11）　弘長三年四月十三日宣旨（『中世政治社会思想』下、岩波書店、一九八一年）四三頁。
（12）　田沼睦「公田段銭と守護領国」（『書陵部紀要』一七、一九六五年）、同「中世的公田体制の展開」（『書陵部紀要』一八、一九七〇年）、入間田宣夫「郡地頭職と公田支配」（『日本文化研究所報告別巻』六、一九六八年）、同「公田と領主制」（『歴史』三八、一九六九年）、中野栄夫「大田文研究の現状と課題」（『信濃』三三―七、一九八一年）。公田論への批判としては石井進「中世社会論」（『中世史を考える』校倉書房、一九九一年）参照。
（13）　弘安新制についての最新の研究は村井章介『北条時宗と蒙古襲来』（ＮＨＫブックス、二〇〇一年）二一一～三頁参照。安達泰盛については、福島金治『安達泰盛と鎌倉幕府』（有隣新書、二〇〇六年）。
（14）　石井進「関東御領研究ノート」（『金沢文庫研究』二六七、一九八一年）、同「関東御領覚え書」（『神奈川県史研究』五〇、一九八三年）。筧雅博「武家領」（『講座日本荘園史2　荘園の成立と領有』吉川弘文館、一九九一年）。

(15) 高橋典幸「鎌倉幕府軍制の構造と展開」（『史学雑誌』一〇五―一、一九九六年、のちに『鎌倉幕府軍制と御家人制』吉川弘文館、二〇〇八年所収）。

(16) 地頭による領家年貢や公事の請負体制と代納にともなう債務契約については、井原今朝男「年貢未進と倍額弁償法について」（『地方史研究』二八六、二〇〇〇年）で代納による倍額弁償法が得宗領ではじまり関東御領や一般の荘園に及んだことを論じた。

(17) 佐藤進一・池内義資編『中世法制史料集』（岩波書店、一九五五年）四〇〇頁。

(18) 五味文彦「武家政権と荘園制」（『講座日本荘園史2　荘園の成立と領有』吉川弘文館、一九九一年）。

(19) 網野善彦『中世荘園の様相』（塙書房、一九六六年）一六三〜一八〇頁、松浦義則「太良荘の得宗検注について」（『史学研究』二一七、一九九七年）、山本隆志『荘園制の展開と地域社会』（刀水書房、一九九四年）参照。

(20) 入間田宣夫「鎌倉時代の国家権力」（『大系日本国家史』東京大学出版会、一九七五年）、同「奥州における北条氏所領の内部構造」・「金沢氏と陸奥国玉造郡地頭職」（ともに『北日本中世社会史論』吉川弘文館、二〇〇五年所収）。

(21) 多くの研究があるが北条氏所領・北条氏被官については、北条氏研究会編『北条氏系譜人名辞典』（新人物往来社、二〇〇一年）に集成されている。主要なものとしては、入間田宣夫「東北地方における北条氏の所領」（『日本文化研究所研究報告別巻七』一九七〇年、改題・修正して「奥州における北条氏所領の内部構造」『北日本中世社会史論』前掲注20書に再録）、筧雅博「続関東御領」（石井進編『中世の人と政治』吉川弘文館、一九八八年）参照。なお得宗家の家政組織や発給文書については、小田雄三「摂津国多田荘と鎌倉北条氏」（『名古屋大学教養部紀要』A34、一九九〇年）、細川重男『鎌倉政権得宗専制論』（吉川弘文館、二〇〇〇年）、小泉聖恵「得宗家の支配構造」（『お茶の水史学』四〇、一九九六年）参照。

(22) 蒲御厨と北条氏との関係は、岡田清一「遠江国と北条氏」（『金沢文庫研究』二八〇、一九八八年）、「蒲御厨」（『静岡県史　通史編2中世』静岡県、一九九七年）五四七〜五六三頁。

(23) 佐藤進一『古文書学入門』（法政大学出版局、一九七一年）。得宗家の袖判下文が安堵など重要事項に用いられ、花押が主従関係の信頼性・効力を保証するものと解釈する見解は、小泉聖恵論文にも顕著に見られる。

(24) 井原今朝男「荘園公領の支配」（『今日の古文書学三　中世』雄山閣出版、二〇〇〇年）。武家文書と荘園文書との類似性については別に考察が必要である。

(25) 御領政所による開発は、津軽岩楯村、伊那春近でも、ともに「公田」関連の開発であったことはこれまで留意されていない。地頭代や給主ら在地武士にとっては、公田は年貢公事負担地であるから、その開発主体にはならない。ここに御領政所が現地で公田関連の開発を行い、請作の宛行までおこなわなければならない必然性があったのである。在地領主による私領の開発経営と、将軍家・得宗家による公田興行での開発主体の違いを区別して研究する必要がある。私領と公田との開発経営主体の階級性について再検討する必要があろう。

(26) 福島金治「信濃国太田荘と金沢北条氏」(『信濃』四八―九、一九九六年)。

(27) 井原今朝男「高遠の大工池上氏と法華宗」(『長野県の歴史』山川出版社、一九九七年)。伊那谷では現在も寺院をはじめ池上姓が多く分布している。

(28) 出羽氏については佐藤進一『鎌倉幕府守護制度の研究』(東京大学出版会、一九七一年)四四〜四五頁参照。

(29) 福島金治「金沢北条氏・称名寺の所領経営と在地社会」(『年報中世史研究』二六、二〇〇一年)は、大江顕元を「金沢氏の在京被官」と規定する。同『金沢北条氏と称名寺』(吉川弘文館、一九九七年)一〇七頁では御物奉行であったことも指摘するが、大江氏が将軍家と金沢家との両属関係にあった評価にはなっていない。

(30) 関東御領の支配構造については、筧雅博「武家領」(『講座日本荘園史2　荘園の成立と領有』前掲注14論文)が研究の到達点といえよう。それによると、関東御領は本家領家職を幕府が握り、預所と地頭を通じた支配が主柱と評価され、政所については「恐らく個々の単位所領ごとに設けられていた現地支配機構をさすようである」と指摘するにすぎず、その評価はきわめて低い。本章は給主・地頭代を指揮・監督する中間管理機関として御領政所を位置づけており、これまでの領家・預所・地頭系列との関係は今後の研究課題である。阿蘇社領については、工藤敬一『荘園公領制の成立と内乱』(思文閣出版、一九九二年)参照。なお、筧前掲論文は阿蘇社領について北条氏固有の所領として「関東御領」とする史料があることを指摘する一方、本家が幕府でなかったことから関東御領の範疇から除外している。その方法は関東御領と得宗領を厳密に区分するためのひとつの貴重な視点であり賛成である。ここでは、得宗領として阿蘇社領を位置づけたが、本章においても関東御領と得宗領とをどのような方法で厳密に区別するか成案をもちえていない。今後の検討課題としたい。

(31) 得宗領と北条氏一門領を相対的に区別して庶子家の所領経営が得宗家から独立していたと評価する研究として、秋山哲雄「北条氏一門と得宗政権」(『日本史研究』四五八、二〇〇〇年)、同「北条氏所領の成立と展開」(ともに『北条氏権力と都市鎌倉』吉川弘文館、二〇〇六年所収)が注目される。

(32) 御家人と御内人との相互関係およびその矛盾について、幕府政治の根幹に関わる問題点として分析した貴重な研究としては、古澤直人『鎌倉幕府と中世国家』（校倉書房、一九九一年）がある。

(33) 春田直紀「中世海村にとっての文書主義」（河音能平編『中世文書論の視座』東京堂出版、一九九六年）は、得宗領若狭国多烏浦や西津荘において、給主の代官が公文と連署で下知状を出しており、「渋谷殿御代官政所殿下知状案」と呼ばれた事例を指摘している。この政所が公文をさすのか、代官が政所を兼任しているのか両方の解釈の可能性があろう。こうした給主代と公文の連署による在地裁判権の問題は興味深い問題である。春田論文については高橋一樹の教示をえた。

(34) 現存した切堤は豊野町表堤・裏堤に存在していたが畑地圃場整備事業で消滅した。鎌倉期の切堤については、井原今朝男「中世の生業・技術・呪術」（同編『環境の日本史3　中世の環境と開発・生業』吉川弘文館、二〇一三年）に報告した。

(35) 山本隆志「荘園制下の耕地・農法」（『年報日本史叢二〇〇〇』筑波大学歴史・人類学系、二〇〇〇年）。

(36) 有賀前掲論文は小出郷倉所蔵の文化六年地図が殿島の対岸にあたる惣領免・塩の免・神田・番匠免・白拍子などの地を描き、楕円形の小平地が天竜川の氾濫原の中で安定した耕作地であったとし、「鎌倉時代の小出郷の中心地」と推定した。「現在のように石のゴロゴロした石河原になっている」のは堤防の発達によるもので、古老の話では「流れの間は一面の草はらで柳の大小の木が点在していた」と述べている。有賀氏がいう「楕円形の小平地」とは、拙論が確認した「春近免」地名の所在する一帯と一致する。この有賀論文は、天竜川の氾濫原という洪水地帯を中世の水田開発地帯として想定していること、明治以来の堤防を利用した高水位法の治水技術がもたらした景観の変容に留意し、古老の聞き取りから近世以前の天竜川景観が現在の景観とは大きく異なることを明らかにしており、現在から見ても継承すべき諸点が多い。

(37) 橋口定志「中世東国の居館とその周辺」（『日本史研究』三三〇、一九九〇年）、海津一朗「東国・九州の郷と村」（『日本村落史講座2　景観』雄山閣出版、一九九一年）。中世の東国における低湿地開発論についてもっとも体系的な研究は、鈴木哲雄『中世日本の開発と百姓』（岩田書院、二〇〇一年）参照。沖積低湿地や氾濫原において中世の開発が先行して洪水災害や土砂災害に至る循環構造については、国立歴史民俗博物館共同研究「災害と開発」でも検討した。井原今朝男「中世善光寺平の災害と開発」（『国立歴史民俗博物館研究報告』九六、二〇〇二年）参照。

(38) 伊那春近領については、地名調査の成果が伊那市教育委員会『伊那市の小字名』（一九八九年）としてまとめられ、一九九六年には伊那市教育委員会主催の「歴史シンポジウム春近領を考える」が開催され、その報告集が伊那市・伊那市教育委員会編『信濃の牧・春近領・宿場』（新葉社、一九九九年）として出版され、地元での保存調査活動が継続されている。宮脇正実「中世小井弖二吉郷の館と開発」（『信濃』五四—三、二〇〇二年）はその後の詳細調査を踏まえたもので新知見が多い。

(39) 井原今朝男「平安時代の生活と村落」（『長野県史　通史編1』一九八六年）六八六〜六九三・七八八頁。

(40) 井原今朝男「北信濃の社会と生活」（『長野市誌　原始古代中世編』二〇〇〇年）五八三頁。

(41) 用水路や灌漑施設についての考古学的資料の集成は、第七回東日本埋蔵文化財研究会編『治水・利水遺跡を考える』（資料編・発表要旨・紙上発表編、一九九八年）が貴重な成果である。しかし、これらもすべて発掘部分についての考古学的検討のみで、それを地籍図や詳細調査図とセットで検討し、地表面に残る用水路や地割の年代推定や性格検討をするような研究はなされていない。

(42) 宮脇正実「中世四宮荘北条における居館と用水」（長野県埋蔵文化財センター十周年記念論集『長野県の考古学』、一九九六年）。

(43) 市川隆之「長野市内の居館跡形態についての予察」（『市誌研究ながの』八、二〇〇一年）。

(44) 宮島義和「更埴条里遺跡・屋代遺跡群の中世集落について」（『信濃』五四—三、二〇〇二年）。

(45) 愛知県清洲城については、東海埋蔵文化財研究会編『清須』研究報告編・資料編（一九八八・八九年）で、遺構図と地籍図とをセットで図面化し、地籍図も資料編に記載されている。千田嘉博「田村地域の中世社会と城館」（『東北横断自動車道遺跡調査報告書』二八、一九九四年）参照。発掘遺構図と地籍図とをほぼ同一縮尺で統一図面にして、発掘情報と地表面情報との関係を検討する新しい手法が開拓される必要があろう。

（補注1）得宗領の裁許状と執権長時

「工藤文書」の正応元年（一二八八）十一月三日下知状案を関東下知状ではなく、得宗北条貞時裁許状とみる拙論の立場からすれば、「就弘長二年（一二六二）和与状、武蔵守殿御時下知、経廿六ケ年畢者」とあるように、武蔵守殿＝執権北条長時の下知状が出ているのはなぜか、が問題になる。『信濃史料』をはじめ旧来の諸論文は下知状をすべて幕府の関東下知状と評価してきた一理由でもある。伊那春近領が得宗家領ではなく、将軍家の関東御領であったから執権長時の下知状が出たものと解釈すべきだという説が成り立ちうる。この点について、初出論文では言及していないので、補足する。

『吾妻鏡』康元元年（一二五六）十一月二二日条に「今日、被レ譲二執権於武州長時一、又武蔵国務侍別当并鎌倉第内、同被レ預二申之一、但家督幼稚之程眼代也云々」とある。この年、執権時頼が出家して、執権職を武蔵守長時に譲ったとき、武蔵国務職・侍別当職と鎌倉第内も長時に預けたことが判明する。それは得宗家の家督＝時宗が幼稚であることを理由に武蔵守長時が家督時宗の「眼代」になったのだとある。長時が武蔵守を離れるのは文永元年（一二六四）七月三日であるから、康元元年から文永元年までは、武蔵守殿長時＝執権が、得宗家の家督＝時宗の眼代として、武蔵国務と侍別当と鎌倉第内＝御内という得宗家の家政権力を預かっていたのである。

「工藤文書」のいう「武蔵守殿御時下知」は、正応元年（一二八八）からみて「廿六ケ年」前であるから、弘長二年（一二六二）のことであり、まさに執権武蔵守長時が、得宗家の家督幼稚のため時宗の眼代として下知状を発した時期となる。以上から、伊那春近領は、将軍家の関東御領であるとともに、得宗領になっており、所領単位ごとに政所が置かれ、得宗家の家督によって裁許状＝下知状が出されたのである。

（補注２）弘長の公家新制

弘長三年（一二六三）の公家新制の画期性について補足しておく。笠松宏至は、弘長三年以前の公家新制が宮廷内部の規律であったものが、弘長新制は現実を法によって改めようとするものに変化したとする（笠松宏至『徳政令』岩波新書、一九八三年、一三一・一三五頁）。特に後嵯峨院政での弘長公家新制は、土民逃脱して田地荒廃すという地方の実態を国司代官への規制によって諸国土民の安堵を実現しようとしたと評価した（笠松宏至「鎌倉後期の公家法について」『中世政治社会思想　下』岩波書店、一九八一年、四〇八頁）。また、弘長新制の第二十一条に「理に任せ本家領家不和荘園を成敗あるべき事」とある点について、市沢哲「鎌倉後期の公家政権の構造と展開」（『日本中世公家政治史の研究』校倉書房、二〇一一年）は、都市領主の所領確保の要求が権門での内部対立を生み出しており、治天の君権力への秩序再建への徳政要求がつよまっていたと評価している。こうした弘長三年公家新制の歴史的評価は、公家政権内部や本所領での効果如何として検討がはじまったばかりである。そのため、公家新制が国衙領での国衙興行に結びついていたことは、稲葉伸道「鎌倉後期の国衙勘落と国衙興行」（『名古屋大学文学部研究論集』三七、一九九一年）があるのみで、幕府や関東御領・得宗領などでどのような効力を発揮していたかについては、まったく研究がない。本稿は、弘長公家新制が「公武一体」の改革令であったという笠松の指摘を受けて、東国の関東御領・得宗領での公家新制の効力と現実性について検討しようとしたものである。幕府の弘長新制によって、各地の関東御領・得宗領の在地で、どのような具体的な社会問題、紛争、訴訟がおきたのか論じた研究はまだ管見に入らない。今後の研究課題であろう。

（補注３）弘安八年の特殊性

工藤文書に「去弘安八年比先政所弥次郎入道之時、発河成、依令加増六町也」とあることから、伊那春近小出郷での公田再開発が弘安八年（一二八五）にはじまっていたとするのは本論の一結論である。この年が中央の幕府政治史の大きな画期であったことを、本論では強調しなかったので、補足しておきたい。

本論文では、弘安七年五月二十日の新式目三八ケ条の中に関東御領の年貢規定と年未詳の追加法六〇六条「諸御領不作河成事」に袖判奉書であることから、御内法とみて、六〇六条も弘安八年令とすべきことを主張した。この「弘安新式目」について、公方将軍に奏上したとする網野善彦説と、得宗貞時に奏上したとする五味文彦説が対立していたが、細川重男「弘安新式目と得宗専制の成立」（『鎌倉政権得宗専制論』吉川弘文館、二〇〇〇年）は、制定者の安達泰盛が式目の前半は得宗の権威を確立しようとし、後半の式目は将軍権威を確立することによって、両者あいまって得宗権力の公的確立をはかったものと評価し直している。さらに公家政権は、弘安八年七月十一日亀山上皇院宣を発して、常陸府中の在庁公人供僧名田畠が武家被官輩に沽却・寄付・入置され「公田減失、仏神事国役退転」しているとして、「本主子孫へ糺返すべし」と命じていた（佐々木銀弥『中世商品流通史の研究』法政大学出版局、一九七二年、二〇頁）。

他方、武家政権では弘安八年は、安達泰盛による弘安徳政のはじまった画期であり、同年十一月には霜月騒動で安達氏滅亡にともない佐久伴野氏も連座した（村井章介『北条時宗と蒙古襲来』ＮＨＫブックス、二〇〇一年）。しかも、弘安八年十一月日の醍醐寺文書には「新式目を出され売買之地に於いては本銭を返与せず本人知行せしむべきの由、之を載せらる」とあり、売買地無償取戻の弘安八年徳政令が永仁五年徳政令に先立って発給されていた（寶月圭吾『中世日本の売券と徳政』吉川弘文館、一九九九年、二二七頁、笠松宏至『徳政令』岩波新書、一九八三年、一〇九頁）。まさしく幕府・朝廷の公武一体の政治改革が立て続けに推進された弘安八年という画期の年に、得宗領信濃国伊那春近領小出郷でも政所池上氏によって公田開発が進められ、公田六町が興行されたことが史実であった。田舎での公田興行が、朝廷・幕府の政治改革令に連動していたのである。

第三章　日本中世における城と権力の二面性

――権力の場としての城と民衆――

はじめに

これまで城は武士の居城として理解され、武士は領主制の主体として説明されてきた。十二〜十四世紀前半、中世前期の領主制論の研究史は、A開発領主論、B公的支配の領主連合論、C武士職能論として論じられてきた。十四世紀中期から十六世紀末期、中世後期の領主制論については、D国人領主制論、E守護領国制論や幕府守護体制論、F大名領国制論や村町請制論などとして展開されてきた。したがって、日本中世史における城と権力について論点を整理して、フランス中世史との議論の素材とするためには、分析視角と資料的条件を限定しておかなくてはならない。

本章では、中世社会を国政と家政による分裂と統合の歴史として分析する方法をとり、その視点から、権力の場である城と民衆との関係を整理してみたい。

このような分析視角を設定する理由は、これまでの武士論や領主制論には致命的ないくつかの欠陥をもっていると考えているためである。第一は、武家史料を第一義的に重視して立論してきたため、領主権力の独立性が過大評価され、城や領主が中世国家による地域支配のための家政権力であり、徴税と納税を請け負う中間的行政的機関であるという性格が軽視されてきたと私は考えている。

第二に、領主による地域支配は、私的所有の屋敷地や前田を拠点にしたイエ支配権の論理にもとづいて同心円的支配構造論によって地域支配を展開するものと説明されてきた（戸田芳実・石井進・大山喬平）。そこでは、領主による非血縁者の被官・家人・所従・下人らに対する家父長制的支配と、領主による名主・百姓らに対する地域支配との質的相違を軽視している。前者は家臣団や家中、後者は所領や当知行などであるが、両者はともに領主制の内部問題とされてきた。しかし、権力の場である城と民衆との視点から見直せば、前者は領主の家政権力としての私的支配の問題であり、後者は領主のもつ国政権力としての公的支配の問題として区別して論じられなければならない。前者を主従制的支配・後者を統治権（構成）的支配と区別する佐藤進一・大山喬平らの見解をさらに発展させて、両者の区別を明瞭にする必要がある。とりわけ、後者の問題こそ、領主と国王、領主と国家に連続していく諸問題として分析されなければならないと考える。中世領主の権力は家政権力と国政権力の一部であるという二面性を兼ね備えて行政的機能を果していたことに留意して分析されなければならないといえよう。

第三に、天皇・公家史料の公開がおくれ武家政治史偏重から、武家と公家、天皇と将軍家、幕府と朝廷について、その対立・抗争の側面だけが過大評価されてきた。そのため、多様な領主層が分裂的要素をもちながらも、支配階級として相互に協調・利害調整・統合して国家権力を構成し階級支配を実現していた側面が解明されないという研究史上の欠陥が存在する。(1) いいかえれば、政治史とは異なる中世国家権力の官僚制的支配構造を解明する国家論という研究分野が著しく未開拓になっていると考える。城と権力を検討するときに、個別領主による民衆支配を論じるだけでは個別領主論を展開するにすぎない。多様な領主層が分裂と統合の中で、どのように国家権力として結集し、中間階級の諸階層を介して、より多くの下層の隷属民衆を国家的に支配し、対外的に侵略的性格を発揮していたのか、社会権力と国家権力の相互関係とその全体像をあきらかにしなければならない。

国政と家政の共同執行論の立場から、中世領主層を見直せば「中世国家による地域支配のための家政権力」と規定しなければならない。領主とは「国政と家政との共同執行」によって地域支配をおこなう社会権力ということになる。中世領主層は、党・一揆や氏・一門・親類・姻戚などのヨコ結合を利用して利害調整をはかりながら、家司・下家司・家人・家侍・被官・郎等・中間・所従・下人・端女など家政職員をタテに権力編成して、家政権力を強化して、郷・村の徴税機能を請け負って地域支配を行う国政権力の一部である。そのため領主層は、公家・武家・寺社を問わず権力の場として居館・城郭・砦・山小屋・宿所・町屋・在家・関所・湊・津・河口・船警固所など流通・交易のネットワークを多様に張り巡らせていた。以下、中世の城と権力が家政権力と国政権力の二面性をたえずもっていた構造について整理しよう。

一　全国的散在所領群の経営管理者としての領主像

中世前期における領主の居館・城郭は、館・屋敷のまわりに直営地、さらにその周辺に所領の荘・郷・村が同心円的に分布するものと説明されてきた。これを武士のイエ支配権モデルと呼ぼう(2)。別名・堀之内論ともよばれる武士のイエ支配権モデルは今日でも中世考古学分野で建物配置論としてひろく利用されている。しかし、このモデルは、鎌倉期の領主層が所領を全国展開させていた歴史的背景を見落とすことになり、私はこれを採用しえないものと考えている。

中世前期の領主は、守護職をもった豪族的御家人はもとより、名主職・地頭職しかもたない中小御家人であっても、諸国に分散した田舎の所領群と鎌倉・京都という都市に置かれた所領群と湊・渡・津・峠・市町など交通流通機構の一部を家政機関の中に取り込んでいた。中世領主は農村領主であり、都市領主でもあり、流通領主でもあるという未分化の家政権力であった。(3) 国政家政共同執行論では、中世領主権力は、名字の地である本貫地のみならず全国的な所領群をもち、京都と鎌倉に家地や墓所・宿所などを配置した複合的分散的な居館・家地群を編成し、全国的な交通・流通網を家政的に編成・組織していたことを重視する。全国的規模に散在した所領群の経営管理者が中世領主であった。

1　本貫地の「本屋敷」と全国的所領群の展開

十二世紀末、平家の家人から源頼朝の御家人となった中野能成は、建仁四年（一二〇四）名字の地である信濃国中野郷に「当所居住屋敷」と「内作一町八段」をもち「所従等」を田に付けて召し使う存在であり（「市河文書」鎌一四三四）、中野郷「名田十町」と志久見郷の「地頭職」を所領としていた（「市河文書」鎌一三八一・一四四一）。居屋敷と内作と所従は中野氏の家産と家人を経済基盤とした家政権力部分であり、中野郷の名田十町と志久見郷は中野氏による地域支配の国政権力部分を示すものである。したがって、両者を同じ性格の同心円として括ることはできない。中野郷や志久見郷の公田には「段別銭貨二百文」の春近年貢が賦課され、「撫民の儀」によって地頭請とされ（市河文書　鎌二〇六二八）、中野氏の惣領が中野氏一門に公田を分割配分し、一門から春近年貢を集めて、京都と鎌倉に年貢公事を納入しなければならなかった（「市河文書」鎌三一九四〇）。国政権力の一部を分担する中野氏は、あきらかに京都や鎌倉にいる上級支配層の統制を受ける中間的支配層にすぎなかった。しかも、中野助能は信濃国中野・志久見郷のほかにも承久勲功の地として筑前国勝木荘をもっていた。寛喜二年（一二三〇）二月八日には北条泰時の命令によって勝木荘の権益を勝木則宗に返与したため、替地として筑後国高津・包行名を知行している（『吾妻鏡』）。中野忠能後家尼蓮阿は近江国越智郡にも所領をもっていた（「市河文書」鎌一三一七〇）。中野氏一門は、信濃・筑後・近江という三ヵ国に所領群を分散させていたのである。

承久四年（一二二二）二月廿一日下野国御家人茂木知基とされる藤原某の所領譲状案（「茂木文書」鎌二九二七）をみると、下野国東真壁郡内五ヵ村・信濃国依田荘内五ヵ村・越後国田島郷経田・能登国若山荘・紀伊国賀太荘に所領をもっており、やはり五ヵ国に及んでいる。

守護クラスの御家人の場合には、さらに所領規模は拡大する。薩摩・日向・大隅の守護職をもった島津忠時は、兄弟や後家・女房・孫など一門親戚に全国的所領を分割支配していたが、その一門と所領分布はつぎのとおりである（「島津家文書」鎌九八一〇　図14）。

図14　島津氏一門と所領分布（一二六七年）

島津忠時
- 惣領久時 ―― 薩摩国守護職・薩摩国薩摩郡・市来院・山門院・日置荘・宮里郷・英禰十二島・伊賀国長田荘
- 大炊助 ―― 薩摩国伊集院・和泉荘・頴娃郡・信濃国太田荘石村南・和泉国上条郷
- 後家 ―― 薩摩国満家院・信濃国太田荘園神代郷・讃岐国櫛無保
- 伊賀尼 ―― 伊賀国長田荘
- 南女房 ―― 薩摩国谷山郡・和泉国和田・信濃国大田荘給田屋敷
- 孫 ―― 和泉国上条郷ちんたの里

ここでも所領は、薩摩・伊賀・信濃・和泉・讃岐の五ヵ国に及ぶ。しかし、忠時の一門はこのほかに大隅・日向・下野・若狭などにも所領群を分散させていた。

大江広元の所領は、出羽・武蔵・相模・美濃・伊勢・近江・摂津・伯耆・周防・肥後の十ヵ国二十五ヵ所に散在していた。(4) 北条重時も、遠江・相模・信濃・陸奥・若狭・伯耆の六ヵ国八ヵ所の所領をもっていた。(5) 鎌倉期の武家は、全国的に散在した所領群をもっているのが一般的であり、地頭納や地頭請所として開発所当・本所年貢・国衙年貢などの代納義務を負っていた。とりわけ飢饉や不作などの際に名主・百姓の未納分を代納する義務をもっていたから、全国的所領に配置した居館や蔵には「数多の公物私物」(『今昔物語集』巻二十四、第十四)、「公私御公事」(「山内首藤家文書」鎌三九二七)、「公私所当物」(「禰寝文書」鎌一六二一三)、「公私之課役」(「専称寺文書」鎌二四四〇四)・「公私納物」(「大乗院文書」鎌二七三五五)・「公私の負物」(「円覚寺文書」鎌一四八二四)などの収納・決済・決算機能をもっていた。

2　京都家地土倉群と鎌倉宿所群

御家人らは全国的所領の経営とともに国家的職務としての年貢納入と御家人役をつとめなければならなかったため、だれもが京都と鎌倉には「京都家地」「鎌倉家地」「宿所」をもっていた。二階堂行久は、文永三年(一二六六)六月十日鎌倉の「西御門入奥地」と「浜倉」と「鎌倉宿所」をもち「倉納物」を名越女房と向女房に譲与した(「二階堂文書」鎌九五四二)。宇都宮氏は「鎌倉屋形以下地」をもち、給人に預けられた場合でも相伝はできないとして、白拍子・遊女・仲人等の輩を配置することを禁止していた(弘安式条)。大友氏時も全国各地に散在する所領所職は六十一ヵ所にのぼったが、「鎌倉亀谷地一所」には「先祖墓地、宿所地等」をもち、さらに「京都佐女牛大和大路屋地六カ所」と「京都大谷地二箇所」にも「先祖墓所、宿所地等」を確保していた(「大友文書」神四四九二)。

京都・鎌倉の家地・宿所は、御家人にとって内裏大番役と鎌倉番役という公事をつとめるための拠点・宿泊地であるとともに、先祖伝来の墓所でもあった。しかも、宿所や浜倉・土倉などには「倉納物」を収納しており、女房や白拍子・遊女・仲人等輩を配置して、貸付取引や運送・問屋・収納・宿泊・流通業務などに従事していた(6)。

たとえば、御家人坂上明定の嫡子明胤(『吾妻鏡』暦仁元年五月十一日条)は「鎌倉家地」「甘縄地」と「浜地」を相伝したが、「浜地幷旗・鎧等」をめぐって妹福寿と訴訟に及び、仁治二年(一二四一)十一月関東下知状案(「相良家文書」鎌五九六六)は、浜地を妹福寿の進退とした。弘安四年(一二八一)四月二十四日に小早川左衛門三郎の女房は一二六貫文(現在価値約一二六〇万円)という巨費を投じて沙弥賞信から京都綾小路南・東洞院東の屋二宇・土倉一・桟敷を購入している(『祇園社記録雑纂』)。貞和二年(一三四六)六月二十九日、小早川重景が子息重宗に譲与した所領群のなかには、「鎌倉米町屋地」と「京都四条油小路屋地」が明示されている(「小早川文書」神四四六三)。御家人クラスの領主にとって、京都・鎌倉における浜倉・土倉・宿所は氏女・女房や白拍子らを配置して公私の倉納物を活用して貸借活動によって利殖や行政・財政運営を行う拠点でもあった。これらは地頭の商業流通・運輸活動と理解されてきたが、むしろ「倉納物」は「数多の公物私物」「公私の負物」といわれる物流であり、領主の家産財政運営を示すものと評価すべきである。公私の倉物を利用して貸付取引で利殖をはかり、年貢公事の下行(支払)活動を行い、年中行事に応じて必要物資の出納・決済を行うなどの家産財政運営として社会的に位置づける必要がある。それは通説がいう貨幣経済活動ではなく、物流という現物物資を貸付取引に投入して利殖や収支決算を行う現物経済活動と理解すべきである(7)。京都・鎌倉の家地・宿所・土倉群は領主の家産財政運営機関の拠点であったといわなければならない。網野善彦が注目したように、何故女性が物流・貸借・運送・宿泊・商業活動の機関の名儀人になりえたのかは、今なお未解明である。

3　津・湊・渡・市での馬・船・市場在家・倉敷地

武蔵国熊谷郷と安芸国三入荘内の田畠在家を有した熊谷直時・祐直兄弟は、文永元年（一二六四）五月二十七日山口原に「町屋在家」と「市場在家」をもち、その子孫熊谷直勝も元徳三年（一三三一）三月五日に「佐東倉敷」をもち「惣河之口、鵜舟以下」を所有していた（「熊谷家文書」鎌九〇九九・三一三七六）。市町での在家や河口の船と倉敷は、領主が独自の物流を確保するために必要不可欠な流通交通手段であった。

島津氏の場合も島津本宗家から自立した島津伊作家では、嘉元三年（一三〇五）十一月十一日に信濃国太田荘神代郷の年貢納入を家政職員の薄葉景光を代官に任命して請所とした。領家である近衛家に二十九貫五百文を納入し、下司給分などを差し引いた年貢定銭四百二十貫文（現代価格に換算して約四二〇〇万円）と馬葛・塩引鮭・筋子・差縄の色々物＝公事を国元に送付する契約を締結した。その契約文には、毎年懈怠なく、年貢内の三百十貫文と色々物を十一月中に「国元」に進上し、残額の籾代百貫文は翌年五月中に「国元」に進上する約束になっている（「島津伊作家文書」鎌二二三九二）。この「国元」とは伊作島津氏の本拠地となった薩摩国伊作荘の地頭所を指している。

薩摩国伊作荘では地頭島津氏と領家一乗院雑掌との間で、領家年貢と地頭米の未進をめぐる訴訟や本家分課役や宇佐宮造営米についての債務関係を清算するために元亨四年（一三二四）八月二十一日に下地中分を行った。それによると、伊作荘東堺山から西に向かって「入来名湊海」に流れ込む伊与倉河を両方の堺として、河から以北を領家分、以南を地頭分領とする。「田畠山野河海」の検断以下の権利はそれぞれ一円進止とし、「堺河」での「用水・漁等」は相互に制止せず、「頻渡分《しきりのわたしぶん》《ひんどぶん》」と「河堰」は両方不可侵とする。領家方の「荘庁・宿神・神社等」は河以南に現存し、地頭方の「諏訪神社・地頭所・地頭被官輩の住屋等」は河以北にあるので、それぞれ明年二月までに領家方領・地頭方領へ移転させることを契約している（「島津伊作家文書」鎌二八八〇一）。このように薩摩国伊作荘は、入来浜に流れ出る伊与倉川の河口附近に「湊海」があり、この「湊海」と「伊与倉川」の両岸に「地頭所」と「地頭被官輩の住屋」と領家の「荘庁」「宿神」が置かれていた景観を復元することができる（図15）。まさに地頭所・地頭方神社・荘庁・

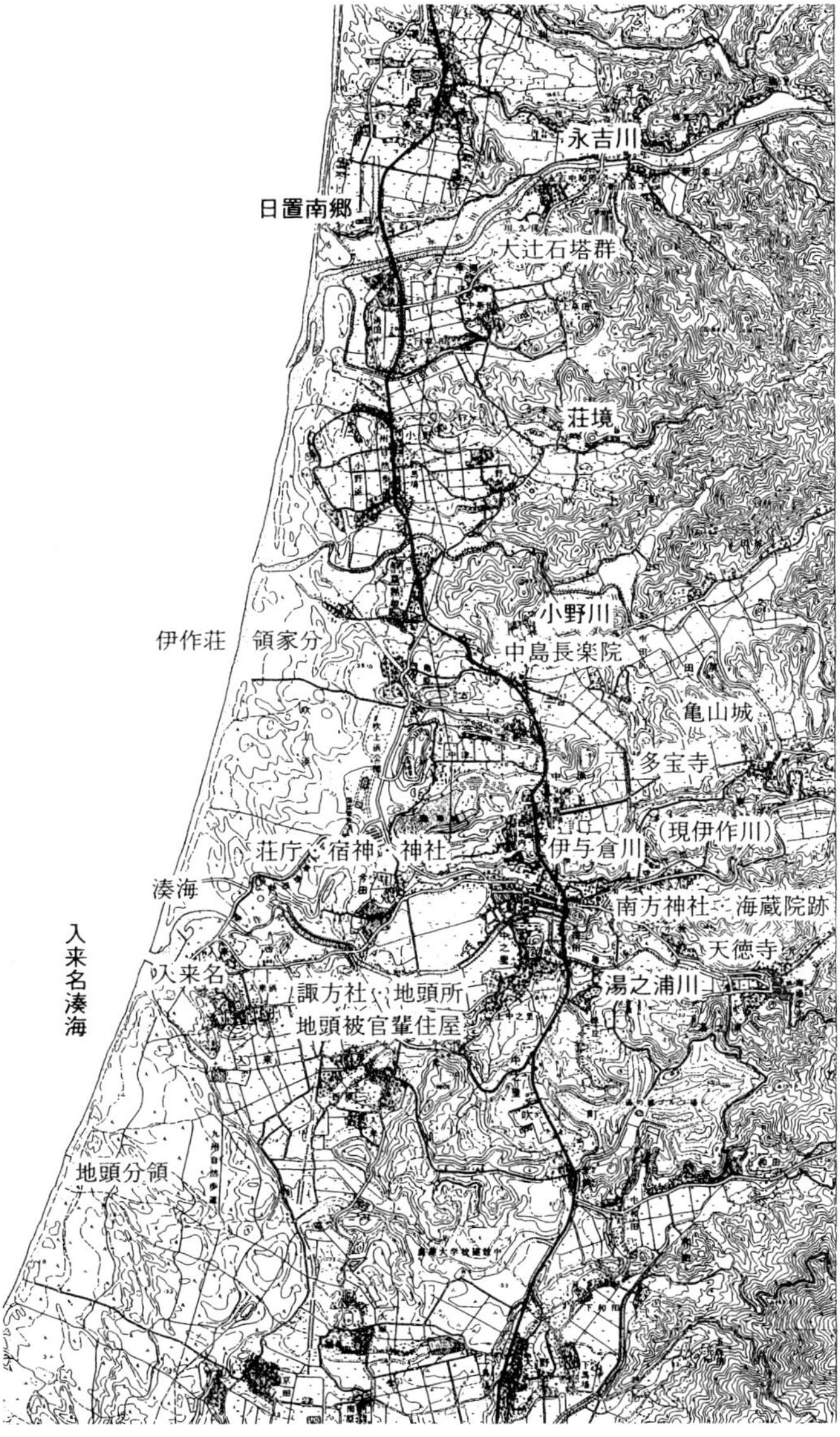

図15　薩摩国伊作荘荘庁・地頭所復原図

宿所とは、中世領主の城郭群であり、地域支配のための国政権力の共同拠点であった。中世城郭群が湊海と伊与倉川の両岸に所在したことは、それが海上及び河川輸送と陸上輸送の結節点であり、商業活動というよりは家産財政運営の交通流通機能の拠点であったことを示している(8)。鎌倉期の海岸線や河川地帯は、現地形よりもはるかに地下深く、低湿地や水辺環境が発達し、海上と河川を結ぶラグーンやエコトーン地帯が海上・河川交通に利用されやすかったと想定しなければならない。

このように十二～十四世紀の武士は年貢収納機能を核に行政交通流通機能を領主制の中に編成していた。田舎の屋敷・館の堀ノ内・内堀を構え勧農機能を基盤にして農村を支配したとする農村領主論の旧領主制論によってはもはや説明できない。中世前期の領主は、田舎の所領群と都市の財政運営機関と全国各地の交通流通機構の一部を全国的規模で家政機関の中に取り込み、農村領主・都市領主・流通領主でもあるという未分化な家政権力であった。彼らの居館・宿所・神社・被官住居・倉敷地・市町在家・湊・渡・河口・舟・警固所等などの城郭屋敷倉庫群は、全国的規模での分散性と物流の行政交通流通拠点的性格をつよくもっていたといわなくてはならない。

二　民衆の武装と領主の権力

1　村・惣・荘による自力救済――荘家・衆議による共同体員への強制動員――

嘉暦二年（一三二七）和泉国大鳥荘住人は、等覚住宅に城郭を構え、当荘住人や草部郷住人・八田郷住人・当国御家人ら数十人の悪党・従類とともに楯て籠もり、使節に対して矢を放ち狼藉するという反抗行動に出た（「田代文書」、鎌二九七二三)。荘家や村の住人らが自発的に合力して城郭を構え武力抵抗に出ることを「悪党」と呼ぶ史料が十四世紀初頭から登場するようになる(9)。これらを村の武力と呼ぶ(10)。中世では領主だけが武力の主体ではなく、政治的には被支配層で経済的には支配層である住人・名主・百姓らの共同体である村や郷や荘が武力の主体にもなりえた。

嘉暦四年(一三二九)六月十四日加賀国軽海郷公文百姓等起請文は、盗人や守護使者・地頭殿人の不正を隠しだてしないことを称名寺に誓約しており、「公文百姓等子共、なこ・わきの物・下人にいたはり候まて」全員で連署している。荘家は「百姓等我身の子息も下人も皆名字を判し仕て候由申候」(「金沢文庫文書」鎌三〇六二八〜九)というように強制的に名字と判をすえるように命じ、人数確認のために案文まで提出させていた。荘園の公文から名主・百姓ら全員が共同して契約することを荘家一揆と呼んだ。荘家一揆には上からの強制と下からの自発性の二面性をもち、タテの権力集中とヨコの結合とが一体になっていた。

荘家一揆につづいて登場する一族一揆の契状も、寄合による「多分之儀」に随うことを義務づけている。嘉慶二年(一三八八)六月一日に締結された下松浦一族一揆契状(「青方文書」、『中世法制史料集　武家家法Ⅱ』八七頁、以下、武家家法Ⅱ—八七と略記)は、一揆中之人と一揆外之人との相論では、重縁があったにしても一揆外之人を差し置き、一揆中方に馳せ寄せることを義務づけている。とくに、本地頭に対して不忠の儀も無く負物や年貢怠勘もなく百姓逃散が起きたときには一揆中として百姓を扶持すべきことを約束している。また「一揆中相伝下人」が「衆中の領内」に隠居したときは、近所人々に相尋ねて下人であることが分明であれば、主人方に引き渡すべきことを契約している。こうした一族一揆が百姓逃散跡や下人・中間の逃亡について規定した事例は宝徳元年(一四四九)八月十五日高梨一族規式写(「高梨文書」武家家法Ⅱ—一二八)にもみえ、一般的規定である。一族一揆契状が百姓逃散規定をもつのは、一揆が「衆中の領内」に住む百姓を支配する社会権力であったことを示すものであり、下人・中間の逃亡規定をもつのは、一揆構成員が下人・所従を家父長的に支配する家政権力であったことを示すものである。このように一揆や党も国政権力と家政権力の二面性をもった政治的社会権力である。

2　上裁による裁判から衆中一同の儀による紛争処理

十三世紀後半から、年貢未進・遺産相続や債務をめぐる紛争が激化すると、幕府や鎮西探題・守護・地頭の法廷に提訴する訴訟件数が激増し、迅速な裁判促進が徳政事項となる。建武五年（一三三八）三月十八日高梨経頼・経家連署裁決状案（「高梨文書」信史補遺―一三九）には「上裁を経て上洛下向、訴論人共にその費これ多し、向後一門輩披判に依るべきの由、各々一同するの間、本より愚情をもって身の了見に及ばざるは、全く私曲にあらず、愚存の趣をもって親疎なく好悪を存するなく、傍輩をはばからず理非の異見を加ふへきの由、担言を致すの上は、この事に限らず自今以後、早計に鬱訴あるべからず、仍って衆中一同の儀をもって裁判するところ如件」とある。これは信濃国東条荘山田郷小馬場村における宗二郎在家田畠をめぐる高梨氏一族内部の遺産相続争いに際して、「上裁」には上洛下向の出費が多くなるという理由から、「一門輩披判」＝「衆中一同の儀」による裁判によって判決を下したものである。上部権力の裁判を請ける権利を「上裁」と呼び、それとは別に一族中の紛争を一門輩の披判＝衆中一同の儀によって自主的に紛争解決しようとする自治の原理が田舎の中から生まれ出てきた。

正応六年（一二九三）七月十七日相良頼氏置文（「願成寺文書」武家家法Ⅱ―一八）にも寺僧に対して「上訴」による裁許をみとめながらも、「当時の如くんば別儀なしと雖も、此の如く子細ある時は、此儀をもって頼宗、檀那中に触申すべし」と命じており、檀那中での裁許を優先する意図がみえている。貞和二年（一三四六）十月五日一乗院領知行人等契約状（「長谷場文書」武家家法Ⅱ―五〇）には同心知行分をめぐる煩いが発生したときは「衆中評定を加へ、多分之儀に依るべし」と誓約連署している。

こうして十三紀末から十四世紀には、在地の紛争を、京都や鎌倉での裁判＝「上訴」「上裁」によるのではなく、地下での「衆中評定」「衆中一同の儀」によって解決をはかろうとする自力救済原理の深化が一般化してきた(11)。これこそ、紛争処理方法として権力による裁判を受ける権利とともに地下での自治による紛争解決の手段といえ、「衆中一同之儀」は、日本中世社会が生み出した最初の地方自治意識といえよう。

3　公方大事のため私弓矢を閣《さしお》く

十四世紀に「衆中一同の儀」による紛争処理が増加する時期は、一揆契状の増加する時代でもあり、南北朝内乱とともに国人領主と被官人との「私弓矢」「私戦」「私所務相論」が激化する時代でもあった。

こうした中で、応安六年（一三七三）五月六日に締結された松浦党一揆契状写（「青方文書」武家家法Ⅱ―八九）は「君御大事の時は、一味同心の思を成し一所において軍忠を抽んずべし」とある。永和三年（一三七七）十月二十八日大隅国で島津伊久・氏久退治のために結ばれた一族契約状案（「禰寝文書」武家家法Ⅱ―九〇）にも「右天下間事は将軍家御方のため一味同心忠節を致すべく候」とあり、一揆が公方大事のために締結するという政治的で将軍家志向が顕著になる。一揆の中から公方専制を生み出す側面が強くなる(12)。

応永十一年（一四〇四）の安芸国人一揆契状には「京都様御事は此人数相共に上意を仰ぎ申すべき事」（「毛利文書」武家家法Ⅱ―一二二）、応永十三年（一四〇六）伊達政宗名取熊野堂条書には「公方之御成敗の外に、当社の領中において私のため沙汰を致す輩出来においては時を移さず罰文をもって衆徒中同心に注進を捧げらるべく候」（「陸奥熊野神社文書」武家家法Ⅱ―一二四）とあり、応永十七年（一四一〇）の陸奥五郡一揆契状も「公方之事に於いては五郡談合之儀をもって沙汰を致し、私所務相論は理非に任せその沙汰あるべく候」（「相馬文書」武家家法Ⅱ―一二八）とある。応永年間には、九州・中国・東北地方の国人一揆が公方大事のために組織されるようになる。[13] 一揆はもはや上意のためのものに変質し、地下の紛争は自らの合議によって調停・和解するという自治的性格を喪失するようになる。

公方のための一揆がもっとも政治的軍事的威力を発揮したのが、応永三十年（一四二三）の関東出兵であった。七月に鎌倉公方足利持氏が将軍家に反抗して、京都扶持衆の佐竹祐義・小栗満重・真壁慶幹などを攻撃した。将軍義持は、細川持有と小笠原政康を関東に出陣させ、京都扶持衆に合力させた。[14] 管領畠山満家は上杉五郎憲秋を伊豆に出兵させ、信濃勢を臼井峠から上州に発向させ、細川持有と惣一揆中に出陣命令を出した。その書状には「公方御大事に依り、高梨方、私弓矢を閣くの由申され候、上聞に達し候、然るべく候」（「小笠原文書」信史七―五五三）とある。国人高梨朝秀は、公方大事のために私の弓矢を閣いて出陣したのであり、十一月十六日付の将軍義持御内書写は「国事萬事を閣き早速発向せしめ候条神妙に候」とあり、小笠原右馬助（政康）と高梨陸奥守（朝秀）に宛てられ、事実上、感状となっている（「後鏡所収御内書符案」信史七―五五五）。高梨氏は私の弓矢＝私戦を一時停止して、将軍家のための公戦に出陣した。

永享の乱においても足利持氏の謀反に備えるため、永享七年（一四三五）十月七日将軍義教は村上頼清に対して御内書を発し、「被官人に対して弓矢に及ぶの由、聞こし召し及ばる、関東物忩の時分、殊らに然るべからず候、急ぎ私の儀を止められ、先度仰せ出され候如く忠節を致さるべく候」と命じている（将軍御内書并奉書留、信史八―五九）。ここでも関東物騒＝公戦により私の儀を止めよという論理が将軍家によって触れられている。[15] 結局、永享九年（一四三七）八月十八日、鎌倉公方に属していた村上安芸守頼清は京都に出仕して将軍家義教に対面・降伏した（『薩戒記』『看聞日記』）。内裏から大臣家三条為清が出て、南御所や貞成親王や公家・寺院などが一斉に将軍家への参賀に駆けつけたことが知られる（『蔭凉軒日録』）。将軍家に反抗していた高梨朝秀や村上頼清ら国人領主は、私戦を闇き公戦を優先せよという社会正義の原理を前に禁裏・将軍家に服属していった。十五世紀が、社会意識の価値観や社会思潮の転換期になっていたといえる（井原今朝男『中世の借金事情』吉川弘文館、二〇〇九年）。

三　中世国家からみた行政官としての守護・守護代

十五世紀、室町期の武家は、将軍家の奉行人や奉公衆に仕える一方、在地においては守護大名の下に守護被官として結集し守護大名の領国支配が展開された時期として理解され、幕府―守護体制論を説く研究者も出ている。[16]しかし、こうした歴史像は武家・寺社史料を中心にした幕府を主体とした公武関係史研究によってつくられたものにすぎない。禁裏・公家史料による禁裏と室町殿との統合システム論の視点から守護・守護代が中世国家の地方行政官として機能していた史実を掘り起こしてみる必要がある。以下、その一面を見ておこう。

1　禁裏・室町殿の共同統治による京都支配

義満政権下で室町幕府は朝廷にかわって京都支配権を掌握し、検非違使庁や京職がもっていた洛中検断権を侍所が掌握して、散所や河原者もその統制下に置いたことが佐藤進一・今谷明・三浦圭一らによって明らかにされ、室町幕府による京都支配が実現したとされている。[17]しかし、侍所による京都支配が、検非違使や京職による京都管轄権を排除するものであることは、史料によって実証されてはいない。むしろ、史料上からは十五世紀においてもなお、禁裏や検非違使・中央諸司寮領による京都の地子・公事徴収権や四条河原・獄舎・都大路に対する検非違使庁の管轄権は存続しつづけており、幕府・侍所による京都支配と共存していたといわなければならない。

禁裏による京都支配に関して興味深い事例が嘉吉元年（一四四一）六月から九月の嘉吉の変である。六月二十四日、赤松満祐が将軍義教を暗殺し、播磨に逃げるという大事件が勃発した。(18) このとき、「手負人数」の中に、検非違使別当三条大納言実雅と侍所頭人山名右衛門佐持豊と細川下野守が含まれていた（『斎藤基恒日記』）。将軍義教は検非違使別当と侍所頭人という京都を管轄する公武の代表者と行動をともにしていたのである。

幕府の統領・将軍が殺害されても、権力の空白が生まれたわけではない。「赤松性具并余類退治」のための「治罰綸旨」が後花園天皇と蔵人左少弁坊城俊秀によって発給された。侍所の山名金吾持豊が出陣したので「侍所職事」に京極佐々木中務少輔持清が任じられた（『斎藤基恒日記』）。治罰綸旨によって播磨国木山城で赤松満祐・安積行秀が打たれた情報は九月十七日に京都にもたらされた。『建内記』によると、九月二十一日、朝廷で陣座が開かれた。上卿の日野資綱が陣座に着して蔵人左少弁俊秀より職事仰詞を受け取った。職事仰詞＝後花園天皇の勅旨は、検非違使を河原に派遣して満祐の首を受け取らせよ、という内容であった。勅命は上卿日野資綱から左少弁俊秀—官務の小槻晨照—六位史を通じて門外に待機した検非違使に命じられた。検非違使は大判事中原明世が「御点」により担当者とされ、明世も「領状」＝請文を提出した。ところが夜になって落馬したので急遽中原明定に交替し、四足門の外から佐々木判官教久とともに四条河原に向かい、山名兵部少輔教之の伯耆守護代官から満祐の首を受け取った。首は手輿に乗せられ、四条河原の東辺にすえられていた（『建内記』）。

『師郷記』によると、これに先立って九月十八日に賊首赤松入道の頭が伊勢貞国宅に運ばれ、若公＝室町殿足利義勝によって実検をすませている。九月二十一日の洛中での処刑パレードは、官人明継と京極教久の両人が大路を渡し、四条を西行し、東洞院を北行、中御門を西行、西洞院を北行して、近衛西洞院の獄門に植えられた楝木の枝に首を懸けた。先に赤松入道の首、次いで赤松家人で将軍義教を打った下手人安積の首を懸けた。佐々木教久は随兵十騎を召具していたが、下臈を先となす例によって、教久が先頭を歩き、次いで官人明継がつづいた（『師郷記』）。このとき、侍所は六条河原より後を随兵し、検非違使の判官は姉小路大判事明世がつとめ、河原者千人が兵具を帯びこれを警固した（『斎藤基恒日記』）。

ここでは禁裏から派遣された検非違使が中原明世・明定・明継のいずれであったかは判然としないが、検非違使の官人が上臈にあたり、侍所職事京極佐々木中務少輔持清の同名佐々木教久が下臈であったことが明記されている。洛中での賊首請取と公開処刑が後花園天皇の主導で行われ、禁裏から検非違使が四条河原に派遣され、侍所職事の侍とともに共同執行していたことがわかる。網野善彦が廃絶したと指摘した近衛西洞院の獄舎は、嘉吉元年（一四四一）になっても機能していた[19]。侍所の随兵は六条河原から南を管轄し、検非違使は四条河原から近衛・西洞院の獄舎までの都大路を管理していた可能性が高い。六条河原・四条河原・獄舎には非人が配置されており、大路を渡す警固は河原者千人が武装して動員されていたことが判明する。

『建内記』『師郷記』という公家史料と『斎藤基恒日記』という武家史料から判明した事実は、使庁にかわって侍所・地方頭人による洛中支配が完成したという歴史像とは真っ向から矛盾する。侍所の都市管轄権は確かに機能しつづけているが、検非違使別当や検非違使が禁裏によって派遣され、謀反人の公開処刑の執行命令は、陣定で後花園天皇の勅命として発せられていた。あきらかに天皇・検非違使別当・検非違使による獄舎・四条河原や都大路の管轄権は室町幕府の京都支配権によって排除されていない。六条河原・四条河原はもとより都大路・獄舎などは検非違使庁と侍所の共同管轄下にあったといわなければならない[20]。治罰綸旨で追討された国家の犯罪人であったが故に、謀反人の公開処刑は禁裏と室町殿の統合システムによる国家行事として検非違使庁・侍所・河原者によって共同執行されていたとみるべきであろう。こうしてみれば、六条河原・四条河原・近衛西洞院の獄舎・都大路と検非違使・侍所は、公武一体による中世国家の裁判・警察機構であったといわなくてはならない。

2　天皇の還幸供奉雑隼人料の国役賦課と守護・守護代

天皇の行幸には古代から隼人が随従し、『延喜式』隼人司式では畿内隼人の装束料を官から支給されて供奉していた。しかし、中世天皇の行幸に隼人供奉が儀式化して存続していたことは知られていない。天皇の行幸に際して雑隼人料を国役として賦課した事例は、寛元二年（一二四四）、永徳三年（一三八三）の官符宣でも見られ、応永九年（一四〇二）遷幸土御門殿の時にも「諸司惣用下行帳」から「五人分五百疋」の「雑隼人装束料」が支出されていた事が確認される（『康富記』正長二年八月七日条、十日条）。

称光天皇から後花園天皇に代替わりした正長二年（一四二九）八月、皇居三条殿から土御門内裏に移った行幸は「還幸」とよばれ、還幸伝奏は万里小路大納言時房、還幸奉行は蔵人方頭弁甘露寺忠長、官方左中弁日野資親の行政担当機関が選出された（『康富記』同年八月二十二日条）。このときも、雑隼人料を国役として美濃・紀伊・備前三ヶ国に賦課された。その手続きはつぎのように記録されている。

権外記兼隼人正中原康富が還幸伝奏万里小路時房亭に出向き、判始を終えたばかりの室町殿義教に還幸伝奏から伺いを立てた。管領が出仕していないので御教書＝管領奉書が出せない、そこで伝奏奉書を武家奉行に下し、奉行方から直に守護に雑隼人料を賦課するようにとの室町殿の指示が出た。還幸伝奏万里小路時房が伝奏奉書を作成し、武家奉行飯尾大和守貞連宅に持参し幕府側の手続きをまった。やがて、紀伊・備前・美濃三ヵ国守護の畠山満家、赤松満祐、土岐持益から返答があり、翌二十九日早朝、美濃守護代沙弥尭信が奉行所にあてて美濃国役二貫文の送状を提出し、備前守護代性智が二貫文、紀伊守護代善堯も二貫文の送状を提出した。これらの隼人正中原康富申状、遷幸伝奏奉書、官宣旨、送状、請取状がすべて書写されている（『康富記』正長二年八月二十八日条）。

こうして禁裏の雑隼人料という国役は紀伊・備前・美濃三ヵ国に賦課された。国司は機能していないので代わって守護に催促され、実際は守護出銭として各二貫文が守護代から奉行所に送状とともに送られた。武家奉行飯尾貞連が送状に袖書を加え、隼人正中原康富が請取状を提出した。守護出銭の送状・請取状はいずれも武家奉行が室町殿の目に入れるようになっていた。守護・守護代はあきらかに国司の代行機関となっていた。

後土御門天皇が修理途中であった土御門内裏に文明十一年（一四七九）十二月に入ったときは「還幸」といわれ、還幸伝奏は甘露寺親長、還幸奉行職事は頭中将三条実興がつとめた。この還幸に際しても雑隼人が供奉する儀礼が存続しており、雑隼人供奉のための国役が諸国所課として禁裏によって賦課された。

その手続きは、まず権大外記で隼人正中原康顕が還幸伝奏親長宅に出向き、還幸供奉の新隼人料について先例により伝奏奉書の発給を要請した。親長は武家奉行布施下野守にあて閏九月八日付で伝奏奉書を出すとともに子息で蔵人弁の甘露寺元長に官符宣を作成させ、伝奏奉書と官符宣を副えて武家奉行に遣わした。官符宣は還幸供奉雑隼人国役を阿波・周防・丹後・長門・越後・播磨・備前・丹波・備中の九ヵ国に宛てて賦課する内容であった。九か国の官符宣は還幸伝奏から武家奉行に伝達され、「度々御教書」＝幕府御教書を副えて諸国に申沙汰する手続きになっていた（『還幸伝奏記』文明十一年閏九月七日条）。還幸供奉雑隼人の国役を九ヵ国に賦課する手続きは特別問題が起きなかったようで、『還幸伝奏記』にはこれ以外の記載がない(21)。還幸供奉雑隼人国役を九ヵ国が負担したとすれば、守護代が守護出銭として納入したものと推測される。文明十一年当時の阿波守護は細川成之、周防長門両国守護は大内政弘、丹後守護一色義直、越後守護上杉房定、播磨備前両国は赤松政則、丹波守護は細川政元、備中守護は細川勝久である。室町殿義政・義尚・富子政権に協調的な守護大名が選択されていたのではないかと推測される。幕府に反抗的な守護のいる諸国は、幕府と禁裏の共同統治下から離脱していったのであり、中世国家の統治範囲は縮小しつつあった。この時期、禁裏は幕府との共倒れ構造の中にあったといえよう。禁裏が幕府との共倒れ構造から離脱し、公家御料所を基盤にして個々の大名と個別交渉によって禁裏用途の惣用方財政確保に動き出すようになるのは、十六世紀後奈良天皇以降であると考える。十五世紀・室町期の守護と守護代は、禁裏と室町殿の統合システムの中では、国司にかわって諸国所課を担当する行政担当者として位置づけられており、その機能する範囲内で国家の支払システムが機能していたといえる。

3　守護被官の禁裏参入と守護代への勅命

十五世紀後半の永享～文明年間には手猿楽の禁裏参入が増加していたことは、能勢朝次『能楽源流考』（岩波書店、一九八三年）らがあきらかにしている。しかし、参入者にどのような政治的社会的特徴が見られるのかについて言及がない。

内裏手猿楽に参入した武家・守護大名・守護被官らの特徴は、『師郷記』永享十二年（一四四〇）二月十三日条に「今日ハヤシ物参二内裏一、巳刻許御参内、其後ハヤシ物次第参レ之、先室町殿御分、次山名、次赤松、次京極也、色々風流、前代未聞也」とある。武家手猿楽を内裏で演じた初例と推測されている。将軍義教・侍所所司山名持豊、赤松満祐、侍所職事になる京極持清であるから、禁裏の武家伝奏や儀式伝奏らとの結びつきのつよい幕府の要人であるといえる。これ以外の禁裏手猿楽の参入者はつぎのものである。

①「大名被官」『実隆公記』文明十一年三月十九日条

②「備中守護被官、御台御中間」『山科家礼記』文明十三年三月十三日条＝備中守護細川勝久・日野富子
③「一色上野被官人、号内藤」『長興宿禰記』文明十四年三月二十一日条＝志摩・丹後守護の一色左京大夫義春
④「あか松かひくわん」『御湯殿上日記』明応三年（一四九四）四月十一日条＝加賀国半国・美作・備前守護赤松政則

御台＝日野富子はもとより、備中・志摩・丹後・加賀・美作・備前守護はいずれも室町殿に協力的な守護であり、禁裏の采女料や隼人雑人料などの諸国所課を守護出銭で納入するシステムに協力的な守護大名である。[22] いいかえれば、室町殿や禁裏との統合システムに協力的な守護大名の被官が、禁裏手猿楽に参入していたものといえよう。

このような守護被官の禁裏参入は、手猿楽よりも蹴鞠も多い。文明年間以後には後土御門天皇の第一皇子勝久親王の御所での蹴鞠や近習の甘露寺親長邸での蹴鞠に、義政申次伊勢貞誠・義尚申次伊勢貞頼や大舘尚氏・奉公衆の小笠原持清や廣戸宗広、細川被官の上原・薬師寺・物部奏六・大平中務などが武家輩として頻繁に出入りしている。[23] これらは、室町殿と天皇の御点によって参加者が特定されており、鈴木説のいうように「国芸」としての性格をもち、甘露寺家や飛鳥井家など家での蹴鞠会が、禁裏蹴鞠会や室町殿蹴鞠会の習礼としての性格をもっていたといえよう。管領一門の畠山尾張守政順や細川弥九郎が見学した事例もある（『親長卿記』文明十八年八月十六日条）。彼らは史料上「守護被官」と出ることが多いが、人名の特定できるものは薬師寺元一・上原豊後守元秀・上原左京亮秀家・四宮四郎長能・上野中務丞・斉藤藤兵衛元右・大平中務丞など細川被官が多い。後藤藤左衛門尉則季は赤松被官である（『親長卿記』明応三年七月七日条）。なぜ、禁裏の側が将軍家近習・管領守護大名や守護被官の禁中参入を許可・奨励していたのかについて政治的意図を解明することは今後の課題である。ただ、つぎの興味深い事例がヒントになろう。

延徳三年（一四九一）に禁裏御料丹波国山国荘からの運上物が長坂口関所で違乱する事件が起きた。このとき、女房奉書が親長に送られて「物部神六守護代、就二蹴鞠一連々参会歟、堅可二申付一之由、可レ仰云々」と後土御門天皇の勅

命が伝えられた。蹴鞠会に丹波守護代物部神六が出入りしていることを承知していた天皇は、親長を介して違乱停止を守護代に申し付けたのである。親長は「神六、近日鞠をも打捨候間、不レ及二参会一、所詮可レ被レ仰二上原備前守一之由申二御返事一了」（『親長卿記』延徳三年九月十三日条）と、物部氏が蹴鞠会不参であることを理由に細川被官で一門の上原備前守元秀に勅命を発するように返答している。

室町期禁裏は、蹴鞠会などに参加する武家輩を守護代に組織しており、禁裏御料所の代官職に任じ、御料所からの運上物の確保のために違乱停止などを守護代に命じていたことがわかる。

これまでの室町期の政治史研究は、幕府や大名など武家史料によって幕府や将軍家の視点からのみ行われてきたため、守護や守護代については、幕府—守護体制としてしか論じられていない。しかし、禁裏史料の視点からみれば、守護・守護代は国司制度にかわる国家行政官として性格をもっており、守護や守護代が禁裏御料や諸国所課・諸司寮領・月充国々の用途調進体制の中に行政担当者として位置づけられていたことはあきらかである[24]。

むすびに

十五世紀の守護と守護代の城郭屋敷群は、任地の領国のほかに京都にもおかれていた。たとえば、文明九年（一四七七）から十八年（一四八六）まで管領をつとめた畠山左衛門督政長は、山城・河内の守護職で西幕府の畠山右衛門佐義就・基家と抗争をつづけた。かれは、河内では正覚寺に城郭をきずいて将軍義材をむかえて河内御所と呼ばれた。しかし、明応二年（一四九三）四月細川政元に攻められ敗北すると、京都にあった畠山尾張守政順宿所は自焼した。すると、河内将軍に従軍した葉室大納言教忠宿所幷被官人等在所・将軍義材の連枝にあたる三宝院・通玄寺・慈従院や葉室教忠の弟妙法院僧正の坊までが尾張守宿所幷被官等の家々などとともに「甲乙人」によって乱入され、礎を返し破却・滅却された(『親長卿記』明応二年四月二十三日条)。しかも、河内正覚寺の「城中において生害之由風聞之輩」として畠山左衛門督政長・遊佐河内守・同弟修理亮・同名加賀守父子自害とある(同明応二年閏四月二十七日条)。河内守護の任国での城郭は「寺」でもあり、戦時期には「陣」や「御所」「城中」になるものであった。他方、河内守護の洛中の屋敷地は、「宿所」と呼ばれ、その周囲に「被官等家々」という家地群をともなったものであったことがわかる。

領国での守護や守護代の屋敷が京都風の庭園をもった将軍邸や管領邸に類似していたとする見解が出されている[25]。もし、その想定が正しければ、義政が東山山荘造営のために文正元年(一四六六)六月十五日広橋綱光を介して近衛政家から指図を借用した(『後法興院記』)ように、守護や守護代も田舎の屋敷や城郭群を京都風に築造するために指図を共通にしていたと考えざるを得ない。室町期の守護・守護代や有力国人が、在地に京都風の建物を建築し、指図を共通にしていたからこそ、守護の城郭が「寺」であり「陣」や「城中」にもなるのが「京都風」であったともいえよう。この事実こそ、十五世紀の守護大名が軍事的性格よりも行政的担当者としての役割が強かったことを象徴している。

しかしながら、守護や守護代や国人らが中世国家の国政運営で果たした行政的担当者としての役割を具体的に解明することはまったく手つかずの状態で禁裏・公家関係史料の公開・調査研究とともに今後の大きな検討課題といわなければならない。他方、本所領の領主であった室町期の本所は、段銭や棟別銭を負担しただけではなく、国家に対して本所役をつとめており、本所も家政権力であるとともに国政権力の一部で合力体制の一方の主体者であった。その実態をあきらかにしなければ、室町期の権力と民衆の全体像を解明したことにはならない。いずれも今後の検討課題である。

注

(1) 国家権力と家政権力との関係については、黒田俊雄の権門体制論、佐藤進一の官司請負制、永原慶二の職制国家論はともに国家編成原理を「家」において、諸権門の対立・分裂に注目する研究動向を生み出している。井原今朝男『日本中世の国政と家政』(校倉書房、一九九五年)、同『中世の国家と天皇・儀礼』(校倉書房、二〇一二年)は、そうした研究動向への批判である。この論点に対して、平安期国家の評価について論じた加藤友康は「しかし、「分裂」の契機の強調は「国家」の考察を埒外に置くことになり、諸権門の非自立的性格、荘園支配における本所権力の限界、武力に対する本所権力の限界が国家権力を必要としていたことを見落とすことになると思われる」と論じて、『日本中世の国政と家政』を引用文献に挙げている(加藤友康「『日本の古代国家』と平安期の国家・社会」『歴史学研究』七八二、二〇〇三年)。中世における諸権門の権力を論じる諸説は多いが、「国家権力を必要としていた」社会的要因の解明こそが、国家論の検討課題といわなければならない。

(2) 石井進『中世武士団』(小学館、一九七四年)。

(3) 元木泰雄『武士の成立』(吉川弘文館、一九九四年)に代表される「京武者」論や高橋昌明『武士の成立　武士像の創出』(東京大学出版会、一九九九年)に代表される武官系武士論は、職能武士論と一括されているが、地下官人層や御所侍・院侍・家侍など朝廷や権門との主従関係に入った都市領主の側面を具体的にあきらかにし、文化、流通・経済的機能など大きな研究成果をあげた。しかし、旧来の東国武士像にとってかわる新しい武士像として軍事貴族像を提示し、常陸平氏や河内源氏などを対置する高橋説は、部分的な武士像といわざるをえない。武士は農村から生まれたとする領主制論を批判して、武士は王権によって都市で生み落とされたと主張するが、旧来の在地領主制論のトータルとしての武士像の創出に成功しているとはいえない。井原今朝男「書評　高橋昌明『武士の成立　武士像の創出』」(『社会経済史学』六七―一、二〇〇一年)参照。近年の村落と武士との関係を地域社会論から論じたものとして、高橋慎一朗編『列島の鎌倉時代―地域を動かす武士と寺社』(高志書院、二〇一一年)が注目される。

(4) 上杉和彦『大江広元』(人物叢書、吉川弘文館、二〇〇五年)。

(5) 森幸夫『北条重時』(人物叢書、吉川弘文館、二〇〇九年)。

(6) 京都での武士の宿所・墓地・在家・流通との関係については、木内正広「鎌倉幕府と都市京都」(『日本史研究』一七五、一九七七年)、高橋昌明「西国地頭と王朝貴族」(『日本史研究』二三一、一九八一年)、高橋慎一朗『中世の都市と武士』(吉川弘文館、一九九六年)参照。鎌倉での武士の浜倉・宿所・墓地については、大三輪龍彦編『中世鎌倉の発掘』(有隣堂、一九八三年)、河野眞知郎『中世都市鎌倉』(講談社選書メチエ、一九九六年)、秋山哲雄『北条氏権力と都市鎌倉』(吉川弘文館、二〇〇六年)、同「鎌倉と鎌倉幕府」(『歴史学研究』八五九、二〇〇九年)、高橋慎一朗編『史跡で読む日本の歴史6　鎌倉の世界』(吉川弘文館、二〇一〇年)等参照。

(7)　井原今朝男『中世の借金事情』(吉川弘文館、二〇〇九年)。

(8)　工藤敬一「鎌倉時代の領主制」(『日本史研究』五三、一九六〇年)は、鎌倉武士の領主制は勧農機能を基礎とし、在地での農村領主であり、家臣団の商業・流通への関与を規制したとし、鎌倉後期から南北朝期になった第二段階の領主制は商業・流通機能に積極的に関わっていくとした。その影響力は大きく、河合正治『中世武家社会の研究』(吉川弘文館、一九七三年)が実証的裏付けをもつとして学界を風靡した。井原今朝男「信濃国伴野荘の交通と商業」(『信濃』三五—九、一九八三年、本書第一部第一章)はその批判であった。研究史上では、高橋修「中世前期の在地領主と「町場」」(『歴史学研究』七六八、二〇〇二年)が、鎌倉時代の領主制も流通機能を当初から基盤にしていることを論じている。

(9)　小林一岳「村の武力と悪党」(『日本中世の一揆と戦争』校倉書房、二〇〇一年)。悪党の多様性については、高橋典幸「荘園制と悪党」(『国立歴史民俗博物館研究報告』一〇四、二〇〇三年)、桜井彦「悪党与同人の一形態」(『悪党と地域社会の研究』校倉書房、二〇〇六年)、三藤秀久「鎌倉末期における荘官の悪党化」(悪党研究会編『中世荘園の基層』岩田書院、二〇一三年)など参照。

(10)　「特集武力と民衆」(『歴史評論』五一一、一九九二年)、藤木久志『戦国の作法』(平凡社、一九八七年)、田中倫子「村の武力」(佐藤和彦ほか編『日本中世史研究事典』東京堂出版、一九九五年)。

(11)　小林一岳「一揆の法の形成」、「一揆結合の法的性格」(『日本中世の一揆と戦争』前掲注9書所収)、井原今朝男『高井地方の中世史』(須坂市立博物館、二〇一一年)。一揆を契状という契約関係として分析した呉座勇一『日本中世の領主一揆』(思文閣出版、二〇一四年)も興味深い。

(12)　網野善彦「青方氏と下松浦一揆」(『歴史学研究』二五四、一九六一年)、勝俣鎮夫『戦国法成立史論』(東京大学出版会、一九七九年)、村井章介「在地領主法の誕生—肥前松浦一揆」(初出一九七六年、のちに『中世の国家と在地社会』校倉書房、二〇〇五年所収)。

(13) 陸奥五郡一揆については、伊藤喜良「国人の連合と角逐の時代」(初出は一九七八年、のちに『中世国家と東国・奥羽』校倉書房、一九九九年所収)。主君が被官一揆によって推戴されることは、今谷明『日本の歴史9　日本国王と土民』(集英社、一九九二年)、久留島典子「領主の一揆と中世後期社会」(『岩波講座日本通史9　中世3』、岩波書店、一九九四年)。

(14) 応永三十年東国の乱については、峰岸純夫「上州一揆と上杉氏守護領国体制」(『中世の東国』東京大学出版会、一九八九年)、小国浩寿「持氏期鎌倉府の守護政策と分国支配」『鎌倉府体制と東国』(吉川弘文館、二〇〇一年)参照。応永三十年幕府軍の出兵が、康正元年(一四五五)成氏による小栗・小山攻略に繋がることは山田邦明「十五世紀後半の関東」(江田郁夫・梁瀬大輔編『北関東の戦国時代』高志書院、二〇一三年)参照。

(15) 永享の乱から結城合戦は東国の鎌倉府体制や守護支配が解体する問題とされ、永原慶二『日本中世社会構造の研究』(岩波書店、一九七三年)、峰岸純夫『中世の東国』(前掲注14書)、佐藤博信『古河公方足利氏の研究』(校倉書房、一九八九年)、山田邦明『鎌倉府と関東』(校倉書房、一九九五年)参照。なお、公戦と私戦については、上横手雅敬が、勲功を朝廷に上申できるものが前者、戦利品を恩賞とするものが後者と区別した(「封建制と主従制」『岩波講座日本通史9　中世3』岩波書店、一九九四年)。藤木久志『豊臣平和令と戦国社会』(東京大学出版会、一九八五年)は、大名間の自力救済を私戦とし、公儀の平和令と対置した。鈴木国弘『日本中世の私戦世界と親族』(吉川弘文館、二〇〇三年)は、親族間の自力救済を私戦とし、小林一岳『日本中世の一揆と戦争』(前掲注9書)は、「一族紛争の公戦化」を論じた。久保健一郎『戦国大名と公儀』(校倉書房、二〇〇一年)や矢部健太郎「「東国惣無事」政策の展開と家康・景勝」(『日本史研究』五〇九、二〇〇五年)は、公儀の戦争を公戦、「私之儀」を私戦と規定する。これらは、いずれも研究のための分析概念の検討である。史料用語の「公方大事」「私弓矢」「境目」「国分」などによって、中世人の公戦・私戦意識の内実をさぐる研究は、山本浩樹「戦国期戦争試論」(『歴史評論』五七二、一九九七年)、小林一岳・則竹雄一編『戦争I―中世戦争論の現在』(青木書店、二〇〇四年)ではじめられており、今後の研究課題である。

(16) 川岡勉『室町幕府と守護権力』(吉川弘文館、二〇〇二年)。

(17) 佐藤進一『日本中世史論集』(岩波書店、一九九〇年)、今谷明『室町幕府解体過程の研究』(岩波書店、一九八五年)、三浦圭一『日本中世賤民史の研究』(部落問題研究所出版部、一九九〇年)、丹生谷哲一『日本中世の身分と社会』(塙書房、一九九三年)参照。なお、佐藤・今谷らの幕府による京都市政権掌握説についての批判が、中世後期研究会編『室町・戦国期研究を読みなおす』

（思文閣出版、二〇〇七年）に展開されている。

(18) 嘉吉の乱と朝廷側との関係については、伊藤喜良「伝奏と天皇—嘉吉の乱後における室町幕府と王朝権力について—」（『日本中世の王権と権威』思文閣出版、一九九三年）参照。

(19) 網野善彦「検非違使の所領」（『中世の非人と遊女』明石書店、一九九四年）は、応永八年に近衛西洞院獄門が侍所の管轄下に入っており、「まもなく廃絶したものと推測される」とし、注で「なお探索の余地が残されている」としている。

(20) 治罰綸旨については、富田正弘「嘉吉の変以後の院宣・綸旨」（小川信編『中世古文書の世界』吉川弘文館、一九九一年）参照。

(21) 『還幸伝奏記』については、井原今朝男「甘露寺親長の儀式伝奏と別記「伝奏記」の作成」（初出は二〇〇九年、のちに『室町廷臣社会論』塙書房、二〇一四年）所収。

(22) 守護出銭については、早島大祐「中世後期社会の展開と首都」（『首都の経済と室町幕府』吉川弘文館、二〇〇六年）。雑隼人供奉雑役と守護出銭については、本論のあと、丸山裕之「中世後期朝廷官司運営の一断面—雑隼人供奉儀礼と隼人正」（『駿台史学』一四三、二〇一一年）が公表されている。参照されたい。

(23) 鈴木芳道「甘露寺家月次会・『親長卿記』鞠人グループ蹴鞠会と室町幕府」（『鷹陵史学』一七、一九九一年）、稲垣弘明『中世蹴鞠史の研究』（思文閣出版、二〇〇八年）。

(24) 室町期の朝廷用途調進システムについて、南北朝期については、松永和浩『室町期公武関係と南北朝内乱』（吉川弘文館、二〇一三年）、室町期について久水俊和『室町期の朝廷公事と公武関係』（岩田書院、二〇一一年）が解明している。室町戦国期の禁裏財政帳簿・惣用下行帳については、科研成果報告書『室町期禁裏・室町殿統合システムの基礎的研究』（研究代表井原今朝男、二〇一二年）参照。これらのシステムの中に守護・守護代・守護被官らがどのように組み込まれているのか、制度的にあきらかにすることが今後の研究課題になっている。

(25) 小島道裕『戦国・織豊期の都市と地域』（青史出版、二〇〇五年）。

第二部　幕府の流通経済政策と信用経済圏

第一章　町と村の交流

一　旅の諸相

百姓の旅

町と村の交流は、町から村へ・村から町へと向かう人びとの旅や物の流れとして展開する。中世の旅は、現代とちがって百姓・商人・使者・武士・将軍・天皇など階級や階層によって大きく様相が異なっていた。

百姓の生活は基本的には自給自足経済であったから、自分から進んで郷土を離れて旅にでたり都会に出向く必要はなかった。荘園領主・荘官・地頭などから人夫役が賦課された場合に百姓は旅にでることが強要された。

若狭国倉見荘（現、福井県三方町）では、延慶三年（一三一〇）藤原盛世が荘内加野にあった二段の田を神田として御賀尾浦（現、三方町神子）の諏訪社に寄進した。五月五日に五月会、七月二十七日に御射山祭をおこない、供物を捧げたり御神楽などの神事や観音経・心経を転読する仏事をおこなう費用を捻出するための神田であった（「大音文書」鎌二三九五九）。正和四年（一三一五）九月になると、領主は刀禰百姓中に対して御賀尾浦でとれた海産物のうち、干鯛十と貝魚《あわび》六十を毎年刀禰丸に預け、はるばる信濃の諏訪本社下社まで運送するよう命じた（「大音文書」鎌二五六一二）。この年、和布十帖と塩一石四斗の代銭などの御贄を信濃の本社まで運送する人夫にあたったのが、百姓の又二郎大夫であった。官途名をもった有力刀禰が浦を代表して信濃までの旅にでた。若狭湾に突き出た常神半島の突端部に位置する御賀尾浦からは、船で日本海を渡り、糸魚川か直江津にでて陸路で諏訪へ向かう方法しかなかった。しかし、その苦労に耐えられず、又二郎は途中で逃亡してしまい、百姓らの下には本社の請取状も届かなかった。領主側は不審として訴訟になり、百姓らは物資を信濃大吉原に送進したと弁解したが受け入れられなかった。逃亡した又二郎の跡職は、領主に没収され翌正和五年（一三一六）から三年間公事を免除し年貢も三分の一に減免する条件で刀禰百姓らに請作された。浦の代表として旅にでながら途中でその労苦に耐えられなかった又二郎大夫は、自己の財産まで失うことになった。こうした労苦と危険性は又二郎だけのものではなかった。百姓らは、この正和五年信濃まで毎年輸送するのはあまりに負担が大きいとしてその改革を領主に訴えた。その結果、毎年の運送は中止し、七月二十五日か二十六日の日和の良いときに御贄狩をおこない、毎年干魚折四合を潔斎した御贄屋におき、三、四年に一度本社に運送するよう変更することになった（「大音文書」鎌二五九三五）。荒れる若狭の海を越えて諏訪本社に御贄を運送する百姓の旅は領主から強制された苦しい負担であったが、ようやく刀禰百姓らの一体となった領主との交渉により軽減されることになった。

備中国新見荘（現、岡山県新見市）では、荘園領主の東寺と現地の代官とを結ぶ連絡のため百姓が順番に毎月一人ずつ夫役として京都に上ることが慣例になっていた。寛正四年（一四六三）京都に向かった一人の百姓は、東寺への進納物として為替と現銭五貫三百文・蠟一斤などをもって京都に着いたが、東寺はなかなか請取状をださなかった。百姓は寺側に黙って京都から逃げ帰り、田舎に隠れていたが、荘園の市場にいるところを代官にみつかってしまった。代官が尋問すると、東寺の返事があまりに遅いので帰りの路銭に困りそのまま帰郷した、と百姓は弁明した。代官は、百姓の責任を追及し夏麦を納入する人夫として再度上洛させ、この間の事情を東寺に説明し納入分の請取状を渡すよう要求した（「東寺百合文書」『岡山県史家わけ史料』一一一三）。年貢公事などの金品や書状をもっての一人旅は事故や盗賊の心配も大きく、百姓にとって大きな負担であり、路銭は百姓中の自弁であったから京都での滞在が長くなれば帰りの路銭に差し支え、農作業の心配なども重なり、途中で帰郷せざるをえなかった。それでも代官からは責任放棄として追及された。

この事件のあと、十一月十三日東寺と新見荘は、新しい人夫派遣方式を取りきめた。人夫の京上は毎月一人当てであったのをやめて、二ヵ月に一度に軽減し、のこり六ヵ月分は人夫銭二貫分を納入することにした（「東寺百合文書」『岡山県史家わけ史料』一八九）。こうして、京上人夫は二ヵ月に一度と半減され、その代償として在地には夫銭が賦課されることになった。労役であった旅の人夫役が代銭納になった分だけ、室町時代の百姓は旅の苦痛から解放され、荘園支配が緩和された。しかし、二ヵ月に一度、京に上る百姓らの負担は依然として重かった。寛正五年（一四六四）京都に上った国吉名の百姓は、京都で路銭に差し支え、四月十二日、東寺から二百文の料足を借用している（「東寺百合文書」『岡山県史家わけ史料』三八八）。旅の費用は郷々村々の自己負担であり、その不足から借金を背負うことにもなったのである。百姓らにとって旅はいろいろな意味で苦痛であった。

使者の旅

国家の公務や荘園支配のために使者が田舎に派遣されることは頻繁であった。このようなとき、その旅費は太政官や国衙から支給され、荘園では独自の交通通信体系がつくられ、使者の旅を保証する仕組みができていた。

寛仁元年（一〇一七）十月二日大神宝使（天皇が即位後初めて諸社に神宝を奉る使者）が、伊勢・度会・宇佐二所・石清水二所・賀茂上下・紀伊日前・国懸の十社と諸国一宮など四十八社に派遣された（『左経記』）。このとき、宇佐使について摂政頼通は蔵人弁源経頼を通じて、国津に早く船を用意させ使者を大宰府に送るべきこと、その粮料や水手《かこ》料などは所在の官物を用いるべきこと、を播磨守に指示した。蔵人所牒が播磨と路次国々に宛て発行された（『左経記』寛仁元年十月十日条）。こうして宇佐使を送る船やその水手料・粮料などはすべて蔵人所牒や摂政御教書により国司が準備した。国司の命を受けた国衙は、国衙に所属する船所や国梶取に命じて、船や水手人夫らを調達した。そのための費用は国衙領だけでなく荘園にも宇佐使雑事として一律に賦課された。長寛元年（一一六三）にも播磨国司は宇佐使雑事を国内に一律に賦課し、八条院領の播磨国田原荘（現、兵庫県塩崎町）にも国使や庁官が多くの軍勢とともに乱入して徴収した。このため、荘園側は本所の八条院を介して国司に国使乱入を停止するように要請し、国司もその停止を播磨国の在庁官人に命じている（「九条家文書」平補一〇五）。こうして使者の供給費用や国衙による船や駅家の維持管理の用途などは、国役として荘園公領を問わず賦課された。近江国における勢多橋材木雑事、近江や伊勢での公卿勅使駅家雑事、斎宮帰京雑事（「醍醐雑事記」鎌八三）、美濃での相撲使供給等役、陸奥国貢上御馬雑役（「東大寺文書」平七一一・七四八・九九八）などがその典型的な事例であり、その賦課と免除をめぐって国司と荘園側と訴訟になることが多かった。

権門寺社領などの荘園領主が使者を荘園に派遣する場合には、その用途は自分の荘園から調達した。仁安二年（一一六七）、悪僧として摂関家から越後国の家領に追放されていた僧侶が免罪されて上洛するように許しがでた。しかし、そのあとでさらにその党類の悪行が露見して免罪が取り消され、上洛禁止の措置が取られた。その命令を現地に伝えるため殿下御使として左馬允良成が派遣された。旅費の米二石、馬五疋、警護の兵士十人分は、それぞれ東山道に沿った路次の荘園から徴収するよう命じた政所下文が摂関家からだされた。良成はその政所下文を携えて越後に向かった（「兵範記裏文書」平四七九三）。京都から越後に向かう摂関家の殿下御使は、東山道に沿って進み路次の摂関家領荘園からその都度粮料・馬や人夫を現地調達しながら旅を続けたのである。

こうした町からの使者を、村ではどのように出迎え接待したのであろうか。高山寺領美濃国小木曾荘（現、長野県木曾郡）は、元徳三年（一三三一）、仁和寺無量寿院から仁弁の高山寺方便智院に譲渡された（寶月圭吾「高山寺方便智院領小木曾荘について」『高山寺典籍文書の研究』東京大学出版会、一九八〇年）。この直前の元徳元年（一三二九）、この荘園に京都から検注使一行がやってきた。荘内の耕地の面積・等級・作人・斗代などをきめ、年貢を免除する免田と貢租を負担する定田を調査・確定するためである。あらたに年貢の基準台帳をつくり直す作業であるから百姓らにとっては気の重い不安な日々であった。京都から派遣された検注使の一行は、人数が二十人・馬四疋という多勢であった。この荘園は、木曾川に沿った山村である吉野・永野・水野の三つの保からなっていた。

最初に、この検注使一行を迎えた小木曾荘吉野保（現、木曾郡上松町）では、まず検注使を保の外で出迎え、酒肴を供して長旅の労をねぎらった。これを「坂迎」といい五百文を出費した。保内に案内し到着したところで、再度「落着」という祝儀として特別の食膳を用意した。倍の一貫文が支出された。さらに、「昼垸飯」という特別の昼食がその日から三日間連続して用意される。さらに夜にはいると、これまた三日間連続で「三日厨」とよぶ特別接待がなされた。主食は白米で、一人当り一日九合。酒は清酒と白酒が用意され、合計二十七瓶子が消費された。清酒は白酒の三倍の価格であった。副食として、鳥が九羽、骨から魚肉を離した「ムシリ魚」、干して細く割いた魚肉の「スイリ」「シル芋」、野菜・果物類の「御菜」、これに「味噌」「塩」を含め、検注使一行の食事である。馬の飼料は、馬大豆・糠・藁。この特別食の接待が終わって、四日目からようやく「平厨」とよばれる普通の接待になっている。清酒がまったく姿を消し、白酒も一日一瓶子となり、食事は鳥の副食がなくなる。これらの食事は、三日厨で一日平均一貫五百文、平厨で平均七百文であるから、平厨では饗応が著しく簡略になった。それでも百姓からみれば豪勢な食事であろう（表1参照）。

吉野保での検注作業は、十日半を要した。続いて、永野保（現、木曾郡大桑村）はもっとも大きな村であったから、作業は十五日間に及んだ。この村にだけ神社があり、神田が免税地とされた。今の白山神社で、建武元年（一三三四）郷司の小雀部光友が中心になって大工橘宗重につくらせた社殿がのこり、重要文化財になっている。水野保（現、木

表1　小木曾荘での厨雑事（食事費用、元徳元〈1329〉年）

		吉野保 10日半	永野保 15日	水野保 11日
饗	サカムカヒ（坂迎）	500文		
	オチツキ（落着）	1貫文	〃	〃
	ヒルワウハム（昼埦飯）	3貫文		
三日厨		3日	3日	3日
	白米	1貫200文	1貫200文	1貫200文
	酒瓶子 清酒	1貫113文	1貫113文	1貫113文
	酒瓶子 白酒	183	183	183
	鳥	900	900	900
	魚 ムシリ魚・スイリ	280	246	246
	シル芋	90	90	90
	コサイミソシヲ（御菜味噌塩）	100	100	100
	馬大豆	225	360	240
	糠（ぬか）	—	90	90
	藁（ワラ）	111	111	111
	薪（タキギ）	125	135	135
平厨		7日半	12日	8日
	白米	2貫752文	4貫423文	2貫959文
	白酒	150文	246文	163文
	魚	375	618	412
	御菜・シル芋	310	452	329
	味噌・塩	150	200	—
	大豆	675	1貫83	741
	糠	338	540	369
	藁	209	340	222
	薪	338	540	360

曾郡南木曾町）でも十一日間という日程で検注作業が実施されたから、各保の食糧や接待だけでもその負担はたいへんな額であった。荘園領主は、検注使が保内滞在中に荘官や農民と妥協して在地に有利な検注になることを警戒して「荘屋」とよぶ仮屋を建てさせ、一行を逗留させた。各保ではその建設のため一貫五百文が支出された。敷物の「筵」「薦」が用意され、「桶」「杓」「手洗」「皿」「折敷」「御料櫃」など生活必需用具も準備され、夜の照明のため「松明」も調進された。脇兵士として百姓が動員され、郷司・預・惣追捕使ら保の三荘官らも加わり、村ぐるみで検注使の接待や作業に協力した。じつに、三十六日半にわたって中央からの使者の接待に明け暮れ、その費用は総額六十三貫八十七文という巨額に及んだ（『高山寺古文書』第一部一三二）。

こうした使者を迎え接待をおこなう費用は祇候雑事とか供給雑事とよばれ、全国各地で共通していた。百姓らはもとより荘官を含めた荘園全体の負担であり、公事であった。このため、鎌倉時代にはこうした供給雑事の不正や削減を要求する闘争が各地でおきた。嘉暦三年（一三二八）周防国多仁荘田布施（現、山口県田布施町）の百姓らは、代官の先使が三日厨や引出物を徴収した例はないとその停止を要求した。（補注2）

武士の旅

武士は、番役や訴訟・所領経営などで、京都・鎌倉や九州など広範囲にさまざまな旅をした。御家人・地頭らが大番役などで京都に出向く際には百姓からその費用や人夫を徴収することが公認された。京上役とか長夫とかよばれるものである。「一遍上人絵伝」には、騎馬の武士と馬柄杓をもった人夫のほかに、後ろから荷物と弓をもった二人の従者が描かれている。武士の旅はこうした百姓や所従らの随行人を伴った集団の旅であった。

御家人と百姓とはこの京上役の徴収などをめぐって、たびたび紛争をおこし、大きな政治問題となった。幕府は文応元年（一二六〇）大番役についてのみ段別三百文の銭と、五町別に官駄一疋、人夫二人の賦課を認める法令をだした。

正嘉大飢饉を契機に百姓の京上役の定量化をはかり、それ以外の課役の徴収を禁止した（『吾妻鏡』文応元年十二月二十五日条）。百姓は、地頭御家人らが大番役で京上するとき、田率賦課の銭と馬、人夫役を負担しなければならなかった。この負担は全国共通であっただろうか。若狭の国例は官駄と人夫役のみで段別銭の徴収は禁止されていた（「東寺百合文書」鎌一〇四七六）。建長六年（一二五四）十月の関東下知状では「西国の京都大番は段別課役停止の事」とある（「東寺百合文書」鎌一〇四六七）。西国では段別銭の賦課が禁止されていた。大番役で地頭が旅にでる場合、東国の百姓は田率賦課の官駄と人夫役のほかに段別銭を負担しなければならなかったが、西国の百姓は夫役雑事のみで済んだ。同じ百姓でも地域により負担に格差があった。

公務でなしに私事での旅は武士といえども自弁であった。訴訟のために裁判の場に出向く路銭や滞在費はもとより奉行人らへの引出物など訴訟費用は巨額にのぼった。下野国鑁阿寺（現、栃木県足利市）は足利氏の菩提寺として著名であるが、寺の訴訟費用については路次往復の旅費と鎌倉の滞在費三十日分を用意することが先例となっており、寺僧が私に訴訟する場合には鎌倉滞在費用の半分のみ援助することになっていた（「鑁阿寺文書」『栃木県史　史料編・中世一』七三）。

東寺領伊予国弓削島荘（現、愛媛県弓削町）で地頭小宮氏の非法が起こり、東寺はその不当を幕府に訴えた。訴訟は、法律に詳しい雑掌の加治木頼平にまかされたが、幕府の審議は遅々として進まず、五、六ヵ年を経て、ようやく正応四年（一二九一）六月、頼平はまもなく幕府の判決がでるらしいとの情報に基づいて鎌倉に下向した。その旅費と鎌倉滞在用途は、東寺が負担した。彼が鎌倉に到着したのは六月十三日であり、鎌倉滞在用途は一日別百五十文の定とされ、一ヵ月分として四貫五百文の滞在費が支給された。彼は年内に判決があるかと期待し、幕府の訴訟担当者である小奉行に酒肴として三貫文もの巨費を贈呈した。

しかし、判決のないままむなしく時間が過ぎ、正応五年（一二九二）になり春のあいだか、遅くとも夏中には結審するか、と面々まちわびたが、秋になっても変化なく十一月になってしまった。前年からの滞在費用は莫大になり東寺も商人から借用して送金したがそれも苦しくなり、この年四月から六月八日までの二ヵ月分の用途が断絶してしまった。頼平は鎌倉で方々から利銭を借用して生活し、その利子分だけで一貫三百五十文にもなった。東寺では「先々の借用物はかなわず」として僧侶らが面々に割り当て、二十貫文を鎌倉の頼平に送った。

こうして東寺の出費は正応四年分で三十二貫文、正応五年分で五十三貫五百五十文、それに月別五百文の宿料六貫文などを入れて、総額九十三貫文にもなった。この銭は頼平が鎌倉に下向したとき夫賃二貫文をのぞいた二十三貫文を先渡しし、そのほかは京都から鎌倉に替銭という為替で送られた。京都針小路の替銭屋・大輔律師という僧侶・鎰取の倉庫業者・日光山輪王寺の日光僧正などの替銭が利用された。鎌倉時代には京都・鎌倉間の送金業務がかなり発達していたことがわかる（「東寺百合文書」鎌一八〇七〇）。

進退きわまって、東寺は頼平に鎌倉で縁のある人の協力を得て師走まで鎌倉に逗留し、その後は京都に帰るように指示した。鎌倉での滞在が二ヵ年近くに及びその費用が莫大になり、東寺は「今ハ尋いたす事叶わず候之間、けふさめ候」とその無念さをのべている（「東寺百合文書」鎌一八〇四七）。翌永仁元年（一二九三）頼平は再度鎌倉に下向した。七月には内管領平頼綱が得宗に滅ぼされるという事件があって、弓削島荘訴訟担当の奉行が交代し、裁判の迅速化がはかられ（徳政といった）、審議順序も三番に引き上げられ、判決も早いとの噂もあって喜んだのも束の間、ふたたび改まって六番に下がってしまった。頼平は日々奉行のもとに伺い裁判情報を入手しては東寺に連絡している（「東寺百合文書」鎌一八四二二）。しかし、彼の鎌倉での滞在費は不足がちで、十二月二日にも彼は五貫文の替銭を借用し、その代金は貸主が京都に落ち着きしだい五日以内に東寺の実相寺から支払うとの約束をしている（「東寺百合文書」鎌一八四一八)。

このように、当時の裁判は気の遠くなるほど長期化し、訴訟当事者は担当奉行に酒肴料を贈ったり、日々参上したりして働き掛けをしていた。訴訟費用は莫大になり、その調達は東寺の支援を得た雑掌ですら困難であり、替銭によって分割して送金したり、鎌倉で利銭を借用して調達していたことがわかる。裁判の長期化のなかで、費用の調達は大きな負担であり、その不足から裁判を不運としてあきらめなければならない事例も多かった。また、訴訟での敗北は武士の破産を意味することになった。鎌倉での都市生活が銭の送金のみによって営まれていたことは、鎌倉での貸付取引=貸借関係の信用経済が著しく発展していたことを示している。御家人の生活が借用経済に組み込まれていた背景がうかがわれる。鎌倉末期から南北朝期に、地頭・御家人らは、訴訟費用のかかる「上裁」をやめて、「衆中一同之儀」=一門評定で紛争を解決する方法をつくり出していく(「高梨文書」信史補遺―一三九)。

天皇の旅

権力者の旅で最大のものは、「行幸」「御幸」などといわれた天皇や上皇の旅である。承徳元年(一〇九七)三月、堀河天皇が春日社に行幸した(『中右記』)。行幸のため官行事所がおかれ周到な準備が始まり、二月十日には行幸道路の工事分担を諸国に割りふる作業が開始された(表2参照)。行事弁の藤原宗忠は官行事所の役人である史・史生三人、官生、使部五、六人を指揮し、左右京職官人、修理職官人、木工寮官人、検非違使や下部とともに、春日社までの道を歩き事前調査にとりかかった。木工寮下部が、道路に沿って橋を渡すべきところや、あるいは垣を破るべきところなどの箇所に立札をし、分担工事区間を国々にあててその所に立札をだした。九条にいたり京職官人が一行から離れた。京職の管轄が九条までだったからである。それから淀川南岸で頓宮(路次のための仮宮)の修理を指示した。二月二十五日に紀伊をはじめ諸国による道路工事が完成したという連絡がはいり、二十七日その確認のため官行事所は行

表２　春日行幸での道路橋等整備事業分担

担当者	分担箇所	備考
左京職	皇居閑院北～四条以北	
右京職	朱雀大路四条～九条	
山城	九条～桂川南岸	
紀伊	桂川南岸～植爪橋南小路	本和泉
和泉	植爪橋南小路～淀川	本紀伊
近江	淀川～奈良河原八幡宮御領畠垣	
但馬	八幡御領畠垣～廉集寺大門南河原	
摂津	件寺南門前川岸～土師河北岸	
河内	土師北岸～大和界	可充丹波
大和	国界～社頭	
播磨	淀河17丈	浮橋
伊予	淀河17丈	
讃岐	淀河17丈	
美作	淀河13丈	
備前	淀河12丈	
備後	淀河12丈	
安芸	淀河12丈	
淡路	桂河5丈	
土佐	桂河6丈	
長門	桂河5丈	
阿波	桂河7丈	

『中右記』により作成。

幸道の巡検をおこなった。大雨で淀川の浮橋が流損したり、桂川東に新しい小川ができたりしたとの報告が検非違使から伝えられ、行事弁は「早く本所に仰せ、国々に課し渡を構えせしむべし」と検非違使や国行事に命令している。王朝国家では、畿内道路の維持管理は検非違使の管轄になっており（中原俊章「検非違使と『河』と『路』」『ヒストリア』一〇五、一九八四年）、実際の工事は本所や諸国がおこなった。

道路工事が完了すると、必要物資の輸送が始まる。三月二日には大膳職行事所が必要な雑物などを春日社頭御所分と淀川頓宮御所分に配分して輸送した。行事所の役人である史生八人、官掌二人はそれぞれ社頭行事と頓宮行事とに分かれ、運送に用いる雑役車、造八省車、修理車は行事検非違使が催促し、左右京職の人夫が雑物を運送した。京職による人夫徴発に対して、京都住人らは諸家車副と号したり権門下部と称し、命に従わないため喧嘩となったという。京職が市中の行幸道の管理を担当し、行幸の必要物資も京職が京都住人を徴発しておこなうという体制は京都という都市と天皇との一体化の表れである。そうした動きに住人らが行幸の雑事を拒否することによって抵抗するようにもなっていた。行幸の前日、三月二十七日に官行事所は桂川・淀川の浮橋の管理や休息所で松枝を切り白砂を敷くように摂津国の国行事に命じるなど最終点検をし、二十八日予定通りに春日行幸がおこなわれた。

翌二十九日には、検非違使に命じて窮民に対する賑給（貧民救済）が実施された。（補注3）行事所召物である伊予国米を春日神社の社頭に運送し賑給料にあてた。官使部庁下部がこの賑給料を着服し窮民らに支給しないという先例があったので、行事弁は検非違使がみずからその場にいき支給するよう下知し、窮民八十人ばかりに支給したとの報告を受けた。天皇の春日行幸では社頭で貧窮民らに米の施行がおこなわれ、官使部や検非違使庁下部らはその賑給米を横領する場合があった。検非違使が奈良坂・清水坂の非人を組織化したことがわかるのは中世であるが（丹生谷哲一『検非違使』平凡社、一九八六年）、その先駆形態は行事所の官使部や行事検非違使による道々細工や窮民などの組織化にあったといえよう。非人らと天皇との結合は、歴史的に形成されたものであり、天皇の寺社行幸での窮民賑給が、行事検非違使らによる給米の横領を契機に、検非違使による窮民非人施行に転化したのであろう。

無事、行幸が終了すると、太政官は四月二日建造した浮橋などを取り壊すよう行事検非違使保成に命じた。天皇が使用した浮橋は公共の利用に供されることなく破壊された。天皇制と関連した土木事業が社会資本の拡充とならず社会的浪費になっていかざるをえなかった象徴的事例である。

将軍の旅

将軍がもっとも多くの旅にでたのは二所参詣といい、伊豆走湯山と箱根権現への参詣である。随兵役を命じられた御家人は多くの負担と出費を強いられた。このため、御家人のなかには、奉行人に贖（償い物）を贈り、免除してもらおうとするものやその用途を百姓らに負担させるものが多かった。こうした傾向について百姓や御家人内部からの批判も大きく、幕府も弘長元年（一二六一）御家人らによる奉行人への贖と百姓への賦課をあわせて禁止し、地頭得分から支出するように命じた（『近衛家本式目追加条々』）。

しかし、将軍が京都へ上洛する場合は百姓へもその費用が賦課された。暦仁元年（一二三八）、将軍頼経が上洛したとき、六波羅では「国々に充てられ」、将軍御所が新造された。正月二十八日鎌倉進発に際して、将軍の側近には護持僧、医道、陰陽道の輩が従い、随兵・供奉人のほかに多くの百姓が雑事送夫として行列に参じ、最初の夜は酒匂駅に到着した。塩沢駅（二十九日）、車返牧御所（二月一日）、蒲原駅（二日）を経て、駿河手越宿（三日）では駿河守護北条泰時が御所を設けており、島田（四日）から大井川を越え、遠江懸河宿（五日）では遠江守護北条時房が遠江国御家人らに命じて御所をつくらせていた。天竜川の浮橋を渡り、池田宿（六日）、橋本駅（七日）では先駆の人びとは家々を宿としたり、舞沢松原などに野宿した。三河国豊河宿（八日）を経て、矢作宿（九日）では三河守護足利義氏亭に宿泊。尾張国萱津宿（十日）では将軍が発病したため翌日も逗留し、この間雨で流された洲俣・足近両川の浮橋を修理させている。小隈宿（十二日）・美濃国垂井（十三日）、小脇（十四日）を経て、ようやく近江国野路（十五日）に到着した。ここで入洛に備え、随兵以下の行列を整えるため逗留した。小侍所別当北条実時は供奉人の名簿を注記し、泰時・時房が将軍の前で要員を決定した。翌十七日野路宿を出発し、関寺辺から見物人にみまもられて無事、新築された六波羅御所にはいっている（『吾妻鏡』）。出発から十八日の行程であり、東海道に沿った守護が宿駅の整備にあたり、国御家人に命じて宿所をつくらせたり送夫らを動員していた（佐藤進一『鎌倉幕府守護制度の研究』東京大学出版会、一九七一年）。

正嘉二年（一二五八）将軍宗尊親王は上洛を企て、三月二十日、幕府は「将軍家明年御上洛あるべし」として準備にはいると、二十八日には京上役を賦課された百姓らが逃散しないように警戒すべしと御家人に命じている（『吾妻鏡』）。御家人を介して将軍上洛の京上役を百姓らに賦課したのである。正嘉の大飢饉で上洛は延期を余儀なくされたが、弘長三年（一二六三）六月二十三日に、将軍上洛のため諸国に御教書を発した。その内容は「御上洛間、百姓等所役事、段別百文、五町別官駄一疋、夫二人を宛行うべし、此外は民之煩をなすべからず、ただし逃散之輩あるについては在所に触れその役を勤めしむべし」というものだった（『吾妻鏡』）。段別百文の段別銭と五町別に官駄一疋・人夫二人という夫役雑事とが田率で賦課され、畠は二分の一の換算になっていた。地頭の大番役の際に百姓に賦課される京上役と比較すると、夫役雑事は同じであるが、段別銭が三分の一と軽減されていることが注目される。だが、結局全国飢饉の影響と大風による諸国損亡のため十月の将軍上洛計画は中止となった。いったん百姓から徴収した京上役はどうなったか。幕府は一通は京畿御家人に、もう一通は摂津・若狭国中に御教書をだし「御京上役弁済所々においては、百姓に糺返せしむべき也」と命じた（『吾妻鏡』同年八月二十五日条）。将軍上洛の場合、百姓への京上役は将軍の関東御分国と京畿御家人所領に賦課され、その中止の場合は徴収した費用を百姓に返却させたことがわかる。こうしてみると、将軍の上洛は武家領の百姓にとって一大事であり、将軍を知らないものでも京上役賦課を介して将軍の存在を自覚させられることになっていたことがわかる。

二　交流の場

宿の様相

交通量が拡大すると峠や渡河点などに休息や宿泊・逗留などのため交通施設が設置され、そこを拠点に商業活動も生まれ、町と村の交流が進んだ。

宿は「平安末期東海道に生まれた旅宿を主とした交通聚落」といわれる（新城常三『鎌倉時代の交通』吉川弘文館、一九六七年）が、鎌倉時代には幕府に登録された行政集落でもあった。幕府は、建久五年（一一九四）、それまでの東海道の宿のほかに新宿を加え、大宿には八人分、小宿には二人分の早馬と疋夫をおくように規定した（『吾妻鏡』建久五年十一月八日条）。幕府は早くから、東海道の宿を大宿と小宿とに分けて疋夫や馬の設置を義務づけ整備していた。

交通の発展とともに旅をめぐるトラブルも増える。鎌倉から陸奥に向かう奥大道の宿でも強盗が旅人に煩いをなすとして、幕府は康元元年（一二五六）路次の地頭に対して所領内の宿々に宿直人をおいて警固するよう命じている（『吾妻鏡』同年六月二日条）。下野国一宮二荒山神社の門前宇都宮は、宇都宮氏一門や神官らが住む宮中と上河原・中河原・小田橋の三宿からなる宿河原とによって構成されていた（斉藤利男「中世東国の地方都市」『季刊中世の東国』三・四合併号、一九八二年）。宇都宮氏はこの宿河原に住む町屋在家人にのみ宿役として陸奥交易馬の駒牽人夫を賦課した（「宇都宮家式条」『中世法制史料集　武家家法Ⅰ』）。宿には村とは別の宿役という負担がかけられていた。

こうして宿には、村とはちがった独自の生活様式や住人が生まれた。（補注4）宿の住民として著名なものは、遊女・遊君である。相模国関本宿の遊君（『海道記』）のほか、富士川の蒲原宿（「北山本門寺文書」鎌一〇二九八）、天竜川の池田宿、浜名湖の遠江国橋本宿（『信生法師集』）などで連歌や芸能に秀でた遊女が知られる。千曲川の渡し信濃国保科宿の遊女長者も、訴訟で鎌倉に出向き、三浦義澄宅での頼朝の遊宴において今様を演じた（『吾妻鏡』文治三年二月二十五日条）。「遊女の好むもの、雑芸鼓・小端舟・簦翳・艫取女」（『梁塵秘抄』）と歌われ、遊女は川舟に乗って鼓を打ち、今様を歌い客船に近づく。後ろに簦をかざす侍女と船の棹を操る艫取女が控えた（「法然上人絵伝」）。大河の屈曲点につくられた渡しに宿が形成され、船を生活手段とした遊女が住みつき、長者に統轄され、今様や連歌・管弦などに優れ酒食をもてなし、一夜をともにすることもあった。

駿河国宇津谷郷（現、静岡市）と岡部郷はともに鎌倉久遠寿量院領で、預所として岡部権守が領知してきた。この地は、菊川・大井川を渡り、駿河国前島宿を経て、宇津山を越え、丸子宿にでる峠道筋であった（『東関紀行』）。この宇津谷には郷とは別に「内屋沙汰人」がおかれていた（『吾妻鏡』文治五年十月五日条）。山間地で「当郷百姓不足」といわれた地に街道が通じて今宿が形成されると、傀儡人や縁のある所従らが住みついた。建長元年（一二四九）、宇津谷郷の預所が交替すると、今宿の傀儡人らにも田地に応じて旅人雑事を賦課した。(補注5) 住人はこの非法を幕府に訴え、傀儡人はその裁判の中心的役割を果たした（「尊経閣古文書」鎌七〇九三）。また、駿河国原中宿の女房は「京ノ物ニテ侍ルカ、親キ物モ皆失テ、縁ニフレテ下リ侍ルカ、白地ト思シ程ニ、此宿ニ一両年住ミ侍リ」という（『沙石集』）。親族を亡くし無縁となった京の者が宿に住みつくこともあった。武蔵国苦林宿（現、埼玉県毛呂山町）では、大夫阿闍梨・伊勢阿闍梨ら僧侶が住人として知られ（「米良文書」）、遠江国引馬宿で知人から形の醜い地蔵を受け取り、崇め供養したという、文永七年（一二七〇）、尾張国下津宿では双六を打つ法師が雷に打たれた話がある（『沙石集』）。事実、信濃国小県郡白鳥宿の住人柏大夫入道願阿弥陀仏と法阿弥陀仏が文永十一年（一二七四）九月二十三日に造営した銅造地蔵菩薩立像が今群馬県高崎市円性寺にのこっている（群馬県教育委員会『群馬の文化財』一九八一年。『新編高崎市史　資料編14社寺』

高崎市、二〇〇三年)。阿弥号をもった宿の住人らが地蔵信仰をもっていた事例である。このように宿には、遊女や傀儡人、京下りの女、法師や出家人・阿弥号の念仏者など、百姓とは異なり、村から離脱した人びとが多く定着していた。

阿仏尼が鎌倉に下向して駿河国手越宿にかかったとき「なにかしの僧正とかやの、のほりたまふとて、いと人しけし、やとかりかねたりつれと、さすかに、人のなき宿もありけり」(『十六夜日記』)とある。当時の旅はたがいに旅人を同道しあったり、集団で旅をしていたから、僧正などの一行が宿泊するときは宿も忙しく、手越宿のような大宿では空いている宿もあったが、小宿では旅の宿を確保しえない場合もあった。仁治三年(一二四二)『東関紀行』の作者は駿河国車返宿で、漁民の家に宿を借りた。また金剛王院の僧正実賢は高野詣のついでに山寺巡礼をおこない、葛城の山里で山賤の家に立ち寄り宿を借りている(『沙石集』)。旅が多様な人びとの交流を促進させていった。

遠江国池田宿(現、静岡県豊田郡)では、鎌倉から派遣された地頭代が所領に入部する前にこの宿で遊び、一人の荘官が見参のため地頭代の下へいこうとすると、嫉妬心の強い妻が遊女と遊ばぬように目印をつけたという話がでている(『沙石集』)。宿が荘園支配のために下向した地頭代らの入部する場であり、現地の荘官らが見参に出向き遊女らと遊び、妻たちがそれを警戒していたことがわかる。

こうした宿では、鎌倉末期には旅人を相手にした新しい商業活動が東国でも登場するようになった。『関東往還記』によれば、叡尊が弘長二年(一二六二)関東に下向したとき、二月二十二日駿河国岡辺宿で中食を取り、宇津山を越え、麻利子宿で茶をもらい、(補注6)翌二十三日藁階川を渡り、瀬無河宿で中食、清見関で茶をもらい、夜、蒲原宿に到着した。二十四日、中食のあと富士川を渡り、見付宿で茶をもらい、浮嶋原をすぎ、原中宿に着いている。鎌倉時代、一般には二食制といわれるなかで、旅では中食を買い三食制になっていたのであろう。東国での茶の栽培については、文保二年（一三一八）関東に下向し、貞和二年（一三四六）没したという金沢称名寺の湛睿の関係文書に、上総国土橋や三ケ谷での茶の栽培が知られ、「世間売茶」があり、一番茶から三番茶までとれ、晩茶を含めて販売されていた。十四世紀初頭には東国の宿でも中食や茶の販売がおこなわれていたことがわかる。

市　場

市場は村と町の交流の場として早くから発達した。大和国南郷荘では、東大寺に神祭料として鰹を送らなければならなかった。しかし、荘官紀守時は鰹について「田舎市ニハ凡出候らわざる也」と未納の理由を弁解している（「東大寺文書」平三七五三・三七六二）。領主への納入物は田舎でも市場での交易によって確保しており、荘園公領制にとって市場は不可欠な存在であった。

平安末期、摂関家領の伊勢国益田荘内には星川市場（現、三重県桑名市）があり、この場で交易をする人びとは下司に津料を支払っていた。十月十一日の市場でも、伊勢神宮の御厨の神人らが、米・稲とともに鰯など魚介類をもって、町屋川下流の星川の市場に交易に出向き、神民の身分を口実に津料の支払いを逃れようとして摂関家領の下司らと刃傷事件を引き起こした（「知信記裏文書」平四七〇一）。こうした市場での交易に参加するためには、津料や市役などを支払う義務があり、なかには神人や供御人など特定身分のものだけが津料の支払いを免除される特権を認められる場合があった。伊勢神人の鰯交易は中世を通じて発展し、室町時代には伊勢の鰯売りとして都にも聞こえ、御伽草子の『猿源氏草子』という説話にもとられている。

市に出入りするのは商人だけではなかった。正応年間（一二八八〜九三）、信濃国御家人小諸太郎は諏訪社頭役にあたり準備の品を入手するために、同じ佐久郡にあった伴野市では用が足りずに、隣の上野国の朝市に下部と下女を派遣した。上野守護代で執権北条得宗家の内管領平頼綱の従者も牛を購入にきており、その従者が小諸氏の下女を追いかけたことから口論となり刃傷事件となった（「諏訪大明神絵詞」信史六—二二五）。交流の場は刃傷や紛争の場ともなった。こうした市場での刃傷や騒擾事件を防止するため、幕府はたびたび、鎌倉市中はもとより全国に押買・迎買・沽酒など強引な商取引を禁止する法令を発している（『新編追加』弘安九年三月二日条）。室町時代にも領主が、鶴見郷の新市庭での押買以下、濫妨・狼藉を禁止している（「塚本文書」神四六七二）。

市場での交易に村の百姓はどのように関係したのであろうか。建武二年（一三三五）当時、信濃国伴野荘二日町屋（現、長野県佐久市）の住人円性は、隣接した野沢原郷の百姓であった。百姓である小四郎光重・□郎三郎入道・道忍らもともに町屋を構えていた（「徳禅寺文書」）。（補注7）野沢原郷の百姓が、隣の二日町屋の商人を兼ねていたのである。加賀国軽海郷では市百姓として、四郎三郎・権二郎や巫女など二十五人の百姓交名があげられている（「金沢文庫文書」神二四〇六）。武蔵国男衾郡小泉郷の在家は大道を挟んで東側に十六間、西側に十一間が並び、町屋十一人と鷹栖三人が住んでいた（「長楽寺文書」『埼玉県史　資料編5』二五二）。市場では村の百姓や山の狩人や鷹匠も参加して町人との交流が進んでいた。

上総国久保郷の結解状によれば、公文らは建武三年（一三三六）の歳末に開かれた鎌倉の米市場で百文につき五升五合で米を売り、四十七貫三百文の銭を入手し、さらに翌年二月の端境期には上総国府の米市場で、百文につき四升六合の米を売り、八十六貫二百五十三文の銭を得ていた（「金沢文庫文書」神三四四四）。当時常陸国でも国府市が開かれており、六斎市でその津料は国衙在庁の収入であった（「教王護国寺文書」・佐々木銀弥『中世商品流通史の研究』法政大学出版局、一九七二年）。東国でも国府市や鎌倉などの大きな市場では米市場が開かれ、価格差を利用した商取引がおこなわれていた。

播磨国矢野荘（現、兵庫県相生市）では、康安元年（一三六一）、年貢催促のために下向した代官が、十月一日那波市で地下番頭・百姓とともに立ち会って和市（相場）を定め、銭一貫文につき米一石二斗三升の割合で現金化して、輸送に国府商人藤五郎が関与していた（「東寺百合文書」康安元年十二月五日播磨国矢野荘両代官等連署請文）。室町時代、西国では荘園の市場でも米市場が立ち、和市がきめられていた。

東国での米価は、鎌倉米市場で一升＝十八文、上総国米市場で一升＝二十二文であるから、播磨国矢野荘那波市での一升＝八文と比較してもはるかに高額であった。暦応二年（一三三九）、圓覚寺領尾張国富田・篠木両荘の年貢米がわざわざ鎌倉まで輸送されていた（「圓覚寺文書」神三四七二）のも、また鎌倉に鎮西米がはいっていたのも、東国での米市場が西国での米販売よりも有利であり、地域間の米価格差を利用した投機的委託販売の信用経済現象といえよう。

鎌倉

鎌倉では都市化の進行した建長・正嘉年間（一二四九〜五九）に物価が上昇し、なかでも炭・薪・萱・藁・糠が品不足から高値となっていた。幕府はこれらの物価引下令をだしたが、すぐ自由取引にもどしたり、小町屋を設置できる場所として大町・小町・米町・亀ヶ谷辻・和賀江・大倉辻・化粧坂・魚町・武蔵大路下・須地賀江橋など特定地域に限定しようとした（『吾妻鏡』建長三年十二月三日、文永二年三月五日条）。弘長元年（一二六一）には家々を渡り歩く市中の立商人を停止させている（『式目追加条々』）。この米町とか穀町とかよばれたところこそ米市場であった。ここで興味深い事件があった。

寛元四年（一二四六）紀伊重経は丹後国の所領から地頭得分を百姓に鎌倉まで運上させた。ところが、この百姓は得分物をもったまま逐電してしまった。諸方を尋問していたところ米町辺で発見し、重経の下人が召し取ろうとしたが幕府御所に逃亡したため、それを追いかけた下人が御所乱入の罪を問われて、主人重経は所領没収された（『吾妻鏡』同年十二月二十八日条・「新編追加」）。田舎でも鎌倉においても、市場や町が百姓らの逃亡場所であったことは興味深い。

とくに、この百姓が運上物窃盗の罪に問われたかどうか不明である。百姓が米町辺に現れたのも運上物を売り払おうとしたのではなかろうか。ちょうど、このころから通常の売買とは別に無尽銭と号し、質物をいれおくことで借用を許す商慣行が流行した。盗人が盗物を売買すると露見するので入質にする例が増え、銭主らは質物主の身元情報については「世間之通例」として「知らず」と主張したという。盗人らが無尽銭により盗物の換金化をはかったのである。

このため、幕府は建長七年（一二五五）、質物については負人の交名と在所をかならず聞いておくように命ずる法令を発している（「新編追加」同年八月十二日、関東御教書）。これも、中世の貸付取引という信用経済現象のなかから、より公正な商慣行が徐々につくりだされる過程にあったといえよう。弘安二年（一二七九）、鎌倉の住人慈心は無尽銭の質物として石原高家の腹巻を受入した。しかし、高家はそれを抑留したとして訴訟に及んだが、幕府は利子も二倍を超えているとしてこの訴訟を裁決しなかった（「新編追加」同年十一月三十日、政所下知状）。貸借関係の発展とともに貸付取引をめぐる紛争や訴訟事件も増加の一途をたどっていた。永仁の徳政令発布の前夜である。

鎌倉では御家人による商業経営も発展していた(補注8)。二階堂行久は、文永三年（一二六六）西御門入奥地と浜倉・鎌倉宿所などの敷地を他人から借用していた。彼はその権利と倉物などを向女房と名越女房という二人の女性に折半して譲りあたえた（「二階堂文書」神五二九）。御家人坂上明定の女子坂上氏女は、鎌倉浜地の相続をめぐって弟明胤と裁判で争い、仁治二年（一二四一）関東下知状によって勝訴した（「相良家文書」鎌五九六六）。北条経時も浜御倉をもち武蔵国乃貢を納入していたから、浜倉は海上輸送による倉庫業務に対応したものであった（『吾妻鏡』寛元三年五月二十二日条）。大友氏時は、鎌倉亀ヶ谷の地に先祖墓所と宿所地をもつ一方、京都の大谷地二ヵ所にやはり先祖墓所と宿所を相伝していた（「大友文書」神四四九二）。鎌倉の亀ヶ谷辻は町屋の並ぶ商業地区であった。石井進は鎌倉では墓所が商業地区と重なっていることを発掘調査の成果から指摘している（「中世都市としての鎌倉」『新編日本史研究入門』東京大学出版会、一九八二年)。京都の大谷はいまも葬送の地である。鎌倉・京都という都市の周辺部の商業地区に御家人の墓所と宿所があった。長井貞秀が称名寺剱阿にあてたと推定される手紙には「当時者塔辻子宿所候、便宜もくるしかるましく候ヘハ返々御出之時は、御渡り有るべく候」(「金沢文庫文書」神一三二四)とある。塔辻子という商業地区に武士の宿所があった。御家人らの浜倉や宿所はこうした鎌倉の周辺部の商業地区や葬送の地におかれていたのである。しかもそれらの地が女房らにあたえられていた。宇都宮氏は、給人の進止とされた鎌倉屋形以下の地に「白拍子、遊女、仲人等之輩」を居置くことを禁止している(「宇都宮家弘安式条」)。それだけ、鎌倉屋地などに白拍子や遊女・仲人・女房をおいて商業活動を展開することが一般的であったといえよう。小早川茂平は米町の町屋在家を子孫に相続している(「小早川家文書」神四七四)。鎌倉の武士は、田舎の所領を支配する一方で、都市の周辺部の葬送地区や商業地区に浜倉・宿所・墓所・町屋在家などを確保し、女性をおいて土倉・高利貸など商業活動に深くかかわっていたのである。鎌倉の都市化にともなう変化は、高橋慎一朗「都市鎌倉における武士と寺院」(『中世の都市と武士』吉川弘文館、一九九六年)や秋山哲雄『北条氏権力と都市鎌倉』(吉川弘文館、二〇〇六年)などが検討している。

湊・津

平安・鎌倉時代にかけて、京都や鎌倉向け諸物資の海上輸送が発達し湊や津が各地に生まれた。国衙が港津の刀禰・国梶取・船所を支配する一方、権門寺社は散所や諸国寄人・神人ら交通業者を編成し、独自の倉敷地と船入場を建設した。また、幕府や朝廷による交通機関整備のみでは不充分で、勧進聖による共同利用の船着場や道路・橋などの整備も進み、交通機関を整える技術的条件が進展した。往阿弥陀仏が筑前国宗像郡鐘御崎(現、玄海町)と鎌倉和賀江島(現、鎌倉市)に築島して港を開いた。重源が東大寺再建のため魚住泊・大輪田泊を修築し、備前国船坂山や伊賀の道路をつくり、瀬戸内から運んだ材木を渡辺から淀川や木津川を経て東大寺に運ぶため、渡辺橋・長羅橋・渡辺別所や木屋敷などを建設した。こうした港・橋・道路などの建造・修築費を施設の利用者から徴収したところから、関料が生まれたという（脇田晴子「中世の交通・運輸」『講座・日本技術の社会史　第八巻交通・運輸』日本評論社、一九八五年）。

武蔵国六浦荘瀬崎（現、神奈川県横浜市）も、鎌倉の外港として船立がなされ船着場が開かれていた（横浜開港資料館編『江戸湾の歴史』一九九〇年）。ここの港湾施設は、「瀬戸堤」と「瀬戸橋」から構成され、その場には常（勝）福寺があり、その門前では人別二文・駄別三文の公事銭が徴収された。これは六浦大道関（「金沢文庫文書」神五七四二・五八八二）ともいわれた。嘉元三年（一三〇五）、この瀬戸橋修造では下総国下河辺荘・埴生荘、武蔵国六浦荘・富岡・蒲里谷・金沢、常陸国北郷、信濃国大倉・石村などいずれも北条氏領に棟別銭が賦課され、それによって完成するよう金沢貞顕から「寺家」に下知されていた（「金沢文庫文書」『埼玉県史　資料編5』一七一・一七二）。寺院が瀬戸橋修造の主体であった。この六浦では、貞治二年（一三六三）には問丸が住みつき（「金沢文庫文書」神四四六六・四九三九）、「政所（代官）」（同四四六六）や「六郎」（同五九八五）という替銭屋が業務を営み、下総国下河辺荘赤岩郷や上総国波多沢村など称名寺領の年貢輸送にも従事していた。堤や橋により船着場がつくられ、それを管理する寺院がその門前で関料を徴収し、そこに町場が発達し、問丸や替銭屋が定着していたのである。

鎌倉和賀江島の港にも関所がおかれ、その関米は極楽寺の取得するところとなっていた。この関所は飯島の対岸であったから、飯島関所ともいわれた。徳治二年（一三〇七）、和賀江（飯島）関所の沙汰人は極楽寺行者の随縁であった。ところが、和賀江住人の六郎太郎、その舎弟平三郎、六郎四郎とその子息源二太郎らが、関米を運び取り狼藉をなした。このため、随縁は極楽寺長老に訴え、長老円真上人の書状や幕府下知状などを添えて幕府に訴えるという事件がおきた（「金沢文庫文書」神一五八九）。和賀江津には、住みついた住人らが兄弟や親子で商業活動に従事し、極楽寺の関所支配と摩擦を引き起こすようになっていた。この津には米奉行もおかれていた（「聖教類裏文書」神三八六三）。圓覚寺に納入する年貢米については、六浦以下すべての関米免除の特権を認められており、暦応二年（一三三九）、鎌倉府もこの慣例を公認した（「京都大学文学部国史研究室所蔵文書」神三四六三）。ところが、南北朝内乱で海上輸送の安全をはかるため、圓覚寺領尾張国富山・篠木荘が年貢米を替銭にして輸送したところ、飯島関所はそれが両荘の年貢ではないとして関米を徴収した。このため、圓覚寺側は関所側の違乱だとして幕府に訴え、この年八月、寺側の勝訴となった（「圓覚寺文書」神三四七一）。ここから、東国の関所では、年貢米についてのみ関米を免除し、一般貨物には関米を賦課するという特例があったことがわかる。関料・津料について年貢物と一般物資（商品）を区別して賦課する事例は、淀津や渡辺津の関所でもみられ、伊予国弓削島荘（現、愛媛県越智郡弓削島）の年貢塩にも公事が免除されていた（「東寺百合文書」）。

こうした六浦や和賀江津の港湾としての発展は、鎌倉をめぐる海上輸送網の形成と対応していた。すでに永仁三年（一二九五）には、熊野山日御供米は、上総国畔蒜荘（現、千葉県君津市）から新宮津（現、和歌山県新宮市）まで海上輸送されていた（「紀伊続風土記」鎌一八八九八）。平安〜鎌倉時代には伊勢御厨船が活躍し（「壬生文書」平三九五六）、安濃津（現、三重県津市）の御厨船も諸国に往反して交易をなしていた（「神宮雑書」鎌八四二一）。関東・東海を結ぶ海上交通路が紀伊半島の新宮まで着実にのびていたのであり、熊野信仰の流布はそのルートを背景にしていた。南北朝から室町時代には、東京湾から日本海側の海上交通が著しい発展をみせる。

伊豆国走湯山のある熱海では、熱海船とよばれる便船が東京湾岸を航海し「夜中着岸」するといい、夜間運行までしており、当時の港湾施設の発達もそれに耐えうるものであった。便船とは乗合船であり、この便船は塩や酢を輸送し、寺社の関係者が雑足らをつかって受け取ったりしていた（「金沢文庫文書」・盛本昌広「走湯山灯油料船と神崎関」『千葉史学』一三、一九八八年）。こうした港湾施設の発達が河川交通路においてもみられた。南北朝時代、応安六年（一三七三）

以前に信濃国片切郷中村には六日市場があったが、そこは天竜川と前沢川の合流点であり、「舟津」や「滝渡」があり、実際寺という津寺が建つとともに「夜籠」が立っていた（「西岸寺文書」信史六―二四九）。港や渡・舟津では夜間運行のための夜籠まで建設されていたところもあった。

東京湾岸の古戸・今津・品川湊・神奈川湊などが発展するのもこの時期である。東京湾に突き出た房総半島の富津岬は、中世では古戸とよばれた津であり、問丸が発達していた（小笠原長和「中世の東京湾」『中世房総の政治と文化』吉川弘文館、一九八五年）。永徳三年（一三八三）、上総国波多沢村の年貢は、古戸の問丸から六浦の問丸に送られ（「金沢文庫文書」神四九三九。福島金治「上総国周東郡内の金沢称名寺領について」『日本歴史』四九四、一九八九年）、上総から鎌倉に向かう物資の集積地・積出港であった。荒川と中川の合流点で隅田川の渡河点に位置していた浅草寺は、中世に今津といわれた津であり、ここでも問丸が発達し、永享十一年（一四三九）、下総国下河辺荘岩郷の年貢がこの今津の問丸から六浦の問丸に送られていた（「金沢文庫文書」神五九八五）。荒川や江戸川などの河川交通を利用した下総や武蔵方面の物資の集積地で、品川・神奈川・六浦への集出港であった（峰岸純夫「中世東国の水運について」『国史学』一四一、一九九〇年）。

永和四年（一三七八）、室町幕府は、武蔵国品川・神奈川湊以下浦々の出入船について帆一段別三百文の徴収を認め、三年間分を圓覚寺仏日庵の造営にあてた。寺家側は浦々の宿屋で帆別銭を徴収した（「龍隠庵文書」・「圓覚寺文書」神四八一〇・四八三六）。品川・神奈川湊の帆別銭は、明徳三年（一三九二）からは称名寺金堂修造費にあてられ、二百五十二貫文が帆別銭から支出され、総額の九一％にあたっている（「金沢文庫文書」『品川区史通史編　上巻』、一九七三年）。称名寺では、品川・神奈川に入港する湊船を帳づけし湊船帳を作成した。品川湊分についてみれば、この年正月から八月までのあいだに、三十隻の船について船号・船主・問丸が登録されている。そのなかには、伊勢国度会郡大塩屋の船や勢多川・宮川の河口に近い馬瀬の船主弥松大夫や助次郎らの名前がみえる。この弥松大夫らは伊勢神宮の神人と推定され、伊勢船も数多く品川湊に入港しその湊船となっていた（綿貫友子「『武蔵国品河湊船帳』をめぐって」『史艸』三〇、一九八九年、のちに『中世東国の太平洋海運』東京大学出版会、一九九八年所収）。了阿弥の鎌倉丸は元六浦船で前年より品川の湊船になったもので、福田丸の船主は「洲崎殿」といい、六浦荘洲崎を名字とする人物である（図16）。熊野船・伊勢船・熱海船・六浦船・上総船など各地から、湊船が入港して活発な海上輸送が展開されていた。しかも、品川の湊船は六隻の船が正祐、四隻が国阿弥、十一隻が行本、という問丸の所属であった（「金沢文庫文書」神五〇九四）。この問丸が船荷主であろう。とくに、この行本という問丸は、金沢称名寺領上総国佐貫郷年貢の輸送にも関与していた（「金沢文庫文書」神四九三〇）。問屋資本の形成が東国の港町でもみられるようになった。

　十五世紀にはいると、品川湊では、足利成氏から蔵役免除の特権を得た鈴木道胤という住人がいた（「妙国寺文書」神六一一〇）。彼は土倉を経営し、文安三年（一四四六）品川妙国寺の鐘を造営し、「妙国寺縁起」では熊野鈴木氏の後胤であり、七堂伽藍を寄進した人物だとされる（『品川区史』一九七三年。佐藤博信『江戸湾をめぐる

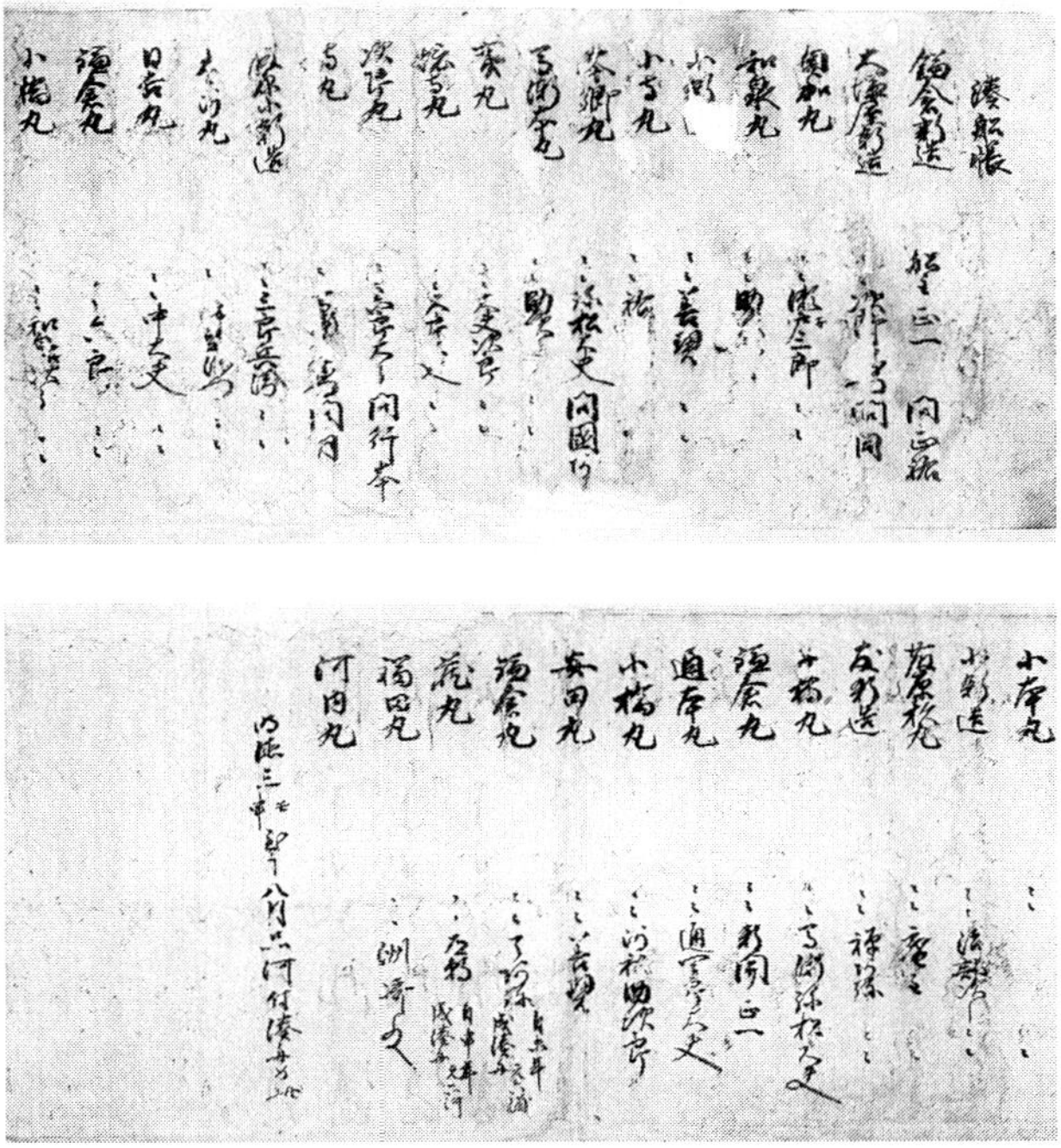

図16　武蔵国品河湊船帳（神奈川県立金沢文庫所蔵）

中世』思文閣出版、二〇〇〇年）。鎌倉府が徴収した蔵役については、下総国風早荘戸崎関でも事例がある。この関料は、香取社の長日護摩・神前御灯油料所にあてられていたが、近年になって御蔵役と号して関務を弁済しなくなったため、応永十四年（一四〇七）、香取社大禰宜が御蔵役を破棄し関務をとれるよう鎌倉府に訴えている（「香取大禰宜家文書」『埼玉県史　資料編5』六五五）。鎌倉府は、品川湊・戸崎関をはじめとして関東の関・津などに蔵役を賦課しており、港湾都市の有徳者のなかにはその免除特権をもつものが存在していた。関東の港湾都市には、こうした有徳人が数多く成長していたのである。有徳人には有徳役が賦課されたといい（保立道久「中世民衆経済の展開」『講座日本歴史3　中世1』東京大学出版会、一九八四年）、東国における鎌倉府の蔵役も土蔵を営む有徳人への役負担であったといえよう。

では町と村の支配の体系はどのようになっていたのだろうか。たとえば、武蔵国品川郷は鎌倉初期から品川三郎の所領としてみえ（「田代文書」神五八）、貞応二年（一二二三）には南品川郷桐井村地頭職が品川清実から清経に譲与されている（「田代文書」鎌三一二〇）。鎌倉時代、品川氏は近江・紀伊・和泉などにも所領をもっていた。応永三十一年（一四二四）に品川太郎の所領が堀内をのぞいて鎌倉公方足利持氏に没収されたが、それを不服として抵抗しており（「上杉文書」神五七二六）、室町時代まで品川郷は品川氏の所領であった。神奈川郷も鶴岡八幡宮領としてみえる（「鶴岡八幡宮文書」神五二六）。しかし、品川湊や神奈川湊の管轄は、関東の浦々に入港する船の帆別銭の管轄と同様に幕府がおこない、その得分が鎌倉府・守護・守護代を介して寺家の修理造営費にあてられた。鎌倉府は、湊の帆別銭安堵権だけでなく蔵役の徴免権をもっていた。文明年間（一四六九～八七）、神奈川湊は「上様御進退」といわれ、鎌倉公方の支配下にあるものの代官は定められずに、関銭・浦方や蔵方の地子、畠年貢、麻口などの年貢納入は雲頂庵にまかされていた。そのうえ、「喧嘩闘争以下の事は、蔵衆談合すべき」ことが公認されていた（「雲頂庵文書」神六三三四～四一）。この蔵衆こそ、鎌倉府の蔵役を負担する土倉の有徳人と考えられ、彼らの自治により神奈川湊の検断権が行使されていた。東国の港湾都市のなかには、鎌倉公方の管轄下で、特権商人による自検断を公認された「自由都市」が生まれていた。

寺　社

寺社が救済事業・温室（浴場）・動物愛護・交通土木事業などで大きな役割を果たすとともに、寺社の保護の下に座や市場が発達し、為替や頼母子などの金融業は、寺社もしくは僧侶みずから営んだ例が多い。寺が旅宿にあてられ、交通の発達にも貢献した（辻善之助『新訂日本文化と仏教』春秋社、一九五一年）。とくに、荘鎮守や村の寺院は庶民の交流の場として重要であった。

文永五年（一二六八）、駿河国賀島荘（現、静岡県富士川町）の荘鎮守実相寺では、大きな本堂が修理されぬまま雨漏りがひどく、参詣の道俗も休息できないありさまであった。六斎日に沸かしてきた浴室も修復されず破壊されたままであった。しかし、仏事や僧をもてなす食膳ごとに酒宴が開かれ、院主代は坊に遊君を迎え魚鳥を食し、世俗の婢をおき養蚕を業としていた。柑子を栽培し、住僧に鎌倉まで運ばせて販売し、沢の水を抜いたり、富士川では網で大量に川魚を獲った。さらに寺僧を相手に高利貸を営み、質として房地を取り立てたりした。子孫繁盛のために建立された不動堂では、院主代が女会という集会を開き酒宴をなした。権門の張行と号して参詣人に馬をあて鎌倉の女を送らせ、住僧らを人夫として蒲原の君を迎えにやらせたり、傀儡の田畠を宛作させた、という（「北山本門寺文書」鎌一〇二九八）。田舎の寺院が、奴婢をつかって養蚕業を営み、特産物である柑子の栽培・販売や河川での漁業、さらには高利貸業務をおこなっていた。子孫繁栄や子宝を望む庶民の願望を組織して鎌倉や蒲原宿などから傀儡人や遊女をよび寄せ祭礼や酒宴が開かれ、田舎の楽しみの場となっていた。こうした事例は決して例外ではない。

弘長元年（一二六一）、幕府は、僧坊で酒宴を成し魚鳥を食したり、僧侶が俗人や児童などと交わり肉類を肴にすることを禁止した。とくに、念仏者のなかには女人を招き寄せ乱行を常とし、魚鳥類を食し酒宴を好む者が多いとして、その家を破却し鎌倉中を追放するよう命令をだした（「式目追加条々」鎌八六二八）。権力による規制にもかかわらず、地方の小寺院や村堂・寺庵は女人を含め庶民の交流の場であり、酒宴や肉食もおこなわれていた。信濃善光寺の桜小路に玉菊・花寿など遊女が数多く住みついていたのもそのためである（『大塔物語』）。日蓮が「今の律僧の振舞をみるに布絹財宝をたくわえ利銭借銭を業とす」と忍性を批判したという（石井進「都市鎌倉における「地獄」の風景」御家人制研究会編『御家人制の研究』吉川弘文館、一九八一年）。寺社が地方における高利貸や養蚕・果実栽培など、商業・手工業の拠点であり、酒宴や民衆交流の場であった。

丹波国雀部荘（現、京都府福知山市）では、嘉禎四年（一二三八）ごろ番頭らが公文関係者の家を買い取り、荘内管内村に大温屋をつくった（「東文書」鎌五三二五）。中世ではこうした共同浴場は、寺社で多く建てられた（井原今朝男「中世僧侶の清潔心と湯屋」『史実中世仏教』第一巻、興山舎、二〇一一年）。下野国鑁阿寺では仁治二年（一二四一）、六斎日に足利荘・御厨が寄り合いで斎日湯をたてることになっていたが、近年緩怠するようになっていた。そこで足利義氏が支配下の郷々に三駄の引木を沙汰し復興するよう命じている。この寺は僧侶である供僧と堂舎を守る承仕・下部らとからなっていたが、このほかに、絵師・経師・番匠・花承・維那・庭掃・夜行・鐘突・土器師・檜物師・船頭・渡守・湯屋釜神・非人などの関係者が存在していた（「鑁阿寺文書」『栃木県史　史料編中世一』）。寺には予想を超える多様な人びとの交流の輪が広がっていた。下野国一宮の宇都宮では大湯屋と在家温室とがあり、大湯屋に在俗者が入浴することが禁止され、社僧が在家温室に入浴した場合には社家への出仕が止められた（「宇都宮家弘安式条」）。そうした規制をしなければならないほど、浴場は身分を超えた交流の場であった。

下野国日光山輪王寺の常行堂では慈覚大師御忌日の仏事がおこなわれた。その祠堂銭は十余人の見衆といわれる僧侶に預けられ高利貸の本銭とされ、毎年利分を御忌日の執事所に送り、その利銭によって翌年の仏事を営むことになっていた。（補注9）康暦二年（一三八〇）、見衆の教弁は一貫五百文の料足を寺から預かり高利貸を営んでいたが、彼は屋敷に紺屋をもち商業活動をも営んでいた（「輪王寺文書」『栃木県史 史料編中世一』）。祠堂銭は商業資本として寺の門前で僧侶の関係者が営む高利貸や紺屋など商業活動に投資され、門前は寺人の土器師・檜物師・仏師・絵師など職人の活動の場でもあった。

一四二〇年、朝鮮の官人宋希璟が日本に回礼使として漢陽から京都まで往復した際の紀行『老松堂日本行録』（岩波文庫、一九八七年）には、中世の都市と農村の交流について興味深い観察記録が含まれている。彼は、西宮に宿したとき「良人の男女半ば僧と為る」と述べ、帰路の尾道においても「今日本は釈氏を崇信すること、州より村に及び、僧舎幾んど半ばなり、其の髪を削りて寺に居する者、平人に倍せり」と、日本の社会で僧侶の多いことに驚いている。博多の断過寺（行脚僧の宿泊所）に宿泊したとき、僧堂のなかで僧侶と尼との自由恋愛がおこなわれていたし、その念仏寺では「仏殿の内、僧尼左右に分かて宿す」と男女同宿に驚いている。下関の阿弥陀寺や赤間関の全念寺も同様であった。こうした念仏寺で、「僧尼乃ち相犯すこと」になり「尼児を孕まば、則ち居らずして其の父母の家に帰き、産後寺に還りて仏前に臥す、三日の後、衆尼来りて本の座に還入するを請うなり」という慣習を伝えている。時宗や念仏宗の寺院が男女同宿であり、尼が妊娠した場合には寺をでて実家で出産し、子どもは父母が養育するという実態があった。庶民の半ばが僧侶とみえるほど出家が多かったのは、当時の最下層の寺院が庶民の日常生活と密着しており、予想を超えるほど世俗的であったためでもある。寺院は女人禁制、尼寺は男子禁制という建て前とはまったく反対の現実が中世の村落寺社で展開されていた。

道・橋

畿内の道路が検非違使庁の管理下におかれ、僧侶の勧進により道路工事がおこなわれる場合があったことはすでにみた。橋・津・渡・湊などには多くの場合寺院や神社がおかれ、津料や関料が寺社の収益となり、橋や堤などの修理や維持費にあてられた。しかし、それだけで道路や橋が維持されたわけではない。信濃国一宮諏訪社の造営では国府に行事所がおかれ、国中の要路に関をおき、関料を徴収した（「守矢文書」信史五―七六）。国内の道路は、基本的に国衙の管理下にあった。著名な山城の宇治橋は、洪水のとき橋本の石が洗い流され橋が転倒するのを防ぐため、宇治鱣請という橋本を守る人びとがおかれていた。彼らは長者殿下の保護下で毎年橋本に石を拾いおくという重役を勤めていた。そのため漁業権をもつ鴨社の村君らが氷魚の供御を納入しえないと彼らを訴えた（「永昌記裏文書」鎌九四八）。宇治橋は摂関家の管理下にあった。また、奥大道での警固が幕府から地頭らに命じられたように、道や橋の維持管理に幕府や御家人らが関与することもあった。寛元二年（一二四四）、市村景家と千田蓮性とが相論で争い、讒訴の罪に問われた景家が過料として橋一所の修理を幕府から命じられた（『吾妻鏡』同年六月五日条）。地方道路については、宇都宮氏が領内道路と橋に関して「住所の近隣に付しその辺の便路を造るべきの由、仰せ付けらるべし」（「宇都宮家弘安式条」）と一門に命じている。地頭が近隣の村々との共同事業を組織して便路の維持管理にあたっていた。（補注10）また「山田の作道」（『小早川家文書』）などとみえる田舎道は百姓の管理下にあったのであろう。道路や橋はまさに公私あいまって維持・管理され、社会的資本の整備が時代とともに進行していた。

室町時代になると、道路や橋の整備とともに関料や橋賃を支払う関所の数も飛躍的に増加した。町と村の交流も借銭や行商などを含めきわめて日常的なものになり、旅の様相も大きく変貌した。なかでも、畿内最大の消費地と港湾都市となった京都と兵庫津を結ぶ道は、当時の幹線交通路としてもっとも活況を呈していた。応永二十五年（一四一八）、周防国美和荘兼行名（現、山口県田布施町宿井）の年貢四十貫文が代官沓屋周重から東寺に送られた。年貢は富田乙増丸という船に積んで船頭が兵庫津へ運び、そこで東寺から派遣された使者に渡し東寺公文所の請取をもらう約束であった（「東寺百合文書」さ二〇四、応永二十五年極月十三日沓屋周重書状）。東寺では、翌年二月兵庫に到来したというので、福石法師ら五人の使者を二月十五日兵庫津に向けて派遣した。十八日に年貢受け渡しを受け、十九日兵庫をたち二十日帰京した（『教王護国寺文書』応永二十六年二月日・周防国美和荘兼行名年貢評定案）。寺家使がこの間支出した費用を日時と道順を追い記載した雑記帳が今にのこっている。それによれば京都を出発した十五日には、船賃十二文、茶八文、茶子二十八文、草鞋十文、昼飯六十文、茶餅飯十八文、団子十文、橋賃十五文、俵十文、竹の皮三文などを支払い、船で西宮に到着すると酒五十文と肴八文、旅籠七十二文などを支払った。宿で茶を飲み団子や餅を食べ、昼飯を取っている。草鞋や俵・竹皮なども旅の途中で購入できた。夜は旅籠で泊り、酒と肴を公費で購入していたことがわかる。船賃と橋賃が交通費である。十六日には、芦田の旅籠に泊り、十七日兵庫に着いた。翌十八日の兵庫滞在では、年貢引き渡しを受けるため、銭を入れる俵や絡げ縄を購入し、兵庫より西宮までの馬借を百文で雇った。さらに船頭や海賊に時酒五十文、案内者への礼銭二十文、祝の酒五十文などを支払い、一日で六百三十三文も支出している。十九日兵庫をたち、芦田から西宮宿。西宮より東寺まで馬借代四百十文を支払い、武庫川橋を橋賃十五文で渡った。二十日山崎では旅籠七十二文、俵五文、酒六十四文、茶六文、船賃十二文など五百七十六文を支出し、無事京都着となっている（『教王護国寺文書巻三』応永二十六年二月日・周防国美和荘兼行名年貢請取雑用帳）。

京都と兵庫津を結ぶ街道間では、船賃や駄賃を出せば船や馬が確保でき、旅先で人夫まで入手できた。旅籠が発達し、酒・肴・茶・団子の消費が多く、草鞋・俵・縄など輸送のための雑物や馬のための大根まで販売されていた。貨幣によって調達できないものはないほどの状態にあった。宿泊機能をもった街道筋の村落が旅人目当ての商業も営み、農村商業が活発になった。室町時代には寺社の門前で一服一銭の茶店ができた。東寺南大門の門前で道覚・八郎次郎・道香後家らが一服一銭の茶売りを営み、それ以外門下などに移動しないこと、鎮守の宮仕《みやじ》部屋に茶道具以下を預けないこと、諸堂の香火を取らない、灌頂院閼伽井の水を汲まないことなどを約束していた（「東寺百合文書」応永十年四月日・南大門前一服一銭茶売人道覚等連署条々請文）。このように室町時代には旅先の宿や旅籠が発達し、商業活動も活発で、旅の生活も容易になり、近世的様相を示していたことがわかる。

三　各地を歩く人びと

職　人

中世には特定の根拠地をもちながら、各地を遍歴しつつ町や村々を結びつける人びとがいた。職人・山伏・熊野先達・旅商人・遊芸人・鷹匠・伊勢御師・日吉神人などである。鎌倉時代にはいると、全国各地で武士による寺社の造営や住宅の建設などがさかんにおこなわれ、巨額な費用と人夫、数多くの職人集団が必要になった。

文応元年（一二六〇）、武蔵国河肥荘（現、埼玉県川越市）の地頭河越経重は、勧進僧円慶のすすめで鋳物師丹治久友をよび、新日吉山王宮の梵鐘をつくらせた（神四八三）。この丹治久友は、鎌倉大仏の造営にも参加し、文永元年（一二六四）には奈良の東大寺真言院と吉野蔵王堂の梵鐘をつくり、さらに建治元年（一二七五）にはふたたび東国を訪れ、茨城県土浦市般若寺の梵鐘を制作している（香取秀真「丹治姓の鋳物師と鎌倉の大仏」『金工史談』国書刊行会、一九七六年再刊）。弘安六年（一二八三）、信濃国知久郷文永寺（現、長野県飯田市）では、大旦那の神敦幸が南都石工である菅原行長に石造五輪塔と石室を制作させている。大和や河内の職人が地方の武士層の需要に応えるために遍歴の旅を続けていた。

こうした遍歴職人の代表が河内と大和の鋳物師である。坪井良平によれば、河内鋳物師は南海道を中心に、大和鋳物師は東山道を中心に活動圏をもち、それぞれ専売権を有していたという（「文永寺の古鐘と大和の鋳物師」『伊那』四〇一、一九六一年）。

日吉社領信濃国浦野荘内にある国宝大法寺三重塔（現、長野県青木村）は、正慶二年（一三三三）に大工天王寺四郎によって建設されたもので、摂津の大工が小番匠七人とともに信濃にまで出向き注文生産に応じていた。渡り職人の仕事である（信史五—二二一）。また、正和五年（一三一六）、上総国ゑのさわの孫左衛門という武士は、本尊の二体を二貫五百文で京都綾小路の大宮仏所から購入した。その代金は鎌倉の比企谷御坊に支払った（「妙顕寺文書」神二〇三一）。この比企谷御坊は京都大宮仏所の鎌倉における出先機関でもあり、そこを介して京都仏師による仏像を購入できたのである。東国にのこる京都の院派仏師による仏像（清水眞澄『中世彫刻史の研究』有隣堂、一九八八年）はこうした購入によるものも多かったのであろう。

畿内の職人とは別に東国や諸国には、国大工といわれる国衙に所属した職人や地方の有力寺社に属した地方職人もいた。養和元年（一一八一）、頼朝は姫君の小御所と御厩を建てるため、安房国在庁官人に命じて安房国大工などを動員し、御家人らには人夫を集めさせた。また鶴岡八幡若宮の造営では、鎌倉中にはしかるべき工匠がいないとして、武蔵国浅草の沙汰人を介して浅草大工をよび寄せた（『吾妻鏡』同年七月三日条）。こうした寺社所属の職人としては、建暦二年（一二一二）、越前国一宮気比宮所属の「道々工等」が「例給田」をもっていた事例（「気比宮社伝旧記」鎌一九四五）がある。永仁元年（一二九三）十一月には武蔵国慈恩寺（現、岩槻市）に所属する仏師大進が、上野国画工の江田明信や板倉信証とともに埼玉県加須市竜蔵寺にある木造阿弥陀如来立像をつくった（『埼玉県史　資料編9　中世5　金石文　奥書』）。また、信濃善光寺に住んだ仏師妙海は、文保元年（一三一七）、長野県明科町光久寺の日光・月光菩薩像を制作したのをはじめ、元亨三年（一三二三）には三十九歳で彼の代表作、塩尻市辰野町川島観音堂十一面観音立像をつくっている。今日、長野県内には、松本市波田若澤寺の元亨二年（一三二二）銘金剛力士像、塩尻市光輪寺の元亨三年銘日光・月光菩薩像、元徳四年（一三三二）銘の麻績村福満寺日光・月光菩薩像など彼の制作による仏像が在銘のものだけで九体のこされている（信史五―二七〜三二、四二、一七二）。善光寺絵師の参河法眼慶暹は暦応三年（一三四〇）、佐久市望月町福王寺阿弥陀如来像の修理・彩色をおこなっている（信史五―四三七）。この時代「画事賃ハ京都も関東も同事候」（「金沢文庫文書」神一九六四）といい、京都・関東での絵師の賃金の格差はなかったという。国衙や地方の有力寺社には仏師や絵師・大工など職人が所属しており、各地からの注文に応えるようになっていたのである。

鎌倉時代の東国ではどのような鋳物師や刀鍛冶が定住していたのだろうか。永仁元年（一二九三）十月三日に「鎌倉住人新藤五国光」が制作した短刀がある。鎌倉の刀鍛冶として著名な正宗の銘が知られる初期のものは「相州住正宗嘉暦三年八月日」とある。鎌倉後期には相州鍛冶が活発な活動をしていた。永仁四年（一二九六）十二月十一日鎌倉に大火がおきた。将軍堂の橋本より失火し、小町・大町・名越入付近はみな焼け、四〇〇人ばかりが焼死した。このとき、上総国大工藤原胤吉と子息秀吉は上総から鎌倉称名寺に上がり舎利殿再建に参加し、銅造宝篋印舎利塔と銅造愛染明王坐像をつくった（補注11）。さらに鎌倉極楽寺鐘堂の再建にも従事し、それらの賞として胤吉は左兵衛尉・秀吉は藤右衛門尉の官途を獲得した（称名寺所蔵、神二二〇八・二二一四）。これらの作品はいまも文化財として金沢文庫に保管されている。この鋳物師は上総国菅生荘（現、千葉県木更津市）を本貫とし、藤原姓で吉を通字として室町時代にまで続いている。

甲斐でも延慶元年（一三〇八）染（志）太郷の鋳物師が隣国の信濃諏訪社に出向き、五重塔の露盤を作成した（信史四―五三四）。相模でも毛利荘飯山（現、神奈川県厚木市）の鋳物師が鎌倉初期から活動し、室町時代の応安元年（一三六八）、飯山の鋳物師源光弘が隣国武蔵師岡保青木村洲崎大明神の鐘を制作し、明徳三年（一三九二）には和泉権守常盛が、伊豆国走湯山東明寺の鐘を鋳造している（『神奈川県史　通史編　原始古代中世』一九八一年）。十五世紀には毛利常吉・国光らの存在が確認され（『厚木市史　中世資料編』）、その一門国吉が永享七年（一四三五）鎌倉府の政所造営の役を勤めた。このとき上総国菅生の鋳物師藤原光吉もいっしょに政所造営に従事している（「房総古文書」神五九〇五）。相模や上総の鋳物師は両者ともに鎌倉府によって組織されていた。この藤原一門の貞吉は、文安三年（一四四六）、武蔵国品河郷妙国寺の鐘を鋳造しており（『品川区史　通史編上巻』、一九七三年）、寛正三年（一四六二）には、「上総国菅生荘本郷飯富宮社頭」の梵鐘（銚子市円福寺現蔵）を共同で造営している。

こうした関東土着の鋳物師の台頭に対して、和泉・河内両国の鋳物師らは、新業の輩を禁制するよう室町幕府に提訴し、幕府も宝徳二年（一四五〇）、関東土着の鋳物師の活動を停止させ、本座商業を守るよう鎌倉府に下知した（「上杉家文書」神六〇八八）。しかし、この政策は相模・上総両国の鋳物師を組織していた鎌倉府の利害と対立し、翌年幕府は、関東のなかでも下野・上野の鍛冶鋳物師についてのみ、その活動を停止するよう政策変更した（「上杉家文書」神六一二九）。両毛地帯の鋳物師の活動停止をはかったのである。もともと、鎌倉・南北朝時代には東山道や関東一帯は、大和の鋳物師の活動圏であり、河内・和泉の鋳物師の活動はあまり指摘されていない。この時期に突然、河内・和泉の鋳物師集団が幕府の権力を背景に関東に登場するのか、不明な点が多い。だが、関東の鋳物師の台頭が和泉・河内の本座鋳物師の権益を脅威にさらし、幕府と鎌倉府を巻き込んだ紛争になっていたのは事実である。

商　人

全国各地に定期市が発達するようになると、これまで京都・奈良など都会で荘園領主の需要に応えていた座の職人や商人たちが、地方にも進出して隔地間交易に従事し、価格差を利用し巨額な利益を獲得するようになった。

大和の貝新座は興福寺の一乗院を本所とした鋳物師の集団であったが、しだいに信濃や関東に鍬の販売に出向き、行商人として活躍をするようになった。この新座寄人の一人に四郎という人物がいた。彼の兄は有継といい官行事所の大工で、有継の妻は鍛冶新座衆の娘といい、一族親戚ともに職人集団であった。彼は、姉の長寿の口入れにより和泉国住人千手王次郎から二百六十貫文を借用し、それを資本にして有継の舅の鍛冶新座衆を口請人にして鍬を仕入れ、関東で高値で販売していた。座商人らは一族血縁関係を利用して貸借契約により必要な資金や物資を調達した。彼は延慶三年（一三一〇）秋に、信濃で鍬の行商をおこない、翌応長元年（一三一一）正月を旅先で迎え、販売代金三十貫文を商人宿の信濃住人右馬太郎に預けて、さらに坂東に下向した。ところが、途中山賊に出会い殺されてしまった。遠隔地の行商活動は利益の大きい反面、山賊や海賊の危険と隣合わせであった。隔地間商人にとって商人宿ともいうべき中継拠点が必要不可欠であったが、それでも冒険商人の性格を拭いえなかった。(補注12)

彼の死後、この販売代金の処分をめぐって一族間で裁判となった。兄有継は、四郎が死去したため口入人として借物弁償をさせられたとして、四郎の販売代金をその一部に充当しようとした。また、舅なども販売代金は口請の銭だと主張し、使者を派遣してその銭を差し押さえた。そのため、四郎の後家や娘はその遺産として相続権を主張し、四郎の所属していた貝新座の本所一乗院政所に提訴した。政所の判決は、正和二年（一三一三）四月に出され、有継のいう借書は真偽不明で相続人の判がないから弁償の義務はないとし、舅らのいう口請についても不明としてこれを退け、相続人後家や娘の主張を認めたのである（「筒井本東大寺文書」信史四—五八九・鎌二四八四九）。血縁関係を利用して貸借関係で資本を確保していただけに、遺産相続をめぐる一族の争いも熾烈であった。

大徳寺領信濃国佐久伴野荘に出入りしていた麻商人も隔地間商人であった。当時、伴野市場には町屋が形成され二日町屋とよばれ、野沢原郷の百姓である光重・道忍・良円らが町屋住人を兼ねていた（「徳禅寺文書」、井原今朝男「東国荘園の替銭・借麦史料」『信濃』三九―七、一九八七年）。百姓のつくった麻布を市場に出荷するのがこうした町屋であった。建武二年（一三三五）、麻商人らは、警固用途料として馬一頭につき百文、人夫一人につき五十文を支払っている（「大徳寺文書」信史五―二九九）。麻商人が市役を支払って二日町屋に出入りしてそこを足場に麻布を購入し、明け荷として京都に送り高値で販売した。

こうした取引のなかから地方商人が登場する。二日町屋でも、太郎三郎入道浄阿という商人は、頻繁に京都とのあいだを往復し、京都の「地獄が辻子のさかた入道」や「綾小路のまつ殿」、「法性寺町のあくた入道」らと日常的な商品取引をおこなっていた。町屋住人の光重・良円らが、浄阿の保証人になった。町共同体が形成され、信用保証の役割を果たすようになっていた。遠隔地商業が発達するにつれて、荘園年貢も商人らによって京都に運送されるようになる。建武二年、荘内大沢村の年貢二十九貫文は、浄阿によって京都商人を支払人とした割符四通に組まれて、為替によって京都に運ばれている。地方商人浄阿は、割符を振り出す金融業者であった。その一方で複数の京都商人と商品取引を日常的におこなっていた地方問屋であり、畿内商人の商人宿も勤めていたのである（井原今朝男「中世東国商業史の一考察」中世東国史研究会編『中世東国史の研究』東京大学出版会、一九八八年）。

越後国柏崎住民道秀入道が所有していた荷物・資財は甥宗貞に譲られたが、彼の死後、家一字と苧十駄の遺産相続をめぐって養子四郎と甥宗貞とが永享二年（一四三〇）、幕府の裁判で争った。両人とも石清水八幡の神人となり京都に住んでおり、故道秀も柏崎の住民でありながら京にも家をもち、越後特産の青苧を扱う地方商人と推測されている（桑山浩然「足利義教の裁許とその背景」山田英雄先生退官記念会編『政治社会史論叢』近藤出版社、一九八六年）。

東寺領遠江国原田荘細谷郷（現、静岡県掛川市）の本家年貢は為替で送進されたが、その納入を請け負った代官道伊は嘉吉元・二年（一四四一・四二）の年貢を送らず解任された。彼は「高荷商人也」といわれ、隔地間商人と推測されている。備中国新見荘でも「十貫文ハ高に方へ割符無間オロス」とあり、高荷商人は割符取引にかかわっていた（村井章介「東寺領遠江国原田・村櫛両荘の代官請負について」『静岡県史研究』七、一九九一年）。淀の納所率分関の関銭が「高荷公事銭」ともいわれていた（田良島哲「中世淀津と石清水神人」『史林』六八―四、一九八五年）。遠隔地と京都を結ぶ商業ルートのなかから、地方で高荷商人といわれるものが成長していたのである。

地方商人の発展とともに分業化も進み、十四・十五世紀には屋号をもった商人が地方にも登場する。鎌倉時代には、越後国奥山荘七日市の龍王（鎌一八五六二）や陸奥国冠屋市庭の毘沢王など神名の商人が知られるものの、屋号はあまりみえない。しかし、康暦二年（一三八〇）、日光山輪王寺門前に紺屋（「輪王寺文書」『栃木県史　史料編中世一』三五）、永徳二年（一三八二）、但馬国九日市場には「金屋入道」「絹屋入道」（「米良文書」『埼玉県史　資料編5』五三七）が知られ、永享五年（一四三三）から寛正五年（一四六四）にかけて武蔵神奈川湊には「ゑとや」「筒屋」（「米良文書」神五八八七）、長禄二年（一四五八）、相模国北深沢郷でも「塗屋能阿ミ」（「黄梅院文書」神六二六五）らの存在が知られる。地方商人のなかでも、十四世紀後半から紺屋・金屋・絹屋・筒屋・塗屋などの専業化した商人が分化し始めていた。しかし、彼らはまだ神人や山伏らの隔地間商人の寺社資本に依存していた。

山伏・熊野先達

十三世紀に成立した『宇治拾遺物語』や『古今著聞集』などの説話に鋳物師と並んで山伏が数多く登場し、この両者は中世において諸国を遍歴する非人の典型とみなされている（浅香年木「流動する工匠たち」西垣晴次編『地方文化の日本史・鎌倉武士西へ』文一総合出版、一九七八年）。

『宝物集』には、越中国立山から近江国愛智郡への連絡のために「山伏ニ言付テ親ノ本へ物申タ」事例があり、遍歴する山伏は人びとから依頼を受けて諸国への連絡通信機能を果たしていた。金沢貞顕が称名寺にあてた手紙によれば、使者清太郎兵衛入道の上洛には京都まで山伏が同道したことがみえる（「金沢文庫文書」神二一八七）。

山伏は山寺巡礼といい、山賤の家や山寺への宿泊など独自の交通手段をもっていた。弘長二年（一二六二）、越中国石黒荘では「私の建立たりといえども、北陸道之習、山臥通峰之時、便宜に依り宿に定めしむ者先例也」（「尊経閣所蔵文書」鎌八七七五）とあり、山の峰々に建てられた私寺が山伏の宿所となっていた。こうした山寺を結ぶ山峰の道については、北陸道だけに存在したわけではない。永徳三年（一三八三）下野国大内荘田井郷においても下地中分の線が「田井山峰之道」を限りとしていた（「鹿島大禰宜文書」『茨城県史料　中世編I』一二六八）ように各地に存在し、境界に利用されることが多かった。

諸国を遍歴する山伏は、自分が常住する根拠地はなかったのだろうか。鎌倉時代、下野国宇都宮には常住の山伏らがおり、毎年夏には夏安居にはいり、そのあと宇都宮において修験力の雌雄を決する「験競」という行事が慣例となっていた。ところが、この行事を避けて他行している山伏が多く、そうした輩の常住が禁止された（「宇都宮家弘安式条」）。宇都宮の山伏は他国で修行遍歴する「遠行」を義務としつつ、夏は地元の験競に参加して修験の功力を競い合うことにより、修法の育成をはかっていたのである。山伏の地方拠点となる有力寺社は各地にあった。

弘安九年（一二八六）、陸奥国岩崎郡（現、福島県いわき市）の岩崎資親と舎弟二人は、熊野先達に案内されて熊野参詣にでた。金成村を十一月十三日に出発し、十二月三日に入京し、十八日に熊野本宮、十九日新宮、二十日那智に参詣し、閏十二月中旬には帰路のついでに「先達之縁」により遠江国河村荘東方（現、静岡県菊川町）に逗留した（「秋田藩採集文書」神一〇六七）。人びとはこうした山伏に案内されて寺社参詣の旅にでた。下野国中泉荘（現、栃木県大平町）山田の長光寺の僧侶も大弐阿闍梨という山伏で、彼は先達として信者を連れて熊野まで出向くと、那智山中道の助阿闍梨源喜の下に宿泊し、その案内で熊野参拝をおこなった。こうした案内の権利を旦那職とよび、売買の対象になっていた。応永七年（一四〇〇）、この那智の助阿闍梨は、その旦那職を同じ実報院に売却した（「米良文書」）。東国では熊野修験が浸透するとともに、寺院の僧侶らがその先達となることが多くなった。山伏は農村にも常住して信者の組織化を勧めながら寺社参詣の先達を勧めた。(補注13)

『沙石集』によれば、常陸国田中荘（現、茨城県筑波町）に高観房という山伏がおり、隣家の藤追という百姓の妻に忍び寄っていたことが露見してしまった。夫も口惜しい思いをしたが、山伏とは「師檀之儀」があり恥しめるわけにもいかず、山伏が熊野参詣の留守中に、百姓は妻ともども奥州の千福というところへ縁者を訪ねて離村したという。応永十二年（一四〇五）、下野国小山荘（現、栃木県小山市）では、島田郷に荒河侍従阿闍梨、来本郷には信濃阿闍梨という山伏がおり、熊野先達として信者を那智山実報院に案内し、そこを宿泊地として熊野参詣をおこなっていた（「米良文書」『栃木県史　史料編・中世四』一九八）。応永十七年（一四一〇）「山伏　文仏」は、木曾郡大桑村観音菩薩像を建立している（信史補―二九五）。山伏は幅広い階層の人びととの信仰心と深くかかわっていた。応永二十二年（一四一五）、下野国七石の戒浄坊は門弟（小先達）とともに宇都宮氏と領内の「地下一族一円」や益子氏らを組織していた（「米良文書」）。嘉吉元年（一四四一）、伊勢外宮神主度会文里は信濃守護小笠原氏の一門である「阿伽沢殿一家、御内方人々、下人以下百姓一円」を旦那として組織していた（信史八―二四五）。熊野先達や伊勢御師は領主はもとよりその下人・所従や領内の百姓をあわせて地域的・領域的な信仰圏内に組織していた。それは同時に経済的権益でもあった。

熊野先達は熊野山日御供米を貸し出し、その利銭を取るという金融活動をしていた。永仁三年（一二九五）、碧海荘の十七郷に配分されていた熊野山日御供米は四百九石五斗にものぼり、熊野山領上総国畔蒜荘から紀伊新宮津まで船で輸送されていた（「紀伊続風土記」鎌一八八九八）。室町時代には、熊野の日御供米が商業活動にもさかんに投資されている。(補注14)永享五～九年（一四三三～三七）にかけて、熊野先達の竹内祐実は熊野実報院から十二貫文を借用し、それを資本にして活動しており、彼の信者には神奈川湊の「江戸屋」や「ミたの市」、「武蔵道者」などの商人らが含まれていた。また寛正五年（一四六四）には、熊野比丘尼祐円が実報院から一貫文の利銭を借用しており、彼女の信者には神奈川の筒屋がいた（「米良文書」神五八八七・五九二六・六二九六）。

このように熊野先達や比丘尼は、利銭や日御供米などの貸付取引を利用して、商人を旦那・信者に組織しつつ商業活動を展開していた。瀬戸内地方でも、備前焼の一大産地備前国香登荘の住人は、吉井川河口付近の熊山にすむ熊野先達に組織されていた。備後国では、海上交通路の要衝である尾道浦千光寺権現堂の山伏がこの地方と熊野を結ぶ結節点となっていた（横井成行「中世瀬戸内の熊野先達」『日本学』一〇、一九八七年）。ことに中世の備前焼を満載した沈没船が海底から発掘された水ノ子岩遺跡の調査により、備前から紀伊半島を結ぶ直線の海上交通路の存在がほぼ確認された（『海底の古備前』山陽出版社、一九七八年）。この熊野先達や伊勢商人が中世東国で活発に旦那を組織し、商業活動を展開していた（永原慶二「熊野・伊勢商人と中世東国」『日本中世政治社会の研究』続群書類従完成会、一九九一年）ことからも、瀬戸内と東国を結ぶ商品流通の媒介者が熊野先達や伊勢御師であったことはまちがいない。畿内西国や北陸では、山伏が棟別銭を集め寺社建立などの勧進活動に従事している例もある（榎原雅治「山伏が棟別銭を集めた話」『遙かなる中世』七、一九八六年）。商業活動が宗教的外被をまとっているのが中世の特徴であった。

山伏や熊野先達らは、諸国を遊行・遍歴するため関料をのがれようと努力していた。そのため、熊野三山検校を兼ねる三井寺長吏や醍醐寺三宝院を本家として保護を求めていた。近世の三井寺長吏は末寺聖護院を通じて熊野修験を統轄し本山派とよばれ、醍醐寺三宝院は金峰山や大和三十六坊の山伏を支配し、当山派といわれた。中世東国では本山派の影響が強く、伊豆・箱根や鶴岡八幡とも密接な関係があった。享徳元年（一四五二）、鎌倉月輪院より年行事が急ぎ鎌倉に参上するように関東八ヵ国の山伏らに触れがだされ、鎌倉の鶴岡八幡宮において十月二十八日、諸関破却のため衆会が開かれ、富士・二所・熊野先達・山伏・聖道・神職らが参加している（「小野寺文書」神六一三八）。山伏らの商業活動が関東の諸関での関料徴収と矛盾が激しくなり、独自の動きを強めていたのである。近衛房嗣の子聖護院門跡道興が文明十八年（一四八六）、京都をたち北陸経由で上野にはいり、関東・東北の修験や武士を歴訪し『廻国雑記』をのこした。それも関東・東北の熊野先達を聖護院の下に組織するためであったという（新城美恵子「聖護院系教派修験道成立の過程」『法政史学』三二、一九八〇年）。永正十二年（一五一五）、熊野三山検校職が元のように聖護院に返付された旨、諸国先達山伏中に下知され、聖護院門跡道増は、永正十四年（一五一七）その役銭を諸国修験に賦課している（「小野寺文書」『栃木県史　史料編中世二』一七）。町や村を結ぶ山伏がもっていた旦那場は、信仰組織であるとともに権益でもあった。

遊　芸　人

中世において農事は単なる労働ではなく、自然神を祀り、豊作を前もって祝う予祝神事を伴っていた。そのため郷の御霊会や修正会・春秋の祭礼など年中行事が発達し、そのなかから神を喜ばせるため田楽や田遊び、豊作を占う相撲や流鏑馬などのさまざまな芸能が発達した（河音能平『中世封建社会の首都と農村』東京大学出版会、一九八四年）。田舎は芸能の発祥の地であった。仁平三年（一一五三）四月八日、宇治に離宮明神の御輿を迎えて以後、平等院の僧侶はもとより摂関家宇治殿宿直の侍・雑色・主殿や下部にいたるまでみな田楽を奉仕した。十五日になると村々の百姓や郷々の刀禰らが経営して田楽に乗り出し、毎日御輿の旅所に参詣し、さらに宇治入道忠実の御所に参じ、忠実は終日それをみた。それは二十一日にも続き、宇治殿田楽蜂起といわれるまでになっていた（『兵範記』仁平三年四月十五～二十一日条）。貴族や荘園領主らが村の芸能を鑑賞し、家司層らに演じさせ楽しんだ。田舎と都会との交流のなかで村の芸能は成長・流布し、新しい洗練された芸能を生み出していく。

支配層は、こうした一流の芸能・文芸に優れた遊芸人をよび、その技を育んだ。頼朝が三浦邸宅において保科宿の遊女長者の今様をみたのをはじめ、頼家の隔日蹴鞠は有名であり、実朝の時代は「諸道を賞翫し給う、中でも殊さら御意に叶うは歌鞠之両芸なり」（『吾妻鏡』建保二年二月十日条）といわれた。鎌倉御家人も屋地、宿所や浜倉などを鎌倉や京都の商業地区にもっており、そこに女房・白拍子・遊女・仲人らを据えおいて貸付活動を営むことがあった。遊芸人らはこうした金融・商業地区を根拠地にすることが多かった。（補注15）

村と遊芸人とはどのような関係にあったのであろうか。嘉禄三年（一二二七）、九条家領周防国多仁荘田布施に派遣された検注使は傀儡人を同伴してきて、滞在中八日分の白米・饗膳・魚・酒などを地元に負担させ、その接待用途は都合十一石七斗にのぼった（「中右記裏文書」鎌三五八〇）。また、東大寺領備前国野田荘（現、岡山市）にやってきた代官は、延慶二・三年（一三〇九・一〇）とも、白拍子を召し寄せて従類や親類数十人らとともに昼夜にわたり酒宴・乱舞をして荘民を困らせた（「東大寺文書」鎌二四四八〇）。遊芸人らが検注使や代官らとともに田舎に下向し、饗応や酒宴のなかでその芸能を披露し、村の芸能からそのエキスを吸収するとともに、田舎の人びとにも都市の芸能を伝える契機になっていたのである。

とくに地方の有力寺社の祭礼・法会には、市立てが成され、多くの人びとが参詣し、それをめざして遊芸人らが全国から集まった。信濃善光寺には琵琶法師や絵解き法師が早くから集まり、『平家物語』とともに『善光寺縁起絵』を広げ、各地にその信仰を広め歩いた。南北朝期には、乞食や非人らとともに、肩に猿を乗せた猿曳きや高足駄に長柄傘の雑芸人らが旅商人らとともに門前に集まっていた。鎌倉・南北朝時代の『善光寺縁起絵』が重要文化財として今ものこされている。諏訪信仰の中心地、信濃諏訪本社では、五月五・六日の五月会や七月二十五～二十七日の御射山祭などには、全国から参詣人とともに伎芸の族が群集し、諸道の輩は衆芸を披露した。白拍子・御子・呪師・猿楽・乞食・非人・病痾の人びとや游手浮食の族などがどこからともなく集まった（井原今朝男「中世東国における非人と民間儀礼」『部落問題研究』九二、一九八七年、のち『中世のいくさ、祭り、外国との交わり』前掲書所収）。多様な遊芸人らがこうした寺社の祭礼にあわせて全国各地を遍歴しつつ、芸能を広め生活を続けていた。

室町・戦国時代にはいると、守護や大名はもとより地方の国人や有徳人らがこうした遊芸人をよぶようになり、芸能をめぐる都鄙間交流がより頻繁に進む。応永七年（一四〇〇）、信濃守護小笠原長秀が善光寺に入部したとき、その行列は華美をつくし、頓阿という遊芸人を同道していた。彼は、面は醜く身分は賤しいとされたが、京都では名人といわれる一級の文化人であった。早歌は諏訪顕阿・会田弾正の両流を知り（補注16）、物語は珠阿弥の弟子で、連歌も周阿弥の古様を学び、舞も歌も当代一流であった。彼は金襴の頭巾をかぶり、いろいろ小袖を身につけ、馬に乗り扇をもって鞍を打ち鳴らし歌いながら行進し、「風情言語道断にして是非の批判に及ばず、今日の見物は頓阿をもって規模となす」と人びとの称賛を浴びた（『大塔物語』）。守護が一流の芸能・文芸に優れた遁世者など遊芸人を抱え、自分の文化的優越性を地方の人びとに誇示したのであり、またそれを契機に新しい文芸が地方に浸透していった。

連歌師心敬は文明二年（一四七〇）、品川湊の有徳人鈴木道胤を頼って武蔵国に下り、太田道真（道灌の父）の主催した川越千句に宗祇とともに参加し、文明六年（一四七四）には道灌の主催した江戸歌合にも参会した（『神奈川県史　通史編原始古代中世』）。連歌師宗祇は、文正元年（一四六六）関東に旅行し、武蔵国五十子陣（現、埼玉県本庄市）で連歌興行をおこない、晩年には越後国府を終焉の地ときめていた。門弟宗長は文亀元年（一五〇一）六月、駿河国から足柄山を越え武蔵野から上野を経て九月朔日ごろ越後国府に師宗祇を訪ねている。宗祇はその暮れに発病して風邪も加わり、府中から信濃・草津を経て箱根湯本で生涯を終えた（『宗祇終焉記』）。連歌師も、こうした地方有力商人や大名国人らの庇護の下に連歌の旅を続けていた。

天文二年（一五三二）、山城国醍醐寺理性院の厳助は、信濃文永寺を訪問し法会を実施するとともに、旦那で領主の知久頼元らの歓待を受けた。六月二十六日、領主の神峰城に登山した日の酒宴には遠く大和から金春座がよばれた。座頭一人を座者二人が音曲を尽くし、その鼓と歌声は耳を威圧した。また七月七日節供の前夜には、神峰城で手猿楽がおこなわれた。九月二十一日から三日間、文永寺本堂で結縁灌頂がなされ、その翌二十四日には酒宴が開かれ、そこにも金春座の猿楽二人がよばれ、伊徳が鼓を打ち音曲がなされた。この法事と並行して門前では七日間市町興行がなされ参詣者は多く、結縁・出家者も二七〇〇人にも及んだ。大和金春座の猿楽が遠く信濃にまで廻国し、戦国領主らの酒宴に参加し、また田舎の手猿楽と交流していたことがわかる。また厳助は知久と小笠原との戦闘に際して戦勝祈願の祈禱をおこない、その巻数《かんず》（読経の内容についての報告書）を本陣に届けている。また具足の加持祈禱や軍陣守をつくっている。戦国時代の僧侶と戦闘との関係が知られて興味深い。その一方で、歌仙の歌や絵図を書き出し領主にあたえている（「醍醐寺文書」『信州下向記』信史一一―六九）。地方の国人領主が戦闘に明け暮れる一方で、京都大和の文化人や遊芸人をよび、田舎に京都文化を導入したのである。このような応仁の乱などに伴う文化人の地方逃避は全国各地でみられた。京都で発展の芽を失った文化・芸能が田舎に伝えられ、その交流のなかから新しい文化芸能をつくりだす活力が生みだされていた。

（補注1）　藤原盛世の名字と地頭代下文の論点

延慶三年卯月八日大願主左衛門尉藤原盛世寄進状案（信史四―五四五）は、越前国倉見荘御賀尾浦に勧請した諏訪神社に神田二段を寄進し、五月会・御射山会と毎月朔日勤行課役を定めた。『福井県史　資料編8　中近世6』は、「勧請諏訪大明神宝前色々勤行課役等定書」としている。福井県三方上中郡若狭町の大音正和家文書は、一九五四年刊行の『信濃史料』第四巻で公開され、筆者も長野県史の調査で一九八四年七月三一日～八月二日に現地調査・原本調査を行うことが許された。当時、藤原盛世の系譜や大音氏との関係や文書の中に多い袖判の主はまったく不明であった。網野善彦「荘園公領制の発展と転換」（『日本中世土地制度史の研究』塙書房、一九九一年）は、大音文書の鎌倉後期の裁許状にみえる袖判花押が、二階堂貞藤の花押に近似するとして、「永仁五年分本主をきの三郎左衛門」とある隠岐三郎左衛門尉を隠岐守行景―三郎左衛門尉泰行にあてた。ここから、某袖判下知状が地頭二階堂氏の裁許を示すもので、地頭裁判権の史料としても稀有なものであることが判明した。長野県立歴史館企画展示『諏訪信仰の祭りと文化』（一九九八年展示図録）は石井進監修によるもので、諏訪明神を御賀尾浦に勧請した藤原盛世を「二階堂（藤原）盛世」としている（六〇頁）。

しかし、これには筆者は疑問をもっており、むしろ二階堂氏の被官で地頭代にあたる人物であるとしたい。大音家文書の中にみえる裁許状の袖判花押の主は地頭二階堂氏と判明したが、それ以外の文書発給者については不明であり、「この浦の刀禰は少なくとも鎌倉末期まで賀茂氏であり、大音を名のる伊香氏が史料に登場するのは建武三年（一三三六）以降である」（「大音正和家文書」解題、『福井県史』九二六頁）とあるごとく、大音文書の中における大音家の足跡も鎌倉期について不明である。

諏訪明神を御賀尾浦に勧請し、浦田を寄進した文書は延慶三年の二七号・正和三年の二八号で、いずれも左衛門尉藤原盛世のものである。しかも諏訪本社への御贄の運送を渋る百姓らとの訴訟を裁許した文書が袖判奉書三一・三二・三三号として残り、百姓との紛争の裁許を地頭二階堂氏に求めている。したがって、諏訪神田を寄進した藤原盛世が、訴訟の一方の当事者であり、地頭二階堂氏であることはないといわなければならない。大音家文書のうち、院政期から鎌倉初期の刀禰職の文書は賀茂守安（一〇号）・国安（一二号）・守綱・舎兄安延（一三号）らいずれも賀茂氏のもので、他家の文書を伊香氏がもっていたことになる。これら刀禰職・神主職・塩山などの安堵状・補任状をみると、二階堂氏袖判奉書のもの（一四・一六・二五・二六・三一・三九・四〇・四一・四四・四五・四七）のほか、地頭代発給のもの（一〇・一三・一五・四二号）と奥署判のもの（九・一一・一九）の三類型に分けられる。このうち「地頭代右兵衛尉藤原（花押）」（一〇）は地頭代による刀禰職補任状、「左衛門尉藤原（花押）」（一三号）と「地頭御代願□（花押）」（一五号）は地頭代下文であり、稀有な文書といわばければならない。「御代官左近将監長延（花押）」（四二号）も代官による刀禰職安堵状である。とりわけ、代官左近将監長延の発した四二号は元亨二年（一三二二）三月十日に「左兵衛尉」に宛てられ、賀尾浦の間人逃亡跡の散田権を刀禰の進退として安堵したもので、これが大音家の本姓伊香氏で神氏を名乗る伊香氏系図（『福井県史』二七六号）にみえる「左兵衛尉助長」に相当し、大音を名乗る伊香氏の初見史料である。大音家が元亨二年（一三二二）の文書に刀禰職を継承した家柄であったことが判明する。賀茂氏の文書をもっていたのは、大音家が刀禰職を継承したためであったことがわかる。また袖判奉書の奉者は、地頭二階堂家の被官にあたる人物であり、「道範・朝忠」（一四）「沙弥」（二二）「恵成」（二五）「左衛門尉秀長」（二六）「中務丞勝」（三一）「中務丞源」（三七）「使左衛門尉季光」（四七）とある。ここから、地頭二階堂氏の代官や奉者をつとめる被官層＝家政職員に左衛門尉藤原・右兵衛尉藤原・左衛門尉秀長・左衛門尉季光・中務丞源勝らの存在が確認できる。したがって、諏訪神田を寄進した左衛門尉藤原盛世は、官途からも現地での立場からみて、地頭二階堂氏によって任命された地頭代であったと推測する。地頭代の発給文書については、高橋一樹「地頭下文の基礎的考察」(『国立歴史民俗博物館研究報告』一八二、二〇一四年)が地頭下文の網羅的収集を初めておこなっているのみで、まったく未開拓の研究領域である。今後の研究が期待される。

(補注2) 周防国多仁荘での三日厨の抵抗闘争

摂関家領周防国多仁荘での三日厨をめぐる百姓訴訟については、宮内庁所蔵九条家本中右記紙背文書に史料が残っている。一九九四年七月十一日から十三日、田布施町での現地調査を実施したが、宮内庁での『中右記』の修理作業が長期にわたり原本調査ができない時期があった。木村忠夫「周防国」(『講座日本荘園史9 中国地方の荘園』吉川弘文館、一九九九年)でも多仁荘には言及しない。その後、桜井彦「紙背に埋もれた周防国多仁荘の在地状況」(『史観』一四三、二〇〇〇年)が、中右記紙背文書をもちいて預所の三日厨と百姓らの逃散や損田めぐる相論などをあきらかにしている。参照されたい。

(補注3) 賑給について

中世の賑給については、ほとんど研究がない。水野智之「中世の賑給・施行・布施・勧進と将軍・幕府」(井原今朝男編『生活と文化の歴史学三 富裕と貧困』竹林舎、二〇一三年)は、賑給は律令制国家の政策で平安期までは貧民救済の賑給を行事化していたが、鎌倉期には京中で施行として行事化していたという。幕府・将軍家も、律令的規定の賑給は行っておらず、飢民・困窮者救済は施行・布施として御教書を御家人に下しておこない、中世では勧進聖の集団化や権門寺院の大勧進職の補任などで幕府の権力を背景にして勧進活動が主流になって展開されたとする。中世社会での富の再配分システムとして検討している。戦前から辻善之助『慈悲救済史料』(金港堂書籍、一九三二年復刻版平楽堂書店、一九七六年)や『大日本史料』の綱文に代表されるごとく、中世にも賑給がなされたとの前提で研究史がつくられており、水野説は研究史上の問題点を指摘したことになる。

(補注4) 宿・町と都市論

宿・市町・津・湊などについては、文献史学の分野でも考古学の分野でも都市論として研究が活発に展開された分野である。その到達点をどうみるか難問であるが、現象論としては中世都市研究会編『津・泊・宿』(新人物往来社、一九九六年)、藤原良章・飯村均編『中世の宿と町』(高志書院、二〇〇七年)が、多様な情報を把握するのに便利である。宿・市町・津をどのように歴史的に位置づけるかについては、藤原良章『中世のみちと都市』(山川出版社、二〇〇五年)と落合義明『中世東国の「都市的な場」と武士』(山川出版社、二〇〇五年）が都市論の研究史の動向との関連での到達点が理解しやすい。ただ中世人が、宿・市町・津・渡・湊などをどのように区別し、共通点としてなにをみていたのか、という本質論については意外と検討したものが少ない。宇佐見隆之「津・市・宿」（佐藤信・吉田伸之編『新体系日本史6　都市社会史』山川出版社、二〇〇一年）が、市と宿との区別や港の成立条件など原理的研究の論点に言及しており、研究課題の検討に役に立つ。

（補注5）　駿河国宇津谷郷の傀儡と宿役をめぐる論点

駿河国宇津谷郷の預所と沙汰人と傀儡人については、その後、網野善彦・笠松宏至「宿の傀儡の勝利」（『中世の裁判を読み解く』学生社、二〇〇〇年）が論じ、両氏から献本を受けた思い出がなつかしい。ここで論じた宿役について久遠寿量院領駿河国宇津谷郷今宿で「旅人雑事用途」が田地をもっている傀儡に免除されたことが、身分にもとづくのか、それとも傀儡の栄耀尼が三代の預所代を婿にとった婚姻関係による特別扱いであったのか、あるいは、宿役は田地をもつ百姓に課せられ、傀儡には免除されたのか、などの諸点については不明のままである。網野・笠松の議論でも、幕府の裁判が久遠寿量院領の本所としてのものか、宿役というものが「だれが負担するのか」という問題も「わからない」としており、他の事例の新出史料の出現をまって検討せざるをえない。

（補注6）　丸子と東国茶について

駿河麻利子については、『吾妻鏡』文治五年十月五日条、奥州合戦の恩賞として御家人手越氏が「駿河国麻利子一色」を拝領し、「浪人」を招き据え「駅家」を建立したいと申請、許可されている。ここから、鈴木佐織「中世における交通と丸子」（『青山史学』二六、二〇〇八年）は丸子が古代から交通と密接な関係をもった地名であったのではないかとしている。全国的にある地名であり、今後の検討が期待される。東国の茶については、神奈川県立金沢文庫『鎌倉時代の茶』（一九九八年）、同『武家の都鎌倉の茶』（二〇一〇年）、国立歴史民俗博物館『中世寺院の姿とくらし』（二〇一一年）、茶道資料館『鎌倉時代の喫茶文化』（二〇〇八年）などでとりあげられた。個別論文では、橋本素子「中世茶園について」（『年報中世史研究』三一、二〇〇六年）、祢津宗伸「中世信濃の喫茶」（『中世地域社会と仏教文化』法蔵館、二〇〇九年）、同「鎌倉時代禅宗寺院の喫茶」（村井章介編『東アジアのなかの建長寺』勉誠出版、二〇一四年）などで研究業積がなされている。

（補注7）　農村商人像について

二日町屋の住人が野沢原郷の御百姓でもあったことから、井原今朝男「中世東国商業史の一考察」（初出は一九八八年、改題して「中世の為替と借用証文」『日本中世債務史の研究』東京大学出版会、二〇一一年所収）は、旧来の豊田武説でいう武士的商人像と神人供御人的商人像の二類型のほかに、農村商人像の類型が立てられるとした。農村と都市との未分化であり、市・宿・町が「郷村から独立した単位」とはならずに「郷村のなかの小共同体」であったことは、池上裕子「市場・宿場・町」（『戦国時代社会構造の研究』校倉書房、一九九九年）が論じている。市・町・宿を、都市論や都市的な場として論じる藤原良章・飯村均編『中世の宿と町』（高志書院、二〇〇七年）、藤原良章『中世のみちと都市』（山川出版社、二〇〇五年）、落合義明『中世東国の「都市的な場」と武士』（山川出版社、二〇〇五年）などとの論点整理はなされていない。今後の研究課題であろう。

（補注8）　武士の商業活動をめぐる論点

中世前期における領主の商業活動については、工藤敬一「鎌倉時代の領主制」（『日本史研究』五三、一九六〇年）、永原慶二「領主制支配における二つの道—好島荘の預所と地頭をめぐって」（『日本中世社会構造の研究』岩波書店、一九七三年）、河合正治「鎌倉武士団とその精神生活」『中世武家社会の研究』吉川弘文館、一九七三年）、佐々木銀弥「安芸国沼田小早川氏市場禁制の歴史的位置」（『日本中世の都市と法』吉川弘文館、一九九四年）、関口恒雄「荘園公領制経済の変容と解体」（『日本経済史を学ぶ』有斐閣、一九八二年）等によって勧農機能を基盤にした領主制論によって否定・消極的評価されてきた。勧農機能の領主制から流通機能の領主制への移行論を正面から批判したのは、歴史学研究会大会報告の高橋修「中世前期の在地領主と「町場」」（『歴史学研究』七六八、二〇〇二年）が最初である。秋山哲雄「都市鎌倉の東国御家人」（『北条氏権力と都市鎌倉』吉川弘文館、二〇〇六年）、同「中世権力と都市支配」（『歴史学研究』八五九、二〇〇九年）などは、鎌倉武士の商業活動についても具体的な内実を指摘するようになっている。

（補注9）　中世の日光山輪王寺と紺屋

中世の日光山輪王寺については、新川武紀「中世の日光山—その所領と支配」（『教育とちぎ』一九七三年）、同「下野における農民闘争の展開」（『下野中世史の新研究』ぎょうせい、一九九四年、初出は一九七四年）が早い研究で、新井敦史「室町期日光山の組織と運営」（『古文書研究』四〇、一九九五年）、皆川義孝「布教者の活動から見た中世日光山」（『山岳修験』二九、二〇〇二年）、井原今朝男『中世寺院と民衆』（臨川書店、二〇〇四年）などで蓄積された。井原今朝男「地方寺院を支えた僧侶」（『史実中世仏教　第一巻』興山舎、二〇一一年）で、輪王寺の一山組織、座主—惣禅院—惣政所—見衆—代官・名主・在家の支配組織、山麓の宿坊と行者組織、寺僧による借銭と紺屋営業を論じた。栃木県立博物館『栃木県立博物館調査研究報告　日光山輪王寺の仏画』（一九九六年）や山頂遺跡発掘調査などでの板絵・錫杖柄頭をはじめ、聖教類を含む総合調査が必要な段階になっているといえよう。

（補注10）　地頭の作道と道路遺構の研究

一九九〇年に埼玉県毛呂山町苦林の堂山下遺跡の発掘調査がなされた。伝崇徳寺跡と側溝をもつ道幅約四㍍の道路状遺構や東西に掘立柱建物がならび、井戸跡が出土し、隣接して「延慶第三暦」銘の板碑も知られている。鎌倉街道上道の跡と推定されている。栃木県下野市の下古舘遺跡、福島県郡山市の荒井猫田遺跡などでも、一九九六～二〇〇二年の調査で奥大道跡、曲物・鍛冶など職人の居住なども推定されている（小野正敏・萩原三雄編『鎌倉時代の考古学』高志書院、二〇〇六年）。藤原良章『中世のみちと都市』（山川出版社、二〇〇五年）、中澤克昭「交通」（高橋慎一朗編『史跡で読む日本の歴史6　鎌倉の世界』吉川弘文館、二〇一〇年）は、「1河海の道」「2中世の橋と道路」「3道・宿・市」「4列島の北と南」について、文献史学・地域史・絵画史・考古学的所見・東アジア交流史の研究成果を要領よくまとめている。二十一世紀の交通史像について、研究の到達点を概観することができる。

（補注11）　関東鋳物師について

上総大工藤原秀吉をはじめ東国鋳物師については、市村高男「中世房総における鋳物師の存在形態」（中世房総史研究会編『中世房総の権力と社会』高科書院、一九九一年）、同「中世相模における鋳物師の存在形態」（『六浦文化研究』五号、一九九四年）、同「中世鋳物師の集団と集落─東国（関東八ケ国）を中心として─」（網野善彦編『中世を考える　職人と芸能』吉川弘文館、一九九四年）参照。

（補注12）　商人宿をめぐる論点

桜井英治「中世の商品市場」（桜井・中西聡編『新体系日本史12　流通経済史』山川出版社、二〇〇二年）は、遠隔地流通を①「商品が地方から中央に集中する求心的遠隔地流通」、②中央から地方に拡散する遠心的遠隔地流通（唐物・鋤・鍬など）、③地域と地域を横につなぐ地域間流通（越前焼・珠洲焼・備前焼など）の三つに分類して分析する。そのうち、「鎌倉を中心とする求心的遠隔地流通の実態については、史料の制約が大きく未解明の部分が多いが、井原今朝男「幕府・鎌倉府の流通経済政策と年貢輸送」はこの問題に正面から取り組んだ」ものと指摘する。その上で、桜井英治「中世・近世の商人」（桜井・中西聡編『新体系日本史12　流通経済史』山川出版社、二〇〇二年）の中で、「地方の商人」を①近江の農村商人　②畿内商人　③在地商人、④海運業を兼ねる冒険商人　⑤日明貿易の堺商人、の五つに分類して中世商人論を展開している。興福寺一条院貝新座寄人四郎男の鍬売商人と売上金を預かった右馬太郎について、前者を「畿内の神人・供御人が東国に進出していた可能性に展望を開くもの」として畿内商人とし、信濃国住人右馬太郎の性格について「在地商人とみるか、あるいは商人宿・問屋の類とみるか、解釈の分かれるところ」と論点を提示したうえで、「自ら都鄙間交易に携わっていたが、さもなくば、四郎男のような畿内商人と取引関係のあった商人もしくは商品宿と考えて良い」と指摘している。

このように、畿内商人と取引のあった在地商人か、畿内商人の販売代金を預かる「商人宿・問屋」の機能は、右馬太郎の事例以外に史料的事例が未解明である。したがって、在地商人か商人宿か解釈が分かれるという桜井の指摘が、もっとも現在の研究状況を正確に言い当てている。大塚久雄説では、局地内流通は遠隔地間交通と交流しないとする。しかし、そのパラダイムの転換のためにも、畿内商人と在地商人との交流や商人宿の内実をあきらかにしていくことが、必要になっている。新しい史料群の発掘とともに仮説にもとづく実証作業を継続していきたいものである。

（補注13）東国の山伏・熊野先達の研究蓄積

東国の中世山伏・熊野先達については、新城常三「熊野先達」（『国史学』六〇、一九五三年）、永島福太郎「熊野御師文書」（『栃木県史研究』一二、一九七六年）がとりあげた。その後、新城美恵子『本山派修験と熊野先達』（岩田書院、一九九九年）、鈴木昭英（『越後佐渡の山岳修験』法蔵館、二〇〇四年）、関口真規子『修験道教団成立史』勉誠出版、二〇〇九年）が蓄積され、具体像の解明がすすんだ。関東の先達・山伏の役銭徴収や戦国大名の関係については、近藤祐介「修験道本山派における戦国期的構造の出現」（『史学雑誌』一一九―四、二〇一〇年）、信濃国佐久大井法華堂文書については小山貴子「中世後期の在地における修験道の展開と在地の「信仰圏」」（『仏教史学研究』五五―一、二〇一二年）が最新の研究である。

（補注14）熊野僧供米などの投資説をめぐる論点

熊野先達・伊勢御師や熊野初穂物が高利貸として運用され商業活動に貢献したことは、戸田芳実「王朝都市と荘園体制」（『初期中世社会史の研究』東京大学出版会、一九九一年）や網野善彦「太平洋の海上交通と紀伊半島」（『海と列島文化8　伊勢と熊野の海』小学館、一九九二年）、同「紀州の山村と海民」（『海民と日本社会』新人物往来社、一九九八年）が指摘している。その後、熊野僧供米が、伊勢供祭料とともに大庭御厨や遠江国鎌田御厨・信濃国麻績御厨・富部御厨・布施御厨などの災害復興のための再開発の資金として投資されていたことを指摘した（井原「中世善光寺平の災害と開発」（『国立歴史民俗博物館研究報告』九六、二〇〇二年）。熊野僧供米や伊勢供祭料が御厨の開発資本として投資されていたことは、中澤克昭「大庭御厨にみる十二世紀の開発と武士」（浅野晴樹・齋藤慎一編『中世東国の世界2　南関東』高志書院、二〇〇四年）らによって賛同をえている。

（補注15）宿所・浜倉と女房衆

鎌倉御家人の二階堂行久が名越女房・向女房に屋敷・鎌倉宿所と浜倉を分割譲与した。御家人坂上明定は、鎌倉の浜地を坂上氏女に譲与した。京都の地獄が辻子・綾小路町・法性寺町に替銭屋がおり、女商人が集住していた。小早川左衛門三郎の女房が弘安四年（一二八一）に百二十六貫文の巨費で京都の綾小路南・東洞院東の屋・土倉・桟敷を購入した。綾小路の女商人の夫が御家人や山僧・社僧らであったことを合わせて指摘した（井原『中世の借金事情』吉川弘文館、二〇〇九年）。女性史研究分野で、服藤早苗『古代・中世の芸能と買売春』（明石書店、二〇一二年）は「鎌倉の好色の家と遊女・白拍子」「傾城・好色たちの出自」の事例として取り上げている。

（補注16）関東の早歌・聖道・村岡経について、

　関東の『宴曲抄』や『拾芥抄』の「諏訪効験」などから、早歌・聖道・村岡経など中世芸能については、国文学分野で、外村久江『早歌の研究』（至文堂、一九六五年）のほか、声明や読経道・唱聞道と武蔵村岡経について柴佳世乃『読経道の研究』（風間書房、二〇〇四年）が成果をあげている。「諏訪効験」の作成や早歌に諏訪流と会田流があり、普及・相伝に、園城寺僧・若宮別当僧隆弁や諏訪・海野一族が大きな役割を果したことは、井原「鎌倉期の諏訪神社関係史料にみる神道と仏道」（『国立歴史民俗博物館研究報告』一三九、二〇〇八年）。室町期の武蔵村岡経については、同「中世仏教と差別（6）」（『寺門興隆』一一一、二〇〇八年）。声聞師について世界人権問題研究センター編『散所・声聞師・舞々の研究』（思文閣出版、二〇〇四年）、高木久史「曲舞幸若流の成立と展開」（『安田文芸論叢　研究と資料』二、二〇一〇年）が新しい研究蓄積である。東国の中世芸能集団と京都との関係については未解明であり、工芸資料・音楽資料の解明を含めて今後の研究課題といわなければならない。

第二章　幕府・鎌倉府の流通経済政策と年貢輸送

——中世東国流通史の一考察——

一　幕府の流通経済政策と年貢輸送

歴史研究にも流行があって、かつて活発であった中世流通史研究は近年ではほとんどその姿をみなくなった。そのため、先学の歴史的考察の到達点や問題提起が忘れられたり無視されることがある。たとえば、相田二郎は一九三〇年に関料は商売物に賦課され年貢物には免除されており、その原則は鎌倉時代以降江戸時代にまで及んでいたこと、ただし兵庫関では船舶の種類により升米・置石・商船目銭の三種類の関所料があり、前者二つは港湾修築を目的に年貢船に賦課し後者は商船に課したもので、これらは別個の発生系統をもっていたのではないか、と論じた。そして「この経路を何に求めるか。かく考えても、その事情を直接説明する史料を発見することは容易でない」とその起源論についての研究課題を提起した(1)。

その後この問題は塩の流通や淀津・兵庫津などの部門で論議されることはあっても(2)、流通や関所一般について直接論じた論考はみられない。豊田武は「商品を年貢船へ積み込んで関税をまぬがれんとした者のあった」ことに注意するのみであり(3)、佐々木銀弥は年貢米放出による米市場の形成が重要で、室町時代京都では商品米に依存する傾向が強まっていたとするが(4)、それら年貢米や商品米の輸送と関料との関連という相田の問題提起については注意をむけていない。最近の『国史大辞典』の「関所」「関銭」でもこの問題は触れられていない。

本稿は、もとより商売物に対する関役徴収が、いつ、なぜ発生したかについて正面から問題にする準備も能力も持ち合せていない。しかし、この問題は当時の荘園領主の年貢輸送について関料がどのように扱われ、関所の運営をめぐって政治権力と荘園領主層との利害調整がどのように行なわれていたか、という問題でもある。本稿は東国の年貢輸送や商品流通と関料との関係について、幕府や鎌倉府の流通経済政策の問題として論じようとするものである。幕府と東国荘園との関係が多少なりとも浮き彫りになろう。

1　幕府の流通経済政策と年貢輸送

幕府・鎌倉府が、東国の年貢輸送と関料の徴収に関してどのような政策をとっていたかについては、つぎの二通の関連史料が興味深い事実を示している。

暦応二年（一三三九）八月二十二日、鎌倉府執事高師冬は、「六浦以下関米事、於㆓寺領㆒者、任㆓先例㆒所㆑被㆓免許㆒也者」との奉書を圓覚寺長老に与えた（「京都大学国史研究室所蔵文書」神三四六二）。鎌倉府は圓覚寺領荘園の年貢米輸送について六浦関など東国関所における関料免除の特権を「先例」として公認した。したがって、この特権は鎌倉幕府以来のものであったことは確実である。さらに、同年十二月九日の室町幕府禅律方頭人奉書（「圓覚寺文書」神三四七一）は飯島関所に宛てて、

圓覚寺領尾張国富田・篠木両荘米運送飯島関米等事、近年世上動乱以後、依㆓海上之煩㆒、就㆓便宜之地㆒替来之処、称㆑非㆓両荘年貢㆒、致㆓違乱㆒云々、甚無㆑謂者、守㆓今年八月廿二日下知状㆒、不㆑可㆑有㆓犯儀㆒之状、

と命じている。ここでは、圓覚寺が尾張からの年貢米を便宜之地で「替来」＝交換した時、飯島関所では非年貢物と

して関米を課そうとしたこと、これに対して圓覚寺が不当として訴え幕府はその主張をいれて引き続き関米を免除したこと、等がわかる。このことは、東国の関所においても年貢米と非年貢＝商売物との区別があり、前者についてのみ関米が免除され、商売物については関料が徴収されていたことを示している。また、飯島関側では年貢米が交換・販売されたことを理由に非年貢として関料を賦課しようとしたのに対して、寺側はあくまで年貢物だと主張してそれが認められている。関所沙汰人と領主・幕府側との間で年貢物と商売物の区別について認識のズレが発生していたのである。

これまで相田が注目した東寺領弓削島荘年貢に関する渡辺関・淀津や兵庫関での判決は、「西国往返之船」とあるごとく、いずれも西国の事例であった。また「東寺領弓削塩事、不売買物候云々、然者不レ可レ有二子細一候」（「東寺百合文書」鎌二三〇七三）との判決は八坂法観寺勧進聖上人によって下知されたし、兵庫関でのものは伏見院宣（「摂津国古文書」鎌二三四九四）により下知されたごとく、いずれも権門は院政側の関所政策を示すものである。

したがって、この圓覚寺領年貢輸送の関料免除の事例は、商売物と不売買物＝年貢物とを区別して前者にのみ関料を賦課するという原則が西国・東国に関係なく適用され、しかも公家政権のみならず武家政権も採用していた共通の流通経済政策であったことを示している。

この飯島関所に関して、金沢文庫文書には「和賀屋津米奉行□前々に替給候」（神三八六三）とあり、和賀屋津＝和賀江島飯島関に米奉行が存在し、鎌倉時代以来飯島関は米の集積地であった。最近、永原慶二も鎌倉の米集積地としての実態に注目している。(5)この米奉行は、鎌倉における保奉行や地奉行と並ぶものといえよう。(6)幕府や鎌倉府の米に対する管理統制政策の存在を示すものとして注目される。鎌倉が武士の都として米の消費地であった点の解明が課題であろう。

2　荘園制的年貢輸送の特質

年貢物と商売物とを区別して関料を賦課するという流通経済政策において、現実には幕府と関所沙汰人との間に見解の対立があった。その背後にあったものは何であったのか。東国の領主側による年貢輸送の実態はどのようなものであったのか、圓覚寺と並んで鎌倉に年貢輸送された金沢称名寺領の場合を例にこの点の検討に入ろう。称名寺領については古くは舟越康寿の研究があり、最近では福島金治・網野善彦らの研究によりその内実があきらかにされつつある(7)。その成果に学びながらその特徴を整理すれば、第一に称名寺領年貢輸送は寺務組織と京都の替銭屋など商業組織とが一体となっていたことである。金沢貞顕書状（「金沢文庫文書」神二七四二）によれば、

加賀国軽海郷事、被レ成二称名寺領一候之間、堯観御房上洛候、任二申状一公人を差下候て、無二残所一可レ被二打渡一、勢州浄実御房も国へ可レ有二下向一之由承候……勢州大日寺御願寺間事、為二矢野伊賀入道奉行一、令レ申候之処、去五日合二評定一、無二相違一被レ成レ下二御教書一候、堯観御房被二持下一候、浄実御房定喜悦候乎、

とある。加賀国軽海郷の寺領化に公人が派遣され打渡が行なわれるべきこと、伊勢の浄実がこの問題に関与し大日寺が評定により将軍家祈願寺になるなど、伊勢国大日寺（四日市市寺方）がこの地方における金沢氏や幕府の拠点であったこと、等がわかる。正慶二年（一三三三）金沢貞将書状（同、神三〇四五）には「愚息淳時差二下伊勢国一候」とあり、鎌倉末まで金沢氏が伊勢守護であった(8)。称名寺や金沢氏一門にとって伊勢の重要性は再評価される必要があろう。

この点でとくに興味深いものは、つぎの称名寺長老劔阿書状（「芹沢豊旧蔵称名寺文書」神二九六五）である。

一　可レ被二御沙汰遣一西大寺之用途料足事
一　月蔵坊　　廿五貫文

一　太子堂所残　　拾四貫五百文
一　浄実御房　　拾貫文
一　千土師　　五拾貫文
以二此等之足一、重百貫文可下被二沙汰一遣中西大寺上候、取二彼寺之請取一、可二下賜一候、若此内不足候者、可レ有レ御二尋柏木寺用之残分一候、此外故寂忍坊被レ預之用途之内、結解未分明候、定二相残分一可レ有候也、

元徳三年七月廿三日　　　劔阿

大日寺長老

称名寺長老が伊勢国大日寺長老に、京都月蔵坊・東山太子堂・伊勢浄実・因幡国千土師郷の用途を集めて総計百貫文にし、それを西大寺に納入して請取状をもらい送付するように要請した文書である。不足の場合は近江国柏木御厨の用途や故寂忍坊の預り分から処置するように指示している。この称名寺による西大寺への百貫文という資金送付の目的は不明であるが、金沢氏と西大寺の律僧との関係を示す興味深い事実である。(9)

文中にいう「故寂忍坊」の「結解」は、金沢文庫文書の元徳三年（一三三一）七月十二日金沢称名寺寺用用途注文案（同、神二九六四）に相当する。彼が東山太子堂の坊主で、軽海郷・伊勢大日寺・伊賀山田などの用途を預り結解を作成する会計事務請負者であったことがわかる。月蔵坊・東山太子堂は京都の替銭屋であることが指摘されている。(10)僧侶である替銭屋が、称名寺領の年貢輸送を請負い中間利潤を確保していたのである。浄実御房は前掲史料から加賀国軽海郷に関与していた伊勢大日寺の僧侶であり、使僧が年貢輸送の請負業務を担っていた。因幡国千土師郷はすでに称名寺領として知られ、近江国柏木御厨は寺領ではないが、金沢氏一門の薬師堂殿を介して毎年寺用として米銭の納入が義務づけられた金沢氏一門領である。(11)こうしてみると、伊勢国大日寺は京都東山太子堂や月蔵坊や使僧等とと

もに称名寺領の加賀国軽海郷・因幡国千土師郷・伊賀国山田などをはじめ金沢一門領近江国柏木御厨の寺用管理や年貢輸送の請負業務を行なっていた。つまり、称名寺領の年貢輸送や決算システムは、鎌倉末期にすでに使僧による請負とともに京都の替銭商人等を組み込むことによって成り立っており、伊勢国大日寺は西国・北陸・東海方面の称名寺関係所領の中間管理機関としての性格をもっていた。称名寺の年貢輸送システムは、寺務組織と一般的金融業の商業組織とが未分化なまま機能していたのである。

では、荘園年貢輸送に寺務組織の一つである使僧(補注1)の請負とともに一般商人が関与するのはなぜであろうか。年貢物と商品流通との区別が困難になる事情がこの点にかかわって存在していたのではないか。

その点で注目すべき特徴の第二は、年貢輸送の上で鎌倉と諸国における米市場での換金システムが不可欠であったことである。建武三・四年（一三三六・三七）分の寺領上総国久保郷米結解状は暦応二年（一三三九）二月「公文智慶、比丘尼妙性」により作成された。この結解状によれば、「建武三年十二月歳末鎌倉ニテ売、百文別ニ五升五合ツ、」「建武四年二月国ニテ売、百別四升六合ツ、」として「米売銭百三十三貫五百五十三文」が計上されている（「金沢文庫文書」、神三四四四）。つまり、上総国久保郷の年貢決済では、鎌倉に年貢米を輸送し歳末の米市場で販売する一方、さらに端境期の二月にも国元の米市場で高値で換金した。建武年間鎌倉では歳末に米市場がたち、関東諸国から投機・販売のため米が集積されて、端境期の二月には上総国でも米市場が開かれ、その上に荘園年貢の決済体系が成立していた。米価の地域的時期的な価格差を利用した換金システムである。圓覚寺領の年貢米が東海地方の「便宜之地」で投機・販売されて、飯島関に輸送されたのとまったく同じ地域的流通システムが関東地方にも存在していたのである。年貢米がいまや米価の格差を利用した商品投機に活用されており、年貢物と商売物との区別が困難になっていた。こうしてみれば、飯島関所が圓覚寺の年貢米が「便宜之地」で「替来」＝交換・販売されたことを理由に、商売物として関米を徴収しようとしたことは、むしろ実態に即した措置であったといえよう。幕府の認識の方が流通経済の実態を正確にとらえていなかったのである。

しかも、この米市場での換金や年貢輸送に関与していたのが、この結解状に判を加えた公文と比丘尼であった。公文は久保郷の代官で寺領の管理責任者であるからその関与は当然であるが、「比丘尼妙性」はどのような立場からこの年貢決済や米販売に関与したのであろうか。

康安元年（一三六一）十二月五日播磨国矢野荘両代官等連署請文によれば「当年御年貢和市間事、十月一日於二那波市一地下番頭百姓等相共二立レ之候畢、御使存知事候……去年御年貢未進事於二学衆御方一者且以二国府商人藤五郎一令二運送一候畢」とある。(12) 矢野荘での年貢輸送にも那波市での米市場が必要で、御使と番頭百姓らが共同で立ち合い、国府商人が関与していたことを示している。常陸国でもこの時期六斎市の国府市が存在していたことは広く知られている。(13) 上総国元での米市場も国府市の可能性が高い。この点から、久保郷の結解作成や年貢輸送、米市場での販売に関与した「比丘尼妙性」は女商人の可能性が高く、尼僧であることから熊野比丘尼ではなかろうか。

こうしてみると、称名寺の年貢輸送は商品流通と不可分の関係にあり、投機的性格をもっていたことがわかる。幕府や鎌倉府が荘園年貢について課税免除・商品流通への課税という流通政策を取っても、実効が上がらないこととなる。むしろ領主側は、年貢物の流通という形態をとることによって幕府の関米賦課という政策の網の目から逃れ、年貢物を投機的商品流通に組み込み、そこから巨額の利益を確保できた。こうなれば、寺務組織の中から商業組織が発達するのも当然といえよう。使僧らが年貢輸送を請け負ったり京都の替銭商人らが年貢輸送に関与するのは、そうした投機的商品流通の中から中間利潤を確保するためであった。このような例は称名寺領のみの特殊事例ではない。(14)

3　熊野大社・伊勢神宮の供祭と交易

熊野・伊勢両社の年貢輸送体系については、「当宮御領神人等、依レ無二指寄作田畠一、往二反諸国一成二交易之計一、致二供祭之勤一、成二世途之支一者、承前之例也」（「神宮雑書」鎌八四二）というごとく、神宮への「供祭之勤」と渡世のための「交易之計」とが統一されたものであったことが指摘されている。それを可能にした条件はなにであったのか。

その点で注目すべき第一は、東国各地に勧請された熊野社や伊勢社が関東と熊野・伊勢を結ぶ中継機関となり、それが同時に供米や上分料の出挙など金融・商業活動の拠点にもなっていたことである。平安末期、大庭御厨伊介神社の関係者は、祝の荒木田彦松、神人の伊勢恒吉・紀恒貞・志摩則貞・国元・末永・重国・兼次ら八人であった（平二五四八）。この「荒木田」は伊勢神宮禰宜の姓であり、神人の「伊勢」「志摩」は国名を名乗としており、伊勢神宮の勧請とともに伊勢の関係者が移住し、血縁的地縁的関係を維持していたものとみてまちがいない[15]。若狭国倉見荘御賀尾浦に勧請された諏訪社の場合にも祝として諏訪一族の神氏が移住していた。このように中世における神社の勧請は血縁的地縁的関係者の移住をともなう場合があった。こうした各地の熊野社や伊勢社には、「熊野僧供米」「供祭料米農料出挙」や「甲乙輩私物」が存在し熊野や伊勢神宮への上分料が出挙米や高利貸に活用され、交易が行なわれていたことはすでに指摘した[16]。次に永仁三年（一二九五）八月日熊野山日供米配分状（「紀伊続風土記付録」鎌一八八九八）を示そう。

熊野山日御供米碧海荘配分事
　合四百九石五斗者但上総国畔蒜荘至于新宮津運賃雑用定
百十四石　　占部郷

（中略）

十石五斗四升　　大友郷

右、支配之状如件

永仁三年八月　日　　　　　僧　判

ここにみえる碧海荘を『鎌倉遺文』では「上総？」とするが、新行紀一も指摘するごとく、ここにみえる郷名の多くは三河国碧海荘内の郷村名と一致している。新行は、この史料から碧海荘が「熊野社領で日御供米四百九石五斗を納入していた」と解釈する。(17) しかし、この史料は文書に判を加えた「僧」が熊野山日御供米を碧海荘内の十七郷に配分し、それを熊野本宮に報告したものではないか。特にその割注は四百九石五斗の性格を規定したもので、本来これらの米は熊野社領上総国畔蒜荘から新宮津まで送付するための運賃雑用に当てるもので、それを「僧」が途中の三河国碧海荘で諸郷に配分して出挙米として貸出したことを物語るものではあるまいか。上総国畔蒜荘が領家・地頭職ともに熊野別当領であったことは『吾妻鏡』文治二年（一一八六）六月十一日条からあきらかであるが、三河国碧海荘が熊野社領とする関係史料はみえない。むしろ関係史料は王家領であったことを示している。熊野山日御供米は、「ひのみくま」と読まれ農村の出挙米として広く活用されていたことからすれば、そのように理解することがもっとも自然であろう。(補注2) 熊野・伊勢と関東を結ぶ中継地帯では、関料免除の年貢物を出挙に活用して投機的商業活動が展開されていたのである。

第二は、こうして年貢輸送の途中に年貢物が投資され、商業活動が展開される事態においては、年貢物と商売物との区別は意味をなさないこととなる。年貢輸送体系と商品流通とが結合した流通経済活動を物語る事例は数多い。平安末期、伊勢国益田荘星川市では伊勢神人が米・稲・鰯を交易していた（「知信記裏文書」平四七〇一）。高野山領遠江国頭陀寺荘や遠江国初倉荘から高野山への年貢米の渡船・河船は「右荘々運上物仏供人供幷絹布塩等雑物」（「高野山文書」鎌一三九三）を積載していた。また、志摩国相佐須荘（阿曽御園）住人は神戸船を「借請」け「積二塩木一為二交易一」（「徴古文府」鎌一四〇〇）とあり、建仁三年（一二〇三）当時製塩業のための塩木が商品になっていた。鎌倉末期、称名寺金堂棟上の檜皮は「自熊野到来」（「金沢文庫文書」神二〇七四）とあり、熊野・伊勢から檜皮等林産資源が鎌倉に供給されていたことがわかる。熊野・伊勢と東海・関東の間では、上分米の出挙のほか、米・稲・鰯・絹・布・塩・塩木・檜皮・材木など荘園の運上物が商品として投機・交易されていた。こうしてみれば、東国において年貢輸送に関与した熊野先達や伊勢御師・神人が商人として登場するのも当然であろう。荘園年貢輸送体系の中から商業組織が発生してくる。

　こうした例は鎌倉の寺社領でも指摘できる。称名寺領の年貢輸送で問丸の占める比重がきわめて大きいことはすでに舟越や福島が指摘している[18]。問題はこの問丸がなぜ寺領年貢の輸送上に最初に登場するかである。称名寺領上総国波多沢村年貢が「ふんとのといれう」「六浦といれう」を支出して輸送されるようになる初見は応安三年（一三七〇）十月三日検見状（同、神四六四六・四九三九）からである。この「古戸」が上総の富津に相当する[19]。また六浦の問丸について貞治二年（一三六三）に「二貫文、かゝ年貢、六浦政所替申ス」（同、神四四六六）とあり、六浦の荘務機構としての政所が「一種の金融機関でもあった」ことが指摘されている[20]。ところが、永和二年（一三七六）になると、加賀国軽海郷の年貢について「弐拾弐貫文夫賃共ニ、六浦之得阿弥替用途方へ御請取在之」（同、神四七五八）とある。永享十一年（一四三九）下総国下河辺荘赤岩十四箇村年貢結解状（同、神五九八五）にも、「三百文、六浦六郎方禮銭替銭之時」とある。ここに六浦の金融機関として「得阿弥」や「六郎方」という個人が登場する。当初六浦荘政所という荘務組織が果たしていた金融や投機機能が、十四世紀後半には独立し、「得阿弥」や「六郎方」という替銭屋によって請け負われるようになった。替銭屋が東国社寺の寺務組織の中から発生したものとみるべきであろう。

第三に、熊野・伊勢と関東を結ぶ流通圏が、圓覚寺領や称名寺領の輸送体系と部分的に重複していることである。鎌倉末期の志摩国阿久志島の「富有仁」と言われた道妙の舎弟定願が駿河国江尻津に居住し、そこに坂東からの船が入部していた。この中継機能をもった江尻津が圓覚寺領年貢の集積地であり、鎌倉への積出港であったことはすでに綿貫友子が指摘している。(21) また、熊野山日供米の積出地点であった熊野社領上総国畔蒜荘亀山郷は東の圓覚寺領の中核所領であった。その上、同荘内永吉郷の田畠が売得により金沢称名寺領にもなっている（「金沢文庫文書」神二四三四）。西国および中部地方の称名寺領の寺用管理や輸送に伊勢国大日寺が中間管理機構として重要な役割を果たしていたことはすでにみた。

こうしてみれば、上総畔蒜荘亀山から東海地方を介して熊野の新宮津に至るルートは、圓覚寺領や称名寺領年貢の輸送ルートとほぼ重複していることが判明する。関東と伊勢・熊野を結ぶ隔地間流通が、地方社寺の年貢輸送体系の連合の上に成立していたといえる。

鎌倉末期から南北朝期にかけて、十四世紀の東国において商業流通活動の中で活動していた商人としてその名が知られるものは、信濃国伴野荘二日町屋の浄阿、(補注3) 志摩国阿久志島の道妙と駿河国江尻津の定願、日光山常行堂見衆で知行地に紺屋を営んでいた教弁、伊勢国大日寺の僧侶で称名寺の替銭など金融輸送業務に当っていた浄実、六浦の替銭屋得阿弥などである。いずれも僧名を有しており、東国商人が地方社寺の供僧・使僧集団から発生するという一つのルートを想定することができよう。

なお、こうした使僧による年貢輸送システムをもちえなかった王家領や公家領は、東国において守護や御使・定使に依存せざるをえなかったし、別の対応策をとらざるをえなかったことにも注意すべきであろう。

二　鎌倉府と商業流通政策

すでにみたように、荘園年貢輸送は年貢物と商売物とが未分化なまま混在して流通し、投機的商業活動に利用されていた。このような状況では、年貢輸送と商品流通とを区別して関料を賦課しようとする幕府の流通政策は大きな矛盾に直面していた。つぎの問題は、幕府・鎌倉府の経済流通政策について検討することである。

1　鎌倉府の経済的基盤

最近、鎌倉府の政治的社会的基盤についての解明が峰岸純夫・佐藤博信・山田邦明・市村高男らによって進められている。[22] しかし、鎌倉府の経済的基盤についてはその御料所が指摘されるのみで、商業流通政策との関連や室町幕府の財政との比較などについては検討されていない。

その点で第一に注目すべきは、東国の関料・津料・船別銭・地子等が鎌倉府の収益であったことである。現在知られるこれらの安堵状は関東公方や関東管領によるもので、すべて鎌倉府の支配下に処置されている（表3参照）。この点はすでに網野善彦が指摘しているが、[23] 鎌倉府の経済政策論は今後の研究課題である。表によれば、応永年間から浦での帆別銭は姿をみせず、むしろ関所の安堵状が残存していることである。この時期鎌倉府が年貢物や商売物にどのように関料を賦課しようとしたかは不明である。ただ、相田二郎がすでに述べたように室町幕府は応永十一年（一四〇四）四月二十八日将軍家御判御教書で「若於二年貢舟一、雖レ為二少事一、有二商買物混合之儀一者、一円點二定其舟一、可レ寄二春日社造営一状」（「春日神社文書」）と命じている。年貢物の一部にでも商売物が混合する場合にはすべて関料が徴

表3　鎌倉府と関料

年　号	西暦	地　　　名	安堵者	被安堵者	典　拠
応安7	1374	常陸国大枝津高摺津以下浦々海夫	関東管領両使	香取社	神4728
永和2	1376	筥根山別当関所	上杉能憲	圓覚寺	神4769
永和4	1378	神奈河品河以下浦々出入船帆別銭	上杉憲春	圓覚寺仏日庵	神4810
康暦2	1380	筥根山葦河宿辺関所 駿河国大森葛山関所	足利氏満 同	圓覚寺 同	神4846 同
永徳4	1384	武蔵国浦々帆別銭	同	圓覚寺仏日庵	神4946
応永13	1406	筥根山水飲関所	上杉憲定	圓覚寺	神5379
応永14	1407	伊豆国府中関所	足利満兼	同	神5382
同	同	相模国小田原幷関所	上杉憲定	伊豆走湯山	神5394
応永25	1418	神供船三艘	足利持氏	鶴岡八幡宮	神5576
応永26	1419	下総国下川辺荘彦名河関	同	同	神5598
応永30	1423	伊豆国府中関所	上杉憲実	圓覚寺	神5674
永享4	1432	相模国小田原関所	足利持氏	鶴岡八幡宮	神5878
同	同	武蔵国六浦大道関所	同	称名寺	神5882
嘉吉元	1441	武蔵国師岡保柴関所	上杉清方	鶴岡八幡宮	神6026

収され春日社造営料にするという新政策を打ち出したのである。暦応二年（一三三九）、飯島関沙汰人が圓覚寺領年貢物が途中で交換・売買されたことを理由に商売物として関米を徴収して幕府から停止された処置が、いまや幕府の流通経済政策に採用されている。応永年間に室町幕府は、あきらかに鎌倉府や南北朝期の幕府とは異なる流通経済政策に転換していたのである。(補注4) おそらく、鎌倉府も幕府の新政策を東国で採用するに至ったものと推測される。商売物を混合した年貢物にも関料が賦課されるとすれば、関銭収入はこれまで以上に飛躍的に莫大なものになろう。それだけに東国においても、応永年間以後関銭はより広範な流通商業関係者にとって桎梏となったことを意味する。

応永十三年（一四〇六）伊豆国府中関所の請料が毎年百五十貫文に及んだ（「雲頂庵文書」神五三八四）というから、鎌倉府における関料の収益がいかに巨額なものであったかがわかる。関料等の寺社への安堵の多くが期限付きであり、当然それ以外の年は鎌倉府の財政収入となっていた。応永三十年（一四二三）に関東管領上杉憲実の命に「於二自余関々一者、雖レ被二破却一」（「圓覚寺文書」神五六七四）とあり、鎌倉府が部分的に関所破却令を出しているが、その実効性については不明であり、むしろ関東の交通税や都市税が鎌倉府の経済基盤であった点は注目されるべきであろう。郷村の知行と湊・津・関のそれとが別の体系で、後者が鎌倉府の支配下におかれていたものといえよう。

第二は鎌倉府による酒壺銭徴収である。応永二十一年関東公方足利持氏は圓覚寺長老宛の御教書を発し「鎌倉中酒壺別銭弐拾疋事、於二官符宣幷御免之所々一者、半分勘二落之一、至二他在所一者、一円充二取之一、為二圓覚寺造営要脚一、一ヶ年所二寄付一也」（「圓覚寺文書」神五四七六）と命じた。鎌倉中の酒造業は鎌倉時代からの禁止政策にもかかわらず実際には売酒が増加していたのであり、関東公方がその酒壺に別銭を賦課し、その一ヵ年の徴収権を圓覚寺に寄進した。ここから、鎌倉府は鎌倉中の酒屋をはじめとする酒壺に対する課税権を掌握していたことがわかる。[24] しかも「官符宣幷御免之所々」については半分の徴収としている。これは室町幕府により安堵された所領を指すことはあきらかであろう。鎌倉府が室町幕府による鎌倉市中の一定の酒壺支配権を前提に、それと調和をはかりながら酒屋や酒壺業者への課税権を運用していたことがわかる。室町期の鎌倉は、幕府と鎌倉府の共同知行下にあったとみなければならない。

第三は、蔵役の徴収権である。応永十四年（一四〇七）香取社大禰宜大中臣幸房は「欲下早当社領下総国風早荘内戸崎関務、任二公家関東御判一、雖レ令二知行一、号二御倉役一不レ弁二関務一間、盡闕二如御神役一畢、如二先例一被レ免二御倉役一、全二関務一、弥致二御祈禱精誠一事上」と述べている（「香取旧大禰宜家文書」『埼玉県史　資料編5』六五五）。下総国風早荘戸崎関の関料は香取社灯油料所として寄進されていたこと、近年御倉役と号して関料を弁じなくなり香取社の祈禱が退転したことから御倉役の免除と関務を全うするよう要請したのである。この陳状案にはどこに提出したものか記されていないが、文中に「其上去応永二年仁、先御管領御時、如レ此依レ致二直訴一」とあり、関東管領に対してなされたことは

あきらかであろう。したがって、下総国の津や関への御倉役の賦課免除権は関東管領＝鎌倉府の権限であったといえよう。(25)

宝徳二年（一四五〇）関東公方足利成氏御教書（「妙国寺文書」神六一一〇）には簗田中務少輔に宛てて「武蔵国品河住民道胤蔵役事、所レ免二除之也」とある。ここでは、品河湊が鎌倉府の御料所で代官として簗田氏が任じられ、倉役が品河湊の住民に賦課され、その住人のひとり道胤が関東公方から蔵役免除の特権を保証されたのである。(26)さらに、神奈川湊について文明年間の年次未詳長尾忠景書状（「雲頂庵文書」神六三三九）に、

> 関銭・浦方計相綺之由、奥山式部丞申之旨御注進、先以曲事候、代官等不二相定一候間、諸篇可二走廻一之由、在郷之時、再三申旧候、喧嘩闘争以下事者、蔵衆可二談合一之由、是又旧候、然者、代官同前可二走廻一之処、如レ此両役計、立二其分目一、至二于地子等一不レ及二催促一、欠事候様ニ取成候段、無二是非一次第候、如レ今者、代官急度可二相定一候、慥各可レ為二迷惑一候、

とある。(27)この神奈川湊では長尾氏は代官を設置せず、喧嘩闘争など検断権については「蔵衆」の談合＝自治に任せてきたこと、関銭・浦方の二役については分目を立てながら地子等について催促に及ばないことを理由に今度は神奈川湊にも代官を任命すること、等を雲頂庵長老に伝えている。少なくとも、神奈川湊も鎌倉府の管轄下におかれ、関銭・浦方＝船役銭や地子の賦課権が関東公方の手にあったこと、神奈川湊には蔵衆がおり、代官が任命されない文明年間までは自検断を行なっていたこと、等がわかる。この蔵衆は神奈川湊の富有人らを指し、品河湊の鈴木道胤と同じ階層の人々と考えられる。神奈川湊にも蔵役が賦課されていたものとみて間違いない。

以上の三例から、関東の関や湊など商業流通機構のある地方都市に蔵役を賦課する権限を鎌倉府が掌握していたこと、この蔵役は関料・船役料や地子等と並ぶものであったこと、等があきらかである。このほかに、足利持氏が常陸

国中の富有人に課税したことが指摘されている。(28) この有徳銭の臨時課税的性格がどの程度鎌倉府の財政基盤となりえたか、また負担者である富有人と蔵衆との関係等については今後の検討課題である。

鎌倉府の経済的基盤として注目すべき第四は、職人支配である。永享七年（一四三五）六月六日、鎌倉府執事二階堂盛秀書状写（「房総古文書」神五九〇五）には、

上総国菅生荘梁郷住人鋳師和泉権守藤原光吉事、為二政所御造畢一、所二補任一也、早先例本御造畢相模国飯山住人森左衛門次郎国吉相共可レ勤二当役一之由、可レ被二申含一之候、

とある。この書状の宛先である「清左衛門尉」がいかなる人物か不明であるが、(29) 少なくとも上総国菅生荘梁郷の鋳物師が、相模国飯山の鋳物師とともに鎌倉府政所の御造畢＝頭梁に補任されたのであり、鎌倉府が独自に職人を編成していたことはあきらかである。相模国飯山の鋳物師はこれまでも古くからその存在が知られている（『神奈川県史　通史編』一九八一年）が、上総の鋳物師については『栃木県史』（通史編3中世、六五五～六六九頁）や『中世下野の仏教美術』（栃木県立博物館、一九八五年）では下野佐野天明の鋳物師とされているにすぎない。しかし、永仁四年（一二九六）十二月十一日上総国大工藤原胤吉と子息秀吉が称名寺舎利殿の銅造宝篋印塔と愛染明王坐像を制作しており（「金沢称名寺所蔵」神一二〇八）鎌倉時代にすでに幕府の北条一門と密接な関係にあった。永享七年（一四三五）に鎌倉府政所の御造畢に補任された藤原光吉に関して、銚子市馬場町円福寺の鐘銘に「敬白　於上総国菅生荘本郷飯富宮社頭　奉再興鋳鐘一口……享徳十一年壬午十二月十五日……両大工河内権守光吉、貞吉」とある（『銚子市史』一九五六年）。この享徳十一年（一四六二）にみえる光吉は受領名が河内と和泉でずれているが、同一人物といえよう。しかも、彼とともに連署している「貞吉」については、武蔵国品河郷妙国寺に存在した鐘銘に「文安三年丙寅季冬中旬第三天大旦那沙弥道胤、鋳師和泉権守貞吉」とある。(30)

これらから、上総の鋳物師が藤原姓でしかも「吉」を通字としており、享徳年号の使用などからいずれも鎌倉府に組織されていたことがわかる。坪井良平によれば、上総の鋳物師の制作した鐘には、大小二種の乳と上下帯の独特の文様があり、他国の鋳物師のものにはみられない特徴があるという（『銚子市史』）。相模国と上総国の鋳物師は、早くから鎌倉幕府やそれを継承した鎌倉府の政所によって編成されていたことはあきらかである。

以上の検討から、十四世紀後半〜十五世紀に鎌倉府は、関東諸国の関料・津料・帆別銭・地子、鎌倉中の酒壺銭、関東の津・関・湊などでの蔵役の徴収権、相模・上総の鋳物師編成権などをもち、流通経済政策を積極的に展開しており、それが独自の経済的基盤になっていたものといえよう。（補注5）

2　流通経済政策をめぐる幕府と鎌倉府

こうした流通経済政策をめぐって鎌倉府と幕府や在地との関係はいかなる矛盾をかかえていたのであろうか。

貞治六年（一三六七）将軍義詮は「鎌倉六浦小間別銭」を圓覚寺黄梅院の修理費に充てる御教書を発した（「黄梅院文書」神四六〇九）。応安五年（一三七二）には室町幕府管領が香取社領戸崎関・大堺関・行徳関の安堵を命じている（「香取大禰宜家文書」神四六八八）。さらに、永和三年（一三七七）には圓覚寺領について伊勢役夫工米や院役等とならんで「津津関関賃料」を免除する官宣旨が尾張・駿河・武蔵・上総・下総・常陸・上野・出羽・越後に出され（「圓覚寺文書」神四七九三〜四八〇一）、関所所領について室町幕府管領奉書（神四八〇二）や関東管領奉書（神四七八七）が並行して発せられている。至徳元年（一三八四）に圓覚寺正続院領（神四九五六）や鹿王院領（「鹿王院文書」神四九七二）でも役夫工米・造内裏役等とならんで「関関渡渡賃料」や「関米」の免除が官宣旨によってなされている。嘉慶三年（一三八九）浄光明寺領でも同様の国役や「関津賃料」免除の官宣旨（「浄光明寺文書」神五〇五三）が発せられている。関東諸国の棟別銭でも同様の事例がみえる（「圓覚寺文書」神四七八六・四八三八・四九五一等）。これは、一国平均役の賦課権とならんで、関東諸国の関津料・棟別銭、鎌倉市中や六浦の間別銭の賦課免除権について、鎌倉府の独自性を認めながらも室町幕府と朝廷が基本的には商業課税権を掌握し、その施行を鎌倉府に命じていたことを示している。これは、鎌倉中の酒壺銭について「官符宣幷御免之所々」を除いて関東管領が一円の課税権をもっていた事実と対応している。言い換えれば、関東における一国平均役や間別銭・棟別銭・酒壺銭・関料・津料などの課税免税権は、室町幕府と鎌倉府とが重層的に掌握していたといわなければならない。

職人支配についても同様の関係がみられ、両者間に矛盾が生じた時は調整のための政治交渉が必要になる。十五世紀に入ると関東鋳物師について室町幕府管領の発給文書が「上杉文書」に二通ある。

宝徳二年（一四五〇）四月二十九日の文書は、和泉・河内の鋳物師等の申請を受けた室町幕府が「商売職之事、於都鄙之間、被レ制二禁新業之輩一之処、至二関東辺一有二其業一云々、太無レ謂、向後弥被レ停二止彼族一訖、早任二証文已下之旨一、可レ専二本座商業一之由、所レ被二仰下一也」（「上杉文書」神六〇八八）と命じている。関東における新業之輩の活動を禁止し本座商業を保護するように幕府が関東管領上杉憲忠に命じたのである。続いて翌三年八月十二日に再度発行された文書は、「所詮向後弥可レ停二止野州上州鍛冶鋳物師等新業一之旨、堅可レ被レ加二下知一之由、所レ被二仰下一也」（同、神六一二九）とあり、同一内容ながら禁令の範囲を「関東」から「野州上州」に限定している。いわば、室町幕府はわずか一ヵ年の間に新業之輩の活動禁止令を関東から上野・下野の二ヵ国に限定するよう政策転換したのである。この政策転換の背後に、関東の鋳物師など職人支配をめぐって幕府と鎌倉府の間に激しい交渉がなされたことはあきらかであろう。すでに前節であきらかなように鎌倉府が相模・上総両国の鋳物師をその支配下に組織していたことからすれば、関東の鋳物師をすべて新業之輩としてその活動を禁止しようとする幕府の要求をそのまま受け入れることはできない。そのため、鎌倉府と幕府は水面下での交渉の結果、上野・下野という関東北部についてのみ本座商業の保護と新業之輩活動禁止という措置をとったものといえよう。

もっとも、関東における河内・和泉の鋳物師の活動について、坪井良平は、河内鋳物師が西国から四国をその市場圏としていたのに対して、関東では大和鋳物師が主流であったとする。鎌倉末期信濃から坂東に下った鍬商人は、河内から資金を借用していたものの、鍬は奈良で調達した大和興福寺の貝新座寄人であった(31)。河内・和泉鋳物師がこの時期に関東に現実的活動基盤をもっていたとは到底考えられない。

しかも、この宝徳二年は関東（江の島）合戦が勃発し、将軍義政と関東公方成氏との対立が決定的になった時期であり、関東では徳政状況の下にあった(32)。幕府は上杉氏と結んで関東への政策的浸透をはかり、足利成氏への対抗策をとっていた。この鋳物師問題も幕府による足利成氏への牽制策であり、鎌倉府での上杉憲忠と足利成氏との内部対立が新業之輩の活動停止範囲をめぐる交渉に反映していたものとみてあやまりなかろう。

こうした政策がどれほど経済的実効性をもっていたかは疑問である。むしろ十五世紀には東国において新業之輩と言われた鋳物師や鍛冶師《かじし》らの活動が積極的に展開していたことは、最近の自治体史編纂があきらかにしている(33)。しかも本座商業や関所の存在を障害と感じ、その廃止を要求する闘争主体の形成が東国においても発生しつつあった。この点で興味深い史料が次の「小野寺文書」（神六一三八）である。

就二諸関破却一、鎌□自二月輪院一、両度状於御下候、八ヶ国相触、参期之年行事急鎌倉江可レ上由、三山同心状於給候、今月廿八日於二鎌倉八幡宮一可レ有二御衆会一候、奉行頭人申二子細一候、其方相触候て、可レ有二御立一候、此際之御祈禱事者、年行事計ても申上候へ共、今度者関破却之衆会仁候之間、富士・二所・熊野先達不限山臥・聖道・神職等可レ被レ登候、於二小田原一手札於致二披見一、不参之輩者、可レ停二止道中一候、

これによれば、享徳元年（一四五二）十月、関東八ヵ国の富士・二所・熊野先達をはじめ山臥・聖道・神職らが鎌倉八幡宮に集まり、諸関破却の集会を計画し、小田原で手札を検察して不参之輩の道中を停止させようとしていたことがわかる。その中心は富士・二所・熊野という関東における修験道の関係者で、三山が同意したとあり、彼らは流通や商業活動とも密接な関係をもっていた。なにより、東国においても諸関廃止の要求が強くなっていたことを示している。本座商業を保護し、諸関を設置する幕府・鎌倉府・社寺権門などの権益を否定しようとする闘争主体が成長しつつあった。こうしてみれば、鎌倉府の流通経済政策は、もはや東国においても十五世紀半ばには社会の発展にとって桎梏となっており、その内部から大きな抵抗に直面していた。かつて峰岸純夫が中世東国社会の解体期として指摘した享徳年間には流通経済面からも転換期をむかえており、その内実は、次の第三章で検討しよう。

注

（1）相田二郎「商買物の運送と関所の関係」（『歴史地理』五四—四、五五—一、五七—一、のちに『中世の関所』畝傍書房、一九四三年、有峰書店、一九七六年再刊）。なお、相田が提起し残した諸問題について研究を深化させることの重要性を指摘したものに、網野善彦「文永以後新関停止令について」（『年報中世史研究』九、一九八四年）がある。

（2）年貢塩と商売塩と関料との関係については新田英治「鎌倉時代～室町時代における塩の流通」（『日本塩業大系』原始古代中世稿、一九八〇年）、また淀津での年貢物への関料賦課について小野晃嗣「卸売市場としての淀魚市の発達」（『歴史地理』六五—五・六）や小林保夫「淀津の形成と展開」（『年報中世史研究』九、一九八四年）等がこの問題に触れている。

（3）豊田武『増訂中世日本商業史の研究』（岩波書店、一九五二年）二二一頁。

（4）佐々木銀弥『中世商品流通史の研究』（法政大学出版局、一九七二年）一〇頁。

（5）永原慶二「伊勢熊野商人と中世の東国」（小川信先生古稀記念論集『中世政治社会の研究』続群書類従完成会、一九九一年）。最近関東の交通史研究が進んでいる。網野善彦「中世前期の水上交通について」（『茨城県史研究』四三、一九七九年）等を先駆として盛本昌広「走湯山燈油料船と神崎関」（『千葉史学』一三、一九八八年）、綿貫友子「『武蔵国品河湊船帳』をめぐって」（『史艸』

三〇、一九八九年、のちに『中世東国の太平洋海運』東京大学出版会、一九九八年)、峰岸純夫「中世東国の水運について」(『国史学』一四一、一九九〇年)、横浜開港資料館『江戸湾の歴史』(江上文恵・福島金治・下山治久・西川武臣、一九九〇年)など。
(6) 網野善彦「鎌倉の地と地奉行について」(『三浦古文化』一九、一九七六年)。
(7) 舟越康寿「金沢称名寺々領の研究」(『横浜市立大学紀要』九・一〇、一九五二年)、福島金治「金沢称名寺領加賀国軽海郷について」(『日本中世史論攷』文献出版、一九八七年)、同「金沢称名寺領上総国佐貫郷について」(『三浦古文化』四二、一九八七年)、同「上総国周東郡内の金沢称名寺領について」(『日本歴史』四九四、一九八九年)、網野善彦「金沢称名寺と海上交通」(『三浦古文化』四四、一九八八年)等がある。なお圓覚寺領については、貫達人「圓覚寺領について」(『東洋大学紀要』一一、一九五七年)参照。
(8) 佐藤進一『鎌倉幕府守護制度の研究』(東京大学出版会、一九七一年)は、弘安元年(一二七八)前後から元弘三年(一三三三)までの守護を金沢氏と推定している(三五頁)。
(9) 律宗が北条得宗家と密接な関係にあったことは細川涼一「忍性と六浦江ノ島」(『歴史手帖』一四―三、一九八六年、のちに『死と境界の中世史』洋泉社、一九九七年所収)参照。
(10) 福島金治「金沢称名寺領加賀国軽海郷について」(前掲注7論文)、林幹弥「東山太子堂」(『太子信仰の研究』吉川弘文館、一九八〇年)がある。なお、福島はこの文書から「軽海郷代官のもとにいる浄実房」と理解し、軽海郷から敦賀を経て京都へ送られた年貢が「京都で売却され東山太子堂や月蔵坊の手を通して金沢氏被官・称名寺僧・極楽寺僧の手で為替で称名寺に送られた」(二五八頁)とする。浄実御房が伊勢国大日寺の僧侶であること、称名寺に輸送流通システムの上における伊勢の地の役割には触れていない。また舟越は伊勢大日寺長老=浄実御房とするが、この文書によれば別人である。
(11) 「金沢文庫文書」、神一三七九。なお柏木御厨の名主伴四郎が松茸を金沢貞顕に納入(同・二〇七五)、それらを貞顕が称名寺に届けている(同・二二〇〇)。このことからも金沢氏の所領であることが判明する。伊賀国山田について、『保元物語』に、清盛軍として戦死した「伊賀猪武者山田是行」が知られる(元木泰雄『保元・平治の乱を読みなおす』NHKブックス、二〇〇四年)。苗字の地から伊賀国山田は、平正盛の六条院領山田村の平氏所領から没官領をへて、金沢氏の所領になった可能性が高いといえよう。「東大寺文書」(鎌二九八二一)に伊賀山田庄住人がみえる。
(12) 「東寺百合文書」。この「国府商人」については「□五郎」として不明字とされている。原文書によれば一度書かれた文字に重ね書きされて見にくいが、墨色の違いから「藤」と読める。原本調査では富田正弘氏の御教示に与った。
(13) 佐々木銀弥『中世商品流通史の研究』（前掲注4書）一〇頁。
(14) 室町期の荘園年貢輸送業務を使僧や高荷商人らが請負い、その中間利潤の確保を目指していた実態については、最近村井章介「東寺領遠江国原田・村櫛両荘の代官請負について」（『静岡県史研究』七、一九九一年）が東海地方の事例であきらかにしている。そのような先駆的形態が称名寺領ではすでに鎌倉末期からみられたのである。
(15) 五味文彦「大庭御厨と義朝濫行」（『茅ヶ崎市史研究』三、一九七八年）、石井進「相模国」（『講座日本荘園史5　東北・関東・東海地方の荘園』吉川弘文館、一九九〇年）。
(16) 井原今朝男「鎌倉時代の社会」（『長野県史　通史編中世1』一九八六年）。
(17) 「三河国」『講座日本荘園史』（前掲注15書）。
(18) 舟越康寿「金沢称名寺々領の研究」（前掲注7論文）、福島金治「武蔵国久良岐郡六浦荘について」（『金沢文庫研究』二六五・二六六、一九八一年）。
(19) 小笠原長和「中世の東京湾」（『史観』四七、一九五六年）。
(20) 石井進「中世六浦の歴史」（『三浦古文化』四〇、一九八六年）。なお、この中で、前述の六浦大道関所＝瀬崎勝福寺門前の公事免除に関係した上杉氏の権限は「武蔵守護としての職種の発動」とする見解を批判し、「守護でなく六浦郷領主としての行為」と述べ、対立点となっている。こうした郷レベルの関所については、武蔵師岡保の柴関等が関東管領の安堵となっている事例があり、ひとまず鎌倉公方・守護の職権と考えておきたい。だが、「宇都宮弘安式条」に領内道路と橋について「付住所之近隣、可造其辺之便路」とあり、郷の道路や橋などが郷領主と近隣郷村の共同管理にあったことからすれば、郷領主がそうした道路や橋に関所をおき、関料や橋賃を徴収しえたことは当然といえよう。こうした郷レベルの道路・橋・関所等については今後の検討課題である。
(21) 綿貫友子「中世東国と太平洋海運」（『六浦文化研究』二、一九九〇年、のちに『中世東国の太平洋海運』東京大学出版会、一九九八年所収）。
(22) 峰岸純夫『中世の東国』（東京大学出版会、一九八九年）、佐藤博信『中世東国の支配構造』（思文閣出版、一九九〇年）、市村高男「古河公方の権力基盤」（『古河市史研究』一一、一九八六年）、山田邦明「南関東における鎌倉府直轄領の研究」（『日本史研究』二九三、一九八七年）、同「鎌倉府の奉公衆」（『史学雑誌』九六―三、一九八七年、のちに『鎌倉府と関東』校倉書房、一九九五年所収）等に代表される。

(23) 網野善彦「鎌倉の地と地奉行について」（前掲注6論文）。

(24) 室町幕府の酒屋役については多くの研究がある（桜井英治「酒屋」『日本都市史入門Ⅲ』東京大学出版会、一九九〇年参照）。しかし、鎌倉の酒屋や酒壺役については今後の研究課題である。

(25) 遠藤忠「古利根川の中世水路関」（『八潮市史研究』四、一九八二年）は、この点について「倉役は香取神宮の灯油料の徴収方法」（一四三頁）とのべるが、史料解釈の誤りである。

(26) この蔵役免除がこの年の徳政令発布と関連していることについては、佐藤博信「東国における享徳の大乱の諸前提について」（『歴史評論』四九七、一九九一年）参照。

(27) この文書については、山田邦明「鎌倉雲頂庵と長尾忠景」（戦国史研究会編『戦国期東国社会編』吉川弘文館、一九九〇年）参照。なお、この文書にいう「当所」が神奈川湊に相当することは佐藤前掲注26論文が指摘している。

(28) 峰岸純夫「年貢公事と有徳銭」（『日本の社会史』四、岩波書店、一九八六年）、小森正明「中世常総地域の富有人について」（『茨城県史料付録』二四、一九九〇年）。なお、前掲注26佐藤博信論文では、蔵役を「土倉役と思われ」と推定する。しかし、京都の土倉役と関東の蔵役が同一であったかは検討の余地があろう。

(29) 暦応元年（一三三八）前後の正続院雑掌申状事書案（「圓覚寺文書」神三四三八）によれば、圓覚寺正続院奉行に「清久弾正左衛門尉」なる人物が推薦されている。寺社造営奉行であるから、内容的には「清左衛門尉」がこの清久氏である可能性が高いが、後考に待ちたい。

(30) 『品川区史　通史編上巻』（一九七三年　高島緑雄執筆）。なお、『品川区史』は、銚子市円福寺を「円満寺」とするが誤植である。

(31) 井原今朝男「中世東国商業史の一考察」（中世東国史研究会編『中世東国史の研究』東京大学出版会、一九八八年）。

(32) 佐藤博信「東国における享徳の大乱の諸前提について」（前掲注26論文）。

(33) 関東の鋳物師については、市村高男「中世常陸における「職人」の存在形態」（永原慶二・所理喜夫編『戦国期職人の系譜』角川書店、一九八九年）等がある。

（補注1）　使僧をめぐる論点

本論文で提起した「使僧」の分析概念について、『史学雑誌　一九九三年の歴史学界　回顧と展望』（一〇三巻五号）は、「東国荘園の年貢輸送の経路が商品流通のシステムと不可分の関係にあり、その中で地方社寺の供僧・使僧が商人化してゆくことを明らかにし」たと紹介した。そのあと、峰岸純夫「中世東国水運史の現象と問題点」（峰岸純夫・村井章介編『中世東国の物流と都市』山川出版社、一九九五年）は、本論文について「公家武家政権共通の政策として、有力寺社などの年貢米は関銭免除、商売物は徴収を原則としたが、諸国の金沢称名寺領においては寺務（使僧）と商業組織（替銭屋）が一体となって年貢輸送に当たり、米の販売による換金システムが成立して商品と年貢の区別が困難になっており、その結果、争論が多発することになる」と指摘した。

その後、東国寺社の造営史料について検討した小森正明は、所領経営に携わり現地に赴き、年貢米の収取などの代官的活動をしている役割について「井原今朝男はこうした役割を果たした僧侶を使僧と呼び、商人層と共に所領経済に参画していると述べているが、従うべき見解である」とする（小森正明「寺社領経済と蔵本の活動」『室町期東国社会と寺社造営』思文閣出版、二〇〇六年）。こうして、中世寺社の中で所領経営に参加しながら、年貢輸送や換金システムに関与して商人化する僧侶を「使僧」と概念化する見解が定着しつつある。

（補注2）　熊野供御米の出挙への投資説について

永仁三年（一二九五）八月の三河国碧海荘米配分案について、熊野山領上総国畔蒜荘から紀伊国新宮津までの運賃雑用にあてる年貢米が、途中の三河国碧海荘で出挙に貸し出され十八郷に配分されたとする仮説を提示した。これについては賛否あり、まず、峰岸純夫「中世東国水運史の現象と問題点」（峰岸純夫・村井章介編『中世東国の物流と都市』山川出版社、一九九五年）は、「熊野・伊勢社領においても同様で、伊勢～関東の中継基地の問丸（替銭屋）で関料免除の年貢米が出挙されるなど投機的商業活動の対象となっていることを指摘している」（二六頁）と評した。

他方、新行紀一「足利氏と三河」（新編岡崎市史編さん委員会編『新編岡崎市史　中世2』一九八八年）や同「三河国」（網野他編『講座日本荘園史5　東北・関東・東海地方の荘園』吉川弘文館、一九九〇年）は、熊野社領の年貢である日御供米を三河碧海荘の十八郷に賦課して郷が負担すべき納入額を定めたものとする。鎌倉時代の荘園領主は不明であるが、地頭の下地管理権を継承した熊野社が日供米を賦課したものと「課税賦課」説をとる。

また、綿貫友子「尾張・参河と中世海運」（『中世東国の太平洋海運』前掲注21書）は、熊野日御供米が「出挙として運用される事例も同時代に存在してはいる」としながら、収穫と収納期を間近にしている八月に碧海荘に貸し出され、短期間のうちに回収することが可能であったのか疑問とする。その上で「十分な論証の用意ができている訳ではない」（一四六頁）としながらも「碧海荘内十八郷によって上総国畔蒜荘から紀伊国新宮津への年貢輸送の実務が担われていた可能性」があるとする新説を提起している。もともと上総から紀伊への年貢米運送の運賃雑用経費を、三河碧海荘で確保していたとの注記がある。したがって、綿貫説では、熊野山領でない三河碧海荘が、なぜ熊野社領の年貢運送の雑用経費を負担するのか、なぜ無関係な荘園で輸送の「実務」を担うことが可能であったのかという難問が検討されなければならない。

碧海荘郷々への年貢賦課説をとるか、熊野山領日御供米が途中で荘園に投資・貸し出され返済のための配分がなされたという説をとるか、上総から紀伊への年貢輸送の雑用経費を碧海荘で確保した説をとるか、諸説が並存しているというべきである。今後も研究課題として議論を継続しながら、新出史料の出現に期待したい。いずれにせよ、中世における荘園制的貢納制下での遠隔地間交易では、その途中の中間地域での交通・投機関係を必要不可欠にしていたものとして分析される必要があろう。

（補注3）　百姓としての農村商人像をめぐる論点

信濃国佐久伴野荘園二日町屋の浄阿が「百姓としての農村商人」であったことは拙論の強調してきたところであるが、百姓身分のものがなにゆえ商人化するのか、その淵源や発生過程については、不明のままである。これに関して、綿貫友子・田中克行論争が興味深い論点を出しているので整理しておきたい。

綿貫友子は称名寺領佐貫郷年貢結解状で一石の給分をもらった行本が、明徳三年（一三九二）湊船帳に品川の問丸としてみえる行本と同一人物であり、佐貫郷では一石の給分は「乗旨御恩」とあるごとく、乗旨＝定使であるとした。ここから綿貫は品川の問丸が荘園の定使をつとめ、彼等が替銭屋や土倉を営み、問丸と替銭屋や土倉との間には大きな差異は認められないとする説を主張した（『中世東国の太平洋海運』前掲注21書、二八六頁）。これを批判する田中克行「荘園年貢の収納・運搬と問丸の機能」（『中世の惣村と文書』山川出版社、一九九八年）は、「乗旨御恩」の原本は「乗音御恩」であり、定使の当て字とする綿貫説はあたらない、品川の問丸行本が佐貫郷の定使とする点は「人名の一致だけでは決め手に欠ける」と批判する。そのうえで、称名寺の年貢輸送に関与する問丸の例を行本以外で検討し、称名寺の僧侶が代官・又代官になって使僧で年貢輸送を差配していたこと、佐貫郷の一石の給分は定使の給分であり、代官・又代官とは別の存在であった、問丸の問料は年貢物の積み替えの保管料や手数料と推測すべきで、問丸の機能は限定的に考えるべきだとする。こうして田中は「佐貫郷において現地の百姓が定使を勤める事態」が現れ、百姓の役割が拡大していたとする（三二〇頁）。この論争は、綿貫が「定使の押書」と呼ぶべき史料があるとして反論したが、田中の死去で中絶してしまった。

しかし、中世の問丸の機能を限定的に理解すべきとする見解は、宇佐見隆之の見解とも一致し、「乗旨」が「乗音」と読解すべきだとする田中の綿貫批判も的を得ている。とりわけ、称名寺領佐貫郷結解状では問料と「夫領路銭」や「徳妙上下路銭」など百姓の定使・夫役（兵士役）の路銭が荘園年貢から支出されている。これらを「現地の百姓が給分を与えられて運送に従事したものであろう」（三二一頁）とする田中説は正鵠を射たものと思われる。こうしてみれば、佐久伴野荘野沢原郷の御百姓が二日町屋の住人浄阿として京都・佐久間を往反して年貢輸送や為替取引に従事したもの、百姓の定使による荘園輸送業務の請負から、百姓の農村商人化の過程が生まれてきたルートを検討してみる必要があろう。

（補注4）　室町幕府の関料徴収方法の改革をめぐって

興福寺別当僧正御房に宛てた応永十一年（一四〇四）四月二十八日将軍義持御判御教書と同年五月二十五日管領畠山基国御教書（「春日神社文書」）は、豊田武が「もし年貢船の中で少しでも商売物を混入したものがあったなら、その船を點定して春日社の造営費にあてよと命じ」たものとし（『増訂中世日本商業史の研究』前掲注3書、二二一頁）、相田二郎は「従来国料船幷に過書船がこれらの関役に対して免除の特権をもっていたのを悉く破棄した」ものとした（『中世の関所』前掲注1書、三〇四〜三〇七頁）著名な史料である。しかしながら、応永十一年の室町幕府の関料徴収方法が、暦応二年（一三三九）十二月九日室町幕府禅律方頭人奉書による年貢米への関料免除原則を転換したものであるという拙論の主張については、その後、諸氏から反論もない。

少なくとも暦応二年の時点では、室町幕府は鎌倉飯島関沙汰人が「替来」という交換行為を受けた年貢物は商売物として関料を課税したことを「犯儀」として否定し、関料を免税とした。明徳三年（一三九二）の武蔵国品川の「湊船帳」を分析した綿貫友子も「輸送の実態としては……混載それ自体を否定することはできず、消極的であったにせよ容認された輸送形態といえるのではないだろうか」（『中世東国の太平洋海運』（前掲注21書、九一頁）と指摘する。

暦応年間から応永年間においては、湊や関所での物流の増加とともに船積載物を年貢物と商買物に分別して関料の減免を実施することは、実務的や事務処理上からも事実上不可能になっていたと考えざるを得ない。関沙汰人らが年貢物と商買物の混載した船荷物をすべて商船として扱っていたのが実情で、室町幕府も応永十一年に将軍家御判御教書で両者の混載物への関料課税策に踏み切ったのも当然といえよう。

文安二年（一四四五）の『兵庫北関入船納帳』は「相国寺勝定院過書備中年貢」「国料」などの注記によって関料免除された船はわずか八十余隻でほとんどが商船扱いとして関役賦課となっていたことが知られている。新田一郎によれば、高野山領備後国太田荘年貢の『引付』(「高野山文書」)にみえる文安二年分を『納帳』と対比して、『引付』の九艘のうち七艘分を『納帳』で同定できるとした(「『兵庫北関入船納帳』に関するメモ」『遥かなる中世』六、一九八五年)。つまり、太田荘年貢物を運んだ「宮丸」「がんた丸」などの船は年貢物を混載していたにもかかわらず、いずれも商船として扱われ関銭を支払っていたことになる。幕府法は年貢物への関料免税措置策を放棄したわけではないが、応永十一年に年貢物と商売物の混合する船をすべて商船として関料賦課原則するように政策転換したから、『納帳』でも太田荘年貢物も関銭が徴収されていたと理解してまちがいない。幕府が国料船(「春日神社文書」)や公事船(『戊子入明記』)と認定した特権船のみを関料免除としていたにすぎないといえよう。十四世紀の交通の特質について「年貢船の減少と商船の増加」を指摘し「便船は年貢物のほか商船も多数搭載した廻船・商船と考えたほうが自然ではなかろうか」と推定する見解(桜井英治「中世の商品市場」桜井・中西聡編『新体系日本史12　流通経済史』山川出版社、二〇〇二年、二一五頁)が出されている。暦応二年の圓覚寺文書と応永十一年の春日神社文書が語る室町幕府による関料徴収方法の政策転換からみえてくる物流の実態は、年貢物と商売物の混載による運搬形態の増大という事態を生み出しており、幕府がそれを商船と認定して関料を課税する政策をとっていたといえよう。幕府の関料徴収方法の政策転換の社会背景には、年貢物と商売物との混合による物流の増大にともなって、年貢物のみを関料免除する従来の政策を実施することが実務処理手続上困難になっていたとみるべきである。

(補注5)　鎌倉幕府・鎌倉府の流通経済政策論をめぐる論点

本論で論じた鎌倉府による関料・倉役・酒壺役など流通課税の賦課政策については、遠藤忠「古利根川に中世水路関」(『八尾市史研究』四、一九八二年)、鈴木哲雄「中世香取社と内海世界」(『中世関東の内海世界』岩田書院、二〇〇五年、初出は一九九三年)や湯浅治久「中世東国の「都市的な場」と宗教」(峰岸純夫・村井章介編『中世東国の物流と都市』山川出版社、一九九五年)が、香取社領の戸崎の関に鎌倉府が倉役を賦課していた事例をあげて、諸説ほぼ一致している。

他方、綿貫友子「中世後期東国における流通の展開と地域社会」(『中世東国の太平洋海運』前掲注21書、初見は歴史学研究会大会報告、一九九四年)は、「井原今朝男氏によって関東諸国の関料・津料、鎌倉の酒壺銭、関東での蔵役徴収権などが注目され、鎌倉府が商業流通政策を積極的に展開し、それが独自の財政基盤になっていたという指摘がなされているが、それらの権限と鎌倉府財政がどのように結び付いていたかについて、機構の実態が検証されるには至っていない」(二八八頁)と、的確な研究課題を指摘している。

鎌倉府の流通課税徴収機構の解明については、その後、小森正明「寺社造営の推進主体と鎌倉府」「寺社造営の経済的基盤と鎌倉府」(『室町期東国社会と寺社造営』思文閣出版、二〇〇八年、初出論文を改編・改稿)の論考が発表され、十四・十五世紀の東国では鎌倉府による特権付与による寺社造営・修理事業が展開され、「鎌倉府が掌握していた御料所以外の経済的基盤は、予想以上に大きかったとみなければならない」と述べている。

また、東国の府中・国衙機構と職人らとの関係については、井原「中世の国衙寺社体制と民衆統合儀礼」(『中世の国家と天皇・儀礼』校倉書房、二〇一二年)で、常陸府中や上総国衙と職人層の免田制について検討したが、南北朝・室町期の東国国衙の解明は今後の課題である。鎌倉府による流通経済政策の歴史像は、小森の著書によって新しい研究段階に入ったことを示している。今後の研究の進展が期待される。

第三章　中世の遠隔地間交通と関東ブロック経済圏の諸矛盾

――内陸流通論の一考察――

はじめに

本章の趣旨は、十三世紀から十六世紀の内陸圏の重層的流通経済圏の変遷について、文献史料の分野から概観し、考古学的所見との共同討議の場に提供することを目的としている。

中世考古学と文献史学との学際的研究は、石井進・網野善彦らの問題提起を受けて、五味文彦・萩原三雄・小野正敏らの尽力で発展してきた。出土木簡や遺物・遺跡などについて、多くの興味深い事象や問題提起・研究課題が指摘されている(1)。その反面、出土遺物や遺跡を考古学的方法論の論理で論じるというよりは、文献史料に引きつけて解釈しすぎる傾向があり、歴史学と考古学との対象資料や方法論の性格の違いを前掲にして、学際的な議論を蓄積していくことが、今後の研究課題になっている(2)。

今回の共通テーマである「流通」概念は、日本史学と考古学では異なる側面をもっている。考古学では発掘で出土する遺物＝生活の廃棄物を研究対象とするから、日常生活具の解明には有利な方法的立場にある。それに対して文献史料は、日常性とは異なった特別事象を記録に残そうとする側面がつよい。しかも、歴史学では分析視角や方法が研究史や研究動向に規定される性格がつよい。なにを論ずれば、交通史・流通論になるのか、時代によってその内実は変動してきた。まず、研究史の変遷の中で時代とともに変化してきた流通論の学説史の問題点から検討に入りたい。

流通論の研究史

一九六〇～七〇年代までの流通論・交通史は、封建制論や社会構成体論の主流からはずれた脇役の部門史の性格がつよかった。日本史学では封建制・農奴制が研究対象とされ、商業や流通・交通は二次的な問題とされた。農業や手工業の生活物の剰余物が、荘園制的貢納制によって全国的に流通すると理解され、その範囲内で商業・交通論が論議された。運輸・流通業者として、問丸・馬借・車借などの存在が解明された。豊田武・脇田晴子・佐々木銀弥・新城常三らが、先駆的研究者であった(3)。いわば、封建制的社会生産の剰余物の輸送・流通として、荘園商業論の発展が商業史・流通交通史として論述される方法がとられた。

八〇～九〇年代には社会史ブームと都市論が高揚した。網野善彦・石井進・脇田晴子らによって歴史を読み直す叢書が出され、歴史学の枠組みを問い直す研究動向が定着した(4)。その中から、東国物流論が高揚期し、考古学における出土銭研究と貨幣論の高まりがみられるようになった。その特質はつぎの二点に整理できよう。

第一は、津・湊・渡・橋・道など交通・流通の場・庭が注目され、「都市的な場」として分析された。新しい問屋論、伊勢船、船帳など流通組織に注目があつまった(5)。峰岸純夫・村井章介・綿貫友子・宇佐見隆之・鈴木哲雄・湯浅治久らは、都市論を支える経済基盤として、流通・運輸・商売をとりあげ、それらが農業生産から分離して、都市を生み出したものとして分析しようとした。

第二としては、桜井英治、勝俣鎮夫、鈴木公雄らは、流通経済や貨幣と呪術・宗教との一体性を重視して分析した。そこでは、切符・為替・問丸・定使・商人司・市庭役人など商業・流通・消費・社会的配分システムの独自性の解明と、出土銭・商業・経済の呪術的性格や地域性に注目している。この間、関東の戦国大名後北条氏の領国経済体制の研究が進展し、六斎市の群立、本宿新宿の市立と町人さばき、税制改革と納法、撰銭問題などの研究が進展した[6]。この結果、十六世紀後半の経済史研究と、十四～十六世紀前半のそれとのギャップが大きくなった。

二〇〇〇年代に入ると、黒田明伸・浦長瀬隆・本多博之・川戸貴史・千枝大志らによって地域貨幣として銭貨・金・銀の流通論が高揚した[7]。十六世紀後半の戦国織豊期から近世移行期について、銭貨や為替・手形の流通が衰退し、銭貨よりも米や金・銀が貨幣としての流通が活発化するという逆転現象が注目されている。近世的三貨通貨体制が準備される歴史的条件の解明が主要な研究対象となっている。

新たな経済史学の動き

近年では、流通や貸借を支える債務保証や信用システムや決済システムの解明に関心がもたれるようになった。徳政問題もこれまでのように売買取引での商返しとしてではなく、債務史の問題としてとらえ直すことや、債務債権関係の中世独自の慣習法が具体的に解明されるようになっている[8]。貨幣は商品売買から発生したものとする通説を批判し、貸付取引の中から計算貨幣が登場したとする楊枝嗣郎『歴史の中の貨幣』（文眞堂、二〇一二年）が出され、新しい貨幣論が登場している。商品流通や市場原理によらない貸付取引による中世の物流・流通・金融への働きに関心がもたれるようになっている。

とりわけ、桜井英治・本郷恵子は、前近代特有の贈与や蕩尽ともいうべき巨額な消費活動や社会的富の配分などに注目して、旧来の近代経済学や経済史学では無視されてきた経済現象を分析している。現代社会の三極への階層分解にともなって「富裕と貧困」をテーマにした論文集が刊行されるようになったのも、富の再配分への関心の高まりといえよう[9]。

こうして、社会経済史研究分野では、農業経済中心の研究分野から、流通・商業・都市論の研究分野をへて、近年では消費・配分・信用債務論の研究分野へと、研究対象が拡大しているといえよう。

流通経済史の新しい研究手法

とりわけ、本報告では近年の文献史学の方法論に大きな変化がおきていることを指摘しておきたい。

第一に、近代学問知として西洋の歴史哲学から導入された封建制や領主制概念を検証するための歴史研究という方法がみなおされつつある。現代の経済学では忘れられた贈与や消費・契約・貸借・質経済などの歴史事象の世界を実証的に分析・解明し、そこから分析概念をつくりだして、比較史的方法で世界史の中における日本独自の経済史の時代的特質を解明しようとしている。そのため、文献史料はもとより、絵画史料や民俗伝承・宗教史料など多様な史料群が活用されるようになっている。私が体験した事例では、上越市白山神社の絵馬が、はがせ船（羽ケ瀬船）の四爪碇の再検討（『上越市誌』通史編）を可能にした。九州国立博物館開館準備過程での資料購入で見出された「朱印船交趾渡航図巻」は名古屋市情妙寺所蔵の「茶屋新六郎交趾貿易渡海図」と同一系統本と思われ、朱印船の船尾部は、ガレオン船の形式がみえない様式で屋形を描き、ベトナムでの生活ぶりを描いている新資料であった。多様な史料群からより正確な歴史情報を引き出す方法論の開拓や深化が期待されている。

第二は、自治体史編纂事業の中で地方寺社史料群が激増し、紀行文・連歌・寺院財政史料・算用状結解状・菩提供養記・道者檀那帳類の活用が進展している。たとえば、伊勢御師の宮後産頭大夫藤井家の肥後国御祓賦帳や橋村大夫家の九州・中国御祓賦帳が、新しい研究対象として議論されている。千枝大志は御祓賦帳を伊勢神宮地域の貨幣流通圏の分析に用いた。久田松和則は同一史料を伊勢御師の為替・替銭の分析に用い、鈴木敦子は、それを肥前国における町・宿の構造分析にもちいている。(10) 禅宗寺院の結解状や文書目録も、近年では貨幣流通や契約文書の分析対象となっている。田中浩司は、大徳寺塔頭の祠堂銭納下帳など結解状を、十六世紀の洛中における金や銀の流通と機能分析にもちい、村石正行は、禅寺の寺領目録・文書目録を法会や寄進・土地集積の契約文書として分析する。筆者が、東大寺未成巻文書として大量に残存する請取状・売券類を連券として復原することで、東大寺の決済・監査システムの分析にもちいたのも一例である(11)。文書群としての機能と役割が一通の古文書の機能とは大きく変化することがあり、これを文書集合の古文書学と呼んでいる。

膨大になった地域寺社の新出史料群は、地域経済圏や流通交易圏の分析に役立てる分析視点と方法論の改革によって、社会経済史研究分野の無限の可能性を開くものになろう。

一例をあげれば、佐伯徳哉が出雲の在地領主と地域経済秩序をとりあげ、佐々木銀弥が地域経済圏の成立は地域政治権力の成長と対応するという方法論を用いている。宮島敬一や榎原雅治らは地方寺社の機能と役割を解明することの重要性を提起し、二〇〇〇年代の地域社会論を生み出す原動力となった(12)。

宇佐見隆之は、地域流通構造が十五・十六世紀の段階から、戦国期・寛文年間の十七世紀の段階では大きく変動し、小売商人を中心とした交易から、河船座中や大名権力と結んだ商人司・初期豪商の大規模交易へと推移すると指摘する(13)。いまや、中世の流通経済活動の変遷を、求心と分散、中央と周辺の視点から離れて、地域経済圏や経済流通秩序・信用関係などのソフト面の分析論が大きな研究課題になりつつある。

第三に、歴史考古学の深化があり、出土資料や遺跡の分析が文献史料との共同研究によって、新しい歴史像を創造・前進させてきた(14)。考古学と中世史研究の新局面を開拓しつつある。考古学独自の分析手法である様式論・編年論や集成的研究の深化を進めながら、歴史考古学から流通・経済の問題点をどのような資料から、いかなる方法によって論ずるかを特定し、研究方法論を開拓していくことがもとめられているといえよう。

近年では、織豊期から寛永年間に及ぶ十七世紀の流通経済活動を、東アジアを超えて世界システムの中に位置づけられた列島規模での全国的流通圏の国際化という歴史像が提起されている。(15) 本章ではその前段階の室町戦国期の流通経済構造論を解明することを主要な目的として、関東地域ブロック経済圏論を問題提起したい。中世東国の流通経済圏を三つの変遷段階に区分して考察し直そうとする試みである。

一　十三〜十四世紀、内廻り循環交通路の形成

1　東海道・北陸道を結ぶ内陸循環路の成立

鎌倉期交通体系の革新

鎌倉幕府の成立と展開によって、鎌倉期の交通体系が、院政期のそれとくらべ、どのような変革があったのか、鎌倉期交通体系の革新の意義とはなにかについては未解明な課題のままである。

鎌倉幕府の交通政策については、文治元年（一一八五）十一月に東海道の伝馬制整備、建久五年（一一九四）の大宿・小宿の早馬・御物疋夫整備を経て建暦元年（一二一一）六月の新宿整備で、ほぼ逓送の駅制が整備されたこと、京都と鎌倉を結ぶ東海道が主要路として宿が発達した、とする通説ができている。とりわけ、伊勢神船や太平洋廻船、品川湊の地域経済圏研究によって、関東の水運をめぐる物流は、東海道・太平洋ルートが東西交通の主要路とみられてきた。(16)

これに対して、筆者は、院政期に摂関家領が東山道に沿って分布して殿下御使が陸奥出羽に派遣していた交通体系が幕府成立過程とともに衰微したこと、鎌倉から列島を南北に結ぶ鎌倉上道と善光寺街道が成立して、東海道と北陸

道と連結する南北縦断路が発達したことを指摘した。とりわけ、鎌倉中後期には、鎌倉上道・善光寺道に沿って北条氏領や鎌倉寺社領が数多く分布して、年貢公事の物流が定着すること、鎌倉期の新交通体系の特徴は、鎌倉上道―上野―信濃―越後―北陸道―京都―出雲―伊勢―尾張―駿河―相模―鎌倉に戻る内陸部の循環交通路が成立しているこ と、そこでは、熊野・伊勢と鎌倉を結ぶ流通路が、圓覚寺領や称名寺領の年貢輸送路と重なっていることを指摘した。(17)ここにこそ鎌倉期の交通体系の革新の内実があるというべきであろう。

鎌倉から善光寺への北廻りルート

まず、鎌倉期交通体系の革新のひとつに、東海道の宿駅整備による幹線化があげられることは通説のとおりであるが、関東地域の視点からは、東海道と北陸道を結ぶ内陸循環路の成立をあげなければならない。鎌倉を出発して列島の南北を結び付ける縦断路としての内陸内廻り循環交通路の史料には、明空が正安三年(一三〇一)に撰述した『宴曲抄』がある。おおよそのルートは、鎌倉―武蔵府中―入間川―上野大蔵―児玉―倉賀野―板鼻―松井田―信濃離山―桜井―望月―布引―海野―白鳥―岩下―落合―塩尻―赤池―坂木―柏崎―筑摩川―篠井―犀川―善光寺であり、この交通路にそって北条氏領が分布していることは、本書第一部第一章で論じている。

京都・北陸から善光寺への北廻りルート

一遍は「文永八年(一二七一)の春、ひしり善光寺に参詣し給□……越後国府より関の山、熊坂にかかりて、信州へ趣給」(『一遍聖絵』)とあるように、京都から北陸道経由で越後国府をへて善光寺に参詣した北廻りルートを利用した。弘安二年(一二七九)にも二度目の参詣を果たした。『遊行上人絵伝』(清浄光寺本)によると、他阿真教も年未詳(永仁六年説・正安三年説あり)に同一の経路で善光寺に参詣している(同七巻五)。永仁六年(一二九八)九月十日、戸隠神社顕光寺では燈明坊行祐と円琳坊が木造観音菩薩坐像を造立開眼している(信史四―四六四)。造像にともなう物流が活発化し、顕光寺では燈明を維持する燈明坊がもっとも重要な地位と役職であったことがわかる。京都・北陸道から善光寺に至る交通は、文永・弘安年間が盛期であった。『日蓮聖人遺文』では、文永十一年（一二七四）二月に赦免になった日蓮は「十五日に越後の寺どまりの津」から「柏崎につきて、次日は国府につき、十二日をへて三月二十六日に鎌倉へ入りぬ」とある（「日蓮聖人遺文」信史四―二九二）。佐渡―寺泊―柏崎―越後国府―関山―信濃善光寺―上野から鎌倉に入ったことになる。

北陸道から善光寺や三国峠をへて鎌倉に至る道は、越後・佐渡の守護職を北条氏一門が管轄したため、鎌倉に直結する重要交通路となった。『吾妻鏡』元仁元年（一二二四）二月二十九日条によると、去年冬に高麗人乗船の寄物が越後寺泊浦に着岸。越後守護北条朝時は、珍品の弓揃以下具足を新将軍頼経に進上した。四文字の銘文があったが、文士で読める者がいなかったとある。『百錬抄』同年四月十一日条には、乗員四人が越後白石浦で救助され、京都六角堂辺を経廻して「万人見物」となり、朝廷は武家に命じて洛中を追放したとある。日本海での朝鮮船の海難事故で、越後から京都や鎌倉への交通関係が活発化していたことがわかる。(18) 京都・北陸道を経由して鎌倉に至る交通網は、承久の乱後から十三世紀末期までには成立していたといえよう。

鎌倉期の北廻りルートの存在はいくつかの間道を発達させた。北陸道から糸魚川口より信濃小谷荘に入り信濃国府に至るルートも存在した。若狭国倉見荘御賀尾浦にあった諏訪社神田では、正和四年（一三一五）に刀禰や百姓中に命じて、干鯛十枚、貝魚（あわび）六十個を毎年信濃諏訪下社まで御贄として運送した（「大音文書」信史四―五九八～六〇七）。若狭から糸魚川に出て、信濃麻績御厨内大吉原を経て諏訪大社に出るルートであった（『長野県史　通史編中世1』四〇六頁）。この北廻りルートは、能登の珠洲窯などの北陸系陶器の流通路との関係でも注目されよう。

内陸内廻り循環路の発展と東山道の衰微

京都から、鎌倉・善光寺をへて北陸道で京都に戻る内陸内廻り循環路の利用者は、荘園制的年貢・公事の物流だけではない。史料上確認されるものは、佐久伴野荘内野沢原郷の農村商人や興福寺貝座の鍬売商人をあげることができる（「東大寺文書」信史四―五八九）。院領佐久伴野荘の麻商人（「大徳寺文書」信史五―一九九）が、京都と田舎を結ぶ遠隔地間交通を担った。畿内商人の京都・信濃・東国ルートの具体像は史料的には不明である。しかし、佐久伴野荘の荘園年貢は、文治二年段階で地頭小笠原長清が、鎌倉を介して京都に進上するシステムになっていた（『吾妻鏡』同年十月二十七日条）。藤原定家の使者は『明月記』によれば、安貞元年（一二二七）に浅間山・ちくま河・更科里から「善光寺六ケ日之路」（九月二十五日条）と記述しており、京都から鎌倉経由で、善光寺道に入ったことがわかる。嘉禄二年（一二二六）伊賀氏の乱で流刑にあった伊賀光宗を信濃麻績里に訪問し、善光寺に参じた塩谷朝業も『信生法師集』によれば、京都から二月二十九日「鎌倉につき」「上野」から「あさまのけふりをみて」信濃に入部した（信史補上―一五六）。承久の乱でも、幕府軍は東海道軍・東山道軍・北陸道軍の三軍で上洛したが、東山道軍は、甲斐源氏の武田信光・小笠原長清らが大将となっており、美濃大井戸で合戦し、垂井で東海道軍と合流している。大井戸の場所は不明であるが、木曽川の大井・奥渡付近とすれば、木曽道を進軍したことになる。上野も恵那峠も通過してないから、古代の東山道とは異なる。しかも、これを最後に、東山道が鎌倉期に交通路として使用された痕跡を知りえない。（補注1）したがって、鎌倉期には京都から東山道で信濃に入部するルートは使用例を検出できず、むしろ京都から東海道で鎌倉に出る幹線を利用して、上道・善光寺道で信濃に入部したとみてまちがいない。

こうしてみれば、東海道と北陸道を南北に結ぶ善光寺道の成立過程は、文治年間にはじまっていたことになろう。文治三年（一一八九）七月二十七日、頼朝が信濃国目代に命じて善光寺再建への合力体制を構築した（『吾妻鏡』）が、交通史上でも大きな歴史的意義があったといえよう。なお、弘安文永年間には一遍らが京都から北陸道経由で北廻りのルートで善光寺から関東に下向している。鎌倉末期の鍬売り商人や麻商人らも、同じく北廻りルートで坂東に下向したと推測される。(補注2)

下人・下女と在地市場

鎌倉後期には東海道と北陸道を結ぶ鎌倉上道・善光寺街道の利用は、神人寄人系の特権商人層ばかりではなく、地元農民や在地領主層の下人らが、地域の流通経済活動に活用するようになる。

『諏訪大明神絵詞』（信史六―二二五）によれば、正応年間（一二八八～九二）に佐久郡小諸郷の御家人小諸太郎の「下部下女」は、諏訪社頭役を勤仕する必要物資を調達するため隣国上野の「朝ノ市」に出かけ、下人はそこで北条貞時家の管領・上野国守護代の平左衛門入道果圓（頼綱）の従人等と口論を起こした。従人等が「牛ヲカイテ下女ニヲイカケタリ」として刃傷事件に発展した。鎌倉の裁判では貞時の夢に諏訪明神が「小諸カ方人也トイヘリ」と現れて無罪になったという。信濃・上野の国境地帯で在地領主層の需要により市場がうまれ、守護代が朝市での刃傷事件の裁判権を管轄していたことがわかる。

国境の地域市場では、両国の在地領主の被官や従者・下女らが市場での売買や貸付取引に参加しており、地域経済圏内の商業・流通活動が進展していた。東国では上野国世良田宿と四日市場（徳治二年、「長楽寺文書」）・同国今井郷六日市庭（嘉暦二年、同）・武蔵国村岡市（建永元年、「法然上人絵伝」）・同国小泉郷市場在家（元徳三年、「長楽寺文書」）・相模国鎌倉の大町・小町・米町・魚町・穀町（建長三年、『吾妻鏡』）などの鎌倉街道にそった地域市場の形成・発展が鎌倉中後期に生み出されていたことがあきらかである。(19)

列島の縦断路として機能した内陸内廻り循環路は、東海道の宿駅の発達と北陸道とを南北で結びつける役割を果たすとともに、地方と京都・鎌倉とを結ぶ遠隔地間交通を活発化させた。しかも、地域内経済圏の商業・流通経済を活発化させるという二面性をもっていた。遠隔地間交通は、局地内市場と交流しないとした大塚史学のパラダイムは再検討が必要である。

三河・飯田・越後を結ぶ内陸内廻り循環路

東海道の宿駅整備・幹線道路化が進展すると、鎌倉後期、新たな東海道の間道として地域内交通路が発達した。東海道の三河で中央高地の内陸の信州飯田に入り、信濃伊那谷から諏訪を経由して越後に抜け、北陸道をへて京都に至る道が新たに作られた。第二の内廻り循環交通路がうまれていた。

この交通路を記録したものとして、親鸞の曾孫・覚如（一二七〇～一三五一）の活動を記録した『慕帰絵詞』や『常楽台主老衲一期記（存覚一期記）』（信史五―四）が残る。存覚（一二九〇～一三七三）は宗昭＝覚如の子息で、父の一代記を記録した。それによると、覚如は存覚とともに元応元年（一三一九）、京都から東海道・三河街道を経て飯田・伊那谷から越後柿崎に出て京都に帰っている。「五月之頃、大上（覚如・宗昭）、参州に御下向、伴し奉り了、参州より信州に越しめ給ふ、飯田寂円の許に入御、御帰洛のとき、予（存覚）癰《よう》痛。横吹の険路、乗馬しながら打ち立ち了、善教、扈従し奉るの後、師匠を捨て、寂円に直参す、寂円、御勘気に預かり了」とある。覚如・存覚親子が三河のどこから飯田に入ったか不明であるが、真宗初期門徒としては愛知県岡崎市妙源寺が著名で、高僧連坐像を含む光明本尊を所蔵している。東海道の矢作宿から岡崎・足助・三州街道で飯田に抜けたルートと想定される。これは、鎌倉期にみえる飯田の初見史料である。覚如に奉仕した善教房が旅の途中で飯田の寂円に弟子入りして、覚如の怒りに触れた。三河や信濃飯田が、初期門徒の地方拠点となっていたことがわかる。

信濃・越後経由の京都への道

越後国柿崎荘では、『存覚袖日記』[20]につぎのようにみえる。

閏四月日越後国柿崎庄教浄房子息後藤次同道、本尊和朝増賀書之百疋口別儀両上人之外、如信上人、覚如上人マテ奉載之信空聖覚略之、

存覚は越後柿崎庄の教浄房のところで本尊の裏書をした。「南無不可思議光如来」という和字を増賀が書きあげ、法然・親鸞・如信・覚如の像が描かれ、信空と聖覚の像は省略してあった。存覚は本尊に「越中国水橋門徒、越後国姉崎庄住人尼浄圓本尊也、此の如く二十字軸心ニ一行ニ書き了」という裏書をしたとある。

仏教美術の浜田隆は、初期門徒の本尊は先徳連坐像と呼ばれ、独特の形式と絵画様式であると指摘した。親鸞伝記研究の今井雅晴も、越後柿崎門徒の寂証─寂心─寂圓─後藤次ら一族は越中最古の信者である水橋門徒で、越後国府より下へ七里の「マナコ」（上越市真砂）に移住したものと推測している(21)。

初期門徒の三河門徒が多く先徳連坐像の本尊画像をもっており、法然・親鸞とともに聖覚がよく登場する。信州飯田につづく木曾谷の東野阿弥陀堂からも、光明本尊と先徳連坐像が発見され、しかも「覚如」札銘の存在が赤外線調査でみつかった(22)。これによって初期門徒が三河・信濃・越後・北陸のルートに展開していたことが明瞭になった。法然八百回忌・親鸞七百五十回忌の東京国立博物館特別展「法然と親鸞」でもこの先徳連坐像が展示された(23)。最近二〇一四年十一月五日、筆者は上高井郡高山村奥山田の花木堂所蔵の「安心相承御影」と名付けられた本尊が、法然・源信・永圓・眞仏・信空・善圓・親鸞・聖覚の八僧の先徳連坐像であることを確認した。奥書に「圓照寺什物」とあり、圓勝寺は須坂市勝善寺の末寺で現在は廃寺である。勝善寺は、磯部門徒といわれ、天正五年（一五七七）二月十八日勝善寺順西が石山戦争中の本願寺家司下間頼兼に宛てた書状で「黄金八両」の軍資金を送付している（「勝善寺文書」信史一四─一九八）。戦国時代に徳川家康に敗北した三河門徒が高井郡の真宗門徒に匿われたとの伝承を裏付ける史料のひとつが、高山村で発見されたのである。

覚如や存覚ら初期門徒が活用した京都から、三河・信濃を経て越後に出て京都に戻る内陸循環路を逆行して、伊那

谷から遠江・三河を経て上洛しようとしたのが、元亀の武田信玄の上洛戦争であった（拙著『中世のいくさ・祭り・外国の交わり』前掲注18書）。

2　求心的遠隔地間交通の構造と借銭による資金調達

鍬売商人の家産制組織と借銭

中世前期の流通・商業は、定期市場や町場での売買取引として展開されただけではなく、むしろ、借銭・借船による投機的商業活動が主流になっていたことに留意されなければならない。鎌倉期の内乱・政変と飢饉や災害・疫病が連続して社会資本が貧弱な中では、有徳人から資金を借用して生活維持や商業・流通に必要な資金を調達する以外に道がなかった。

一例を示すと、東大寺文書（「筒井寛政所蔵文書」、信史四―五八九）によると、応長元年（一三一一）、興福寺一乗院の貝新座寄人四郎は鍬売り商人で、販売代金三十貫文を信濃国住人右馬太郎に預けて関東に下向して山賊に殺された。彼の遺産をめぐって一族兄弟の訴訟が起きた。兄有継は四郎が姉長寿女の口入で和泉国住人千手主次郎から二百六十貫文を伝借して鍬を買い取って販売した代金だと主張した。四郎の舅で鍛冶新座衆の良仏は、自分が口請之銭としたものであるから使者を右馬太郎のもとに派遣して銭三十貫文を差し押さえたと主張。四郎の後家と息女は四郎の遺産だとして相続を主張した。興福寺一乗院政所の判決は、兄有継の提出した借書は息女の加判がなく真偽不明とし、息女犬女への相続を認めた(24)。ここでは兄有継や舅の良仏らの主張は認められなかったが、いずれも「口入」での「伝借」や「口請之銭」とあり、鍬の買入資金が二百六十貫文もの巨額な借銭に依存していた事実は否定されていない。東国への鍬売り商人は、兄弟・姻族を含んだ家産制組織に依拠した借銭によって活動資金を調達していた。神人供御人系商人の遠隔地間交易は、博打と同様、借銭による投資的商業であったことが判明する。中世商業活動が借銭によって経営されていたことの歴史的意義が再検討されなければならない。

家産制組織と借船・借銭よる海運

在地領主層が「惣河之口、鵜船已下」や「舟」を所有していたことは知られている。史料上「住人」ともみえる中世商人が、自分の船を所有していたのか、借船に依拠していたのか、については検討事例を知らない。島津家文書（鎌二五三〇八）によれば、正和三年（一三一四）に、薩摩国伊作庄住人弥平五らが、市来院住人志布志入道から小船一艘を借用して海路で破損した。船主の志布志入道方は、在所領主の市来院家貞の挙状を得て領家に提訴して、船代として法師一類三人を質人として獲得した。借船の破損費用を人質の労役で代償させたのであろう。一六年を経た後も志布志入道方は人質の返却を拒否した。今度は、在所の領主である伊作庄地頭島津忠長が市来院領主市来院家貞を提訴し、志武志入道後家尼らの出頭を催促し、家貞請文もとった。しかし、後家尼は物詣上洛を口実に出頭せず、家貞も尼を召進めなかったとして、鎮西探題で同年十一月二十七日の裁許で、敗訴となった。ここでも住人間で借船をめぐる損害が人質の年季奉公で弁償され、不正な債務弁済をめぐる訴訟が在所領主間の訴訟になったことが判明する。貞応二年（一二二三）とされる廻船式目（鎌三〇六八～七三）では、借船の損害をめぐる規定が複数存在している。借船をめぐる紛争が多かった。

「伊勢光明寺文書」（『日本塩業大系　史料編　古代中世(二)』一九七七年）によれば、志摩国阿久島住人道妙一門が伊勢神宮や駿河江尻を拠点に坂東との廻船を営んでいた。伊勢神船や江戸湾の廻船が駿河江尻津・相模品川津・上総富津などを拠点に発達していた[25]。関東の水陸交通と伊勢・紀伊の水運が大湊の伊勢神船を介して連続して太平洋海運と概念化しうることが綿貫友子によって指摘された[26]。しかし、ここにみえる住人道妙の船が、自己の所有船か借船かについては未検討である。

伊勢徴古文府の建仁三年（一二〇三）十一月四日官宣旨によれば、「相佐須庄住人等、神戸船一艘を借請□、塩木を積み交易のため漕出」（鎌一四〇〇）とある。志摩国相佐須荘住人らは、借船で、塩木を交易していた。「伊勢光明寺文書」（『日本塩業大系』前掲書）では、建武三年（一三三六）四月、道妙の弟定願が駿河江尻津に居住し、坂東からの船四艘が江尻に到着したとき、舎弟定願が「江尻船之銭貨」＝千貫文を「抑留」した（「伊勢光明寺文書」、巻②七号）。道妙の後家法宗と舎弟定願は、遺産争論となった（「伊勢光明寺文書」、巻①一五号）。弟豊後房は阿久志島、弟弁盛は二見、道妙姫婿は泊浦、弟定願が駿河江尻津に居住した。定願と豊後房の兄弟が共同して船四艘を「抑留」して、「用途□余貫を配分せしむべきと称して」後家法宗と裁判で争った（巻①一八号）。同族一門が、血縁関係を通じて「商売を致す」「寄付せしむ」とあるように、借銭や商売物の仕入・調達・信用保証にあたっていたが故に、一族間で遺産の「配分」をめぐって激しい訴訟合戦が展開されていたといえよう。中世商人が、親類・兄弟一族で家産制的機構をつくりあげ、商業経済活動を展開したことが判明する。弟らが船四艘ではなく、銭を差し押さえたのは、船が借船であり、荷物の銭が兄の所有物であったからと解釈できよう。血縁・姻戚関係による借銭・貸借契約があったからこそ一族間での紛争や夫婦相続や兄弟相続での訴訟を複雑・激化させた(27)。中世商業や流通経済の内部構造は、同族的家産制機構と債務債権関係に依存していたものと規定できよう。

宗教者による遠隔地間取引

遠隔地間取引や流通・交通を生みだす要因は、荘園制的貢納制であったとして、定使・収納使・御使には寄人・舎人・供御人や僧侶・神人・名主百姓らが任命されたことが明白になった。豊田武・網野善彦・大山喬平らは、中世商人が供御人や寄人・僧侶・神人であったとするが、その理由についてはあきらかになっていない。栄原永遠男・勝俣鎮夫・桜井英治らは、商業活動が呪術的性格をもっていたことを主張している。ここでは、歴史事象として、中世寺社が年貢米や寄進物が集中・独占する存在であり、富のあつまる場であったことに注目したい。僧侶集団や行者・衆徒集団が、講をつくり上分米・神物・仏物の貸付取引や投資活動を展開した。つまり、中世寺社が、地域における負債・質契約・債権債務関係を結ぶ中心的存在であったことに注目したい。

時衆・山伏・密教僧と遊行・修行・勧進

『一遍聖絵』で一遍が佐久伴野市を訪れた理由について、一遍の叔父河野通末が伴野荘に流罪・死去した由緒による墓参供養のためであったとする定説があった。筆者は弘安年間に善光寺聖法阿弥陀仏と念阿・道空らの聖集団が佐久落合新善光寺での造寺造梵鐘の勧進と竣工を記念して、一遍ら時衆の遊行を呼び寄せたとする仮説を提起した。『一遍聖絵』巻六の第一段に弘安五年（一二八二）、鎌倉片瀬にいた一遍を「上総の生阿弥陀仏」が上総往生院に招請した事例がある。地域での造寺造仏活動が質経済や貸付取引を活発化させ、一遍の遊行も地域での経済活動の一環とみることができる。近年では一遍の佐久遊行は墓参供養ではないとの議論が深化している(28)。

古代にはじまる山岳修行も、権門寺院の材木入手という経済活動と一体であった側面を重視する必要があろう。九世紀の列島は、プレート移動による噴火と地震が連続し、権門寺院や山岳寺院が倒壊し、再建のための材木確保のため杣経営が必要とされた。山岳修行は、杣の設定と連動していた。寛平八年（八九六）、山城相楽郡では、東大寺・元興寺・大安寺・興福寺が修理用材のために杣を選定し、山中の大河原・有市・鹿鷺らの郷百姓から新規に地子を徴収しはじめ、太政官での訴訟事件となっていた（『類聚三代格』同年四月二日太政官符）。この地域は、大和・山城・伊勢三国の国境地帯の山中で、笠置寺など役行者の山岳修行伝承の分布地と一致する。

畿内近国の山林修行が杣での用材確保や勧進活動と一体であった事例も多い。名張赤目四十八滝の名勝地となっている伊賀国黄滝寺では、永治二年（一一四二）に山林修行の僧が梵鐘と湯釜を造立するための勧進活動を展開した（「東大寺文書」平補三一五）。

東国で山伏による山岳修行と勧進活動の事例が史料上確認されるのは、十三世紀になってからである。上野・信濃国境地帯で熊野修験の先達や山伏らの活動が確認されるのは、正嘉の飢饉の最中、正嘉二年（一二五八）に小諸市布引の釈尊寺所蔵の重要文化財の宮殿が「熊野権現一切諸神　大勧進明阿弥陀仏、大番匠橘久継」によって建立された。銘文に「偏く是れ石専寺聖観音威光増益の為なり」とある（信史四―二一九）。正応五年（一二九二）には信濃臼井峠の熊野皇太神宮所蔵の梵鐘が上野国松井田一結衆によって寄進された（信史四―四二四）。山岳寺院の梵鐘・湯釜などの造営活動・勧進活動はそのまま山岳修行であったのである。

日光修験の遠行と講の借銭

日光修験では、善光寺三尊像が鋳造された錫杖が出土しており、「奉施入　日光山女体権現御宝前、正応元年（一二八八）戊子十一月日沙弥生阿」の銘文がある。善光寺聖人の沙弥生阿が、日光山に修行に出向き、信濃・常陸間の遠隔地交流にあたっていた。日光の重要文化財に指定されている嘉暦二年（一三二七）六月に奉納された三所権現板絵には、「大先達東寺一乗菩薩月山当両金剛明□、先達天台三昧余風嘉一乗菩薩当両金剛阿闍□、先達天台瀧山一乗菩薩当両護摩八千金剛阿□□」の墨書銘がある。東寺僧で一乗菩薩と出羽月山で修行した先達や天台僧で比叡山常行三昧堂や一乗菩薩を信仰した先達、三河滝山寺惣寺院で修行した先達の阿闍梨らが、遠く日光山輪王寺に参じていた。元徳三年（一三三一）四月七日銘の役行者御影は、「寒澤宿」に奉納されたが、願主は「東寺余流□行弁」であり、「画師大法師龍□」とある（栃木県立博物館『日光山輪王寺の仏画』図録、一九九五年）。真言密教の東寺僧や天台密教僧が、三河滝山寺や出羽月山・下野日光などの山林修行と巡国の中で遠隔地間交通の主体になっていたことがわかる。

先達・山伏らは、遠隔地に出向いて「遠行」し道者を案内して本山にもどることが義務とされた。文永四年（一二六七）と建治二年（一二七六）の日光山常行堂置文（『鹿沼市史　資料編　古代中世』一〇七・一〇九号）によると、衆中は「常住」の堂僧・見衆と「下山之輩」の先達・山伏らに身分差別があった。下山の輩は、「遠行」の暇は四ヵ月以内とされ、「衆集」への出席と瀧尾中禅寺蓮華会と正月念仏修正会での「調声」に参加することが義務づけられていた。先達と山伏は、四ヵ月以内の「遠行」で地方山岳修行に歩き、信者を獲得して日光山の寒澤宿や瑠璃宿・両林宿などの宿坊に宿泊させていた。鎌倉後期の輪王寺では、瀧尾講・三十講・五時講が存在しており、常行堂の講衆は、堂の忌日料を貸借して地域に投資して紺屋などを営んでいた(29)。中世寺院が地域における貸付機関としての社会的機能を果たしていたのである。

勧進と講銭・憑支

勧進活動の必要経費は、僧侶集団ごとの「講」が負担した。大和唐招提寺の晦講米の初見は安貞三年（一二二九）、東寺の大黒講利銭の初見は正応三年（一二九〇）である。高野山では嘉元四年（一三〇六）、聖達房を講頭として憑支衆が結ばれた。法隆寺では正慶三年（一三一〇）、惣社造営のため極楽憑支で資金調達された。講衆による定期的拠出金の貸借や寄付・貸付活動がそのまま僧侶・神人・山伏らの商業・勧進・流通活動であった(30)。

こうした人やモノの移動が、関料や警固料という新しい富の財源を生み出した。大徳寺文書によれば、信濃国佐久伴野荘では、建武二年（一三三五）に「警固用途は麻商人の馬百文、人五十文を遣わすの由、水沼これを申す、公事を止める旨申候、不審、商人皆出し候、麻を以てせず」とある（信史五―二九九）。信濃は信濃布・細美布という麻布の特産地であった。麻商人の馬一頭に百文、人に五十文という高額な「警固用途」＝関料が賦課されていた東国での初見史料である。荘園年貢・公事物は免税で、商売物に賦課されるのが原則であり、商人は皆負担した。

東国山岳寺院の日光別当や東寺僧による借銭が史料上確認されるのも鎌倉後期である。東寺雑掌加治木頼平は、正応四年（一二九一）六月から一年間の鎌倉での訴訟・滞在用途を借銭に依存し、本所からの為替で送金し、このとき日光僧正の替銭もみられた（「東寺百合文書」鎌一八〇七〇）。十三世紀、東寺僧の京都・鎌倉を結ぶ遠隔地間交通は、借銭利用が必要不可欠であったことがわかる。

3　渡海僧による海外交流と遠隔地間交通

東国僧の渡海

十三・十四世紀、鎌倉期の地方寺院での経済活動は、寺僧・禅僧らの中国・朝鮮との貿易・海外交流ともリンクし、禅宗寺院での日中交流がとくに注目されている(31)。東国地方寺社でも、海外交流の事例が発掘されなければならない。ここでは、南禅寺の開祖無関普門と信濃・上野・越後の寺院ネットワークの事例を示そう。

「大明国師行状」（信史四―一七一）には「信州保科人なり……母抱き越後に到る、七齢にして蒲原郡菅名荘正円寺講主寂円に依り童子となる、乃ち俗伯父なり」とある。信濃国保科御厨の出身者が、越後国菅名荘の正円寺の講主寂円を伯父にしており、血縁関係にあった。越後の寺院でも僧侶集団による講が結ばれ、「講主」が存在した。彼は「信州に回却し塩田に館す」ともあり、地頭北条義政の信濃国塩田荘は信州の学海とよばれ、学問の地方道場であり、信濃・越後を往来した。「十九にして世良田釈圓律師に投礼して菩薩戒を受け顕密両教に游刃す」といい、上野国新田荘世良田の長楽寺の釈円＝栄朝により菩薩戒を受け顕密を習った。その後は、山城東福寺の円爾に学んだ。越後国白河荘華報寺に帰り禅宗に改宗。「遠遊せざれば通方の眼なし」と、仏法の国際性を自覚した。「年四十にして海を渡り」建長三年（一二五一）、宋国に入り、真丹を歴て日本に帰国。「南禅第一世の祖」となった。ここには、信濃・越後・鎌倉・京都・入宋という中国に開かれた東国地方寺院と鎌倉・京都寺院との寺院ネットワークが編成されていた。都鄙間の寺院ネットワークが僧侶養成や地方文化人を育成する教育機関や渡海入宋の用途を貸借する信用保証の役割をもっていた。

渡海僧の遠隔地間交通

上野吉祥寺の禅僧の自伝史料「仏種慧済禅師中岩月和尚自歴譜」（『続群書類従』伝部）によれば、暦応元年（一三三九）～応安二年（一三六九）にかけて、宋より帰国した中岩が大友貞宗・氏泰・氏時の上野吉祥寺（川場村）に入寺してからの活動を知ることができる。それによると、彼は、宇都宮・鹿島・相馬から、鎌倉藤谷や鎌倉万寿寺に住み、さらに上洛して京都万寿寺を拠点に活動し、参内して天皇に講釈に及んだ。豊後万寿寺と頻繁に往来し、大友氏と面談するだけではなく、博多に出向いて商船をまって中国渡海を試行・失敗をくり返している。東国の禅僧らが、中国渡海を目指して、東国・京都・九州との遠隔地間交通に従事し、流通経済活動を活発に展開していた。東国の内廻り循環交通路が海外交流のネットワークにリンクしていたことは忘れられてはならない。

二　十五世紀関東ブロック経済圏と北廻り交通路の重要性

研究史の課題

室町期の東国の流通経済圏について、山田邦明・青山文彦らは、鎌倉府を中心とした寺社領や武家領の年貢輸送の流通構造をあきらかにし、新田英治は、中世後期に地域ブロック経済化の動きが生まれるのではないかという問題提起をした(32)。新田は、十五世紀に隆盛した信用経済と東西両地域の年貢の恒常的な流れの中で、地域間流通よりも地域内流通が卓越し地域のブロック経済化をはじめると指摘する。とりわけ、恒常的物流が信用経済を支えるというシステムは政治状況によって変動し、十六世紀になると、切符・為替などの信用経済が崩壊するのも、そのためではないかとし、桜井英治の仕事を評価し直している(33)。本節では室町幕府と鎌倉府の対立から、永享の乱・結城合戦・享徳の乱など東国反乱が流通経済史の地域構造に、どのような影響を与えたのかを問うことにしたい。

近年、東国・関東の地域と守護権力については、鎌倉公方・守護・京都扶持衆・奉公衆の分布と類型化がすすめられ、活発な研究蓄積がなされている。しかし、室町期東国の流通経済政策をめぐる幕府と鎌倉府の矛盾や地域の流通経済構造の問題については、戦国期を除いてほとんど検討がおくれている(34)。

本稿では、東国内乱期に、鎌倉公方持氏〜成氏による鎌倉府の流通経済政策の推進によって関東八ヵ国のブロック経済圏化の動きが顕著になり、東海道による遠隔地間交通が停滞し、むしろ関東管領・越後守護の上杉氏一門による関東と京都を結ぶ北廻り交通路を介した求心的遠隔地交通の活発化によって重層的な関東地域経済構造が生まれていたことを主張したい。

以下、その具体像を史料群とともにみよう。

1　求心的遠隔地間交通と関東管領の役割

東国守護職の補任問題

伊藤喜良は、鎌倉府管轄の守護職補任権が幕府にあったという通説を批判して、幕府の東国守護補任権は基氏頃まで と推定し、それ以降の東国守護は鎌倉府の吏僚化したとする。とくに、応永二十五年（一四一八）に宇都宮持綱の上総守護職補任をめぐる幕府と鎌倉府の折衝では、鎌倉公方に補任権・幕府は推挙権であったと推定した(35)。

この見解や上総守護をめぐって論争がつづいたが、近年、杉山一弥が応永二十五年から三十年にかけて幕府が佐竹与義・祐義を常陸守護に補任し「安堵御判」を出したが、足利持氏がこれを拒否し佐竹与義を誅殺したこと、幕府が佐竹祐義を推挙すると、鎌倉府は半国守護の妥協案を出したが幕府が拒否したこと、下野守護の場合でも幕府が結城光秀を補任したことをあげ、関東諸国の守護補任権は基本的に室町幕府にあったとの見解を提示した。(36)「昔御内書符案」や『満済准后日記』など京都方史料を詳細に読み込んで興味深い見解を提示している。

ただ、将軍家の東国守護補任権に正当性があったにしろ、関東公方がそれを拒否し、難色を示して関東使節を介して両者が合議・政治折衝をしなければならない鎌倉府方の権限が何に起因するのかは未解明なままである。やはり、新田英治が論じたように、(37)幕府・鎌倉府の関係が良好であれば、補任問題は起こらず、両者にズレが生じたとき、他方の反対を押し切って自らの意向を貫こうとするから、両者の摩擦を調整する多様な政治現象が必要になったといわざるをえない。いいかえれば、東国守護に対する鎌倉府の推挙権にもとづいて幕府が補任するという原則論に両者とも暗黙の合意があったからこそ、両者が政治的に対立したとき、関東使節を介しての政治折衝や妥協が図られたとみるべきであろう。永享から享徳の乱のように、両者が実力によって相手方を服従させようとするのも、それぞれが自らの正当性を主張して自力救済によって紛争処理をはかろうとしたからである。

したがって、持氏〜成氏政権期に激化する軍事的衝突や都鄙和睦など政治・軍事情勢が、関東流通経済圏のブロック化の経済政策や求心的遠隔地間交通の復活をくりかえしたと考えざるをえない。

文安の都鄙和睦と東西物流

永享の乱から享徳の乱にかけて東国の反乱がつづくが、実際には何度か都鄙和睦があった。文安六年（一四四九）にも両者の和解が生まれた。一月に永寿丸の鎌倉公方補任、四月に義成（後の義政）の将軍職が決まり、代替わりと和解が進み、七月には宝徳と改元された。鎌倉公方成氏は「徳政として」鶴岡八幡宮に沽却地返付の御教書（神六一〇九）を発給する。幕府管領畠山持国は常陸・下野・下総の一門紛争での沙汰付を関東管領憲忠に命じる管領奉書を出している（神六一二一～三）。幕府・鎌倉府の都鄙和睦では、両者の文書発給が重層的に行われていたことが確認できる。

都鄙和睦が東西の遠隔地間流通にどういう影響を与えたか、『康富記』文安六年五月十一日条をみよう。

> 局務令レ語給云、去月末、自二鎌倉一管領上杉房州子息方、公方進上之御馬貢三進之一、其外管領山名已下諸大名之方、各馬上送之処、畠山左衛門督入道方よりは、馬よくもなきとて、被二追返一不レ被二請取一云々、

局務清原業忠が六位外記康富に語った情報では、同年五月に鎌倉より関東管領憲忠から公方のみならず、管領畠山持国や山名持豊以下の諸大名方へも御馬が進上された。管領持国は良馬にあらずとして送り返したという。都鄙和睦の実現が、鎌倉・京都間をむすぶ贈答品の物量を増加させたことは明白である。室町期の東西間の遠隔地間流通は、政治情勢に大きく左右されたことがわかる。とりわけ、関東管領上杉一門が東西遠隔地間流通の主体となっていたことが注目される。室町期の東西間の物流・交通量は、幕府と鎌倉府の政治情勢によって大きく左右されたとみなければならない。

鎌倉五山住持職補任と越後至徳寺

最近では、鎌倉五山や関東諸山・十刹・甲刹など官寺の住持職の補任権は、鎌倉公方のみの手に独占されたのではなく、将軍家による公帖発給もつづいていたことが明示されている(38)。

関東の鎌倉五山・十刹・諸山の住持職補任をめぐって関東公方と将軍がともに協調して公帖を発給するシステムが可能であった社会的背景は、親幕府方の上杉家が関東管領職と越後守護職を独占して、将軍家と鎌倉公方との関係を

修復・調停するとともに遠隔地間交通を実現していたという政治権力構造があったことに留意しなければならない。

一例をあげれば、永享の乱で持氏が敗北後、永享十年（一四三八）十二月関東管領上杉憲実が将軍義教との和睦交渉をはじめた。翌永享十一年正月二十五日に京都から柏心和尚・乾楞西堂が関東使節として派遣され、四月二十五日に帰京し都鄙和睦が実現した。五月四日になると「関東五山公帖出矣、建長寺即智海和尚、圓覚寺即士倫西堂、寿福寺乃充典西堂、浄智寺乃昌均西堂・浄妙寺乃寶種西堂也、皆上杉阿房守之吹嘘、以二公帖一傳二柏心和尚一」（『蔭凉軒日録』）とある。都鄙和睦の象徴として鎌倉五山の公帖発給が実現した。その手続きは、関東管領上杉憲実の吹挙により将軍の公帖が作成され、再び関東使節の柏心和尚によって伝達されたことがわかる（『蔭凉軒日録』五月三・四日）。この手続きは、鎌倉と京都の戦争と和睦がくりかえされるごとに登場した。

文明十二年（一四八〇）に関東公方成氏が将軍義政に誓詞を出して、越後守護上杉房定を介して和睦交渉がはじまり、文明十四年（一四八二）に都鄙和睦が実現した。越後守護房定は「彼正文、徳林西堂をもって言上せしむ」（「蜷川文書」上越三六四）とあり、越後国圓通寺の僧岳英徳林を京都に派遣し、岳英は在京中に蔭凉軒や相国寺前住職横川景三との交渉にあたった（建仁寺両足院所蔵送別詩軸、上越三七六）。岳英徳林はその功績で建長寺公帖を受けている（『鹿苑院公文帳』史料纂集）。

文明十五年に鎌倉公方の公帖で禅興寺住持職に補任された竺雲顕騰は、延徳四年（一四九二）に建長寺住持職を幕府に所望した。将軍義材に公帖の発給が披露された（『蔭凉軒日録』六月五・六・八日条）。この時の交渉は「景雪翁、拉二越後至徳寺僧寿松蔵主一来、就二顕騰西堂建長寺公帖之事一、関東管領一行有レ之、判門田鶴寿方江遣レ之状也、彼松蔵主持レ之来、不レ面レ之」（『蔭凉軒日録』六月五日条）とある。ここでも、関東管領上杉顕定の一行＝吹挙状が出され、越後上杉家の京都雑掌判門田鶴寿に宛てた顕定の副状を越後守護房定が府中至徳寺の僧寿松蔵主を派遣して京都に届けたことがわかる。つまり、関東管領上杉顕定と越後守護上杉房定は親子であり、越後府中の至徳寺の僧を使僧として上洛させて、蔭凉軒亀泉集証との交渉に当たらせたのである。

以上から、鎌倉五山の住持職補任のために公帖発給体制は、将軍家と鎌倉公方との都鄙和睦が前提で、しかも関東管領の吹挙によって将軍家の公帖が作成されていた。そのために関東管領上杉氏は越後守護上杉を介して越後府中の至徳寺や圓通寺の僧などを使僧として京都・鎌倉の政治交渉にあたらせた。東国の反乱と和睦がくり返される中で、関東管領と幕府との交渉は越後守護上杉氏が媒介して実施され、関東と京都との遠隔地間交通は越後府中や北陸道を通る物流を活発化させていたことがわかる。十五世紀の東国の反乱と都鄙和睦という政治情勢が、北陸経由の京都関東間の物流の増大という経済活動を生み出していたのである。

内陸部の住持職補任と東西物流

他方、鎌倉と京都の対立・抗争が激化すると、駿河・甲斐・信濃・越後など境界地帯でも、官寺住持職の補任をめぐって幕府の政治交渉が行われる事例をみよう。

『蔭凉軒日録』長享二年（一四八八）四月四日条には、前鹿苑院惟明瑞智が来て、「越後国至徳寺甲刹」を希望して太守上杉房定が書状を幕府に提出した。「其状云、十刹之事、有₂其望₁云々」とある（上越四一〇）。越後国府の至徳寺の甲刹の認可は、越後守護が蔭凉軒に申請して将軍家の認可を得る必要があった。『蔭凉軒日録』によれば、十刹の信濃国開善寺・駿河国清見寺住持職（長享三年九月六日条）、鎌倉建長寺座公文、駿河国清見寺、信濃国建福寺（延徳二年〈一四九〇〉閏八月九日条）、甲刹の甲斐国浄居寺、信濃国慈雲寺住持職（延徳三年十一月二十三日条）などが幕府の補任権のもとにあったことがわかる。境界の駿河・甲斐・信濃では、十五世紀の諸山・十刹・甲刹の住持職は、いずれも幕府によって公文が発給されている。

こうした関東周辺の諸山・十刹・甲刹など禅宗寺院の官寺住持職の補任権をめぐる政治交渉は、寺領の年貢輸送や申請者による贈与・貸付取引などの特産物輸送といった物流とリンクしている。明応八年（一四九九）十一月十八日には、将軍義高（義澄）が至徳寺十刹の公帖を出している。俊首座の礼に二十貫文、伊勢貞陸の礼に五貫文、伊勢右京亮貞遠の礼に二貫文、鹿苑院の礼に二十貫文、院主の礼に十三貫文、合計六十貫文もの謝礼が贈られた（『鹿苑日記』同日条）。公帖発給にともなう東西物流が増大したといえる。

『鹿苑日録』（史料大成本）明応八年（一四九九）三月八日条では、鹿苑寺以言院領越後浜郷年貢銭京着百貫文が未進になっていた。以言院の景徐周麟は、俊首座を介して越後守護上杉房能の幕下長尾中務丞に宛てて書状を出し、年貢を催促した。七月一日条には、浜郷代官長尾中務丞から白端三段と蝋燭百挺が送進された。前年に府中安養院に贈られた蝋燭と同じであった。上杉房能からは春屋妙把に蝋燭百廷があわせて贈られた。政治交渉と物流の復活が連動していたのである。十五世紀の北陸ルートでは、越後・出羽からは紅花・蝋燭・和紙、白布などが頻繁に京都への物流となって、本所権門寺院や洛中の経済を支えていた。

将軍家と鎌倉公方が対立、東国の内乱が激化する中では、鎌倉公方を監視して東国の軍事動向を把握するうえで、駿河・甲斐・信濃・越後の諸山十刹甲刹の住持職が重要になっており、将軍家の補任権が政治的意義を高めていたといえよう。とくに関東管領上杉氏と越後守護上杉氏が幕府方の大名であったから、京都と結ぶ越後経由の北陸道が、京都と関東を結ぶ東海道よりも、次第に主要道になっていくことに注目する必要がある。

2　鎌倉府による関東地域経済圏のブロック経済化

関東公方の関・渡・湊支配と寺社造営

室町期に鎌倉府が関東の関所や渡・湊などで関料・帆別銭・酒壺銭などの徴収権を通じて東国での経済政策を実施していたことは本書第二部第二章で論じた。その後、小森正明は、鎌倉府による鎌倉五山十刹寺院への監督権や鶴岡社・三島社・鹿島社・香取社など主要寺社の修理取締権限について検討した。その結果、武蔵・相模・伊豆・常陸・上野・下野・上総・下総の関東八ヵ国の寺社造営に際して、鎌倉府は修理造営用途として料所や国段銭・国棟別銭・関銭・帆別銭・有徳銭・酒壷別銭・勧進銭の八種類を付与して経済的に援助していたこと、鎌倉府が流通機構へ賦課した経済的権限は、箱根山別当関所・六浦庄勧進関などの関料、武蔵岩淵関の橋賃、神奈川品川湊以下浦々の帆別銭、鎌倉中の間別銭および酒壺別銭、常陸国有徳銭などであったこと、東国の経済関は、武蔵・相模・下総・伊豆・駿河・甲斐の六ヵ国二十三ヵ所に及ぶことをあきらかにした(39)。

小森正明の研究成果は、鎌倉府が関東八ヵ国の関所や橋を通じて商業・流通・経済圏のブロック経済化を推進することが可能な制度的体制をもっていたと評価できよう。関東六ヵ国の経済関を給付する安堵状の多くが持氏と成氏によって発給された。これこそ、当該期の鎌倉府が関東八ヵ国の地域流通圏をブロック化し、独自の流通経済政策を実施することができた証左といえよう。

関東八ヵ国の民間宗教者ネットワーク

関東ブロック経済圏の成立をものがたる一史料が、つぎの小野寺文書（『栃木県史　史料編中世二』神六一三八）である。

就㆓諸関破却㆒、鎌倉自㆓月輪院㆒、両度状於御下候、八ケ国相触、参期之年行事急鎌倉江可㆑上由、三山同心状於給候、今月廿八日、於㆓鎌倉八幡宮㆒可㆑有㆓御衆会㆒候、奉行頭人申㆓子細㆒候、其方相触候而、可㆑有㆓御立㆒候、此際之御祈祷事者年行事計候ても申上候へ共、今度者関破却之衆会仁候之間、富士・二所・熊野先達不㆑限㆓山臥聖道神職等㆒可㆑被㆑登候、於㆓小田原㆒手札於致㆓披見㆒、不参之輩者可㆑停㆓止道中㆒候、如㆓前々㆒中村・大内・田野・益

子・高橋・祖母井・市塙・与能・水沼・高根沢・其外山方分無レ村此廻文可レ有二御付一候、仍如レ件、

享徳元年十月四日　　大先達法印宗俊（花押）

□寺□

この史料は享徳元年（一四五二）、鎌倉月輪院より書状が出され、関東八ヵ国の山伏の年行事に、急ぎ鎌倉に参上するように命じられた事例であり、以前に山伏集団の問題としてとりあげた[40]。その後、新城美恵子は、『康富記』宝徳二年七月十九日条に「和泉守護細川兵部少輔去年被レ誅二山臥一之間、都鄙山臥楯二籠新熊野社頭一、呼二集諸国山臥一、率二大勢一」とあることから、諸国山伏は新熊野を仲介に聖護院の権威によって動員がなされたものと解釈し、関東での「大がかりな衆会を催すときには、あらかじめ熊野三山の同意をえることも必要であった」と解釈した。全国的な熊野山伏結合体の背後に聖護院門跡の影響を高く評価している[41]。他に、流通経済史分野では本史料に言及した論考が管見に入らない。

しかし、本史料は、鎌倉月輪院から大先達宗俊を介して関東八ヵ国の年行事に命じて「富士・二所・熊野先達不限山臥聖道神職等」に諸関破却の衆会に参加するよう動員体制が組まれて、「八ケ国相触」れる体制が関東に存在していたことが重要である。いいかえれば、鎌倉月輪院を頂点に関東八ヵ国の富士・二所・熊野の先達と山臥、聖道＝村岡経など雑芸人、神職等＝神道関係者に対する動員命令のネットワークが、享徳元年（一四五二）以前に生まれ、社会的に機能していたのである。関東八ヵ国という地域範囲内に限定した組織性をもっていること、富士・二所・熊野先達・山臥・聖道・神職等という広範囲な民間宗教者の社会集団を組織したこと、寺院と神社を統合しており、権門寺社の本末関係の編成原理とは異質であることなどの特質を指摘できる。こうした地域的宗教者の社会集団の横断的組織が自然発生的に生まれたとは到底考えられない。この社会集団の頂点に鎌倉月輪院が立っていることはなにより

も鎌倉府との関係を推測させる。鎌倉府の『鎌倉年中行事』には、護持僧として「月輪院」がみえ、『鎌倉攬勝考』巻之七には「月輪寺廃寺跡」とみえ「成氏朝臣の護持僧寺」とあることを新城が指摘している。これこそ、関東八ヵ国の先達・山伏・聖道・神職らのネットワークが関東公方を媒介にして結成されたものとみるべきものといえよう。「熊野先達」以下の構成員よりも、「富士・二所」の先達・山伏が筆頭にあげられ、「聖道・神職等」という雑芸人から地方神社の神主・禰宜層まで広範囲の民間宗教者に触を出せる組織性を備えていた。とりわけ、富士・伊豆・箱根権現の修験者が熊野先達や山臥等よりも上位の序列に編成していることも、関東の政治権力が民間宗教者のネットワークを組織化したことを窺わせるものといえよう。鶴岡八幡宮での衆会に際して「小田原において手札お披見致し、不参之輩は道中を停止すべし」とある。小田原での手札の臨検を命じている。小田原関所が東海道の流通経済圏のチェックポイントであった。

以上から、持氏―成氏の時期に鎌倉府が関東八ヵ国地域をブロック経済圏として編成しており、関東八ヵ国の修験・先達・聖道から神職に至る民間宗教者を、鎌倉月輪院の年行事の触で動員する体制をもっていたと評価できよう。

東国内乱による求心的遠隔地間交通の遮断

享徳の乱につづいて、関東公方と幕府との対立が激化すると、関東ブロック経済圏は東西物流や遠隔地間交通にどのような影響をあたえたのかを検討してみよう。

長禄二年（一四五八）八月、義政は成氏に替わって関東公方として前将軍義教の四男で将軍の庶兄・政知を、伊豆に送り込んだ。伊豆公方政知政権は、補佐役として関東渋川家の惣領渋川義鏡、近江国人で奉公衆斎藤朝日氏、奉公人東常縁・胤氏父子など京都出向者で構成された。軍事支援のため、信濃守護小笠原光康と遠江・尾張・越前の守護斯波義敏と守護代甲斐常治にも関東出陣を命じ、八月には甲斐・信濃・陸奥に軍勢催促を命じた。五十子陣に集結した政知軍は利根川をわたって成氏軍を攻撃したが、幕府軍の敗北となった。長禄三年（一四五九）十月十五日に関東管領上杉房顕と越後守護房定は小山氏・陸奥石川・二階堂氏らと連合して武蔵国太田庄に進軍し、上野国板倉・館林で成氏軍を敗った。翌年四月二十三日室町幕府管領奉書（「志賀慎太郎所蔵文書」『群馬県史　資料編7』一六五八）では「去年十月十五日於二上州羽継原一合戦之時致二粉骨一」とあり、上州羽継原合戦と呼ばれたことがわかる。その実情・経過は則竹雄一・山田邦明の研究に詳しい(42)。

では、将軍義政による伊豆公方の下向と上州羽継原合戦に至る東国の内乱が、東国と京都との遠隔地間交通や関東ブロック経済圏にどのような影響を与えたのか検討しよう。

『碧山日録』長禄三年十一月十五日条につぎにようにある。

連年関東之逆臣不敗、以レ故道路梗塞、商旅不通、方物不貢、而中国虚耗、天下之所レ憂也、前月中旬、越之後州太守上杉某（房定）、将其兵七百騎、而渡二大河一以攻レ之、逆徒大潰、而死傷者二千余人也、前日　捷書至二於洛一、天下皆喜レ之、

逆臣の関東公方成氏軍が不敗でいるため、関東と京都を結ぶ道路が梗塞され、商人の旅宿が不通になった。年貢物が貢納されず、中間の諸国も経済活動は衰退して天下の憂となった。だが長禄三年十月、越後守護上杉房定軍七百騎が利根川を渡って攻撃し、逆徒関東公方軍が大敗し死傷者は二千余となった、通信も洛中に通じ、天下皆喜んでいるという。

この関東公方軍敗北の軍事情報は誤報であったらしい（山田邦明『享徳の乱と大田道灌』前掲注42書、八五頁）が、ここには将軍方＝京都政権側の願望・期待感がより鮮明に表現されている。成氏政権が強固な体制では、関東地域経済圏がブロック経済化し、京都へ通信・交通や物流がストップしたことを、京都の特権支配層が認識していたことを示して

いる。道路を梗塞し、商人による商売物の流通が止まり、京都への貢納物が不通となり、境界に位置する諸国の経済も行き詰まり「天下の憂」になるとの社会認識をもっていた。反対に、「天下の憂」を克服する手段が、「逆徒大潰」＝関東公方の軍事力破壊であるとの認識をもっていた。関東管領上杉氏と越後守護上杉氏の同族同名関係に合力する体制の軍事力こそが、東西の遠隔地間交易を維持し再興するうえで必要不可欠なものになっていたことが判明する。室町期には戦争と経済とが直結していたのである。

将軍と関東公方の対抗関係の波及

では、鎌倉府の独立化は、「中国虚耗」をもたらしているとはどういうことか。京都と関東を結ぶ中間諸国である境界地帯の駿河・甲斐・信濃・越後の領主層の動向について検討しよう。

「小笠原文書」の寛正六年（一四六五）六月九日足利義政管領奉書は、「村上兵部少輔（政清）并高梨弥太郎（政高）退治事、先度に御教書を成され畢、早く上杉民部大輔（房定）と相談し、治罰を加へられるべきの由、仰せ下さる所也」と信濃守護小笠原光康に命じている。越後守護房定と信濃守護光康が合力して関東公方に味方する信濃国人村上政清と高梨政高を治罰するよう幕府管領畠山政長が御教書で命じた（信史八―五二五）。いまや関東内乱が境界地帯の内陸圏内に飛び火して、将軍義政と鎌倉公方成氏の代理戦争が推進されたのである。

旧来の通説では、義政による高梨・村上追討令が出されても、現実には地方政治では無力とみなされてきた（『長野県史　通史編中世2』）。しかし、『長野市誌』編纂過程で、在地史料「諏訪御符礼之古書」の再検討が進められ、義政による高梨・村上追討令に従う南信濃の国人層が、北信濃の高梨・村上領に侵入して内戦状態になっていたことが明瞭になった。小笠原光康と上杉房定は信濃の半国守護であったこともあきらかになった。

蜷川貞親は寛正六年（一四六五）七月十五日付で伊勢備前守盛定を使者に高梨政高に書状を送っている（『親元日記』）。

伊勢新九郎宗瑞の父盛定が東西交渉で活躍をはじめる。在地史料『諏訪御符礼之古書』によると、文正元年（一四六六）から応仁二年（一四六八）にかけて、高梨領の窪寺・和田郷が、小笠原方の香坂・小田切氏ら国人らに攻撃・占領され、村上領でも海野氏と戦闘になった。守護小笠原光康の子政貞が府中に乱入し、北信濃は内戦状態になり、「信濃文正の乱」と呼ぶべきだと指摘されている[43]。結局、将軍義政の高梨・村上追討令は、北信濃の善光寺平で三年間の内戦状態をつくりだした。高梨・村上両氏は、追討令による内戦で喪失した所領を文明六年（一四七四）ごろまでに取り返し、地域戦争としての応仁文明の乱に突入していった。その結果、十六世紀に入って高梨政高・政盛が台頭し、越後守護代上杉為景とむすび、越後守護房能との内戦・越後永正の乱へと発展した[44]。

十五世紀将軍家による反幕府の国人追討令は、在地での将軍方に合力して所領拡張戦を展開しようとする国人・地侍層が存在する場合には、現実的な効力をもちえたのである。関東地域経済圏のブロック化に抵抗する在地勢力は、将軍方に合力しようとする国人・一揆勢力でもあったといえる。

箱根別当職補任をめぐる対抗関係

十五世紀の内陸周辺諸国は、鎌倉府による関東地域でのブロック経済化と、将軍方による求心的遠隔地間交通との対抗関係の狭間にあったといえる。前半の時期は、鎌倉公方足利持氏・成氏らにより、関東地域経済圏のブロック経済化が推進された。相模小田原関所は、永享四年（一四三二）十月、鎌倉公方持氏が鶴岡八幡宮修理要脚として信濃守に安堵しており（神五八七八）、信濃守は大森氏頼に比定されている。箱根山別当関所は宝徳二年（一四五〇）九月に足利成氏が造営要脚のため三ヵ年間関料を寺家圓覚寺に安堵した（神六一〇五）。京都と関東を結ぶ東海道の入り口である箱根関所と小田原関所をめぐって、関東公方は大森氏一門を箱根別当に補任して経済的障壁を強化しようとした。

将軍義政は持氏に対抗するため、将軍連歌師の僧瑞禅を箱根別当に補任しており、永享十一年（一四三九）には「前箱根別当」の瑞禅が上洛して東国の情勢を将軍家につたえ、幕府の伊勢貞国宿所にいた(45)。将軍家が箱根別当職を大森氏一門から取り上げ、瑞禅を補任した時期は不明であるが、瑞禅自身が将軍方の箱根別当であったことは確実である。求心的遠隔地間交易を確保するうえで、幕府にとっても箱根関や箱根別当職の重要性が高かった。

幕府による関東の求心的遠隔地間交通保証

「相州文書」によると、永享八年(一四三六)十二月五日、幕府は細川持之管領奉書を発して相模「藤澤道場」の清浄光寺と洛中の「七条道場」遊行金光寺を結ぶ「時衆人夫馬輿已下、諸国上下向」について、「関々渡、印判形を以って其煩無く勘過すべきの旨」を「国々守護人」に仰付けて、奉書を清浄光寺に与えた(神五九二四)。幕府は、清浄光寺に対して京都七条道場金光寺との上下向の家産制的物流での関料・渡料免除の過書を発給した。幕府は本所・寺社権門に対して関東と京都を結ぶ求心的遠隔地交通を保証していたことがわかる。

関東公方成氏段階になっても、幕府は宝徳三年(一四五一)八月十二日に管領畠山持国の管領奉書を発給して「野州・上州鍛冶鋳物師等新業を停止すべき之旨」を関東管領上杉憲実に遵行するように命じている(「上杉文書」神六一二九)。幕府は、関東内部の上野・下野での「鍬鉄鋳物師等」の商売職による「都鄙之間」での生業特権を安堵する権限を行使していた。京都と関東を結ぶ遠隔地間交通の確保や生業特権の安堵権は、幕府や将軍家が本所寺社に保証した。全国支配の政権としての幕府の建前が機能していたといえよう。その意味では、近年、東国国家論批判の中から、室町幕府の東国政策を解明しようとする江田郁夫・杉山一弥らの研究動向は、注目されるものといえよう。

3　北廻り関東地域経済圏の交通体系

北廻りの関東下向史料群の増加

『中世日記紀行集』（小学館、一九九四年）に集成された『海道記』『信生法師日記』『東関紀行』『十六夜日記』『春の深山路』『覧富士記』『東路のつと』は、鎌倉初期から永正六年（一五〇九）まで、すべて京都から東海道経由の関東下向記になっている。後のふたつは室町期のもので、それ以外はすべて鎌倉期の紀行文でいずれも東海道の下向記である。

南北朝から戦国期の紀行文を整理してみると表4のとおりである。観応二年（一三五一）、足利直義の「北国に下向」をつたえる『観応二年日次記』、宝徳元年（一四四九）、蓮如の北地下向の『蓮如上人遺徳記』、長享二年（一四八八）の宗祇や万里集九の越後下向を伝える『宗祇集』『梅花無尽蔵』、延徳三年（一四九一）の細川政元・冷泉為廣の奥州・越後下向の『不問物語』と『冷泉為広越後下向日記』、文亀元年（一五〇一）の『宗祇終焉記』、永禄六年（一五六三）醍醐寺僧が北陸道を経て上野小俣鶏足寺・岩城薬王寺から帰京するまでの『永禄六年北国下り遺足帳』などである。

京都から関東・陸奥奥羽への旅行が、北廻りで北陸道を活用して越後から関東・東北に下向していることが判明する。いいかえれば、鎌倉時代には東海道が東西交通の幹線路であったものが、室町・戦国期には北陸道経由で関東・奥羽に向かう北廻りルートが幹線路になっていたといえる。

連歌師の北廻り関東下向

連歌師堯恵『善光寺記行』（『群書類従』紀行部）と『北国紀行』（同）から、その特徴をみてみよう。堯恵は寛正六年（一四六五）七月、金劔宮を出発し、越中利波から立山をみながら越後の「海づら」に進んで「いとい川」から越後国府に入る。「関の山」から信濃国へうつり、善光寺の御堂に詣で「内陣に通夜」し「瑠璃壇を廻」った。「戸隠山」「奥院」の「多力雄」を拝み、関山から府中の海岸にもどり、白山に帰っている。加賀国から越中・越後糸魚川・国

表４　中世後期の東国紀行文一覧

番号	年　次	旅行者	下向先	名　称	典　拠
1	観応２(1351)	足利直義	北国・鎌倉	観応二年日次記	大日本史料
2	宝徳元(1449)	蓮如上人	北地	蓮如上人遺徳記	真宗史料集成第２巻
3	寛正６(1465)	連歌師堯恵	越後・信濃善光寺	善光寺記行	群書類従
4	文明18(1486)	連歌師堯恵	関東・甲斐	北国紀行	群書類従
5	文明18(1486)	道興	関東・甲斐・陸奥	廻国雑記	群書類従
6	長享２(1488)	連歌師宗祇	越後	宗祇集	国歌大観８巻
7	同上	万里集九	関東・越後	梅花無尽蔵	続群書類従
8	延徳３(1491)	細川政元	越後・奥州	不問物語	跡見学園女子大学研究紀要16
9	同上	冷泉為廣	越後府中	冷泉為廣越後下向日記	冷泉家時雨亭叢書
10	文亀元(1501)	連歌師宗祇	越後府中	宗祇終焉記	中世日記紀行(筑摩書房)
11	永禄６(1563)	醍醐寺僧	関東・陸奥	永禄六年北国下り遣足帳	国立歴史民俗博物館研究報告39

府・関山をへて信濃善光寺と戸隠山参詣が北廻りルートになっていた。

『北国紀行』では、文明十八年（一四八六）五月、尭恵は美濃郡上八幡の平頼数亭を出発し、飛騨から越中に入り「をつ」（魚津）を経て越後府中に入る。居多神社「社務はながさき」の翁や太守上杉房定の最勝院に移り、善光寺に参詣して府中にもどる。八月末に「柏崎」から「三国峠」を越して「上州白井」「草津」「伊香保の出湯」を経て上野国府「長野の陣所」に入る。「定昌の指南」で「関東管領顕定」の東陣、長尾修理亮顕忠の陣所で和歌会を開く。十一月五日に上野佐野船橋に藤原忠信を訪ね、武蔵国に入り、「狭山」から「鳩が井」の滋野憲永の宿所をへて隅田川の辺「鳥越といへる海村」の善鏡宅に笠宿し、「金光寺」に在宿。二月初旬、隅田川から船で東岸の下総、西岸の武蔵の「幽村」「孤村」を遠望。二月二十日鎌倉の鶴岡から三浦崎の「あしな」（芦名）の東下野守平常和（常縁二男）亭に宿。舟で鎌倉に入り建長・圓覚寺を巡見。「江島」「光明寺」「浄妙寺」「稲荷明神」「極楽寺」をめぐり、五月に「六浦金沢」「称名寺」、六月に隅田川の鳥越にもどり、六月二十八日「中野」の「平重俊」宅を出て、帰路についた。九月十三日、上州白井の上杉民部大輔定昌亭や長野陣所小野景頼亭をへて、上越国境「石白」の上杉相模守房定の旅所に入り、三国峠をへて帰宅した。

連歌師堯恵の旅亭の提供が、越後守護房定・定昌と関東管領上杉顕定と守護代長尾顕忠と藤原忠信・滋野憲永・平重俊・小野景頼らの国人層の旅宿ネットワークに依存していることがわかる。改めて関東管領・越後守護上杉氏と被官国人衆の存在が連歌師の関東巡見を可能にしていたことが注目されなければならない。連歌師仲間や寺社ネットワークも宿泊を可能にしていたことはいうまでもない。江戸鳥越の「善鏡翁」や「金光寺」、芦名の「東常和」などは連歌師東常縁の門人ネットワークによって宿を提供されたとみてまちがいない。

権門による関東地域経済圏交通の実態

次に、道興の『廻国雑記』（『群書類従』紀行部）をみよう。文明十八年（一四八六）六月、近衛房嗣と別れ、京都大原越で朽木から若狭守護武田大膳大夫国信の手配で若狭小浜の曹源院に宿。越前敦賀から加賀立花に出て白山・津幡・高松から能登菅原をへて石動山に参詣。越中から七月十五日越後府中着。越後守護房定が路次迎に出た。府中から長浜・柏崎をすぎ、三国峠をへて上野杉本や大蔵坊（府中国分村の山伏）の宿に逗留。武蔵岡部原の合戦場跡をへて下総郡山の三島社別当坊に宿。上総千種浜・吉野郷・木更津郷から安房清澄山・天津・那古・鋸山をへて浦河湊から鎌倉に渡海した。九月九日をすぎ、下野佐野舟橋から日光山・中禅寺へ、さらに黒髪山本坊別当坐禅院に遊覧。下野宇都宮から鬼怒川をすぎ、常陸小栗の熊野社をへて山田の山伏坊に宿。九月二十三日、筑波山から九月二十八日、稲穂の湖水に舟を浮かべ別当坊で宿。下総児の原をへて武蔵岩槻・浅草・新羽・忍岡などから隅田川の舟で鳥越の里に出た。芝浦で塩屋・塩木を運ぶ舟を見る。鎌倉に出て、建長圓覚寺以下五山を巡見して瀬戸金沢で数多の漁船を詠み、称名

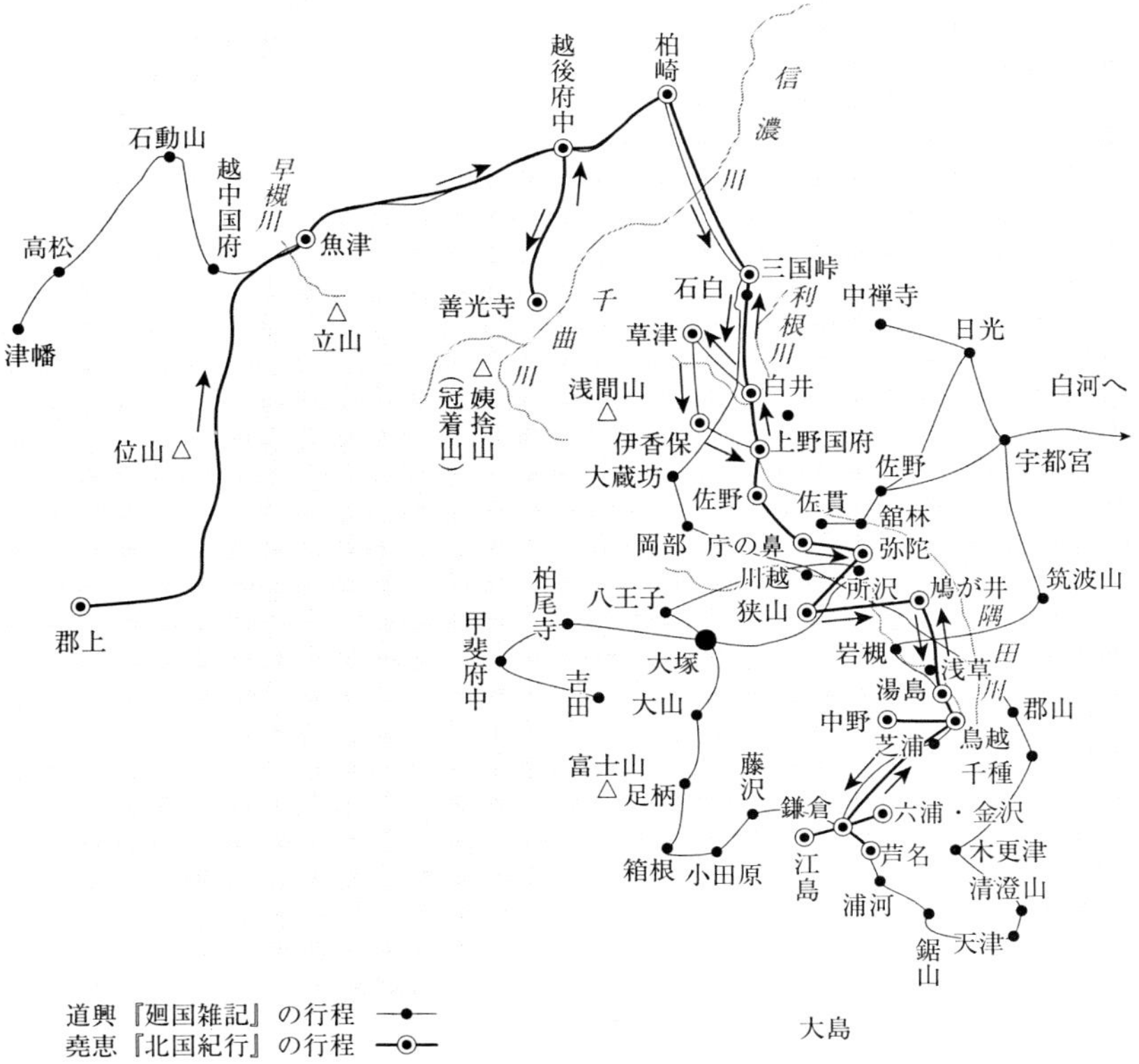

図17　『廻国雑記』『北国紀行』の行程

寺の三重塔を見物。藤澤道場から小田原・箱根三島社をへて葛山・足柄山をこえ、相模大山寺に宿。霞の関から高井戸に出て入間川から佐西観音寺の山伏坊に遊覧。「ささい」を立ち武州大塚の十王坊に宿。高槻（八王子市）の「大石信濃守といへる武士の館」の高閣・矢倉にのぼり漢詩を詠み、川越の最勝院（山伏）や武蔵所沢で遊覧。福泉という山伏などを廻って、武州大塚で越年。ここで前関白近衛政家書状を請取り正月を迎えている。ついで甲州に出向き、柏尾寺・花蔵坊の山伏宅をへて武田刑部大輔（信昌）亭に遊覧。笛吹川から二月十五日、甲斐吉田より富士を眺める。三月二日には利根川・佐貫荘・上野館林から下野佐野をへて宇都宮から稲澤・黒川をすぎ白河関をこえて八木別当坊に宿。阿武隈川を渡り、関の清水から松島・塩釜浦や名取川で和歌を詠んで記述は終わる。

聖護院道興の遊行は、修験道熊野系本山派の山伏坊や山寺・神社別当坊などでの宿泊・遊覧が多い。武蔵十玉坊と武蔵小野熊野堂のある半沢は、織豊期・江戸初期に本山派修験の地域拠点に成長するという(46)。しかし、公家身分の道興と連歌師堯恵に交通ネットワークには共通点が多い。節をかえて、関東ブロック経済圏の内部構造の特質をみよう。

三　関東ブロック経済圏の内部構造

1　関東ブロック経済圏の交通・環境・生業

関東経済圏の交通と自然環境

連歌師堯恵や聖護院道興の遊覧・遍歴から、十五世紀の東国の流通経済圏の時代的特質を整理しよう。第一に、京都から北陸道をへて越後府中から関川・沼尻を越えて信濃、あるいは三国峠を経て関東八ヵ国をまわり、陸奥にいたる北廻りルートの遠隔地間交通が活発になっていた。室町戦国期は東海道よりも北陸道の交通が活発化していたといえる。

第二に注目すべきは、連歌師堯恵や聖護院道興の宿所の手配では、東国守護や守護被官の国人への依存体制が顕著である。具体的には、後者では、若狭守護武田国信・越後守護上杉房定・武蔵守護代大石信濃守顕重・甲斐守護武田大膳大夫などが宿所を用意した。大石房重・信濃守顕重と道興との関係については杉山博も指摘している(47)。連歌師堯恵の場合には、越後守護房定・定昌と関東管領上杉顕定と守護代長尾顕忠や藤原忠信・滋野憲永・平重俊・小野景頼らの国人層の旅宿に依存していた。両者の共通点は、関東八ヵ国の中で、関東管領と越後守護上杉一門と守護代大石・長野両氏の関係者の存在によって関東での旅行が実現したところにある。逆にいえば、関東公方による関東ブロック経済圏は、反対勢力である関東管領上杉一門や守護被官国人層を強制的に排除しうる排他的・閉鎖的なものではなかったといわなければならない。関東公方の関八州支配権は、親幕府方や反関東公方の国人・被官層の存在を許容する寛容性の高いものであった。もとより、その補完機能として、地方寺社や山寺・野寺の「旅宿」・「時衆の道場」・山伏宅・別当坊の僧坊が宿泊・交流の場になっていた。鎌倉期の交通組織は、市や町場・津・渡・橋・関・宿などであったことと較べれば、十五世紀には民間宗教者のネットワークによる宿所の手配が可能になっているといえよう。

第三に、十五世紀東国の自然環境は、現在よりも低湿地環境が強く、河川交通を発達させていたことである。糸魚川河口での船、常陸・下総国境の湖水での船(48)、利根川・隅田川の船運と鳥越＝「海村」の交通集落、鎌倉瀬戸の渡海、安房鋸山から相模浦河湊（浦賀）へ、さらに鎌倉への渡海、漁船利用が確認できた。永正六年（一五〇九）宗長が宿所とした武州成田下総守顕泰亭は「水郷なり、館の廻り四方沼水いく重ともなく、よしあしの霜枯れ二十余町田面へかけて、水鳥・雁多く見えわたる」とある。鎌倉辺の斎藤新左衛門光吉宿所も「門まで潮干・潮満ちありて葦垣廻り」とある（『東路のつと』）。東国国人の居館が、海辺や水辺の葦原地帯に立地していたことがわかる。干潟や三角州・湖沼・氾濫源など低湿地環境が広範囲に残っていたこと示している。関東平野部や海岸線での干潟・ラグーン・湖沼地帯・河口干潟や、平野部中小河川の遊水帯や氾濫原などの低湿地が広範囲に分布していたからこそ、船や舟橋による交通施設が発達していた。中世東国の自然環境は、乾燥化・陸地化が激しい近世・近代の関東台地の地形条件とは時

代的様相を異にしていたといえよう。今後の関東中世史研究の課題になろう。(49)

地域力の向上と社会資本の整備

十五世紀の関東経済圏内での社会資本である道路橋・舟橋など交通流通設備の整備と地域力の向上について整理しておこう。

まず第一に、関東地域の自力による道路整備・橋勧進や渡船の活発化が注目される。永正六年（一五〇九）、連歌師宗長が下野国茢沼で壬生筑後守綱重の館に宿泊したとき、「茢沼より日光までは五十里の道」がこのところの雨で人馬の往来が困難になった。「寺の坂本まで所々より出でて作る、過分なりしことなり、……京・鎌倉の町市のごとし」とある。在所の領主・壬生綱重が、日光への道が雨で悪路になったため、所々の人夫を動員して道路補修をしたことがわかる。日光山麓の坂本は、京・鎌倉のごとく市町として繁栄していたという。天文二年（一五三三）、醍醐寺理性院厳助が信州伊那郡文永寺に下向したとき、文永寺から知久頼元の神峰城という山城に登った。「坊主神峯路次事、被二申付一云々、内々予可レ令二召請用意一、先路次造レ之云々」（『天文二年信州下向記』信史一一―四五）とある。事前に招待を受けたとき、山城までの路次の整備を依頼しておいたため、文永寺からの注文で、在所の領主知久頼元が、道路普請を実施し、六月二十六日「早朝神峯登山、乗輿也」とあり、厳助は腰輿に乗って山城に登山したことが確認できる。在所の領主による道路工事が東国の各地で実施される社会的条件が生まれていたといえよう。

先にのべたように堯恵・道興はそれぞれ、船で鎌倉入りした。道興は安房の「鋸山」から「舟にのりてみさきといへる所にあがり」、相模「浦河のみなと」・金澤・榎戸の「三の湊なり」をみて鎌倉に入った。安房鋸山から江戸湾をわたって「みさき」に上陸し、相模浦河湊（浦賀）から六浦荘金沢（横浜市金沢区）・榎戸（横須賀市浦郷町）の湊を舟便で渡海した。江戸湾内での船便が社会資本として整備されていた。(50)宗長も武蔵・下総国境の隅田川・市川の水運を利用した。尭恵・道興も武蔵・下総国境の利根川岸を遊覧し、ともに鳥越の里に着岸しており、「海村」とみえる。外海と内海を一体化した水運網の整備が窺われる。

道興は、甲州に出向いたとき、猿橋川には「三十余丈の橋」があり、「此橋の朽損の時はいづれに国中の猿飼どもあつまりで勧進などして渡し侍るなん」と説明している。国中の猿飼が自発的に勧進して橋を架けるという自治的活動による公共事業が生み出されていた。東国の猿飼・猿曳がみられる絵画資料としては、兵庫県鶴林寺所蔵「聖徳大子絵伝」があり、八幅のうち二幅は「善光寺如来絵伝」で、南北朝期のものとして重要文化財に指定されている。それによると、善光寺門前にらい病人・乞食・非人らと並んで三人の雑芸人が描かれ、そのうちのひとりが高下駄に杖をもち肩に猿をのせた猿曳と確認できる。(51) 信州善光寺門前に猿曳が南北朝期には活動していたといえよう。信濃伊那郡を流れる天竜川でも「板橋」が勧進によって長享二年（一四八八）冬に完成し、延徳元年（一四八九）十一月六日に「文永寺橋供養」の諷誦文が「沙弥源薫」によって作成されている（『諷誦文類聚』信史九—四八八）。東国でも十五世紀に入ると地域力が向上し、地域の勧進・領主の道普請によって住民が利用できる道・橋・便船など交通施設を維持管理するようになったことがわかる。(52)

もとより、守護大名らの船所有については、戦国大名の水軍研究よりもおくれている。『親元日記　政所賦銘引付』文明十六年（一四八四）八月七日条には「小物屋次郎兵衛関東上杉先御師借銭事、為質物、神船号美濃新造船役御師給分入置之間、令知行候処、御師職被改易小物屋勘解由左衛門、文明六年ヨリ被申付畢」とある。関東管領上杉氏が、御師職の「補任」「改易」権を掌握していたことがわかる。御師に任命された商人は、借銭の質物に「御師給分」としての「神船の船役」を入置いていた。この「神船」については、文明十三年（一四八一）十一月二日、両宮政所太夫荒木田師秀度会顕光目安（「氏経卿引付」一八四『三重県史　資料編　中世1(上)』）に「関東渡海之神船三十六艘帆別米、次伊勢海小廻船等、神領湊役を以って、毎年十二月并巡閏月にこれを備進せしむ」とある。神船には関東渡船の神船と伊勢海小廻船の二種類があった。(53) 永正二年（一五〇五）、『船行要術』に「内海、ベザイ作ノ船」「伊勢作ノ船」「関船」がみえる。「大船」と「小廻船」の二種類の船について、江戸湾や駿河湾など東国・関東でも地域の小廻船が便船として地域の交通手段になっていたことを想定しなければならない。その解明も今後の課題である。

関東の塩屋と葦の燃料化

東国・関東の地域力の向上は、地域の自然環境を生かした地域性を活用する力でもある。地域で生き抜くために地域の特性を生かした生業がつくりだされ、関東独自の製塩と炭薪としての葦の活用がみられるようになっている。

道興が武蔵鳥越の里から芝浦に出たとき、「しほやのけふりうちなひきてものさひしきに、しほきはこぶ舟ともを見て」と和歌を詠んでいる。芝浦では干潟が発達し、塩屋の塩釜が多数分布し、製塩業の燃料の塩木を運ぶ舟が頻繁に往来していた。この塩木については、武蔵台地の雑木林と考えやすいが、『東路のつと』に、宗長が下総の市川の善養寺に落着したとき、「この所は炭薪なども稀にして、葦を折り焼き、豆腐を焼きて一杯をすすめし」と記載している。利根川・荒川・隅田川流域に葦原が大規模に分布し、葦こそが東国の薪炭材としての役割を果たしていたといえう。製塩業のための燃料も、三角州や低湿地帯の葦材という地域の自然環境の恵みを活用していた可能性が高い。地元生産の塩や武蔵・下総台地の畑作地帯の大豆栽培による豆腐生産もなされ、安価で地域内に流通していたらしい。

東国の製塩業は鹿島社領常陸佐東郡塩浜、戦国期の駿河久能寺領浦、武蔵宝生寺門前の塩潟公事、伊豆国西浦木負の塩竈銭などがあげられ、むしろ伊勢神宮の塩焼内人ら海民の職人による専業的製塩業で生産された塩が東国へ船で運ばれ商品になっていたとする説が通説である。(54) しかし、東国に塩屋・塩釜史料を整理してみれば、表5のとおりである。第一の注目点は、荘園史料や古文書にみえないものの、中世紀行文には多くの塩屋・塩釜資料が散見されるこ

表５　中世東国の塩竈・塩屋史料一覧

番号	年代	国名	地名	塩竈・塩屋記載	史料名	典拠
1	治承５(1182)	常陸	世谷大窪	塩浜	鹿島神宮文書	平3961
2	貞応２(1223)	遠江	堺川	塩屋	海道記	中世紀行文集
3	同上	駿河	興津浦	塩竈の煙	同	同
4	仁治３(1242)	駿河	清見関	磯の塩屋	東関紀行	同
5	同上	同	浮島が原	塩屋の煙	同	同
6	建長７(1255)	越後	小泉荘牛屋条	塩屋	色部文書	鎌7911
7	弘安２(1279)	相模	早川	藻塩木を浦	春の深山路	中世紀行文集
8	同上	駿河	浮島が原	塩焼	同	同
9	観応３(1352)	武蔵	六浦荘金沢郷	塩垂場	称名寺文書	神4140
10	明徳元(1390)	同	同	塩場年貢銭	同	神5071
11	文明18(1486)	武蔵	芝浦	塩屋・塩木	廻国雑記	群書類従
12	大永６(1526)	駿河	久能寺領	汲潮焼塩	旧久能寺文書	網野注54著書
13	天文11(1542)	武蔵	久良岐郡宝生寺門前	塩潟公事	武州文書	新編武州文書

とである。第二に、塩屋・塩釜がみえる立地条件として、三河・遠江国境の境川、駿河興津川・相模国早川、相模根府河、相模侍従川の河口＝六浦荘内金沢、武蔵隅田川の芝浦、越後荒川の奥山荘などで鎌倉初期から営まれていたことが判明する。いずれも中小河川が海に出た河口付近の海水・淡水混淆地帯＝エコトーン地帯である（小野勇一『干潟のカニの自然誌』平凡社、一九九五年）。その理由は、今後の検討課題であるが、塩木としての葦や材木など燃料を確保するためや、日照時間のよい河口付近の干潟・砂州など、自然条件のよい場所を選択したものと推測される。それだけ、中世の製塩業は自然に左右され、山野河海の幸を入手しようとしていたものと推測される。したがって、網野善彦説のように、分業による製塩業として自立して商売塩を専業販売したものというよりは、海の幸を入手する生業として自給的製塩業が営まれたものと評価したい。

生業の多様化と東国百姓の貧富

道興によると、武蔵国入間川から佐西の観音寺をへた付近では「くろす川といへる川に人の鵜つかひ侍るを見て」とある。武蔵の「くろす川」では鵜飼が行われていた。甲州の猿飼いと同様、国中の鵜飼の集団が室町期東国でも存在し、経済力を身につけていた。宗長の『東路のつと』には、「下総国古河といふ所に、所労のことありて、江春庵とて関東の名医、その方にて療治あり」とある。「関東の名医」という評判がたつ医者が関東で活躍していた。関東という地域呼称と地域の一体性が、医療分野で社会的に機能していたことがわかる。下野国日光の坂本では「坂本の人家は数も分かす続きて、福地と見ゆ、京・鎌倉の町市のごとし」とある。坂本（日光市中鉢石町付近の地名）が、京都・鎌倉の市町と同様に商業・流通活動が盛んであった。

こうしてみれば、関東の地域内で便船・漁船・塩焼・塩木取・葦刈・豆腐つくり・大豆栽培・猿飼・鵜飼など多様な生業が展開され、山野河海の幸が地域での自給力・生産力・経済力を伸長させていたといえよう。

関東の百姓らの文化力・社会教養力の向上についても注目される。里人や田夫などと呼ばれる百姓らの中から経済力を身につけ、道興ら特権貴族層にも旅宿を貸すものたちが登場していたことも当然といえよう。

道興は少ない記述ながら、「あさましげなる田夫の屋に一両日とまり侍り」とか「ひざおりといへる里に市侍り」とあり、「一宿」したところ「扇尽くし」の屛風が置かれ、「ほねばかり書たる扇」に道興が漢詩を書いている。武蔵国久米川の里では「里の家々には井なども侍らで、只この河をくみて朝夕もちひ侍となん申」とある。武蔵の駒林でも「宿をかり侍るに、あさましげなる賤のふせや（伏屋）に落葉所をせき侍る」などとある。里の百姓らの上層部では、「家の門」を構え、旅の宿を提供しえるものが登場していた。しかも漢詩や和歌を詠める翁もいた。

もっとも、家には井戸がない里もあり、河水を朝夕の食事に利用していたという。「惣して申かよはす言葉なとかへさまなることとも也、異形なる風情にて侍り」とあるように、関東なまりが強く、京都貴族には理解し難い言葉が用いられていたことがわかる。東国百姓層の内部において貧富の差や生活水準に大きな格差がみられたことがわかる。

2　求心的遠隔地間交通の内部構造

十五世紀における関東ブロック経済圏の内部の流通経済の実態についてみてきた。他方、十五世紀後半から十六世紀前半は、東西を結ぶ求心的遠隔地間交通がなお存続するが、それに依拠した保守的特権支配者層が、最後の活動を展開した時期で、転換を余儀なくされていた。この時期の東西を結ぶ求心的全国流通圏の活動を強要していた社会要因はつぎの三つである。第一は、室町期再版荘園制が存続・機能しており、旧来の荘園制的年貢公事の輸送体系が比重を低下させながらも存続していた。第二に、地方における唐物志向・漢字文化志向と海外貿易制の認可制が存続し、それが求心的遠隔地間交通を必要とする社会的制度であった。第三に、京都・鎌倉二大都市の政治・教育文化・生活水準における都鄙間格差から、地方権力者や富裕者層の中央志向がつよく、京都での子弟教育や学問・芸能・宗教・文化交流において求心的全国流通体系が機能しつづけていた。その具体的な様相をみよう。

僧侶・連歌師を介した年貢催促

十五・十六世紀前半の流通経済は、古今伝授や連歌師・僧侶らを介した文化的文芸交流が主流を占めると見られている(55)。しかし、彼らの文芸・文化交流が、なにゆえ活発に展開されたのか、その政治的経済的背景についてはほとんど解明されていない。文化文芸的ネットワークが中世貸借契約の信用保証の機能を果たしたことが解明されなければ、中世流通経済史研究にリンクできない。

まず注目すべき第一は、彼らこそが、幕府・禁裏・本所と荘園の現地との都鄙間を結びつける人的ネットワークであり、保守的勢力の走狗であった。彼らの活動が、荘園年貢公事や勧進・寄付金を、北廻りルートで京都に集中する求心的流通機能を果たした。彼らが、荘園制的年貢輸送や幕府・禁裏への国役・公事のための物流と商売物の二元的構造をもつ都鄙間流通経済の担い手であった側面を、十五世紀末期の越後と京都との流通経済現象で論証しよう。

文明十八年（一四八六）に連歌師堯恵や聖護院道興らが相次いで越後府中の至徳寺最勝院や長松院貞操軒に宿泊し、守護上杉房定との交遊関係を維持していたことは前述した。道興の十五歳年下の弟・近衛政家の日記『後法興院記』によれば、文明十六年（一四八四）十月二十一日、宗祇が近日越後より上洛するという情報とともに「蝋燭五十廷進レ之」とある。宗祇が越後から上洛すると、越後の特産品で貴族の生活必需品である蝋燭の大量輸送が実現した。同年十一月十八日条には、吉田社神主兼倶が吉田社造営のための奉加銭一万疋（約一千万円）を越後守護上杉房定に依頼するために書状の作成を政家に頼みに来た。翌年（一四八五）二月十一日には、近衛書状に対する房定の返報がとどき、吉田社造営奉加に一万疋の寄付と、「孔方三千疋進之、割符今月末可二到来一云々」（『後法興院記』）との連絡がとどいた。銭と割符に分割して三十貫文相当の物流が京上した。翌十八年（一四八六）九月十三日には房定は近衛家の家司筑後守長泰に充てて書状とともに「鳥目二千疋」（二十貫文・二百万円相当）を進上した。同年九月二十七日には、近衛政家は「宗祇上杉知己間、愚状をもって仰せ遣す旨あり」として、宗祇の越後下向に際して政家は房定への書状を預けている（『後法興院記』）。このとき、和歌道の飛鳥井中納言雅康が房定の招きによって十月十日京都を出発して越後に下向し、官務大宮長興宿禰と近江坂本の旅宿で一献の席をもっている（『長興宿禰記』）。近衛政家の書状をもって越後に下向した宗祇の目的は、近衛家領の荘園年貢の催促を兼ねていた。翌文明十九年（一四八七）三月二十二日、政家は近衛家領越後大島荘について「此両三年々貢無沙汰」を理由に愚状を房定にあてて作成した。大島荘の荘奉行と思われる僧春源が政家宅を訪問して書状の作成を依頼してきた。越後国府に滞在中の宗祇が上杉氏との交渉を取り次いだことはいうまでもない。

以上の史実から、連歌師宗祇の越後往復は、上杉房定との連歌会・和歌会や古今伝授の文化芸術活動のようにみえるが、その実態は、本所権力である近衛家が越後守護房定の協力をえて家領年貢輸送や吉田社造営奉加銭の催促を行い、遠隔地間流通を活性化することが目的であったとみることができよう。

同様の活動は連歌師宗長の場合にもみえる。宗祇の弟子宗長は、今川氏親の領国・駿河丸子に住んでいた。大永二年（一五二二）から七年（一五二七）にかけて宗長の動静が『宗長手記』に詳細にみえる。彼は、大徳寺山門造営料の奉加銭のため、駿河・信濃・美濃・越前を廻り七万疋（七百貫文＝約七千万円）を集めた。永正五年（一五〇八）に彼は禁裏御領上州渋川と上総畔蒜荘の年貢月宛三千疋（三十貫文）の運上のため、摩利谷氏と年貢交渉を行い、武蔵勝沼（青梅市）三田弾正氏宗宅に下向している。また外記中原家領遠江国羽鳥荘の年貢催促に活躍したことが、筆者や鶴崎裕雄によって指摘されている。[56] 彼の『東路のつと』によると、永正六年（一五〇九）に、駿河斎藤安元亭・興津左衛門尉盛綱亭・武蔵勝沼の三田氏宗亭・上野新田荘の新田岩松尚純亭・下野佐野の佐野泰綱亭・壬生の壬生綱房亭・佐野の山上筑前守宿所・上野新田荘大沢下総守宿所・大胡綱長館・上野大戸の浦野三河守宿所・依田中務少輔光幸宿所・武蔵須賀谷の小泉掃部助宿所・江戸の上杉朝良館・上総市川の会田定祐宿所・相模鎌倉の斎藤光吉宿所で「連歌」興行がくりかえされている。和漢連句の会が明記されているのは、わずかに建長寺永明軒と明月院の二ヵ所のみで「和漢一折」「漢和あり」とある。鎌倉の禅寺塔頭の禅僧のみが、漢詩をつくる能力を持ち合わせたことが判明する。関東の国人層は、連歌はできても漢詩の韻を踏む社会教養まではもちあわせていなかった。

北陸ルートの日朝貿易

十五世紀において求心的遠隔地間交通を必要とした社会的条件に、勘合貿易や日朝貿易の認可制が存在していたことに留意しなければならない。東アジア貿易については、近来めざましい研究蓄積がなされているが、海外貿易が地域経済圏や求心的遠隔地間交通とどのように関連したのか、無関係であったのか、については ほとんど検討されていない。基本的な史実をまずあきらかにしておきたい。
『海東諸国記』に、応仁二年（一四六八）「善峰戊子年、遣使来朝、書称、信濃州善光寺住持比丘善峰、以二宗貞国一請二接待一」とある。信濃善光寺住持の善峰が李氏朝鮮への使者を派遣した。手続きは対馬守護宗貞国を介して朝鮮に交渉をもとめたもので正式なルートであった。文明五年（一四七三）には能登国天徳寺の住持が朝鮮に遣使している。『海東諸国記』附録として「畠山殿副官人良心の曹の饋餉《きしょう》の日に呈したる書契」が記載されている。それによると、文明五年（一四七三）九月二日、能登天徳寺住持の照隣が正使、信濃僧良心が副使として朝鮮に渡った。僧良心が管領畠山義勝の偽使として、李氏朝鮮に大蔵経の資金を要請。このとき神応経・八処灸法を朝鮮に伝授した(57)。ここから、地方寺院が日朝貿易で、大蔵経を招来しようとしたことがわかる。その場合には、幕府と朝鮮とが協定で定めたとおり、対馬の宗氏を介して交渉する必要があった。

長享元年（一四八七）には越後安国寺が一切経を求めて交渉船を朝鮮に派遣した。『蔭凉軒日録』文明十八年（一四八六）五月二十六日条に「越後国安国寺内在田庵、一切経を求む、仍って高麗船の疏を白請う事」とある。越後安国寺が高麗宛の国書である「疏」の作成を幕府にもとめた。将軍義政の命で唐船奉行飯尾元連は朝鮮宛の国書草案の作成を蔭凉軒の亀泉集証に命じた。国書は八月四日付で「日本国准三后　道慶（義政）」の名で発行された。日本使節は等堅首座で、長享元年（一四八七）五月から六月に朝鮮国王と会見し、七月九日に等堅は大蔵経と土産を受領した（『朝鮮王朝実録』上越四〇七）。『蔭凉軒日録』長享元年（一四八七）十二月二十四日条によると、今回の国書の準備では、白川伯家や堀川殿より幕府奉行人飯尾大和守元連に申請して用意し、公方へは千疋（十貫文）進上し、高麗よりの反物をことごとく進上する約諾であったとある。

こうしてみると信濃の善光寺、能登の天徳寺、越後の安国寺などの住持が、十五世紀に積極的に朝鮮貿易を望み、禁裏や幕府に働きかけて国書を獲得したり、対馬宗貞国を介して正式ルートで海外交流をすすめていたことがわかる。十五世紀の内陸経済圏は地方寺社を介して海外交流の窓口が開かれていたことが重要である。同時に、地方寺院の海外貿易への参加が、制度的に求心的全国的流通経済を下支えする構造になっていたといえる。

守護と本所権力による求心的遠隔地間交通

なお、関東守護も室町幕府体制の下では、在京を原則としており、それが求心的遠隔地間交通を必然化させたことも見逃せない。一例として、幕府と越後守護上杉氏の都鄙間交通の頻繁さをみておこう。

文明九年（一四七七）十一月十五日越後守護房定は、洛中の「樋口以南高倉以東四町」と「樋口以南萬里小路以東四町」と「六条坊門高倉東□南角寺敷地」を当知行として幕府から安堵された（『室町幕府文書集成』上越三五三）。越後守護も在京することが原則であった。文明十四年（一四八二）には、幕府方の伊豆公方政知と古河公方成氏との間で「関東御和睦之儀」が整い、越後守護房定に将軍義尚から御内書がおくられた。房定は将軍家に返礼として、太刀一腰・馬一疋・鳥目二貫文を進上した（「諸状案文」上越三七三）。文明十七年（一四八五）七月にも御馬三疋が将軍義尚に進上された（同）。文明十八年（一四八六）三月には房定が相模守に任じられ（「御内書案」上越三八四）。さらに、永正十二年（一五一五）には越後守護上杉定実に洛中の守護屋敷が再度安堵されている（上越六六三）。室町殿による越後守護の洛中屋敷安堵や受領名補任安堵は、越後と京都間の物流を維持させていたといえる。

この間、幕府は、越後の寺社領荘園や本所領の公事の京上のために積極的な対策をとっている。文明十八年三月十二日、越後国米山寺より毎年蝋燭進上のための過書（通交手形）の発給を幕府奉行人飯尾肥前守為規に命じた（『蔭凉軒日録』）。米山寺の本山は南禅寺の塔頭慈氏院であり、院住持の始彦中院が過書の作成を蔭凉軒に申請したのである。

この年、三条西実隆の雑掌は「近日、本座衆のほか甲乙人、越後国府中に恣に売買せしむと云々、言語道断次第也」と幕府に提訴した。幕府は同年五月二十六日には奉行人連署奉書で越後守護房定に宛て「本座衆等、商売を全うし、公役を専らにすべし」と命じた（「実隆公記紙背文書」上越三八六）。これこそ、本所権力である三条西家の苧公事徴収権を幕府が保護していたもので、越後府中での麻商人ら地元商人ら新興勢力の活動を抑圧するものであった。

こうしてみると、十五世紀後半から十六世紀前半の時期こそ、連歌師・禅僧を走狗として幕府・禁裏・近衛家・禅宗官寺と越後守護・守護代との保守的支配階層の連合体が生まれており、越後・関東から京都への年貢公事などの求心的物流が活性化されていた。そのための最終的な投資と努力が推進されたことがわかる。

求心的遠隔地間交通主体者の変動

この時期の流通経済現象の注目すべき特徴は、遠隔地間流通経済の担い手が新旧交代期に入ることである。平安末期から室町期にかけて北廻りルートの流通経済活動の担い手は、日吉・石清水・熊野の神人・本座商人層や時衆・禅律僧の活動であった。十五世紀は彼らの活動が最後の光芒を放ち、次第に低調になる。彼らにとって代わる勢力として、十六世紀にむけて、第一に熊野修験の山伏先達、第二に本願寺一向宗衆と伊勢御師、第三に全国の寺社祭礼を巡回する雑芸人の聖道・猿楽など被差別の民、第四に坂東屋に代表される堺商人が台頭してくることに留意しなければならない。

北陸北廻りルートで活躍した時衆と禅僧らの交流が確認される最後の事例を示そう。局務清原業忠の門徒・六位外記中原康富の日記に、相模国藤澤道場が登場していることは意外に知られていない。『康富記』文安五年（一四四八）二月二十五日条に「後聞、相模国藤澤道場今日焼亡、依二寺中失火出来一、寺内悉炎上云々」とある。相模国当麻の藤澤道場の火災が禁裏で関心を呼んでいた。宝徳年間に藤澤道場と四条道場との過書が幕府の管領奉書で安堵されていたことを前述した。洛中の時衆は内部抗争に転じていた。七條時衆願阿上人は寛正の飢饉で将軍義政に勧進して六角堂で窮民救済に尽力した。文明十六年（一四八四）には勧進で清水寺修造を果たし、前年上人号を勅許された。洛中七条道場の時衆が台頭すると、これと対立したのが、「凡四条ハ古来一宗の最頂なり云々」と主張する四条道場の時衆であった。応永三十一年（一四二四）には将軍義持の強制で四条道場が七条道場の末寺にされ、四条上人が七条上人に十念を授けた。これに反発した洛中の時衆は八月十一日、四条道場を自焼する事件が起きていた（『看聞日記』）。室町期の時衆が、公家・武家・町衆の籠僧をつとめ勧進活動で寺社修造に活躍し、禁裏・将軍から上人号を安堵され、特権化していた。(58)

東国時衆と官寺の禅律僧との関係は、明応八年（一四九九）大覚派玉隠英璵の事例が最後である。彼は相模禅興寺明月院主から建長寺住持となって入院した。彼は前年（一四九八）に相模藤澤道場（清浄光寺）の其阿弥陀仏と漢詩をやりとりした。其阿弥陀仏は、近江出身で乗台寺の前住持であったが、念仏三昧に信心し弥陀の六字を唱えた。近江の小倉実澄が彼にあたえた漢詩に、玉隠が和韻することを求めた好学の僧であり、その礼に数珠を贈ったという。（「玉隠和尚語録」信史一〇—六二一・六四）。特権化した時衆が、室町殿や禁裏に出入りし、貴族の葬儀や法事に参加するとともに、五山僧との文化交流を示す最後の活動の姿である。

苧麻をめぐる府中商人・越後商人と本座商人との対立・紛争は『実隆公記』を最後の史料的根拠とする。越後での石清水神人の活動の痕跡も、永享二年（一四三〇）に越後国柏崎住民道秀入道の事例が最後である。彼は石清水八幡宮神人であり、屋敷・苧十駄・資材などの遺産をめぐって彼の養子右衛門四郎と甥五郎左衛門尉宗貞が訴訟を展開した。(59)これを最後に石清水神人の活動は越後・北陸でみえなくなる。

聖護院系山伏の北廻りルートと役銭収益の増大

熊野修験は鎌倉期から関東・東北での活動がみられているが、室町戦国期には、紀伊半島の熊野三山よりも洛中へと主要な活動の場所を変化させている。文明元年（一四六九）七月二十三日弁僧都厳尊譲状（「天理大学附属天理図書館所蔵文書」上越三三二）によると、彼は、「洛中幷諸国熊野参詣檀那事」という檀那職を弟子上野公宗秀に譲与した。その内容は「京毎月六日講」「京トキ屋講」のほか「越後花前殿一家被官」など越後の檀那衆や「信濃伊那郡井上殿山田殿一家被官」「甲斐国八幡篠原」などとある。彼の熊野修験の権益は、熊野三山への道者案内とともに、甲斐・信濃・越後の道者を洛中見物に案内し、さらに、洛中の六日講・トキ屋講など京都での講に参加させることであった。講とは、融通のために衆中をつくり、米・銭を供出して大きな資金を衆中のものに融通・投資するシステムであり、建武年間の蔵王講にはじまるとされた。その後の調査で、安貞三年（一二二九）大和唐招提寺の晦講米が最古であることがあきらかにされている（井原今朝男『中世の借金事情』吉川弘文館、二〇〇九年、五九頁）。室町期の修験者が、洛中の講米・講銭を活用させる窓口になっていたのである。洛東の今熊野社の若王一王寺家を別当とした聖護院門跡が掌握するようになるのは、十六世紀である。本山派の修験者が山岳修行よりも道者を洛中の物見遊山や資本融通に案内することで役銭を稼ぐようになった段階の反映と理解すべきであろう。

室町期には、禅林寺若一王子社は今熊野＝東山新熊野若王子社を指し、聖護院門跡の院家・乗々院が別当職に任じられた。永正十四年（一五一七）九月二十一日、聖護院門跡道増は、乗々院御房の奉書を信州法華堂御房（源春）にあてて「去永正十二年御下知を諸国先達・山伏中になされるものなり、其役銭事に就き諸国修験に相懸られる間、同じく當國山伏中幷熊野先達役として早く進納致すべし」と命じた（「大井文書」信史一〇―四四二）。いまや聖護院―若王子別当乗々院―諸国触頭のルートで、全国の諸国先達・山伏中に「役銭」を「諸国」ごとに賦課する体制が生まれていた。(60) 役銭がいくらか不明であるが、諸国の熊野参詣先達役ともよばれ、山伏中や先達らを対象にした人別賦課税であったことは明白である。聖護院門跡・禅林寺若一王子社・乗々院など本所権力は、全国の山伏や先達に人頭税をかけて膨大な動産所有をえていたことになる。

戦国から江戸初期にかけて北陸ルートでは、戸隠神社顕光寺、飯縄神社、小菅社の再建事業がすすめられ、天文十一年（一五四二）五月には「信濃國高井郡小菅山八所権現元隆寺由来記」（信史一一―一六八）が作成される。[61] それによると、「当山寺領」は、九ヵ村と御供料・護摩料・修覆料・祭礼料・衆徒料で「惣計七百貫文」とある。一つの修験道地方寺社の財政規模がいかに巨大になっていたかわかる。そのうち「護摩料神戸村百二十貫文」とあり、最大の収益は、千曲川の渡場のある神戸村からの護摩料であった。中世修験の地方寺社の財政基盤が、寺領という土地よりも、護摩・祭礼・衆徒料や山伏・先達の役銭という動産収入であったことに注目しなければならない。

十六世紀の北陸・東北修験道の活性化

越後佐渡修験や出羽三山修験が活発化するのは江戸中期以降とされ、中世の修験史料はきわめて少ない。[62] 東北での修験道の中世事例では、陸奥会津真福寺で、延慶二年（一三〇九）～延文二年（一三五七）の大般若経奥書があり、下野日光山・下野宇都宮・相模大山寺・武蔵慈光寺・上野長楽寺・越後蔵王堂・越中一宮阿気多・信州善光寺などの納経請取状が知られる。[63] 羽前金峯山青龍寺には永享二年（一四三〇）銘獅子頭・享徳二年（一四五三）銘鉄製懸仏・天文十年（一五四一）銘仏像台座・慶長三年下次秀久棟札など、出羽岩波石行寺には文和二年（一三五三）～応安八年（一三七五）までの大般若経奥書、天正九・十年（一五八一・八二）銘絵馬がある。[64]

醍醐寺でも明応七年（一四九八）の澄恵、大永五年（一五二五）・享禄五年（一五三二）・弘治三年（一五五七）の東寺宝菩提院亮恵、天文二年（一五三三）の醍醐寺慈心院俊聡、天文十六年（一五四七）の報恩院源雅、永禄三年（一五六〇）・元亀元年（一五七〇）・天正四年（一五六七）などに下野・常陸・陸奥に付法活動を展開したことが知られる。[65] これらから、聖護院系と醍醐寺系の修験・先達が北陸・東北で活動を本格化させるのは、永享・享徳年間から天文・天正年間

＝十五・十六世紀であることが指摘できる。江戸時代に徳川家康が修験道法度を制定するのも、修験者の遠隔地交通が最盛期を迎えていた時期といえよう。

北陸一向衆寺院と求心的遠隔地間交通

第二の担い手勢力が、磯部十ヵ寺の信濃・越後の一向宗門や伊勢御師である。

「浄興寺文書」（信史八―四五）によれば、永享年間に磯部の善慶房が長沼浄興寺から越中瑞泉寺を介して京都本願寺と連絡していた。磯部の善慶房が上洛するときは「笠原辺より割符」を沙汰し、「島津殿より八月に料足を借用候」とある。下総辛島の勝願寺から、磯辺―信州太田―長沼浄興寺―越前瑞泉寺―山科本願寺への北廻りルートが重要交通路であったことがわかる。文明年間に入ると、長沼浄興寺巧観の長男周了は山科本願寺で蓮如の教育を受けていた。「銭五貫文」「二百疋」「四文目」や「菜一箱」が長沼から京上された。蓮如も「坂東下向事、路次次第子細なく、松島まで下向せしめ候」（「浄興寺文書」信史九―五四二）とあり、蓮如の関東・東北布教が確認できる。戦国期に三河門徒

史料	典拠信濃史料
顕如書状	14-165
下間頼廉書状	14-198/99
同	14-200
同	同
下間頼廉書状	14-201
同	同
下間頼廉書状	14-217
同	同
同	同
同	同
同	同
同	同
同	同
同	同
同	同
同	同
同	同
同	同
同	同
同	同
同	同
同	同
同	同
同	同
同	同
同	同
同	同
同	同
同	同
同	同
同	同
同	同

表６　本願寺石山戦争での信州一向寺院・門徒中の支援物資一覧

番号	年月日	寄付主体	物資内容	寄進先	名目
1	天正4(1576)・6・5	本誓寺・門徒中	黄金200目	顕如	懇志
2	天正5(1577)・3・25	中俣勝善寺・門徒中	黄金８両甲金目	御上様	御志
3	同３・29	信州勝善寺	鳥眼100疋 同50疋 同30疋	御所様 新門様 私(頼廉)	御見廻
4	同10・28	中俣勝善寺	黄金２分 銀子５分	御門跡様 私(頼廉)	死去之志
5	同10・10	信州諸坊主衆・門徒中	兵粮勧進		懇志
		常敬寺同門徒中	20俵		
		浄興寺同門徒中	157俵		
		正覚寺同	105俵		
		勝善寺同	105俵		
		西厳寺同	73俵		
		普願寺同	20俵		
		勝楽寺同	8俵		
		本清寺徳忍同	10俵1斗		
		唯念寺門徒	10俵1斗		
		了本	9俵		
		明閑	4俵		
		クホ門徒	10俵1斗		
		圓信寺門徒中	8俵		
		願生寺同	10俵1斗		
		善教	10俵1斗		
		信州川中島分			
		康楽寺門徒中	210俵		
		正行寺同	21俵		
		本覚寺同	21俵		
		西光寺同	21俵		
		称名寺同	16俵		
		極楽寺同	16俵		
		専福寺同	10俵1斗		
		本誓寺同	68俵		
		向源寺同	21俵		
		サミソ了善	34俵		
			合計997俵6斗		

が信州高井郡に進出し、越後から越中・加賀など北陸道に移動している。

本願寺顕如が石山本願寺に籠城したとき、信州水内・高井両郡の一向寺院・門徒中が、軍事支援を行った。天正四・五年（一五七六・七七）の二年間の支援内容を整理すれば、表6のとおりである。

ここから、黄金八両や二百目、銀子五分・銭千八百文・米九百九十七俵六斗を石山本願寺の御所様・新門様・下間頼廉に輸送していたことがわかる。黄金の田舎目は、四～五文目であるから、黄金二百目は約二十五両前後の大金である。米俵約千俵の輸送は、中世では一駄に二俵積んで、四頭の馬を三人の口付で輸送したことが、『石山寺縁絵』などで指摘されている。したがって、五百頭ちかい馬借が必要となる。莫大な物流だといわなければならない。いずれも、末寺の坊主名と同門徒中による負担である。「志」や「寄付」として送付している。本願寺一向衆の御所様・新門様・家司下間氏―末寺・坊主衆―門徒中という家産制的ヒエラルキーが、全国の末寺坊主中と門徒中からの寄付を徴収したのであるから、膨大な財政規模になったことが想像でき、石山本願寺への求心的物流を支えていたことがわかる。(66)しかも、信州という東国の田舎においても、天正年間には、金・銀・銭の三貨通貨制度がすでに機能しており、近世的三貨通貨制度の基礎が、在地でも準備されていたといわなければならない(67)。

特に、注目すべきは、これら地方寺院と門徒中からの石山本願寺への求心的物流が、市場を介した売買取引としての物流輸送ではなく、「志」「寄付」という非商売物の商品市場を介さない物流であったことである。いいかえれば、近年注目されている贈答による物流ともいえる。しかも、約千俵の米俵は、「今度計策之兵粮之義付而、御勧進之義、仰出され候處ニ、懇志を励まされるの趣、帳面到来候」（「勝善寺文書」）とある。石山籠城中の本願寺顕如が、兵粮米の勧進を命じ、「懇志」の進上を奨励するように「帳面」を巡回したもので、上からの勧進体制であったことが明示されており、強制徴収と紙一重であった。商品市場原理による物流ではなく、建前としては贈答・寄付による大量物流が戦国期の特質ともいわなければならない。

3　贈答・貸借による物流・遠隔地間交通の発達と革新

中世の贈答・貸借による物流の意味

中世の物流が、都市や農村市場での売買取引と、貸付取引による市場を介さない物流の二面性があることは、井原『日本中世債務史の研究』（前掲注8書）で強調した点である。歴史事象としては多様な形態があり、贈答や志・寄付・貸借などが該当する。とりわけ、祝儀・贈答・寄付などは、義理・人情による封建的な慣行とされたもので、昭和生まれの民衆は、「祝儀は、利子のつかない借金」とか「タダほど高いものはない」と理解した。桜井英治『贈与の歴史学』（前掲注9書）が指摘したように、贈答には返礼の義務がともなっており、長い目でかつ経済関係としてみれば、「無利子の貸借」として理解すべきものと筆者は考えている。その点を十六世紀の伊勢御師の事例として分析してみよう。

室町戦国期の伊勢御師については、洛中での伊勢信仰の高揚や日本海側の上杉領国経済体制下での伊勢御師蔵田氏の活動が注目されてきた(68)。しかし、十六世紀の北廻りルートでの伊勢御師の流通経済活動には、上杉領国経済体制に組み込みえない要素が多面的に存在していたといわざるをえない。

一例をあげれば、永正十二年（一五一五）～十四年（一五一七）の「伊勢御使橋村氏越後国日記」（天理大学附属天理図書館所蔵「橋村家文書」上越六六四）がある。それは、越後国内で伊勢御師としての橋村氏が獲得した布施金を為替・借銭・替銭によって送金した帳簿である。しかも、遠隔地間の他地払いの送金為替ではなく、越後国国内の替銭と理解すべきものである。たとえば、越後国蒲原茅野山の市へ四郎・小三郎・衛門五郎・左衛門四郎の四人が布施一貫四百文と取銭四百文の合計一貫八百文を、「蒲原内茅野山の道円の御かわし」で送金している。地元での貸し借りの収支決算でもあったらしく、越後国駒橋の御坊布施三百五十文と駒橋二郎五郎の取銭渡の百五十文を合わせた五百文は、「こまはしの二郎五郎殿のかり状なり、此代ハ今泉四郎さ衛門殿へ御渡し申へく候」とある。これなどは、越後駒林での「かり状」＝借書を、今泉の四郎左衛門への支払いに渡したものと理解できよう。いいかえれば、借書の流通が越後国内の諸郷の寺僧や殿原・百姓らの間で進展していたことを意味する。借書の流通はすでに桜井英治が指摘している(69)。十六世紀初頭の越後では伊勢御使が定期的に巡回するようになると、在地の有徳人となった在地寺社や殿原衆が布施の支払いを借用状で行うという一種の手形処理をするようになっていたものといえよう。越後国京田村の平之丞は永正三年（一五〇二）に松左衛門を口入人として借用状を作成し、「返済申さず候ときわはし（恥）也」と記している(70)。十六世紀には越後の百姓も借書をつくって借銭をすることができる力＝債務の返済義務を果たす信用力をもつようになっていたといえる。

伊勢御師の贈答行為による遠隔地間物流

近年の研究では、室町期の伊勢神宮の門前・宇治山田が権門都市としての性格をもち、伊勢御師の発行する切符が為替手形として流通したこと、伊勢神宮地域では、七十二枚や九十六枚で百文として流通する「七十二文銭」や「九十六文銭」などの地域独自の貨幣交換率で貨幣流通が行われていたことなどがあきらかにされ、地域独自の貨幣流通圏がつくりだされていたことが判明している(71)。こうした地域貨幣の独自慣行をもった流通経済圏の重層構造が、伊勢神宮の信仰地域圏の内部で展開しえた経済的基盤がなにか、検討されなければならない。その典型例が、天正九年（一五八一）の「信濃国道者之御祓くばり日記」（信史一五―六七）である。伊勢内宮御師宇治久家が、信濃国の道者＝檀家に御祓くばりした時の名簿である。記載内容の一例として「あかしな（明科）分」を示せば、つぎのとおりである。

あかしな分
矢淵いつミ殿　茶三袋
同丹波殿　ちや三つ
四郎左衛門殿　ちや三つ
久保志ま殿　のし二十本、ちや三つ
うしほ（潮）神主　茶三袋
小ミ道（込地）の弥右衛門殿　ちや三つ
田澤神助殿　熨斗五十本、帯　ちや十袋
同わかさ殿　茶五たい
同所平林殿　ちや三つ

伊勢御師が訪問する旦那の所在する地名ごとに檀那名が書かれる。「道者之おはらいくはり日記」とあり、自分の旦那＝道者へ御祓を配る際の贈答品の品名と配布数を記入している。殿原名の有力者には、熨斗と上之茶・茶をくばる。川中島分の小田切殿の場合には、「熨斗一把、上之茶十袋、帯かかつほ五つか」とあり、帯か鰹かどちらかにしている。「青海苔・ふのり」などの海産物もみえる。最低限のものは「光分」「小立野分」にみえるように「ちゃ二つ」である。

重要な点は、これらの贈答品が伊勢と田舎とを結ぶ物流として大規模になっていたことである。表7のごとく、ひとりの伊勢御師が信濃国内で三百四十二軒を道者とし、熨斗だけで四把三千四百十本、上之茶百二十五袋、鰹三連、青海苔十六、ふのり十、帯二十六筋、櫛二などを配布していたのである。最大の御茶は、種類によって単位の呼び名を区別しており、二「斤」、五十「お」、七百三十二「つ」、四百三十「袋《たい》」で、総計千二百個以上にのぼった。一国内に何人の伊勢御師が入ったのか不明であるが、宇治久家の場合にも、同業者と競合しあっていたことが記述から推測される。

仁科分の「宮本別当」が「これハよその旦那也」と注記があり、「松川の道文」には「一左衛門殿道者也」とある。他人の伊勢御師の道者にまで賦り物をしている。反対に葛山分の鑪殿・上野殿について「この衆ハ同名にて候へ共、堤市左衛門殿御祓参候てめいわくに候」とある。他の御師として、堤市左衛門の記載が三ヵ所、「よその檀那」が三ヵ所ある。仁科分・川中島分で競合する伊勢御師が複数いたことがわかる。したがって、同時期に複数の伊勢御師が、道者への御祓とともに賦り物をもって活動していたことからすれば、贈答品の物流は大規模であったとみなけれ

ふのり	帯	櫛	注記
	1筋		
	2筋		六郎左衛門我等被官
7			
		1	
	1		
	2筋	1	宮島備前我奏者
2	1		
	1		
	2		
	1		
	2		
	3		高野左近御代官、二助宿
1	3		
	2		中越番匠周防宿
	1		
			片塩二助栗田殿被官
	3		宗無斎奏者、六郎右衛門宿
	1		
10	26	2	

表7　伊勢御師宇治久家の檀那への贈答品一覧

番号	場所名	檀家数	熨斗	上之茶	茶	かつほ・五つ	あを海苔
1	会田	14軒	1把・300本	20袋	32つ・28袋（たい）	1	
2	会田	15軒	95本	10袋	1斤・34つ・13袋		
3	会田	15軒	40本	10袋	27つ・11袋		
4	会田	17軒	50本	15袋	19つ・54袋		6
5	会田入	15軒	20本	10袋	38つ		1
6	会田入	13軒	35本	20袋	36つ		1
7	刈谷原	19軒	100本	10袋	47つ・6袋		
8	光	7軒	70袋	10袋	13つ・13袋		
9	光	5軒	210本	20袋	14つ		
10	明科	9軒	60本		15つ・21袋		
11	生野	11軒	50本		22つ・3袋		
12	小立野	5軒	90本		11つ		
13	小芹・大久保・花見	16軒	140本		34つ・3袋		
14	青柳	6軒	60本		18つ		1
15	青柳	11軒	20本		31つ・6袋		2
16	野口	9軒	130本		20つ・10袋		
17	麻績北条	7軒	220本		24つ・10袋		
18	麻績北条	9軒	200本		29つ・10袋		
19	安坂	13軒	460本		33つ・12袋		
20	永井	4軒	300本		8つ・3袋		
21	井堀・高	11軒	50本		10お・24つ・16袋		
22	川中島	10軒	3把・420本		13つ・35袋	1か帯か	
23	川中島	8軒	290本		1斤・10お・6つ・23袋		1
24	葛山	16軒			30お・34つ・45袋		1
25	長沼	6軒			45つ・10袋		
26	長沼	7軒			19つ・10袋		1
27	仁科	22軒			10お・39つ・68袋	1連	2
28	仁科	12軒			47つ・20袋		
合計	21ヵ所の村落名	342軒	4把・3410本	125袋	2斤・50お・732つ・430袋	3連	16

注　「信濃国道者之御祓くばり日記」（信史15—67）より作成。

ばならない。宇治久家の日記の最後に、つぎの記載がある（信史一五―七九）。

此日記之分の宮笥物、のし卅九把、同茶小袋千三百五十許入候、この内百三十計手師の茶之分、これを弐百目壱斤に算用いたし候へハ、五十二斤はかり入候、此内五斤手師茶、又壱斤、使茶三斤、ふのり三条許、青海苔三十〆計り、此日記紙卅七枚とし申候、後日のため萬書置き申候、道者の御祓い旦那へくはり日記、これ本なり、帯三丈《たけ》中なり、鰹二連計、萬入目ニ金壱両三分計入申すべく候、

ここから、伊勢御師の道者＝旦那への贈答品が「宮笥物」と呼ばれたこと、御茶は小袋に分けて千三百五十袋が必要になり、手師茶と使茶の二種類に区別されていたこと、茶二百目を一斤に算用して五十二斤が必要になったこと、ふのり三条、青海苔三十〆、帯三丈、鰹二連を含めて、必要経費は黄金一両三分にのぼったことが判明する。

天正年間、伊勢神宮の山田地域圏内では、金一枚＝金十両＝精銭（永楽銭）二万枚であったことが千枝大志の研究にある（千枝大志「十五世紀末から十七世紀初頭における貨幣の地域性」『中近世伊勢神宮地域の貨幣と商業組織』前掲注10書、六二頁）。したがって、宇治久家は、信濃国内の自分の旦那への贈答品である宮笥物を調達するために、金一両三分＝永楽銭（清銭）二千三百文ほどの資本を必要としたのである。

この資本は、農漁村市場での商品取引のための投資資金であるとともに、贈答品の購入である。まさに贈答による物流が地方にもたらされ、戦国期の流通・交通を活発化させたのである。贈答品の返礼として伊勢御師には、道者の伊勢参宮や旦那から祈祷の依頼を受けた。旧来は、伊勢御師は、額春屋・向館・木下館など地下御師の場合でも、祈祷を執行して大麻頒布を行ったと考えられていた。しかし、近年の研究によると、戦国期においても公私祈祷は祭主と十人の正員禰宜が独占しており、宇治山田などの地下御師は禰宜への祈祷を取り次ぐのみでその中間利益に預かったにすぎなかったという（窪寺恭秀「戦国期の神宮と祈祷」『伊勢市史　第二巻・中世編』、二〇一一年）。不安定な投資的要素

の強い布教活動であったといわなければならない。

高野山院坊の日牌・月牌料と音物

こうした投資的商業活動は、戦国期の高野山院坊の使僧や高野聖の場合も同様であった。高野山の各院坊には信濃をはじめ関東の国別供養帳や書状が数多く保存・公開されている。過去帳と誤解されるが、東国の旦那が、父母や先祖の日牌・月牌の供養を依頼した帳簿であり、院主は旦那の地方国人層に対して読経した「巻数」とともに「土産」を届けるために使僧や高野聖を下向させた。旦那の国人は、年ごとの「御上分」や「日牌料」「月牌料」「布施」などを書札の返礼に送付した。「土産」や「音物」になったものは、油炭・筆・薫器・沈香・墨筆・扇子・芳香など、田舎には珍しい工芸品であった（「蓮華定院文書」信史一一—三五四〜六。井原「中世農村寺社の年中行事」『中世のいくさ・祭り・外国との交わり』一八三頁）。中世寺社の信仰を介した物流は、こうした信仰心と使者を介した片務的な贈答関係によるもので、貸付取引による物流・流通活動であったといわなければならない。

室町戦国期になると、次第にこうした寄付・賽銭などの経済活動が重要性を増していたことは、阿諏訪青美『中世庶民信仰経済の研究』（校倉書房、二〇〇四年）が先駆的に分析した研究成果がある。あらためて、市場を介さない贈答関係や貸借取引の経済現象としての物流がもつ歴史的意義が再検討されなければならない。今後の検討課題である。

雑芸人による求心的遠隔地間交通

室町戦国期に求心的遠隔地間交通を下から支えた主体者として、猿楽・久世舞など最下層の雑芸人を指摘しなければならない。

まず、東国出身の読経道の雑芸人が、定期的に上洛して洛中で芸能を公開していた事例を示そう。『康富記』応永二十九年（一四二二）六月五日条につぎのようにみえる。

特記	備考	史料典拠
		教言卿記同日条
珍読様	播磨書写山此書様始	康富記同日条
		康富記同日条
		同
		同
		同
		満済准后日記
	香若大夫	康富記同日条
	香若大夫	康富記同日条
	先達山伏神職との合同寄合	小野寺文書
座者十余人	容顔尤美麗	後法興院記
	小犬弥太郎・与四郎	親長日記同年3月6日条
	思出に舞度と申請	東寺百合文書引付

綾小路河原村岡経聴聞、件僧衆十四人也、凡珍読様也、不レ遑《いとま》レ記、此聖道、自二武蔵村岡一上洛云々、或仁云、播磨書写山此読様始云々、一向如二早歌之曲一、

禁裏の地下官人・外記中原康富が、洛中の綾小路河原で、村岡経の芸を聴聞した。十四人の僧による読経道の読様が珍しいもので、聖道の者は武蔵国村岡から上洛したものである。噂では、播磨国書写山の読様が始めであったという。ここから、武蔵国村岡出身の聖道の僧衆十四人が読経道の芸をもって上洛して、洛中の綾小路河原で雑芸を披露していたことがわかる。武蔵村岡とは、「法然上人絵伝」で熊谷直実が村岡市に札を立て出家往生したとして著名な武蔵国村岡郷（埼玉県熊谷市）で、今も文永十年（一二七三）の銘文をもつ三三一センチの巨大な板碑が立っている。

この村岡経は、「聖道」とよばれており、播磨国書写山に始まったといわれるように読経道のひとつである。読経道とは、法華経の読誦法が芸能化したもので、唱聞道とも呼ばれた芸能の一分野をさす[72]。村岡経が「早歌の如し」とみえる早歌とは、宴曲ともいい、関東で謡われ、僧明空が『拾果抄』として編集した。これらはいずれも

表８　諸国唱聞道の関係史料事例一覧

番号	年月日	地方出身名	上演・寄合場所	記載呼び名
1	応永16（1409）・３・12	加賀		加賀之女舞
2	応永29（1422）・６・５	武蔵村岡経	綾小路河原	聖道
3	応永30（1423）・10・１	近江声聞衆	六角堂	クセ舞
4		河内声聞衆	同	同
5		美濃声聞衆	同	同
6		八幡声聞衆	同	同
7	応永34（1427）・５・10	摂津野瀬声聞師	妙法院	曲舞
8	宝徳２（1450）・２・18	越前田中	室町殿	久世舞
9	宝徳３（1451）・３・７	越前	千本炎魔堂	曲舞
10	享徳元（1452）・10・28	関東八国聖道	鎌倉	
11	文正元（1466）・４・16	美濃国人	千本	女曲舞
12	文明８（1476）・３・１	山城洛中柳原	禁裏	歌舞
13	文明12（1480）・８・１	近江国	南少路所々・東寺	曲舞大夫幷児

鶴岡八幡宮・江ノ島・三島・鹿島・宇都宮・諏訪など東国の寺社が謡い込まれ、編者の明空は、金沢称名寺や常陸三村寺で活躍した東国の僧侶であったことがあきらかにされている[73]。いわば、鎌倉時代末期に東国文化圏からうみだされた地域性のつよい神仏融合の文芸である。関東で「聖道」が、伊豆・富士・熊野修験の先達・山伏や神主らとならぶ民間宗教者のネットワークに属したことは前に述べた。これまでの東国史研究では、ほとんど知られていない関東・東国の独自性のつよい雑芸集団である。

室町期、東国の聖道には多様な流派が存在した。応永七年（一四〇〇）、信濃守護小笠原長秀が善光寺入部に伴った頓阿弥という遁世者について、「洛中に於いて名仁也、早歌は諏訪顕阿・会田弾正の両流を伺い、物語は古山の珠阿弥の弟子」（『大塔物語』信史七—三六七）と詠われた。東国に生まれた早歌の読経道が、室町期に入って洛中でも普及し、諏訪流と会田流の両派にわかれていたことがわかる。信濃出身者の諏訪氏や海野氏一門の会田氏が流派の頭人になっていた。

畿内での唱聞道の研究は、部落問題や芸能史の分野で厚い研究史をもっている。ここでは、大和の声聞師について「声聞道ヲ遁ハ、一切の声聞之沙汰条々、陰陽師・金口・暦星宮・久世舞・盆彼岸経・毘沙門経等、芸能七道物自専事、於彼面々、可停止也」（『大乗院寺社雑事記』文明九年〈一四七七〉五月十三日条）とあり、「七道者、猿楽・アルキ白拍子・アルキ御子・金タタキ・鉢タタキ・アルキ横行・猿飼」（『同』寛正四年〈一四六三〉十一月二十三日条）とある著名な史料を指摘しておく。国ごとに声聞師が、猿楽・白拍子・アルキ御子・金口・鉢タタキ・猿飼・陰陽師・暦星宮・久世舞・盆彼岸経・毘沙門経など多くの芸能民を支配下に編成する権利を持っていた。特に、大和国では五ヵ所・十座の声聞師が国中の芸能七道物である猿楽から猿飼に至る雑芸人や乞食を進退・管轄していたことが指摘されている(74)。

ここでは、東国の聖道と関係の深い唱聞道の久世舞との共通性について言及しておきたい。室町戦国期の唱聞道の久世舞や猿楽など雑芸の事例は数多いが、そのうち、国ごとに地方の久世舞が上洛しては洛中で演芸を披露して帰国している事例が注目される。地方出身の唱聞師や久世舞が上洛して芸能披露した事例で管見に及んだものは、表8のとおりである。

応永十六年（一四〇九）から文明十二年（一四八〇）に、「久世舞」だけでも、加賀、近江・河内・美濃・摂津・越前という国名のあるものと八幡の「声聞衆」という権門寺社のものの二種類あった。諸国の唱聞師でも、武蔵村岡、越前田中、摂津野瀬など郷村名が明示される事例や、小犬が他の史料で「唱聞師小犬」「柳原小犬」とみえ、洛中柳原散所の出身と判明するものもある。これらは、「座者十余人計」「十四人也」などとみえるように「座」を構え、「男舞」「露払」「児舞」「女舞」を演じ、見物人は四、五千人ばかりに及んだとある。

観世・宝生など大和四座の猿楽は室町殿が保護したが、禁裏への参入は禁止されていたという。声聞師の猿楽や手猿楽は禁中に参入がゆるされていた。こうした権力による保護関係に明瞭な差別が存在したことが指摘されている(75)。ここでは、地方の国ごとに唱聞道が活動し、一月・三月・十月という非神事月（『殿暦』。井原『史実中世仏教　第二巻』前掲書、三二一頁）に上洛して、洛中や室町殿・禁裏・権門寺社などで上演を申請して許可されており、それが社会的慣習になっていたことに注目したい。地方の雑芸人が、一定の年中行事のように上洛して唱聞道の雑芸を洛中で披露する慣習は、まさに十五世紀の求心的遠隔地交通を、民間の雑芸人たちが下支えしていたことを物語るものといえる。

反対に、畿内大和の猿楽が、北陸・関東・東国など田舎に下向して遠隔地間交通の担い手になっていたこともあまり知られていない。『康富記』嘉吉三年（一四四三）四月二十七日条によれば、平曲の教一座頭が来月四日五日に北国能登・越中に下向するので、「越前加賀等の路次縁状共を所望」した。六位外記中原康富は諸方に申して路次縁状＝関所通行許可状の過書を「十通許」取り与えた。禁裏の外記局が平曲・琵琶法師の都鄙交通の過書発給を担当・保障していた。文明十六年（一四八四）四月二十三日、観世座の観世之重は越前・能登下向に際して「観世大夫下向之儀に就いて、奉書を成遣され候、仰出され候旨に任せ、勧進猿楽等事、宜しく御下知有るべく候、窮困に依り罷下の間、毎事然るべくの様別而御扶助を加えらるべき事肝要」との幕府奉行人奉書を七通もらっている。斎藤小次郎が奉行し、遊佐・佐々木・朝倉・伊庭ら大名一門・有力国人に宛てられている（「諸状案文」『大日本史料』第八編十六冊、二一四頁）。幕府も遠隔地交通を観世猿楽に保障していた。雑芸人の遠隔地間交通が、禁裏や幕府権力を下から必要としていた。

信濃小県郡真田町長《おさ》の山家神社は、戦国真田氏の祈願寺・白山寺や「四阿山」とよばれた。「四阿山御正躰　猿楽彦一、サルガク永享十年八月日」（信史八―一一〇）と銘文が小県郡高山寺に残る。永享十年（一四三八）、猿楽彦一の寄進が明示された遺物として、貴重である。これが、どこの猿楽が不明であるが、大和猿楽座の可能性が高い。

天文二年（一五三三）九月二十一日に信州伊那郡知久頼元は、氏寺文永寺で理性院厳助を招いて結縁灌頂を行った。

「猿楽二人祗候、金春座伊徳鼓打之」（『信州下向記』）とある。大和金春座の猿楽が信州にまで下向して手猿楽との交流を行っていた(76)。諏訪神社では、『神使御頭之日記』天文七年（一五三八）条に「此年六月コンカウ太夫下宮ニテ法楽五番、関東へ下」（信史一一—一三五）とある。天文八年にも「如此年六月ホウシヤウ太夫下宮ノ法楽七番、関東へ下」とあるから、大和金剛座・宝生座も交代しながら、諏訪下宮の法楽能に信州まで下向し、そのまま関東の寺社の祭礼猿楽に巡回していたことがわかる。

関東での大和座猿楽の史料は、いままで報告されていないが、ここにその史料を示そう。永正六年（一五〇九）、連歌師宗長が下野国日光山座禅院で「宮増源三などといふ猿楽上り合ひて夜更くるまで杯あまたたびになりて、謡・舞などして心ゆきおもしろき夜のさま」（『東路のつと』）とある。この宮増源三の系譜が不明であるが、「四座役者目録」に金春氏照（宗瑞）について、「宮増弥左衛門代、乱拍子ヲ被打ル」とある(77)。宮増源三は、大和金春座の宮増弥左衛門の一門とみてまちがいなかろう。永正・天文年間に、大和金春・金剛・宝生座が信濃伊那谷の知久頼元の菩提寺文永寺や諏訪下宮に出向いて関東に下っていたから、下野国壬生の領主壬生綱重亭や日光山座禅院まで足を延ばすことは十分想定できよう。

宗長は、同年に下総国千葉荘で「十四日五日は千葉の崇神妙見の祭礼」を見物した。「三百疋の早馬」「十六日は延年の猿楽」「十七日連歌」とある（『東路のつと』）。千葉の妙見神社の祭礼でも「猿楽」があったから、大和猿楽座との交流も想定されよう。大和国の猿楽など雑芸人が関東の寺社祭礼を巡回し、求心的遠隔地間交通の主体者となっていたとみてまちがいないだろう。

越前の幸若太夫の久世舞が「幸若舞」で、戦国・織豊期に大流行した。天正年間、信長が幸若舞に懸銭を賦課したとき、臨川寺は妙智院と連署して京都所司代村井貞勝に対して「幸若舞之儀につき懸銭之事承候、寺家以外の闕乏正体なく候間、迷惑せしめ候」と免除申請をしている（「鹿王院文書」七七一、『鹿王院文書の研究』思文閣出版、二〇〇〇年、二八二頁）。幸若舞や久世舞を統括する声聞道の本所職を官寺の臨川寺と妙智院がつとめていたことがわかる。猿楽・陰陽師・久世舞・白拍子・アルキ御子から猿飼など多様な雑芸人が京都を核にしながら、地方都市や寺社の祭礼を巡回してあるく廻国の都鄙交流も、市場原理によらない交通・物流を生み出していたのである。被差別民を含む下層民の生業が、室町戦国期の求心的遠隔地交流の基盤となり、ちょうど悪銭が社会の底辺での貨幣流通を支えていたと同一の社会構造といえよう。しかも底辺の雑芸人に対して、権門寺社の本所権力や禁裏・幕府権力が浸透していたのも、求心的遠隔地間交通の安全問題が背景にあったものとみてまちがいない。

坂東屋による新しい全国的流通海船の登場と革新

十五・十六世紀前半の新時代に求心的遠隔地流通経済の担い手として北陸―京都・堺―品川ルートで活躍するのが、坂東屋である。室町期には、丹後屋をはじめに丹波屋・越後屋・奈良屋・筑紫屋・備中屋など国名を付した商人が京都に登場する。これを国の特産物を、在国して仕入れ京都で売り捌いた荷受問屋で、荘園年貢の請負代官の請人にもなっており、債務保証に機能も果たしたことを指摘して、筆者は国問屋と概念化した。[78] 坂東屋は、そうした国問屋から発展・飛躍して、坂東という広域市場圏を対象にした政治・商業・流通・金融決済機能をもった新しい商人類型を示す存在に成長した。室町戦国期と江戸初期にかけて全国的流通経済活動を担う過渡的な新興の中世商人の典型といえる。

文明・大永・天正年間の坂東屋富松については、最初に、伊達家の歴代当主や結城白河義綱の官途補任に際して禁裏との申次である近衛稙家・三条西実隆との仲介役をしていた存在として小林清治が注目した。[79] その後、坂東屋富松は一条烏丸富松亭や摂津伊丹に本居をもち、大炊寮領摂津国御稲代官をつとめた村上氏で摂津富松に土着して名字を名乗った史料群が発見された。とりわけ、永享二年（一四三〇）には陸奥国田村荘司熊野先達職の売買・質入・譲与に坂東屋が関与しており、聖護院の組織下に置かれていた人物で、瀬戸内海の村上氏と推測する説が提起された(80)。さらに、「大徳寺文書」に、松源院祠堂銭を借用した堺商人の坂東屋六郎や宗桂がみえ、坂東屋宗椿は堺の連歌師でもあったことがあきらかになり、坂東屋富松と堺衆坂東屋との関係が研究課題となっていた(81)。

今回注目すべきは『政所賦銘引付』（史料大成）文明十三年（一四八一）十月十七日条によれば、村上弥太郎が綾小路室町と五条坊門間の東頬に住む又次郎に預物三十九貫文を預けていたが、又次郎が死去したので預物の返却訴訟を幕府に提訴した。「村上弥太郎〈四条室町坂東屋子、今和泉堺ニ居〉」との割注がある。村上弥太郎が京都坂東屋の子息であり、今は和泉国堺に居住していたことがわかる。京都坂東屋と堺坂東屋は親子であったことになる。村上氏は、信濃村上・越後村上氏と同名関係をもっていたとみるべきであろう（『長野市誌　一五巻総集編』長野市、二〇〇四年）。

とりわけ、注目すべき史料が、宗長の『東路のつと』であり、そこに「品川といふ津に知人あり、和泉の堺より来て、この六七年住めりとかや」とある。連歌師宗長の知人である堺の商人が永正六年（一五〇九）に品川に来て六、七年前から居住しており、宗長と再会した。こうなれば、堺の連歌師で坂東屋の宗桂・六郎・宗椿の一門が、武蔵国品川に廻船のために進出して定住していた可能性が出てくる。坂東屋は、東北から越後・信濃から京都・摂津富松・和泉堺に屋敷を構え、禁裏御領大炊寮領御稲の代官や陸奥の山伏で熊野先達職をもち、坂東の品川にまで進出していたことになる。

これらの事実は、十五・十六世紀の日本海北廻りルートの流通経済の担い手は、越後の国問屋から出て京都洛中・摂津・和泉から堺商人になり勘合貿易をはじめ、堺と品川を結ぶ太平洋海運に乗り出していたといえよう。日本海海運と太平洋海運を結ぶ全国的流通経済網にリンクする基盤を十六世紀初頭に獲得していた可能性がでてくる。十六世紀から十七世紀の大規模な中央集権的物資流通の主体者は、山口徹のいう海運を中核とする「初期豪商」や、桜井英治のいう大名領国に対応した「商人司」の概念が提起されてきた。[82] それらと異なって、室町戦国期に国問屋から発展して、坂東という関東・東北を含む広域市場圏を対象にして京都・堺を結び、海外貿易とも連結する商業流通活動の主体者が登場してきたのである。もはや、地域流通圏と求心的遠隔地間交通の二元的中世的世界の枠組みを克服する新しい地域の主体者が誕生していたといえよう。

むすびに

十六世紀後半から十七世紀・慶長年間にかけて、内陸流通経済圏は、上杉領国経済圏・武田領国経済圏・後北条領国経済圏・徳川領国経済圏が重層的に重なり合い、その境界領域での戦争にともなう道路網の整備・物流の活発化・経済交流の進展をもたらした。流通経済の需要と供給、制度改革のスピードは、比較にならないほどアップした。

天正十年（一五八二）十月、秀吉は諸口見入公事（関銭）の賦課を停止した。天正十三年十一月六日、秀吉の命をうけた浅井長吉は、近江今津問屋中に対して、日本国諸役賦課が停止された上は、当津が若狭への荷物に関銭を賦課することを停止し、替わって駄別米一升の庭物の賦課徴収を公認した。[83] 統一権力が中世の関銭賦課を停止し、各地で具体化が推進された。

天正十八年（一五九〇）、秀吉の小田原戦争から徳川家康の関東移封、慶長三年（一五九八）上杉景勝の会津への国替によって、歴史上類例のない地域住民の人口移動が起きた。武士はもとより被官衆・百姓らも給地付の人口移動であったからこそ、兵農分離と身分体制の徹底が実現したといえよう。家康に対する関東封込体制のため、駿河・甲斐・信濃・越後の内陸には田丸直昌・羽柴秀勝・加藤光泰・浅野長政・幸長ら秀吉の豊臣大名が配置された。文禄四年（一五九五）正月、秀吉の草津湯治計画で信濃一国衆・甲斐国・上野国一国衆を国ごとに動員して草津での御座所普請、石垣・塀・柵・番所・二間三間の小屋の普請が命じられた。三月十五日出発、三月二十五日完成予定で工事を甲斐の浅野家、小諸の仙石秀康・松本の石川光吉に命令・準備された（「浅野家文書」信史一八─九八）。中止されたとはいえ、内陸圏の流通経済が秀吉の全国的流通経済体制に組み込まれたことが明白になった。

この体制は、天正十九年（一五九一）から慶長三年までの朝鮮出兵にともなう日本史上類をみない大量の物流を実現させた。信濃・甲斐で苧麻千貫目・米三千石を調達して佐賀名護屋城まで輸送を、上杉景勝方立屋喜兵衛の船と秀吉の継船でやり遂げた。

永禄二年（一五五九）、「鉄砲薬之方幷調合次第」が将軍足利義輝の奉行人大舘晴光と公方御倉籾井によって上杉氏に伝えられた。この軍事科学は、直江景続の岸和田流鉄砲伝書とともに「南蛮流秘伝一流」という医書の導入をもたらした。文禄三年（一五九五）以降、秀吉は財政逼迫の対策として、浅野長政・上杉景勝による金山開発に乗り出した。金山奉行による銀子鉛山見立（灰吹法による鉛から亜鉛と銀を分離する技法）で、佐渡・越後・甲斐・信濃・陸奥・出羽での銀山・鉛山開発を推進した(84)。

こうした改革策は、家康によって踏襲された。慶長五年（一六〇〇）関ヶ原の合戦での秀忠軍の中山道築造と進軍・軍需物資の大量移動、大久保長安による木曽谷・伊那谷・佐渡金山開発が推し進められた。

慶長八年（一六〇三）二月、家康は、幕府開設にはじまり、川中島藩に子息忠輝、付家老大久保長安を配し、慶長十五年（一六一〇）には、川中島藩に越後福島藩を加封し四十五万石に加増、慶長十九年（一六一四）には東北諸大名の普請役で子息忠輝の越後高田城を修築させた。駿河・甲斐は徳川家が直轄し、信濃・越後・佐渡を徳川一門大名が独占する体制をつくりあげた。江戸を防衛するための内陸圏の駿河・甲斐・信濃・越後の列島縦断路は、徳川一門が固めていた。

慶長十一年（一六〇六）、永楽銭の通用停止と慶長通宝の鋳造、翌年加賀藩は夫役を銀納制とした。慶長十三年（一六〇八）、幕府は伏見銀座を京都、大阪銀座を開設し、永楽銭一貫文＝悪銭四貫文＝金一両の両替体制を整備した。元和二年（一六一六）、家康は、撰銭禁止とし、銭一貫文＝金一分の公定制を施行した。中国明・清の銀本位制と南米のポトシ銀山開発によって生まれた世界の金銀貨幣システムに対応した体制ができあがり、御朱印船貿易と全国的流通経済体制の構築がすすめられた（村井章介『世界史のなかの戦国日本』ちくま学芸文庫、二〇一二年）。貨幣システムの大転換と金山開発の全国化―銭・金・銀三極体制―ができあがった。

こうしてみると、十七世紀の流通経済構造は、中世の地域経済圏と遠隔地間交通の発展過程という経済要素とはまったく異質な世界であることがわかる。全国統一戦争での物流の大規模化、国替えと土地付の人口移動と世界的経済システムの導入による全国的流通経済体制の設立が、中世社会を克服していった。

注

（1）千田嘉博『織豊系城郭の形成』（東京大学出版会、二〇〇〇年）、小野正敏編集代表『図解　日本の中世遺跡』（東京大学出版会、二〇〇一年）、小野正敏・萩原三雄編『鎌倉時代の考古学』高志書院、二〇〇六年）、高橋慎一朗編『史跡で読む日本の歴史6　鎌倉の世界』吉川弘文館、二〇一〇年）等参照。

（2）考古学・民俗学・歴史学の分析概念や方法論の違いを前提にして、生業という分析概念の共通化をはかりながら学際的共同研究を試みようとしたものに、国立歴史民俗博物館編『生業から見る日本史―新しい歴史学の射程―』（吉川弘文館、二〇〇八年）がある。ひとつの実験的な試行である。

（3）豊田武『増補中世日本商業史の研究』（岩波書店、一九五二年）、脇田晴子『日本中世商業発達史の研究』（御茶の水書房、一九六九年)、佐々木銀弥『中世商品流通史の研究』(法政大学出版局、一九七二年)、新城常三『戦国時代の交通』(畝傍書房、一九四三年)、同『鎌倉時代の交通』(吉川弘文館、一九六七年)。

(4) 脇田晴子『日本中世都市論』(東京大学出版会、一九八一年)、網野善彦『日本中世都市の世界』(筑摩書房、一九九六年)。網野善彦・石井進編『中世の風景を読む』第1巻〜第7巻、新人物往来社、一九九四〜九五年)。

(5) 新城常三『中世水運史の研究』(塙書房、一九九四年)、峰岸純夫・村井章介『中世東国の物流と都市』(山川出版社、一九九五年)、綿貫友子『中世東国の太平洋海運』(東京大学出版会、一九九八年)、宇佐見隆之『日本中世の流通と商業』(吉川弘文館、一九九九年)。

(6) 桜井英治『日本中世の経済構造』(岩波書店、一九九六年)、勝俣鎮夫『戦国時代論』(岩波書店、一九九六年)、鈴木公雄『出土銭貨の研究』(東京大学出版会、一九九九年)、後北条氏研究会編『関東戦国史の研究』(名著出版、一九七六年)、杉山博『戦国大名後北条氏の研究』(名著出版、一九八二年)、佐脇栄智編『後北条氏の研究』(吉川弘文館、一九八六年)、小和田哲男『後北条氏研究』(吉川弘文館、一九八三年)、池上裕子『戦国時代社会構造の研究』(校倉書房、一九九九年)。

(7) 浦長瀬隆『中近世日本貨幣流通史』(勁草書房、二〇〇一年)、黒田明伸『貨幣システムの世界史』(岩波書店、二〇〇三年)、本多博之『戦国織豊期の貨幣と石高制』(吉川弘文館、二〇〇六年)、鈴木公雄編『貨幣の地域史』(岩波書店、二〇〇七年)、川戸貴史『戦国期の貨幣と経済』(吉川弘文館、二〇〇八年)、千枝大志『中近世伊勢神宮地域の貨幣と商業組織』(岩田書院、二〇一一年)。

(8) 黒田基樹『戦国期の債務と徳政』(校倉書房、二〇〇九年)、井原今朝男『日本中世債務史の研究』(東京大学出版会、二〇一一年)、村石正行『中世の契約社会と文書』(思文閣出版、二〇一三年)に代表される。

(9) 桜井英治『贈与の歴史学』(中公新書、二〇一一年)、本郷恵子『蕩尽する中世』(新潮社、二〇一二年)、井原今朝男編『生活と文化の歴史学三　富裕と貧困』(竹林舎、二〇一三年)。

(10) 千枝大志『中近世伊勢神宮地域の貨幣と商業組織』(岩田書院、二〇一一年)、久田松和則『伊勢御師と旦那』(弘文堂、二〇〇四年)、鈴木敦子『戦国期の流通と地域社会』(同成社、二〇一一年)。

(11) 田中浩司「一六世紀前期の京都真珠庵の帳簿史料からみた金の流通と機能」(峰岸純夫編『日本中世史の再発見』吉川弘文館、二〇〇三年)、村石正行『中世の契約社会と文書』前掲注8書)、井原今朝男『日本中世債務史の研究』(前掲注8書)。

(12) 佐伯徳哉「戦国期石見国における在地領主支配と地域経済秩序」（『ヒストリア』一三五、一九九二年、のちに『中世出雲と国家的支配』法蔵館、二〇一四年所収）、宮島敬一『戦国期社会の形成と展開』（吉川弘文館、一九九六年）、榎原雅治『日本中世地域社会の構造』（校倉書房、二〇〇〇年）、川岡勉『中世の地域権力と西国社会』（清文堂、二〇〇六年）、川端泰幸『日本中世の地域社会と一揆』（法蔵館、二〇〇八年）。

(13) 宇佐見隆之「中世末期地域流通と商業の変容」（『日本史研究』五二三、二〇〇六年）。

(14) 編集代表小野正敏編『図解・日本の中世遺跡』（前掲注1書）、兵庫・岡山・広島三県合同企画展『津々浦々をめぐる—中世瀬戸内の流通と交流』（事務局広島県立歴史博物館、二〇〇四年）、小野正敏・萩原三雄編『戦国時代の考古学』（高志書院、二〇〇三年）、同『鎌倉時代の考古学』（前掲注1書）など参照。陶磁器出土・遺跡遺物と流通・交通史を論じた方法論では、永原慶二編『常滑焼と中世社会』（小学館、一九九五年）や大石直正・高良倉吉・高橋公明著『周縁から見た中世日本』（講談社、二〇〇一年）、村井章介『東アジアのなかの日本文化』（放送大学教育振興会、二〇〇五年）が注目される。方法論上の諸問題については、国立歴史民俗博物館編『考古資料と歴史学』（吉川弘文館、一九九九年）参照。

(15) 池享「東アジア社会の変動と統一政権の確立」（『歴史評論』五三九、一九九五年）、同編『日本の時代史13　天下統一と朝鮮侵略』（吉川弘文館、二〇〇三年）、村井章介『日本中世の異文化接触』（東京大学出版会、二〇一三年）、同『日本中世境界史論』（岩波書店、二〇一三年）。

(16) 豊田武・児玉幸多編『体系日本史叢書　交通史』（山川出版社、一九七〇年）、新城常三「鎌倉幕府の交通政策」（『鎌倉時代の交通』前掲注3書）、菊池紳一「鎌倉幕府の交通政策（陸上交通）」（児玉幸多編『日本交通史』吉川弘文館、一九九二年）、網野善彦「中世前期の水上交通について」（『日本社会再考』小学館、一九八四年）、盛本昌広「走湯山燈油料船と神崎関」（『千葉史学』一三、一九八八年）、峰岸純夫「中世東国の水運について」（『国史学』一四一、一九九〇年）。

(17) 新城常三「中世の信濃」（『史学雑誌』五七—五・六合併号。一九四九年）、井原今朝男「信濃国伴野荘の交通と商業」（『信濃』三五—九、一九八三年、本書第一部第一章）、同「鎌倉時代の社会」『長野県史　通史編中世1』（長野県史刊行会、一九八六年）、同「幕府・鎌倉府の流通経済政策と年貢輸送」（永原慶二編『中世の発見』吉川弘文館、一九九三年、本書第二部第二章）。なお、『宴曲抄』による善光寺道の現地比定については峰岸純夫「信濃善光寺への道—「宴曲抄」を中心に—」（『中世東国の荘園公領と宗教』吉川弘文館、二〇〇六年）、齋藤慎一「鎌倉街道上道と北関東」（『中世東国の世界Ⅰ』高志書院、二〇〇三年）参照。

(18) 井原今朝男「中世善光寺信仰の国際性と聖・山伏」(『中世のいくさ・祭り・外国との交わり』校倉書房、一九九九年)一九九頁。越後と鎌倉・京都との交通・流通については、高橋一樹「平安末・鎌倉期の越後と佐渡」(田村裕・坂井秀弥編『中世の越後と佐渡』高志書院、一九九九年)、同「中世日本海沿岸地域における潟湖と荘園制支配」(矢田俊文・工藤清泰編『日本海域歴史大系第三巻中世編』清文堂出版、二〇〇五年)。

(19) 豊田武『増訂中世日本商業史の研究』(岩波書店、一九五二年)、井原今朝男「中世の商業と交通」『長野県史　通史編2中世1』一九八六年)、同「日本列島縦断の回廊と田舎の文化」(『長野県の歴史』山川出版社、一九九七年)、峰岸純夫「信濃善光寺への道―「宴曲抄」を中心に」(『中世東国の荘園公領と宗教』吉川弘文館、二〇〇六年)、山本隆志「上野国新田荘世良田宿の存立構造」(『東国における武士勢力の成立と展開』思文閣出版、二〇一二年)、同「鎌倉時代の宿と馬市・馬喰」(『年報日本史叢』一九九九年)、石井進「都市鎌倉における「地獄」の風景」(御家人制研究会編『御家人制の研究』吉川弘文館、一九八一年)、飯村均「東国の宿・市・津」(藤原良章・村井章介編『中世のみちと物流』山川出版社、一九九一年)、岡陽一郎「中世の大道とその周辺」(同)。

(20) 『大日本史料』第六編之二三、四四四頁。延文五年雑載の『存覚袖日記』に「奥郡本尊乗信、信願、無為房、延文五庚子ヨリ、各法師ト書了、御直弟念信乗如房、先年依彼後胤所望、如此載之間、依可為准拠、雖無望載之了、向後御直弟可然也……先徳等之中、黒谷不被奉載之」ともある。遠野本尊には黒谷の信空が記載されていなかったといい、先徳連座像として誰を記載・描くのかは、願主の所望によって決められており、それに本願寺覚如や存覚らが裏書を加えていたことがわかる。

(21) 仏教美術の浜田隆「滝上寺「真宗八高僧像」と『存覚袖日記』」(奈良国立文化財研究所編『文化財論叢』吉川弘文館、一九六〇年)、今井雅晴「越後真宗教団の萌芽」(『上越市史　通史編2中世』二〇〇四年)。

(22) 祢津宗伸「木曾谷東野阿弥陀堂初期真宗本尊に関する考察」(『中世地域社会と仏教文化』法蔵館、二〇〇六年)。聖覚については、平雅行「安居院聖覚と嘉禄の法難」(『日本中世の社会と仏教』塙書房、一九九二年)。

(23) 出展番号一一一「聖徳太子ならびに和朝先徳連坐図」(『特別展　法然と親鸞―ゆかりの名宝』図録、二〇一一年)。

(24) 井原今朝男「鎌倉時代の社会」(『長野県史　通史編2中世1』一九八六年)、笹本正治『異郷を結ぶ商人と職人』(中央公論新社、二〇〇二年)、井原今朝男『日本中世債務史の研究』(前掲注8書)。ここにみえる商人宿など商業流通組織の評価をめぐっての論点は、桜井英治・中西聡編『新体系日本史12　流通経済史』(山川出版社、二〇〇二年)に詳しい。

(25)網野善彦『日本社会再考―海民と列島文化』(小学館、一九九四年)、稲本紀昭「伊勢・志摩の交通と交易」(網野ほか編『海と列島文化8　伊勢と熊野の海』小学館、一九九二年)、盛本昌広「走湯山灯油料船と神崎関」(前掲注16論文)、柘植信行「中世品川の信仰空間」(『品川歴史館紀要』六、一九九一年)、佐藤博信『江戸湾をめぐる中世』(思文閣出版、二〇〇〇年)。

(26)新城常三『中世水運史の研究』(塙書房、一九九四年)の大著は、瀬戸内海・九州・四国など西国中心で、東国荘園をめぐる水運史は、綿貫友子『中世東国の太平洋海運』(前掲注5書)をまたなければならない。

(27)井原今朝男「東国商人集団の構造」(科研成果報告書『中世・近世初頭東国における市・町場および都市の総合的研究』竹内誠研究代表、一九九三年)。

(28)井原今朝男「信濃国大井荘落合新善光寺と一遍(上・下)」(『時衆文化』一六・一七、二〇〇七・〇八年)、山内譲「一遍の一族―鎌倉時代の伊予河野氏」(『日本歴史』七六三、二〇一一年)、牛山佳幸「伊予河野氏をめぐる伝承と史実」(『時衆文化』二一、二〇一〇年)。

(29)鎌倉期の東国寺院での講組織については、井原今朝男「地方寺院を支えた僧侶」(『史実　中世仏教』第一巻、興山舎、二〇一一年)。

(30)中世寺院の講米・頼母子講については、井原今朝男「巨額な資金の調達法」(『中世の借金事情』吉川弘文館、二〇〇九年)、中世寺院が地域と債務・負債で結びついていたことについて、同「中世寺院を支えた経済活動の実態」(『史実　中世仏教』第二巻、興山舎、二〇一三年)参照。

(31)村井章介『アジアの中の中世日本』(校倉書房、一九八八年)、同『日本中世の異文化接触』(東京大学出版会、二〇一三年)

(32)新田英治「中世後期、東西両地域間の所領相博に関する一考察」(『学習院史学』九七、一九九九年)、山田邦明『鎌倉府と関東』(校倉書房、一九九五年)、青山文彦「内閣文庫所蔵『諸国文書』所収事書に関する基礎的考察」(『歴史』八一・八二、一九九三・九四年)。

(33)桜井英治「日本中世における貨幣と信用について」(『歴史学研究』七〇三、一九九七年)、同「中世の貨幣・信用」(桜井・中西聡編『新体系日本史12　流通経済史』前掲注24書)。

(34)東国の守護領国制研究は、永原慶二『日本封建制成立過程の研究』(岩波書店、一九六一年)、峰岸純夫『中世の東国―地域と権力』(東京大学出版会、一九八九年)にはじまり、鎌倉公方・関東管領・東国守護・一揆研究として、佐藤博信『中世東国の支配構造』（思文閣出版、一九八九年）、同『古河公方足利氏の研究』（校倉書房、一九八九年）、伊藤喜良『中世国家と東国・奥羽』（校倉書房、一九九九年）、市村高男『戦国期東国の都市と権力』（思文閣出版、一九九四）、小国浩寿『鎌倉府体制と東国』（吉川弘文館、二〇〇一年）、荒川善夫『戦国期北関東の地域権力』（岩田書院、一九九七年）など多数に及ぶ。東国の流通経済論については、永原慶二『戦国期の政治経済構造』（岩波書店、一九九七年）、東国水運史の綿貫友子『中世東国の太平洋海運』（前掲注5書）、佐藤博信『江戸湾をめぐる中世』（前掲注25書）、鈴木哲雄『中世関東の内海世界』（岩田書院、二〇〇五年）、盛本昌広『中世南関東の港湾都市と権力』（岩田書院、二〇一〇年）、齋藤慎一『中世東国の道と城館』（東京大学出版会、二〇一〇年）などで史実の現象論は蓄積されている。

(35)　伊藤喜良「室町期の国家と東国」『中世国家と東国・奥羽』前掲注34書）。宇都宮持綱の上総守護補任問題については、山家浩樹「上総守護宇都宮持綱」（『日本歴史』四九〇、一九八九年）、小国浩寿『鎌倉府体制と東国』（吉川弘文館、二〇〇一年）、松本一夫『東国守護の歴史的特質』（岩田書院、二〇〇一年）、島村圭一「上杉禅秀の乱後における室町幕府の対東国政策の特質について」（『地方史研究』二三一、一九九一年）、江田郁夫『室町幕府東国支配の研究』（高志書院、二〇〇八年）などで論争が展開された。

(36)　杉山一弥『室町幕府の東国政策』（思文閣出版、二〇一四年）。本書において、杉山は、宇都宮持綱の上総守護補任問題、佐竹与義の常陸守護補任問題、佐竹祐義の常陸守護補任問題、結城光秀の下野守護補任問題、幕府による武田信長の甲斐から上総への移住問題などを、幕府・鎌倉府の政治折衝史料群から分析して、東国内乱期にも室町幕府が東国守護補任権を基本的に掌握していたことをあきらかにした。ただ、鎌倉府が東国守護補任に際していかなる権限を行使していたか、という問題は未解明である。その点で、伊藤喜良が提起した守護補任権と推挙権の問題が新史料の発掘を含めて、今後の研究課題として残されている。

(37)　新田英治「中世後期の東国守護をめぐる二、三の問題」（『学習院大学文学部研究年報』四〇、一九九四年）。

(38)　斎藤夏来「足利政権の坐公文発給と政治統合」（『史学雑誌』一一三―六、二〇〇四年）、同「室町期関東公方の公文発給」（『禅文化研究所紀要』二八、二〇〇六年）、阿部能久『戦国期関東公方の研究』（思文閣出版、二〇〇六年）。

(39)　小森正明『室町期東国社会と寺社造営』（思文閣出版、二〇〇八年）。

(40)　井原今朝男「各地を歩く人々」（『体系日本史叢書　生活史Ⅰ』山川出版社、一九九四年、本書第二部第一章）。

(41)　新城美恵子「聖護院系教派修験道成立の過程」（『本山派修験と熊野先達』岩田書院、一九九九年）三七頁。

(42)　則竹雄一『動乱の東国史6　古河公方と伊勢宗瑞』（吉川弘文館、二〇一三年）、山田邦明『敗者の日本史8　享徳の乱と大田道灌』（吉川弘文館、二〇一五年）。なお、五十子陣に関連して、将軍足利義政の御内書案が大量に発給された（『続群書類従』第二三輯上、合戦部）。そのうち、武蔵太田・吉田荘合戦、上野海老瀬口・羽継原合戦では五四通にのぼり、それを受給した関東武士層の個別比定については、森田真一「享徳の乱期の五十子陣」（江田郁夫・梁瀬大輔編『北関東の戦国時代』高志書院、二〇一三年）参照。

(43)『長野市誌、総集編』（長野市、二〇〇四年）、井原今朝男『高井地方の中世史』（須坂市立博物館、二〇一一年）。

(44) 前嶋敏「越後永正の内乱と信濃」（『信濃』六〇—一〇、二〇〇八年）、森田真一「戦国の動乱」（『笹神村史　通史編』笹神村、二〇〇四年）が、『新潟県史』通史編以降の新しい「永正の乱」研究の到達点である。

(45)『建内記』永享十一年二月二日条。前箱根別当瑞禅が室町殿月次連歌会の連歌師であったことは『満済准后日記』永享三年二月二十七日条・永享四年二月二十二日条・三月四日条・三月二十九日条・永享五年正月二十日条・三月九日条参照。箱根別当が大森氏一族の手にあり関東公方に協力する体制にあったことは、福島金治「鎌倉府と相模国」（『神奈川県の歴史』山川出版社、一九九六年）が言及している。森幸夫「鎌倉・室町期の箱根権現別当」（二木謙一編『戦国織豊期の社会と儀礼』吉川弘文館、二〇〇六年）、杉山一弥「室町期の箱根権別当と武家権力」（『室町幕府の東国政策』前掲注36書）は、箱根別当の専門論文である。両人とも大森頼春・證実兄弟による「大森氏・箱根権別当体制」が足利持氏の鎌倉府体制に順応していたとする。ただ、箱根別当三八世禅雄は謎につつまれているとし、『建内記』の当該史料をあげて、「瑞禅」と一字が一致するとし、「大森氏出身者ではない」（森）、「室町幕府とかかわりの深い人物」（杉山）と推測している。ほかには、箱根別当についての論考は管見に入らない。特集「中世東国に於ける神社の歴史的展開」（『神道宗教』二二五、二〇一二年）も中世前期の二所詣に焦点がある。箱根神社所蔵の古文書・銘文資料、宝物類については、箱根神社編『箱根の宝物』（同、二〇〇六年）参照。

(46) 新城美恵子「武蔵國十玉坊と聖護院」「武蔵國半沢覚円坊について」（『本山派修験と熊野先達』前掲注41書）。森幸夫「本山派修験小田原玉瀧坊について」（『戦国史研究』四四、二〇〇二年）。なお、連歌師堯恵の『北国紀行』の諸本検討や上杉氏との関係については、鶴崎裕雄「歌僧堯恵と「東路紀行（北国紀行）」」（『文学』五六巻、一九八八年九月号）参照。

(47) 杉山博「大石氏の研究」（杉山博・栗原仲道編『大石氏の研究』名著出版、一九七五年）。

(48)『廻国雑記』では、常陸から稲穂別当坊で富士山を遠望し「湖水」で漢詩をつくった。湖水の場所を『大日本地名辞書』は下総印旛沼とした。萩原龍夫「道興准后の生涯と信仰」（『駿台史学』四九、一九八〇年）は、金沢文庫文書に「下総国上幸嶋郡稲尾熊野堂別当」とあり、明治十六年の迅速図に「長井戸沼」の湖水があったとし、現茨城県猿島郡境町稲尾に比定し、「関東中央部の湿潤地帯」、「大利根湿潤地帯中世史の一好例」として注目している。

(49) 列島の古代中世の海岸線では潟湖や低湿地が発達し、近世・近代では乾燥化が激しく、自然環境の時代的変遷史を塗り替える必要がある。この点は、井原今朝男編『環境の日本史3　中世の環境と開発・生業』(吉川弘文館、二〇一三年)参照。潟湖・湖水・河口港・河川交通と外海とを区別する用語が中世社会では存在せず、すべて海と呼称している。なお、戦国期に山科言継やその母が、伊勢や尾張国知多郡から便船で駿河府中に渡航していた(『言継卿記』天文二十二年四月二十二日条)事例などから、関東・東海地方の「水の交通」の重要性を綿貫友子「水の交通史」(赤坂憲雄・原田信男他編『いくつもの日本Ⅲ　人とモノと道と』岩波書店、二〇〇三年)、同「戦争と海の流通」(小林一岳・則竹雄一編『ものから見る日本史　戦争Ⅰ　中世戦争論の現在』青木書店、二〇〇四年)が論じている。

(50) 佐藤博信『江戸湾をめぐる中世』(前掲注25書)は、中世江戸湾の海上交通について、六浦・神奈川・品川を要津とし、鎌倉から下総下河辺荘水海・関宿と六浦間との海上交通路、鎌倉の向地として安房伊戸と上総富津との交通を推測している。安池尋幸「中世近世における江戸内海渡船の展開」(『神奈川県史研究』四九、一九八二年)は上総富津と相模野嶋間の渡船について、金沢文庫文書や北条家朱印状・富津古文書などから、明らかにした。滝川恒昭「中世東国海上交通の限界・制約とその対策」(浅野晴樹・齋藤慎一編『中世東国の世界2　南関東』高志書院、二〇〇四年)も、中世江戸湾の航海事例を三八件作表している(一三六頁)。しかし、『廻国雑記』の安房鋸山から相模浦賀への渡海事例については言及した論考は管見に入らない。

(51) 善光寺門前の猿曳史料については、井原今朝男「中世東国における非人と民間儀礼」(『中世のいくさ・祭り・外国との交わり』前掲注18書)一一四〜一一八頁。

(52) 醍醐寺理性院厳助の信州下向と田舎での大元帥法の開催については、井原今朝男「民衆統合儀礼としての大元帥法」(『増補中世寺院と民衆』臨川書店、二〇〇九年)。なお、室町期に地域の東国での勧進によって橋供養や道路普請など公共事業・社会資本の充実については、江湖の概念の登場が注目される。東島誠『公共圏の歴史的創造』(東京大学出版会、二〇〇〇年)参照。

(53) 伊勢神船については、稲本紀昭「伊勢・志摩の交通と交易」(網野善彦ほか編『海と列島文化　伊勢と熊野の海』小学館、一九九二年)、綿貫友子『中世東国の太平洋海運』(前掲注5書)、地域の中世和船については、石井謙治『和船　Ⅰ・Ⅱ』(法政大学出版局、一九九五年)、安達裕之『日本の船―和船編』(日本海事科学振興財団、一九九八年)。

(54) 東国の製塩業については、盛本昌広「中世東国における塩の生産と流通」(『三浦古文化』四五、一九八八年)、網野善彦「製塩と塩の流通」(『中世民衆の生業と技術』東京大学出版会、二〇〇一年)、綿貫友子『中世東国の太平洋海運』(前掲注5書。八六頁)参照。なお、『廻国雑記』の芝浦の塩については、盛本論文が追記でふれるのみで、独自性に触れた論考は管見に入らない。

(55) 芳賀幸四郎『東山文化の研究』河出書房、一九四五年、米原正義『戦国武士と文芸の研究』(桜楓社、一九七六年)、井上宗雄『中世歌壇史の研究 室町前期 改訂新版』(風間書房、一九八四年)、同『中世歌壇史の研究 室町後期 改訂新版』(明治書院、一九八七年)、鶴崎裕雄『戦国の権力と寄合の文芸』(和泉書院、一九八八年)。

(56) 井原今朝男「連歌師—都と鄙を結ぶ人々」(『中世の国家と天皇・儀礼』校倉書房、二〇一二年、三六七~三七〇頁)、鶴崎裕雄『戦国を行く 連歌師宗長』(角川書店、二〇〇〇年)参照。同「連歌師—政治的なあまりに政治的な人たち」(『文学』二〇〇二年九・十月号)は、宗祇・肖柏・宗牧・紹巴が禁裏の勅使や権門寺社の使僧として地方大名や国人との年貢交渉や勧進銭の運上に関与していた事例を跡付けている。

(57) 『海東諸国記』(田中健夫解説、岩波文庫、一九九一年)、井原今朝男「田舎からの海外交流」(『中世のいくさ・祭り・外国との交わり』前掲注18書)、村井章介「僧良心を追って—東アジアと信州」(『国境を超えて』校倉書房、一九九七年)。

(58) 室町期の時衆については、石田善人「室町時代の時衆について」(『仏教史学』一〇—四、一九六二年)のあと、研究が遅れている。洛中時衆の籠僧と勧進活動について、井原今朝男『史実 中世仏教第二巻』(興山舎、二〇一三年)二五四頁参照。

(59) 越後の苧麻・麻商人と本所三条西家との関係については、小野晃嗣「三条西家と越後青苧座の活動」(『歴史地理』六三—二、一九三三年)。原勝郎「東山時代に於ける一縉紳の生活」(『日本中世史の研究』同文館、一九二九年)参照。越後での石清水八幡宮神人の活動については、桑山浩然「足利義教の裁許とその背景」(山田英雄先生退官記念会編『政治社会史論叢』近藤出版社、一九八六年)があきらかにした。

(60) 井原今朝男「小菅・戸隠・飯縄社と聖護院門跡」(『高井地方の中世史』前掲注43書)二〇三頁。信濃一国での先達山伏の役銭徴収命令の乗々院奉書の聖護院門跡の発給文書については近藤祐介「修験道本山派における戦国期的構造の出現」(『史学雑誌』一一九—四、二〇一〇年)が言及している。信濃国佐久大井法華堂文書をもちいた小山貴子「中世後期の在地における修験道の展開と在地の「信仰圏」」(『仏教史学研究』五五—一、二〇一二年)参照。

(61) 小菅社の再建・信仰については、飯山市教育委員会『長野県飯山市小菅総合調査報告書』(第一巻概要編・第二巻調査・研究編二〇〇五年）、笹本正治監修『修験道と飯山』（ほおずき書籍、二〇〇三年）。戸隠・飯縄社の文禄三年上杉景勝による再建については、井原今朝男『中世のいくさ・祭り・外国との交わり』（前掲注18書）参照。

(62) 東北の修験道研究については、長井政太郎「出羽三山とその宗教集落の盛衰」（『東北学院大学論集　歴史学地理学』三、一九七三年）参照、岩崎敏夫「修験道資料上之坊岩崎文書（一）～（六）」（『東北文化研究所紀要』三～七・二四、一九九二年）が、文明九年から永正十七年、永禄三年から明治初年の修験道廃止までの資料三三一点を紹介した。東北修験道の動向について、岩崎敏夫「修験道よりみた福島県の山岳信仰」（『東北文化研究所紀要』二二、一九九〇年）によれば、弘安年間から熊野参詣の史料はみえるが、東北での修験は出羽村上・最上郡境の葉山の山岳修験が先行し、当山派・本山派の活動は江戸期に本格化したという。

(63) 鈴木昭英「南北朝時代の六十六部納経と越後国蔵王堂」（『越後佐渡の山岳修験』法蔵館、二〇〇四年）。鈴木氏によると、越後・佐渡の修験道も、近世が主要な活動期とされ、中世史料は少ないという。

(64) 北方交流史については、大石直正『奥州藤原氏の時代』（吉川弘文館、二〇〇一年）、入間田宣夫『北日本中世社会史論』（吉川弘文館、二〇〇五年）、国立歴史民俗博物館編『中世都市十三湊と安藤氏』（新人物往来社、一九九四年）、小口雅史編『津軽安藤氏と北方世界』（河出書房新社、一九九五年）に代表されるように、奥州藤原氏の平泉文化と十三湊の安藤氏を核にした膨大な研究蓄積がある。それ以外での日常的流通・交通については、東北得宗領・荘園年貢問題と中世修験道に問題関心が寄せられた。しかし、中世の東北修験道については、史料的制約が大きい。わずかに誉田慶信「北方史のなかの中世羽黒山」（『中世奥羽の民衆と宗教』吉川弘文館、二〇〇〇年）が、大物忌神社や羽黒山が蝦夷に対する北方調伏の国家辺境の守護を目的にした国家的祈祷の機能を果たしたとする見解を提示した。伊藤清郎『霊山と信仰の世界―奥羽の民衆と信仰』（吉川弘文館、一九九七年）が中世修験道史料群を集成して、東北の中世修験道研究の到達点を示している。

(65) 藤井雅子『中世醍醐寺と真言密教』（勉誠出版、二〇〇八年）、関口真規子「「関東真言宗」と修験道」（『修験道教団成立史』勉誠出版、二〇〇九年）。関東の先達・山伏集団と戦国大名の関係について、新しい研究として近藤祐介「後北条領国における聖護院門跡と山伏」（池享編『室町戦国期の社会構造』吉川弘文館、二〇一〇年）参照。

(66) 誉田慶信「蓮如本願寺教団の蝦夷・北奥布教」「戦国期奥羽の本願寺教団」（ともに『中世奥羽の民衆と宗教』前掲注59書）、井原今朝男「蓮如と越後浄興寺」「蓮如の東北布教」（『増補中世寺院と民衆』臨川書店、二〇〇九年）、同「高井郡一向衆の本願寺支援と諏訪社造営役の勤仕」（『高井地方の中世史』前掲注43書）。

(67) 織豊期の金の流通や近世的三貨体制の研究動向につては、盛本昌広「豊臣期における金銀遣いの浸透過程」(『国立歴史民俗博物館研究報告』八三、二〇〇〇年)、田中浩司「貨幣流通からみた一六世紀の京都」(鈴木公雄編『貨幣の地域史』岩波書店、二〇〇七年)、本多博之「統一政権の誕生と貨幣」(同)参照。

(68) 瀬田勝哉『洛中洛外の群像』(平凡社、一九九四年)、永原慶二「上杉領国経済と蔵田五郎左衛門」(『戦国期の政治経済構造』岩波書店、一九九七年)。

(69) 桜井英治「借書の流通」(小野正敏・五味文彦・萩原三雄編『モノとココロの資料学』高志書院 二〇〇五年)。

(70) 「伴文書」(『新潟県史』二二二三)、井原今朝男『中世の借金事情』(前掲注30書)二〇三頁。

(71) 岡野友彦「神宮神官の苗字に見る権門都市・宇治山田」(『Mie history』一八、二〇〇六年)、久田松和則『伊勢御師と旦那』(弘文堂、二〇〇四年)、千枝大志『中近世伊勢神宮地域の貨幣と商業組織』(前掲注10書)。

(72) 播磨書写山と読経道との関係については、柴佳世乃『読経道の研究』(風間書房、二〇〇四年)参照。読経道・唱聞道と武蔵村岡経については、井原今朝男「中世仏教と差別(6)」(『寺門興隆』一一一、二〇〇八年)参照。

(73) 外村久江『早歌の研究』(至文堂、一九六五年)。宴曲の「諏訪効験」の作成に、園城寺僧で鎌倉に下向した若宮別当僧隆弁が大きな役割を果たしたことは、井原今朝男「鎌倉期の諏訪神社関係史料にみる神道と仏道」(『国立歴史民俗博物館研究報告』一三九、二〇〇八年)。

(74) 森末義彰「中世寺院内に於ける声聞師の研究」(日本宗教史研究会編『日本宗教史研究』隆章閣、一九三三年)、同『中世の社寺と芸術』(畝傍書房、一九四一年、目黒書店、一九五〇年、再刊吉川弘文館、一九八三年)、難波田徹「中世後期声聞師の一形態」(『風俗』六―四、一九六七年)、川島将生「中世声聞師の一考察」(『日本史研究』一〇二、一九六八年)、小笠原恭子『都市と劇場』(平凡社、一九九二年)、脇田晴子「芸能・文化の担い手」(『日本中世被差別民の研究』岩波書店、二〇〇二年)、世界人権問題研究センター編『散所・声聞師・舞々の研究』(思文閣出版、二〇〇四年)、高木久史「曲舞幸若流の成立と展開」(『安田文芸論叢 研究と資料』二、二〇一〇年)参照。

(75) 大和四座の猿楽は禁中参入を禁じられ、声聞師系猿楽と手猿楽は禁中参入を公認されていたとする見解は、森末義彰前掲注74論文、能勢朝次『能楽源流考』(岩波書店、一九三八年)、近江昌司「手猿楽の一考察―声聞師の猿楽について」(『国史学』七二・七三合併号、一九六〇年)参照。なお近年の脇田晴子『能楽からみた中世』(東京大学出版会、二〇一三年)は、この点に全く言及しない。

(76) 東国での猿楽・大和四座の活動については、井原今朝男「中世東国における非人と民間儀礼」(『中世のいくさ・祭り・外国との交わり』前掲注18書)一三三～一三七頁。

(77) 能勢朝次「金春座猿楽座考」(『能楽源流考』前掲注75書)五一九頁。金春座については、山路興造『翁の座』(平凡社、一九九〇年)、天野文雄『翁能楽研究』(和泉書院、一九九五年)参照。なお、最新の能楽研究である脇田晴子『能楽からみた中世』(前掲注75書)では、大和四座が、東国や関東にまで演能に出向いていたことは言及されていない。越後・佐渡の能楽発達史も、都鄙間の能楽と手猿楽の交流史として再検討しなければならないと筆者は考える。

(78) 井原今朝男「室町期の代官請負契約と債務保証」(『日本中世債務史の研究』前掲注8書)二一三～二一五頁。

(79) 小林清治「坂東屋富松と奥州大名」(『福大史学』四〇、一九八五年)。

(80) 新城美恵子「坂東屋富松について」(『本山派修験と熊野先達』前掲注41書)。

(81) 井原今朝男『中世の借金事情』(前掲注30書)九六～九八頁、鶴崎裕雄「戦国初期堺の人々と歌会」(『ヒストリア』八一、一九七九年)。

(82) 山口徹『日本近世商業史の研究』(東京大学出版会、一九九一年)、桜井英治『日本中世の経済構造』(前掲注6書)。

(83) 悪銭の流通圏の存在については、川戸貴史『戦国期の貨幣と経済』(吉川弘文館、二〇〇八年)、秀吉による関銭停止令については、宇佐見隆之『日本中世の流通と商業』(吉川弘文館、一九九九年)、鍛代敏雄『中世後期の寺社と経済』(思文閣出版、一九九九年)、近江今津問屋と京都諸口については、河内将芳『中世京都の民衆と社会』(思文閣出版、二〇〇〇年)、同「中世今津の問屋に関する二、三の問題」(『近江地方史研究』四三、二〇一二年)参照。

(84) 井原今朝男「中近世移行期の『鉄炮之大事』『南蛮流秘伝一流』にみる技術と呪術」『国立歴史民俗博物館研究報告』一二一、二〇〇五年)、同「戦国織豊期の乙名衆と海運・鉱山・地方経営」(『中世のいくさ・祭り・外国との交わり』前掲注18書)、同「北信濃の鉄炮衆と岸和田流鉄炮伝書」(『高井地方の中世史』前掲注43書)、村石正行「直江兼続と信濃侍」(『信濃』六〇―一〇、二〇〇八年)。

(補注1) 高橋一樹『東国武士団と鎌倉幕府』(吉川弘文館、二〇一三年)は、治承・寿永の内乱を、東海道・東山道を中心としながらも、それらを結ぶ間道としての地域的交通路の発達と、在地領主間の戦闘や政治史を折り混ぜて描き出している。交通史と政治史との融合に成功した歴史叙述として注目される。木村茂光「中世前期東山道と東海道の政治史」（『中央史学』三七、二〇一四年）は、古代から中世の転換期の東国政治史と東山道と東海道の交通体系の変動と関連付けて考察したもので、同様の方法論・分析視角から、興味深い論点を出している。とりわけ、拙著『日本中世債務史の研究』（前掲注8書）でとりあげた信濃国佐久伴野荘の替銭・為替や麻商人・鍬売商人などについて、「東信と京都を結ぶ商業ルートがどのようなものであったか、非常に関心のある課題である」と、中世東山道研究の必要性を提起している。この点については、「信濃国伴野荘の交通と商業」（『信濃』三五—九、一九八三年、本書第一部第一章）で論証したように、鎌倉幕府の成立以後、古代東山道の交通路としての機能が衰退して、京都から鎌倉経由で上野・信濃善光寺に到り、北陸道を経由して京都に至る内陸の内廻り循環路が鎌倉中期から南北朝期にかけて発達したものと主張してきた。中世東山道は存在せず、木曽道や三州街道などの間道としての地域的交通路の発達を重視して考察すべきものと考えている。

（補注2）　善光寺道の復元路については、その後、峰岸純夫「信濃善光寺への道」（『中世東国の荘園公領と宗教』吉川弘文館、二〇〇六年）で、『宴曲抄』にもとづいて現地比定をおこなっている。善光寺道の形成過程は不明な点が多いが、建久八年の頼朝善光寺参詣を記した「右大将家善光寺御参随兵日記」が相良家文書にある。『長野県史』通史編をはじめこれを史実とする説も散見される。近年、石川勝義「右大将家善光寺御参随兵日記の成立とその背景」（『信濃』六六—四・五、二〇一四年）が、随兵行列が当時の『吾妻鏡』にみられる行列次第の事例に反すること、その史料は、相良家十七代晴廣の求めに応じて相良良国（洞然居士）が天文五年（一五三六）に作成した「洞然居士状」によるもので、信憑性に欠けることを論じており、貴重である。頼朝の善光寺参詣が史実でないとしても、そうした伝承が生まれる歴史的背景には、列島を南北に縦断して両者を結びつけた鎌倉からの善光寺道の成立と歴史的重要性を頼朝に仮託しようとしたものといえよう。その上で、頼朝による善光寺再建は、東大寺再建とともに鎌倉期交通体系の革新上での歴史的意義が解明されなければならないといえよう。

第三部　中世の信用と徳政令

第一章　中世の銭貨出挙と宋銭流通

はじめに

これまで宋銭は、流通貨幣であるとの前提で、貨幣経済の発展説＝商品流通の貨幣史として分析する方法がとられてきた(1)。しかし、筆者は、商品の物流よりも、債権債務関係＝貸付取引による物流が古代・中世では先行・優越していたと考え、米・絹・布などの物品貨幣も流通貨幣ではなく、色代の換算率を示す計算貨幣であり、財政運営や徴税システムでの決済・決算時の相殺のための手段であったこと、等を主張してきた(2)。

歴史事象として、古代律令制は水田稲作と養蚕に百姓を編成することを国司・郡司・里長の職務とする体制下にあり、そこでは、種籾・農料の貸借である出挙活動は水田稲作に必要不可欠な大前提で国家的管理下にあったことを指摘した。九世紀の列島のプレート移動にともなう地震・噴火・異常気象による災害で班田収授の税制が解体し、十・十一世紀の復興期をへて、負名制による官物雑役制の新税制が確立した。中世の負名制の年貢公事の税制下でも「荒野は開発を以って主となす」という中世的原理の開発文には出挙米借用による開発資金の調達が前提になっており、負名制には貸借契約が前提として組み込まれていたことを主張した。古代の皇朝十二銭も、院政期には宋銭流通もともに出挙として民間に受容・流通されたものであることを指摘した(3)。

網野善彦が中世の出挙や借上・山僧らによる活動を金融論として論じ、五味文彦・佐藤泰弘は切符や借上庁宣などを手形取引として評価し、桜井英治らも、十・十一世紀には信用経済が始まっていたものと位置付けるようになってきた(4)。

かつて商業史研究者の豊田武は、中世を信用のない現金取引の時代とし、信用取引は近世の大阪米市場にはじまるとしてきた。それゆえ、十・十一世紀に手形取引の信用経済開始を認める見解は、旧来の日本経済史の常識からすれば、大きな前進といえよう。

しかし、それは現象論の枠組みの問題であって、筆者にいわせれば、信用取引は水稲栽培とともに発達していたものである。信用とはなにか、信用取引はどのようにはじまったのかについては経済学や経済史学上でも見解の対立があり、根本的に見直しが必要であると考える。

私見によれば、人間がモノを支配する権利が物権であり、ヒトに対して請求する権利が債権である。近代法の体系においても、物権は人がモノを支配する権限であり、債権は人と人との関係で他人に請求する権限をいう。「売買は賃貸借を破る」として物権は債権に優越している(5)。

貸借契約は信用を前提に締結され、貸主は債権、借主は債務を負う。したがって、信用取引は貸付取引と同義ということになる。『社会科学辞典』（新日本出版社、一九六七年）は「信用・信用制度」について「掛売りや貸付は商品または貨幣のかたちで価値を譲渡するから、一定期間後に等価が利子をつけくわえて返済されることが条件である。価値を譲渡した人は債権を、譲渡された人は債務をもつ。この債権・債務関係を信用という」と説明している。この説明は、無利子の借銭もあるから全面的に正しいわけではないが、信用が債務債権関係であることを認めている。

こうしてみれば、人間社会は、人とモノとの関係である物権の世界と、人とヒトとの関係である債権債務関係の世界とは、社会のはじまりから並存していたものといわなければならない。貸付取引は貸主と借主の関係であるから、両者間の信用が前提に成立する。貸付取引は信用取引であり、債権債務関係である。したがって、貸付取引の経済現象は貨幣経済に先行して始まっていたものといわなければならない。

そこで、本章では、院政期から鎌倉期を通じて、信用経済の社会紛争、すなわち債務債権関係をめぐる社会問題の中で、宋銭流通がどのようにはじまり進展したのか、質経済が進展したのはなぜか、その中で幕府や朝廷が宋銭停止令を発するまでに至った歴史的背景を、債務債権関係史として銭貨出挙との関係で論じ直したいと考えている。

本章は二〇〇二年十二月六日に日本銀行金融研究所貨幣史研究会で行った報告をもとにしたものである。[6] しかし、その前年に公表した論考[7]や二〇〇七年に発表した論文[8]をめぐって、はからずも銭貨出挙と宋銭停止令をめぐる論争が展開している。二〇〇八年からは若手研究者の論争参加もみられ、二〇一四年六月には日本史研究が小特集「「中世貨幣」の成立」を組んでいる。論争が深化して、研究が大きく前進している。本章も、論点整理を加筆して、実証的な史料の提示も行い、論争点を中心に全面的に補訂・再構成したものである。

一　沽価法と宋銭停止令をめぐる論争点

1　宋銭停止令問題をめぐる論争史

研究史の課題

宋銭流通をめぐる二十世紀段階の研究史上の論点は、脇田晴子・保立道久・中島圭一らによって展開された。これを第一次論争とよべば、その論点は、沽価法と宋銭流通の始まりを国家の貨幣統制権の視点からどのように評価するか、という点にあった。

脇田晴子は律令法下の沽価法を「国衙と中央官衙との間における納入物資の換算率」と規定した。(9) 保立は、新制として沽価法が問題になる平安期には脇田説は該当しないと批判し、沽価法は「都市王権の法」「大嘗会のために調達される物資の価格を公定したもの」「物ごとに公定価格表」であると主張した。治承三年(一一七九)の公家新制での沽価法に「銭の直法」が採用されたことを、国家の王権が宋銭流通を公認したものと評価すべきであるとした。王権が貨幣大権の一部である「諸物の物価を公定する権利を堅持していた」と評価し、中世の国家権力は造幣はしていないが、貨幣統制権を行使していたと主張した。(10) 保立説については、その後、服部英雄らが、中世国家が貨幣鋳造権は行使しなくても、沽価法や宋銭輸入・通貨統制によって事実上貨幣統制権を行使したとしてこれを支持している。(11)

他方、批判論としては、中島圭一が国家権力による介入がなくても、社会の必要性・自立性から宋銭流通を受容して流通を拡大していったと評価できるという見解を出した。(12)

筆者は、国家権力からの経済現象の自立性という中島説の問題提起に共感を覚えた。市場価格の変動を前提として沽価法を捉える保立説と、宋銭流通公認問題を国家による貨幣統制権と評価する点に疑問を覚えた。むしろ院政期の沽価法は、市場価格変動や貨幣統制権の問題ではなく、国家の諸国所課・中央貢納物や荘園年貢公事の収支決算システムと連動した財政問題であることが史料上から明瞭であること、宋銭流通は在地での銭貨出挙との関係で論じるべきことを問題提起した。それが二〇〇一年の拙論「宋銭輸入の歴史的意義」(13)であった。

二〇〇二年の日銀貨幣研究会での口頭報告「中世の銭貨出挙と宋銭流通」でも「研究史の再検討」として、「宋銭が貿易決済通貨といえないこと」、「平氏政権は宋銭輸入を禁止しなかった」、「鎌倉幕府は文治三年(一一八七)に兼実政権の成立とともに宋銭流通停止令と銭貨停止令を出し、その延長上で銭貨出挙は公認し、出挙利子一倍の制限法を制定したこと」等を主張した。いいかえれば、宋銭流通や銭貨流通問題は、銭貨出挙や出挙利子制限法という国家政策として論じられていたのであり、九条兼実・中原基広や三河守範頼らは市場価格や物品貨幣・流通貨幣問題など貨幣統制権として政策論議していたわけではないとした。拙論に対して、最初の反応は私出挙禁令で議論が中絶していた古代史から生まれた。三上喜孝が、律令政府による私出挙禁令下でも基本的に銭貨出挙は存続していたと指摘した[14]。律令制から荘園制をつうじて銭貨出挙が一貫して存続していたとみる私見に側面から賛同意見があらわれた。

他方、桜井英治が、市場での商品交換の中で、平安期に米・絹・布は物品貨幣として機能し、宋銭流入によって「貨幣機能を宋銭に奪われ」物品貨幣の購買力が低下したとする見解を提起した[15]。この仮説を受けて、井上正夫が、拙論に対して宋銭流通を銭貨出挙の視点から分析する視角は興味深いが、むしろ鎌倉初頭の社会問題になっていたのは市場での物価変動による物品貨幣と流通貨幣となった宋銭との貨幣価値の格差であったと批判した。桜井説とともに、宋銭流入が物品貨幣の布絹米の購買力を下落させたため、宋銭排除論が支配層内部で台頭したと主張した[16]。保立・中島・桜井・井上・高橋らは、市場価格変動論の立場から物品貨幣価値の下落を主張している。

二〇〇七年に、筆者は、『看聞日記』に引用された『後鳥羽院日記』建仁三年（一二〇三）十一月十一日条に院自らが宋銭で懸銭連歌を行っていた史料を紹介した。あわせて文治年間の三河守による今銭停止令をめぐって、利光三津夫説を批判して源範頼の三河守在任説を補強し、閑院内裏造営役を無沙汰にしていた問題を指摘した。あわせて、滝沢武雄説の出挙利加増抑制説を批判して、治承二年新制での出挙利一倍法をさらに引上げる建策をして、銭貨出挙流行による混乱を規制しようとしたものと主張した[17]。つづいて、伊藤啓介は、宋銭流通を当時の国家財政から切り離しては捉えられないとして論争に加わった。治承・文治年間に「銭貨禁令」が定着したのは、閑院内裏や伊勢神宮・宇佐宮の遷宮など大規模国家造営事業のために財政策として銭貨禁令が必要であったためであると主張した。文治・建久の史料群の解釈を、宋銭停止令と銭貨禁令と出挙利息制限令のセットで理解した拙論に賛同している[18]。伊藤論文は、研究史上で具体的に議論されなかった閑院内裏造営や伊勢神宮・宇佐宮での寺社造営など国家財政問題と宋銭停止令問題とを結びつけた最初の論考であり、当該期の社会的背景をあきらかにするという大きな成果をもたらし、新しい分析視角を提示した意義は大きい。

ほぼ同時期に渡邊誠の論考が発表された。渡邊は宋銭停止令を財政・収取と密接な関係にあったと主張し、文治三年の参河国今銭停止申請や文治五年の銭貨停止令の背景には閑院内裏造営事業が存在していたと論じた[19]。銭貨政策を国家財政の視点から論じるという新しい研究方法が、伊藤説とほぼ同時に打ち出され、論争は新しい段階に入った。

高橋昌明は、桜井・井上説の市場における物品貨幣価値変動論を支持する一方、平氏政権が宋銭流通を黙認したとする点では井原説を支持した[20]。平氏政権の貨幣政策と九条兼実の宋銭停止政策など、貨幣政策論と政権担当との関連が緻密に議論されるようになってきた。

その後、最近になって、論争の出発点をつくった保立道久が、論点を整理しながら中島・井原批判を発表した[21]。保立は、宋銭停止令が守旧派九条兼実の主導で推進されたとする拙論部分について、はじめて支持しながら、つぎのように批判する。

「たしかに銭貨流通を停止し、さらにそれをうけて銭貨出挙の利分についても銭でなく米で支払えというように政策が展開し、その宣旨において、その換算レートは前年の「銭直法」によれとされているのは事実である。しかし、だからといって「銭直法とは宋銭停止を前提にして、銭と米との決済レート＝計算貨幣の設定であった」というのは錯誤である」（悪党研究会編『中世荘園の基層』一四七頁）。

ここで、平氏政権が宋銭流通を黙認し、九条兼実が宋銭停止令の政策を推進し、建久四年銭貨禁令が出て、銭貨出挙の利子を米で支払わせるための銭直法を公認したこと、嘉禄二年（一二二六）の出挙利子制限法では銭貨出挙の利半倍法を公認したとする事実関係については、井原説の枠組みを認めた。しかし、沽価法を計算貨幣とみる説は錯誤として、自説の物価公定説を堅持している。

さらに二〇一四年六月、日本史研究会は『日本史研究』特集号で「小特集「中世貨幣」の成立」を組み、「中世貨幣」の論争点として、中島圭一・伊藤啓介の二論文を掲載した。[22]その中で、中島も、保立・井原批判を展開しながら、宋銭停止令・銭貨禁令の推進者として九条兼実に注目する見解をみとめた。他方、建保三年（一二一五）、後鳥羽天皇周辺で宋銭が用いられていたことや、正治二年（一二〇〇）六月の銭貨禁制下での検非違使の取締による日吉神人逮捕・検非違使別当下部の解官・流罪事件から、中島は朝廷が宋銭使用を黙認したものと評価すべし、と旧説を維持している。

伊藤二〇一四論文は、治承から嘉禄年間の貨幣政策の変遷の画期について、井原説を支持して建久四年に銭貨禁令が出され、嘉禄元年に正式に撤回されたとし、「貨幣政策の画期は確定している」（二三頁）とする。銭貨禁令の推進者として九条兼実に注目する点で一致する中島・保立・井原の立場を「政治史論」とし、銭貨禁令の要因を伊勢神宮や宇佐宮遷宮用途問題という財政構造にもとめる伊藤・渡邊らの議論を「財政論」として論点整理している。こうした論争の深化によって、論争点が明瞭になってきた。

以下、筆者の視点から論争点を整理し、それに即した具体的史料による実証面での研究課題を提起して論証を試みたい。

2　諸説の論点整理

論争点の整理

まず、筆者の立場から論争点について、二〇一一年の拙著でつぎのように指摘した。

「保立・桜井・井上・高橋などの諸氏は、個々の史料解釈をめぐっては違いがあるものの、物品貨幣としての米・絹・布が機能し、沽価法は市場における物品売買の公定価格であるとし、商品経済における交換貨幣や物価として理解している点で、旧来の経済学の貨幣理論の立場を共通にしている。拙論は、平安末期の米・絹・布の沽価法は、計算貨幣としての換算規準を定めたもので、市場での公定価格説や市場価格変動説はとらない。地方市場が一般的に成立し、市場での価格変動が和市として年貢物の決算システムの計算貨幣の規準に影響をもたらすのは、鎌倉後期以降の現象と評価する点で諸氏と立場を異にする」（拙著『日本中世債務史の研究』前掲書、一一七頁）。

これが筆者の考える大きな論争点である。筆者以外の諸氏は、十二世紀末期の段階で、市場によって物価変動が決定され、国家によって市場での公定価格が沽価法として決定され、米・絹・布は市場での物品貨幣の役割を果たしていたとする。十二世紀末期の日本中世社会経済は物価変動や貨幣価値の変動が市場で決められていたという市場価格変動論の立場に立脚している。高橋昌明も「井原氏は平安末期の米・絹・布の沽価法は計算貨幣としての換算規準を定めたものであって、自分は市場での公定価格説や市場価格変動論の立場には立たないと主張している。氏の批判はたんなる貨幣論にとどまるものではなく、広く前近代所有権史・債務史・ひいては前近代史の捉え直しにいたる刺激的なものであり、その主張の当否をも含めて対応には深い理解と慎重な検討が必要である」（高橋二〇一三前掲書、二六五～六頁）としている。ほぼ、論点については共通理解がうまれているといえよう。

市場価格変動論の立場をとるか、決算システムの計算貨幣論の立場をとるかの違いは、二つの問題点とリンクしている。

第一の問題点は、沽価法をどうみるか、の論点である、保立は、平安院政期の沽価法を「調達される物資の価格を公定したもの」という。高橋が「焦点の沽価法とは朝廷が市場における物品貨幣の公定価格を定める法である」（二〇一三前掲書、二五八頁）としていることからも理解できよう。公定価格論者は、いずれも沽価法の効力を市場での公定価格と実勢価格との格差が市場経済を混乱させたという近代的市場経済原理の立場から説明している。いずれの論者も、宋銭の流入で布絹米の物品貨幣の貨幣価値が下落＝購買力の低下説を主張している。これらが、実証面での検討課題になろう。

米・絹・布・宋銭を色代納での決算・決済システムでの相殺のための計算貨幣とする立場では、当該期の徴税システムや国家財政上の決算システムでの赤字・黒字問題が社会問題化しており、伊藤・渡邊両論文がとりあげた閑院内裏造営や伊勢・宇佐社遷宮問題との解明が検討課題になる。筆者の立場からは、当該期の荘園年貢公事徴税問題と飢饉・災害・内戦下での荘園領主と在地領主の家計財政の赤字問題の解明が、つぎの検討課題になると考えている。

第二の問題点は、宋銭流通の場をどうみるか、の論点である。多くの論者は、宋銭は十二世紀末に物品貨幣である米・絹・布にとって代わり、流通貨幣として機能したとする立場に立っている。これに対して、筆者は、宋銭は前代の皇朝銭の機能の延長線上で機能し、とくに出挙米や出挙銭として在地に浸透していたと評価する。当該期に災害・飢饉・内乱などで社会生活の危機に直面し、生き抜くために借銭に頼らざるを得なくなり、出挙・借上への需要が高まり、出挙利息の暴利化が社会混乱に拍車をかけ、出挙利子一倍法の遵守で朝廷・幕府が対応していたとみる。当該期における社会問題を銭貨出挙と民衆社会経済の混乱と見るか否かが、実証面での検討課題になろう。

沽価法をめぐる論点

まず、沽価法の論点で重要なものは、前述した伊藤・渡邊両論文である。伊藤二〇〇八論文は「そもそも当時の貨幣経済を国家財政と切り離して論ずることができるのだろうか」とし、閑院内裏や伊勢・宇佐の遷宮といった大規模造営にともなって、「一国役の徴収の実務における混乱防止が、銭貨禁令の契機になったと考える」とする。沽価法を「中央官司の諸国等からの色代納における換算価格の目安」(八七頁)としているから、伊藤説は公定価格説の立場ではないことがわかる。

渡邊論文は、「上記先学の理解には、共通の前提として、宋銭停止令は一般市場における宋銭の流通・使用を統制する目的で出されたという認識があるが、果たしてそれは正しいだろうか」と疑問を提示し、市場経済的発想を根本的に批判する立場から問題提起している。「沽価法」についても、脇田説にもとづいて、「本来的に決して一般市場の取引価格を公定したり、物価を統制する性格のものではない」(前掲論文、三頁)、「中央政府の制定する沽価法が最も重要な役割を果たしたのは、こうした諸国の貢納から勘会にいたる過程においてと考えられる」(同、四頁)と主張する。

こうしてみれば、伊藤・渡邊両論文の立場が、保立説や高橋・井上・桜井説とは両立しえないことはあきらかであろう。最近の伊藤二〇一四論文では、「沽価法の財政法としての性質を重視するのが井原氏・渡邊氏、そして筆者である」(前掲論文、二五頁)と論争点を整理している。

ここから、論点は、沽価法が院政期の商品市場での物価の公定価格の問題として機能したのか、それとも、沽価法は国家財政や荘園領主財政の決算システムや徴税システムの中で機能したのか、という点に集約される。実証面では、沽価法がいかなる場で機能したのかを明瞭にすることで、論争点を決するといえよう。

宋銭流通をめぐる論点

井上正夫は、拙論批判をつぎのように展開する。「井原氏は建久年間の制限利息への措置を宋銭出挙の実勢利率上昇への対応とする。確かに「銭病」の下では、宋銭出挙の実勢利率が上昇する可能性はあるものの、井原氏がその根拠とした『玉葉』文治三年六月十三日条では、宋銭禁止が前提となっているから、そこで制限利息引上げの対象となっているのは、物品貨幣の出挙でしかありえず、宋銭出挙の実勢利率上昇の直接的根拠にはならない。また、宋銭出挙の実勢利率上昇への対応という仮説では、一一九三年だけに追加措置があり、何故それ以前の宋銭禁止には追加措置がないのかを整合的に説明できず、不十分である」（前掲論文、四二頁）と私見を批判する。

保立も、「この時期に銭貨出挙が盛んに行われていたという判断」は「それ自身興味深い論点である」が、「証拠はなく、むしろ銭貨の大規模な蓄蔵が行われ、それにともなってその貸付け・出挙が目立つようになったのではないか」（保立二〇一三論文、一四六頁）とする。銭貨出挙で宋銭が利用されたとする見解は「興味深い」が「証拠はない」という。

伊藤論文では、今後の課題として「貨幣経済の実態の解明が重要と指摘したが、それには史料的な制約が多いことも事実である。その点で重要となるのは、井原氏の利息制限令と銭貨出挙に注目する観点である」（二〇一四論文、三五頁）とする。他方、渡邊論文では、建久四年令の銭貨出挙について、朝廷は銭貨出挙を前提に銭一貫文＝米一石の換算率で利分を米で支払わせたとする筆者を批判する。渡邊は、建久四年令で朝廷は銭貨出挙そのものを排除・停止させたと解釈し、利分についてだけ米で支払わせる方法などありえないと批判する（渡邊前掲論文、一二頁）。

したがって、文治建久年間に出挙や銭貨出挙が在地でどのように展開・浸透していたのか、どのような社会矛盾が存在したのか、その実態を具体的史料で実証できるか否かが重要な論点になっているといえよう。以下、沽価法と銭貨出挙について、史料による実証問題の検討に入ろう。

二　沽価法＝計算貨幣論と質流れ売券論の史料と実証

1　沽価法の分析方法をめぐる実証問題

院政期の沽価法と公文・結解状の作成

先述のとおり、沽価法については平安・院政期において朝廷の官司間や荘園の結解状、国司の公文勘会などでの諸物資納の収支決算のための換算レートとする見解と、市場での公定価格であるとする見解とが対立している。保立・桜井・井上・中島・高橋らの説の立場では、院政期段階で市場価格が成立しており、国家による公定価格との差額が利害を生み出すとし、米・絹・布などの物品貨幣が流通貨幣としての機能を果たしていると評価する。

筆者の立場では、十二世紀の社会経済では平安京で商品市場の成立がみられる程度で、国衙市や荘園市場の成立は鎌倉中・後期をまたなければならないとみる。それゆえ、市場での公定価格は機能しえず、沽価法の必要性は、中央貢納物や諸国所課・荘園年貢公事の収支決算を行うための公文や結解状作成に必要な諸物資の換算比率であったと理解する。したがって、院政〜鎌倉初期に、物資の交換レートが、どのような場で機能していたのかを具体的な史料によって実証することが当面の論争点の研究課題となろう。

そこで、まず、十世紀段階で、皇朝銭の交換比率が、いかなる場で機能していたのかをみよう。康保三年（九六六）、周防守清胤王の公文勘会では、前周防前司御館侍や主税寮などとの帳簿書類の整備が重要であり、清胤王書状に「且可レ弁二申五十石之代銭三十五貫一」（「延喜式裏文書」、平二九五）とある。[23] 天暦三年（九四九）売券（平二五六）には「延喜銭」、貞元三年（九七八）売券（平三一三）では「乾元銭」が用いられている。したがって、十世紀後半までは皇朝銭が国司の徴税・収支決算過程でも機能しており、公文勘会での決済書類の作成に用いられていたこと、一石＝七百文の換算レートであったことが確認できる。

十一世紀に入ると、物資納の換算率の沽価法は、道長主導の公卿議定での決定になっていたことはすでに指摘した（『日本中世債務史の研究』九五頁）。治暦三年（一〇六七）の諸国済例では絹一疋＝米三石の換算法（「東大寺文書」）が用いられ、康和三年（一一〇一）、山城守賀茂保通の公文勘会でも「疋別米三石」（「東寺百合文書ウ」）とある。この約四十年間、絹一疋＝米三石の換算規準に変動がないことがわかる。[24] これらは、諸国済例が市場価格とは連動していないことを物語る一事例であり、むしろ渡邊論文が指摘したように、沽価法が絹や米の換算率であり、公文勘会での決算書類作成のために必要であったといえよう。

『兵範記』仁平二年（一一五二）三月八日条によると、鳥羽天皇五十御賀の後宴の中で、院司備中守光隆の重任成功用途料の報告内容を記載している。「国司調進物」・「可レ進二納行事所一見色物」「調進見色物外准疋」の物品名のすべてが記載され、その価値量が准絹に換算した色代として記載されている。一例を示せば、僧侶への布施となった法服六具綾が一具別で代九百九十三疋五丈七尺、一具平絹が代八百八十七疋三丈二尺と換算されている。院法服は夏法服一具が「代千三百五十七疋」、冬法服が「代一七一二疋」に換算されている。行事所に進納した「銀」「白ろう」もすべて絹に換算され、総額は「都合功程、准絹拾万疋」と算出されている。「麻布」は「段別一疋」、「綿」は「両別二疋」、「鉄」は「四廷別一疋」、「能米」は「石別十疋」で准絹一疋＝米一斗になっている（『兵範記』同日条）。ここで、「都合功程、准絹壱拾万疋」とは、院司光隆が重任功として調進した全物資の価値総額が絹の価値基準で算出・表記すると、拾万疋に相当するという意味である。院司光隆が成功のために調進した全物資の価値総額を、絹の価値として帳簿上で換算したものである。絹を計算貨幣として価値総額を十万疋と算出したことを示している。ここでの絹は物品貨幣として交換価値や流通価値を持っているわけではない。単なる決算手段・計算貨幣であり、成功物資の財産としての価値表記をしているにすぎない。まさに、「沽価法とは絹規準で定められた、中央官司の諸国等からの色代納における換算価格の目安」と規定した伊藤論文の見解を証拠付けるものといえる。

次に、保立・桜井・井上・高橋らがいうように、宋銭が絹・布・米などの物品貨幣に代わったとする見解が正しいか否か検討しよう。院政期や鎌倉初期に宋銭が物品貨幣に代っていたとすれば、結解状においても宋銭での換算帳簿が作成されていなければならない。

しかし、仁安二年（一一六七）、肥後山鹿荘結解状（平五〇四四）は米で換算している。建暦三年（一二一三）の和泉国池田郷所当米結解状（「春日神社文書」鎌二〇六九）も米石立ての換算である。承久元年（一二一九）、筑前箱崎宮寺調所結解状（鎌二五三三）では、唐鞍三口用途料、米代軽物を綾・紗・大唐絹などの現物納で支払い、米立てで決算している。結解状で銭換算が初見されるのは、寛元四年（一二四六）、鋳師用途結解状（「金剛峰寺文書」鎌六七四三）である。この年、紀伊国阿氏河荘年貢結解事書案（「高野山文書」鎌六七三三）で代銭となり、銭換算になっている。実際に銭での進未沙汰は、弘長元年（一二六一）、紀伊阿氏河荘公文年貢注進状文（「高野山文書」鎌八六四一）が初見史料である。高野山領荘園では、寛元四年（一二四六）の結解状作成のために銭換算がはじまり、実際の結解状が銭立てで作成されたのは、弘長元年をまたなければならない。

寛喜二年（一二三〇）伊賀鞆田荘結解状（「興福寺所蔵東大寺文書」鎌三九五八）や建長三年（一二五一）某荘算用状（「九条家文書」鎌七三〇五）は、「庄家立用米」などは米立て換算、「元三用途料」などは銭立て換算であり、米と銭の並立換算法で決算がなされている。

以上から、荘園領主の財政運営で結解状・算用状での銭立て換算がなされるには、高野山領での寛元年間が初見史料であることが判明する。院政期に、宋銭が米・絹・布などの物品貨幣にとって代わるとした桜井・中島・井上・高橋らの説は無理があり、十三世紀中期以降にならないとそうした経済現象は出現しなかったといわなければならない。

2　売券の分析方法をめぐる実証問題

院政期売券と銭貨流通研究の方法

これまで、土地売買の売券は、物権、とりわけ土地所有権の移動を証明するものとの前提で分析されてきた。売券に銭貨表示がどのようにあらわれるかに注目して中世の銭貨流通の実態把握を行おうとする研究が、戦前・戦後を通じて数多く蓄積されてきた。その研究史と到達点は、鈴木鋭彦[25]と滝沢武雄の労作[26]に示されている。

鈴木は、大和国河上荘での土地売券に銭が登場する過程を分析し、十二世紀中ごろに途絶えていた銭貨による土地売買が現れ、文永・弘安年間・十三世紀後半に銭による売買が三分一弱であり、応安・永徳年間・十四世紀後期には銭による売買が八割と一般化し、一五世紀にはすべて銭による売券となるとした（鈴木前掲注25書、七八〜七九頁）。

滝沢は「売券とは財産を売買するに際し、売買契約の合法的成立を確認」したものとし、奈良時代から江戸時代までの売券を通時代的に検討し、様式や時代的特質を論じ、江戸期には質地証文様式があったことを述べ、付録として「借書」について解説する。しかし、売券と借用状との関係や、質物の質流れによる売券などについてはまったく言及していない。

近年の『平安遺文』の宅地売券研究をみても、櫛木謙周が、平安京での田畠価格と宅地価格との格差を比較することで、十一世紀をはさんで平安京の宅地価格が高騰していることを論じている。[27] これらの研究は、いずれも売券にあらわれる米・絹・布・銭表示を売買価格・市場流通価格であるという前提で立論している。

しかし、寶月圭吾があきらかにしたように、中世では売買と質とが未分化なまま一体性をもっていた。売券の分析に際しては、売買と質との関係に留意して分析しなければならないことが、菊地康明や坂上康俊らによって指摘され、拙著でも売券よりも質券が先行して成立してくる過程を論じた（井原『日本中世債務史の研究』第一章）。いいかえれば、土地売券の中には、田地や家地の市場価格を表示するものばかりではなく、債務契約での弁済不能により質流れによって債務契約を清算した事例が含まれている。当事者間で負債処理のために清算方法として売券の作成を行ったものが存在していたといわざるをえない場合がある。

こうした売券を質流れ売券と呼ぶ。そこでは、債務契約の収支決算としての価値表示があっても、それが市場の流通価格とは大きくかけ離れている場合が多い。米・絹・布での価格表示や銭表示が、そのまま市場の流通価格や銭貨流通での取引を意味しているわけではないのである。櫛木論文でも、「売券表示の価格がそのまま取引価格の水準といえるかどうかは問題がある。本稿でも質として明記されているものは注意したが、なお検討を要するであろう」（四九頁）と断っている。にもかかわらず、具体的分析方法としては、債務契約系の質流れ売券を区別して抽出しているわけではない。寶月圭吾説を受けて独自の分析方法を採用している言及はなく、旧来の市場価格説にもとづいての分析にすぎない。

本章では、まず『平安遺文』の宅地売券での銭表示を、地域での銭流通を示すものと評価したり、市場の販売価格をあらわすものと評価している前提がまちがっている事例を明示することからはじめよう。それによって、債務契約系質流れ売券の選別方法をあきらかにしなければならない。

宋銭初見売券の問題点

これまでの土地売券における宋銭利用の初見史料は、久安六年（一一五〇）八月二十五日付の橘行長家地売券（「百巻本東大寺文書」平二七〇七）に「直銭貳拾柒貫文」とみえるものとされてきた。森克己は、土地売買での皇朝十二銭にかわって宋銭使用の初見史料と指摘した(28)。東野治之も、この売券を地域における宋銭流通の初見史料として流通貨幣の宋銭とみている(29)。

応保二年（一一六二）、藤井しけよし田地売券（「東寺百合文書」ミ、平三二三七）でも半地が「七貫文」と銭立てになっている。ここから、十二世紀半には畿内で宋銭が流通貨幣になっていたものというのが今日の通説である。

しかし、売券に銭立て表記があらわれるから、宋銭が地域の中で流通貨幣として機能していたと結論付けることは、あまりに粗雑な実証レベルで、批判をまぬがれない。

なぜなら、久安六年の橘行長の売券は、大和国東大寺郷今小路南の敷地が「要用あるに依って直銭貳拾柒貫文で永代を限り藤原鶴寿女に沽却せしめ奉る所、実正明白也」とある。橘行長と子息満法師が花押を連署し、行長が買得相伝した敷地を鶴寿女に沽却したことがわかる。しかし、この「沽却」の背景については不明であり、直銭二十七貫文が、流通貨幣として宋銭であったか否かはこれだけでは、不明といわざるをえない。

ところが、百巻本東大寺文書に残された当該売券をみると、連券の手継証文となって伝来している。鈴木も、この売券が連券に闕があるものの手継証文になっており、建保二年（一二一四）四月九日に金寿女が覚円房覚玄に二十八貫文で売却した（「百巻本東大寺文書」鎌二〇九八）のをはじめ、貞治五年（一三六八）まで手継文書になっていることを指摘している。十二世紀ではもちろん、十三世紀前期においても銭による売買の事例は大和国ではこの史料が最初で唯一の事例で「今小路南顔の敷地が十三世紀の一〇年代に銭で売買されているのは特異な例といえよう」とする（鈴木前掲書、一四七頁)。鈴木は大和国添上郡で十三世紀に銭または米銭併用で売買されるのは、河上荘や東大寺郷などの京東地域が主で、先行して銭貨流通がはじまると指摘しているのみである。「特異な例」の意味についてそれ以上の分析をしない。

しかし、久安六年売券以外にこの地域で宋銭流通の史料が一点もないことは、本史料をもって、大和の在地における宋銭流通の存在を論証することはできないことを意味する。大和地域では、久安から建保年間になっても、敷地の売買を銭で行なう社会習慣はなかったのであり、この史料の「直銭二十七貫文」という銭立て表示は特殊な価値表記をしていたことを示している。したがって、久安年間や建保年間に銭立て表示の売券があることを理由に、大和で宋銭が、敷地の売買に一般的に用いられていたと理解することはできない。

では、特殊事例としての銭立て表示が宋銭の流通貨幣を論証しえないとすれば、いかなる意味があったのであろうか。この疑問に応える興味深い事例が、左京の八条・七条の家地売券の銭立て表示である。

銭立て表示売券をめぐる分析

白河本東寺百合文書に嘉応二年（一一七〇）の二通の売券が存在する。

史料A　尼妙蓮家地売券（「白河本東寺百合文書」一一九、平三五三九）

「件地沽却事、依二要用一、不レ可レ有二他妨一、仍如レ件　　尼（花押）」

譲与　相伝之私領地新券文事

合参拾丈者　但口参丈南北拾丈也

在自二七条一南、自二捋《(櫛)》毛一東角也、

右件地元者、故公大夫散位紀朝臣正清之先祖相伝之私領也、而今依レ有二要用一、於二斎宮介紀季正一、以二永年出挙物

代口貳丈伍尺南北拾丈、立二新券文一渡與畢、残地於二口伍丈（尺カ）南北拾丈一者、後家之尼妙蓮、重於二斎宮介紀季正一讓
与畢、但於二本券一者、依レ有二類地一不レ能二副渡一、仍為二後日、新立券文一之所如件、
　嘉応二年四月二五日　　売人尼妙蓮（花押）

史料B　嘉応二年（一一七〇）紀季正家地売券（「白河本東寺百合文書」一一九、平三五四〇）

「くしけのひかしすみのけん」
相伝　私領地壹所事
　合参拾丈者　口東西参丈―　奥南北拾丈―
　　在左京職八条一坊十六町西一行北三門内
右件地元者、自二散位紀正清之手一、負物代相伝之後、敢無二他妨一、而今依レ有二各便宜之要望一、自二七条一南自二猪熊一
西戸主半地之上、相二加本尺上品八丈絹拾壹疋、又銭壹貫文一、所レ避二渡于字王先生和久友行一実也、更不レ可レ有二
後論一状、如レ件、仍相二副手次本券一、所（立脱カ）（状脱カ）新券之如右、
　嘉応貳年四月廿日　　斎宮助紀季正（花押）

史料Aは、Bとわずか五日間の違いで、史料Bにみえる「右件地元者、自散位紀正清之手、負物代相伝之後、敢無他妨」との記載を具体的に証拠付けるもので、紀正清→紀季正―和久友行への転売行為が判明する。[30] 具体的に史料Aを読解してみよう。

負債清算のための土地売券

史料Aによると、洛中の七条より南、櫛毛より東角の家地三十丈は紀正清の先祖相伝の私領であったが、要用があって、正清が斎宮介紀季正に「永年出挙物」を借用していた代償として口二丈伍尺南北丈の新券文をつくり去り渡

した。残地である口五尺、南北十丈については、正清の後家尼妙蓮が、紀季正に譲与・売却した。ただし本券は類地があり、副えることができないので新券を立券するというものである。

ここで、七条南より櫛笥の家地三十丈の家地は、一部が文書質として正清から紀季正に引き渡され、残りの一部が正清の後家尼妙蓮から譲状として権利証文が作成され、沽却により財産権の委譲がなされたことが判明する。史料Aにみえる家地の所在場所である七条より南、櫛笥より東角の記載は、史料Bに「くしけのひかしすみのけん」とある記載と一致する。

『平安遺文』編者竹内理三は、これを売券とせず、「尼妙蓮家地譲状」と名付ける。文面に「残地……譲与」との記載を重視するからであろう。ただし、袖判部分に、別筆で「件地沽却事」として「尼（花押）」とあり、尼妙蓮の花押がすえられている。紀季正は後家尼に代金を支払ったうえで、売人尼妙蓮に譲状様の立券文を示し、袖の部分に署判を加筆させたのである。あきらかに譲状様家地売券が作成されたといえる。

ここから判明する史実は、紀正清による斎宮助紀季正への家地売買契約は、「永年出挙物」の代償として口二丈五尺・南北十丈の家地の新券文を「渡与」した形で成立した。つまり、文書様式では売券であるが、その前提には、出挙の債務契約が成立しており、借物と利子の返済が出来ずに不良債権となったため、家地を質流れとして権利証文を渡すことで、債務契約を清算したことがわかる。史料Bに「右件地元者、自散位紀正清之手、負物代相伝之後、敢無他妨」との記述しているのはそのためである。ここから、紀正清と後家夫婦が、斎宮助紀季正との間で結んだ家地の移転契約は、負物＝出挙物の返済不能により質流れでの「渡与」と、口五尺南北十丈の残地の「譲与」＝「沽却」とが複合したものであったといえる。この売券は質流と売買取引が混合していた。

ここから、院政期の洛中では出挙物の債務契約が出発点にして、借金の弁済ができずに質物＝負債が増大して不良債権になったとき、家地の新券文や売券をつくって「譲与」「沽却」という経済現象を合せて不良債権問題を清算していたといわなければならない。当事者間での土地売券登場の背後には、債務契約が隠されており、質物の清算手段として売券が作成されるという在地での経済慣行が存在していた。ここでは、土地財産の商品としての一般的な売買価格が成立していたのではなく、当事者間での清算手段として質流れでの等価交換としての売買行為が成立していたことを意味する。したがって、質流売券や去文様売券から家地の販売実勢価格を算出することは無理なのである。

財産等価交換のための売券

では、つぎに史料Bの売券の内実を検討しよう。すでにみたように散位紀正清の手から「負物の代」として移譲された家地を斎宮助紀季正が相伝してきた。彼は、この家地を、七条より南、猪熊より西の戸主地の半地に上品八丈絹十一疋と銭一貫文を相加えて、和久友行に避渡した。後論の証拠として手継本券を副え新券文を立券した。

つまり、この売券は、左京の八条一坊十六町西一行北三門内にあった三十丈の敷地を、七条南の猪熊より西の戸主半地と本尺上品八丈絹十一疋と銭一貫文の三種類の複合財産物権と交換したものである。売券とはいえ、異なる財産物権の交換であるから「避渡」という表現をしているのであり、自分のモノに対する権利を放棄する去文の性格をもった売券といわなくてはならない。竹内理三は、この文書を『平安遺文』の中で「紀季正家地相博状」と名付けている。洛中の隣接した敷地・家地を交換したもので、季正は和久友行の提供した半地と絹と銭の複合財産と、三十丈の家地とを交換したから「相博状」としたのである。異なる財産物件を交換して物権の移転を承認した去文系売券といえる。相博売券と呼んでおこう。

ここでは、紀季正と和久友行が、当事者同士での財産交換を行った。左京八条一坊の家地三十丈の家地と七条南の猪熊より西の戸主半地と本尺上品八丈絹十一疋と銭一貫文という複合財産物との交換が、本人相互にとっては等価交換として納得していたからこそ、この去文様売券が作成されたものといわなければならない。

ここにみえる「銭一貫文」は宋銭であることはまちがいないが、市場での流通貨幣を意味しているわけではない。宋銭一貫文は、半地の土地財産と上品八条絹十一疋で表示される財産と同様に、銭での財産の価値表示である。ここでは財産の価値表示として宋銭が用いられている。まさに宋銭は計算貨幣であり、財産の価値表記の手段として機能していた。

こうしてみると、史料Aと史料Bの財産移転には共通した歴史的性格を窺うことができる。史料Aの売券にみえる家地の売買行為は、紀正清の財産であった家地が、「負物」=負債が支払えない代償としての質流と残地の売買取引を合せることによって等価交換として紀季正の手に移転した。史料Bの売券にみえる家地の売買行為は、紀正季の家地と和久友行がもっていた半地と絹十一疋と銭一貫文を加えた複合財産物を等価交換したものであった。ここでも市場価格での商品の売買行為ではなく、当事者間で異なる財産の等価交換であった。

ここから、院政期の社会経済での土地売券は、田畠や敷地・家地などの物件について一般的な土地の価値表記を前提した売買行為とならんで、当事者間での必要性から等価交換として認知したものが売券として表記されている場合が存在したことを示している。質流れや質物の代替え措置など債務契約の清算手段としてモノの交換がなされる場合もあった。敷地や動産を含む財産を、絹や銭で価値表記して個別の等価交換が行われていたのである。このような当事者間における等価交換として売券の存在は、市場価格の存在を前提としない債務債権関係処理の経済現象といわなければならない。

なお、だからといって、筆者は、すべての土地売券が市場価格を反映しない債務契約系質流れ売券だと主要しているわけではない。「逆は必ずしも真ならず」である。市場価格での売買取引での価値表示と、債務契約系質流れという貸付取引による価値表示での等価交換の意味の違いを腑分けすべきであると主張しているにすぎない。

市場価格を前提にしない売券

こうした去文様売券はきわめて数多くみることができる。相博売券の事例も、鎌倉期の売券に散見されるので注意が必要である。

①建保三年（一二一五）九月二十六日　水口田一反＋銭一貫文＝僧慶俊　河上荘内私領田三反（鎌二一七八）
②弘安元年（一二七八）八月十九日　米三石＋銭四十貫＝僧実厳　北御門前水田二反（鎌一三一五四）
③文保元年（一三一七）七月　米三石＋銭四十貫＝顕専　北御門前水田二反（鎌二六二九六）
④正安五年（一三〇三）三月二十四日　銭百貫文＋米拾石＝山田・上別符村地頭職（鎌二一三〇〇）

①は、「相替　私領田地事」と書出し、「右、件田地者、僧慶俊之相伝所領也、而今依ㇾ有ㆍ事便宜ㆍ、寺僧勝芸之所領水口田壹段幷銭壹貫、替ㇾ之畢」（鎌二一七八）と記し、日下に花押をすえる。『鎌倉遺文』編者の竹内も「相博状」（内閣文庫所蔵「大和国古文書」）とする。ここでも「銭壹貫」は単なる財産価値表示を意味するにすぎない。しかし、この文書には追筆で、「負銭五百、又四百代白布貳段、残百者免了　建保三年九月二五日　僧（花押）」とある。あきらかに財産の等価交換を行う背景には、「負銭五百」という宋銭による債務契約があり、四百文は白布貳段の納入で返却し、銭百文分は免除されたことが確認できる。相博売券が作成される背景として、宋銭の銭貨出挙が建保三年の大和国河上荘内で機能していたことがわかる。

②・③は大和国東大寺郷北御門惣門東脇字常土の水田二段を米三石＋銭四十貫で沽却した事例である。②は一二七八年に僧実舜が顕舜房に「沽却」し、③はその三十九年後の一三一七年に顕舜房の子息顕専が千松殿に沽却している（百巻本東大寺文書）。四十年間、土地価格が無変動であったとみるよりも、水田二段の財産価値表示が同一であったと

みるべきであろう。②に「此内壹段ハ故法眼ノ譲」③に「父顕舜房之手譲状」とみえるから、譲与売券での財産価値表示であったといえよう。④は薩摩国谷山郡内の村地頭職を銭百貫幷米拾石で等価交換したものである。「本銭返仁入置」と書初め、「右、用途米等、不二弁償一之様者、一向止二地頭綺一、所レ奉レ避二郡方一也」とあり、本銭返の「入置」＝入質契約であった。ここでも財産の等価交換の背後に質契約が前提になっていたことがわかる。

宋銭による財産価値表記の機能

ここにみえる①②③はいずれも大和国の土地売券であり、鈴木はいずれも売買的性格をもつと指摘するのみで、売券の背後に、債務契約や譲与契約があり、宋銭が財産価値表記の意味をもっていたことは想定外になっている[31]。しかし、債務処理や質契約では、商品としての土地売買の価格ではなく、当事者間での財産価値の等価交換であるという合意形成が第一義的に重要であり、土地の市場価格は二次的な問題といわなければならない。宋銭による財産の価値表記は、宋銭の計算貨幣としての機能を示すものである。宋銭が院政期にはすべてが流通貨幣であったとはいえない場合があり、むしろ、単なる価値表記のひとつであった、すなわち、財産価値を表記するための計算貨幣であった場合も存在したことを実証しえたと考える。

こうしてみれば、土地売券の内容について、出挙米借用契約を前提にした債務処理としての売買や、負物代＝負債の代弁処理として売買、質契約での質流れとしての売買などを分析することが重要であることが理解してもらえるであろう。いずれも売券の背後に債務契約や質契約が隠されており、その場合には、土地の市場価格よりも、当事者間における財産の等価交換として債務処理の清算がなされていたとみければならない。負物代の売券についても、家地が差質で実際の貸借契約では文書質となっている場合と、家地が入質になって債権者の手に渡っている場合の質流れとを厳密に区別しなければならない。土地売券を一律に市場価格での売買とみなす、これまでの分析方法の欠陥に留意しなければならない。あらためて土地売券の中から、市場価格での土地売買とは異質な経済現象として、債務契約と質契約の清算としての土地財産の移転が行われていた現象を区別して分析しなければならない。市場価格での土地売買と区別される土地財産や動産の移転こそ、貸借取引による物流・経済現象であることを実証した。

3　鎌倉初期の沽価法と宋銭流通

嘉禄新制と陸奥での銅銭停止問題

次に、嘉禄年間を宋銭停止令撤回の時期とする保立・井原説をめぐって論点が明瞭になってきた。保立説は嘉禄三年八月の北条泰時令を事実上の撤回令とし、井原説は嘉禄元年宣旨と嘉禄二年関東下知状の挙銭利息半倍法の復古令を、事実上の撤回令とする。中島は、両説を批判して、特定の撤回令を出さないまま黙認していったとする（中島二〇一四論文）。

鎌倉期における宋銭停止令の撤回をめぐって、論じられている典拠史料はつぎのものである。

①嘉禄元年十月二十九日宣旨（『吾妻鏡』鎌三四五五）公家新制三十六ヶ条　私出挙一倍法、挙銭半倍法
②嘉禄二年正月二十六日関東下知状（『吾妻鏡』鎌三四五五）、私出挙一倍、挙銭半倍の施行
③嘉禄二年七月日小槻某下文（「吉田神社文書」鎌三五〇五）、以銭百文充八升
④嘉禄二年八月一日武州中沙汰（『吾妻鏡』同日条）、准布停止。銅銭切換令
⑤嘉禄三年四月十三日明法勘状（『中世法制史料集』第一巻、四三九頁）
⑥嘉禄三年八月十六日関東下知状案（「櫟木文書」鎌三六四九）銭四十文を布一段
⑦暦仁二年正月二十二日関東御教書（鎌五三七四）年貢絹布不法、白河以東銭停止

論争のはじめは、資料④の『吾妻鏡』嘉禄二年（一二二六）八月一日条に「今日止二准布一可レ用二銅銭一之由、被二仰下一武州殊令二申沙汰一給云々」とある北条泰時による申沙汰について、保立は、准布銅銭切換令で銅銭＝宋銭であるから、北条泰時による銭貨流通の公認であると評価した。中島は、この法意は、銅銭流通にあるのではなく准布忌避が主眼であり、③嘉禄二年七月日小槻某下文に「抑當社領、先例以二准布一雖レ令二進済一、於二今度一者不レ可レ有二其儀一、諸国一同可レ済二見米一、若非二見米一者以二銭百文一充二八升一、可レ令二究済一之由、所被二仰下一也」（『吉田神社文書』鎌三五〇五）とあるように、准布の忌避が理由であるとして、保立説を批判した。

この両説は、貨幣流通論として論じられており、水掛け論となりかねず、筆者は北条泰時の申沙汰が登場する原点が、②嘉禄二年正月二十六日の関東下知状であるのではないか、と考えた。関東下知状は北条泰時・時房が連署して、①嘉禄元年十月二十九日宣旨状を受けて、「可レ令レ搦二禁勾引人并売買人輩一事」「一可レ停二止博戯輩一事」「可レ禁下断私出挙利過二一倍一并挙銭利過中半倍上事」の三カ条について「宣下之旨、其篇雖レ多、於件三个條者、厳制殊重、若有二違犯之輩一者、不日可レ注二進交名一之状、依鎌倉殿仰、下知如レ件」と命じている（鎌三四五五）。つまり、嘉禄二年の関東下知状は、嘉禄元年十月二十九日の公家新制を鎌倉幕府が施行したものである。とくに第三条の銭貨出挙は沽価法と連動して公家新制で検討されてきた経過があり、古代の挙銭半倍法を復活・公認している。治承二年（一一七八）七月十八日太政官符（『壬生家文書』平三八五二）も建久二年（一一九一）三月二十八日公家新制（『三代制符』、鎌五二三）も、建久三年八月六日宣旨状（『法曹至要抄』）のいずれも「不レ可レ過二一倍一」となっており、出挙利一倍法を制定・遵守すべきことを命じている。それに比して、①嘉禄元年宣旨と②嘉禄二年関東下知状のみが、私出挙利一倍法、挙銭利息半倍法の二本立てとなっている。したがって、嘉禄二年に、朝廷・幕府はそろって挙銭の存在をみとめたことを意味する。すなわち、銭貨出挙の公認であり、宋朝銭貨停止令を撤回したものと解釈しなければならないと考える。

嘉禄二年の関東御教書が、嘉禄元年（一二二五）の公家新制をうけたことは、三浦周行・水戸部正男や稲葉伸道もとりあげた。いずれも、過差禁止令などと評価するのみで、宋銭流通や銭貨出挙の利息制限法には全く言及していない。[32] もちろん、最近この論争に言及した保立二〇一三論文・中島二〇一四論文ともに、議論は平行線で、両者ともに、北条泰時の銅銭切換令が嘉禄二年の関東下知状・嘉禄元年宣旨を受けたものであるとする拙論をみとめていない。

常陸吉田社での嘉禄の沽価法

保立も中島もみとめるように、③の常陸国吉田社領では、伊勢役夫工米の納入方法が先例は准布による進済であり、「於㆓今度㆒者不㆑可㆑有㆓其儀㆒、諸国一同可㆑済㆓見米㆒、若非㆓見米㆒者以㆓銭百文㆒充㆓八升㆒、可㆑令㆓究済㆒之由」との「仰」が下ったことは認める。諸国一同見米での弁済が命じられ、「銭百文を以って八升に充て究済」との沽価法が定まった。銭百文＝米八升の換算率公定は役夫工米の弁済であることが確認できる。拙論では、中央諸司納物・諸国所課・庄園年貢などの徴収・結解・公文勘会など収支決算・換算システムでの色代納の換算率の公定こそが沽価法であり、計算貨幣の規準だと主張してきた。まさに拙論を実証していることがまず確認されなければならない。しかも、この一年後に泰時沙汰の銅銭交換令が出たのであるから、銭百文＝米八升の沽価法を前提にしているものと理解しなければならない。筆者はそう考える。

保立は沽価法について一貫して「王権による市場における公定価格」説を主張し、中世国家は貨幣鋳造権を行使しなかったが、貨幣統制権を行使していたと主張してきた。中島の社会承認による宋銭流通説に反論している。今回の保立二〇一三論文（『中世荘園の基層』前掲注21書）では、「泰時の宋銭公認令の前提には、このような国家財政の中枢部における決定があった」（一五八頁）としながら、中島説が准布忌避に理由があったとすれば、「なぜ朝廷・幕府が准布を忌避したのかの説明が必要であろう」と批判している（一六〇頁）。しかし、「中枢部における決定」がだれによるものか、については言及しない。

しかも驚いたことに、保立はここで沽価法が国家財政の法であるという筆者の換算率説を是認しているではないか。自説の沽価法＝市場価格の公定説を撤回したことになるが、保立にはその自覚がない。銭百文＝米八升の沽価法の決定は、伊勢神宮遷宮のための役夫工米徴収と決済処理のための沽価法を朝廷が定めていたことを物語る。まさに、伊藤・渡邊・井原の推論が正しかったことを証明するものである。筆者はそう考える。

嘉禄の下総相馬での沽価法

⑥の嘉禄三年（一二二七）八月十六日関東下知状案（「櫟木文書」鎌三六四九）では、「先度地頭令ㇾ申二子細一之時、布壹段別募二銭参拾文一、可二弁済一之由、雖ㇾ有二御下知一、所詮停二止不法准布一、以二建久時布一、可ㇾ令二進済一、但彼布遍二未出来一者、早任二傍例一、以二銭肆拾文一、募二布壹段代一、可ㇾ令二弁済一之状」とある。
伊勢神宮外宮一禰宜と下総相馬御厨地頭が、布の直法をめぐって争論した。ここで、地頭は嘉禄三年以前に、布一段＝銭三十文での年貢弁済を命じる「御下知」があったと主張した。しかし、幕府の判決は嘉禄三年八月に「不法准布」停止令・銅銭切換令が出ている。外宮の主張にそって建久時の品質での布で進済すべきであるが、同質の布ができないならば、布一段の代物を銭四十文で換算・弁済せよと判決している。
ここから、幕府法の沽価法が、布一段＝銭三十文による「弁済」から、今後は布一段＝四十文での「弁済」命令に変化したことが判明する。（補注1）
中島二〇一四論文はこの問題を再論して、「外宮の訴えが認められ、「建久時布」もしくは一段ごとに四十文で代銭納することになった」としながらも、ここでの「一連の措置は銭貨の公認ではなく、准布の禁止に主眼があった」として自説を維持している。①嘉禄元年新制を挙銭の公認＝宋銭流通停止令の放棄という井原説は、「深読みに過ぎて不適切」であり、「宋銭が黙認されるようになってから、一段と流通が本格化しその結果として准布の通用価値が下落した」（前掲注22論文、一三頁）と主張する。

ここでも中島は准布の価値が下落していると主張している。桜井・井上・保立・高橋らは、平安後期に宋銭が流入してから物品貨幣としての布絹の価値が下落したと主張しており、鎌倉初期においてもその傾向が連続していたとする。

布絹の価値は上昇

しかし、本当にそのようなことが言えるだろうか。建久四年令では、銭一貫文＝米一石の沽価法を公定した（『法曹至要抄』）。それが③嘉禄二年七月以前には、諸国一同で銭百文＝米八升で、伊勢役夫工米を「究済」するように命じていた（鎌三五〇五）。常陸吉田社での事例でわかる銭百文＝米八升の沽価法の公定は、伊勢役夫工米という徴税システムでの換算率を公定したといわざるをえない。市場価格の公定ではありえない。しかも、建久四年から嘉禄三年の間に銭百文の価値は十升から八升に下落している。米の貨幣価値が上昇し、宋銭の貨幣価値が下落しているのである。

また、⑥嘉禄三年八月の幕府法では、外宮領下総相馬御厨での年貢の「弁済」について、建久時の布、または布一段＝銭四十文での沽価法を判決した（鎌三六四九）。しかも、地頭が先例とした「御下知」での納入前例の布一段＝銭三十文を否定して、外宮の主張が公認されて布一段＝銭四十文の納入に変動している。これは、布の一段の貨幣価値が三十文から四十文の換算率に引き上げられており、一割も上昇しているといわざるをえない。つまり、これら一連の史料群こそ、中島や桜井・保立・井上・高橋の主張が誤りであり、史料上からは宋銭の貨幣価値が下落し、米や布の交換価値が上昇していたことを示している。史料群は、物品貨幣論者である諸氏の主張が誤りであることを実証しているといわなければならない。

銭の沽価法と嘉禄の挙銭利息半倍法の関係

いずれにせよ、③嘉禄二年（一二二六）七月、常陸吉田社では、銭百文＝米八升の換算率（沽価法）で伊勢役夫工米の弁済、⑥嘉禄三年八月、外宮領下総相馬御厨では、銭四十文＝布一段の換算率（沽価法）での年貢弁済が本所下文・関東下知状で命じられていたことは事実である。

建久四年令では、宋銭流通停止令が出され、銭貨出挙の利分の米での換算のために銭一貫文＝米一石の銭直法が制定されていた（『法曹至要抄』）。

この三つを比較すれば、銭の米との換算率と、銭と布との換算率が、朝廷・幕府によって正式に改定されていたといわざるをえない。しかも、建久四年段階では、宋銭＝銭貨禁令が出された。しかし、嘉禄年間に常陸でも下総でも銭での換算率が命じられ、陸奥国では北条泰時によって銅銭＝宋銭の流通が強制されていた。こうなれば、中島の主張とは反対に、嘉禄三年以前に建久四年の宋銭流通停止令が撤回され、銭貨の流通が公認されていたことにならざるをえない。事実、嘉禄元年宣旨でも嘉禄二年の関東下知状でも、それまで無視されてきた挙銭が公認され、挙銭利息半倍法が遵守するように命じられ、宋銭での出挙が公認されている。挙銭利息半倍法の公認とは、すなわち宋銭での銭出挙の公認なのである。

絹布の価格上昇と年貢絹布の粗悪化

嘉禄二年に宋銭での銭出挙が公認され、嘉禄二〜三年には銭百文＝米八升の沽価法と、銭四十文＝布一段の沽価法が朝廷・幕府によって公認されていた。建久四年の銭直法である銭一貫文＝米一石の沽価法と比較してほしい。これまでの市場価格公定説・物品貨幣の価値下落説の論者が主張していた内容とまったく反対の事実を示している。

嘉禄二年に朝廷と幕府が、挙銭半倍法をみとめ宋銭での出挙を公認し、准布を銅銭に切換令を出すと、「下向之輩」「商人」らは幕府法の銅銭流通令に従って、宋銭をまたたくまに導入して、絹布の価値が上昇し、宋銭の貨幣価値が下落を始めていたのである。

　この事実は、史料⑦によっても論証できる。暦仁二年（一二三九）正月二十二日関東御教書（追加法九九、鎌五三七四）には、つぎのようにみえる。

陸奥国郡郷所当事、以下被レ止二准布一之例上、沙汰人百姓等、私忘二本色之備一、好二銭貨所済一之間、年貢絹布追年不法之条、只非二自由之企一、已公損之基也、自今以後、白河関以東者、可レ令レ停二止銭流布一也、且於二下向之輩所持一者、商人以下慥可二禁断一、但至二上洛之族所持一者、不レ及二禁断一、兼又絹布麁悪甚無二其謂一、早存レ旧所当本様可レ令二弁進一之由、可下令二下知一給上之状、

法文の内容は、陸奥の国衙年貢の弁済法について、准布停止令によって、沙汰人・百姓らは本来布での弁済法を忘れ、銭貨での所済を好むようになった。年貢の絹布は年毎に不法＝粗悪になっている。これは自由＝偶然の企ではなく、公損の基であるとし、白河関以東の陸奥・出羽では銭の流通を停止した。絹布の品質維持のため白河以北での地域的銭貨停止令を復活したのである。

　この史料について、保立は「奥羽地方における銭貨流通展開のスピードには驚かされる」（保立二〇一三論文、一五九頁）と指摘する。中島は、「貨幣としての准布は「不法」なものと位置づけられている」と解釈して自説を維持する（中島二〇一四論文、一二頁）。両者とも、嘉禄二年の北条泰時の政策決定での銅銭切換令が、十二年後に、反対の銅銭停止令を打ち出さなければならないほど、「幕府の姿勢は無原則」であったと論じている[33]。

　中島は「絹・布の交換機能が銭に吸収されていく」過程で幕府は不法准布の排除を目指したといい、保立は「商人の活動が社会の骨格にまで浸透」した現象だと論じている。しかし、両人とも、沙汰人・百姓らがなにゆえ「銭貨で

の所済を好む」という行動に出るのか、について無関心である。

幕府・朝廷の徴税・財政システムの大失敗

史料⑦にもどってみると、幕府は、陸奥の沙汰人・百姓が「銭貨所済を好み、年貢の絹布は追年不法之条」といい、「兼ねて又た絹布の鹿悪が甚しく其の謂れ無し、早く旧き所当の本様を存じ、弁進せしむべき之由」と下知せざるをえなかった。しかも、下総相馬御厨の年貢は、布一段が銭三十文から銭四十文に上昇した沽価法で弁済が決定されたことは、嘉禄三年の⑥が伝える史実である。

これらをあわせ考えれば、東国では嘉禄二年に定期市での布・絹の販売価格が上昇していたため、沙汰人・百姓は特産品である布・絹のうち自作で良質の品物を定期市で「下向之輩」や「商人」に高い値段で販売して、銭貨での決済を好むようになった。その一方で、粗悪品の布・絹を年貢として納入した。このため、陸奥の郡郷の国衙年貢・所当は、「絹布の鹿悪が甚しく其謂れ無し」という状態になり、幕府や朝廷の財政事情は悪化・困窮することになった。そのため、幕府・朝廷は「無原則」にも「早く旧所当本様を存じて弁済すべき」を命じて、旧い品質の布・絹での弁済を復活させざるをえなかった。まさに、幕府・朝廷の支配層は、銅銭＝宋銭流通の強制によって、沙汰人・百姓らが粗悪な布・絹で所当年貢を納入するという結果をもたらし、財政収入の悪化を生み出したのである。中世の沙汰人・百姓・年貢請負人ら中間階層のたくましさと狡猾さを示しており、幕府や朝廷は、陸奥・出羽での年貢徴税・財政システムで、手痛い大失敗をしていたのである。

こうした現象は、陸奥という東北だけの現象とはいえまい[34]。勝山清次の伊勢国での土地売券の分析によれば、一二二六〜五〇年までの間に、銭による価値表示・支払手段が登場し十三世紀から十四世紀は銭表示に一本化することを明らかにしている[35]。松延康隆も土地売券の分析から、絹布の貨幣的価値を銭が吸収・統合するのは十三世紀前半とし、十四世紀前期には支払手段や価値尺度の機能を独占していくとしている。[36] 両者は銭貨の浸透については同一の結論となっている。嘉禄年間（一二二五〜二七）以降、宋銭流通が公認され、価値表示手段・借用手段としてだけでなく、流通手段・蓄財手段としても宋銭がその役割を果たすようになったのである。

なお、念のため、桜井・井上・中島らがいう宋銭価値の上昇・米布絹の価値下落説が、当該期の全国どこでも誤りである、と筆者が主張しているわけではない。逆は必ずしも真ならずである。その証拠史料を示しておこう。

延応二年（一二四〇）五月十一日、大和国平群岩荘所当雑役注文（『百巻本東大寺文書』鎌五五六七）には、「直銭五貫五百代米八斛二斗五升」とある。大和の荘園結解では銭一貫文＝米一石五斗の沽価法＝換算率に指定されていたことになる。建久四年令＝寛喜二年宣旨（『百錬抄』）での銭一貫文＝米一石の換算率と比較すれば、銭一貫文で米一石五斗になるから、宋銭の貨幣価値が米に対して上昇し、米の価値が下落している。畿内では、延応二年段階では、米の価値＝購買力が下落しており、諸氏の見解が正しいことが実証できる。このように嘉禄・延応年間、いいかえれば寛喜の飢饉を脱して復興期に入った十三世紀前期には、市場における価値相場である和市が成立しはじめ、地方によって和市と沽価法との価格差が、地頭・下司・沙汰人・百姓ら中間層の領主財政の利害・変動に直結するようになるといわなければならない。これこそ、中世の地域間価格差であり、地方経済史の諸問題として問い直されなければならない。[37]

では、残された実証問題は、院政〜鎌倉期において、銭貨出挙や出挙利子制限法など債務契約問題である。節を変えて検討しよう。

三　稲出挙と銭貨出挙の実態と特質

1　院政〜鎌倉初期における出挙米と出挙銭の実態

では、いよいよ院政〜鎌倉初期において、出挙米や出挙銭の浸透によって宋銭停止令や銭貨禁令が出され、銭直法によって利子を米で支払う沽価法が制定されていたとする拙論について検証しよう。

当該期における銭貨出挙の活動を前提に社会経済史を分析しようとする井原説に対して、保立や井上は「興味深い」ものとするが、いずれも「証拠がない」と批判する。本節では、出挙米や出挙銭が院政から鎌倉初期において在地経済圏内で展開されていたことを、史料的に論証したい。

これまで当該期の出挙米・出挙銭の活動状態を史料的に実証した研究がなされてこなかったことは事実である。出挙米の借用状がないわけではない。しかし、土地売券や質流れ契約の流文・放文・去文、質契約の質券など多様な文書様式が多く、売買契約と債務契約とを見極めながら分析する方法が明瞭でなかったことが、研究のおくれた原因といえよう(38)。そこで、本章では、当該期の売券・譲状・寄進状・相博状・借文・流文・放文・去文・立券文など多様な証文類について、債権債務関係文書の視点から再検討して、債務者と債権者、債務契約の内容、質物の内容などについて整理する方法をとる。これによって、当該期の証文類の背後に隠されていた債務契約を抽出することができると考える。

院政〜鎌倉初期の出挙米の実態

そこで、白河院政のはじまる寛治年間から、後鳥羽院政の承久の乱の直前である建保年間までの時期において、『平安遺文』・『鎌倉遺文』を中心に、債務者と債権者での債務契約を締結した事例を復元できる史料群を抽出したものが、表9「院政〜鎌倉初期の貸付取引・出挙・質流事例の一覧」である。

表9から、院政から鎌倉初期にかけて債務契約が数多く結ばれていたことが判明する。第一の特徴は、出挙米の借用状が1・4・10・19・21・22・31・51・56などのように当該期を通じてほぼ均等に継続的に締結されている。とりわけ、7の伊勢神宮御厨での出挙米の貸借は注進状（平二〇五七）として領家・本所側に提出されている。33〜38以下の東大寺領大和国南郷荘でも、荘官紀守時進上状として出挙米の進上・弁済がなされたことがわかる。これらは、荘園経営において出挙米の運用が荘官・沙汰人にとって必須事項であったことを示している。種籾や農料の下行とあわせて出挙米の債務契約が在地に根深く浸透していたとみてまちがいない。

第二に、質物未進や不弁の代わりに土地を沽却する売券（11・20・41・43・48・69・73・75）や譲与した譲状様売券（24・53・64）や等価交換とした相博状様売券（14）などがみえる。質物に文書質を入れた差質（担保の意味）の場合が1〜5・10・12・14・22・23・27・30・31・42・57・71などである。質物に土地や宅地そのものを入質に置いた事例としては、5・15・18・20・24〜26・32・39・40・41・45・62・63・65・66・68〜70・74・75など鎌倉期に入るにつれて多くなる。もとより、文書質か占有質か消却質か、具体的内実は不明で、別の考察が必要であることはいうまでもない。

質物の原因が、出挙米であることがあきらかなもののほかに、3のような凡絹や5の籾殻など動産の貸借であることが判明する事例は少ない。40の「太郎房覚雄之負物」や46の「保元比質物巨多」などのように、累積債務を表す場合が含まれているようである。それゆえ、担保としての差質よりも、田や宅地を入質にして、結局質流れでの沽却・譲与・交換として財産の移転を確認したものになったといえよう。

第三に、債務の弁済ができない不良債権問題を処理するために質物を流して清算するための流状・流文（27・32・40・42・45・46・50・54・55・65・66・74・78）や去文（5・6・9・15・25・28・44・52・60・62・63・68・70・76・77）が鎌倉期になるにつれて多数作成されていることが判明する。

これらの事例は、いずれも質と売買とが未分離であったがゆえに流文様売券や去文様売券にしたもので、中世前期の時代的特質といわなければならない。

以上から、院政〜鎌倉初期に在地社会では、出挙米や質物の債務契約が広範に展開して、文書質や質物の設定が広くなされ、質契約が増加していたことが論証できる。

出挙銭の実態

表9の中でとりわけ注目すべきことは、出挙の借用物が米や籾殻など稲出挙のほかに、「せに」「出挙銭」と明示されている銭出挙の事例が三点存在する。いずれも鎌倉初期における出挙銭・挙銭・銭貨出挙・宋銭出挙の実例といわざるをえない。個別にみよう。

49は建久二年（一一九一）に「りのせに」とあり、銭貨出挙の初見史料（「海老名文書」鎌五四四）で、つぎのとおりである。

相生浦入舟次第

合　はたいたふねハたけ五十かう代五百文

ともまわりふねハたけ三十かう代三百文

担保・質物	返済可否	清算取引方法	史料表記	典拠
領田5段 領田差進(差質)	永能籾8石弁進	公験返預 永く進上・公験副	 永能解	平1289 同
質田4段 本公験	数年利并8石	舎弟永能8石余弁進 安朝永能和議	 各2段領掌	平1346 同
質物・田2段(差質)	来月弁進を約束	来月質流	質券文	平1411
上司畠大券		来秋弁済	解(借文)	平1867
質物・田2段(差質) 野田1段	不究済	死去、1段免除 出挙代として渡進	解(去文)	平1919 同
領田2段 領田2段150		其の替 本券副	 与渡(去文)	平2020 同
	75石返之 22石5斗返之 15石余□ 2石余返之 5石返之	 弁済已了 残2石5斗	注進	平2056 同 同
	7石8斗1升弁進	出挙弁進	解(申注進)	平2056
永年作手田券	不弁	田1段60歩放文	謹辞(去文)	平2298
旧公験3枚1段	秋息利を加え弁進	賃により弁進	謹解(借文)	平2315
畠一段	現米5斗2升を并て	畠1段を売買	謹解(売券)	平2355
質券田1段	今年過れば流		借請(借状)	平2383
田1段		代として永く曳進	謹曳進(去文)	平2827
質物流記公験 寺領内田3段	不弁逝去	 負物18石代と交換	 相博	平2878 同
私領田1段		出挙代として永進	渡進(去文)	平2915
	預給 2石5斗金峰山上 預給 2石3斗金峰山上 弁進 同	 残1石2斗5升有 残4斗5升有 7斗5升弁進 7斗5升弁進	注進	平2969

表9　院政～鎌倉初期の貸借取引・出挙・質流事例の一覧

番号	年号	借主（債務者）	借用物	貸主（債権者）
1	寛治4（1090）	僧永能の兄安朝 僧永能	出挙米8石代 出挙米4石代	長好寺主 上座
2	永保4（1084） 寛治4（1090）	安朝 永能	出挙籾本9斗 出挙物之代	寺主長好 慶元
3	康和元（1099）	僧良秀	凡絹80疋借用	権都維那師長
4	永久5（1118）	僧禅徳	出挙米8斗	東大寺
5	先年 保安2（1121）	百済真久 山辺末任	米籾 出挙物之代	安道納所 —
6	先年比 天治元（1124）	僧兼智 大法師	借物代 其替	大法師 兼智
7	天治2（1125）	伊勢御厨住人 同 同 □重 —	出挙米（答志僧供米） 同（浦僧供米） 同（法輪房米） 同 同	御厨 同 同 同 同
8	天治2（1125）	御厨預	出挙米	中山
9	長承3（1134）	僧経智	出挙米5石	僧延秀
10	長承4（1135）	僧浄力	出挙米7斗	—
11	保延2（1136）	僧快智	出挙米9斗8升	僧明暹
12	保延3（1138）	僧行圓	出挙米5石	—
13	久寿2（1155）	紀守助	出挙米	橘助元
14	保元2（1157）	西龍寺別当信有 別当有実	出挙物 負物	僧厳幸 同
15	保元3（1158）	僧頼仁	出挙米25石9斗8升	随乗房得業
16	保元3（1158）春 同秋 同春 同秋 保元4（1159） 同	岩松 同 真時 同 友弘 久徳	出挙米2石5斗 同3石7斗5升 出挙米2石5斗 同3石7斗5升 出挙米 出挙米	守時の許 同 同 同

	2石5斗金峰山上	残1石2斗5升	注進	平3026
田畠1町4段半	負物之代に弁	本券等副渡す	處分状	平3048
—	秋利を加えて弁進		謹解(借文)	平3326
田畠2段荒林	負物代に点定	私領で負物を弁済 直米6石5斗で売却	売進	平3365 同
	秋利を加えて弁進	来秋利を加へ弁進	借請(借文)	平3389
七条地を質券	7月から壹把利加	明年7月利を加へ弁進	借請（〃）	平3396
畠新券を質物	負債巨多 絹・納米を出し請出	畠新券を渡す	渡	平3406 同
大池中谷一所		負物代と譲与	譲渡	平3408
家地		負物替として渡献	渡献	平3464
田4段		本公験と共に渡進	謹解(売文)	平3479
家地質券	負物未進巨多	渡文を進	流進(流文)	平3485
家地5間		本券處分状を副へ質流	渡進	平3536
	請預	承安2・12・1俊尊死去		平3812
田3段240歩	質券に差置	薬師寺喜多院主の奥判	謹申請(質券)	平3677
水田3段新巻文	質券に差置	同	請借(借文)	平3678
田2段	永年作手弁進	領田を弁進	謹辞(流文)	平3720
	返済進上	出挙米の返進	進上	平3753
	同	同	同	平3754
	同	同	同	平3755
	同	同	同	平3756
	同	同	同	平3757
	同	同	同	平3758
田3段	質物之質に置	質物員の如く弁進	紛失状	平3780
敷地	負物倍々	渡進	渡進(質流)	平3872
田7段	負物代	負物代として沽却	沽却(売券)	平3892
田3段240歩	質券地	質券地を渡与	渡与(質流)	平3906
田1段	利平の代	質券地を売渡	謹解(売券)	平3919

17	保元三（1158）春 秋 平治元（1159）秋	岩松 同 同	出挙米2石5斗 3石7斗5升 秋1石8斗7升5合	東大寺 同 同
18	永暦元（1160）以前	増寿房	負物	上座圓尊
19	長寛2（1164）	僧壹楽	出挙米7斗	東大寺
20	永万元（1165） 同	紀助清・得重丸 紀助房	負物	尺王寺尼御前 双輪寺浄月房
21	永万2（1166）	中原犬女	出挙米5石斗	西こうたい女殿
22	同	僧永祐	出挙米9石4斗	—
23	仁安元（1166）	藤原正行 僧圓賀	出挙稲7束の不沙汰 出挙稲20束と利	 清原姉子
24	仁安元（1166）	僧善恵	負物	僧道助
25	仁安3（1168）	寺主玄厳	負物	興福寺僧義仁院
26	同	大原吉宗	負物米13石	僧玄壹
27	同	僧壹楽	出挙米	二郎房
28	嘉応元（1169）秋	尼慈妙	負物120石2斗7升	僧永実
29	承安元（1171）比	嫡子僧俊尊	米5石	継母大中臣三子
30	承安5（1175）	謀覚	出挙米3石2斗	—
31	同	請使金剛	出挙米3石2斗	—
32	安元元（1175）	佐伯永里	出挙米5石5斗	坊門殿
33	安元2（1176）	南郷荘紀守時	出挙米3斗	東大寺惣寺
34	同	同	出挙米1斗	同
35	同	同	出挙白米6斗	同
36	同	同	出挙米3斗	同
37	同	同	出挙米2斗	同
38	同	同	出挙糯白米3斗	同
39	安元2（1176）12月	佐伯友貞	負物	三郎房文海院
40	治承3（1179）	僧戒俊	太郎房覚雄之負物	
41	同	木工大夫重能後家	負物21石	西智房定尊
42	治承4（1180）	—	質	興福寺正譽院
43	同	小野姉子	出挙米20石3斗7升	尾張恒成

水田1段	治承4までの本利35石1斗2升	弁済力なく私領を永進	渡進(去文)	平3934
京職田1段		永流	渡文(流文)	平3935
家地8間4尺	両度負物代	質券地を書放・書分	分渡(流文)	平4014
2段半	質ニ本券を置き取失	紛失状	起請文	平4050
田1段	直米6石に売渡	渡流代の本公験は不副	沽却(売券)	平4066
	問・後藤太郎取次			鎌544
山城絵町荘	本券を預賜	当荘を流与	謹請(請文)	鎌補108
	来年夏供米で返納		借請(借文)	鎌補135
田1段	出挙代に曳	四代相伝	謹解(曳進)	鎌646
田半段	負物之代に弁出	年来給仕で返賜	返譲与	鎌658
地	奉流渡	口入者安詮	押上	鎌660
畠地1段	その弁を致さず	本利巨多で畠弁進	謹辞(流文)	鎌772
薗一所・田少		薗と小田を借請	謹言(借文)	鎌905
六角油小路地東山々地	本券を質物に入置	世間乱逆、三郎押領	貞安解状	鎌1727
田水口1段	質物田を差置	無弁なら質物田を渡	質券状	鎌1110
	来45月弁進	御倉米下行時、立用	謹私借(借文)	鎌1296
永弘名田畠		本券不副、進渡	謹辞(去文)	鎌1301
	所下時、弁進		謹辞(借文)	鎌1302
私領田		負物あり渡処	謹辞(去文)	鎌1307
供田1段		負物代として永代渡	謹辞(去文)	鎌1316
水田4段		負物代で永譲与	譲与(譲状)	鎌1599
水田1段	去年秋利10石	内8石代として流渡	弁進(流文)	鎌1608
畠1段	多年不出	米4石代に流進	流進(流文)	鎌1609
かまいしの田2段	5割加え返	不弁なら田2段を流	申請(借文)	鎌補517
名手荘内田1段	28年間代を成さず	田地を進渡	謹辞(去文)	鎌1968
西水門家地10間	家地を流文状	沽却せしむの状	沽却(売券)	鎌2032
田地1段半	出挙米代に永弁進	田地永年弁進	謹辞(去文)	鎌補612
田畠券契を質物		3年過に流渡す	請申(借文)	鎌2073
田畠券文を質物	弁進すべし	3年過れば流渡	請申(借文)	鎌2147

44	同	橘貞国	承安3出挙米1石5斗	文学房
45	同	同	物代	—
46	養和元（1181）	清原姉子･故上総君	保元比質物巨多	多中子
47	寿永元（1182）	藤原宗末	負物之質	—
48	寿永2（1183）	僧義鑒		僧教俊
49	建久2（1191）	播磨相生浦政所	りのせに　まんあし代1貫文	
50	同	故法印御房	文治2～3箇年借物20石	比丘尼圓妙
51	建久3（1192）	僧徳□	借請米1石5斗	—
52	同	紀守助	出挙代	橘助元
53	建久4（1193）	助弘	負物	済春大法師
54	同	地主了鏡房		南松院尼御前
55	建久6（1195）	清原末遠	康福寺修理米借用	彼寺
56	建久8（1197）	藤井正弘	借請	本主定万
57	建久9（1198）	清原貞清・子息	出挙銭の借用	留守三郎行平
58	正治2（1200）	僧弁俊(仮名眞貞)	出挙米3斗4升請借	蔵本・少輔得業
59	建仁2（1202）	恵光院立珍	御米5斗借請	—
60	同	番長宇佐保実	出挙米秋納八□	—
61	同	恵光房立珍	借請米5斗	—
62	同	高橋末貞	負物	北室阿闍梨
63	同	僧京寿	負物代2石5斗	伊行房
64	元久3（1206）	平氏女	負物之代	大法師宗玄
65	同	僧忍眞	修理米6石借用	—
66	同	巨勢友末	出挙米	玄順房
67	承元2（1208）	紀重包	すこの米1石	季頭米
68	建暦3（1213）	上津道太子	山籠米本6斗	蔵本・伝法院圓文房
69	同	五師圓俊	季頭米30石例物借用	宗源
70	同	僧蓮意	出挙米	日下部守久
71	建保元（1213）	請使福縁法師	季頭米1石	季頭米方
72	建保3（1215）	御使熊王丸	季頭米8斗	—

田1段	出挙代に売渡	売渡のため立券	謹言(売券)	鎌2158
水田3段を質物	不弁	3年経過流進	流進(流文)	鎌2169
田3段を質物	流進	有範に9石で沽却	沽却(売券)	鎌2215
家并敷地	弁無く一倍を過ぐ	本券手継副え永進	謹辞(去文)	鎌2226
田地1段60歩	利米結解不弁	3石に定、永作手と為す	辞進(去文)	鎌2271
田地1段	御倉欠・負物代	本券副え弁進	謹辞(流文)	鎌2277

おとからふねハたけ十おけ代百文
そのしたハミやい
りのせにまんあし代壹貫文
後藤太郎といのとりつき
□□う二年八月一日　　政所（花押）

解釈不明な箇所が多い。「相生浦入舟次第」と書出し、「合」として船の種類が三つ以上にのぼることがわかる。「はたいたふね」は、端板か、関船の垣立の外側に楯板をつけた船のことであろう。「ともまわりふね」は、船尾のとも＝艫の船梁の「たけ」＝丈が三十の「かう」＝長さの単位であろう。「おとからふね」は大きな美しい唐船の意味ではなかろうか。いずれにせよ、相生浦に入る船の種類に応じて、代五百文、代三百文、代百文という代銭表示に三つの区別があったことがわかる。「りのせにまんあし代壹貫文」とは、借用できる限度額の満杯である利銭一貫文を後藤太郎問の取次で借用したことを記録している。

ここでは、「りのせに」が登場しており、利銭として鎌倉期に一般化する銭貨出挙の初見史料といえよう。建久二年段階で、播磨国相生浦で、「りのせに」＝銭貨出挙が存在し、政所の作成した文書に記載されたことだけはまちがいない。農村地帯よりも、漁村の浦で利銭がいち早く登場していたことが興味深い。

第二は57の建久九年（一一九八）の解文に「出挙銭の借用」とある事例である。この史

73	同	小野行友	出挙米六□	—
74	同	僧聖俊	季頭米	東門院
75	建保4（1216）	僧長恵	季頭米	東門院已講御房
76	同	僧圓与	出挙銭5貫文借請	字美乃殿（僧慶尊）
77	同	源栄	出挙米借用	行円院
78	同	尾張貞末	負物代	蔵人殿御倉

料は、承元二年（一二〇八）四月三日明法勘文（「東寺百合文書」イ、鎌一七二七）に引用されたものである。この勘文は清原貞安と沙弥参西とが出挙の質地をめぐる訴訟で争い、明法博士中原章親・明政ら四人が連署している。清原貞安所進の「建久九年（一一九八）七月日解状云」としてつぎの記載がある。

請三殊蒙二庁裁一、且依二道理一、被レ糺二返相伝領二箇處一子細状、一處六角油小路地壹戸主、一處東山々地田畠等五段餘、右謹検二案内一、件所領者、父故貞清之私領也、子息等相伝領掌之日、聊為レ成二要事一、借二用佐女牛万里小路住人字留守三郎行平出挙銭一之時、以二本券一令レ入二置質物一畢、其後世間乱逆之間、自然依レ不レ致二其弁一、為二彼三郎一令二押領一、已及二廿箇年一畢、

つまり、清原貞清の子息等は、六角油小路地一戸主と東山々地田畠等五段餘の本券を質物にして、佐女牛万里小路住人の字留守三郎行平が運用する「出挙銭」を「借用」した。その後、治承寿永の内乱で、借財の弁済をしなかったので、留守行平によって押領されたまま、二十年余になったとしている。建久九年七月の解状に記載された経過であるから、治承寿永の内乱以前に、洛中の佐女牛万里小路住人の字留守三郎行平が「出挙銭」を運用していたことになる。清原貞安が留守行平の銭貨出挙を借用し、治承内乱で弁済できず、質物の家地と田畠を押領されていた。建久九年七月の貞安解状をもとに承元二年明法勘文が作成されたのである。朝廷も、治承寿永の内乱以前から洛中での「出挙銭」の運用を認知していたといえよう。

第三の事例は、76の建保四年（一二一六）四月十九日付の僧圓與田地去文（「東寺百合文書」エ、鎌二二二六）である。「而今依㆓要用㆒、借㆓請美乃殿出挙銭元伍貫文㆒之間、依㆑無㆓其弁㆒過㆓一倍㆒畢」とあり、僧圓與・字児前・嫡女三人が花押を据えて去文を作成した。「限㆓永代㆒所㆑辞㆓進僧慶尊字美乃殿㆒実正也」とあるから、債権者の美乃殿とは僧慶尊であることが判明する。建保四年の段階で、僧慶尊＝美乃殿が「出挙銭」を運用しており、僧圓與らが彼から出挙銭五貫文を借用していた。利子分は「其弁無きに依って一倍を過き畢」とあり、利子一倍法が遵守されていたことが判明する。

以上から、治承寿永の内乱以前から「出挙銭」が運用され、建久二年に播磨国相生浦でも「りのせに」が運用され、洛中でも建保四年当時に、僧慶尊が「出挙銭」を運用しており、挙銭であったにもかかわらす利子制限法は、古代の半倍法ではなく、利一倍法が機能していたことを実証できた。まさに、建久三・四年の宣旨が出された当時、在地では、宋銭が出挙に用いられていたことが具体的史料で実証しえたといえよう。

大和・摂津と陸奥の白布の価格差

前節でみた建保三年（一二一五）九月二十六日僧慶俊田地相博状（内閣文庫所蔵「大和国古文書」鎌二一七八）には追筆で、「負銭五百、又四百代白布貳段、残百者免了　建保三年九月廿五日　僧（花押）《（慶俊）》」とあることは前述した。「負銭五百」という宋銭による債務契約が存在し、四百文に相当する財産分は白布貳段で返却し、残りの銭百文分は免除されたことが確認できる。建保三年（一二一五）当時、大和では銭二百文＝布一段の換算率（沽価法）で相殺されたことが判明する。嘉禄三年（一二二七）に陸奥での銭四十文＝布一段の換算率（沽価法）であったことは前述した。したがって、「陸奥下向之輩」や「商人」らが、陸奥で購入した布一段＝銭四十文を大和に持ち込めば、布一段＝二百文で売却できることになり、五倍の差額利益を獲得しえたことが判明する。建保七年（一二一九）、摂津国念仏寺塔供養での楽人らの被物は、「色々布六十八段代八貫」(「開口神社文書」鎌二四九七)とあり、やはり布一段＝銭百十七文前後の換算になっている。摂津での布も、陸奥布の四倍前後の利益になった。幕府が、銭をもって大和に帰ることを陸奥下向の商人らに奨励しても、無力であったことはいうまでもない。

畿内商人が陸奥に下向する目的は、陸奥の馬・金や鷲羽・海産物などとされているが、鎌倉初期においても、畿内での布・絹の価値が、研究者の諸氏がいうほどに「下落」していたのではなく、陸奥と比較しても、畿内での布・絹の価格差が四～五倍近くもあったことが判明した。畿内商人が陸奥や東国の布・絹を購入して、畿内に商品として持ち込んだのは、布・絹の沽価法での地域間格差にあったといえよう。

以上から、宋銭流通停止令や銭貨禁令が出された時期にもかかわらず、治承・寿永の内乱以前から建久・建保年間を通じて、播磨・山城・洛中・大和などの在地では「出挙銭」＝銭貨出挙が運用されていたことを実証した。この「出挙銭」は宋銭とみてまちがいないから、宋銭は銭貨出挙として在地に浸透していたとする拙論の仮説を実証しえたものといえよう。

2　銭貨出挙と利子制限法

建久四年宣旨の銭貨出挙をめぐる論点

挙銭＝銭貨出挙は在地で存続していたから、建久四年七月に朝廷は宋朝銭貨の停止・銭貨禁令を出したとき、米をもって利分を弁済すべきだとして、銭一貫文を米一石の沽価法を銭直法と定めた。また利子は古代では挙銭の利は半倍であるが、宋朝銭貨の禁令を出している以上、利子一倍法を遵守せよとしたのであると拙著で読解した。

ここから拙論二〇〇七論文では「宋銭流通停止および銭一般の流通停止令を維持したまま、銭貨出挙の存在を公認するという矛盾した政策をとらざるをえない。宋銭の流通を建前として禁止ながら、皇朝銭での出挙はそのまま認める政策でいるために、銭貨出挙の利息を一貫文＝米一石という計算貨幣による換算率〜換算規準を公定する「銭之直法」が必要になり、利息制限法も私出挙利一倍法に統一するという政策を採用したのである。公家政権といえども地下における銭貨出挙の存続をもはや無視する政策をつづけることができなかった」（前掲注8書、四五〇頁）と記述した。

これに対して、渡邊はつぎのように批判する。「井原氏は「銭貨出挙を認め利息を米で支払うように命じた」と説明するが、史料には「一貫文別以米一石為正物、於利分者……」とあり、元本たる正物も米に換算し直すことを命じているので、米での支払いを利息のみに限定して理解するのは不可能である。「宋銭流通停止および銭一般の流通停止令を維持したまま、銭貨出挙の存在を公認するという矛盾した政策」とは、井原氏の理解が矛盾しているだけであり、当時の政策を矛盾なく理解する努力こそが必要である」（前掲注19論文、一二頁）。

ここから、導き出される論争点は二つである。第一は、筆者が銭貨出挙の存在を朝廷がみとめたとするのに対して、渡邊は「建久三・四年はすでに結ばれた銭貨出挙を貢納から排除するための銭直法」（同頁）と評価する。ここから、建久三・四年に朝廷は民間での銭貨出挙の存続を認めたのか、否定したのかが論点の一つである。

第二は、銭貨出挙の利息を米で支払うように命じたとする筆者に対して、米での支払いを利息にのみに限定して理解するのは不可能だと渡邊は批判する。ここから、挙銭の利子について、利息計算のみを行って米で支払うという計算法が当時存在していたのか否か、が論争点になる。したがって、この二つの論争点は、当時の銭貨出挙を示す地下史料によってあきらかにされなければならない。

銭貨出挙は停止されたか、存続しつづけたか

まず、『法曹至要抄』は「一銭貨出挙、以〻米弁時一倍利事」と書きだし、「建久四年七月四日宣旨云」と「同年十

二月廿九日宣旨云」として宣旨を引用し、そのあと「案之」として、公家法の解釈をつぎのように記載している。

応三銭貨出挙以レ米弁二償利分一事……案之、挙銭之利、雖レ為二半倍一、停二止銭貨一、以レ米致レ弁者、以二銭一貫一宛二米一石一、毎二六十日一、取レ利、并満二四百八十日一者、可レ為二一倍之利一矣、

つまり、鎌倉初期の法曹官人は、公家法において、銭貨出挙は米をもって利分を弁償するものであること、挙銭の利は本来半倍であるが、宣旨によって銭貨停止となっているから、米をもって弁済し、銭一貫文を米一石に換算して、六十日ごとに利子を支払い、四百八十日の満期には利子制限法は一倍までにする、と規定している。

ここには、渡邊がいうように、銭貨出挙を停止したとはどこにも書いていない。朝廷は「宋朝銭貨を停止」したのみであって、出挙を停止するなど、勧農政策からも荘園経営の上からも、無理であることは承知していた。公家法は「挙銭之利、雖レ為二半倍一、停二止銭貨一、以レ米致レ弁者」と解説している。明法官人がいう「挙銭之利」とは、法解釈上、宋朝銭貨が停止されているから、建前上では皇朝銭の出挙銭のことを指すといわざるをえない。少なくとも明法博士らの勘文での法律解釈上は論理的にそうならざるをえない。

なにより、前述したように、建久二年播磨相生浦で「りのせに」や、建保四年に東寺百合文書でも「出挙銭五貫文」が運用されている事実がある。治承・寿永内乱以前から借用していた「出挙銭」をめぐる清原貞安と沙弥参西との雑務沙汰訴訟が建久九年（一一九八）に朝廷に出され、勘文までつくられていた。銭貨出挙は、公家法公認であったことが証明できる。

利子制限法をめぐる論点

では、つぎに銭貨出挙・出挙米では、「米での支払いを利息のみに限定して理解するのは不可能だ」と渡邊は筆者を批判する。筆者は、宋朝銭貨禁令で「銭貨を停止」したので、利分を米で支払うために、建久四年十二月二十九日

宣旨で、銭之直法で銭一貫文＝米一石が制定された、それゆえ、元本とは別に利分だけを算出して利分の結解状をつくっていたと考えた。渡邊のいうように近代人には理解困難であろうが、中世人と現代人との社会常識には断絶があると筆者は主張しつづけている。したがって、利分の結解状の事例を論証できれば、筆者が正しいことになる。以下、史料的な検討に入ろう。

利米・利子分の結解状

まず、利子分を米で支払うための利米之結解の存在を示す根本史料を提示しよう。建保四年十月二十日源栄田地去文案（「西大寺文書」鎌二二七一）を示す。

　辞進　私領田地新立券文事
　　合壹段陸拾分者
　　在山陵郷　字門脇中垣内、四至（限東際目、限西壟／限北際目、限南壟）
右件田地者、源栄相伝領掌経二年序一、無二他妨一、而今依レ有二要用一、直米限参斛本斗定、為二永代作手一、於二行円院一渡進事云々、但行円院之出挙米借用以後、依レ不レ及レ弁二究利米之結解一、本斗定二参石一也、雖三須可レ相二副本書験（公カ）一、有二残地一、不レ能二副進一者也、仍為二後日沙汰一、令レ毀二本券文面一、放二新券文一之状如レ件、
　　建保四年丙子十月廿日　源
　　　一男源善生殿

これは、源栄が相伝していた田地一段六十歩を直米三石で行円院に売渡した土地売券である。その内容は、源栄が行円院から出挙米を借用したのち、「利米之結解」を弁究に及ぶことができずに、債務は本斗で三石に定めた。そのため、米三石の代として田地一段六十歩を渡進めたというのである。債務契約による質流れの去文様売券である。も

とより直米三石は、借用米の元本と利子分を合わせた総額であることは当然である。しかし、ここから、出挙米借用の利子計算は、「利米之結解」と呼ばれていたことがわかる。「利米」とは、出挙米の元本の利子分を指すもので、挙銭を出挙した場合には「利銭」「りのせに」と呼んだと考えられる。出挙米借用では、利子分の進未沙汰を算出するための「利米之結解」が作成されていたことが実証できる。

建久四年（一一九三）令で、銭一貫文＝米一石の沽価法で、利子分を米で支払うように朝廷が公家法で決めていた。それが遵守されていたので、建保四年（一二一六）に大和で「利米之結解」がつくられていたのである。

このような証拠史料は、一点のみでは、たとえ、演繹法での論証といえども特殊事例にすぎない、と反論をうけるであろうから、さらに第二の事例を示しておこう。

徳治三年（一三〇八）二月十日　千代松丸用途借文（「東寺百合文書」ヒ、鎌二三一七三）は、千代松丸・中原廣康・妙円の三人が連署して、日吉上分米五十貫文を借請けた借文である。「月ことに一貫文へちに、参拾文のり分をくわへて、けたいなくわきまへ候へし」、とあり、三文子の利子率で、質物には山城国上桂荘の手継証文・院宣等を入置いた。この追奪文言の契約内容をみよう。

①このり分一ねん中をけゝして、しわすにあけ候へし、もしり分をあけ候はすハ、一はいすき候はゝ、せうもんニまかせて、この庄を一ゑんに、なかくしらせ給候へし、②りふんをとしことにあけ候はゝ、五かねんまてハ、御まち候へ、③たとひり分をけたいなくあけて候とも、五かねんまてもとをかへしまいらせ候ハすハ、なかくこの庄をとられまいらせ候へし、

これが追奪文言の一部である。まず下線①部分では、利分一年中を結解して、師走に進納する契約をし、利分を上納できない場合には、本銭の二倍になった時点で、証文に従って荘園を質流れにすることが明示されている。下線②

では、利分の年度分を上納した場合には、五ヵ年の間は質流れをしないで待つこと、下線③では、利分を毎年懈怠なく上納しても、五ヵ年までに元本を返済できなければ、この荘園の権利を質流れにして移転させる、というのが、特約条項であることがわかる。利分の返済と元本の返済条件とが別々に特約条項として債務契約が締結されたことが判明する。

日吉上分米の借銭でも、利分を一年ごとに結解して支払うことが慣例になっており、不弁の場合には利一倍法に従って質流れにしたことが判明する。とりわけ、利分之結解にしたがって毎年弁済がなされても、五ヵ年までに元本が返済できなければ、質物にした上桂荘の権利は質流れになることを特約している。

以上から、利子分の結解状がつくられていたという筆者の主張が、具体的史料で実証しえたといえよう。

本銭と利銭の弁済方法

中世の借銭慣行において、本銭と利銭とを別々に算出・結解するのはなにゆえであろうか。これまでは研究史上、本銭返売券と関係づけて理解されていたといえよう。

中田薫・寶月圭吾の研究によれば、本銭を返すことで買戻しができる特約売券を本銭返と呼ばれたとし、文永八年（一二七一）十二月六日寛俊田地売券（『続宝簡集』）が初見とされた。寶月は「文永年間頃から発生してくる」とした[39]。しかし、滝沢は「田畠・屋敷地等を売却する場合、将来売価と同額（本銭）を返済すれば買戻しできる特約を本銭返という」（『売券の古文書学的研究』前掲注26書、二二〇頁）と規定して、勝尾寺文書の安貞元年（一二二七）十二月二十五日藤原俊弘田地売券に、銭二貫文で僧慶春に沽却しながら「但し後日彼二貫の銭を以って請時惜しむべからず」との特約文言があることから、「本銭を以って請戻す権利を明示している」とする。本銭返の慣習は「鎌倉時代初期、遅くとも一三世紀の二〇年代には始められていた」としている[40]。したがうべき見解である。

しかしながら、本銭返売券の慣習と、利銭・借銭での元本返済と利子分返済の契約条件は、別途の問題であったことに留意しなければならない。千代松丸用途借文（鎌一三一七三）は、近代人の常識と中世人のそれとが異質であることを明示している。中世の出挙では、借りた元本とは別に「利分之結解」を行い、利分のみの返済が繰り返すことが在地社会での通例・習慣であった。元本＝本銭の返済は、利分の結解による毎年の弁済とは別に、五ヵ年以内までに元本＝本銭の返済をしない場合には、質物が流れるという追奪契約文言が存在していたことが明白になった。もとより、すべての借銭の元本の返済が五ヵ年であったわけではない。各々の個別契約について別途考察が必要であることはいうまでもない。

だが、元本と利分の弁済が別途になされる債務契約の慣習が存在していたからこそ、朝廷は建久四年令によって銭貨出挙での利子分を米で支払うという法令を制定する社会的責任があったのである。そう筆者は考える。

「高野山文書」（『又続宝簡集』七十）の延元二年（一三三七）三月二十六日付の古佐布村彦二郎の加地子銭借用状によれば、銭五貫文をかりて「毎年に一貫文別に二斗つつのよねをけゝし候」（『高野山文書』一―二六三）とある。加地子銭が出挙銭のことで、一貫文を借りて利子は米で二斗返す慣例である。一貫文＝米一石とすれば二文子の利子となり、低利であることがわかる。建久四年令の内容と一致する。

加地子銭が「銭を借りて米で返す」慣習であったことは、拙著『中世の借金事情』（吉川弘文館、二〇〇九年、八六頁）で示したが、その淵源は不明であった。しかし、以上から銭を借りて利子は米で返すという慣行は、建久四年令の宋朝銭貨停止・銭貨禁令での米による利子の弁済法の影響といえるのかもしれない。もとより仮説であるが、今後の検討課題として指摘しておきたい。

銭貨出挙＝出挙銭・利銭

利銭については、滝沢武雄の研究がある。滝沢は、『鎌倉遺文』や高野山文書から、鎌倉時代の利銭・借銭の事例を、貞応二年から元亨二年までの間で五十例抽出し、利銭の利子計算が月別であり借用期間が短期であったこと、幕府法では嘉禄・寛喜年間は利子制限法も半倍法であり、追加法では一倍法で複利計算を禁止しているが、実際の利銭運用では、複利計算があり、利銭の暴利を制限することができなかったと指摘する。とりわけ、挙銭は幕府法では「永仁五年以後は利銭」と呼ばれ、弘安八年八月十七日評定事書で「公的に利銭といっている」とし、民間の借状の場合では貞永元年（一二三二）に利銭の用語が初めて使用されているとする。(41)滝沢は、鎌倉時代の利子付貸金を「挙銭」といい、「きょせん（利息付貸金）」と読んでいる。(42)

しかし、拙著では、古代に出挙銭が挙銭とよばれており、建久四年令で「銭貨出挙」の用語が用いられ、建久二年に「りのせに」がみえ、『吾妻鏡』の延応元年（一二三九）五月二十六日条に「挙銭」の借用が得宗被官に義務づけられていたこと、挙銭を「こせん」「あげせに」と読んでいたこと、建長七年（一二五五）には鎌倉市中で挙銭のうち質物を入れた借銭を無尽銭といったこと、利銭も建久二年に播磨で初見され、利子は三文子・四文子・五文子・六文子・七文子・十文子など多様であったことなどを指摘した。(43)

だが、利銭の利分を米で支払う慣習との関係については未考であった。むしろ、建久四年令で利分を米で支払う慣行がはじまったとすれば、利米から利子を銭で支払うようになり、利銭が一般化した可能性が考えられる。

建久二年には「りのせに」が播磨国相生浦にみえ、貞応二年（一二二三）に利銭十三貫五百文で家地流文（「春日神社文書」鎌三一二二）が作成された。寛喜元年（一二二九）利銭十文子（「東寺百合文書」、鎌三八八四）、寛喜二年（一二三〇）に利銭一貫六百文を月別十文子で借りた事例（「東寺百合文書」リ、鎌四〇〇二）がある。貞永元年（一二三二）利銭二百五十文の借銭を六文子で借用（「根津美術館所蔵文書」鎌四三九八）や寛元二年（一二四四）利銭三十貫文を十文子で借用（「到津文書」、鎌六三〇七）などの事例が連続する。一二二〇年代に寛喜の飢饉とともに利銭の債務契約が急速に在地に浸透し、しかも利子率十割という異常な高利が横行していった様子が窺える。

こうしてみれば、建久四年令の銭貨出挙での利子分を米で支払う法令は、在地での債務契約関係に大きな影響をあたえていたといえよう。利子分を利米で支払ううちに、利子分も銭貨で支払うようになり、出挙銭のことを利銭と呼称するようになった、と考えることもできよう。寛喜の飢饉が、銭貨出挙から利銭への転換を定着させた可能性が高い。一仮説として提示しておきたい。

利子制限法をめぐる諸問題

最後に残った利子制限法について検討しておこう。

76の場合に「美乃殿出挙銭元伍貫文を借請の間、その弁無きにより一倍を過ぎ畢、仍って彼の代として本券壹枚、手継二枚を相副へ、永代を限り僧慶尊字美乃殿に辞し進す実正なり」（「東寺百合文書」エ、鎌二二二六）とある。元銭五貫文を借用し、利子一倍法によって文書質を流したことになり、建久四年令が遵守された事例といえる。安貞二年（一二二八）十二月十六日の事例でも、「負物代十貫文（本五貫利五貫）」とあり、流文（「東寺百合文書」へ、鎌三八〇〇）が作成されている。本銭五貫文、利子分が五貫文であったというから、ここでも銭貨出挙で利子一倍法が適用されていたことがわかる。

以上から、在地での銭貨出挙では、建久四年令の宋銭流通停止令・銭貨出挙での利子一倍法が発令され、それが在地社会での出挙銭＝銭貨出挙でも利子一倍法が機能していたことを史料的に実証しえたといえよう。

3　院政～鎌倉初期の出挙利子上昇と利息制限法

当該期に在地では銭貨出挙が浸透して宋銭が貸付取引にもちいられていたことを実証してきた。では最後に、前述の史料群から、当該期において、借銭の需要が地方で高く、銭主の立場が有利であったため、銭貨出挙の利子が上昇しており、古代の挙銭半倍法は事実上無意味であったことを論証したい。飢饉と内戦が連続した在地社会では、銭貨の貸主である債権者が有利な立場にあり、債務者は違法で莫大な利子分を負債として抱え込むことになっていたことを実証し、政府の利子一倍法の遵守も無力化し無法状態になっており、それゆえ債務契約・負債の激増・質経済の進展が顕著であったことを論じたい。

院政期の神人らの借上活動と貸借契約の普及

保延二年（一一三六）九月の「明法博士勘文」（「壬生家文書」一五七一、平二三五〇）によれば、同年四月三日に日吉社司等は解状でつぎのようにのべている。

当津神人らは（中略）或は諸国を往反事廻り成し、或は上分米を以て借上を企る、これ則ち私之方計を顧るに非ず、偏に欲絶之神事を継んが為なり、

日吉神人は、諸国往反の中で上分米を借上活動に投資して利子をとるのは、私の方計＝私的な利潤追求の方便ではなく、年中神事継承のためであるとする。ここから、院政期には、日吉・伊勢・熊野上分米が田舎での借上活動に投資され、その利益によって日吉社の年中神事用途が確保されていたシステムが理解できる。

他方、債務者側の動向について、大津神人等の解状では「近年以降、上下諸人、神物を借請けるの後、更に弁償之□無し」「諸人らは院宣に非ざれば弁償せず」と主張した。ここから、五味文彦は日吉上分米の借銭を必要とした債

務者は、上は受領を中心に、在庁官人・荘官から下は住人・田堵・物売女に及び、上下諸人であったことをあきらかにした。保延二年が全国的飢饉であり、「当時、飢饉が起きるとともに、それまでの債務は帳消しにしてもよいという考えが広がり、さらに帳消しにすべきだという行動がおこされたと言えるであろう」と解釈した。(44) 保延二年の日吉上分米の借上訴訟事件が、この年の飢饉と連動しているとする見方は卓見であるが、飢饉と徳政令を裁判事例と直結しているのは勇み足といわざるをえない。

院政期から鎌倉期を通じて諸司納物や諸国所課の弁済をめぐって地方で借上や山僧が活発化しており、地下官人層の請負業務関係が浸透したことは、本郷恵子も指摘している。(45) しかし、当該期に借銭の社会需要がどの程度で、出挙や銭貨出挙の利息がどのような社会問題を生み出していたかについては、ほとんどあきらかになっていない。

院政期出挙利子をめぐる社会問題

そこで、出挙・借上をめぐる諸問題のうち、天皇の法廷や院庁での裁判上での法律上の争点が何であったのか、明法博士の判決原案によって検討しよう。

社司所進の契状・案文の如くんば、負債之輩、或は田地を以て質と為し、或は数倍を限りて契を成す、彼此倶に禁過逓犯科条を忘れるもの也、……出挙之利に至りては、格制旁がたこれを重犯の者、違勅の罪は遁難也。然らば、則ち各本物を償わしめ、息利之弁を致さしむべからず、（明法博士勘文「壬生家文書」一五七一、平二三五〇）

債権者である社司・神人側提出の契約文は、律令の禁過逓犯科条を忘れるもので、違勅の罪をのがれ難いという。その理由として、第一は「田地を以て質と為」すこと、第二に出挙之利を「数倍を限りて契を成す」こと、をあげ「違勅の罪は遁難也」とした。

第一の論点は、天平勝宝三年（七五一）九月四日格に「質券をもって田宅を領すべからず」とした古代の不動産質禁止令である。『裁判至要抄』や『法曹至要抄』の「出挙条」に「一財物を出挙するに宅地園圃を以て質となすを禁制の事」、「質物条」には「一田宅を以て質と為すべからず」「一質券を以て田宅を領すべからず」とある。古代法の不動産質禁止は中世公家法に継承され、質地の入質契約は、天裁や院庁での裁判では違勅の罪とされた。

第二の出挙利制限法は、「雑令」では「凡そ公私、財物を以て出挙せらば、任に私の契に依れ、官、理することせず、六十日毎に利を取れ、八分が一を過すこと得じ、四百八十日を過ぎても、一倍に過すこと得じ」という利倍法があった。『裁判至要抄』『法曹至要抄』の「出挙条」でもともに「一出挙の利は一倍に過ぐべからざる事」とある。ここでも出挙利子一倍法は公家法として中世に継承された。

以上から、保延二年（一一三六）の段階の院政期社会では、日吉・伊勢・熊野など神人による上分米の出挙・借上活動での貸付取引の債務契約状の多くが、古代律令法や中世公家法に違反するものになっていたことが判明する。不動産質禁令と出挙利一倍法に違反した債務契約が多数締結されていたことが社会問題になっていたといえる。

逆にいえば、院政期の田舎では稲出挙・銭出挙など借金の需要が高まっており、債務契約では法令違反をしてでも債権者に有利な契約内容になっていたことが判明する。不動産質禁令の違反を避けるために、院政期では田畠や家地そのものを質物に入置くことをせずに、文書の質券をつくり、文書質として貸借契約を締結したことは、拙著（『日本中世債務史の研究』六七頁）でも指摘した。したがって、むしろ利子一倍法がありながら、債権者による利子の違法取得が実現していたのか、検討しなければならない。

永万〜治承年間の出挙利子の増加傾向

院政〜鎌倉初期の債務契約文書では、利子分の契約内容が判明するものは、きわめて数が少ないが、その事例の中から、出挙の利息が違法取得になっていたか否か検討しよう。まず、当該期の利息に関する記述のある史料事例を探

表10　院政～鎌倉期の利息

番号	年月日	元本	利息	典拠
1	嘉保2年6月8日	本9斗	数年をへて利幷8石余	平1346
2	保延2年11月	9斗8升	幷現米5斗2升　直米1石5升で質田売却	平2355
3	保延4年	5石	5把之利を加えて弁進	平2383
4	平治元年9月18日	2石5斗	秋3石7斗5升の内2石5斗金峰山上る平治元秋1石8斗7升5合上	平3026
5	長寛2年□月6日	7斗	来秋5把利を加へて弁進	平3326
6	永万2年4月3日	5斗	来秋5把利を加へて弁進、但8月過者毎月利を加へて弁進	平3389
7	永万2年7月5日	9石4斗	明年7月5把利を加へ弁進、7月過は追月1把利を加へ弁進、明年過は5把利を加へ弁進	平3396
8	承安5年3月29日	3石2斗	来秋5把利を加へ弁進	平3678
9	治承3年3月15日	覚雄の負物	負物倍々	平3872
10	治承4年11月3日	承安3年2月比1石5斗	治承4秋に利幷35石1斗2升	平3934

すと、表10のとおりである。

これらの事例から、第一に気づくことは、債務契約や質契約が数多くみられながら、利子に関する規定を明記した史料は極めて少ないことである。3では出挙米五石を「伍把利を加へて之を弁進」(平二三八三)とあり、5・6・7・8といずれも出挙利五把利を加へて弁済することが慣習になっていたことがわかる。「伍把利」とは、古代での稲一束につき五把ずつの利稲分であり、一束＝十把であるから、五割の意味になる。平安中期、千年頃にハ行音がワ行音に変化し十一世紀後半に完了したため、出挙米借用状では種籾になってからも五把之利と表現してそのまま鎌倉期でも利率表記にもちいられていたことがあきらかにされている。(46) したがって、院政～鎌倉期の債務契約文書では、五割の利率の契約文が一般化しており、それ以外に利一倍法に違反するような契約文書はみられないといえる。

第二の特徴としては、少ない史料ながら、利息が数年の内に十倍前後に増殖していることが窺える史料が存在する。1の事例では、「永保四年（一〇八四）之比」に安朝が寺主の長好から出挙籾九斗を借り、「数年を経るの間、利丼八石餘に罷成」ったため、力弁済に堪えずとある。そこで舎弟僧永能が八石余を弁進して出挙主の手から本公験を取り戻し、寛治四年（一〇九〇）に安朝と永能の兄弟で和議になったとある（「吉田文書」平一三四六）。したがって、永保四年（一〇八四）から寛治四年（一〇九〇）までの六年間に出挙籾九斗の借用が本利共で八石餘に増殖していたことがわかる。約九倍の増殖である。この傾向は、治承年間になるにつれて増加していた。9の事例では、「而して太郎房覚雄の負物倍々と為すに依って、永年を限り渡し進む所なり」（平三八七二）とあり、負物が「倍々」になっていた。中世での「一倍」は倍増しのことであるという。(47) 倍々は、四倍に相当することになろう。10の事例では、「而るに承安参年（一一七三）二月之比、文学房の出挙米壹石伍斗を借請け畢んぬ、治承四年（一一八〇）之秋に至り、其の利を数えれば、丼者《あわせてハ》参拾伍石壹斗貳升なり」（「東大寺文書」平三九三四）とある。ここから、一石五斗の出挙米を借用して八年間で三五石一斗貳升になっている。したがって、本米の二三・四倍に増殖したことがわかる。利子五割の平均的な場合でも、数年のうちに十倍から二十倍以上にも増加するほどの暴利になったことが注目される。それだけ、中世の出挙・借上は、銭主の債権者に有利で、本利ともに数年で十から二十倍以上に負債が増殖していたといわなければならない。

第三に、6や7の事例のごとく、永万年間以降、利子率が、毎月五割を加えて計算する特約条項が契約文に登場していることに注目しなければならない。6の事例は、永万二年（一一六六）に、出挙米五斗を借り、「来秋時を以って伍把利を加へ弁進すべし、但し八月を過れば、毎月利を加へ弁進すべし」との特約条項が記されている（「白河本東寺百合文書」平三三八九）。7でも、同年七月に出挙米九石四斗を借用し「件米、明年七月日を以て五把利を加へ弁進すべし、件七月を過れば、追月に壹把利を加へ弁進すべし、但し明年を過れば、七条南より櫛笥東角地戸主半より口弐丈伍尺、奥拾丈ヲ質券ニ差置き奉り、永く領掌せしめ給ふべし、但し明年を過れば、伍把利を加へ弁進すべし」（「白河本東寺百合文書」平三三九六）と特約条項を定めている。出挙米は春借りて、秋に五割の利を加えて支払うのが通例である。ところが十二世紀末期になると、期限を区切って利子分の加増を特約した条項が永万年間から増加しはじめたのである。とりわけ、「毎月利を加へ」「追月に壹把利を加へ」というように、月ごとに一割を加えて弁進すれば、出挙・借上の銭主に圧倒的に有利な利子計算になろう。十二世紀後半、永万二年（一一六六）前後から、月ごとに利子率を増して利息を加増する特約条項が登場していたことがわかる。

正中二年（一三二五）六月四日肥前長島庄利銭借用状（「武雄神社文書」鎌二九一二九）では、二貫文を月利六文子で借用して、利子分八百文を先払いして契約証を作成している。その利子計算法は、日割りの利子分一日四文を十二月晦日までの借用期間二百六日間で、日割り計算したものである。百文を九十七文で計算する省百法を用いている。(48)したがって、当該期の出挙米の利子計算法については、別途考察が必要になろう。いずれにせよ、当該期における出挙の利息計算は、永万年間から治承年間にかけて、出挙の利息が増加傾向になっていたことが、史料的に裏付けられたといえよう。

承安飢饉から養和飢饉と借銭需要の増大

当該期における出挙利息の増加傾向の存在は、在地社会において借銭・借米の需要が大きくなっていたことを意味する。債務者に不利は条件のもとでも、出挙や借上の銭主＝債権者に圧倒的に有利な債務契約でも、締結を望むほど生活資金に欠乏していたといえよう。

先にみた保延二年（一一三六）の日吉上分米の出挙・借上裁判事件は、同年四月十七日信濃国宮田村司平家基解に「就中、飢渇疾疫之間、件郷民等逃死亡多多也者」（「知信記裏文書」平二三四三）とあり、農村型飢饉の年に相当していた。(49)

安元二年（一一七六）四月四日紀守時出挙進上状（「東大寺文書」平三七五三）は、大和国南郷御庄より出挙米三斗を進上した送状である。「抑昨日相慶等共国中相尋候とも、あろち秦楽寺田原本辺尋候とも、凡不レ候也、秦楽寺にて米七合斗の二石尋得天候也……田舎ニ出挙不レ候也、出挙主ニハ、守時文書ヲ入候たれは、此御文書ハ可レ叶やう不レ候也」とある。四月という農村の端境期では、大和南郷御庄でも荘官らが出挙主を探し求めて見つからず、ようやく秦楽寺で二石の出挙米を尋ね借用することができたという。田舎に出挙が存在しない理由は、災害や飢饉で社会全体が貧困になり、稟倉の輩＝富裕者が見つからないことを意味する。

承安四年（一一七四）六月の「近日旱炎之愁」（『百錬抄』）から七月七日「近日旱炎諸国一同」（『玉葉』）という異常気象がスタートにして、承安五年（一一七五）六月七日には「此七八許日霖雨、年穀多流損、民　太歎悲、去年旱魃之災、今年洪水之愁、連年飢饉、乱代可レ然」（『玉葉』）といわれ、飢饉状態になった。七月に安元元年と改元したが、気候変動は収まらず、『方丈記』には大風や火災が連続し、疫病が流行し、養和の飢饉に連続していく。『方丈記』にいう安元三年四月二十八日の火災は都東南から出火して朱雀門や民部省まで被災したとある。それを『玉葉』の当該日を比較すれば、日付、火災地域ともよく一致し、閑院内裏は全焼を免れたものの、大極殿以下八省院はすべて焼失したとする。養和飢饉の記載も、これまで「賀茂定平朝臣記」とされてきた『養和二年記』が陰陽頭安倍泰忠の日記であることが判明し、その記載ともよく一致し、史実と裏付けることができる。(50)

とりわけ、『養和二年記』正月二十五日条に「此間天下飢饉以後……従去年養和元年辛丑冬比、北国謀反之輩発起塞路之間、京中貴賤上下乏二衣食一者也、云二東国一、云二北国一、一切人幷消息不レ通、大體四夷起運上絶了」とある。あきらかに、養和の大飢饉が義仲軍と頼朝軍による北陸道・東海東山道封鎖による都市型飢饉の典型例であったことがわかる。

したがって、承安・安元・治承・養和とつづく十二世紀末期は、全国的に気候変動が激しく、地震や疫病など災害が連続し、治承寿永の内乱とつづき、社会の生活基盤が崩壊した時期であった。それだけに沙汰人・名主百姓から、荘官・地頭・地下官人はもとより国司・国雑掌・知行国主に至るまで、徴税請負や財政運営に従事する中間層に至るまで諸階層の間で、社会の借銭・借米をもとめる出挙や借上への資金需要が増大していた。にもかかわらず、出挙・借上は、都会を中心に供給され、「田舎ニ出挙不レ候也」（「東大寺文書」平三七五三）というように、地方で出挙主や借上を探し出すことは容易ではなかった。それだけ、債務者には不利益な暴利の利息が横行する資金需要の社会情勢となっていたのである。

むすびに

宋銭流通と銭貨出挙とが密接に関係していたという筆者の仮説に関する批判や疑問点についての回答は以上で終えたい。史料による実証問題として論じ終えることができたと考える。

最後に、治承二年（一一七八）七月十八日の公家新制が、なぜ、朝廷が中世ではじめて利子一倍法の遵守を命じたのかに言及してむすびに代えたい。

治承二年七月官符による出挙利一倍法

朝廷は、治承二年七月十八日公家新制を発した。宮内庁書陵部所蔵壬生家文書の太政官符（平三八五二）と、『続左丞抄』第二が、山陰道諸国司に宛てた「雑事拾弐箇条」の新制を伝えている。その七箇条につぎのごとくみえる。

　一応レ同レ停三止私出挙利過二一倍一事

右、同宣奉レ勅、出挙私物、格制殊重、況於二非法利一乎、而貧弊之民被レ責二窮困一、竊以二借用一、返償之間、悉盡二資蓄一云云、如レ斯之類、縦出二契状一、雖レ経二多年一、一倍之外可レ停二止非法一者、

この治承二年七月令は、高倉天皇の公家新制であり右大臣兼実の提案のうち十四ヵ条が採用されたもので事前に平清盛との合議を経たものであったことは拙著でふれた（『日本中世債務史の研究』一〇九頁）。公家新制の中で利子制限法としてはこれが最初のものであることは、水戸部正男が指摘している(51)。しかし、なぜ治承二年七月の時点で利子制限法が制定されたのかについて、水戸部は言及していない。その回答は、史料本文をみよう。

　貧弊之民は窮困に責められ、竊に借用を以って返償之間、悉く資貯を尽くすと云々、

「貧弊之民」は、「窮困」を責められ、借用を繰り返し、債務の弁済によりすべての資財を喪失することが朝廷にも認識されている。本章で論じてきた如く、承安から安元・治承・養和の天変地異と災害・飢饉・戦争の中で、中世人の生活基盤が崩壊し、生き抜くための生活資金を、出挙や借上などの借銭に頼らなくては生きられない「貧弊之民」に莫大な利息返済の負担がかかっていた。利息返済はもとより負債・質物弁済が不可能になり、不良債権のみが社会的に激増していたのである。利子一倍法のはじめての制定は、朝廷も、治承寿永の内乱期が、庶民生活の破綻と出挙・借上・銭貨出挙の浸透での不良債権問題という社会問題に直面していたことをわずかながら自覚しえていたことを示しているといえよう。なお、頼朝はさらに一歩前に出ていた。

『吾妻鏡』文治二年（一一八六）六月一日条には「今年国力凋弊、人民殆泥東作業、二品令二憐愍一給之余、仰二三浦介一、中村庄司等、相模国中為レ宗百姓等給二蘘牙《ショウガ》一人別一斗云々、且是依二恠異攘災一上計也云々」とある。頼朝が知行国主とし

て相模国で農業生産復興のため、宗たる百姓に人別で一斗もの稲を支給したという。これこそ、源平争乱期において、在地の農業経営再建のために稲出挙の需要がいかに大きかったかを物語るものである。飢饉になればなるほど、出挙・借上の社会的需要が高まり、債務契約や質経済が進展していったのである。

注

（1）代表的なものをあげれば小葉田淳『改訂増補日本貨幣流通史』（刀江書院、一九四三年）、東野治之『貨幣の日本史』（朝日選書、一九九七年）、桜井英治・中西聡編『新大系日本史12　流通経済史』（山川出版社、二〇〇二年）などである。

（2）井原今朝男『日本中世債務史の研究』（東京大学出版会、二〇一一年）。

（3）井原今朝男『中世の借金事情』（吉川弘文館、二〇〇九年）。

（4）網野善彦「貨幣と資本」（『岩波講座日本通史9　中世3』岩波書店、一九九三年）、同『続・日本の歴史をよみなおす』（筑摩書房、一九九六年）、五味文彦「保元の乱の歴史的位置」（『院政期社会の研究』山川出版社、一九八四年）、同「紙背文書の方法」（石井進編『中世をひろげる』吉川弘文館、一九九一年）、佐藤泰弘「一一世紀日本の国家財政・徴税と商業」改題して『日本中世の黎明』京都大学学術出版会、二〇〇一年）、同「借上の予備的考察」（『甲南大学紀要　文学編』一二四、二〇〇二年）、桜井英治「日本中世における貨幣と信用について」（『歴史学研究』七〇三、一九九七年）、同「借書の流通」（小野正敏ほか編『モノとココロの資料学』高志書院、二〇〇五年）。

（5）舟橋諄一『物権法』（有斐閣、一九五二年）、川島武宜『所有権法の理論』岩波書店、一九四九年）。

（6）「貨幣史研究会東日本部会の記録」(http://www.imes.bojor.jp/Japanese/kaheikenkyukai/kaheishi-index.html) としてホームページに公開されている。研究会の簡潔な経過は、鈴木公雄編『貨幣の地域史―中世から近世へ』（岩波書店、二〇〇七年）の「あとがき」に記載されている。

（7）井原今朝男「宋銭輸入の歴史的意義」（池享編『銭貨―前近代日本の貨幣と国家』青木書店、二〇〇一年、のちに「中世の計算貨幣と銭貨出挙」と改題して『日本中世債務史の研究』東京大学出版会、二〇一一年所収）。

（8）井原今朝男「『後鳥羽院日記』逸文と懸銭の流行―懸銭連歌と宋銭停止令をめぐって」（『日本歴史』七一四、二〇〇七年、改題して『室町廷臣社会論』塙書房、二〇一四年所収)。
(9) 脇田晴子『日本中世商業発達史の研究』(御茶ノ水書房、一九六九年、五二頁)。
(10) 保立道久「中世前期の新制と沽価法―都市王権の法、市場、貨幣・財政―」(『歴史学研究』六八七、一九九六年)二～三頁。
(11) 服部英雄「日本中世国家の貨幣発行権」(九州大学21世紀プロジェクト統括ワークショップ報告書『東アジアと日本：交流と変容』二〇〇七年)。
(12) 中島圭一「日本の中世貨幣と国家」(『歴史学研究』七一一、一九九八年、のちに歴史学研究会編『越境する貨幣』青木書店、一九九九年所収)。
(13) 井原今朝男『日本中世債務史の研究』(前掲注7書)所収。
(14) 三上喜孝「日本古代の銭貨出挙についての覚書」(『日本古代の貨幣と社会』吉川弘文館、二〇〇五年)。
(15) 桜井英治「中世の貨幣・信用」(桜井・中西聡編『新体系日本史12　流通経済史』山川出版社、二〇〇二年)。
(16) 井上正夫「一二世紀末の宋銭排除論とその背景」(『社会経済史学』七〇―五、二〇〇五年)。
(17) 井原今朝男「『後鳥羽院日記』逸文と懸銭の流行―懸銭連歌と宋銭停止令をめぐって」(『室町廷臣社会論』前掲注8書第五章、初出は二〇〇七年)。
(18) 伊藤啓介「鎌倉時代初期における朝廷の貨幣政策」(上横手雅敬編『鎌倉時代の権力と制度』思文閣出版、二〇〇八年)。
(19) 渡邊誠「平安末・鎌倉初期の宋銭流通と国家」(『九州史学』一五三、二〇〇九年)。
(20) 高橋昌明「宋銭の流通と平家の対応について」(初出二〇一〇年、のちに『平家と六波羅幕府』東京大学出版会、二〇一三年所収)。
(21) 保立道久「平安末期から鎌倉初期の銭貨政策」(悪党研究会編『中世荘園の基層』岩田書院、二〇一三年、以下、保立二〇一三論文と表記)。
(22) 中島圭一「「中世貨幣」成立期における朝廷の渡来銭政策の再検討」、伊藤啓介「中島圭一氏の「中世貨幣」論と中世前期貨幣史研究」(『日本史研究』六六二、二〇一四年)。以下、伊藤二〇一四論文などと表記する。
(23) 清胤王書状の史料群の史料批判については、寺内浩・北條秀樹「「清胤王書状」の研究」(『山口県史研究』六、一九九八年)、佐藤泰弘「清胤王書状群の書状と言上状」(『日本中世の黎明』前掲注4書)参照。

(24) 井原今朝男「院政期の地方国衙財政と民部省済事」（『三田中世史研究』三、一九九六年）。十一世紀の諸国済例については、同「十一世紀、東国における国衙支配と坂東諸国済例の形成」（井原今朝男・牛山佳幸編『論集　東国信濃の古代中世史』岩田書院、二〇〇八年）。

(25) 鈴木鋭彦『鎌倉時代畿内土地所有の研究』（吉川弘文館、一九七八年）。なお、玉泉大梁「鎌倉時代の経済」（『室町時代の田租』吉川弘文館、一九六九年）参照。

(26) 滝沢武雄『売券の古文書学的研究』（東京堂出版、二〇〇六年）。

(27) 櫛木謙周「平安京の宅地売買とその価格」（『洛北史学』一、一九九九年）。

(28) 森克己「宋銅銭流通への基盤」（『日本歴史』三〇〇、一九七三年）、同「宋銅銭の我が国流入の端初」（『史淵』四三、のちに『続々日宋貿易の研究』図書刊行会、一九七五年）参照。

(29) 東野治之『貨幣の日本史』（前掲注1書）。

(30) この売券については、櫛木謙周「平安京の宅地売買とその価格」（前掲注27論文）が「付表　平安京宅地価格一覧」であげているが、子細については分析していない。

(31) 鈴木鋭彦『鎌倉時代畿内土地所有の研究』（前掲注25書）では①について銭が使用されていることから「売買的性格をもっている」（一四九頁）とし、②・③の売券は「いずれも米三石と銭四十貫文の米銭使用の売買である」（一四九頁）とするのみで、追筆や銭貨出挙・譲与との関係についてはまったく言及しない。

(32) 三浦周行「新制の研究」（『日本史の研究』岩波書店、一九二二年、のち新輯一所収、一九八二年）、水戸部正男『公家新制の研究』（創文社、一九六一年）、稲葉伸道「新制の研究」（『史学雑誌』九六―一、一九八七年）。

(33) 暦仁二年（一二三九）の白河関以北の宋銭流通停止令を幕府の「無原則」とする理解は、中島・保立のみならず、上杉和彦「鎌倉時代の銭貨流通をめぐる幕府と御家人」（井原今朝男編『生活と文化の歴史学三　富裕と貧困』竹林舎　二〇一三年）でもみえる。なお、上杉論文は、「贈与」「御訪」について、中世前期には領主の負担を在地転嫁しているシステムが機能しているので、中世後期のそれと歴史的意味を異にすると論じている。贈与論への批判点として重要な論点を提示していると考える。

(34) 佐々木銀弥『荘園の商業』（吉川弘文館、一九六四年）の代納制研究によると、幕府が銭での年貢納入を奨励しても、在地では絹や布など現物納を望んでいたことを指摘している。宋銭流通が在地社会に浸透するなかで、なぜこうした逆転現象がおきるのか、謎とされてきた。しかし、宋銭の価値が下落し、布・絹などの価値が上昇しているとすれば、荘官や名主百姓らが、定期市で良質の布・絹・米を販売し、粗悪化した布・絹・米での年貢納入を望むことは、当然といえよう。なお、地方での和市が逆転すれば、沙汰人・百姓の対応も変化したであろうから、和市の変動による地方徴税システムの構造変化は再検討されなければならない。

(35) 勝山清次「受領貢物・荘園年貢・代銭納」(『中世伊勢神宮成立史の研究』塙書房、二〇〇八年)。

(36) 松延康隆「銭と貨幣の観念」(『列島の文化史』六、一九八九年)。

(37) こうした検討は、地域間の格差として富裕と貧困でも検討が始まっている。高木久史「中世京都。鎌倉・博多・兵庫の物流をめぐって」(『富裕と貧困』前掲注33書)が、都市部と農村部との地域間格差と都市部相互間の地域間格差と物流への影響を検討しはじめている。

(38) 井原今朝男「中世借用状の多様性」(科学研究費補助金研究成果報告書『日本中世債務史の基礎的研究』研究代表井原今朝男、二〇〇六年)。

(39) 寶月圭吾「本銭返売券の発生について」(『中世日本の売券と徳政』吉川弘文館、一九九九年)。

(40) 滝沢武雄「本銭返特約のある売券」(『売券の古文書学的研究』前掲注26書)二二八頁。

(41) 滝沢武雄「鎌倉時代の利銭」(『史観』一〇七、一九八二年)。

(42) 滝沢武雄『日本の貨幣の歴史』(吉川弘文館、一九九六年)六八頁。

(43) 井原今朝男「無尽銭と利銭」(『中世の借金事情』前掲注3書)八五〜八六頁。

(44) 五味文彦『院政期社会の研究』(山川出版社、一九八四年)。

(45) 本郷恵子『中世公家政権の研究』(東京大学出版会、一九九八年)。

(46) 高橋久子「五把利から五割へ」(古辞書研究会編『日本語と辞書』第一輯、一九九六年)。

(47) 中口久夫「「一倍」の語義」(『国史学』一三六、一九八八年)。

(48) 井原今朝男『中世の借金事情』(前掲注43書)一六三頁。

(49) 保延飢饉については、磯貝富士男「長承保延の飢饉と藤原敦光勘注について」(『大東文化大学紀要　人文科学』四六、二〇〇八年)参照。

(50) 山下克明「『養和二年記』について」(『日本歴史』四六七、のちに『平安時代の宗教文化と陰陽道』岩田書院、一九九六年所収)、井原今朝男「中世の天災人災の中で(2)」『寺門興隆』一六二、二〇一二年)。なお、鎌倉期の飢饉と幕府との関係については、峰岸純夫『中世　災害・戦乱の社会史』(吉川弘文館　二〇〇一年)、磯貝富士男『中世の農業と気候』(吉川弘文館、二〇〇二年)、西谷地晴美『日本中世の気候変動と土地所有』(校倉書房、二〇一二年)、藤木久志編『日本中世気象災害史年表稿』(高志書院、二〇〇七年)参照。

(51)　水戸部正男『公家新制の研究』(前掲注32書)一〇六頁。

(補注1)　嘉禄三年(一二二七)八月十六日関東下知状案の判決文の読解について、滝沢武雄は「結局段別四〇文と裁定された布の代銭を三〇文で弁済しようとしたのではないかと思われる」(前掲注42書、七〇頁)とする。筆者や中島説の読解とまったく逆転している。「幕府はこのような地頭御家人の立場を准布を止め准銭とすることで、保護しようとしたのではないかと考えられる」との説を主張するが、誤読からの推論といわざるをえない。

第二章　中世質経済の展開と徳政令

はじめに――本主権的徳政論転換のための視点と方法――

本章は、笠松宏至・勝俣鎮夫らによる徳政論の体系を批判的に検討するための基礎的作業を目的とする。永仁の徳政令は、鎌倉中期以降に生産力や商品流通経済の発展によって御家人層が所領売買を余儀なくされ困窮化したため、幕府は売買地の所領を本主に無償返還させ御家人身分の保護をはかったものと説明されてきた。笠松・勝俣は、売買地を無償で取り戻すという反社会的な徳政令が社会的に受容されたのは何故か本質論的な説明がなされてこなかったとする。中世社会では所領の開発者に本主権があり、売買・貸借でモノが移動しても、代替わりには本主に戻すべきだという政治思想が存在したため徳政令が受容されやすかったと説明する。これを本主権的徳政論と呼ぶことにする。

しかし、近年では鎌倉時代を商品貨幣流通の発展期や生産力の拡大再生産の時代であったとする歴史像そのものが再検討されつつある。中世の気候変動や火山活動・地震・飢饉連続し、救荒対策として二毛作奨励がなされたと指摘されている。(1) 拙論でも、自然環境の変動の中で、鎌倉期を平安期に比較して縮小再生産の時代として見直す必要があることを問題提起した。(2) とりわけ、地頭が徴税権を行使する体制がつくられてから、地頭の年貢公事システムの中に、百姓・庶子・寄子の年貢未納分を代納するシステムが組み込まれており、債務契約を不可欠としていたことを指摘した。(3)

この視点から、中世の社会経済問題や徳政令の諸問題を見直せば、御家人の領主経営の困窮化は貨幣商品流通の発展によるものではなく、むしろ、自然災害や飢饉など農業生産力の破壊と年貢代納制による債務契約や、質物の増加による質経済の進展などの社会的要因によるものと考える。

この仮説が成立するためには、鎌倉期の社会経済活動が、売買取引と並んで貸付取引によって質物を設定して借銭を行う質経済が発達しており、質券に入流された所領を取戻す徳政令が存在したことを史料群によって実証しなければならない。鎌倉幕府の徳政令を見直すには、永代売買や質流地で買得安堵の下文・下知状をえたものは、モノのもどりを禁止し、物権移動を公認していた幕府法の存在が留意されなければならない。質経済でのモノの取戻を命じる質入地徳政令と、幕府の安堵下文による徳政禁令の中から、売買はモノがもどらず、質ではモノがもどるという在地慣習法が次第に中世社会に定着して売買と質の分離が進展していった歴史過程を解明する必要があると考える。

そこで、本章では第一に、笠松・勝俣の本主権的徳政論の論理構成と分析方法をあきらかにし、研究史の中で、どのような問題を積み残されているのかについて検討する。売買取引による物権の取戻し論から脱して、売買と質との未分化状態の中から、売買と質とが分離する歴史過程の内に徳政令と買得安堵政策を位置づけ直す道をさぐりたい。

第二に、飢饉・災害のくり返しの中で、地頭が年貢未納分を借銭によって代納するシステムに組み込まれるとともに、銭主との債務契約で所領を質物に設定して借銭する質契約が浸透して、飢饉と復興期の繰り返しの中で質経済が発展した。所領を質券にいれた「質券所領」とよばれる独自の経済概念がうまれ、入流した所領を有償、または無償で取戻す質入地徳政令が、文永年間に北条時宗によって制定されていたことを解明する。

第三に、幕府徳政令とは区別された公家徳政や本所徳政が同時期に並行していた実態を解明し、債務不履行問題が社会問題になり、公田興行令・公田売買禁令の違犯問題として有償や無償による本主への取戻令の徳政令が登場していた在地社会の諸矛盾を指摘する。「非器の仁」の債権や知行を犠牲にし、私領売買を公認し、公田売買禁令と公田を復興して社会経済構造を再建しようとする政治改革路線が、公武の社会を一世風靡していた時代相をあきらかにしたい。

一　本主権的徳政論の諸問題

1　本主権的徳政論の成果と問題点

本主権的徳政論の内容

本主権的徳政論が誕生したのは、笠松宏至「中世の政治社会思想」[4]と、勝俣鎮夫「地発と徳政一揆」[5]の論考による。戦前・戦後に幕府の徳政令は債務免除を命じるモラトリアムと理解され、瀧川政次郎・三浦周行らは徳政＝仁政＝債務破棄という論法で徳政を統一的に説明しようとした。笠松はその説明は徳政の起源論にはなっても、本質論としての説明になっていないと批判する。

まず、社会通念・政治思想の徳政観念と、売買・債務の無効を命じる政策としての徳政令問題とを区別して議論すべきだとする。笠松によると古代・中世の徳政観念・政治思想の特徴は、「商返」の慣習や「取戻し留保つきの売買がむしろ一般的で」「永代売買の特異性または後発性」が顕著であるため、「売買・貸借は一時の仮の姿に過ぎぬという思想」（笠松『日本中世法史論』、一六三頁）が存在していたとする。

勝俣も「永代売自身が純粋な形では存在しえずに、なお古い売買観念が未分化のまま付随している」（勝俣『戦国法成立史論』、九六頁）とし、「土地と本主は一体であるべきであるという観念……いわば呪術的土地所有観念」（同、九八頁）が存在し、「代替りが復活・再生＝一新としての地発」や在地徳政を機会に「売却地は本主のもとにもどすべきであるという」観念が一貫してみられたとする（同、九七頁）。

ここから、両説は、①古代中世社会では取戻しを否定した永代売買は未成立で、「取戻し留保つきの売買」が一般的であり、「永代売の土地でも本銭さえ返却すれば再びその所有権を回復しうるものと考えられていた」（勝俣一九七一、九六頁）とする。②土地の開発主体は本主権とも呼ぶべき権利を民俗的法慣習としてもっていた（呪術的土地所有観念）。③徳政の本質は再生・復活であり、社会の共感をよぶもので、政策としての徳政令を違和感なく受容した、とする。

本主権的徳政論の二つの大前提

本主権的徳政論の論理構成には二つの大前提が存在する。売買・債務の無効を命じる徳政問題を、政治思想としての徳政観念の問題と政策としての徳政令問題とに二分して分析する方法をとる。第二に古代中世では永代売買が存在しえず、売買・貸借では取戻し・買戻しが当然視されたと評価する。勝俣が「質流れ観念の未成熟」(6)を主張するのは、売買と質との未分化論の延長線上の当然の帰結である。したがって、本主権的徳政論の論証・実証・批判のためには、まず中世社会で永代売買がほんとうに存在しなかったのか否かが検証されなければならない。

伊藤喜良の東国永代売禁令論

両説の永代売買未成立説を支持したのが、伊藤喜良である。東国の国人領主が買得安堵状を出した事例を検討した伊藤喜良は、「東国の在地法において永代売が禁止されていた」として、宇都宮弘安式条四七条と『香取文書纂　田所家所蔵文書』の「或田畠等ヲ永代ニ売事□□□停止者也」を典拠にあげた(7)。

しかし、前者の四七条には「名主売買地之事、右、依二要用一、割二分田畠在家等一、人令二売渡一事、於二両三年分限一者、不レ及二沙汰一、此外至二数年之買地一者、沙汰出来者可二収公一之」とある。文言としては永代売禁令ではない。名主による売買地で両三年の年季売をめぐる訴訟は不受理とし民間の慣習に任せる。数年間の年季売の訴訟は買地を没収としこれを認めないという。宇都宮家の法規制は年季売規制であり、伊藤説のいう永代売禁令とみることはできない。永原慶二は東国での農民的土地所有未成熟のため「永代売のごとき関係が一般に成立しなかった」とする。[8] 田所文書断簡についても、領主名の私領か公領か、百姓名の公田か否かの史料批判が不可能である。ここからは東国の在地法で永代売が禁止されていたとはいえない。

菅野文夫による中世永代売買成立論

質契約の視点から永代売買の存否について検討した先学が菅野文夫である。[9] 菅野は、本銭返売買・年季売を質契約の一種と評価し、『裁判至要抄』に「売買畢之後不レ可二変改一」とあることから、十二世紀には取戻し禁止の永代売買が存在していたと主張する。他方、永代売券と加地子銭借書を対比検討し、前者は九～十年分の地子・片子を売価とし、後者は四～五年分の利分・加地子を支払っていることを解明した。「永代売買に買戻しがないのは高く買うからであり、質契約に請戻しがあるのは安く売ったから」と主張する。中世の永代売買が質契約と類似した現象をみせるのは、「土地そのものの売買ではなく、土地支配を媒介にした剰余労働収取権の売買である」（前掲論文五六頁）ためとする。

菅野の主張は、笠松・勝俣の中世永代売買未成立論の仮説を具体的史料によって批判したものであるが、学界においては両説批判とは受け取られず、論争にもならなかった。

笠松・勝俣批判の内容

笠松・勝俣説への批判論文は散発的に出ている。入門《いりかど》論を批判した新田一郎や、田舎の法など在地法と幕府法の限界性論を批判した大山喬平の論考。[10]市沢哲は、笠松の雑訴興行・別相伝論は社会背景として一般論にすぎ、鎌倉後期の公家政権が直面していた諸問題を踏まえていないと批判する。[11]戦国期の飢饉や「村の成り立ち」や村の融通論から本主権的徳政論を批判した研究も出された。[12]これらはおのおの専門分野の個別研究上の論点・批判点が主要なテーマになっており、本主権的徳政論の矛盾点を正面から批判する見解ではなかったともいえる。

しかし、中世における私領や永代売買の存在を提起した論考も存在した。安田次郎は、東大寺文書の灯油料田に関する永代売券と寄進状をとりあげ、料田の物権内容を詳細に検討した。料田の実体は田地そのものではなく、作手という土地所有権であり、史料上の「私領」「相伝之所領」「永年作手」が売買・譲渡され、耕地片の名田に賦課された所役も分割して移転したことを明確にした。[13]中世に私領の永代売買や寄進という物権の移動が実現していたとする。早島大祐は勝俣説の特徴が「永代売観念の未成熟」という点にあるとして、中世の永代売では買主の権利が強く認められていたと見るべきだと批判した。[14]

拙著の論点

筆者は、先の拙著で、勝俣説の「質流れ観念の未成熟」から出発して、手継証文の原本によって中世の質物とされた所領は、債務不履行によって自動的に質流れになることはなく、債務者が取戻しを請求できる「質券之法」が機能していたことを実証した。中世の質物には「放状を仕候てこそ流質」「質地に永領の法なし」との大法が機能し、永久質の慣行が存在していたことを論証した。「質流れ観念の未成熟」とは売買取引での現象ではなく、中世質権の独立性を示すもので、中世法では「売買は賃貸借を破る」という原則が未成立であったことを指摘した。とりわけ、中世では永代売買に先行して貸付取引・債務債権関係が発達しており、「質券沽却、年紀沽却」という質契約による売買・寄進・譲与という経済現象が永代売買とともに並存して売買と質とが未分化なまま混在していたことを指摘した。[15]

したがって、モノの取戻しという徳政問題は、売買取引と貸付取引・債務契約・質経済との関係を考慮に入れて分析されなければならない。

論点整理の必要性

これらの批判的論考の研究成果を本主権的徳政論の批判的継承のために、どのように評価・位置づけ、論点を引き出すか、という視点からの研究整理が不足していたと筆者は考える。そのため、本主権的徳政論と批判的論考との間に存在する共通点と論点とが学界の共通理解にならずに、深めるべき実証的な検討課題が不明瞭なまま推移しているように思えてならない。

私見によれば、第一に、中世では永代売買と本銭返売・年季売・質流れ売買など多様な質とが未分化なまま混在していたが、取戻し否定の永代売買も十二世紀には成立していたことが明瞭になったと評価すべきだと考える。その意味で、中世で永代売買の存在を否定する本主権的徳政論の両説は前提そのものが不安定になったといわざるをえない。第二に、本銭返・年紀売や質流れ売買など質契約に発する土地売買には、売買と質との未分化という状況が存在し、両説のいう「取戻し留保つきの売買」という現象が存在していたことも事実といわざるをえず、両説の正しさも共通理解になっていると考える。

とすると、これから深めるべき検討課題は、歴史研究者が現代の分析方法から売買と質を区別する方法とは別に、中世人や近世人が「売買と質との未分化」の中から前近代社会の長いスパンの歴史過程を経て永代売買と質とをどのように区別し、両者の権限の独自性を確立してきたのか、いわば永代売買と質との分離化の歴史過程を具体的史料に即して分析し、歴史像として解明することであると考える。

中世人が、永代売買と年紀売・本銭返売・質流や質券沽却など質契約との区別をどのようにおこなっていたのか、徳政令や売買貸借法令の推移の中で中世人はいかなる歴史過程の中からモノの戻りのない売買と戻りを当然とする質契約とを区別・分離していったのか具体的史料によって裏付けることが今後の検討課題である。

忘れられた永領地論

これまでの研究史の中でも、中世人が永代売買と質とを当時の史料でどのように区別していたのかを論じる研究が存在しなかったわけではない。研究史の中で忘れられた重要論文が百瀬美津の論考である。[16] 百瀬は、室町期徳政令の「永領地は改動あるべからず」の法理をとりあげ、銭主返状のある永領地は徳政令が適用されて本主に戻され、「戻される永領地」は永代売買とは異なって永領質という質契約の地であったことを解明した。寶月圭吾も高く評価していたが、[17] 徳政研究史の中で忘れられている。百瀬論文は永代売買と質契約との境界線を見分ける方法論を開拓し、徳政令で戻される永領地は永代売買地ではなく、永領質という質契約であったことを史料で実証した。徳政令での土地の戻り現象は質契約の地であったことになり、中田薫が主張した永久質[18]の理解に関わる重要論文といわなければならない。これを受けて、中島圭一は、室町期における土倉酒屋の債権が安定性を高めているとし、早島大祐も義教から義政期に雑務沙汰訴訟の受理と政所での買地安堵が成され、京都近郊地では永代売買地の安定性が高まっていると論じている。[19]

近年では、村石正行が売買・貸借・寄進に際して相互に文書が作成・交換された事例、寄進状に対して請文として返証文が出される事例などを検討し、「戻り」や「返し」を正当化する返証文が鎌倉後期から存在したことを指摘した。近世社会の「返り手形」については、荒木仁朗が十七世紀から十八世紀中ごろまで関東平野では永代売に際して「返り手形」によって売地を請戻す根拠となっていた事例をあきらかにした。[20] これらは、売買・貸借・寄進・譲与など契約文書において返状を添へて「戻り」や「返し」を正当化する前近代社会の在地慣習法が機能していたことを示すもので、永久質慣行との関係が注目される。

売買地の戻り現象とされてきた歴史事象については、売買取引と債務債権関係を生み出す貸付取引との境界領域がどのように区別されてきたのかという歴史過程を具体的に論証し、両者を区別する社会経済史現象を捉えなおすことが求められている。

では、次に、本主権的徳政論が、幕府の政策論的徳政令研究の成果の中で、どのような矛盾点や諸問題をかかえているのか整理しよう。

2　政策論としての徳政令研究の成果と課題

笠松が、第二の検討課題として提起した政策論として徳政令研究の成果は、本主権的徳政論の陰に隠れてほとんど無視されてきたといって過言ではない。その成果を整理し、新しい論点と実証的な研究課題を明確にしたい。

寶月圭吾の徳政令政策論

寶月圭吾は、三浦周行批判を三点にわたって展開した[21]。第一は、著名な永仁五年七月二十二日徳政令を、三浦説は売主の無償取戻しと主張したが、寶月は永仁徳政令には無償とする記述がないことを指摘し、自ら探索した醍醐寺文書の新出史料である弘安八年（一二八五）十一月日尼蓮念売券（鎌一五七五一）を提示して「被ㇾ出二新式目一、於二売買之地一、不ㇾ返二与本銭一、可ㇾ令二本人知行一之由、被ㇾ載ㇾ之云々」とあることから、「幕府が弘安八年頃に新法を発布し、売主に売却地の無償取戻しを許したことは過りない」（寶月『中世日本の売券と徳政』、二一七頁）ことをあきらかにした。無償での取戻令と解釈した三浦説を正しいとした反面で、永仁五年を徳政の起原と断定したのは「明かな誤謬」とし、弘安八年起原説を提起した。

第二に、永仁徳政令が一年後の永仁六年二月二十八日に「全面的に廃止した」とする三浦説への批判である。寶月は条文に「制符」「今更レ不及二改変一」とあるから徳政令は「続行」されており、「但し」以下の部分で「所領の売買・質入の自由を御家人に保証した法規」（寶月前掲注17書、二三五頁）とした。自説を裏付けるために正安二年の売券（「薩藩旧録」）と去状（「大徳寺文書」）をあげて、永仁五年七月徳政令の無償取戻条項が永仁六年以降も健在で機能し、かつ売買・質入の自由があることを論証した（同、二三七頁）。寶月がいう「売買・質入の自由」こそは、中世の永代売買の存在論の上で重要な論点であるが、これまでほとんど注目されていない。

寶月の売券論文は、彼の死後、網野善彦による編集で『中世日本の売券と徳政』として編まれ、一九九九年に刊行されたが、本主権的徳政論との論点にはなっていない。

笠松『徳政令』の政策論

笠松は本主権的徳政論を提起したあと、一九八三年に岩波新書『徳政令』を発刊した。今になって読み返してみると、そこには課題とした「政策としての徳政令」研究が加味されていることがよくわかる。寶月がとりあげた醍醐寺文書の弘安八年十一月新法に注目し、安達泰盛滅亡の霜月騒動の日付であることをあきらかにして、弘安徳政と永仁五年徳政令との一体性を論述した（笠松『徳政令』、一一〇頁）。教科書で永仁徳政令の廃止と解釈する永仁六年二月二十八日令についても「売買の合法性を回復したもの」（同、四六頁）とし、寶月説と一致している。

さらにモノの取戻し・請戻しを禁止した「仏陀寄進の地、悔返すへからず」「他人和与の物、悔返すべからず」などの大法の存在を明確にした。本主権は、「舊領の返付を請求しうる「本主」の意味」として再規定し、「慣習的な「もどり」ではなく、明確に政策的な目標をもつ大規模な「もどり」は、やはり政治以外にはありえない。政治における「もどり」は所領面に限定されないこともいうまでもない」（同、一〇三・四頁）と述べる。ここでは民俗的習俗的な「もどり」「商返し」一般論が陰を潜め、本主権的徳政論にあきらかな修正が施されていると、筆者には思えてならない。弘安徳政での訴訟の増加が「圧倒的に債権債務に関するもの、当時の言葉でいえば雑務沙汰」が多かったとする（同、一七二頁）。幕府法は訴訟不受理で債権を保護せず、自力救済で決着をつけ、不可能な場合には在地裁判に依ったと推測し、「田舎の習」が残酷な刑罰であり、その防止のために撫民の法＝徳政が必要とされたと結論づける（同、一八三頁）。

この結果、笠松も売買地無償取戻の徳政令の初源は永仁五年七月ではなく、弘安八年にはじまり、弘安徳政の延長線上にあることを認めた。「もどりを閉ざす力」である仏陀法や和与法の存在が明示され、債務債権関係の雑務沙汰に重点が置かれ、売買と債権債務への関心が高まっている。もはや笠松の徳政論は、本主権的徳政論が後景に退き、政策としての徳政令論との再編が図られていると筆者は見ている。

七海雅人の買得安堵論

永仁徳政令以後の徳政研究は、八〇年代以降は二つの方向にわかれた。村井章介・海津一朗・井上聡・稲葉伸道らは弘安徳政を霜月騒動との関係から北条時宗の執権政治論や伊勢神宮・宇佐宮の神領興行法令として深化させ、悪党研究や南北朝内乱の社会変革と連動する研究課題に発展させている(22)。他方、弘安・永仁徳政令以後の幕府による御家人所領売買対策については、佐々木銀弥が徳治二年（一三〇六）以降に幕府が売買安堵の下文・下知状を発給し関東地域に集中して残っていることを指摘した(23)。佐々木の問題提起を受け、七海雅人は関連史料を精査して、幕府による私領売買に安堵の下文・下知状を出した事例を「買得安堵」と概念化した(24)。

七海によると、幕府法では文永五年（一二六八）幕府の条々事書で永年買地・質入地に関する幕府の下文・下知状を受けた所領は、本主濫妨を停止され、永代売買が公認されたとする。「中世における永代売買は買い戻しを許容しないところにその特性があった」として、幕府の買得安堵状の残存事例を十二ヵ国、四十五例を検出し、「永仁三年から確認される買得安堵の下知状はすべて永代売買によるものである」と主張した。

いいかえれば、幕府は文永五年の時点で売買所領に関して下文・下知状を出す政策を実施し、御家人による私領売買を公認した買得安堵の関東下知状が永仁三年から残っていることを実証した。もはや、鎌倉時代に取戻しを禁じた永代売買は存在しないとした本主権的徳政論は実証的には成立しがたいこととなった。

徳政論の混乱

しかしながら、近年では研究史の成果に共通理解がなされずに、一部に混乱状態が散見される。一例を示せば、近藤成一は「永仁の徳政令は一年後の九八年（永仁六）二月二十八日に停止され……これ以後本主による無償取戻しは停止されたはずである」「ひょっとすると永仁の徳政令はもともと時限立法だったのではないか」とのべている(25)。この主張は戦前の三浦説のくり返しで、寶月論文や笠松の研究成果が生かされていない。なお、鎌倉幕府の買得安堵状の効力は、建武新政府によって否定され、「元弘元年以後、殊以二本主一可二進退一矣」（「香取田所文書」）とある。これを本主権の戻りとみるか、「もどりは、やはり政治以外にはありえない」（笠松『徳政令』、一〇三頁）と言明した笠松をよしとするか、読者の見識による以外にあるまい。

幕府による永代売の自由と下文・下知状

徳政令の政策論研究によって確認できたことは、第一にすくなくとも永仁六年以降幕府は所領の「売買・質入の自由」を公認していたこと、第二に、文永五年前後には幕府は永代売買・質入地で幕府の買得安堵状を得たものは無償取戻しを禁止し、永年買地を保障する政策を実施した。事実、永仁三年から永代売買や質入地売買を保障した買得安堵の下文・下知状が残存していることが明瞭になった。

幕府が政策論として永代売買を公認していたことを実証したのであり、あらためて幕府による「売買・質入の自由」や永代売・質入地売買の安堵下文・下知状について再検討し、「売買と質との分離化」の歴史過程を具体的にあきらかにすることが今後の研究課題になっているといえよう。幕府は、永代売買と質入地を区別して安堵の下文を出す一方で、永代売買地や質入地の返還令である徳政令を政策的に実施した、という二面性を、幕府法や幕府の政策論としてあきらかにしなければならない。節を変えて検討しよう。

二　幕府政策による永代売買地と質入地の分離過程

鎌倉期の公家法書『法曹至要抄』は、「売買約諾之物、全無㆓改易之法㆒」（七七条）とし、『裁判至要抄』も「売買畢之後、不㆑可㆓変改㆒」（三条）とあるように永代売買の不変性を公認していた。にもかかわらず、鎌倉時代の永代売買は近代法のように私的所有の絶対性を確立することができなかった。むしろ、中世では貸付取引が売買取引に先行して発展し、両者が峻別されず売買と貸借、売買と質とが未分化な状態にあった。その中で、所領を永代売買し、質入・入流して寄進・譲与する自由を永仁六年以降には手にしたこと、永代売買や質入地について幕府に安堵の下文・下知状を獲得して物権の保証を権力に求めており、幕府もそれに応えて文永五年ごろには下文・下知状のある所領は永年買地として公認していた史実を第一節でみた。

　したがって、本節では、幕府の成立期から弘安・永仁年間に至る時期に、なにゆえ売買取引・貨幣商品経済よりも貸付取引や債務債権関係・質経済が著しく発達したのか、幕府は所領の永代売買や質入という経済現象に対してどのような対応策をとったのかについて検討し、徳政令によるモノの取戻し現象がなぜ広範に社会から受容されたのかを本主権的徳政論とはちがった債務史の視点から解明したい。

1　地頭御家人の徴税システムと貸付取引・債務契約

鎌倉時代の物流・輸送・売買・貸借・質など商業・流通・経済活動にもっとも大きな影響を与えたものは、地頭・荘官による年貢徴税と輸送にあったとみてまちがいない。地頭領主の職権は、荘園領主から下地管理権と徴税権、幕府から検断権と行政権の四つとされる(26)。地頭の領主経営は、年貢・公事の徴税と請負での収支決算に左右されたから、「数多の公物私物」(『今昔物語集』)、「公私所当物」(鎌一六二一三)、「公私納物」(鎌二七三五五)から構成され、公私混淆経済の構造であったといえる。本節では、地頭御家人の領主経営が徴税と請負の収支決算に左右され、債務史との関係について検討したい。

文治・建久年間の農業壊滅状態

まず、文治から建久年間における幕府の対策法令が、養和治承の大飢饉と源平合戦による農業生産の壊滅状態への対策法令であったことに注目したい。頼朝・後白河院が直面した年貢公事徴税問題について主要な史料を提示しよう(『吾妻鏡』文治二年三月十三日頼朝書状、鎌七一)。

①治承四年乱以後、至二文治元年一、世間不レ落居一、先朝敵追討沙汰之外、暫不レ及二他事一候之間、諸国土民各、結二官兵之陣一、空忘二農業之勤一……凡不レ限二此九ケ国一、諸国一同可レ然事歟、惣被レ優二免去年以往未済物一、令レ安二堵窮民一、自二今年一有限済物、任二先例一可レ令レ致二沙汰一之旨、可レ被レ下二宣旨一候也、

史料①は、養和大飢饉につづく治承寿永の内乱によって治承四年(一一八〇)から文治元年(一一八五)までの六年間は世間落居せず、諸国土民が兵役に動員され、農業の勤が放棄され全国で農業生産が壊滅状況にあったことを示し

ている。頼朝は文治二年（一一八六）三月、将軍知行国九ヵ国以外の諸国でも、未進済物分を免税にすべき宣旨を出すように後白河院に申し入れた。文治二年の諸国未済分免税の朝幕交渉の中では、宣旨発給の事実は知られていない。(27)しかし、治承・寿永の内乱が、全国的な規模での農業放棄・耕作地の極端な減少をもたらし、全国的に農業生産が壊滅状態にあったといえる。寿永三年（一一八四）二月七日後白河院庁牒（「鳥居大路文書」平四一二八・四八八九）に引用された同年二月賀茂社司等解状にも、

自二去年秋之比一、為二平家等一打二塞西海道一、云二御米一云二供米一不レ令二運上一之間、擬レ及二御相折闕如一之処、社司等奔二営東西一借二用借上物一、于レ今支二御料闕乏一而相二待運上物一之間、為レ追二討件平家一、被下□□（官兵之処　彼御カ）庄内乱入狼藉輩、損二亡御庄一令レ□（亡カ）二散庄民等一、不レ令レ運二上御米一者、社司等以二何術一、可レ備二進日供御料一哉、

とある。前年七月に平家が西海道に下向し、義仲入京を機に平家追討の院宣が下った。西海道の交通路が打ち塞ぎ、御米・供米の運上が停止して賀茂別雷社の年中神事用途が闕如した。賀茂社司らは、東西を奔走して借上物を借用して用途料を確保した。「借用」ができるということは、債務者に信用があり債務契約が締結できる人間関係が存在したことを意味する。内戦で都市への運上物がストップして起こる都市型飢饉が再発した中でも、公家・寺社権門の対応策は、借上からの借金―債務契約によって当面の必要経費を賄ったことがわかる。飢饉や内戦期において都会での借銭・借上の需要が高まり、信用を前提にした債務債権関係の契約が増加していたことがわかる。

当該期の地頭の年貢徴税体制に関する史料をつぎに提示しよう（『吾妻鏡』文治四年九月二十二日頼朝書状、鎌三四四）。

②信州伴野御荘御年貢、令二沙汰進一之由、地頭長清所レ令レ申候也、恐々謹言、

九月廿二日　　頼朝

進上　帥中納言殿

追申

何御倉に可レ被二検納一候とも、被二定下一候なハ、毎度以二書状一、不レ可二申上一候、只地頭可レ令二下知一候者也、

重恐々謹言、

文治四年（一一八八）、院御領信濃国佐久伴野荘の年貢を京都の御倉に検納することは地頭小笠原長清の義務であり、どの御倉に京庫納するのかは院庁が定めれば、地頭に下知する。頼朝は院領荘園年貢の納入方法について、その旨院司吉田経房に書状を出した。地頭による年貢検納は領家との交渉でその手続きを決め、年貢を送るという信用を頼朝が保証する契約関係であったといえる。地頭領主制研究では地頭の年貢検納を荘園侵略の出発点と評価する研究が一世を風靡した(28)。近年ではその歴史像が克服され、頼朝による武士狼藉停止や没官領地頭制も荘園公領制の再構築のための政策であることが評価されている(29)。

鎌倉初期の領主経営の実態

では、つぎに、年貢公事の徴税を請け負った地頭・御家人の領主経営の実態は、いかなるものであったのか、とりわけ、百姓らの未進分はどのように肩代わりされたのか検討しよう。近年の地頭御家人研究では、田中大喜が、鎌倉期に百姓の年貢未進分を在地領主が肩代わりしたことや、幕府が惣領に対して寄子・庶子の所当公事の対捍分を立替払いで代納したことを指摘している(30)。その指摘は鎌倉中・後期の事例なので、当面鎌倉初期の領主財政経営について検討しよう。

まず、文治三年（一一八七）三月日平重澄寄進状案（「台明寺文書」鎌二二五）に、

右、件所領田畠等者、年来島津御荘寄郡也、而天下騒動間、公私為二軍地一、人民百姓併逃散畢、然間荘国両方課役、如何可レ令二勤仕一哉、於二于今一者、令レ寄二進一円御荘御領一、致二安堵計一畢、

とある。平重澄は薩摩国寄郷の伊作・日置南北郷・小野の小地頭であり、所領を島津荘一圓荘に寄進し、下司・郡司・惣公文職を子々孫々確保した寄進状とされてきた(31)。

しかし、筆者が注目したいのは、平重澄による所領寄進の目的である。「天下騒動の間、公私とも軍地と為し人民百姓併せて逃散し畢」という農業生産の破産状況下で、「然る間、庄国両方の課役、如何に勤仕せしむべけん哉、今においては、一円御荘御領に寄進せしめ、安堵の計を致し畢」とある。小地頭重澄の領主経営では百姓逃散によって庄国両方の課役を勤仕できず、寄郡を一円庄として寄進することで両方課役を一円島津荘に代行してもらおうとした。当時の南九州では「庄国之課役」の勤仕は寄郡弁済使の任務であった(32)。文治・建久年間に、南九州では農業生産の破産と百姓らの逃亡が増加しても、弁済使・小地頭は逃亡跡を含む庄国両方の課役勤仕が義務であり、その執行のために、所領を島津一円庄に寄進して、年貢公事の代納を島津一円荘に依頼せざるをえなくなっていた。

院政期から鎌倉初期にかけも荘園寄進は活発であったといわれるが、その要因に一つに、年貢公事の代納を依頼するための方法であったことは注目される。摂関家領越後国白河荘や東大寺領・鴨社領摂津国猪名荘でも、文治・建久年間の農業生産は平安期の耕作面積を回復しなかったことは別に指摘した(33)。鎌倉幕府の出発当初から、地頭の領主経営の収支決算では、飢饉と内乱で赤字体質を余儀なくされていたことが判明する。

十三世紀初頭の地頭による年貢代納制

次に北条義時・政子らによる合議政治が始まった十三世紀初頭の領主経営の実態をみよう。建暦元年（一二一一）僧仁民山地避状（「醍醐寺文書」鎌一八八二）に、

右山地者、為㆓角房領㆒代々知行也、然為㆓平民部丞盛時領㆒之時、被㆓没収㆒之、関東相模守義時知行也、而彼相模守為㆓愚僧所領江□庄地頭㆒之間、年々所当未進、積及㆓□□（千石）㆒、此房地依㆑為㆓近隣之便所㆒、先年之比便㆓補彼巨多

未進一、永以所レ給也、仍知行于今無二相違一、

とある。山城国醍醐寺東院が上山を代々知行してきたが、頼朝の執事平盛時の代に没収されて相模守北条義時が知行した。義時は僧仁民を信仰上の師と仰ぎ、山城国江□庄地頭職を彼に寄進したが、「年々所当未進」が蓄積して千石になった。巨多の未進分の代替措置として建暦元年（一二一一）近隣の便所を理由に上山を僧仁民の所領に寄進し直したという。

平盛時は、将軍宗尊親王の代に活躍した「平民部丞盛時(34)」とは別人で、『吾妻鏡』文治五年七月十九日条・建久二年正月十五日条に「民部丞平朝臣盛時」とみえる人物で、建暦二年（一二一二）二月十九日条が最後の記事である。北条義時の相模守就任は元久元年（一二〇四）三月であるから、上記の事件は元久元年から建暦元年までの事件ということになる。文治〜建仁年間の北条氏所領は、伊豆国北条・寺宮庄・江間、駿河国益頭庄・富士郡、越前国大蔵庄、遠江国蒲御厨・河村庄、陸奥平賀・鼻和・田舎・山辺郡、肥後阿蘇社、伊豆三島社、相模国糟谷庄、信濃塩田庄、日向島津庄、大隈島津庄があげられている（『静岡県史』通史編二）。ここにみえる山城国二山・浜□庄地頭職は指摘がない。しかし、北条義時の所領でも、十三世紀初頭になっても地頭による年貢未進が蓄積され、負債の代償として別の所領を寄進し直すことが当然とされた。売買取引よりも年貢徴税や年貢未進分の負債処理をめぐる貸付取引が活発化していたことが判明する。

地頭請所と年貢未済問題

当該期の年貢未進問題が、幕府の訴訟制度の中でどのような判決として処理されていたのか検討し幕府の対応策を解明しよう。まず、関東御教書案（「九条家本中右記元永元年秋巻裏文書」鎌二二六一）を示そう。

上総国武射北郷事、為二請所一、准布陸佰段、毎年無二懈怠一、弁二済京庫一、預二返抄一畢、其儀何可レ有二変改一哉、就

レ中、當郷近年為二荒廃之地一、見作僅捌町余云々、空□（致カ）二無足之弁一、争改二請所之号一哉、如レ元無二相違一可レ令二沙汰一

者、依二鎌倉殿仰一、執達如レ件、

民部□在判

□

土屋兵衛尉殿

年未詳であるが、上総国武射北郷は地頭土屋兵衛尉の請所で「准布六百段」を「京庫に弁済」して「返抄」を受けてきた。「近年耕地、荒廃の地」となり「見作わずか八町余」となり「無足之弁」を致す事態になり、「請所之号を改めん哉」と幕府に請所の停止の訴訟を提起した。幕府はこれを認めず、元の如く准布六百段の京庫納を命じる判決を出した。

これに関係する史料として、建保四年（一二一六）八月二十六日付の関東御教書（「九条家本中右記紙背文書」鎌二二六〇）に、

上総国武射北郷者、故大将□（家）御時より、前地頭義清、請所として准布陸百端を京庫に弁済し、年序を経て了、荒野開発の事と云い、□（地）頭堀内事と云ひ、定仰せられ了、而して景□、其跡を給ふ、更に相違有るべからず者、

とある。頼朝時代の前地頭義清も請所で准布六百端を京庫納とし、荒野開発も地頭堀内と同様に地頭給とされていた。地頭職が義清から土屋兵衛尉景□に交替後も名跡は継承されたことが判明する。地頭土屋兵衛尉景□の提訴は建保四年以後のことになり、幕府は百姓名の見作田や耕地の減少分は、荒野開発や地頭堀内など地頭給田の収益で相殺・補填すべき問題であるとして、請所の改定や請負額の変更は認めなかった。地頭代納制原則からすれば請負額を上回る納税があれば領主財政の黒字・収益とする一方、農業生産の荒廃や耕地の減少による年貢未進分は「無足の弁」を義務化しており、赤字化は止むを得ざるもので、両者のバランスは領主経営の公私混淆で対処すべきものであったことが

わかる。豊作時には黒字化するはずの年貢請負システムが、凶作や耕地荒廃では負債累積や赤字化の原因になっていたことが判明する。

以上の検討から、十三世紀初頭段階においても、御家人の領主経営は荒野開発や地頭堀内・給田からの収益によって百姓名の荒廃分や未進分を補填すべきものとされ、収支決算では「無足の弁」を強要され、農業危機下では負債累積や赤字化に転落する場合が多くなったことが判明した。地頭の年貢未進分代納システムのために領主財政の収支決算は幕府当初から赤字体質で、貸付取引・債務債権関係・負債処理が組み込まれていたといえよう。

2　寛喜飢饉～延応年間における死亡逃亡跡と私出挙問題

寛喜飢饉と社会経済問題

寛喜の飢饉と災害・救貧対策については研究史の蓄積がある。人身売買禁令が宣旨や幕府法で施行され、反面飢饉時には緊急避難として人身売買が合法化された(35)。寛喜三年（一二三一）公家新制や武家法の貞永式目は寛喜の飢饉対策であり、公武政権はほかに神仏への祈祷・過差禁止・盗賊停止・出挙利息制限などの飢饉対策を実施した(36)。北条泰時は飢饉時の徳政として出挙米の貸し出しと借書の破棄を実施し撫民政策をおこなった(37)等の諸点が解明された。近年は気候変動による慢性的農業危機が展開した時期として鎌倉期に注目する研究動向が生まれ、清水亮は関東の荒野開発が寛喜の飢饉からの復興策であったとする(38)。西谷地晴美は、寛喜・建長・正嘉の飢饉と復興期には人身売買禁令・奴婢雑人関係法・私領恩領売買禁止令・悪党禁止令など同種の幕府法がセットで繰り返し発令されたとし、逆に同一法令群の存在から災害や飢饉の発生を想定することができると指摘する(39)。これらの成果に学び、本項では、寛喜の大飢饉に際して、地頭・御家人の所領問題と出挙・借銭の債務契約問題がどのように展開したかに焦点を絞って検討したい。

百姓名の死亡逃亡跡と償沙汰

農村社会での飢饉に対する地頭・荘官や沙汰人・百姓の対応策で注目すべきは、寛喜三年（一二三一）四月二十九日法眼聖玄請文（「東大寺文書」鎌四一三四）につぎのようにある。

今年々不熟、雖レ為二天下一同事一、當庄（伊賀黒田新庄・注筆者）損亡超二余所一之由、依二訴申一、云二収納米一、云二預所得分米一、併令二免除一畢、然而百姓等或餓死、或逃亡、其跡無足之間、令二償沙汰一之處、違乱事出来テ、馳二過今月一、返々恐恥無レ極也、

東大寺領伊賀黒田新荘では飢饉で年々不熟と損亡が激しくなると、百姓らの「訴申」により収納米・預所得分米が免除された。百姓の餓死・逃亡が増加し、死亡逃亡跡が「無足」になり「償沙汰」が荘官らの義務とされたが、違乱がおき無策なまま時間が過ぎ恥の限りだという。飢饉下での在地では、百姓人口の減少で死亡逃亡跡の散田が不能となり、荘官沙汰人らの償沙汰が復興のカギになっていたことがわかる。

石清水八幡宮寺領出雲国安田庄でも、寛喜四年（一二三二）二月挙状に「神戸之民烟悉□（逃）散、然間雖レ有二百六町之田代一、於二三十二名之百姓一者、所レ残只一人也、地頭之外無三人于二庄家一、田畠又雖二段歩一、不レ及レ耕三作之二」（「石清水文書」鎌四二八二）とある。百六町の田代を三十二名の百姓で農業経営に従事した名体制が、寛喜の飢饉で崩壊し、神戸の民が逃亡してわずか一人を残す状態にまで悪化し、地頭のほか庄家に人なく耕作に及ばないと在地の窮状を訴えている。研究史上の出雲国安田荘は西国下向の関東御家人江戸重持が神人に横暴をくり返し、領家申請で寛元元年（一二四三）に一方的な下地中分がなされた所と注目されてきた(40)。しかし、寛喜四年神戸之民逃散で死亡逃亡跡になった主要因は、寛喜の飢饉による農業破壊と百姓の人口減とみるべきであろう。

こうしたことは高野山領での寛喜四年（一二三二）三月一日百姓免家役等免除状（「高野山文書」鎌四二八六）にも「百姓等歎申之旨、非レ無二其謂一、仍二丁名田之内、一丁三段を免家相共ニ可レ令二耕作一也、残七反者、令二免除一了、桑事、同以免了」とある。飢饉下では、領家も百姓らの提訴をみとめ、二町の名田のうち一丁三段を三家の免家で耕作させ、七段分の公事を免除し、桑役も同様の対策をとった。荘園領主の側も百姓らの年貢公事免除要求をみとめる徳政状況が出現していた。飢民・流民の増加は、百姓名の死亡逃亡跡対策と未進分弁償問題の対策が求められていたといえる。死亡逃亡跡は南北朝期の徳政文言として論じられてきた（伊藤喜良『中世国家と東国・奥羽』、三一四頁）が、その出発点は寛喜の飢饉での百姓の死亡や逃散の人口減によって百姓名の名跡に新しい作人を散田できなくなった農業生産の壊滅状態を指すものとみるべきで、寛喜の飢饉が生み出した社会経済問題といえよう。

荘官沙汰人の領主経営の実態

和歌山県の小山文書は、紀伊国生馬庄の年貢注文や公文給の文書群（鎌二〇二九七・二二五九〇）が残り、徳治元年（一三〇六）六月二日ひろつな自筆譲状（同、鎌二二八一一）は、生馬堅田荘の地頭職を「余一太郎た、つな」に譲与した。紀伊国生馬庄の庄司・地頭職をつたえた在地領主が、庄司四郎・ひろつな・ただつなの一門であったと考えられる。天福元年（一二三三）九月十二日為清田畠下人去文（「小山文書」鎌四五五九）に、

入渡　為清之先祖重代下人等幷田畠等事……右、件両庄田畠等者、為清之先祖重代私領也幷上件下人等、而為清不二□(陥)一於無レ極病悩一、労来苦痛無レ限之間、指不便と申、無二親故、況弟子息一所仁、庄司四郎殿不便とシテ養育干病セラル、カ故ニ、養育ヲ以奉公上、件田畠下人等、限二永代一入流畢、後々末代ヲ経トモ他人之横妨不レ可レ有、

とみえる。ここから、天福元年（一二三三）九月、領主為清が先祖重代私領としてきた紀伊国安宅庄内浜田一反や庄内田畠四反百歩などを重代の下人二人とともに、紀伊国生馬荘の庄司四郎殿に入流して去文を作成したことがわかる。

名田畠と下人らを質入・入流・沽却した。その理由は、親も兄弟・子息なく病に倒れ、庄司四郎の世話になり養育・看病してもらったが故に、彼は田畠と下人らを「永代を限り入流」とある。寛喜の飢饉の中で領主層も自身の療養・看病の経費を捻出するため田畠と下人を質物にして借銭の債務契約を庄司と結んでいたことが判明する。紀伊国の在地領主層は、領主経営の危機的状況の中で、信用のネットワークで相互援助のために入質・借銭契約を結び、債務不履行から質流れを余儀なくされ、田畠・下人を売却せざるをえなかった事情が判明する。土地や下人売却は貸付取引・債務契約・質契約による質流れによっても起きていたのである。

私領の質入・売却問題と幕府法

では、飢饉の中で、在地領主が所領や下人らを質入し入流して沽却せざるをえなかった事態に対して、幕府はどのような政策をとったのか。最初にこの問題を論じたのは、私領の歴史的性格を解明しようとした上横手雅敬であった。貞永式目四十八条「売買所領事」に、

右以二相伝之私領一要用之時、令二沽却一者定法也、而或募二勲功一或依二勤労一預二別御恩一之輩、恣令二売買一之条、所行之旨、非レ無二其科一、自今以後慥可レ被二停止一也、若背二制符一令二沽却一者、云二売人一云レ買人一、共以可レ処二罪科一、

とあり、私領の売買は自由であるが、恩領の売買は禁止したことに注目した。上横手は、恩領売買禁令が寛喜の飢饉の影響であることまでは論じていないが、文永四年（一二六七）に恩領・私領とも「売買・質入を禁ぜられ、譲与も制限」され八〇年間に私領・恩領が同質化としたと論じた(41)。しかし、後述するごとく、すでに延応二年（一二四〇）令で幕府は恩領私領とも売買禁令とした。幕府の所領売買・質入対策は迅速であった。

復興期の年貢未進問題

飢饉状況では徳政・撫民対策が急務であるから、年貢未進問題が訴訟沙汰になるのは、復興期に入ってからになる。

貞永式目の五条は、諸国地頭が年貢所当を抑留して「本所之訴訟」では「結解」で「勘定」し、「少分者早速可ㇾ致二沙汰一、至二于過分一者、三カ年中可二弁済一也」と決めている。

嘉禎四年（一二三七）十月十九日六波羅下知状（「東文書」鎌五三一五）から検討しよう。松尾社領丹波国雀部荘では文治二年（一一八六）に梶原景時が代官となり給田二町・地頭名田八町の領知が決まり、正治二年（一二〇〇）景時追討の駿河高橋合戦での軍功で飯田大五郎清重が地頭に補任され、子息左衛門尉大宅光信に相伝された(42)。ここから地頭の年貢未進がはじまり、松尾社雑掌僧覚秀が申文を出して六波羅に提訴した。判決文によると、地頭名田の所当は一年分二十五石余で、承久三年（一二二一）より嘉禎三年（一二三七）までの十七ヵ年に納入すべき四百二十七石余のうち、所済は百二十余石で未進分三百余石にのぼったとある。寛喜飢饉がこの間に含まれているから、大きな未進分の原因と考えて間違いない。所当負累を弁済し闕乏神事を興行するため、雑掌は地頭の非法停止を訴えた。地頭大宅光信の陳状は、親父地頭清重の代から遼遠小所のため下人ひとりを派遣し、分給された本司之跡の地頭得分は有名無実で、名田十町のうち三丁五段四十代は荒廃之地であり三十年余に及んだこと、承久以後に荒野田六段四十代の荒分所当は一切弁済し、地頭の代官之輩三人を補任し代々難渋はなかったこと、所当が二十五石とは虚言であると反論した。「光信廷弱之貧者也」、俄かに譴責を加へても弁済に堪えず、所帯の改補せらるべきの由その支度有るかと居直った。判決では「兼又於二彼負累三百余石一者、早三箇年内可ㇾ令二弁償一焉」として地頭の敗訴となり、式目により三ヵ年で三百余石の弁済を命じた。

一二二一年から三七年までの十七年間に寛喜の飢饉を挟んで、地頭名田の所当年貢未進分は、六波羅探題が認定した額だけでも負累三百余石にのぼった。地頭の領主経営がきわめて過酷な赤字体質で、自ら「貧者」と称している。地頭らが債務弁済の年貢未進訴訟に敗訴する事例が増えている。

寛喜飢饉と出挙・利銭の盛業

寛喜の飢饉では、百姓らの死亡・逃亡跡が大量発生し、年貢未進分が累積し、借銭や負債に頼って日常生活を確保するから、出挙や利息制限法問題など雑務沙汰が増加する。寛喜元年（一二二九）四月七日、後堀河天皇の寛喜改元にともなう太政官符の一箇条に「一、応同停止権門勢家使幷神人悪僧等責徴私出挙物事」とあり、東作之勤がそのために妨げられ、西収之稼はそのために多廃す、州県之費尤も此事に在りとして私出挙の責を停止し、宜しく窮民之愁を慰めよと命じる（「条事定文書」鎌三八二八）。債権者による私出挙の債務の厳しい取立て問題が社会問題になっていた。

神人悪僧による私出挙は、院政期以来、延暦寺の山僧・日吉神人等によった。『明月記』寛喜元年（一二二九）六月二日条にも「去年中碩学三人逝去云々、是仏法滅亡之時至歟、帯二妻子一出挙富有者、張二行悪事一、充二満山門一、随以有レ抽二賞恩顧一、天下緇素、非二富有少年一者、更難二交肩一歟」とある。山門の碩学僧が三人逝去したことを契機に、仏法滅亡の危機を感じた定家は「妻子を帯び出挙富有者は悪事を張行し山門に充満す」と批判する。飢饉で山僧の出挙活動が活発化し富裕者が山門に集中し有徳人の子弟でなければ僧侶のつきあいが難しいといわれる事態になって、貧富の格差が拡大していたことがわかる。

武家では、寛喜三年（一二三一）三月十九日北条泰時奉行人奉書（『吾妻鏡』鎌四一一五）で「今年世間飢饉之間、人民餓死之由風聞、尤以不便、爰伊豆駿河両国入二出挙一之輩、依レ不レ始レ施、弥失二計略一云々」として「倉稟の輩」に米出挙の支給命令が出されたことは前述した。問題は出挙の下行命令権が泰時のいかなる権限によるかの評価である。入間田宣夫や磯貝富士男は鎌倉殿の命を奉じたものではなく、泰時の侍臣が彼の家人に宛てた奉書とみている（磯貝富士男『日本中世奴隷制論』、三一六頁）。佐藤進一は泰時による出挙米下行を「国務知行」の権限とした[43]。泰時の権限について見解の一致をみていない。駿河・伊豆は「関東御分国」（『吾妻鏡』文治元年八月二十九日条）で、相模国は得宗家が相模守・駿河守を出し、国務沙汰によって国衙領を管轄下に置いていた。[44] 貞応二年から嘉応三年十月まで駿河国司は北条重時、伊豆国司は寛喜元年十月五日に武田信光（『明月記』）であったから、泰時が両国の国務であったとみてまちがいない。得宗時頼の出家時に北条長時（重時の長子）に「武蔵国務」を預けた事例（『吾妻鏡』）からみても、駿河・伊豆の国務は得宗家にあったといえよう。泰時の家政機関が家政文書を発して出挙下行権を行使したのは、両国の国務執行権によるものといえよう。日蓮がいう「国主国宰の徳政」（『立正安国論』）に該当する。[45] あらためて飢饉時の社会では、出挙・借銭の貸し出し需要が飛躍的に高まっており、借銭・出挙銭の下行政策は徳政の一環であり、天皇を頂点に国主＝知行国主や国宰＝国司・国務の職掌の義務として実施されていたことが判明する。

出挙利息の沸騰問題と利息制限令

では、飢饉で権門の家使や神人悪僧らが富をえて「出挙富有者悪事を張行し山門に充満」していたのは、当該期の出挙・利銭の利子分が大きかったからである。

鎌倉期の利銭の利子率が判明する事例を探すと、九一例摘出することができ、寛喜の飢饉前後の史料は表11のとおりである。[46]

飢饉直前の①では本銭五貫文の利分五貫文とあるから、利倍法が機能していたことがわかる。②と③では、出挙利息の利率が月利十割で年率一〇〇～一二〇パーセントになり、異常に高騰し大きな社会問題になった時期といえよう。④は月利六文子と通常の利息率になっている。⑤も月利十割であるが、寛喜の飢饉の復興期にあたり、九州の宇佐宮の事例であり、別の諸条件を考慮すべきであろう。ここから、出挙の利息が十割をこえる事例は②③⑤の三例のみで、寛喜の飢饉では銭貨出挙の利息が月利十割を超える異常な高利子になっていたことが判明する。

当然、公武による利子制限法が制定された。寛喜三年（一二三一）十一月三日の宣旨（「近衛家文書」鎌四二四〇）の公

表11　寛喜の飢饉前後の利銭の利子率

番号	借状年月日	借用額	利子分	契約内容	典拠
①	安貞二年（一二二八）十二月十六日	負物銭拾貫文	本五貫利分五貫代	永年流進	鎌三八〇〇
②	寛喜元年（一二二九）十一月二日	借銭八百文	百文別に月々十文	次郎借状	鎌三八八四
③	寛喜二年（一二三〇）七月二十日	利銭一貫六百文	月別十文を加へ	あいとく母借状	鎌四〇〇二
④	貞永元年（一二三二）十月三十日	利銭二百五十文	百文別毎月六文利	道源借文	鎌四三九八
⑤	寛元二年（一二四四）四月十九日	利銭	百文別十文	宇佐昌重借状案	鎌六三〇七

家新制では、

一　可レ停三止私出挙利過二一倍一并挙銭利過二半倍一事

仰、嘉禄之制、渙汗不返、而積習生常、施行忘レ実、俗之凋弊、唯在二此事一、縦雖レ歴二数年一、不レ得二一倍一、自今以後、不レ拘二制法一、若猶違犯者、令三負人触二訴使庁一、糺二返文書一、慥没二官其物一、

とある。嘉禄新制以来、私出挙の利子は一倍法、挙銭は利半倍法であるが、マンネリ化の中で順法が忘れられ「俗之凋弊唯在二此事一」として、「数年を歴ると雖も一倍を得ざれ」として私出挙利一倍法の遵守を命じている。

一方、復興期に入った天福元年（一二三三）四月十六日、幕府は追加法五五条（『吾妻鏡』）で、「大風以前出挙者、不レ論二上下親疎一、停三止一倍一、以二五把利一、可レ為二一倍一之由被レ定、遍為レ令レ下三知諸国一、差三定奉行人一、被レ注三遣六波羅一云々」と命じ、幕府御使を三手にわけて三十ヵ国に派遣した。大風災害を契機にして幕府は稲出挙利一倍法を停止して、五割の利子法をもって利一倍法に代えるとして、挙銭半倍法遵守を三十ヵ国に徹底した。すべての出挙の利息を半倍法にするのであるから、債権者・銭主側の抵抗も大きい。それを見越して、出挙利半倍法の触を在地に徹底

するために、幕府御使を派遣するという具体的な対策を講じた(47)。こうした努力の結果、寛喜の飢饉以降に出挙利子率が十割になるような事例はなくなっていく。

延応の御内法改革

寛喜の飢饉での年貢公事未進問題は、まず、将軍家の関東御領や北条氏一門の得宗領で延応元年（一二三九）、北条泰時による御内法改革として歴史の表舞台に登場する。『吾妻鏡』同年五月二十六日平盛綱奉書（『吾妻鏡』同日条）が根本史料であり、以前に拙書で論じたので結論のみを示す。復興期になっても、頼朝・政子・義時の再建された鎌倉南新法華堂では六斎日湯の薪代銭の納入が期日までに納入されない未進違期問題がつづいていた。泰時は執事平盛綱に命じて、期日の十日をすぎて薪代銭の未納者には「頭人之沙汰として挙銭を取って寺家に進納せしめ、その懈怠之人々の手より日数の久近を論ぜず、一倍をもって徴取せしむべき也」と定めた。年貢公事未進分は借銭による代納を頭人に義務化し、倍額弁償法での債務清算を命じた御内法の改革令といえる(48)。

北条泰時の御内法改革によって、年貢公事徴税システムは二段階の手続きを踏むことになった。第一は、頭人は自分の信用で挙銭を借用して寄子の未進分を代納することが義務づけられ、納入違期問題は解決した。だが、頭人は挙銭の銭主＝債権者である借上・山僧・凡下との借銭契約を義務づけられた。第二に、頭人と寄子との未進の代納額は、当事者間の債務債権関係となり、倍額弁償法で解決されることになった。頭人と寄子が信用で債務弁済契約を結ぶことになった。北条氏領の新しい年貢公事徴税システムは、頭人による挙銭借用による代納制と、当事者間による倍額弁償法という二重の債務契約を組み込んだものになった。

幕府延応令にみる質契約の増加

北条泰時は翌年（一二四〇）には延応二年令ともよぶべき幕府法の改革法令を連続制定して、御家人所領の質入問題に取り組んでいる。その幕府法を整理してみよう。

Ａ一　以二御恩所領一入二負物質券一事、延応二・四・廿評

右、沙汰出来之時、過半分以上致レ弁者、差二日数一令レ弁二償之一、可レ被レ糺二返彼券契一也、其弁不レ足二半分一者、須レ充二給所領於他人一也　前縫殿頭文元朝臣所領、紀伊国高安荘沙汰時被レ定レ之畢、（追加法一三九条）

恩領の売買は貞永式目から禁止されていたが、恩領の質入禁令はなかった。追加法一三九条では、幕府の陰陽頭惟宗文元の所領紀伊国高安庄が恩領で質券所領となって幕府評定に懸けられた。債務の返済が負債の半額を越えていれば債権の残額を放棄させ本主に取戻しを認め、返済額が半額に達していない場合は所領を没官して他人に給与することとした。半額弁償法で債務者・再建者の利害を折半することで、非御家人に恩領が渡ることを阻止しようとした所領保護政策といえる（井原『日本中世債務史の研究』、二四九頁）。惟宗文元は将軍頼経の身固陰陽師で子孫が奉行人皆吉氏として活躍したことが知られている(49)。

ここから飢饉後の復興期に、地頭御家人は借銭のために恩領を質物に入れる質契約を結び、銭主との間で債務返済をめぐる訴訟事件が増加していたことが判明する。惟宗文元も恩領地を質券に入れ債務契約を結ばざるを得なかったひとりであった。幕府の所領政策として所領の質入問題がはじめて幕府評定の重要議題になった事例といえる。質物所領の訴訟事件では半額弁償法によって本主への戻りを公認したのである。

Ｂ一　人倫売買停止事……而寛喜飢饉之境節、或沽二却子孫一、或放二券所従一、充二活命計一之間、被二禁制一者、還依レ可レ為二人之愁歎一無二沙汰之一、今世間復レ本之後、甲乙之輩、鎮令二違犯一云々、（延応二年五月十二日、追加法一四二条）

追加法一四二条では、寛喜の飢饉で「活命計」のため人身売買禁令を「無沙汰」にせざるを得なかった。「世間復本」＝復興期になったので、人身売買禁令を復古したことがわかる。西谷地晴美が飢饉で同一の法令がセットで繰り

返されるとした事例のひとつである。(50) ここから、幕府は、飢饉など緊急事態の際には、超法規的措置として幕府法の機能を「無沙汰」にして、平常時に戻ると幕府法を復古させるという法令操作を行っていたことが判明する。いいかえれば、人身を質物にして借銭関係を結び人身売買に及ぶことは緊急時にはやむをえないこととする法観念が社会意識として存在していたといわざるをえない。

C一　凡下輩不レ可二買領買地一事　延応二　四　四　廿五　二　五　廿五　同日

右、以二私領一令二沽却一事、為二定習一之由、先度雖レ被二書載一、自今以後者、縦雖レ為二私領一、於レ売二渡凡下之輩幷借上等一者、任二近例一、可レ被レ収二公彼所領一也、又雖レ為二侍已上一、非御家人者、不レ及二知行一、又以二山僧一為二地頭代官一事、可レ被二停止一之由、被レ載二事書一畢、（追加法一四五条）

追加法一四五条については寶月圭吾が、それまで恩領売買禁令のみであったが「延応二年には幕府はその政策を一歩進め、御家人の私領について特に庶民や借上等の高利貸への売却を禁じ、凡下之輩や借上への売却を禁止し、非御家人による御家人領の知行を禁じ、違反者の土地は没収し非御家人の場合はその領有を禁止しているが、ここでは取戻は問題にされていない」と指摘した。(51)

飢饉以後の復興期に旧来の私領売買だけではなく、恩領地をも凡下や借上に売却する事例が増加した。泰時の延応二年令の改革は、私領・恩領の御家人所領すべてを売買禁令としたことがわかる。凡下之輩・借上への沽却とは、御家人と山僧・借上・凡下との借銭契約から所領が入質・入流されて沽却になったことを指す。それは、つぎの史料からも明瞭である。

D一　以二山僧一補二代官一事

於二地頭一者可二停止一也、預所同可二停止一也、但雖レ非二山領々家一、為二山僧之領一者、山僧之条、不レ能二禁制一歟、

但離山之後経二年序一、非二沙汰之限一、但令レ張二行非法一者、可レ申二事由一（延応二年六月十一日、追加法一五〇条）

追加法一五〇条は、地頭や預所が山僧を代官に補任することを禁じた著名な法令である。山僧の地頭代官停止を預所にまで範囲を拡大し、ただし領家以上の延暦寺領や山僧領では幕府法は適用外としている。前述した山僧・日吉神人らの稲出挙・挙銭出挙による借銭契約の浸透が、御家人所領の質入・入流による売買となって御家人地頭の所領喪失という社会問題を生み出していたことが判明する。

以上の検討から、執権北条泰時の制定した延応二年令と呼ぶべき改革令は、飢饉の復興期に地頭・御家人らが私領や恩領までも山僧・借上や非御家人に質入して借銭し負債を弁済するようになったことが判明する。泰時は、御内法では挙銭借用での立替払納を導入し、延応の改革令で貞永式目以来の恩領売買禁令を私領売買禁令へと拡大し、人身売買禁令を復活させ、凡下・借上・山僧への規制を強化した。だが、恩領の質入そのものの規制や、本領取戻しはこの段階では現実的課題にはなりえなかったことがわかる。延応の改革令を延応法と呼ぼう。

寛元令の出挙利銭・利子制限法

高橋典幸は、寛元二～三年（一二四四～四五）にかけて執権北条経時のもとで寛元法とも呼ぶべき一連の改革法が制定されたことを指摘する[52]。借銭をめぐる貸借契約について寛元法を見直せば、寛元二年（一二四四）六月二十五日に追加法二一六条で「挙銭利分事、不レ及二私了見一、任二宣旨之状一、可下令二成敗一給上之状、依レ仰執達如レ件」と命じている。執権武蔵守北条経時は六波羅探題相模守北条重時に挙銭の利分は宣旨に従うべきもので幕府の独自判断で決められないと申送ったことがわかる。平常時になったので、飢饉時の天福令で出挙利半倍法のままであることへの不満が、銭主側から噴出し、挙銭利分の引き上げ要求が幕府内部で出ていたものといえよう。しかし、幕府は公家法との一体性を強調して、半倍法を維持した。執権経時の改革姿勢は、幕府法の独自性を出せるまでになっていなかった。

3　建長～正嘉飢饉期における質経済の発展と債務契約の多様化

北条時頼の建長法と雑務沙汰

高橋説の視点から幕府追加法を見直すと、建長元～八年（一二四九～五六）にかけて執権北条時頼のもとで建長法とよぶべき改革法が連続している。建長元年（一二四九）十二月に引付設置にはじまる訴訟手続法はよく知られているので、ここでは債務債権関係の雑務沙汰に注目したい。幕府追加法よりも『吾妻鏡』の記載が多いことも留意される。以下個別にみよう。

第一は、『吾妻鏡』建長二年（一二五〇）四月二十九日条に「雑人訴訟事、諸国者可レ帯二在所地頭挙状一、鎌倉中者、就二地主吹挙一、可レ申二子細一、無二其儀一者、不レ可レ用二直訴一之由、今日被レ仰二問注所政所一、是為レ被レ禁二直訴之族一也」とある。鎌倉中の「雑人訴訟事」は「地主吹挙」、諸国の場合は「地頭挙状」によって直訴が公認された。地頭挙状による雑人の訴訟受理が決められた。その実例を探すと、島津家文書の正和三年（一三一四）十一月二十七日鎮西下知状（鎌二五三〇八）によると、薩摩国伊作荘住人弥平五らは同国市来院住人志布志入道から小船一艘を借用したが、海路で破損した。住人志布志入道後家尼は、「在所領主」市来家貞の「挙状」を帯びて伊作荘「領家代」に訴訟を提起して、船代として得善法師一類を在所領主に引渡させ十六年間も奉公させつづけた。伊作荘住人弥平五らは在所地頭の島津忠長を立てて鎮西探題に提訴し、後家尼・在所領主家貞の法廷への出席拒否を理由に、後家尼による小船に対する競望を停止する判決を獲得した。ここでも、住人間の借船をめぐる民事訴訟が、在所挙状で領家代の法廷で審議され、地頭挙状によって鎮西探題の裁判で判決をえることができた。住人間の訴訟は利銭・借船や商業流通関係に関する民事訴訟が多い（藤本頼人「中世前期の梶取と地域間の交流」『日本歴史』六七八、二〇〇〇年。村井章介『中世の国家と在地社会』、三七三頁)。時頼の改革令により、在所領主の挙状や地頭の挙状によって住人間の雑務沙汰が、領家代の法廷や幕府の訴訟機関で審議される道が開かれたことが判明する。建長年間には貸付取引の利銭・借銭・負債をめぐる住人間の雑務訴訟が多くなり、領主吹挙や地頭挙状のある場合のみ、幕府法廷で審議される体制が整備された。

第二は、『吾妻鏡』建長三年（一二五一）九月十七日条に「出挙利銭之事、所領於二入流一者、被レ下二御教書一之由、其外相論者、可レ為二一向門注所之沙汰一之由被レ定云々」とある。出挙利銭の貸借契約から所領を「入流」した訴訟事件については執権連署による関東御教書を発し、それ以外の出挙利銭訴訟はすべて問注所での沙汰にすると幕府評定が定めたことが判明する。『中世法制史料集』はこれらを追加法として採録していない。しかし、佐藤進一は弘安七年（一二八四）八月十七日の貞応弘安式目に「一門注所申二鎌倉住人利銭一事、不レ可レ懸二地主一、以二下部一直可レ加二催促一」とあるから、鎌倉住人の利銭に関する訴訟＝雑務沙汰は問注所の管轄であったとする[53]。さらにこの記事から、出挙利銭相論を所領入流の場合とその他の二種類に分ち、前者を関東御教書による審理とし、後者は門注所執事の審理と定めたとし、前者について「判決も恐らく執権連署の関東下知状を以てすることとしたと推測せられる[54]」と指摘する。いいかえれば、出挙利銭により「所領を入流」＝質流地をめぐる訴訟は執権・連署の関東下知状によって判決される体制になったといえる。

恩領・私領の質入・入流を規制する法令は、北条泰時による延応改革段階では現実的課題になりえなかったことは前述した。ここにみえる「出挙利銭之事、所領於入流者」という訴訟とは、利銭の負債を弁済できずに質物に入れた所領を入流すことで債務債権関係を清算することである。質物の所領を入流して売却することであるから、貸付取引による土地売買を指している。土地の売買取引と、貸付取引による質流れからの土地売買とは、歴史的違いがあり、時頼は建長三年九月令ではじめて、質流れによる土地売買をめぐる訴訟を執権・連署の審議として関東下知状による判決と定めたのである。問注所の雑務沙汰権のうち、質流れによる所領売買問題のみは、執権・連署沙汰とする訴訟システムがつくられた。

七海があきらかにした北条時宗の文永五年の改革令で「永年買地事　付質券所取流所領事」で「御下知御下文」を給与された所領は徳政令の適用外の永代売地とされたことは前述した。しかし、それがいつだれによって始まったのか不明であった。しかし、文永五年令の「質券所取流所領」に「御下知御下文」が出された所領とは、建長三年令の「出挙利銭之事、所領於入流者」に関東下知状が出されたものと同一であることはあきらかである。永年買地や質流地の所領で安堵の下文・下知状を出すという幕府法の始源が、時頼の建長三年九月令に当たることになろう。

この仮説を実証できるか否かは、売買・質流地を安堵した関東下知状を探し出さなければならない。いまのところ、源達が建暦三年（一二一三）宗像大宮司氏国に「沽却」し、貞応元年七月十三日に私領安堵の「御下文」を受けた肥前国伊佐早荘長野村内浦福地をめぐって、船津高家・家政・家重が本主の譲状をえたとして宗像氏業らを押領人と提訴した事件で、文永八年（一二七一）十一月十九日関東下知状（「宗像神社文書」鎌一〇九一八）が出され、氏業の勝訴となっている。時宗と政村が署判を据えており、これが売買地訴訟の下知状とすれば、七海のいう永仁三年よりもはるか以前に永代売買不易の関東下知状が出されたことになり、建長三年九月令をその始源とみてよいことになろう。今後の検討課題としておきたい。

第三には、建長七年（一二五五）の追加法三〇六条に、「私出挙々銭利分者、不レ可レ過二一倍一之条、前々令二沙汰一畢、縦雖レ積二年紀一、不レ可二加増一、雖レ出二文書一、不レ可二叙用一、若猶有二違犯之輩一者、就二訴訟一仰二奉行人一、可レ被レ糺二返文書一、縦雖レ出二証文一、勿レ令二叙用一矣」とある。ここで時頼は、私出挙と挙銭ともに利子分は元本の一倍をこえることが出来ないと規定した。天福令で挙銭利半倍法に統一されていた利子制限法を停止し出挙利子一倍法に引上げたことになる。佐藤進一は「建長七年（一二五五）には出挙・挙銭を通じて一般的に利子は元本の額を超え得ぬことを定めた」[55]として利一倍法に統一されたものと理解している。平常時に対応した利息制限法の改訂で、鎌倉初期の公家法の利子一倍法にもどしたといえる。

こうしてみると、北条時頼による建長法は、出挙・利銭・借船や所領の質入・入流、出挙利子制限法・質流地訴訟など債務契約をめぐる雑務沙汰の訴訟手続法を定めたものといえよう。建長年間は「出挙利銭」「所領入流」問題が社会改革の主題になった転換期といえよう。出挙利銭問題から借銭のためには所領を質入する質契約が必要になり、「所領入流」による所領沽却訴訟が、執権連署の審議によって関東御教書の判決文をうける訴訟制度が、時頼の建長法によってつり出されたことが判明した。

転換期としての建長年間

建長七年（一二五五）八月十二日関東下知状（追加法三〇五条）には、「鎌倉中挙銭、近年号㆓無尽銭㆒、不㆑入㆓置質物㆒之外依㆑不㆑許㆓借用㆒」とある。鎌倉ではこれまで挙銭は、無担保の信用による貸借契約であったが、建長年間を境にして、「挙銭」の借用に際して「質物」の設定が必要になり「無尽銭」と号されたという。これは信用取引の出来ない階層でも、質草を置く事で質契約によって借銭が可能になったことを意味する。貸付取引の拡大が行われた。先に、拙著は建長年間・十三世紀半ばを境にして「挙銭」から「利銭」にとって変わる事例を指摘した（井原『中世の借金事情』、八五頁）。永仁年間には幕府法では無利子借銭が「借物」、利分付借銭は「負物」とされる（同、一八三頁）。まさに建長年間はその転換期であり、出挙・挙銭・利銭など貸付取引の種類が多様化し、借銭に質物が必要不可欠な質契約が一般化した歴史段階になったといわなければならない。

鎌倉における質屋の登場が建長年間にはじまり、消費者金融が多様化・拡大した。質屋は人間関係で信用のない階層の人々にも、多様な質草を入質することによって信用貸付を利用できる場を提供した。日本ではこれ以後に質屋・土倉が急速に発達していく。売買取引よりも、所領を質物に入れ、所領を入流して寄進・譲与・売買する経済現象が発展する。これを質経済の進展と呼ぼう。

建長年間の中世人がいう所領の売買とは「出挙利銭事」によって「所領入流」の経済現象であり、質経済の引き起こす質流地を指しているといわなければならない。多様な経済現象の中で、質流れによる沽却・売買という現象が訴訟や政治の表舞台に登場しはじめた。

正嘉飢饉と質契約の一般化

正嘉二年（一二五八）八月暴風雨による凶作にはじまった正嘉の飢饉を検討した磯貝富士男は、非奴隷身分の人身売買事例がみえるにもかかわらず、幕府法では人身売買禁令が出されず、年貢公事の弁済のために妻子の売買が容認されていたとして、在地における百姓の下人・所従身分への転落が増加していたことから、「在地において債務関係が一般化してきた」と指摘する（磯貝富士男『日本中世奴隷制論』一四五頁）。本節では、正嘉～弘長飢饉下において御家人所領の質入化による質経済浸透の実態を具体的史料によって解明し、債務関係の一般化という仮説を実証したい。

下野栃木郷の質券所領化

まず、『吾妻鏡』正嘉二年（一二五八）七月十日条を示そう。

今日評定、差二名字一入二質券一所領事、其所知行之仁可レ致二其償一歟之由、被レ定云々、泉又太郎蔵人義信与二安房四郎頼綱一相論下野国栃木郷事、頼綱以二彼郷一、依レ入二質券一、已被レ付二給人一畢、然者任二傍例一加二一倍之定一、於二百貫文銭一者、早可レ沙二汰渡義信一云々、

この日、御家人名字を替えて下野国栃木郷を質券に入質した事件が幕府法廷の評定にかけられ、所領の知行之仁に

償沙汰をさせる判決が出された。御家人泉又太郎蔵人義信と安房四郎頼綱の相論であった。下野国栃木郷の「知行之仁」であった安房頼綱は、所領を質券に入れた。評定になったときは、既に所領は「給人」である泉又太郎蔵人義信に給付されていたという。延応二年四月令の追加法一三九条では、債務の返済が本銭の半分に及ばない場合は給人に与えられる規定であったことは前述したから、この延応法が適用されたことは明白である。当然、返済額の評価をめぐって「知行之仁」＝頼綱と「給人」＝義信との相論となり、幕府評定にかけられたといえる。判決は傍例に任せ、「一倍を加へる定」によって「知行之仁」である頼綱が百貫文を「義信」に償沙汰＝弁済することで、栃木郷の知行を本主頼綱に復活させる判決が出たと解釈できよう。ここでいう「一倍を加へる定」とは、延応元年五月二十六日令（『吾妻鏡』）の倍額弁償法のことである（井原『日本中世債務史の研究』、一四〇頁）から、頼綱の借銭は五十貫文であったことが判明する。

以上から、下野国栃木郷という恩領地を知行していた安房四郎頼綱は、本領を質券に入れて五十貫文を借用した。債務の返済が本銭の半分に及ばないとして栃木郷は新らたに給人として泉又太郎蔵人義信に給付された。頼綱は当然返済額が半分に及んだとして反論して訴訟になり、正嘉二年（一二五八）幕府の評定では延応元年五月令と延応二年四月令の追加法一三九条を適用して判決文をつくり、頼綱は百貫文を義信に渡して本領を知行するように命じたといえる。

ここにみえる栃木郷や安房四郎頼綱・泉又太郎蔵人義信について『吾妻鏡』には他に所見がない。(56)『吾妻鏡』には幕府評定と明示されながら、『中世法制史料集』には追加法としてとられていない。判決は建長三年令にもとづいて執権連署の関東下知状が発給されたはずであるが、これ例外の残存史料がなく今後の課題にしておきたい。

先に、将軍頼経の身固陰陽師惟宗文元の恩領紀伊高安庄が質券に入れられて訴訟事件になっていた。今また御家人安房四郎頼綱が恩領下野国栃木郷を借銭五十貫文のために質券に入れて借銭の半額を弁済しきれずに訴訟事件に追い込まれていた。あきらかに御家人社会で借銭のために所領を質物とする質経済が進展していた。これまでの経済史で論じられていた御家人窮乏問題は所領の売買取引が原因とされてきたが、東国社会では質経済の進展による所領の質入・入流・沽却という質流地問題であったことが明白である。

武蔵国江戸郷の質券所領化と寄進による得宗領化

弘長元年（一二六一）十月三日平長重避状（「関興寺文書」鎌八七二一）は、御家人が質入した所領をさらに得宗家に寄進をせざるをえない実情を示している。

武蔵国豊島郡江戸郷之内前島村者、先所《(祖)》之所領、ふ□相伝仕候し処に、此両三年饉飢之間、百姓一人も候ハす、依レ此公事対捍仕候、定あしさまのけんさんに入候ぬとおほえ候、於二彼所領一者、それへまいらせ候ぬ、御年貢御公事をも、可レ有二御沙汰一候、此様を御申させ給へ候、御沙汰可レ有候、恐々謹言、

弘長元年十月三日　　平長重（花押）

謹上　五代右衛門尉殿御宿所

この文書はすでに海津一朗が検討し、「江戸長重は正嘉の飢饉に対応することができずに領主経営を断念して惣領・一族の頭越しに得宗家（公文所）に対して亡所となった前島を寄進した」と指摘する。「東国飢饉状態の猛威を窺わせる史料」[57]で充所の五代右衛門尉を得宗被官五大院高繁に比定し、得宗領や得宗被官の爆発的増加を示す好個の事例とする。

本節では、正嘉の飢饉の中で、どのように債務契約が御家人領に浸透して、債務弁済の肩代わりをいかなる社会勢力に依頼していくのか、御家人らの所領が質流れによって売買・寄進・譲与されていく社会的影響の問題をさぐり出

したい。

まず、弘長元年（一二六一）の東国社会が正嘉の飢饉から連続する危機的状況にあったことを確認するため、文応元年（一二六〇）十一月十三日親鸞書状を示そう。[58]

こぞ、ことし、老少男女おほくのひと々の死にあひて候ことこそ、あはれにさふらへ、

親鸞書状の正本は下野国大内庄高田にあったから、文応元年になっても東国飢饉が連続しており、その猛威が時代的背景にあったことが確認できる。しかし、飢饉自体が江戸氏の所領経営破綻の直接の原因ではない。

史料によれば、「此両三年饉飢之間、百姓一人も候ハす、此に依り、公事を対捍仕り候」とある。前島村の百姓名が死亡逃亡跡となり、「公事を対捍」したことが直接の原因である。地頭平長重は「彼所領に於いては、それへまいらせ候ぬ、御年貢・御公事をも、御沙汰あるべく候」と寄進状に記載した。第一に飢饉によって所領内の百姓がいなくなっても、地頭は死亡逃亡跡散田の義務をもち、所領の年貢公事を代納する義務があり、それができなければ公事対捍となり、償沙汰をしなければならなかった。第二に、年貢公事の代納不能・公事対捍になると、彼は所領を得宗家に寄進して、年貢公事の代納を依頼する行動に出た。所領を質入して借銭する段階を越えて、所領を寄進して年貢公事の納入を肩代わりしてもらったのである。前述した文治年間の九州小地頭らの寄進事例と同一である。

旧来の領主制論では、年貢押領—地頭請—下地中分を領主制の発展・庄園侵略の原動力としてのみ評価してきた。改めて、年貢公事徴納システム自体が地頭領主制を借銭—質入—流質—寄進・売却という債務契約・質経済の中に組み込み、領主経営を破綻させていった側面を見直す必要がある。

国衙領年貢と国務沙汰

第二の問題は、江戸長重は年貢公事の肩代わりをなにゆえ得宗家に依頼したのか。いいかえれば、長重が五代院氏

を介して年貢公事未済の代行を得宗家に依頼できたのは、両者間に信用関係が成立していたからである。それがなにに起因するのか、検討しよう。

この文書は圓覚寺末寺の越後関興寺の所蔵であり、正和四年（一三一五）圓覚寺文書目録に「十四通、前島村去状幷御下知御書下等具書」とあり、長重の所領が得宗家領をへて円覚寺領に姿を替えていた（海津一朗『中世の変革と徳政』、一八一頁）。問題は得宗領となる以前の段階に、江戸長重と北条得宗家とがどのような関係にあったかを解明しなければならない。

まず注目すべきは、武蔵国豊島郡江戸郷は武蔵国衙の管轄下にあった国衙領と考えられ、秩父平氏江戸氏の本貫地であった。武蔵国は頼朝時代から将軍知行国で、武蔵守には平賀義信・朝雅が補任され、武蔵国留守所惣検校職に畠山重忠がついた。建久元年の頼朝上洛で畠山重忠が先陣、後陣随兵に豊島権守・江戸太郎重長・横山権守が参じた（『吾妻鏡』同年十一月七日条）。建仁三年には、武蔵守平賀朝雅・武蔵国務北条時政・武蔵留守惣検校畠山重忠で、武蔵国衙領が運営された[59]。その後、北条泰時が武蔵守に補任され、寛元三年（一二四五）武蔵守北条経時のとき、浜御倉は執事平盛綱が差配し「武蔵国乃貢」を保管していた（『吾妻鏡』同年五月二十二日条）。建長三年（一二五一）九月五日には窮民救済のため「武蔵国務条々」が幕府評定にかかった（『吾妻鏡』同日条）。康元元年（一二五六）十一月二十二日に北条時頼は出家のとき、武蔵守長時に執権職とともに「武蔵国務・侍別当・鎌倉第」を「預申」した（『吾妻鏡』同日条）。この間、武蔵国務は時頼の手にあったことがわかる[60]。武蔵守北条長時は文永元年（一二六四）七月三日出家している。したがって、弘長元年（一二六一）当時、江戸郷前島村の地頭江戸長重は、武蔵国務の執権長時に村の国衙年貢を納入する義務を負っていたとみてまちがいない。長時は「家督幼稚之程眼代也」（『吾妻鏡』）とあり、時宗の「眼代」として武蔵国務を執行した。国衙領の地頭長重は年貢未進分の負債を形式上は武蔵国務長時、実質上時宗に支払う義務があった。負債弁済が不能となった江戸長重は時宗に負債の代わりに、所領そのものを得宗家に寄進することでデフォルトを申請したとみてまちがいない。

武蔵国衙領の郷村地頭は、年貢未進分を負債として武蔵国務との間で債務契約を結び、債務弁済の替わりに所領を国務の家に売買・寄進して相殺・清算した。御家人領の年貢公事の未進分の代納システムは債務契約によって、国務を掌握する得宗家に所領が売買・寄進されて得宗領を拡大する歴史的役割を果たしたことになる。

将軍知行国では御家人が年貢未進問題で負債弁済のため質物に所領を入流して、寄進・売買されて得宗領となり、御家人は得宗被官・御内人に転落していく。弘安徳政の必要性を生み出す社会矛盾＝将軍家と得宗家の利害対立の社会構造の骨格が、武蔵国豊島郡江戸郷前島村のなかで生み出されていたことが判明する。

こうしてみれば、時頼が建長三年改革令で、「所領入流」の訴訟問題を執権・連署の審理とし、関東下知状による判決と定めた理由もうなずける。所領の質入・入流からの売買問題こそが、御家人の所領喪失問題の経済的原因であり、雑務沙汰訴訟の中核的問題であったといえる。質経済の諸問題を幕府訴訟制度の改革として取り上げた時頼の政策判断能力の確かさがみえる。

4　時宗による文永徳政令と買得安堵下文の発給政策

文永五年幕府条々事書

永年買地の御下文・御下知状が存在したとする典拠について、七海があげた幕府の条々事書は、つぎの史料である。

条々

一　見質事

不レ可レ取二利分一、可レ弁二本物一也、　文永五　七　一評　（追加法四三七条）

一　本銭返并本銭不返及年作等事

不レ論二年紀遠近一、以二本銭一可二請取一也、（追加法四三八条）

一　永年買地事付　質券所二取流一所領事

於下賜二御下知及御下文一所々上者、不レ論二年紀遠近一、可レ停二止本主濫妨一、不レ帯二御下文等一所々者、廿ケ年以後、弁二本物直一、可二請取一歟、（追加法四三九条）

一　雖レ為二本所進止領一、御家人知行所々事

於二前々御口入分限所々一者、可レ有二御成敗一也、（追加法四四〇条）

七海は上記の第三条（四三九条）をとりあげて論じたが、「条々」の全体については文永五年（一二六八）の評定とあるのみで月日は不明である。三浦周行と佐藤進一の考証によれば、近衛家本追加によって、四三九条と四四〇条を合わせたものが、追加法四四一条に重出すると解釈している（『中世法制史料集』第一巻、補註三九五頁）。したがって、文永年間の質券所領に関する追加法を制定年次にそって整理すると次のとおりである。

①　文永四年十二月二十六日評定追加法四三三条：質券所領有償取戻令

一　以二所領一入二質券一令二売買一事

右御家人等、以二所領一或入二質券一、或令二売買一之条、為二侘傺之基一歟、自今以後、不レ論二御恩私領一、一向停二止沽却并入流之儀一、可レ令レ弁二償本物一也、但非御家人之輩事、被レ載二延応制一之間、不レ及二子細一歟、

②　文永五年条々事書追加法四三七〜四四〇条：見質・本銭返・年紀売・永年買地令

③　文永五年七月四日令追加法四四一条：売買質券所領御下知状買得安堵令

一　売買質券所領事

右給二御下文一者、不レ及二子細一、雖レ不レ給二御下文一、過二廿ケ年一者、不レ及二沙汰一、本物事先可二糺返一也、次本所進止所職事、依二其所事一、御家人等致二訴訟一之時、於二六波羅一、令二執沙汰一分限、有二定准一歟、可レ依二其左右一也、

④　文永七年五月九日令追加法四四三条：文永四年令の廃止令

⑤　文永十年七月十二日令追加法四五二条：質入地無償取戻令（文永徳政令）

一　質券所領事

今日以前分事、不レ論二質券見質一、雖レ不レ弁二本銭一、止二銭主之沙汰一、本主可レ全二領知一也、被レ成二御下文一者不レ及二改沙汰一、但正嘉元年以来御下文者、就二理非一致二越訴一之条、非二制之限一、入質之地者、今年中以後、可レ令レ返レ之、

ここから、第一に、文永四年から十年にかけての改革令はいずれも執権北条時宗の代に制定されている。いいかえれば、文永法は時宗の改革令といえよう。

笠松『徳政令』は文永五年令②・③についてはまったく触れていないが、別の論稿では⑥文永十年七月十二日令に注目し、「永仁五年令にあっても、現に知行する者が「御下文御下知状」を帯びる所領は取もどしの対象から除かれて」いたと指摘する。[61]笠松も、七海のいう買得安堵の下文・下知状を得た所領は取戻し禁止の永代売買として公認されていたことを認めていた。

文永改革令の内容

では、時宗の文永改革令の内容について検討しよう。まず、個別条項に関する先学の言及を参考に、研究の到達点を整理しよう。

まず、①の文永四年（一二六七）十二月令追加法四三三条について、寶月は「御家人等が恩領・私領を問わず、売却・入流質することを禁じ、既に売却・入流質した土地は、本銭（本物）を弁償の上で旧主が取戻すことが出来る、また対非御家人の問題は延応二年令を準用するというのである」と的確に要約した（寶月『中世日本の売券と徳政』、二三六頁）。笠松は①の追加法四三三条を、「短命な効力しかもたなかったが、幕府の徳政立法の最古のもの」とした。[62]村井章介も同法を「幕府による最初の徳政令」とし、文永三年三月～同六年四月の引付中絶期に集中する経済関係立法の一環に位置づけている。[63]

文永四年十二月令の内容の特徴は、恩領私領とも売買・質入禁止令であるとともに、質入地を本銭での有償取戻しを命じたものといえる。ここでは、所領の売買とともに質入・入流した所領を有償で取戻すことができるのであるから、笠松らがいうように文永の徳政令であるといえよう。

②文永五月の条々事書が、③文永五年（一二六八）七月令の四四一条文と重出だというから同一の内容といえる。寶月は「御家人等が売買・流質でえた土地については、幕府から安堵の下知状或は下文を給付されている場合は、年紀いかんにかかわらず旧主の取戻は認められない、また安堵を受けていない土地は、二十年の年紀が経過すれば、本銭返弁の上で取返し得る」と要約している（同二二六頁）。七海が論じた②の文永五年条々事書と同一の法令で、幕府の買得安堵の下文・下知状の所領は、徳政令禁止の永代売買地として公認されたことを意味している。幕府は永代売買や質流れを下文・下知状で公認したのである。④の文永七年（一二七〇）五月九日令追加法四四三条では、「文永四年式目三ケ条内、以二所領一入二質券一令二売買一事……右二ケ条被二棄破一畢」とあり、①の文永四年十二月令が廃止された。

この質入地有償取戻令廃止については、文永七年十二月に「房総諸国疫癘流行」（本国寺年譜）とか「鎌倉は世間渇して候」（上野殿母尼御前御書）とみえる。[64] 東国飢饉の始まりにより超法規的措置として幕府法を「無沙汰」にしたものと考えられる。

ところが、⑤の文永十年（一二七三）七月になる追加法四五二条のごとく、幕府はまた「質券所領事」について新令を発した。寶月は「過去の質入地につき、原則として本銭返弁がなくとも、質入主の取戻を認め、但し質取主が幕府の安堵を受けている場合はその限りでないと定めている、ここに至って、質地については、再び無償取戻権が確立したわけである。しかし、売却地の取戻については何等触れるところがない」と指摘した。[65]

文永十年七月令は質入地無償取戻令を発令したものであり、文永四年令が有償取戻の徳政令であるから、これこそ質入地無償取戻しの徳政令であるといわなければならない。もとより、売買質入地について幕府安堵の下文・下知状をえた土地は無償取戻しの徳政令禁止としている。笠松・村井ともに見落とした⑤の文永十年（一二七三）七月十二日令追加法四五二条こそが「質券所領事、今日以前分事、質券見質を論ぜず、本銭を弁せざると雖も、銭主之沙汰を止め、本主領知を全うすべき也、御下文を成されれ者、改沙汰に及ばず」とあるから、質物・差質を含め質入地の無償取戻令というべきで、文永徳政令といわなければならない。しかも、ここでも幕府の御下文のある質入地は取戻令適用外で、永年買地＝永代売買として安堵され、文永五年条々事書が生きている。ここから、時宗の文永改革令では、質流地・質入地の取戻令の徳政令発布と、幕府の買得安堵の下文による徳政免除規定とが並存していたことがわかる。時宗は、戻りのない永代売買地と戻りのできる質流地の区別を、幕府の買得安堵下文によって区別する道をつくり出したのである。

かつて文明十二年分一徳政令と分一付帯の徳政禁制とがまったく対立する法令でありながら、日野富子が同時に発令したことを百瀬今朝雄があきらかにした。[66] 文明十二年徳政令・徳政禁制の発令と同様に、文永十年の質入地徳政令でも同時に徳政免除の項目が発令されていた。このことは、徳政令は適用規定と禁制規定の二面性をあわせ持つ性格が、鎌倉期から存在し通時代的一般性・普遍性をもっていたことを意味するといえよう。改めて百瀬論文の重要性が留意されなければならない。

幕府法の質券所領

残された問題は文永改革令が規定する「質券所領」「売買質券所領」とはなにか明瞭にすることと、⑤の文永十年徳政令に『正嘉御下文』の越訴制復活が付随した歴史的意味を解明することである。

文永改革令の幕府法は「売買質券所領」（四四一条）「質券所領事」（四五二条）という法概念を用いている。弘安・永仁徳政令での幕府法は「沽却質券地」（五三〇条）と「質券売買地」（六五七・六五九・六六二・六七九条）という法概念に統一されており、両者に微妙なズレがある。これに言及した論考は管見に入らない。寶月はこれを売買と質入地、売買・流質で得た土地と解釈していることは前述したとおりである。

①四三三条と④四四三条にはともに「以所領入質券令売買事」と明記し、所領を質券に入れ文書質としたものをさらに売買する事という意味であることが判明する。質物の所領が質流れによって売買した所領＝質流地が沽却地になったことを指している。貸付取引による売買地のことになる。

さらに②の文永五年幕府条々事書にもどって史料をみてほしい。そこでは、四三七条の「見質」＝文書質（差質）と、四三八条の「本銭返」と「年作」売が、四三九条の「永年買地　付二質券一所レ取二流所領一」と区別されている。菅野が論じたように、幕府法では質物と本銭返・年紀売と永代買地の三つを区別したことがわかる。しかも、四三九条の「永年買地」の法概念は「質券を取り流す所の所領」が付けたりとなっているから、質流地を含む概念であったことが明記されている。「永年買地」＝永年売買地＋質流地ということになる。この二種類の土地では「於下賜二御下知及御下文二所々上者、不レ論二年紀遠近一、加レ停二止本主濫妨一」とあって、幕府の下文・下知状をえた買得・質流地では本主取戻令免除で永代売買のまま公認となった。ここから、中世人である幕府法の制定者は、「所領質券」とは「以二所領一入二質券一令二売買一事」と同義語に理解しており、質券に入れ取流して売買した所領＝質流地を指していたといえる。「売買質券所領」とは永年売買地と質流地のことであり、貸付取引による売買地の存在を含んでいた。幕府法では、売買地と質流地で下文・下知状をえた所領は、本主権が否定され、永代売買となった。

鎌倉期の売買と質の変遷

貞永式目の段階では、中世人は恩領の売買を禁止しただけで、質入・入流などを規制する法概念をもっていなかった。それが建長三令において「出挙利銭」での「所領入流」の訴訟について関東御教書での判決文を出す手続法を制定した。文永年間に入ると、「永年買地」と「見質」「本銭返」「年作」「質券所取流所領」とを区別する法概念を用意するようになった。しかも文永四年には質入地有償取戻令、文永十年には質入地無償取戻令が発布された。こうして建長・文永年間になって中世人は見質・本銭返売・年季売と質流地と永代売買の区別をするようになったことが判明した。

弘安八年から永仁五年徳政令は売買地無償取戻令であるから、質券所領＝質入地の無償取戻令はそれよりも十年余も早く時宗によって制定されていたことになる。ここでも売買地取戻令よりも質入地取戻令が歴史的に先行していたことが判明する。建長三年令で「出挙利銭」での「所領入流」の訴訟では関東御教書で判決が出されることになっていた。その延長線上で、文永五年（一二六八）に売買・質流地とも下文・下知状をえた所領は、徳政禁止とし、永年買地が安堵されていた。こうして文永年間に中世人は永年買地と質券所領とを区別し、幕府の下文・下知状の存否によって徳政令の適用と徳政免除とを区別していたことがわかった。

以上から、本主権的徳政論は幕府法の解釈論において永年売買地の理解に欠陥をともなっており、時頼の建長三年令や時宗の文永徳政令を見落としていたといわざるをえない。

時宗の文永十年質入地無償取戻令と越訴制

最後に、時宗による⑤文永十年（一二七三）の質入地無償取戻令に越訴制が付帯していた社会背景について検討しておきたい。

文永十年七月十二日令（追加法四五二条）は、質入地無償取戻の徳政令とともに前述の下線部分にみえるごとく、同時に正嘉元年以来の幕府下文は越訴を公認した。

この点に関して、笠松は文永八年（一二七一）の追加法四四六条によって康元元年（一二五六）までの成敗は不易化されていたとし「それについて越訴を出すことはできない」と「注釈」をつけている(67)。では、時宗が追加法四五二条で「正嘉以来御下文」の越訴をみとめたことはいかなる歴史的性格をもっていたのかあきらかにしなければならない。

稲葉伸道は、幕府の越訴制について文永四年から八年頃まで停止されており、文永九年（一二七二）二月に名越時章らの誅殺のあと、執権時宗によって越訴が再開されたと推定している(68)。追加法四五二条の正嘉以来御下文に対する越訴の奨励こそ、執権時宗による新政策で、稲葉の推測に合致するものと考える。

まず、笠松の指摘のごとく、文永八年（一二七一）評定の追加法四四六条では、寛元元年（一二四三）から康元元年（一二五六）までの幕府成敗を不易化した。当該期は執権時頼の執政期に相当し康元元年に時頼が出家した。逆にいえば、正嘉元年（一二五七）以後から文永八年までの御下文については、時宗は文永八年の時点では不易化も越訴による再検討もしないままに判断保留にした。なぜか。正嘉元年から文永八年の間には、正嘉・文応・弘長の飢饉や文永七年東国飢饉が存在した。飢饉による混乱期に発給された幕府下文や御成敗は、緊急事態での超法規的措置にならざるをえなかったものを含んでいる。それがこの間の下文を不易化の範囲から除いた理由だと筆者は考える。

東国飢饉の混乱期で質入・入流が増加した事態を改革するため、文永十年（一二七三）になってから時宗は質入地無償取戻しの文永徳政令を制定する決断をした。当然、飢饉混乱期の正嘉元年（一二五七）にはじまり、文永十年までの幕府の御下文について、超法規的措置であったか否かを見直す決断をしたのが越訴の再開であったといえよう。

それは、文永十年七月十二日令追加法四五二条（文永徳政令）には施行のために具体的な行政措置をともなっていたことからもあきらかである。すなわち、文永十年十一月十六日に山代孫三郎に宛てた少弐武藤資能施行状（「松浦家文書」鎌一一四六八、追加法四五八条）に、

今年八月三日　関東御教書、今日十六日到来、写案献レ之、如レ状者、豊前・筑前・肥前・壱岐・対馬国国御家人等事、或本御家人幷地頭補任所々、或給二御下知一知行之輩、及就二質券売買之由緒一、被レ成二安堵一之族、云二其所名字分限一、云二領主之交名一、且糺二明所帯御下文・御下知一、且不レ漏二一所一、平均可レ令二注進一之由、所レ被二仰下一候也、

とある。ここから、同年七月十二日評定で決められた質入地無償取戻令について、同年八月三日には関東御教書が発せられ、九州・中国諸国の守護に宛てて、本御家人・地頭・御下知知行之輩に対して「質券売買之由緒」を注進させた。これこそ、質券所領（質入質流地）の全国現状調査であり、同時に正嘉以来御下文の再調査の意味をもっていたといえる。

時宗の文永改革令の意義

時宗による文永十年質地無償取戻しの徳政令には、八月の質券売買地の由緒注進令が付随していた。これは、鎌倉幕府がはじめて所領質入問題について本格的な改革令を行政措置として実施したことを意味する。

しかし、この事実は翌年が蒙古襲来の年にあたっていたため、歴史の陰にかくれて歴史の表舞台で論じられたことはなかった。飢饉の混乱期に生まれた「質券所領」＝質入地・質流地という社会問題を正面から質入地無償取戻命令という文永徳政令によって改革しようとしたことは永仁徳政令以上に高く評価されなければならない。弘安徳政は時宗の死後の改革であったが、文永四年質入地有償取戻しや文永十年七月の質入地無償取戻しの文永徳政令は時宗自身の手による徳政令とその施行であった。

なお、文永十年九月二十七日、亀山天皇は宣旨を発して、朝廷の公家新制二五か条を出している（「三代制符」、鎌一一四二二〇）。時宗の文永改革令は、幕府のみではなく、公武一体の改革であったことに留意されなければならない。

三　公家新制と本所徳政令による公田返還の実現

1　弘長の公武新制による公領興行令と公田売買禁令

笠松は、十三世紀後半は都鄙を問わず徳政令の風が吹き、「公武が歩みを揃え揆を一にして徳政令を実施した」と指摘した。しかし、弘長三年公家新制や文永弘安の公家・本所徳政令などについては、ほとんど手が付けられていない。初期の公家徳政を具体的に検討して、本所徳政と幕府の徳政令との共通性と相違点について検討しなければならない。とりわけ、二節で論じたように、治承・養和・寛喜・正嘉・弘長の飢饉と文永七年東国飢饉のくり返しによって売買取引よりも貸付取引が活発化し、質経済の多様化と所領の入質・入流が進展していた社会経済現象は、御家人領だけではなく、公家領はもとより本所領でも同一の社会問題であったとみなければならない。公家や本所によって非器の仁による当知行を否定して本主にもどす徳政令の実態について、検討の鍬を入れておきたい。

飢饉と本所徳政の実施

文応元年（一二六〇）日蓮『立正安国論』[69]に「近年より近日に至るまで、天変・地妖・飢饉・疫癘あまねく天下にみち、広く地上にはびこる……若は万民百姓を哀れみて国主国宰の徳政をおこなう、然りと雖もただ肝胆をくだくのみにして、いよいよ飢疫せまる」とある。正嘉の飢饉につづき、文応・弘長の飢饉の中で「国主国宰の徳政」が各地で実施されていたとする。国主・国宰が、知行国主・分国主や国司・国務を指していることはあきらかである。いいかえれば、文応飢饉の進展とともに幕府をはじめ、本所や知行国主・国務による徳政の必要性が鎌倉期の時代思潮として登場し始めた時代像を明瞭にしなければならない。

弘長公武新制の現状認識論

笠松は、公家法は時々の政治的課題を解決するよりは宮廷内部の規律のための法としての色彩がつよかったと特徴づける。公家法の転機となったのが、後嵯峨院政の弘長三年（一二六三）四十一カ条と亀山天皇の文永十年新制と弘安八年公家徳政令の三つをあげ、そこには「現実を法によって改めようとする」法意識がみられるとする[70]。

この方法に学んで、弘長三年八月十三日宣旨（「公家新制」、鎌八九七七）において、公家政権が弘長飢饉で荒廃した現実社会をどのように現状分析して、どのような改革令を提示していたのか、分析しよう。まず、公家法二五六条[71]を示す。

一可レ有二任レ理成敗一、本家領家不和庄園事

仰、庄園有二本家一、有二領家一、或為二寄付異レ他之地一、或為二由緒相伝之所一、而無レ故欲二押領一、近代多二此訴一、先触二本家一、無二指子細一者、殊尋二究道理一、可レ返二付庄務一、若又権勢領家忽二諸本家一者、其理不レ可レ然、殊可レ被二

誡仰一、（公家法二五六条）

公家法二五六条は「本家と領家不和の庄園」をめぐる訴訟が増加し、道理に任せて成敗するよう命じた。「近代」になって「此訴多し」という現状認識を示し、本家と領家が押領し合う本所間相論が朝廷に提訴される事例が増加している現状を捉えていた。

鎌倉後期の公家政治が直面した政治課題を解明しようとした市沢哲は、本家領家間訴訟が激増したのは、貴族の家の分家がピークを迎え所領の確保のために権門内部の紛争が激化し、治天の君への権力集中を生み出したと分析・評価した[72]。高橋一樹は、鎌倉期以降に庄園知行や相続が多様化し、庄園領有体系の再編成が進み、本家職が出現する契機になったと評価する[73]。両者ともに当該期に荘園領主層の内部矛盾が激化した社会的な時代背景をあきらかにしている。だとすれば、公家政権の現状認識も正鵠を射たものと評価してよさそうである。他方、荘園・国衙領の庄家や政所での社会矛盾の激化という視点からみれば、本家領家間相論の激化は在地における飢饉での百姓人口の減少による死亡逃亡跡の増加、荘官沙汰人らによる償沙汰の不如意という、前節でみた現実の社会矛盾の反映といわなければならない。公家政権は、荘園公領の在地における農業生産の諸矛盾をどのように認識して改革案を提示・実施したのであろうか。

公田興行・公田売買禁令

公家新制の公家法二五八・二五九条が、在地の社会矛盾と改革案をつぎのように指摘している。

一可レ興二行諸国正税減失一事

仰、宰吏、内在任之間、無二煩之契約一、外與二後司一之時、有二減之證文一、依レ之正税官物、無レ故減失、近代吏務太背二公平一、西収之勤、秋毫莫レ私、以前之沙汰、猶可二改正一、向後之国損、又可二停止一、（公家法二五八条）

一可レ興二行同公田減失一事

仰、聖主之政者、因二人心一、宰吏之務者、叶二民望一、而近来之法、誠非二其宜一、任中国検之時、偏依二地頭土民之(隠)□容一、不レ全二萬頃百畝之町数一、或又仮二神威一、或又寄二権勢一、国之凋弊、職而斯由、前司縦雖二違犯一、後司宜二改直一、安レ民者君之恵也、悔レ非者人之廉也、兼又雖二前司去レ任之後一、売買共可レ有二其科一（公家法二五九条）

二五八条は、官吏は任中には不正な契約を結ばないが、離任にあたって後任者には公費を支出する証文を引継いで正税官物が減失していると行政の問題点を指摘する。諸国からの正税官物収入の減少を、国宰吏務の不公平という原因に求め、改革案として官吏の公正な行政と諸国正税官物の興行策を提案している。

二五九条では、諸国で徴税負担の耕作地である公田の減失を問題点と指摘する。任中国検時に宰吏は地頭や土民の隠田を追認し前司の違犯を後司が改直しない、と宰吏の不正を指摘する。前司が任を去る時公田を売買するとしてこれを禁止し、公田の減失をくい止め公田興行を命じる。とりわけ、「売買共に其科あるべし」と明示しており公家法における宰吏による公田売買禁令の初見史料として注目すべきである。公家政権はここで公田興行令と公田売買禁令をセットで命令・実施していた。

撫民策と臨時増税停止令

宰吏の行政改革案としては公家法二六〇・二六一条がつぎのように提起している。

一可レ優二恤同土民不一レ安堵一事

仰、甄《すえ》レ善、疾レ非者、太守之行也、弊衣薄食者、百姓之憂也、而近来、国力羸《るい》敗、民肩難レ息、宰吏代官、昨補今改、情理之枢、開塞如レ忘、或搦二取妻子、眷属一、或奪二取牛馬、資財一、依レ之、土民逃脱、田地荒廃、一夫不レ耕者、民間受二其飢一、一婦不レ織者、天下受二其寒一、国衙衰弊、職而斯由、治国之要、在□□今

以後、停二止此事一、（公家法二六〇条）

一可レ停二止役夫工造内裏以下、先例有レ限勅事院事外同臨時徴下一事

仰、省二愛其人役一者、国宰之所レ恤也、早在二節倹之義一、可レ致二清平之政一、此上国吏背二符旨一、若徴下者、土民参二官底一、宜レ言二上之一、（公家法二六一条）

公家法二六〇条は、国力衰退の中で宰吏・代官が年貢未進の土民に対して、妻子眷属を逮捕し牛馬・資財を奪取するため、土民の逃亡・田地荒廃がすすみ、国衙が衰弊するとして、宰吏による土民譴責の停止を命じる。一夫耕作せざれば民間その飢を受け、一婦織らざれば天下その寒を受く、と儒教での撫民政策を説いている。飢饉下での死亡逃亡跡の荒廃現象を把握し、漢学の素養で撫民・徳政の価値観を宣言しているところに後嵯峨院政の改革姿勢をみることができよう。

とりわけ、公家法二六一条は、役夫工米・造内裏役・勅院事など臨時徴下の停止を命じ、もし国宰による臨時役賦課があったときには、土民の官底への参訴を奨励している。早くに公家法二五八～二六〇条に言及した水戸部正男は、いずれも平安期以来の撫民思想にもとづく法的表現だとして、弘長令の独自性を評価していない。[74] しかし、鎌倉期の公家新制の中で、諸国の正税官物減少が土民の逃亡・田地荒廃によるという現状認識のもとで、諸国公田興行令と国宰による公田売買禁令を命じ、宰吏・代官による撫民徳政観念と一国平均役の停止を命じる改革法は、弘長三年令にはじめてみえる後嵯峨院政の行政改革案とみることができる。鎌倉後期に在地社会の抱えた社会矛盾と政治的諸課題を捉えようとする現実主義的な政策意識が濃厚である。とりわけ、土民の官底への訴訟によって国宰による臨時役の徴収を停止させようとする行政政策の設定方法は、土民を中世国家の構成員として部分的政治参加を公認して宰吏代官の不公平や怠慢・不正をチェックしようとする伝統的な法意識といえよう。[75]

なお、弘長三年令の公家法二五九条の公田興行令が、弘安六年四月の追加法四九〇条で得宗領興行令となり、弘安七年五月二十日関東新式目による関東御領興行令に発展して、弘安八年の弘安徳政として実施されたことは別に検討した。とりわけ、稲葉伸道が鎌倉後期に国衙勘落と国衙興行が王朝の徳政として推進されたと指摘したが、その国衙興行こそ公武一体の公田興行・公田売買禁令＝徳政の具体化として位置づけられるものである(76)。弘長三年公家新制の改革令が関東御領・得宗領において公田興行として、国衙領では国衙興行として現実的効力を発揮していたことはまちがいない。公武一体の公田興行令や公田売買禁令の在地での実施状況を具体的史料で実証していくことが次の研究課題である。

2　本所徳政令における公田売買禁令と売買地返還令

弘長三年公家新制の改革令を受けて、実際に本所領荘園の現地でおいて、公田興行令や公田売買禁令が機能し効力を発揮していた事例を具体的史料で実証しよう。

九条家領における公領売買禁令

まず、年未詳、九条禅閤忠教家雑掌第二度目安案（『図書寮叢刊　九条家文書二』三三九号）の中につぎの記載がある。

次如下号二　後嵯峨院　勅裁一先度円真所進之弘長二年三月一日　院宣案文者上、兵衛督局、以二当庄一令レ沽二却章綱一、而還就レ成二違乱一、停二止彼妨一可二領知一之由、可レ被レ伝二仰大江氏一云々、此事如二円真自称一者、票二彼局之流一、領二知之一云々、以二公領一任二自由一私沽二却他人一之条、不忠奸謀之至、罪科不レ軽歟、然者円真等票二彼余流一、争雖レ立レ針可レ全二領知一乎、雖レ表二円真之自科一、更非二円真之証文一哉、而捧二此案文一本所御違乱之時、就経二　奏聞一、預二勅裁一之由、奉レ掠二　叡聞一、令レ蔑二如本所一之条、諸事只可レ足二明察一者歟是二、

九条忠教家領摂津国輪田庄西方の前雑掌源氏女・子息円真が、本所敵対を理由に九条家から改替させられ、本家領家不和の庄園（公家法二五六条）とし院庁で訴訟になり、訴陳状がくりかえされた事例である。(77) ここには、前雑掌方の円真が提出した弘長二年（一二六二）三月一日後嵯峨上皇院宣を根拠にして、前雑掌の訴状に反論する九条家側陳状の原案の一文である。(78)

後嵯峨院宣では、兵衛督局が当庄を大江章綱に沽却しながら、かえって違乱を成すとして兵衛督局の妨害を停止して大江氏による領知を命じている。前雑掌側の円真は兵衛督局の流として領知していると主張するが、「公領を以て自由に任せ私に他人に沽却する之条、不忠奸謀之至りで、罪科軽からざる歟」と批判する。円真は証文に非ざるものを捧げて本所に違乱をなし、奏聞して勅裁に預かったが、それは叡聞を掠めたもので、本所を蔑如するもので、明察を請うと訴状に反論している。

ここから、本所領において「以二公領一任二自由一私沽二却他人一之条、不忠奸謀之至、罪科不レ軽」とする法意識を九条忠教家がもっており、法廷での裁判戦術に用いていることに注目すべきである。「公領を他人に沽却することが罪科」という法意識は、弘長新制二五九条の公田興行令・公田売買禁令とリンクしていることは明白である。(79)

弘安三年本所徳政令の公田売買禁令と公田返還令

では公田売買禁令が本所領の庄園で実際に効力を発揮し、公田の返還を命じる本所徳政令の事例を示そう。弘安三年（一二八〇）十月二十一日随心院政所下文（「善通寺文書」鎌一四一五〇）はつぎのようにみえる。

随身院政所下　讃岐国善通寺一圓寺僧・沙汰人・百姓等

右、当一円公文職者、大師御氏人郡司貞方之末葉、重代相伝来者也、而先公文覚願不レ顧二後難一、名田畠等或入二流質券一、或永令二沽却一云々、此条甚無二其謂一、所之沙汰人百姓等之所職・名田畠等者、本所御進止重役之跡也、而称二私領一、任二自由一令二沽却一之条、売人買人共以可レ為二罪科一也、雖レ然、覚願死去之上者、今非レ可レ被レ処二罪科一、彼所職重代相伝之本券等、寺僧真恵為二親類一之間、歎レ失二先祖之跡一、申二入事由一、買留畢、依レ之、云二本所役一云二寺家役一、存二公平一、不レ可レ有二懈怠一之由申之、然者於二彼公文職一者、真恵不レ可レ有二相違一、於レ沽二却質券之名田畠等一者、皆悉可レ返二付本職一、但買主一向空手事可レ為二不便一、為二当名主之沙汰一、本銭半分可三沙汰渡二買主一也、自今以後、沙汰人百姓等之名田畠等、任二自由一買二領于他名一事、一向可レ停二止之一、於二違犯之輩一者、可レ為二罪科一也、寺家・沙汰人百姓等宜承知、不レ可二違失一之状、依レ仰下知如レ件、

弘安三年十月廿一日　　上座大法師（花押）

別当権律師（花押）　　上座大法師

法眼

笠松は「このような個別的な本所徳政令発布の可能性はある」と指摘し、拙著は本所による債務の半額弁償法を論証する史料として指摘した[80]。この史料に言及した研究論考はほかに管見に入らない。注目すべきは、下線部分である。前公文覚願は、名田畠を「質券に入流し或は永く沽却せしめ」「公田減失」という事態をつくりだした。随身院政所は謂れ無しとし「所の沙汰人百姓等の所職・名田畠は本所御進止重役の跡也、私領を称えて自由に任せ沽却せしむの条、売人買人共罪科に為すべき也」と批判する。前公文覚願は死去し、代替わりとして寺僧真恵が親類で先祖の跡を継ぐ事を申出たので、公文職を安堵した。沽却した質券の名田畠は皆本主に返付すべきである。但し、買主も空手では不便であるので、本銭の半分を買主に渡せ、今後は沙汰人・百姓らの名田畠は自由に任せ他名に買領することは一向停止する、と命じている。

まさしく、弘安三年（一二八〇）本所随身院は前公文による百姓名の田畠入流売買を否定して、本銭の半額弁償に

よる取戻令を発令した。本所による公田売買地の有償取戻しの徳政令といわなければならない。文永四年（一二六七）十二月の幕府法の入質売買地有償取戻令の内容が一部改定されながら、本所領での公田売買地を本主の沙汰人・百姓らに有償で返付させた事実がここにある。本所による入流売買公田取戻しの徳政令である。

こうしてみると、九条忠教家や随身院など本所権力が、荘園の沙汰人・百姓等の名田畠を公田として入流や売買を禁止しており、弘長令の公田興行令・公田売買禁令を必要とした社会的支持母体であったことがわかる。

3　弘安公家徳政と非器の仁による公田売買禁令と公田返還令

弘安八年十一月十三日公家新制の徳政令

後宇多天皇は弘安八年（一二八五）十一月十三日、二十条の公家新制（「石清水文書」鎌一五七三二）を発布した。後宇多天皇の弘安八年公家新制の画期性については笠松の詳細な考察があり、弘安八年の伊勢神宮の神領興行法については村井章介・海津一朗・稲葉伸道らの研究がある。(81) ここでは、笠松・村井・海津らが考察外にしたつぎの六箇条についてみておきたい。

一、勅裁地、重不レ可レ有二沙汰一事

仰、後嵯峨院　聖断究二淵源一、当時　勅裁覃《およぶ》二一二《わずか》一事、無二殊子細一者、輒不レ可二改判一（公家法三五三条）

一、可二子孫相伝一之由、被レ成レ下二　宣旨・庁符一之地、無二左右一不レ可二召放一事、（公家法三五六条）

一、朝恩地、不レ可二自由一事

仰、或依二父之功一、或以二身之労一、恩顧之地、偏成二私領之思一、悉寄二付神社仏寺一、猥譲二女子・僧侶一、不レ経二奏請一、召任二雅意一、其理不レ可レ然、訴訟競起者、尋二捜根元一、可レ有二聖断一、（公家法三五七条）

一、為レ全二相伝一、寄二進所領一事
仰、就二本家之号一、無二是非一収公、思二其不レ知レ恩、不レ異二岐下野人一、彼領主有レ所レ申者、先可レ被レ返二付件餘流一、但数十代中絶文書、不レ帯二手継一、不慮伝領之仁者、雖レ貽二欝訴一、非二裁断之限一、（公家法三五八条）
一、以二家領由緒之地一、或致二放券一、或譲二他人一之時、経二　上奏一、宜レ断二向後争論一、（公家法三五九条）
一、両方文書、券契不二分明一者、尋二究根元一　可レ有二聖断一事、（公家法三六二条）

ここで第一の特徴は、「勅裁地」（三五三条）をめぐる訴訟裁許では後嵯峨院のそれを不易化し、それにつづく後宇多天皇の下で「朝恩地」（三五七条）および「文書券契不分明」（三六二条）な訴訟案件は「可レ有二聖断一」と命じており、天皇の裁判権の絶対化を志向している。後嵯峨院の治世は二十年にも達し、弘安八年法や暦応雑訴法には「寛元以後」「後嵯峨院の聖代」などと仰がれ「後嵯峨院治世の絶対化」が行われた。[82] 後宇多天皇の弘安八年公家新制でも「聖断」の絶対化を推し進めたといえよう。佐藤進一・網野善彦が注目した後醍醐の建武新政での綸旨万能主義も、その淵源は弘長三年法・弘安八年法における「聖断主義」にあったとみなければならない。

第二の特徴は、「勅裁地」（三五三条）・「宣旨・庁符之地」（三五五条）・「朝恩地」（三五七条）については、「改判」「召放」「自由」の処分を禁止して現状維持を命じている。とりわけ、朝恩地では「私領の思」による寺社への寄付・女子僧侶への譲与を禁止した。公田興行令の主旨に合致し、質券への入置・入流・沽却・寄進・譲与の禁令を意味している。

第三の特徴は、「寄進所領」（公家法三五八条）・「家領」（同三五九条）について、本家の号によって収公することを禁じ、質流・沽却・譲与に際しては「上奏」をへて安堵状を受けることを求めている。「向後の争論を断つ」ための措置としている。鎌倉後期の本所権は、「勅裁」「上奏」によって制約されはじめ、荘園領主権の自立性が院政期と比較して一層変質していたことがわかる。

公武一体の改革思想

本所領家が寄進所領を是非無く収公することの規制法についてはすでに市沢哲が指摘したとおりである。[83] この公家新制の改革令で、むしろ注目すべきは、「勅裁地」と「家領」との性格の違いである。勅裁地＝宣旨・庁符之地＝朝恩地への規制は、幕府法の貞永式目以来の恩領の売買禁令に対応する。ところが、「寄進所領」「家領」とは、本家の号を称することのできる本所領一般を指している。寄進地を含む本所領荘園においても「放券」＝質流・沽却と「譲」＝譲与・寄進を行う時には「上奏」を行えという。本所領の質入・入流・売買・寄進・譲与について天皇への奏聞を義務化している。

これは、幕府法の延応二年令の私領の売買禁止にはじまり文永四年十二月二十六日令追加法四三三条や文永十年四五二条で恩領・私領をとわず質入・質流・売買・譲与の禁令とまったく同一の理念といえる。幕府法は恩領・私領の移転に際して幕府に届け出て「御下文」を得た所領と二十年紀を経た所領は「永年買地」として知行を公認した。買得安堵の下文・下知状のある所領は永仁五年徳政令でも徳政免除の特権が付与されていた（追加法六五九・六六二条）。それと全く同様に、弘安八年公家新制も、本所領での私領を質流・沽却・譲与した場合には「上奏」を行って「向後の争論を断つ」ことを奨励している。公武政権は両者とも承認をえた所領は永代売買地として徳政令適用除外としているのである。

弘長から弘安八年にかけて、公田興行令・公田売買禁令とともに入流・沽却した名田畠の有償取戻しの徳政令が発布される一方で、私領の質入・沽却・寄進・譲与については、いずれも幕府の買得安堵や朝廷への「上奏」で「永年買地」として公認する政策を公武一体で推進した。まさしく、公武一体の政権は、公田・所領の移転を「非器の知行」として否定して徳政令を発する一方で、幕府の下文・下知状を得たものや朝廷に「上奏」したものは徳政令免除の「永年買地」として公認することで、債務者も債権者もともに公武政権に権力依存する体制を創り出そうとしていたといえよう。あわせて、取戻しができる質券所領と、下文や上奏で徳政令禁止の永年買地の区別が在地に強制され定着していったといえよう。この専制システムがいかに脆いもので、むしろ債務者債権者の利害対立や紛争・訴訟を激化させて内乱期に突入したことは歴史が証明している。

では、最後に、公武一体の弘長の公家新制から弘安・永仁徳政令による改革令が、なにゆえ、武家被官と京都被官の利害対立を激化させ身分差別法規として機能したのかについて検討して、本主権的徳政論批判を終えることにしたい。

むすびに

要約

本章での検討を通じて、鎌倉期の社会経済構造は、養和治承の飢饉にはじまり寛喜・正嘉・弘長・文永七年東国飢饉などのくり返しによって、貨幣経済の順調な発展による所領の永代売買はわずかな事例にとどまった。むしろ出挙・挙銭の借用による年貢未進分の代納＝立替払いの債務契約が発展せざるをえなかった。寛喜の飢饉では、年貢公事の代納制を通じて地頭御家人らが凡下・借上・山僧らとの債務契約を結び、出挙・挙銭の借用によって百姓の死亡逃亡跡の年貢未進分を支払った。出挙の利子率は月利十文子を超える異常な高利となり、出挙利子制限法が政治問題になった。建長年間に入ると、質物を設定して借銭を行う無尽銭や土倉・酒屋の利銭が一般化し、所領を質入し入流からの沽却・売買する質経済が在地に浸透した。債務債権関係の訴訟案件が激増し、地頭や在所領主の挙状による問注所での住人間訴訟や六波羅・鎮西による雑務沙汰の裁許が激増した。北条時頼の建長三年令では質入所領の訴訟は執権連署の審理で関東下知状によって判決する体制がつくられた。正嘉・弘長の飢饉では、地頭御家人らが質券に入れた所領を入流・取流して質流地の寄進・沽却・譲与の移動が激増した。質経済の進展により質入地・質流地をめぐる訴訟が増加し、文永四年から十年にかけて北条時宗の徳政令が発令され、質入地・質流地は有償取戻令や無償取戻令によって本主に返還された。同時に幕府の下文・下知状をえた所領では、徳政令免除として永年買地が保障された。弘安永仁の売買地無償取戻しの徳政令に先行して、文永十年質入地無償取戻しの徳政令が施行された。

飢饉による質経済の進展は、御家人領だけの問題ではなく、本所領においても百姓の人口減による死亡逃亡跡の散田不如意や公田の減失・百姓名田の質入売買が増加して、荘園経済や領主家産財政経営の赤字化をもたらした。弘長三年の公家新制を契機にして、公田興行令と公田売買禁令・有償無償取戻しの徳政令は、公家政権と武家政権をとわず共通の政策として在地で施行・実施され、本所領においては本所徳政令として百姓名の公田売買禁令や公田有償取戻令が実施されていたことを指摘した。

以上によって、本主権的徳政論が問題にしてきた売買の無償取戻しという徳政令問題は、それに先行して、建長年間以降債務契約では所領や動産を質物に入れる質契約がひろがり、質屋・土倉が急激に増加し、借銭の種類が多様化し、質流れによる売買・寄進・譲与の質経済が一般化したことが明白になった。幕府最初の徳政令であった質入地取戻令が文永四年と文永十年に時宗によって実施されていたからこそ、弘安永仁年間の売買地の無償取戻しの徳政令も中世社会に受容されやすかったといえよう。とりわけ、公家新制でも幕府法と同様に、徳政令で公田の質入地・質流地の取戻しを公認すると同時に、幕府の下文・下知状や朝廷の上奏をえた土地は徳政免除の永代売買地として安堵する政策を推進した。徳政令と徳政免除の同時発令という二面政策によって、在地経済では永代売買と質物・質券沽却・本銭返売・年季売・質流地との区別や分離が次第に社会に定着していった。文永徳政令と弘安永仁徳政令と徳政免除の買得安堵状によって、中世における売買と質・貸借との分離が徐々に進行していったといえる。笠松・勝俣・網野らの本主権的徳政論は、時宗による文永徳政令の存在を見落とし、当該期の経済社会が質経済の原理が機能する歴史段階であったことを見誤ったことによるものであったといえよう。本主権的徳政論によらずとも、質経済での取戻し現象と質地から永代売買地の分離過程の歴史事象として、鎌倉時代の徳政令は説明できることを論証した。

本所徳政による御家人身分の不利益

もとより残された検討課題は多い。弘安・永仁年間以降に公家新制や本所徳政の中で、御家人身分の利益を否定する事例が数多くなっていく。二、三の事例をあげておこう。弘安三年（一二八〇）正月二十六日六波羅下知状（「押小路文書」、鎌一三八四五）によれば、関東御家人の渋谷入道浄阿は寄沙汰で面を替え、茂重の名で掃部寮領河内大庭御庄の預所職に補任され、公用百二十五貫文分を立替払いで納入した。月別相節分の支払いを懈怠したとして預所職を改易され、渋谷は処分不当と公用分の返却をもとめて提訴した。六波羅の判決文は、関東御恩の身でありながら預所職を競望し本所に敵対したことは無道とし、立替払いの巨費も「武士借三与利銭於二京都之仁一事、無二其沙汰一、然者、可二糺返一否、非二沙汰之限一之状」との理由で訴訟不受理の敗訴とした。関東御家人による「京都之仁」への利銭貸与の債権は権力が保護しなかった。御家人身分の保護組織として出発した六波羅探題は、いまや公家徳政や新制の大法を遵守させる訴訟機関に性格を変えていた。

弘安八年（一二八五）七月十一日常陸府中では亀山上皇院宣が発せられ「在庁公人供僧名田畠」が武家被官輩に沽却・寄付・入置され、「公田減失、仏神事国役退転」になっているとして、「本主子孫に糺返すべし」と命じられた。

それにもとづいて、常陸国留守所は弘安九年（一二八六）二月、大掾氏一族の石河兵衛入道朝日ら「武家被官輩」による競望を停止し、清原師行に惣社神主職を安堵した（「常陸総社文書」鎌一五八二九）。常陸府中では永仁五年（一二九七）四月一日にも公田売買禁令違犯として留守所の徳政令が出された。常陸国惣社神主の所領地を買取った「買主とき・石崎弥二郎・山本」による「非器之知行」は認められないとし、本主惣社神主「師幸」による「御祈祷之地」の取戻しと「進退領掌」を税所・大掾・目代連署の下文で保証した（「常陸総社文書」鎌一九三三一）。ここでも「質券売買之地者、関東御徳政厳密之上、御祈祷之地、争可レ及二非器之知行一哉」としており、質券売買地への非器輩の知行を否定した。公家徳政による常陸国衙での公田減失を打開する公田興行令は全国的に実施された。稲葉伸道の指摘した鎌倉後期の国衙勘落と国衙興行こそ、住人の債権を「非器之知行」として犠牲にした公武一体の国衙興行・公田興行策であった[84]。

大徳寺の塔頭、徳禅寺文書の永仁五年閏十月□日関東下知状案[85]によると、弘安二年（一二七九）四月に塩谷三郎左衛門尉盛朝は、直銭千貫という巨費で三条前宰相中将家から若狭国名田庄田村を買取り「永代沽与」した。三条家雑掌は「盛朝為二関東御家人一依レ難レ知二行本所領一、沽二渡京都住人藤原氏一之旨、構二不実一所レ知二行下地一也」として、六波羅に提訴し、関東での審議を経て、永仁五年（一二九七）関東下知状は「当村者、盛朝非論を停止し、中将家に返付せよ」との判決を命じた。ここでも「関東御家人として本所領を知行しがたし」との大法が御家人の売買取引を否定し、関東下知状までが公武一体の大法を保護した。

幕府の徳政令は御家人の売却地・質入地の無償取戻しを公認し、凡下・借上・山僧・非御家人の利害は保護政策の枠外においた。公家徳政令では反対に「非器と謂うは武家被官の事なり」（「光明寺古文書」巻二十）として、武家被官輩の買得地・質入地の取戻しを推進して寺社領興行策を推進した。まさに公武一体の徳政令は、身分差別の法規として武家被官輩と京都被官との利害が対立しあう構造になっていた。公家徳政・本所徳政の吹き荒れた地域ほど、「非器の知行」が否定され、身分差別を受けて悪党の蜂起が搬出する時代に突入していた。幕府と朝廷はもはや御家人身分や武家被官の身分の保護をなしえない組織に変質し、悪党を生み出す権力機関として専制化していたことがよく理解できる。

年貢未進分の代納訴訟の増加

年貢未進分の立替払訴訟事件も、永仁徳政令以後も幕末期にかけて大きな社会問題として幕府法廷で審議され、判決が出されている。稲葉伸道は、東大寺領美濃国茜部庄や高野山領などの地頭請・年貢未進問題を検討し、その裁判管轄が六波羅探題だけではなく、永仁五年に関東での裁判で判決が出されたことに注目する。幕府の有力評定衆長井氏が地頭であるにもかかわらず、年貢未進問題では東大寺側に有利な判決を引き出し、一定の年貢未進分を弁済させることに成功していたと推測している。十四世紀には年貢未進問題は六波羅で審議し、地頭と領家の所務沙汰は関東で裁許し、裁判管轄の違いがあったとの仮説を提示した(86)。「年貢未進という軽い内容」とみる稲場の判断には賛成しえないが、幕府の裁判制度の中で、年貢未進問題が幕府滅亡まで一貫して裁判管轄や訴訟問題の主要テーマになっていたことは事実である。

十四世紀前期における年貢未進分をめぐる墓府訴訟は爆発的に増えていた。二、三の事例をみておけば、関東御領信濃国春近領志久見郷内石橋・壷山・細越三ヵ村では、村地頭中野幸重後家尼円阿が正安二年（一三〇〇）から春近年貢銭五百文を毎年対捍した。その間、「惣領経替」として市河助房の亡父栄忍が訴訟もせずに四十余年間立替払いをつづけたが、子息助房の代になって代納年貢額の返済をもとめて幕府に提訴し、関東下知状は正慶元年（一三三二）十二月二十七日に「件年貢は一倍を以って助房に弁済すべし」と判決文を出した（「市河文書」鎌三一九四〇）。惣領と姻戚関係にあった小地頭との年貢未済分の立替払いという債務債権関係は、親族・親類意識が機能していた御代には隠されて訴訟問題にならなかったが、代替りで同族意識が変質する中で、債務問題は幕府に提訴されて政治の表舞台に登場した。

同類の訴訟は幕末期に多くみえる。大隅国禰寝郡で郡司清保は庶子七郎左衛門尉清元が弘安六年（一二八三）から本所年貢と正八幡宮御領物・大府御領物などを対捍したので、領家年貢未進分を代納・立替払いした。元応二年（一三二〇）になって三十七年間の「経替年貢」（立替払分）を庶子に請求したが無音のため鎮西探題に提訴した。鎮西探題北条英時は嘉暦元年（一三二六）十二月二十日に「件領家年貢以下者、経入する所の一倍を以って、糺返すべし」と判決した（「禰寝文書」、鎌二九六九二）。実に四十三年間という長期間にわたって、庶子の年貢公事未進分を惣領が代納してきた債務債権問題は、幕府滅亡の直前になって庶子に負債分の二倍の返済を命じた。しかし、その総額がどれほどになるのか、具体的数値は判決文からは不明である。もはや、年貢徴税システムは、惣領の犠牲のうえに細々と機能していたにすぎなかったといえよう。

こうしてみれば、九州でも東国でも、惣領と庶子や一分地頭との間での未進分の代納・立替払いという債務問題は、十四世紀初頭になって代納分の清算をもとめて幕府法廷に提訴され、倍額弁償の判決を獲得するようになったことがわかる(87)。惣領と庶子、頭人と寄人、惣地頭と小地頭、得宗家と被官という人間関係は、年貢未進分の立替払という債務債権関係＝負債問題を抱えていたが、十二世紀までは訴訟にはなじまない問題とされていた。三、四〇年という長期間に同族・親類・主従関係が変質する中で、十四世紀には債務弁済請求訴訟として歴史の表舞台に登場しはじめたことがわかる。債務債権関係は人間関係の信用問題であるから、人間関係の変質によって、歴史の表舞台から姿を現したり、消えたりするのである。

年貢未進問題は戦国大名領国でも重要問題であったことが指摘されている。代官・奉行が年貢未進分を立て替払いした分は徳政免除であったこと、期日を過ぎた年貢未進分には利息が付けられたこと、などは阿部浩一が指摘した。黒田基樹は年貢納入以前で私的債務の支払いが年貢皆済に優先されており、今川領国では年貢進納以前に米穀物の移出を禁じたという。西戸雄一郎によると、甲斐武田領国では、郷村には二十日以内の年貢弁済を義務付け、期日を過ぎた場合に「利倍之勘定」が命じられ、北条氏領国では未進分には「一俵ニ三升充」の増米が付加税にされ、百姓の妻子・牛馬の質取が義務化されていたという。(88) 南北朝から室町期における年貢未進問題については、ほとんど未検討な分野で空白地帯である。本稿では、鎌倉後期から南北朝期に、公武政権が一体になって、公田興行令と公田売買禁令を武器に徳政令で債権放棄を強要させる一方、質券所領をめぐる雑務沙汰を「上奏」させ、買得安堵の下文によって永代買地の移動を公認して土地の永代売買を定着させる政策を推し進めたことをあきらかにした。公武による所領政策は、建武新政・北朝の荘園制の再編成によって室町期再版荘園制へと展開していく。年貢未進問題と徳政令の問題は、室町期再版庄園制の問題としても検討をつづけていなかければならないと考えている。

注

（1）峰岸純夫『中世　災害・戦乱の社会史』（吉川弘文館　二〇〇一年）、磯貝富士男『中世の農業と気候』（吉川弘文館、二〇〇二年）、西谷地晴美『日本中世の気候変動と土地所有』（校倉書房、二〇一二年）、保立道久『歴史のなかの大地動乱』（岩波新書、二〇一二年）。なお、中世気候変動論の分析方法をめぐる論点については、中塚武「気候変動と歴史学」（平川南編『環境の日本史1　日本史と環境―人と自然』吉川弘文館、二〇一二年）、田村憲美「自然環境と中世社会」（『岩波講座　日本歴史第9巻　中世4』岩波書店、二〇一五年）参照。

（2）井原今朝男「生業の古代中世史と自然観の変遷」（秋道智彌編『日本の環境思想の基層』岩波書店、二〇一二年）、同「民衆知としての生業論」（平川南編『環境の日本史1　日本史と環境―人と自然』吉川弘文館、二〇一二年）、同「中世の生業・技術・呪術」（同編『環境の日本史3　中世の環境と開発・生業』同、二〇一三年）、同「生業論からみた富と貧困の淵源」（同編『生活と文化の歴史学三　富裕と貧困』竹林舎、二〇一三年）、同「中世における生業とコモンズ」（秋道智彌編『日本のコモンズ思想』岩波書店、二〇一四年）。

（3）井原今朝男「中世の年貢未進と倍額弁償法」（『日本中世債務史の研究』東京大学出版会、二〇一一年）。

（4）初出は一九七六、のちに笠松宏至『日本中世法史論』（東京大学出版会、一九七九年）。

（5）勝俣鎮夫『戦国法成立史論』（東京大学出版会、一九七九年）。

（6）勝俣鎮夫「売買・質入れと所有観念」（初出は一九八六年、改題して『戦国時代論』岩波書店、一九九六年所収）。

（7）伊藤喜良「死亡逃亡跡と買地安堵」（初出は一九八一年、のちに『中世国家と東国・奥羽』校倉書房、一九九九年所収）三二八頁。

（8）永原慶二「室町幕府守護領国制下の土地制度」（初出は一九七一年、のちに『日本中世社会構造の研究』岩波書店、一九七三年）。

（9）菅野文夫「中世における土地売買と質契約」（『史学雑誌』九三―九、一九八四年）。

（10）新田一郎『日本中世の社会と法』（東京大学出版会、一九九五年）、大山喬平「序説」（同編『中世裁許状の研究』塙書房、二〇〇八年）。

（11）市沢哲「序説　本書の課題」（『日本中世公家政治史の研究』校倉書房、二〇一一年）。

（12）渡辺尚志・長谷川裕子編『中世・近世土地所有史の再構築』（青木書店、二〇〇四年）、黒田基樹『戦国期の債務と徳政』（校倉書房、二〇〇九年）。

（13）安田次郎「百姓名と土地所有」（『史学雑誌』九〇―四、一九八一年）。

（14）早島大祐「ものはもどるか―中世の融通と徳政」（中世後期研究会編『室町・戦国期研究を読みなおす』思文閣出版、二〇〇七年）。

（15）井原今朝男『日本中世債務史の研究』（前掲注3書）二四七頁・三五三頁。なお、書評で徳政論の分析はほとんどみられないとの批判を受けた。この批判は正鵠を射たもので、拙著は債務史の枠組みを指摘するのが目的であり、債務史の視点からの徳政令の分析は行いえなかったことは、井原今朝男「総論―債務史研究の課題と展望」（『歴史評論』七七三、二〇一四年）参照。

（16）百瀬美津「永領地に関する銭主返状について」（『日本歴史』一七五、一九六三年）。

（17）寶月圭吾『中世日本の売券と徳政』（吉川弘文館、一九九九年）二九七頁。

（18）中田薫「日本中世の不動産質」（『法制史論集』第二巻、岩波書店、一九三八年）三五三頁。

（19）中島圭一「中世後期における土倉債権の安定性」（勝俣鎮夫編『中世人の生活世界』山川出版社、一九九六年）、早島大祐「京都近郊における永代売買地の安定化」（初出は一九九九年、のちに『首都の経済と室町幕府』吉川弘文館、二〇〇六年所収）。

（20）村石正行「寄進・売買・譲与における本主権保護と返状の作成」（井原今朝男編『生活と文化の歴史学三　富裕と貧困』竹林舎、二〇一三年）、荒木仁朗「日本近世農村における債務と証文類」（『歴史評論』七七三、二〇一四年）。

（21）寶月圭吾「永仁徳政に関する二三の問題」（『立正史学』四〇、一九七九年、のちに『中世日本の売券と徳政』前掲注17書所収）

（22）海津一朗『中世の変革と徳政』（吉川弘文館、一九九四年）、村井章介『北条時宗と蒙古襲来』（ＮＨＫブックス、二〇〇一年）、同「幕府徳政の系譜」（『中世の国家と在地社会』校倉書房、二〇〇五年）、井上聡「神領興行令と在地構造の転換」（佐藤信・五味文彦編『土地と在地の世界をさぐる』山川出版社、一九九六年）、稲葉伸道「鎌倉中・後期における王朝の寺社政策と伊勢神宮」『名古屋大学文学部研究論集』史学五八、二〇一二年）。

（23）佐々木銀弥「鎌倉幕府の御家人所領政策について」（『中央大学九十周年記念論文集』一九七五年、のちに『日本古文書学論集五』吉川弘文館、一九八六年所収）。

（24）七海雅人「鎌倉幕府の買得安堵」（『歴史学研究』六九三、一九九七年、のちに『鎌倉幕府御家人制の展開』吉川弘文館、二〇〇一年所収）。

（25）近藤成一「モンゴルの襲来」（同編『日本の時代史9　モンゴルの襲来』吉川弘文館、二〇〇三年）。

（26）安田元久『地頭及び地頭領主制の研究』（山川出版社、一九六一年）。

（27）大山喬平「文治国地頭の三つの権限について」（『日本史研究』一五八、一九七五年）、高橋裕次「東国における荘園・国衙年貢の幕府請負について」（『中央史学』六、一九八三年）。

（28）安田元久『日本荘園史概説』（吉川弘文館、一九六六年）。

（29）菱沼一憲『中世地域社会と将軍権力』（汲古書院、二〇一一年）。

（30）田中大喜「在地領主結合の複合的展開と公武権力」（『歴史学研究』八三三、二〇〇七年）。

（31）工藤敬一「鎮西島津荘における領家支配の変遷」（『九州庄園の研究』塙書房、一九六九年）二三三頁。

（32）「富山文書」平三六九七。工藤敬一『九州庄園の研究』（前掲注31書、二二一頁）。

（33）井原今朝男「中世の生業・技術・呪術」（同編『環境の日本史三　中世の環境と開発・生業』前掲注2書）。

(34) 細川重男『鎌倉政権得宗専制論』(吉川弘文館、二〇〇〇年)一二七頁。
(35) 石井良助「中世人身法制雑考」(『法学協会雑誌』五六―八・九・一〇、一九三八年)、牧英正『日本法史における人身売買の研究』(有斐閣、一九六一年)。
(36) 磯貝富士男「寛喜の飢饉と貞永式目の成立」(初出は一九七八、のちに『日本中世奴隷制論』校倉書房、二〇〇七年所収)、同「寛喜の飢饉と公武の人身売買政策」(初出は一九八〇年、のちに同書所収)。
(37) 上横手雅敬『北条泰時』(吉川弘文館、一九五八年)、入間田宣夫『百姓申状と起請文の世界』(東京大学出版会、一九八六年)。
(38) 清水亮『鎌倉幕府御家人制の政治史的研究』(校倉書房、二〇〇七年)。
(39) 西谷地晴美『日本中世の気象変動と土地所有』(前掲注1書)。
(40) 武蔵江戸氏一族の重持の西国下向については、杉山博「江戸氏の発展と衰退」(萩原龍夫編『江戸氏の研究』名著出版、一九七七年)、出雲安田庄の下地中分は安田元久『日本荘園史概説』(吉川弘文館、一九五七年)。
(41) 上横手雅敬「私領の特質」(石母田正・佐藤進一編『中世の法と国家』東京大学出版会、一九六〇年)。この論考は佐々木銀弥・寳月圭吾・七海雅人らの研究で一新されていることに留意しなければならない。
(42) 阿部猛「鎌倉時代の地頭―丹波国雀部荘と備後国太田荘―」(『帝京史学』七、一九九二年)、笠松宏至・網野善彦「地頭はなぜ敗れたか―丹波国住雀部荘〈六波羅下知状〉を読み解く―」(『中世の裁判を読み解く』学生社、二〇〇〇年)。なお、笠松・網野は、寛喜の飢饉を含んで地頭による年貢未進分が巨額に上っていたことは論議されず、切符に論議が集中している。
(43) 佐藤進一『増訂鎌倉幕府守護制度の研究』(東京大学出版会、一九七一年)五三頁。
(44) 伊藤邦彦『鎌倉幕府守護の基礎的研究　国別考証編』(岩田書院、二〇一〇年)。
(45) 井原今朝男『中世の借金事情』(吉川弘文館、二〇〇九年)一八〜二一頁。
(46) 井原今朝男『日本中世債務史の基礎的研究』(科研成果報告書　二〇〇六年　研究代表井原今朝男)。
(47) 磯貝富士男『日本中世奴隷制論』(前掲注36書)は、挙銭半倍法を幕府側の民衆救済対策として評価し、ほとんどの国々に及んだと高く評価している。同感である。ただし、挙銭半倍法について「元本の半額という線を幕府独自の判断として打ち出した」(三〇〇頁)と評価するが、挙銭半倍法は、『類聚三代格』の弘仁令の復活令であり、嘉禄元・二年の公武新制の再発令であるから誤解である。

(48) 井原今朝男「中世の年貢未進と倍額弁償法」(『日本中世債務史の研究』前掲注3書)、鎌倉南新法華堂が頼朝の法華堂と義時の法華堂とが焼失後、合体して再建されたことは、貫達人・川副武胤『鎌倉廃寺事典』(有隣堂、一九八〇年)一一五頁参照。
(49) 赤澤春彦「鎌倉幕府における文士と陰陽師」(『鎌倉期官人陰陽師の研究』吉川弘文館、二〇一一年)。
(50) 西谷地晴美「中世前期の気候変動と土地所有」(『日本中世の気候変動と土地所有』前掲注1書)。
(51) 寶月圭吾「永仁徳政に関する二三の問題」(前掲注21論文、前掲注17書所収)一二五頁。
(52) 高橋典幸「鎌倉幕府軍制の構造と展開」(『鎌倉幕府軍制と御家人制』吉川弘文館、二〇〇八年)。
(53) 佐藤進一『鎌倉幕府訴訟制度の研究』(岩波書店、一九九三年)八〇頁。
(54) 佐藤進一『鎌倉幕府訴訟制度の研究』(前掲注53書)四一頁。
(55) 佐藤進一『新版古文書学入門』(法政大学出版局、一九九七年)二七六頁。
(56) 『吾妻鏡人名索引』(吉川弘文館、一九七一年)、『栃木県史　通史編三』(栃木県、一九八四年)や新川武紀『下野中世史の新研究』(ぎょうせい、一九九四年)などでもとりあげられていない。
(57) 海津一朗「鎌倉幕府と東国寺社勢力」(『中世の変革と徳政』吉川弘文館、一九九四年)一八〇頁。
(58) 「末燈抄」(『親鸞集』日本古典文学大系、岩波書店)一二四頁。
(59) 永井晋『鎌倉幕府の転換点』(NHKブックス、二〇〇〇年)九一・九四頁。
(60) 七海雅人「鎌倉幕府の武蔵国掌握過程」(『年報三田中世史研究』一〇、二〇〇三年)。
(61) 笠松宏至「永仁徳政と越訴」(前掲注4書)一一八頁。
(62) 笠松宏至「注釈」(『中世政治社会思想　上』岩波書店、一九七二年)一一四頁。
(63) 村井章介「執権政治の変質」(『中世の国家と在地社会』前掲注22書)一五六頁。同『北条時宗と蒙古襲来』(NHKブックス、二〇〇一年)参照。文永四年令を武家徳政令としたものに、清水亮「モンゴル襲来の「噂」と文永四年の武家徳政令」(『埼玉大学紀要・教育学部』五九―一、二〇一〇年)参照。
(64) 藤木久志編『日本中世気象災害史年表稿』(高志書院　二〇〇六年)。
(65) 寶月圭吾『中世日本の売券と徳政』(前掲注17書)二二六頁。
(66) 百瀬今朝雄「文明十二年徳政禁制に関する一考察」(『史学雑誌』六六―四、一九五七年)。百瀬は徳政令が債務免除を公認すると同時に、債務免除とは反対の徳政禁制による債権保証の二面性をもっていたことを指摘した。戦国大名の徳政令でも借銭・借米免除と同時に徳政免除を指定していたことを阿部浩一『戦国期の徳政と地域社会』（吉川弘文館、二〇〇一年）が指摘している。百瀬論文の徳政令の二面性の重要性は井原今朝男「書評　阿部浩一『戦国期の徳政と地域社会』」（『歴史学研究』七七一、二〇〇三年）参照。

(67) 笠松「注釈」（『中世政治社会思想　上』前掲注62書）一一六頁。
(68) 稲葉伸道「中世の訴訟と裁判」（網野善彦ほか編『日本の社会史』第五巻、岩波書店、一九八七年）。
(69) 『日蓮集』（岩波書店、一九六三年、二九二頁）。
(70) 笠松宏至『徳政令』（岩波新書、一九八三年）一三二頁、同「鎌倉後期の公家法について」（『中世政治社会思想　下』岩波書店、一九八一年）。
(71) 公家法の典拠法の表示方法については、『中世法制史料集』第六巻　公家法（岩波書店、二〇〇五年）の法規番号で統一する。
(72) 市沢哲「鎌倉後期の公家政権の構造と展開」（『日本中世公家政治史の研究』前掲注11書）。
(73) 高橋一樹「鎌倉後期～南北朝期における本家職の創出」（『中世荘園制と鎌倉幕府』塙書房、二〇〇四年）。
(74) 水戸部正男『公家新制の研究』（弘文堂、一九六一年）二一九頁。
(75) 井原今朝男「劇場国家論批判と日本中世史研究の現代的課題」（『中世の国家と天皇・儀礼』校倉書房）八五～八六頁参照。
(76) 井原今朝男「公家新制の公田興行令と得宗領の公田開発」（本書第一部第二章）、稲葉伸道「鎌倉後期の「国衙勘落」と「国衙興行」」（『名古屋大学文学部研究論集』三七、一九九一年）。
(77) 摂津国輪田荘の先行研究には、今井林太郎「摂津国輪田荘の一考察」（『大手前女子大学論集』一六、一九八二年）、高尾一彦「輪田荘と細川荘」（『兵庫県史』第二巻、一九七五年）参照。
(78) 本史料に言及した先学に市沢哲「鎌倉後期の都市領主秩序と治天の君」（前掲注11書、一八七頁）があり、「別　勅綸旨院宣が知行の正統性を保障する」点に注目している。公領売買禁令の公家法には言及しない。
(79) 公田売買禁令については井原今朝男『日本中世債務史の研究』でも「本所領庄園においても恩給地は公領であり、公田売買禁止という鎌倉幕府法と同一の原理が働いていた。公領の売買規制法は公武の大法として機能していた」と指摘した（前掲注3書、三八三頁）。中世後期の荘園領主が自領の売買を認めず、朝廷も「私放券」を「罪科不軽」（東寺百合文書）としていたことは、早島大祐論文（前掲注14書、二七七頁）が言及している。

(80)　笠松『日本中世法史論』（前掲注4書）二〇一頁、井原今朝男『日本中世債務史の研究』（前掲注3書、二五〇頁）。善通寺文書は、原本非公開のため、総本山善通寺宝物館の許可により、二〇一四年十一月十一日香川県立文書館所蔵、写真本によって校合した。

(81)　笠松『徳政令』前掲書と同「鎌倉後期の公家法について」（前掲注70書、四一五頁、一三〇～一五九頁）は公家法の裁判手続法の制定上での弘安八年公家新制の革新性をあきらかにした。神社領興行令については、村井章介「安達泰盛の政治的立場」『中世の国家と在地社会』（前掲注22書）、海津一朗「弘安の神領興行法」（『中世の変革と徳政』前掲注22書）、稲葉伸道「鎌倉中・後期における王朝の寺社政策と伊勢神宮」（前掲注22論文）参照。稲葉は鎌倉後期に幕府と朝廷が公武一体で寺領興行政策を推進した政治的側面を寺社権門との関係で解明している。公家政権の政治史論の中における後嵯峨院政や亀山院政の歴史的意義という点ではほとんど前述の市沢哲の研究がみられるのみで、未解明な諸点が多いといわなければならない。

(82)　笠松『徳政令』（前掲注70書）一六二頁、同「鎌倉後期の公家法について」（前掲注70書）四〇八・四一一頁。

(83)　市沢哲「鎌倉後期の公家政権の構造と展開」（前掲注11書、一九一頁）。

(84)　「常陸国総社文書」（鎌一五八三〇）、佐々木銀弥『中世商品流通史の研究』（法政大学出版局、一九七〇年）二〇頁、稲葉伸道「鎌倉後期の「国衙勘落」と「国衙興行」」（前掲注76論文）。

(85)　「徳禅寺文書」、「中世史料補遺」（『福井県史研究』一一、一九九二年）。なお、『福井県史研究』はこの文書を「六波羅下知状案」として、陸奥守平朝臣を大仏宗宣、相模守平朝臣を北条宗方に比定する。しかし、永仁五年は著名な永仁徳政令発布の年で、執権貞時と連署宣時が関東御事書を六波羅探題の上野前司宗宣、相模右京大夫将監宗方に送ったことで有名である。発給者二人の人物比定を貞時・宣時に訂正し、関東下知状案としなければならない。

(86)　稲葉伸道「鎌倉後期の幕府寺社裁判制度について」（『名古屋大学文学部研究論集』史学五七、二〇一一年）。

(87)　鎌倉期年貢未進分の立替払いによる債務問題と徳政令については、井原今朝男「徳政令」（高橋典幸責任編集『週刊　新発見日本の歴史二〇　鎌倉時代三』朝日新聞出版、二〇一三年）でも触れた。

(88)　阿部浩一「戦国期徳政の事例検討」（『戦国期の徳政と地域社会』吉川弘文館、二〇〇一年）、黒田基樹「戦国期東国の徳政」『戦国期の債務と徳政』（校倉書房、二〇〇九年）、西戸雄一郎「未進年貢諸役に関する規定と戦国大名」（『信濃』六三―一一、二〇一一年）参照。

第三章　中世後期における債務と経済構造

——求心的経済構造の空洞化——

はじめに

本章では、第一に中世後期の社会経済史を貨幣経済の発展、自由市場原理の発展として評価するこれまでの通説的歴史像を克服するため、債務史の視点から流通や経済問題をとらえ直したい(1)。

中世後期は貨幣経済の高揚にともなって、高利貸の横行と惣村や公家・幕府・寺社権門においても負債が増加して財政が逼迫して困窮生活を余儀なくされるという歴史像が通説になってきた。しかし、この通説では、近世社会における貨幣経済の発展と室町期のそれとの段階的な差異を区別しえない。室町期における貨幣経済の量的な進展は事実としても、その規模は織豊期の金銀流通を必要とする段階と比較すれば、銭流通の小規模な経済活動と規定せざるをえない。これまでの研究では、中世後期における債務関係の増加を貨幣経済進展や高利貸活動の結果とみる通説が無批判・無前提に主張されてきた。社会経済史を近代社会の尺度で分析する方法から脱するために、非市場的原理としての貸付取引に注目して分析したい。

そこで第一に、中世の債務債権関係・質経済が信用・決算システムから発生・発展して、売買取引である市場経済現象と並存し、売買取引と貸付取引、売買と質との混淆が起きていることを歴史事象としても理論的にもあきらかにする必要があると考える。

第二に、佐々木銀弥・脇田晴子・鈴木敦子諸説の批判的継承をはかり[2]、中世後期の中央集権的流通構造と地域経済圏との関係をどう評価すべきなのか、現時点での拙論を対置したい。近年の物流史や都市史研究の中で、東国や瀬戸内海での物流の実態や海外貿易との交流があきらかにされている。しかし、中世後期の求心的流通構造と地域経済圏の関係をどのように構造分析するかについては論議が進展していない。

中世後期の物流が無前提に商品流通であるかのように論じられており、中世の物流が基本的に年貢物と商売物に二分され、前者が関料・津料免除であり「国料船」などと呼ばれ国ごとに物流が編成されていたことが過小評価されている。とりわけ、室町期再版荘園制の下では、年貢は大半が春から夏の時点で立替払い・前払いになっており、秋年貢の納税・輸送は、結解状の収支決算システムでの債務の弁済という性格をもっていたことは、拙著『日本中世債務史の研究』（東京大学出版会、二〇一一年）であきらかにした。したがって、中世後期における物流や納税が帳簿上の収支決算システムでの債務処理としての枠組みをもっていた点については解明がおくれている。中世後期の流通構造が有していた時代的特質の解明を少しでも前進させることが本章の課題である。

一　全国的流通構造と首都京都の求心性

中世後期の流通経済構造と首都京都は、前代からの求心的経済構造が弱体化しつつも存続していた。基本的には佐々木銀弥のいう中世商品流通の重層性・求心性・特権性、脇田晴子のいう首都市場圏の求心性の見解を継承できると考える。その理由については、つぎの諸点をあげることができる。

1　室町期再版荘園制と幕府権力による求心的経済構造

第一に、これまで荘園制は南北朝期か応仁・文明期を契機に解体し、基本的に荘園年貢の物流は大きなものとは評価されていない。しかし、室町期荘園制の再検討がすすみ、東国本所領の年貢輸送を事例にみても、「武家御沙汰」（「九条家文書」）によって幕府・関東管領の政治権力で保証されており、現実に荘園年貢京上が幕府・関東管領の権力によって国家的な保障を受けていたことなどがあきらかになっている。(3) ここでは禁裏御料・院領・殿下渡領・寺社一円仏神領は幕府による特別保護政策によって応仁・文明の乱をこえて領家年貢の京上が維持され、荘園年貢輸送の京上が物流の求心性を考える上で前代同様無視し得ない要素であったことを指摘しておきたい。たとえば、内蔵寮領御服料所上総国畔蒜荘は文明十二年（一四八〇）十一月十五日条に「本所不知行」（「山科家礼記」）とされたが、永正五年（一五〇八）二月十七日条には月宛三千疋の年貢が内蔵寮知行として朝廷内部で確認され（『実隆公記』）、実隆・連歌師宗長らによる国人への働きかけがなされた。『守光公記』永正九年（一五一二）閏四月二十一日条には「東国御料所事被㆑仰㆔下可㆑申㆓鎌倉殿㆒也、渋川三千疋　畔蒜上総国三千疋ツツ」とあり、東国の禁裏御料の上野国渋川と上総国畔蒜荘年貢京上のため鎌倉公方と交渉が行われた(4)（国立歴史民俗博物館所蔵『守光公記』）。天文二年（一五三三）十一月八日法金剛院寺領の甲斐国篠原荘・上野国淵名荘も本所領の下地の田積・畠積が掌握され寺領目録が作成されていた（「法金剛院文書」『群馬県史』一九七二号）。天正六年（一五七八）に石清水八幡宮領信濃国小谷荘では「神領指出帳」（「菊大路家文書」信史十四―三二五）が作成され、「京ヨリノ代官雑用」に壱貫八百文が支出されていた。(5) 文禄三年（一五九四）当時にも、上杉景勝から「京ノ八幡江籾九十五石前々ヨリ参ル」と京都へ年貢が納入されていた(7)（「上杉家文書」・定納員数目録、信史十八―五三）。禅宗寺院領の年貢輸送も新田英治が指摘(6)する以外にも、越後では延徳元年（一四八九）北野社家領越後国関郷の神用二十貫文（『北野社家日記』長享三年正月十七日条）や明応元年（一四九二）同領越後国大積郷年貢二千疋が京上している（『北野社家日記』明応二年二月十八日条）。明応八年（一四九九）三月八日にも、相国寺鹿苑院末以言院領越後国浜郷の年貢銭百貫文が京着している（『鹿苑日録』上越五二〇）。

こうした東国荘園年貢の京上事例は、一定の社会的条件を備えた荘園では、十五・十六世紀でも年貢収納と本所年貢の京上は存続していたのであり、室町期荘園制を解体論だけでは論じられない(8)。他方、幕府の将軍御料所からの年貢や守護大名から幕府への国役としての守護出銭も中央集権的物流を生み出していた。それがどれほどの規模でいつごろまで存続したかについては今後の研究課題である。しかし、越後守護上杉定実は、永正七年（一五一〇）十一月十日に「毎年相定国役注文」として采女養育料・垸飯料・修理替物・治部四郎左衛門尉給物・朝夕新右衛門衣料・小舎人雑色等給物の六名目で「百五貫文京着定」と定めていた（「上杉家文書」上越六二二）。これらは幕府が関料免除の特権をあたえていた「国料船」（「春日神社文書」応永十一年四月二十八日御判御教書）と同じく、守護大名や戦国大名が幕府・禁裏に納入する「国役」の存在を物語るものといわなくてはならない。

こうしてみれば、中世後期の物流は商売物のほかに、幕府による守護国役・国料の京上や諸権門の荘園年貢の京上など年貢物が大きな比重を占めており、京都へ求心的に集中させられる中央集権的流通構造がなおも強固に存在していたといわざるをえない。問題は地域的分散的な流通構造と京都に向かう求心的流通構造との重層的構造の内実を解明することが、室町戦国期の流通史研究の検討課題であるといわなければならない。

2　守護被官・国人層の僧侶化・子弟教育・文化伝授による京都志向

第二には、幕府奉行人で守護被官にもなった国人層やその一族で出家して顕密寺院や禅宗寺院の僧侶となった武家諸階層はその子弟の教育や文化伝授を首都での権門寺院でおこなっていた。非荘園制的交通原理として教育・文化芸能活動によるヒトとモノの物流が求心的流通構造を支えていた。たとえば、信州国人知久心源の子天与清啓は建仁寺禅居庵に入室し応仁二年（一四六八）将軍義政の第二回遣明使となり、知久頼矯の子宮寿丸は後花園天皇の稚児好で理性院に入り養育され、成人してからは文永寺住持として文正元年（一四六六）以降には醍醐寺での大元帥法の伴僧を勤めている。(9)信州文永寺と醍醐寺理性院との関係は、仙耀・宗信・宗然・厳詢と歴代の住職に共通して戦国期においてもみられる（「文永寺文書」・「醍醐寺文書」）。上越市浄興寺文書によれば、永享年間に信州長沼浄興寺の周観は子息の彦太郎を京都本願寺存如の下で子弟教育させて「割符」で用途を送っている。(10)こうした関係は文明年間の世代である蓮如と了順・了周との間においてもみられる（「浄興寺文書」信史九―五四〇〇）。古今伝授の事例では東常縁の二男常和が三浦芦名におり（文明十七年『北国紀行』）彼は永正五年（一五〇八）五月二日に実隆を訪問し東国下向の挨拶をしている（『実隆公記』）。すでに、東常縁・胤氏父子は、長禄二年（一四五八）に関東下向しており、文明元年（一四六九）冬にも、伊豆国三島から連歌師宗祇と往復書簡を交わしている（「東野州消息」『群書類従』）。信濃国人高梨政盛は文亀三年（一五〇三）七月二十九日、三条西実隆から古今伝授や伊勢物語などの写本をえて多くの礼銭を送っている（信史十―一六二）。実隆ら公家が地方国人層から和歌・連歌など京文化の伝授を通じて経済的な収益を確保していたことは『実隆公記』からも容易に理解できよう。京都と田舎を結ぶ文化教養活動や子弟教育にともなう「ヒト」と「モノ」の移動・集中は、地方や田舎における社会的余剰や富が大きくなればなるほど、それに見合った大きなものがあったとみなければならない。越後守護の上杉氏も文亀三年当時でも京都上杉氏の三郎材房や上杉京都雑掌神余豊綱を在京させ、近衛政家（『後法興院記』同年六月十六日条）や三条西実隆（『実隆公記』永正元年三月二十三日条）との和歌や揚弓など文化的交流を行い、全国各地の大名・国人や公家・僧侶を含む支配層相互のネットワークをもっていた。地方領域支配のためには、中央との文化・芸能・教育のネットワークが信用保証の役割を果たしており、求心的流通構造を下支えしていた(11)。守護・守護代・国人らの京文化導入への志向性は、人的ネットワークによる政治力と信用保証力を獲得するためであった。

3 夫役負担の存続

第三に、京上役・在京百日役など夫役負担体制が首都圏への京上システムを制度的に支えていた。寛正四年(一四六三)十一月十三日備中国新見荘でも京上人夫が義務づけられた(「東寺百合文書」オ函一七一―一)。天文二十一年(一五五二)十二月信濃国人高梨氏の在京百日役が高梨領の村・郷に賦課され(12)(「高梨文書」信史十一―五四八)、高梨刑部太輔や頼資らは翌年閏正月廿日に「巡見之次」に本願寺光教と対面している(『天文日記』同日)。地方領主が京都に上洛する場合には、その用途を地域住民に京上人夫役として徴収することができた。封建的な賦役体制の存続が中世後期における首都圏への求心的流通経済構造を支える社会的基盤になっていたことはまちがいない。

中世後期における守護役として矢野荘に多くの陣夫や運脚が賦課されていた(「東寺百合文書」)。戦国大名が「兵糧運送」の人脚や「要害普請」や「伝馬宿送」の夫役を賦課(「上杉家文書」)することは、東西を問わず社会的慣習法として大法になっていた。これらは物流の輸送手段が車借・馬借・船借などの運輸専業集団とともに一般農民からの夫役によっても支えられていた。中世の輸送基盤が市場原理と封建的賦役原理の二側面をもっていたことを物語るものである。それは中世の物流が年貢物と商売物の二面性をもっていたことと対応するものといえよう。

二　地域間流通の重層構造

1　流通拠点の地方分散性と循環的流通構造の登場

中世後期には、荘園財政においても国下用が増加し、在地での有徳人層の形成が進み、在地に社会的富が蓄積された。東国でも常陸における有徳人の交名がみられるようになるのも、東国における地域的経済力の蓄積を示している。峰岸純夫・村井章介編『中世の東国の物流と都市』（山川出版社、一九九五年）や綿貫友子『中世東国の太平洋海運』（東京大学出版会、一九九八年）などに代表される流通史研究の著しい進展によって東国内部での物流の現象面は豊かになった。しかし、そうした地方流通現象をどのように理論的に整理して経済史や政治史・国制史などと結び付けていくかの問題提起がなされていない。かつて、網野善彦が東国と西国の経済圏の分離を問題提起したが、今日の物流史研究の進展からみれば、鈴木敦子が安芸国二日市・厳島門前町との結合体を地域経済圏と概念化した方法論にもとづいて、東国や全国各地での物流現象を検証し直してみる必要があると思う。

その際に注意すべき第一は、地域流通圏の重層的に重なり合う場や中央集権的物流との接点に分散的流通拠点都市が形成されたこと、第二に地域史の変動や遠隔地間交通の変化によって流通拠点都市の盛衰が左右され、有徳人や流通拠点都市の変動や盛衰の周期が短期で激しかったこと、第三に、都鄙間や地方の分散的な流通拠点都市を結ぶ双方向型や循環的な交通ルートが形成されたことなどの諸点に留意して、地域経済圏と求心的遠隔地間交通との重層的構造の内実をあきらかにする必要があるように思う。

たとえば、金沢称名寺は、鎌倉、信濃太田荘、加賀軽海郷、京都太子堂を経て伊賀山田、伊勢大日寺から鎌倉へもどる循環ルートが熊野社の年貢輸送ルートと重複していた(13)。これは、鎌倉を中心とした広域的流通圏が形成されていたことを示すとともに、その交通路上の宿と周辺の市・津・渡・町などからなる重層的な地域経済圏が成立していた。武蔵国村岡の市・西熊谷の市場在家・小泉郷の町屋在家との地域経済圏、上野では世良田宿と四日市・六日市や朝市の里などの地域経済圏、善光寺を中心とした地域経済圏、加賀の軽海や野々市・大野荘宮腰塩町などの地域経済圏などが重層的に存在していたものと考えられる。京都に向かう求心的遠隔地間交通と鎌倉へ向かう広域的流通圏と在地の市・町のネットワークに規定された地域経済圏が重層的に連鎖していたことを物語る。しかも、これらの市・町の盛衰はきわめて短期的であり、流動性が激しかった。

こうした広域的流通圏の成立は海上においても同様であった。綿貫・宇佐見・稲本らによると、品川と伊勢大湊とが神船による隔地間流通で結ばれていたことを指摘している(14)。しかし、この伊勢を中心とした広域的流通圏が何ゆえ形成されたのか、その縮小はなぜ起きたのかという歴史的社会経済史的要因については言及していない。伊勢を中心とした広域的流通圏は、「関東渡海之神船」と「伊勢海小廻船等」から成り立っていた(内宮引付一八四号、文明十三年十一月二日荒木田師秀・度会顕光目安『三重県史資料編中世1』(上))。後者は、尾張の「内海船」や伊勢大湊の「湊船」、「若松別符船」をはじめとする各地の「神宮領船」などが、「諸国参宮人」や「彼物色々」「船荷物」を積載していた。このヒトとモノの物流こそが年貢物と商売物の混合体であった。伊勢神宮への求心的流通が、鎌倉期～室町期の東海・太平洋海運成立の基本要因であった。伊勢神宮は本所として「神船帆別米」や「神領湊役」を徴収して「二所太神宮朝夕御饌料」にあて、諸国御厨の諸郡神米を神事用途に当てる荘園領主・諸権門のひとつであった。ところが文明年間には各地の浦に新関・警固所が設置され他役が徴収され、関東渡海の神船も三十六艘から二十艘をきるまでに減少し、両宮御饌料や神役が欠如するようになったという（同一四八号、文明十三年三月日内宮庁宣『三重県史』同）。まさに伊勢にヒトとモノが求心的に集中する広域的流通圏は荘園領主・本所としての伊勢神宮の政治力・経済力によって左右され、時代による地方都市の盛衰がはげしかったといわなくてはならない。(15)鎌倉を中心として広域的流通圏が鎌倉公方・関東管領の政治力・経済力に左右された歴史的事情とまったく同様で、「流通経済の政治性」「地域間変動の拡大」が強い時代といえよう。年貢物と商売物との流通比率は中世後期の政治動向に左右されたといわなければならない。

中世後期の関東への交通ルートも、そうした複数の地域経済圏と広域的流通圏と求心的経済圏の重層性の上に双方向で展開されていた。たとえば、権門寺院の醍醐寺は信州伊那文永寺や下野佐野花蔵寺など地方拠点寺院を「田舎本寺」と呼び、それを利用しながら醍醐寺院主らが田舎に下向した。(16)地方寺院の僧侶が醍醐寺に上る双方向型の交通形態が展開された。文明七年（一四七五）の理性院宗典と文永寺宗詢との交流、明応七年（一四九八）報恩院澄恵の「澄恵僧正授与記」（「醍醐寺文書」）、天文二年（一五三三）厳助の『信州下向記』などによると、「田舎本寺」が地方における伝法灌頂などの法会の場となり、市立てが行われた。「伝法灌頂雑記」（「文永寺文書」信史九―一六八）によれば、文明七年九月十五日に醍醐寺理性院宗典が信州文永寺に下向し、住持宗詢とともに結縁灌頂を行った。地域の国人や子弟が見学のため桟敷を埋め、郡内の瑠璃寺・法全寺や隣国三河国鳳来寺・寶幢院ら寺院ネットワークから仏具を借用し、周辺寺院の僧侶らが法会に共同参加し、一般民衆の男七百二十、女六百人が授戒した。京都から下向した僧侶の指導下で地方寺院での授戒会の法会が地域的経済圏を基盤にして開催されていたことがよくわかる。(17)

中世後期の物流は、地方から京都へという片務的なものではなく、逆に京都から田舎に投資され、双方向の物流になっていたことに注意しなければならない。応永二十九年六月二十一日黄梅院奉加銭替銭結解状（「円覚寺文書」神五六五〇）によれば、京都の相国寺から百八貫、万寿寺の替銭廿貫、桂百女拾貫が送られ、そのほかにも、等持寺から三百貫文などの送金が予定され、巨額な貨幣が鎌倉圓覚寺に送金された。こうした双方向型の流通経済によって、地方に流通拠点都市が形成された。堯恵『北国紀行』（文明十七年）、道興『廻国雑記』（文明十八年）はともに北陸道から越後府中、善光寺をへて三国峠から関東に下向した。宗長『東路のつと』（永正六年）は東海道から関東に下向している。沼津、三島、小田原、鎌倉、武州勝沼、鉢形、忍岡、品川湊、古河、下州佐野、宇都宮、日光、上州草津、伊香保、世良田などは旅行者の誰もが利用する交通拠点都市になっていた。これらの地方流通拠点をめぐる地域経済圏の重層性が解明される必要がある。たとえば、連歌師宗長が駿河斎藤加賀守安元や武州勝沼の三田弾正忠氏宗宅に宿をとったのは、禁裏御料上総畔蒜荘を押領した摩利谷某が「三田弾正知音也」で年貢催促交渉のためであった(18)（『実隆公記』永正七年五月七日条）。三田弾正氏宗は、武州塩船観音堂の千手観音や功徳天の修理銘に「本願有徳」（永正九年四月十四日条）とある有徳人でもあった。摂津池田の有徳人で細川氏被官であった池田氏と同じく関東でも有徳の国人領主層が成長していた。この地域は多摩川・霞川流域における大量の板碑群の造立(19)（齋藤慎一『青梅市の板碑』一九八〇年）にみられるように、社会的な富が在地に蓄積され、武蔵丘陵に点在する市や町のネットワークをもっていた。武州勝沼が上州・甲州・相模へ通じる陸上交通の要衝であり、相模や上州・甲州と連動する多様な地域経済圏が重層的に重なり合う関東の広域的流通圏の一環に組み込まれていたものと考えるべきであろう。しかし、関東管領上杉氏と結ぶ三田氏の没落とともに、戦国期には武州勝沼の地域的流通拠点としての位置も変動させられ、八王子・小田原や鉢形などの経済圏に吸収されていった。このように①地方での分散的で重層的な地域経済圏の接点に地方流通拠点都市が形成され、それが広域的流通圏や中央集権的物流にリンクする機能を果たしていたこと、②市・町の盛衰はきわめて激しく、地方流通拠点都市の盛衰も短期であり、拠点都市が衰微して農村の中に埋没してしまう事例も多く、市・町が特定の場に固定して都市的な場として安定化していたわけではない。東国の市・町・津・渡・宿などの中世都市や都市的な場といわれるものの流動性・不安定性こそが、流通経済の政治性を示すもので、中世後期の時代的特質といえよう。

2　支配層による分散的流通拠点の共同利用

中世後期の地域経済圏は、地域内の定期市や町・津・渡などの市町ネットワークと中核になる分散的流通拠点都市によって構成されていた。特に、後者には有徳人が住みその氏寺が地方有力寺院となり、禅宗寺院の中には十刹・諸山になるものが少なくなかったといえよう。[20]前者は市・町のヨコの結合原理が機能し、後者はタテの集中原理と共存しながらもより強かったといえる。将軍義政は京都の諸寺院御成を行うと、その五山・十刹や諸山の寺領当知行安堵をおこない、末寺の寺領違乱停止の奉行人奉書を出させている事例が多い（『蔭凉軒日録』）。関東でも、浄智寺領伊豆国加納郷での布施民部押領事件を寺家が提訴しその停止の将軍家御教書を獲得している（同、長禄四年十月四日条）。越後府中の十刹至徳寺（同、延徳二年六月五日条）や関東五山（同、寛正四年十二月十五日条）、建長寺、圓覚寺（同、寛正五年九月二十四日条）の住持を補任する公文が将軍家から発給されている。[21]官寺となった禅宗寺院は地方における幕府権力を代表する出先機関としての機能をもち、末寺寺院を統制する力をもっていた。たとえば越後の安養院は、鹿苑院寺領越後国浜郷の代官長尾中務丞による年貢京進に関与し（『鹿苑日録』明応八年七月一日条）、万里小路家領上野国利根荘でも代官請負に際して安養院が仲人（『建内記』嘉吉三年六月十七日条）となっていた。明応八年九月廿二日に京上された蝋燭百梃は越後安養院西堂が送ったものである（『鹿苑日録』同日条）。将軍家や荘園領主層は関東管領上杉氏や越後府中至徳寺・安養院を媒介に関東の寺院や所領との連絡や情報をとっていた。これらの事例は、室町戦国期の地方禅宗寺院が単なる宗教施設ではなく、地域支配や物流の流通拠点であり、かつ幕府や僧綱との情報拠点になっていたことを示している。官寺となった地方禅宗寺院は地域経済圏や広域的流通圏を構成する政治的経済的な流通拠点でもあったといえよう。

　地域経済圏や広域的流通圏と求心的経済圏との重層性に依拠して、地方禅宗寺院の旦那である守護や国人層の一門被官らが、幕府奉行人や禁裏・将軍御料所の請負代官を兼ね、その一門親戚による家産制的ネットワークを形成し、幕府の全国支配や本所の荘園支配を補完するシステムになっていた。たとえば、阿波一宮社の神主一宮氏は、阿波守護小笠原氏一門であり、その一門の京都一宮氏は細川政元の内衆である丹波一宮氏となる一方、信濃守護小笠原政秀の守護被官一宮氏として在京し、さらに山科家領信濃住吉荘や阿波一宮領などの代官職を請負っていた(22)。将軍の直勤御家人松田吉信も、備中一宮吉備津宮社務職であり、その一門松田賢朝は万里小路領備前可真郷代官職を請け負った(23)。さらに「松田対馬守云　私親類之所領在㆓濃州㆒、近日白給㆑之、荘厳蔵院内大音庵、相㆓語守護㆒相㆓押遵行㆒無㆑謂」（『蔭涼軒日録』長享二年六月二日条）とあり、松田氏一門は美濃国にも親類を分布させていた。宗長『那智篭』によると、永正十二年（一五一五）「信濃国浅間」では赤沢左馬助の宅に泊まり、更級では「赤沢の宿所」＝四宮赤沢邸、京都では「京都赤沢加賀亭」に宿泊している。細川政元被官赤沢朝経や将軍義政御使赤沢政吉らが在京して活躍していた。駿河の国人斎藤加賀守安元も、今川了俊の代官斎藤兵庫（「禰寝文書」永和四年三月五日）や幕府奉行人斎藤氏と家門を同じくしており広域ネットワークを形成していたものといえよう。こうしたネットワークについては一九六〇年代までは惣領制の解体・残存として評価されたが、その後はほとんど注目されていない。確かに備中松田・京都松田・美濃松田氏や阿波一宮氏・京都一宮氏・丹波一宮氏らにみられる一門親戚による家産制的ネットワークを惣領制概念でとらえることはできない。しかし、中世後期における一門親類の同族結合が大きな政治的経済的機能を果たしたことは、より解明されなければならない(24)。

この点は神人らにも共通しており、建武三年（一三三六）伊勢神人で志摩国阿久志島道妙の遺産である屋敷・船・銭貨百五十貫余をめぐって舎弟定願と後家法宗とが伊勢神宮の法廷で争った（「伊勢光明寺文書」）。この弟定願は駿河国江尻に活動の根拠をおいており、兄は志摩国、弟は駿河江尻という別々の流通拠点に居住していた。永享二年（一四三〇）越後国柏崎住民道秀入道は、石清水八幡宮神人右衛門四郎を養子にし、甥の五郎左衛門尉宗貞も石清水八幡宮神人であった（「御前落居記録」『室町幕府引付史料集成　上巻』一三頁）。道秀の遺産である屋一宇と苧十駄をめぐって養子と甥が石清水社務の法廷と幕府法廷で争っている。[25] ここでも甥は山崎、伯父は越後柏崎に居住しており、一門の親族結合のネットワークが広域流通圏の展開に対応していた。中世的親族結合の広域性と居住地の分散性が果たした歴史的社会的政治的役割を再評価する必要がある。

3　遠隔地間流通と首都圏流通と海外貿易との三重構造

広域的流通圏の流通拠点都市は隔地間水陸交通の連結点でもあった。地方流通拠点都市に住む問屋・船頭・高荷商人・土倉らが中央集権的経済圏と地域経済圏を媒介する接点であり、「局地内市場と遠隔地間流通は交流しない」という大塚久雄説の成否を決める社会的存在であり、身分的制約が大きかったことに留意する必要がある。『親元日記別録』文明十六年（一四八四）八月七日条に伊勢山田住人窪蔵大夫実弘の提訴した事件について、「小物屋次郎兵衛関東上杉先御師借銭事為二質物一神船号美濃新造船役御師給分入置之間、令二知行一候処、御師職被レ改二易小物屋勘解由左衛門一ニ文明十三年ヨリ被二申付一畢、然十三年以前次郎兵衛知行候時之船役ヲ可レ致二沙汰一之由勘解由左衛門譴責云々」とある。この史料は豊田武が御師窪倉氏の活動を物語るものとして注目し、小物屋次郎兵衛が関東管領上杉氏の御師であったことを指摘したものである（『増訂版中世日本商業史の研究』、三七三頁）。私がここで注目するのは関東管領と「神船」をめぐる訴訟が幕府法廷で取り上げられた点である。物流史研究では「神船」に関する史料は永享十年（一四三八）のものを初見として内宮庁宣など伊勢以外の他地域ではみられないとしているが、[26]この史料は幕府法廷でも「神船」が公認されていたことを示している。しかも(ア)関東管領上杉氏の御師職には小物屋次郎兵衛や勘解由左衛門らが補任されていたこと、(イ)美濃新造と号した神船の船役が御師給分となっていたこと、(ウ)借銭の質物として神船からの船役徴収権を設定することができたこと。(エ)文明十三年に関東管領によって御師職に任命された小物屋勘解由左衛門は、窪蔵大夫実弘が質物として知行した船役徴収権を否定し、文明十三年以前についての船役まで徴収しようとしていたこと、などの諸点がわかる。つまり、関東管領の伊勢御師は、美濃新造船以外の神船からも船役徴収権を確保していた。関東管領の政治権力が伊勢御師による神船からの船役徴収権の範囲と直結していた。政治権力の関東管領は、伊勢御師を介して遠隔地間流通を経済的にも政治的にも利用、活用していたのである。[27]このことは、伊勢大湊と品川の隔地間流通が、地域の自発的経済発展に起因して形成されたものではなく、支配層のための政治的な必要度から生まれた領主的流通経済圏を維持するためのものであり、権力的に編成された一側面をもつものであったとみるべきであろう。

永和四年（一三七八）、関東管領上杉憲春は神奈河品河以下浦々出入船帆別銭として一帆別三百文の徴収権を圓覚寺仏日庵に寄進している（「圓覚寺文書」神四八一〇）。応永二十五年（一四一八）には神供船三艘分の過書を足利持氏が鶴岡八幡宮に安堵している（「鶴岡八幡宮文書」神五五七六）。関東の浦々出入船について帆別銭徴収権や給付免除権を鎌倉府が掌握していたことを物語る。この品川浦とは別に品川郷が存在した。品川郷は鎌倉期から品川清実・清経の所領（「田代文書」鎌三一二〇）で、応永三十一年にも品川太郎の所領が堀内を除いて足利持氏に没収されても不服として抵抗していた（「上杉家文書」神五七二六）。こうしてみれば、関東管領という政治権力によって伊勢大湊船＝神船は品川浦への入部が義務とされ、関東管領上杉氏の御師職が支配する神船からは帆別銭の徴収が免除されるのも当然といえよう。こうしてみれば金沢文庫文書の武蔵国品川湊船帳が帆別銭の免除台帳であったとする宇佐見説（『日本中世の流通と商業』前掲書、九五頁）はきわめて説得力が高まることになろう。

このことは品川における神船の活動も関東管領や鎌倉府の政治動向によって大きく左右されたことを意味する。鈴木道胤ら有徳人らが政治変動の中で短期的に没落せざるをなかったのも流通経済の政治性によるものといえよう。

この点は北陸道の場合も共通で、多様な商人集団ごとに政治力を異にしていた。越後府中から若狭小浜津・坂本戸津までの遠隔地間交通は、青苧本座商人が担当し越後の荷物を受け取り割符を組み、坂本には問丸鴨鳥左衛門太郎と給主職をもつ山徒の静住房憲舜がいた（『親元日記』文明五年十月十五日条、『引付史料集成上』文明六年七月八日条）。しかし、越後府中では本座商人以外の甲乙人がほしいままに売買するようになり（文明十八年五月二十六日室町幕府奉行人連署奉書案、上越三八六）、その対抗措置として坂本で「越後商人荷物」を差し押さえている（『実隆公記』明応四年四月十六日条）。越後と坂本を結ぶ遠隔地間流通は本座商人と越後商人が競合しあっていた。坂本から京都、天王寺、堺を結ぶ首都圏交流は三条西家の家政職員が担当していた(28)。遠隔地間流通と首都圏流通は坂本で連結していたがその担い手には違いがあった。本座商人や坂本の商人は三条西家や日吉社・延暦寺に政治的保護をもとめ本所と頼んだし、府中商人は上杉・長尾ら守護・守護代や石清水八幡を頼った。

同じことは瀬戸内海流通でも指摘できる。東寺領周防美和荘兼行方代官沓屋周重は、年貢を富田乙増丸船頭の請負によって兵庫津まで輸送した（応永二十五年十二月十二日、「東寺百合文書」）。兵庫津から京都までの首都圏流通は、東寺が自弁で輸送している（「教王護国寺文書」、周防国美和荘兼行名年貢請取雑用帳、応永二十六年二月）。東寺の請取状と船頭の請取状とを取り替えることで決済を完了するシステムになっていた（京都府立総合資料館『第5回東寺百合文書展　中世の運送と交通』図録、一九八八年）。東大寺油倉領の周防富田公用米は、周防富田から兵庫津まで竈戸関船薬師丸が輸送した

（享徳四年五月八日、「東大寺文書」一―一五―一七五）。この薬師丸は造司官壬生晴富の得分を周防宇佐木保から兵庫津まで輸送した（享徳四年五月八日、「壬生家文書」四〇八）。兵庫津から京都の壬生家までは、兵庫役人森彦左衛門尉貞清が運搬している（延徳四年九月八日、「壬生家文書」四四〇）。ここでも、周防から兵庫津までの遠隔地間流通は商船の船頭が行い、兵庫から京都までの首都圏流通は本所の家政機関が自弁輸送によって連結していた。

　これらの事例から、中世後期の首都圏流通は権門の家政機関によって展開され、坂本・小浜・兵庫津・天王寺など首都圏周辺に形成された流通拠点都市と遠隔地間流通は、本座商人や新興の国商人・船頭・問屋などの多様な商人集団によって重層的に担われた。それゆえ、多くの政治勢力を保護者と頼んだから紛争・訴訟・裁判は長期化した。いいかえれば、中世後期の流通構造は、諸権門の家政機関と大きく成長しつつあった有徳人・商人層による請負契約を組み込むという二つの原理によって成り立っていたといわなければならない[補注1]。

　こうした流通の二重構造は海外貿易の場合にも共通している[29]。応仁二年（一四六八）、天与清啓の遣明船の荷物は「渡唐御荷物色々」と「御商物色々」との二種に区分され、前者は「御進物」とも呼ばれていた（『戊子入明記』信史八―四八二）。日本側から中国皇帝への「進物」は将軍家が用意する外交儀礼のための進貢物であり、中国で販売して利益をあげるための「商物」はまさに国内流通の商売物である。日明貿易も非市場的原理と商品流通との二重構造である。なお、海外貿易の渡唐荷物船についても「可レ成二渡唐一船」として門司寺丸・宮丸・夷丸、富田の弥増丸、深溝の熊野丸、田島の宮丸、鞆の宮丸、上関の薬師丸、尾道の住吉丸、牛窓の田原丸、院島の熊野丸などの名をあげている（『戊子入明記』）。これらはすべて渡海したわけではないが、渡海が可能な在地の商船であった。上関の薬師丸は前述の竈戸関薬師丸（「東大寺文書」）と同一とみてよい。富田の弥増丸についても、東大寺公用米を兵庫津に船賃十二石で輸送した「富田弥益丸」と湊名、船名が一致する（京都大学総合博物館所蔵「東大寺文書」、応仁二年十一月二十八日送状）。

このことは、瀬戸内海の地方商船がそのまま貿易船として渡海しえたものとみてまちがいない。宝徳の渡唐船は安芸高崎での「船借用」（『大乗院寺社雑事記』文明十七年八月三日条）であった。地方商船が船頭との請負契約や借船によって幕府や大内・細川らの海外貿易船に仕立てられたのである。隔地間流通と首都圏流通と海外貿易とは相互に連結しあって三重構造をなしていたといえよう。

地方の隔地間流通の拠点都市が海外貿易に連結していたことは西国のみの特殊な現象ではない。博多の僧道安や海のない信濃の僧良心の朝鮮貿易への参加や教育システムをみても、地方寺院が海外に開かれていた。たとえば無関普門は信濃保科で誕生し、越後菅名荘正円寺で伯父に養育され、信濃塩田で学び、上野世良田で顕密を兼学し、京都東福寺に入り、越後白河荘の華報寺に戻った。その後、渡海入宋し、帰国してから東福寺、鎌倉寿福寺を経て越後正円寺にもどり、摂津光雲寺から東福寺、南禅寺の住持となり没している(30)。地方出身の僧侶が地域拠点寺院で修行し、首都圏権門寺院に立身し、中国・朝鮮に渡海して活躍するという海外にむけて開かれた社会システムが存在していた。

三　求心的流通構造の空洞化

1　天皇、将軍家、大名・本所権力の財政構造の空洞化

中世後期における将軍家・天皇家・守護大名・本所などの政治的求心力の低下は経済力の低下や有徳人や酒屋土倉への依存という事態に対応していた。たとえば、文安四年（一四四七）、勅願寺六角堂の再建と遷座式はもと「院中御沙汰」で、今回は「公家御沙汰」とされたが、将軍の死去で公方奉加もなく、実際には「地下人商売之徳人」による

千二百貫の奉加で実現できた（『康富記』文安四年六月十八日）。公家沙汰・院中沙汰・公方奉加が無力化し、地下有徳人が実質的な社会経済力を行使する時代になりつつあった。将軍家の勝智院殿（義政生母・日野重子）中陰仏事料の場合も将軍家が千貫を「御借用」（『蔭凉軒日録』寛正四年八月十二日条）し、公家武家庶子の折紙によって調達し（同、寛正四年八月十六日条）、さらに三箇国衆者五千疋・二箇国者三千疋・一箇国者千疋・半国者又千疋というように守護大名に分担させて調達した（同、寛正五年八月十五日条）。将軍家の財政が債務契約によって運営され、土倉ら公方御倉の請負なしには決済しえないシステムになっていた。

このような借金を前提にした出納・決算システムは中世権門の家政運営においても共通していたものといわざるをえない。荘園年貢の徴収・収支決算システムについては、本所も荘園年貢を担保に銭主から借銭を行い、荘園請負代官から銭主に年貢を直接引き渡すようになっていたことが指摘されている。新田英治は年貢の納入システムそのものの中から債務が生まれてくることを先駆的に指摘している。しかし、新田説では代官と請人との区別が曖昧であった。先に掲げた拙著では、請負代官とともに請人がセットで請文を出しており、請人が未進分の銭主になって前払いする事例を指摘し、荘園年貢の代官請負制も代官と請人という二重構造になっており、商人による債務保証が介在していたことを時代的特質と指摘した。代官請負の請人には、銭主になりうる財政力が必要不可欠であり、酒屋・土倉などが組み込まれた(31)。このため、領家年貢は首都京都の本所の手から離れて直接銭主の元に握られるようになった。たとえば、北野社務家領丹波国舟井荘年貢を担保に社務家は太田蔵人より七十二貫余を借銭していた（『北野社家日記』延徳三年三月十七日条）。山科家も備中水田郷領家方公用米を担保に聯輝軒より借銭していた（『言国卿記』明応二年九月二十九日条）。北野社領加賀国福田荘の年貢納入に際して、社務禅豫が請取を出した場合には「巨細以二倉本浜豊州一申遣候」とあり、倉本が関与している。小袖屋から日供千疋が到来したときには「倉本遣二請取一也」とあり、倉本が社務にかわって請取状を発給している。その理由について「千疋者去年借銭方立用也、以上至二今日一参千疋請取也、何も倉本出二請取一也」（『北野社家日記』延徳二年正月二十五日条）とあり、社務が倉本から立替払いを受けて借銭していたため、年貢や供物が納入されたときには返弁分として倉本に直納され、倉本の請取状が発給されて収支決算関係が処理されたのである。ここでも本所と本所領との荘園年貢の出納関係が銭主や倉本が介在して、本所・倉本や銭主・名主百姓中との三者による債務契約関係に変化していたものといわなければならない。

こうした事例は十六世紀の荘園年貢の納入でも一般的である。明応九年（一五〇〇）正月十九日越後浜郷年貢について「浜郷代官長尾中務丞」が二十貫文を納入したのみで残額十貫文の納入可否について、請人の僧天鷹俊首座が「借三之於二商人一、以見弁焉蓋以免僧之所レ請也」（『鹿苑日録』同日条）とあり、請人の僧が商人から借用して弁済した。

こうして朝廷や幕府の国政機関、さらに本所など家政運営においても物資や銭貨の出納関係は家政職員や代官の自助努力のほかに債務保証を請負った土倉・商人・倉本や納所・銭主・請人が介在するようになっていた。本所領は質物として銭主・倉本の管理下に置かれることが多くなった。山門脇門跡の浄土寺門跡は今津荘代官職を担保に山徒卿注記永舜から借銭四百余貫を調達し「本利相当之間可二領知一之由」を認めた（『親元日記』文明五年十二月六日条）。西院内宇治岡屋等を担保に山徒静住憲舜からも借物をし（同、文明九年十月十一日条）、さらに本利共三百余貫の返済分として戸津地子や岡屋、西院・梅辻・和田の所々を最少分の質物として引渡していた（同、文明十一年八月二十二日条）。こうして山徒の土倉集団は門跡領荘園を本銭利息分の返済期間知行するようになった。将軍家・天皇・院・大名・本所などは債務契約の中で京都の酒屋土倉、周辺の堺・天王寺商人や坂本の山徒土倉らに経済的に依存する体制になっていた。

こうした経済現象はこれまで中世後期の貨幣経済の浸透・発展として評価されてきた。しかし、すでにみたように、諸権門領の年貢の代官請負システムや幕府の出納・決算システムそのものの中に、土倉・酒屋・倉本・銭主・請人らとの請負契約が組み込まれており、前払いから借銭や質物設定がなされていた。幕府や朝廷の財政運営においても、切符による前払いが必要になるため、土倉らが公方御倉を請負っているのであり、そこでは収支決算の結解状作成や債務債権関係が自動的に発生するのである。そこには商品化や貨幣経済関係は介在していないことに留意しなければならない。幕府・朝廷による国家財政運営の実態も、荘園領主の家政運営においても、倉本・銭主という請人の介在によって債務債権関係・債務契約の中に組み込まれていたのである。(32)

2　京都座商人の特権性の解体と諸国問屋・国商人の活躍

首都京都を支えた本座商人の特権も諸国の地元新興商人との争いで空洞化しはじめていた。たとえば、越後と坂本の遠隔地間流通を支えた青苧本座商人に関して「近日本座衆之外甲乙人越後国府中恣令二売買一云々、言語同断次第也」（文明十八年五月二十六日、「室町幕府奉行人連署奉書案」上越三八六）、「是青苧盗買事、坂本商人於二越後国一去年沙汰之間、任レ例抑三置荷物二了、今度又於二坂本一押二越後商人荷物一云々」（『実隆公記』明応四年四月十六日条）というように、「越後商人」の台頭によって専売権の独占体制が崩れ、対抗策で越後商人の荷物を他所で差し押さえて紛争事件になっていった。

和泉・河内鋳物師についても「商売職之事於二都鄙之間一、被レ制三禁新業之輩一之処、至二関東辺一有二其業一云々、太無謂……可レ専二本座商業一之由、所レ被二仰下一也」（「上杉家文書」一四三、宝徳二年四月二十九日管領奉書）、「可レ停三止野州上州鍛冶鋳物師等新業一之旨堅可レ被二下知一之由、所レ被二仰下一也」（同、神六一二九）というように、野州・下州鋳物師など新業の職人が地元に台頭した。東国の地元商人が首都圏の本座商人と肩を並べて競争するようになった。

こうした新興の地元商人こそ、地方流通拠点都市において成長してきた問・船頭・高荷商人・土倉・倉本などの有徳人層といえよう。彼らは、公私の出納業務に従事する中で債務債権契約を不可欠とした前期資本であって、商品流通による貨幣資本を蓄積した存在ではなかったことに留意する必要がある。それはこの時期、契約関係に請人や敷銭の存在が不可欠であったことからも確認できる。彼らこそ在地における債務債権契約の担い手であった。

室町期荘園制の代官請負においても代官の信用保証をおこなっていたのが請人と呼ばれる連帯保証人であった。中世では特定の信用のある人物だけが借銭をすることができた。信濃五カ荘代官の請人には一条烏丸建徳庵がなり、長坂口率分関代官筒井永久の請人は丹波屋がなった。東寺領周防美和荘兼行方代官沓屋帯人の請人は有徳家主伯耆房祐禅、遠江原田荘細谷郷では代官慶朗の請人を「京都酒屋土倉有力之仁」とされたが該当者がなく敷銭が支払われた(33)。京都酒屋土倉の力が低下していた。代わって、関東、越後、伯耆など遠隔地流通と結合した諸国問屋・国商人が首都京都の周辺である堺や坂本、小浜などに成長していた。坂東屋（『実隆公記』）、丹後屋、丹波屋、越後屋五郎左衛門男（『親元日記別録』文明十三年七月二十五日）、越中屋次郎男（同、文明十六年五月十三日）、銭主筑後屋五郎四郎（『親元日記別録』文明十年六月二十九日）、若狭屋（同文明十三年五月十二日）、今町の備中屋（「宝鏡寺文書」大永二年二月二十九日赤松村則請文）、堺北荘の備中屋彦五郎（「東寺百合文書」）、堺衆の坂東屋宗椿（『蔗軒日録』長享元年二月十六日）、伯耆国商人国屋又四郎と若狭小浜絹屋との請人関係（「蜷川家文書」三八八）などが典型例である。国号を有する国商人こそいずれも京都、坂本・堺という畿内周辺の流通拠点都市に定住しており、特定の在国と結びついた新しい信用保証をもった新興商人層といえよう(34)。国号を有する国商人・国問屋の登場が、その信用保証によって地方の物資を畿内周辺の流通拠点都市に集中させた。室町期荘園制とは異なった経済システムが室町・戦国期の求心的流通構造を下支えしていたのである。

では、国号を有する商人の社会的必要性とはなにか。前述の越中屋は、越中国婦負《ねひ》郡下条の小田図書助の知行分の替銭を預かり京都に送っていた（『親元日記別録』）。若狭屋は大永二年（一五二二）、徳禅寺領若狭国名田荘の年貢綿五把と現銭一貫五百文の輸送に従事した（「徳禅寺文書」『大日本史料』九編十八）。尾張屋も明応二年（一四九三）十月禁裏御料所美濃国多芸年貢の進上に従事している。国方は六月分まで早々「アキ人」に渡したが禁裏に進上しなかったので、長橋局は五月分を支払いにきた商人を「召籠」して人質にとって、禁裏御料所の申次であった山科言国に身柄を預けた。「彼アキ人ノ宿尾張屋来、御年貢ウケコヒ申間、召籠置アキ人・同尾張屋・長門守、伯卿所へ同道参、其趣申御局へ可レ申由」（『言国卿記』同年十月二日条）とあり、尾張屋が山科家雑掌大沢長門守らとともに神祇伯白川忠富王宅に出向いて、長橋局に謝罪した。十月五日、三十貫文を「可レ調由申」して決着した。まさに美濃から京都への禁裏御料の年貢進上を請負った商人宿が尾張屋であった。これらは尾張屋が商人の身元保証のみならず、未進分の立替払いや被官が質物にとられることもあった。信濃国五カ荘の年貢輸送を請負った代官が未進し、殺害されたとき、請人の一条烏丸建徳庵がすべて立替払いした事例とまったく同様の役割といえる。応永十一年四月二十一日将軍家御教書（「春日神社文書」）では国料船や寺社造営料を運ぶ諸関船の関料は免除し、年貢船に商売物を混ぜる船の点定を命じた。同年五月二十五日将軍家御教書（同）には「御所丸・御座丸・御判船」とともに「国料船幷過書」船についても関料を停止させて、「不レ積二諸権門船商売物一之由、可レ捧二告文一之旨」を下知するように命じている。荘園年貢物を輸送する権門船や国料船の流通と輸送に関与するものは、関料免除の特権をもっていた。室町期においても年貢物・国料の流通・出納業務と商売物のそれとを厳然と区別する国制的枠組みが生きていたのである。禁裏内蔵寮領率分関の朽木口・長坂口・西口・南口・辰巳口では、荷駄十文・歩荷五人、人別二文の関料は、「諸商売物任レ例可レ致二其沙汰一事」と幕府奉行人連署奉書で決められていた（『山科家礼記』文明十二年正月二十六日条）。中世後期において、国制的枠組みをもった物流や出納業務を請負って信用保証に従事し、関料免除の特権を有した存在こそが国号を有する国商人・

諸国問屋であったと考える。中世後期では自立性の強い信用保証機関であったといえる。

もちろん彼らは年貢物や国料のみの輸送・流通・出納業務に従事したわけではない。それは禁裏や幕府の関料免除の建前であって、国号を有する商人らも一般商人と同様に年貢物・国料に商売物を混ぜ、「公私之負物」を一緒にして輸送・流通させ、関料などを逃れようとしたことはいうまでもない。ただ、この時期に、国号を有する商人が台頭してきたことは、ちょうど公方御倉を土倉が請負ったように、諸権門の年貢物や領国ごとの国役や守護出銭・国料などの国制的流通・出納関係を請け負う商人が大きな社会的役割を果たしたことを物語っている。その詳細の具体的解明は今後の検討課題としなければならない。

3　山僧・山徒、有徳人層による経済力の源泉

中世後期に首都圏周辺の拠点都市を支えた有徳人層の典型例として山徒静住憲舜と非山徒の籾井久俊一門を例にその経済基盤をみよう。山徒静住憲舜は、(35)先述の如く①脇門跡の浄土寺門跡領近江国今津荘や西院などの荘園年貢を担保に融資し、門跡領を相当間知行していた。②彼は、日吉社の楞厳院雑掌で同院椛屋谷栄寿院坊領の山林等を永代買得して安堵下文を幕府に申請した（『親元日記』文明六年十月二十一日）。③近江国今堅田の上乗職をもち（同、文明六年十月七日）、④坂本比叡辻の馬借年預職を山徒卿注記舜勝に売却（同、文明七年十月十八日）、⑤越後青苧座給主職（同、文明五年十月十五日）や、⑥浄土門跡領近江国栗太郡蔵恒荘年貢代官所務職（同、文明十二年十二月十八日条）をもっていた。彼は所領の知行人であり、山門の雑掌ともなり、上乗や馬借などの複数の身分をもち、交通・流通・商業・金融活動等多様な生業を営んでいた。日吉神人から発展した山徒商人は、坂本の馬借や本座商人の年預職・給主職など神人身分からの特権を集積しつつ、坂本の門前町に集住した町人としての性格を強化していた。

俗人かつ非山徒では、ただ一人公方御倉を請負った籾井氏(36)は、山徒にはない国家権力の近くで活躍した商人的国人といえる。その特徴を箇条的にあげよう。①籾井三郎左衛門久次は、山城国西国大赤目を石田春信に沽却(『親元日記』文明十六年九月十一日)、三郎右衛門尉久俊は丹波国世木村の所務職を保持(同、文明九年十二月八日)しており、籾井は久を通字とする一族親類を持っていたことがわかる。②被官大木源左衛門尉が内裏御料所若狭国吉田三宅の代官で(同、文明十一年十一月十九日)、籾井被官井原が将軍義尚の大将除目で砂金包金を調進(同、文明十七年八月二十八日)、籾井方井代官芝山は、大乗院領越前国河口荘細呂宜下方の公文政所をつとめ(『大乗院寺社雑事記』文正元年六月十九日)、籾井方森五郎衛門入道(『蔭凉軒日録』長禄二年十二月十四日)など多くの家政職員をかかえていた。籾井は一族親類被官人をもった領主権力を形成し、国人層に共通する存在であった。③公方御倉を請け負い(桑山浩然『室町幕府の政治と経済』吉川弘文館、二〇〇六年)、④将軍家の年中行事の「清水懺法御布施」を数年懈怠(同、長禄三年十月十五日)し、「登真院殿百年忌御仏事」(同、寛正五年四月二十一日)では、「御倉籾井」として御鎧・大刀を負担した。⑤勘合符や金印管理(同、寛正六年六月十四日)、琉球国返章御印の管理(同、長禄二年十二年十四日)を行い海外貿易にも関与した。⑥被官森氏の一門と推測される森彦左衛門尉貞清は「兵庫役人」(「壬生家文書」)であり、⑦籾井は将軍家御料所の「河州十七箇所御料所御代官」を年貢無沙汰で解任された(『蔭凉軒日録』寛正二年七月三十日)。細川氏との関係も深く、「地蔵院領籾井違例」で管領細川勝元に訴えられ(同、長禄四年六月二十五日)、また、「雲澤軒領丹波国郡家村公文職之事、籾井弥三郎所宛行也」(同、寛正六年四月十六日)とあり、細川氏推挙で公文職を得ている。⑧「南禅寺芝玉軒末寺江州朝妻荘神郷真門寺幷寺領自去文安四年籾井押領事」(同、寛正二年九月二十四日)と禅宗寺院領の代官職を請負って押領事件を引き起した。

籾井氏は被官を組織し、家政機関をもった領主権力であり、かれの場合も公方御倉を請け負う俗人の土倉であり、貿易商人、禁裏と将軍家の御料所代官、禅宗寺院領荘園の代官公文など複数の身分をもち多様な活動を展開させていた。籾井の活動スタイルは一宮・松田・斎藤・赤沢などの国人・奉行人一門の活動と一致するだけではなく、摂津の池田氏、武蔵勝沼の三田氏、播磨二木の小河氏[37]や鵤宿の円山氏[38]など地方の宿や津などの有徳人層とも共通していた。国人クラスの有徳人層が、将軍家・権門寺社領・本所領・大名領の御倉・代官・雑掌を請け負い、荘園知行の徴税・貿易寺務・家政業務・流通輸送業務から債務・貸借関係など多様な社会経済活動に従事していたことが判明する。彼らは売買取引と貸付取引の両者を取り込んだ中世的総合商社ともいうべき存在で、神人・供御人・本座商人・国問屋らとは異質な商人像である。桜井英治・山口徹のいう十六世紀末から十七世紀の「商人司」や「初期豪商」とも異質な存在であり、十五世紀後半の中世独自の商人像といわなければならない[39]。ただ、国家権力に近い特権に依存性が高い分だけ、政治権力の盛衰に左右され、短期的な活動展開にならざるを得なかったといえよう。

4　借銭・借船による投資的冒険商業・貿易活動

中世後期の商業集団は、国人層と同様、親類一門や被官からなる家政機関や、複数の身分をもち、多様な生業活動を展開した。注目すべきは、その活動資本を借銭によって調達したことである。鎌倉末期、東国の鍬売り商人四郎の購入資本は、「舎弟四郎男存生之時、為二有継姉長寿女等之口入一、和泉国住人千手王次郎之用途二百六十貫文令二伝借一畢」（「東大寺文書」鎌二四八四九）というごとく一門縁者からの借銭であった[40]。康暦二年（一三七九）、日光山輪王寺常行堂見衆の教弁は、知行分として屋敷や紺屋をもち、染物業を営む手工業者でもあった。注目すべきはその活動資本を常行堂御忌日料足用途から一貫五百文を借用しており、返済し得ない場合には教弁知行分の「屋敷・紺屋内同住房等」を常行堂の「公物」にすべきことを約束して預状を作成していた（「輪王寺文書」三四号、『栃木県史　史料編中世一』）。

いいかえれば、東国で紺屋を営むことができたのは、その資本を常行堂の忌日料足を借用しえた見衆という僧侶身分であったからといえよう。したがって、見衆という身分を失えば、紺屋の経営資本を定期的に借用する手段を失い早期に没落することになったである。

こうしたことは伊勢神人や日吉神人にもいえることであり、志摩国阿久志島の「富有仁」といわれた道妙・定願兄弟が、坂東からの船四隻で千貫文を獲得し、神人として伊勢神宮に訴訟を提起しながら一代で破産した。こうした商人基盤の脆弱性は、活動資本が債務による調達であったことのほかに、神人という身分制によって商業・経済活動が支えられていたことからも規定されていた。身分を失うことは即経済活動を喪失することを意味した。将軍や朝廷、諸権門など支配層は、年貢や国料の納入を前提にした前借と秋の収穫期における収支決算システムによって発生する債務や不良債権を神人・供御人・土倉酒屋・銭主らにかぶせて踏み倒すことによって経済的に生き延びることができた。それが身分制下での債務債権関係の清算方式であった。それゆえ、室町戦国期の中世商人は近世商人に転化しえなかった。

土倉や酒屋なども、自己資本によって金融業や高利貸活動を営んだものと理解されていることも再検討が必要である。すでに寶月圭吾は土倉の辻数秀・実秀が寛正・文明年間に五百貫文に近い巨額な銭貨を祠堂銭から借用していたことを指摘し、百瀬今朝雄も利殖を目的に高利貸業者に投資した預金である「合銭」の存在を指摘している。(41)この点について興味深い史料が『親元日記別録』文明九年(一四七七)二月九日条にある。禁裏御倉の辻入道宗秀は、「文正元年(一四六六)土一揆等、所々打二入土倉一、号二徳政一質物下悉以押取間、於二合銭一者令二棄破一、励二私力一可レ専二公役一之由、諸土倉中江忝被レ成二御奉書一候処、相国寺徳芳軒昭首座、背二御下知一、今更譴責云々」と幕府政所に提訴した。下坂守はこの史料と『実隆公記』などから辻宗秀が禁裏御倉であり、禅宗寺院相国寺から巨額の祠堂銭を借り、それを金融の資本にあてており、「新しいタイプの土倉」と指摘している。[42]私がここで注目するのは、「於二合銭一者令二棄破一、励二私力一可レ専二公役一之由、諸土倉中江忝被レ成二御奉書一候」との記載である。文正元年（一四六六）、土倉が土一揆による甚大の被害を受けた時、幕府は諸土倉中に対して奉行人連署奉書を出して合銭の破棄を認め、土倉の私力で公役を勤めるように命じたのである。これは、諸土倉中が借用している「合銭」という預金者の債権破棄を幕府が命令し、諸土倉中は預金者への支払い停止を実施したことを意味する。[43]現象面では近代における銀行のモラトリアムと同じである。相国寺徳芳軒は幕府奉書にもかかわらず、合銭という預金の返却を禁裏御倉の土倉辻宗秀に求め、譴責するため辻が幕府に提訴したのである。このことは、諸土倉中がこぞって金融活動の運用資金を合銭という低利の祠堂銭など借銭によって調達していたことを示している。土一揆や徳政令で酒屋・土倉は打撃を受けたと理解しているのが脇田晴子説で今も通説であるが、実際には土倉そのものが借銭をして資金を調達していたから、徳政令の恩恵を受ける場合もあり、その二面性を見なければならない。権力者・富裕者はどんな不幸をも利殖に結びつける手段を確保していた。運営資本を前貸し資本に依拠していたことは、中世の商業や手工業に特徴的な時代的特質だと考えるべきだと思う。

それは勘合貿易でも同じであった。応仁二年（一四六八）、天与清啓の遣明船での進物調達は「御進物事先例於二籾井方一雖レ勤レ之、依二彼仁計会一令二無沙汰一之間」（『戊子入明記』信史八―四八四）とあり、籾井方が用意するのが本来の形態であった。籾井が公方御倉を請負っていたことによる。しかし、籾井が計会により無沙汰になっていたというから、請負契約が機能しえなくなっていた。「御要脚千貫文、自二大内入道殿一借二申之一、以レ此太刀銅金種々買レ之、注文別在レ之」（同八―四八六）というごとく、大内氏からの借銭で太刀や銅・金などを購入して貿易品を調達した。[44]これまでの研究では海外貿易の御物がどのように調達されたかについては不明な点が多く、先物買い取引や先行投資による冒険商人的性格の究明は今後の研究課題としなければならない。ただ、今後の検討の糸口として『親元日記』文明十三年（一四八一）十一月六日条をみてみよう。

一渡唐御物之事貴殿より可レ被ニ仰付一也、仍御要却事□可レ遣ニ請取一云々以静住房奉之於ニ要脚一者静住可レ請ニ取之一云々、

請取申御要却之事

合参百貫文者

右為ニ渡唐御物要脚之内一且所ニ請取申一如レ件、

文明十三年十一月六日　□

布施下野守殿

これは、文明十三年に勘合貿易船の将軍家御物を用意するための要脚銭三百貫文が公方御倉から下行・支払われたときの手続きを示している。御物の用意が政所代伊勢貞宗から静住房に命じられ、その要脚銭を静住房に請取るように蜷川親元に指示された。まず静住房が幕府奉行人の布施英基宛てに請求のために請取状を出して、公方御倉からの下行を要求した。請取状の発給者が抹消されているが、「静住房を以てこれを奉す」とあるから静住房の署判があったことはまちがいない。この静住房は前述の山徒静住憲舜自身かその子であろう。いいかえれば、勘合貿易船での御物の準備が山徒の静住憲舜に任され、その費用三百貫文が公方御倉から支給されていた。籾井と静住憲舜との類似性がみえる。

幕府の遣明船研究によれば、将軍義政によって派遣された正使子璞周緯《しはくしゅうい》は、文明十五年（一四八三）度の遣明船であり、公方船二隻と内裏船であり、東山山荘造営が目的であったという。橋本雄によればその計画開始史料は『親長

卿記』文明十四年九月十五日条が初見とする。(45) したがって、文明十三年の「渡唐御物」の要脚下行は、文明十五年度の遣明船の準備であり、文明十三年にはすでにその派遣準備が行われていたとみてまちがいない。「唐船御料足四千貫文」が東山山荘造営費用に投入されたという。文明十五年度遣明船では山徒の資金が公私両面にわたって先行投資されて御物準備がなされたものとみるべきであろう。

この文明十五年度の遣明船派遣に際して公家層も一夜千金の夢をもって資本投機していた事例が存在する。『親長卿記』文明十五年三月六日条には「今日予書付太刀十二振分、書付渡㆓鎮蔵主・本蔵主㆒了、用脚千疋借用、龍首座令㆑用㆓意太刀㆒、令㆓渡唐㆒也、帰朝時一倍用脚可㆓返遣㆒也」とある。甘露寺親長は百貫文を借用して龍蔵主に太刀を購入させ、十二振を渡海する鎮蔵主らに預け、帰国後二倍の要脚二百貫文を獲得できるものと期待して投資したことがわかる。文明十六年（一四八四）二月二十八日嵯峨花徳院雑掌申状では「大草公延連々借物事祠堂銭、於瑋東堂存知分者、唐船帰朝之時、可㆑有㆓其明㆒者也、至㆓百八貫文㆒者、厳密可㆓究返㆒之由、乍㆓申定㆒無沙汰云々」（『親元日記別録』）とある。嵯峨花徳院は祠堂銭を大草公延に貸し付けており、文明十六年二月の時点で唐船帰朝の清算として百八貫文もの巨額な返済を求めた。したがって、この祠堂銭の投資も文明十五年度の遣明船であったとみなければならない。

まさに多様な公私の前貸し資本が遣明船貿易に投資されていたのである。高麗貿易をめぐる天竜寺と船頭玉井の紛争（『蔭凉軒日録』寛正六年二月七日）も船頭が「借物」しながら、帰国後は「留財物を緩怠致」（同、寛正六年二月十日）したことが原因であった。これらはいずれも、日朝貿易・遣明船貿易が先行投資による利益獲得をねらった一大投機であった性格を示している。貿易の資金は借銭によって調達されたものといえよう。

なお、中世の輸送手段である馬借・車借はよく知られているが、船についても借用＝借船が一般的であったことに留意しなければならない。宝徳の遣明船が安芸高崎での借船であったことはすでにみたが、伊勢神船の場合にも「樑木ノ善性カ八百石積船ヲ大湊ノ助三郎借テ、荷ヲツミ坂東ヨリ上刻」（「文明年中内宮宮司引付」一七、文明二年五月二十二日、『三重県史　資料編中世1(上)』）とあるごとく借船を利用した。文明九年（一四七七）正月六日内浜大夫書状にも「今度小浜北村方の舟やとい候間、一戻り船頭仕り候処」とあり（「内宮引付」五一、『三重県史』同）、伊勢神宮の神船は借船であるのが通例であったといえよう。こうした借船は鎌倉後期から散見され、雑務沙汰となっている例が多い（『鎌倉幕府裁許状集』鎮西探題裁許状八五・鎌二五三〇八）。中世後期の商業・流通・金融・貿易は、債務契約を前提にして流通手段や資本が準備されたのであり、債務と投資による先物買い取引の冒険商人的性格が強かったものといわなければならない。成功すれば巨額な利益になる半面で、台風や自然災害、海賊・山賊・殺害事件などで失敗すれば、破産を余儀なくされるという博打と同様の二面性をもっていた。中世商業・流通は債務契約による借銭の上に成立しており、不良債権処理に失敗すると縮小を余儀なくされたのである。中世商業と博打とは共通の原理をもっていた。中世商人の経済的基盤がきわめて脆弱であったといわなければならない。

むすびに

中世後期の流通経済構造を総括すると、全国各地に地域経済圏が形成され、その重層的な連鎖によって分散的に流通拠点都市が生まれ、遠隔地間流通と首都圏流通と海外貿易がリンクする三重構造になっていた。その特徴は第一に首都京都の空洞化が進み、兵庫・坂本・天王寺・堺・小浜など首都圏周辺の流通拠点都市が発達し、そこと遠隔地間流通で結ばれ、門司・竈戸・伊勢大湊・桑名・越後府中・柏崎・武蔵品川などをはじめ地方の分散的流通拠点都市が数多く全国的に発達した時代であったといえよう。第二にこの時期の商人集団は、一門親類被官からなる家政機構、複数の身分をもち多様な生業を営み、遠隔地流通や海外貿易にもリンクする広域経済活動を展開していた。その活動資本は前貸し資本による債務と投資によって調達し、難破・遭難・失敗すれば破産、成功すれば巨満の富が集中するという先物買投資の冒険商人的性格が強かった。ここに中世商業・金融資本の不安定性の一因があったといわねばならない。その活動資金を講銭・合銭・頼母子・借用銭などによって調達するために、講や座・一衆・一門親類などのヨコの結合原理を必要としていた。講や座などについても同業組合組織としてばかりではなく、巨額な活動資金を融通・調達するための債務・保証機関としての機能として再検討する必要がある。

第三に、中世後期では徳政による債務免除だけが注目されているが、その反面で徳政禁制や徳政免除による債権保障が多様な方法で展開されていた。籾井一門が将軍家の公方御倉となり細川氏の推挙をもとめ、山徒静住憲舜が日吉社・比叡山に保護をもとめ、遣明船の御物準備にも従事していた。中世後期の商人集団が国人や守護被官・内衆になったり、本所の請負代官・公文職を獲得し複数の身分に所属していたのも、政治権力に頼らなければ債権保証をなしえないという中世流通経済の政治依存性に起因するものであったといわなければならない。中世の流通経済構造が集権的で権力志向性が強烈であるというタテの編成原理を必要不可欠にしていた原因がここにあるといえよう。

山徒や籾井に代表される酒屋・土倉らが近世社会に連続しえなく没落し、摂州池田の有徳人で細川被官であった池田氏や武蔵勝沼の有徳で国人三田氏、志摩の富有仁といわれた道妙、品川湊の鈴木道胤らが政治変動の中で短期的に没落せざるをえなかった。こうした中世後期の金融資本や有徳人・富豪という社会的富裕層の不安定性は、中世後期の富が債務債権関係に基底された不安定なものであり、債権保証に依拠せざるをえなかったという中世社会経済の時代的特質を示すものといわなければならないと考える。

注

（1）債務史については、井原今朝男「中世借用状の成立と質券之法」（『史学雑誌』一一一―一、二〇〇二年、のちに『日本中世債務史の研究』東京大学出版会、二〇一一年所収）。

（2）佐々木銀弥『中世商品流通史の研究』（法政大学出版局、一九七二年）、脇田晴子『日本中世商業発達史の研究』（御茶ノ水書房、一九六九年）、鈴木敦子『日本中世社会の流通構造』（校倉書房、二〇〇一年）。

（3）井原今朝男「室町期東国本所領荘園の成立過程―室町期再版荘園制論」（『国立歴史民俗博物館研究報告』一〇四、二〇〇三年）、伊藤俊一『室町期荘園制の研究』（塙書房、二〇一〇年）、長谷川裕子「荘園制研究の新展開」（中西聡編『日本経済の歴史』名古屋大学出版会、二〇一二年）。

（4）「山科家礼記」文明十二年十一月十五日条の三十九ヵ所の「本所不知行目録」などはこれまで荘園年貢の有名無実を示すものとして論じられてきた。しかし、この目録は「今日伝奏御目にかけ候也」とあるごとく、言国から伝奏に提訴して幕府による具体的な対策を講じてもらうために作成された政治的文書であり、どれほど実態が反映したものであるか厳密な史料批判が必要である。上総国畔蒜荘関係史料を集成した『袖ケ浦市史　資料編1　原始古代中世』（一九九九年）や上野国渋川荘についての史料集『群馬県史』資料編では、『守光公記』当該条は採録されていない。甘露寺親長の知行した「渋川」を八尾市渋川にあてる説（『角川日本地名大辞典　大阪府』）は、「東国御料所」とあるため無理で、上野国渋川荘が禁裏御料所であったことが判明する。

（5）石清水文書のうち菊大路家文書にある天正六年五月吉日小谷荘神領指出帳と年末詳神領注文は『信濃史料』（一四―三二五）にも採録されている。なぜこの時期に石清水八幡宮が信濃国小谷荘の下地調査を行い、指出帳を作成したか詳細は別に考察が必要であるが、本所石清水八幡宮の社家菊大路家が「京ヨリノ代官」を派遣し、指出帳を作成し日下に署名捺印した「蔵坊」も本所の指揮下にあったことはまちがいない。池上裕子「大名領国制と荘園」（『講座日本荘園史4　荘園の解体』吉川弘文館、一九九九年）は天正八年大和において寺社が信長に指出帳を提出した事例を検討している。少なくとも石清水八幡宮が天正六年に東国荘園の田積・地目・年貢高・作人らを掌握し指出帳を作成する在地掌握をおこなっていたことがわかる。天正段階での本所による在地掌握体制を荘園制といえるのか、どう評価するかは別に検討が必要である。こうした地域によって諸条件が整った荘園では戦国期の東国においても京都に本所年貢が現実として京上されており、上杉景勝も文禄三年九月の「定納員数目録」（信史一八―五三）において京都石清水八幡宮の本所分「九十五石」を「更科八幡宮別当松田織部佐」の定納高として公認していた。上杉景勝の大名領国制において本所年貢は家臣団としての寺社別当の定納高に組み込まれていたことがわかる。石清水八幡宮領小谷荘の本所年貢収取は大名領国制の定納貫高制の組み込まれており、矛盾していないことがわかる。室町戦国期の石清水八幡宮については、鍛代敏雄『戦国期の石清水と本願寺』（法蔵館、二〇〇八年）参照。

（6）新田英治「中世後期、東西両地域間の所領相博に関する一考察」（『学習院史学』九七、一九九九年）、同「室町期禅宗寺院領荘園の推移」（『講座日本荘園史4　荘園の解体』吉川弘文館、一九九九年）。

（7）室町・戦国期における越後からの五山系禅宗寺院への本所年貢の京上については、『新潟県史』資料編では関係史料が集成されておらず、『上越市史　資料編3』（二〇〇二年）が可能なかぎり採録している。戦国期の阿弥陀院や荒神料心鏡坊など寺社領荘園は大小の荘園所領を含めて上杉景勝によって「定納員数目録」に再編成されていた。ただし、本所年貢との関係は今後の検討課題である。

（8）応仁の乱以降、室町後期・戦国期における荘園制や本所年貢の京上をどのように評価するかについては、『講座日本荘園史4　荘園の解体』（前掲注6書）における池享「荘園の消滅と太閤検地」（のちに同『日本中近世移行論』同成社、二〇一〇年所収）、池上裕子「大名領国制と荘園」（のちに同『日本中近世移行期論』校倉書房、二〇一二年所収）が提示されている。池論文は、名体制や本所年貢の存否で荘園制の存否を論じられないとし、荘園制から石高制への転換という「国家レベルの関係」から論じるべきだとする。本章では、荘園制的物流の中央集権的構造に限定して検討した。東国の醍醐寺領について室町・戦国期の年貢輸送については、国立歴史民俗博物館企画展示図録『中世寺院の姿とくらし』（二〇〇三年）や、中島丈晴「中世における関東醍醐寺領の基礎的考察」『ヒストリア』二〇四、二〇〇七年）参照。なお、室町期再版荘園制論については、井原今朝男「室町期東国本所領荘園の成立過程―室町期再版荘園制論の提起―」『国立歴史民俗博物館研究報告』一〇四、二〇〇三年）、同「東国荘園年貢の京上システムと国家的保障体制―室町期再版荘園制論(2)」（『国立歴史民俗博物館研究報告』一〇八、二〇〇三年）、伊藤俊一『室町期荘園制の研究』（塙書房、二〇一〇年）、湯浅治久「室町期駿河・遠江の政治的位置と荘園制」（阿部猛編『中世政治史の研究』日本史史料研究会、二〇一〇年）も参照。

（9）井原今朝男「外交僧天与清啓の世界」（『中世寺院の姿とくらし』国立歴史民俗博物館展示図録、二〇〇二年）、同「遣明正使の天与清啓と勘合内裏船の龍首座」（『増補中世寺院と民衆』臨川書店、二〇〇九年）。

（10）井原今朝男『中世寺院と民衆』（臨川書店、二〇〇四年）。「浄興寺文書」年末詳存如書状（信史八―四六）。

(11) 鶴崎裕雄『戦国の権力と寄合の文芸』(和泉書院、一九八八年)。なお、「和歌・連歌・漢詩・管絃など風雅文化の交流が幕府奉行人・公家層との文化的共同体や主従関係の内部対立を緩和する統合儀礼の一翼であり、中央と田舎の潤滑油の役割をはたし、遠隔地間交易の支払決済システムでの負債処理での信用保証の役割を果たしたことは、井原今朝男「蜷川貞相の法楽和歌奉納と領主間ネットワーク」(『日本史研究』五一五、二〇〇五年)参照。杉仁『近世の地域と在村文化』(吉川弘文館、二〇〇二年)は、近世の在村文化の担い手である村役・豪農商層は、風雅文化交流を展開し、それが日常的な信用関係の維持に役立ち、地域統合を支えていたとの見通しを述べている。文化・芸能の政治性や経済性についての解明が今後の研究課題である。

(12) 井原今朝男「田舎からみた天皇・摂関家」(『日本中世の国政と家政』校倉書房、一九九五年)、同「天文二二年高梨政頼の上洛事件」(『高井地方の中世史』須坂市立博物館、二〇一一年、二〇九頁)。徳永裕之「中世後期の京上夫の活動」(遠藤ゆり子他編『再考中世荘園制』岩田書院・二〇〇七年)が新見荘京上夫の具体像を解明している。

(13) 井原今朝男「幕府・鎌倉府の流通経済政策と年貢輸送」(永原慶二編『中世の発見』吉川弘文館、一九九三年、本書第二部第二章所収)。

(14) 綿貫友子『中世東国の太平洋海運』(東京大学出版会、一九九八年)、宇佐見隆之『日本中世の流通と商業』(吉川弘文館、一九九九年)、稲本紀昭「伊勢・志摩の交通と交易」(『海と列島文化8』小学館、一九九二年)。

(15) 中世都市としての伊勢神宮の門前町・宇治山田の盛衰と商業経済活動については、舩杉力修「戦国期における伊勢神宮外宮門前町山田の形成」(『歴史地理学』四〇―三、一九九八年)、岡野友彦「神宮神官の苗字に見る権門都市 宇治山田」(『Ｍｉｅｈｉｓｔｏｒｙ』一八、二〇〇六年)、千枝大志『中近世伊勢神宮地域の貨幣と商業組織』(岩田書院、二〇一一年)。

(16) 藤井雅子「付法史料の語る醍醐寺無量寿院と東国寺院」(『古文書研究』五一、二〇〇〇年、のちに『中世醍醐寺と真言密教』勉誠出版、二〇〇八年所収)。

(17) 井原今朝男「民衆統合儀礼としての太元帥法」(『中世寺院と民衆』臨川書店、二〇〇四年)。

(18) 宗長の年貢収納交渉は、鶴崎裕雄「連歌師」(『文学』二〇〇二年九・十月号)。禁裏御料年貢運上と連歌師との関係については、井原今朝男「中世禁裏の儀礼と知の集積」(『中世の国家と天皇・儀礼』校倉書房、二〇一二年)。

(19) 鶴崎裕雄「国人領主と寄合の文化―摂津池田氏の場合」(大阪歴史学会編『中世社会の成立と展開』吉川弘文館、一九七六年)。なお、東国での有徳人については、常陸に関して、小森正明「常陸国富有人注文の基礎的考察」(『茨城県史研究』七一、一九九三年。後に改題・加筆して『室町期東国社会と寺社造営』思文閣出版、二〇〇八年所収）。品川の鈴木道胤とその後の鳥海・宇田川氏の繁栄については、柘植信行「中世品川の信仰空間」（『品川歴史館紀要』六、一九九一年）、佐藤博信「有徳人鈴木道胤と鎌倉との関係をめぐって」（『続中世東国の支配構造』思文閣出版、一九九六年）、同「武州品川における鳥海氏の動向」（『江戸湾をめぐる中世』思文閣出版、二〇〇〇年）参照。

(20)　信州西岸寺は国人飯島氏の氏寺で応安六年幕府の諸山に列せられた（『長野県史』）。五山領については竹田和夫「永享～文正期における五山領の動向と経営」（石井進編『中世の法と政治』吉川弘文館、一九九二年、のちに『五山と中世の社会』同成社、二〇〇七年所収）。地方禅宗寺院の土地集積については、村石正行「中世後期臨済寺院にみる土地集積と文書目録」（『中世の契約社会と文書』思文閣出版、二〇一三年）参照。

(21)　阿部能久「古河公方の関東禅院支配」（『鎌倉』九一、改題・加筆・改変して『戦国期関東公方の研究』思文閣出版、二〇〇六年所収）は、古河公方の公帖発給について検討し、『蔭凉軒日録』の記載などから「延徳年間までに建長寺以外の鎌倉五山の住持職任命権は幕府から鎌倉公方に移っていた」と指摘し関東禅院についても「享徳の乱後における古河公方の禅宗寺院に対する権限拡大」がみられたとする。しかし、『蔭凉軒日録』寛正四年十二月十五日条からあきらかなように「関東五山公文御判」は、関東管領の「上杉方添状」なしには鎌倉公方が吹挙しても将軍家御判は発給されなかった。延徳四年六月五・六日条でも「関東管領一行有之」と添状により将軍家の補任状が出された。足利公方発給の公帖は東勝寺一通・長楽寺二通・禅興寺十六通である。他方、『蔭凉軒日録』などによれば、建長寺・円覚寺・寿福寺の公文をはじめ越後米山寺・普斉寺（寛正五年七月二十六日条）、出羽崇福寺・信濃開善寺（寛正五年七月二十九日条）、甲斐浄居寺（寛正三年三月十六日条）など関東・東北の禅宗寺院にも将軍家の御判で公帖が発給されていることが確認される。やはり関東五山公文は関東管領の推挙・添状により将軍家が補任権を掌握していた慣行が「先規之御法」（寛正四年十二月十五日条）であるといわなければならない。室町幕府法一二五条は応安六年（一三七三）に関東五山事は「向後可レ為二関東御沙汰一」とあり、『蔭凉軒日録』延徳四年六月六日条には「圓覚寺以下五山十刹皆鎌倉被レ成二御判一建長一寺事者自二京都一被レ成二御判一、鎌倉殿御訴訟之一也」との発言が記載されている。しかし、その中身は、関東管領の吹挙＝上杉添状によって将軍家御判の「京洛公帖」（延徳四年六月二日条）によるものが正式であり、足利成氏の公帖が発給されていても、それは将軍による関東公方への委任権限によるものと中世人は理解していたと考えるべきであろう。探題や守護が将軍家へ京都吹挙をする一方で、それに先立って所領安堵や預置状・宛行状を発給する事例が散見されることと同一の事象であろう。ここからも関東や東北での将軍家の統治権限の重層性を否定・制約している東国国家論は再検討が必要といえよう。

（22）小笠原氏一門のネットワークは、井原今朝男「室町期の代官請負契約と債務保証」（地方史研究協議会編『生活環境の歴史的変遷』雄山閣出版、二〇〇一年、のちに『日本中世債務史の研究』前掲注1書所収）。

（23）榎原雅治「備前松田氏に関する基礎的考察」（『日本中世地域社会の構造』校倉書房　二〇〇〇年、のちに『日本中世地域社会の構造』校倉書房、二〇〇〇年所収）。

（24）室町期の国人・奉行人層にみられるこうした一門・親類のネットワークは、守護大名にも共通していたものといえる。末柄豊「細川氏の同族連合体制の解体と畿内領国化」（石井進編『中世の法と政治』吉川弘文館、一九九二年）は細川一門の親戚関係を同族連合体制としている。谷口雄太「足利氏御一家考」（佐藤博信編『関東足利氏と東国社会』岩田書院、二〇一二年）、同「都鄙間における御一家石橋氏の動向」（『中世政治社会論叢』東京大学日本史学研究室、二〇一三年）は、吉良・石橋・渋川三氏と足利氏とのネットワークの機能を論じている。一門親類の氏族的ヨコ結合を公家層における家門・門流などを含めて再検討することも今後の検討課題である。小笠原氏の同名ネットワークについては、村石正行「足利義材政権と小笠原氏」（『信濃』六五―九、二〇一三年）。

（25）道妙と弟定願については井原今朝男「東国の商人集団の構造の研究」（平成二～四年度文部科学研究費補助金研究成果報告書『中世・近世初頭、東国における市、町場および都市の総合的研究』研究代表竹内誠、一九九三年）、綿貫友子『中世東国の太平洋海運』（前掲注14書）。越後柏崎住民道秀については桑山浩然「足利義教の裁許とその背景」（山田英雄先生退官記念会編『政治社会史論叢』近藤出版社、一九八六年）参照。

（26）品川湊船帳を徴収台帳とする綿貫説と、免税台帳とみる宇佐見説との論点や神船をめぐる論争については「座談会　中世太平洋海運と品川」（『品川歴史館紀要』一三、一九九八年）が関連史料や論点を整理している。なお、なぜか、この「親元日記別録」の史料についてはまったく言及されていない。

（27）関東管領と伊勢御師との関係については、下総国葛西御厨下辛島などに知行地をもっていた上杉憲春・憲方・憲定らと外宮禰宜度会姓檪木家が御祓札配りで檀那関係にあったことは井原今朝男「東国荘園年貢の京上システムと国家的保障体制」（『国立歴史民俗博物館研究報告』一〇八、二〇〇三年、一〇五頁）でみた。

（28）小野晃嗣「三条西家と越後青苧座の活動」（『歴史地理』六三―一、一九三四年）。

(29)　井原今朝男「遣明正使の天与清啓と勘合内裏船の龍首座」(『増補中世寺院と民衆』前掲注10書)。伊藤幸司『中世日本の外交と禅宗』(吉川弘文館、二〇〇二年)。

(30)　朝鮮貿易と僧良心については、村井章介「僧良心を追って」(『国境を超えて』校倉書房、一九九七年)、井原今朝男「中世善光寺の一考察」(『中世のいくさ・祭り・外国との交わり』校倉書房、一九九九年)。博多の僧道安と朝鮮通交については、佐伯弘次「室町後期の博多商人道安と東アジア」(『史淵』一四〇、二〇〇三年)参照。東国の山国出身の僧侶の教育と渡海については、『大明国師行状』(信史四―二三八・四〇二)、牛山佳幸「善光寺信仰の発展と諸宗派」(『長野市誌二　原始古代中世』、長野市、二〇〇〇年、五五〇頁)。

(31)　新田英治「室町時代の公家領における代官請負に関する一考察」(『日本社会経済史研究』吉川弘文館、一九六六年)、須磨千頴「土倉による荘園年貢収納の請負について」(『史学雑誌』八〇―六、一九七一年、のちに同『荘園の在地構造と経営』吉川弘文館、二〇〇五年所収)。井原今朝男『日本中世債務史の研究』(前掲注1書)。

(32)　これまで日本経済史や商業史研究では、債務債権関係は貨幣経済の発達や高利貸し活動として理解されてきた。年貢物や公事物の徴税・出納・輸送関係や市場における掛売り・掛買い、荘園経済での結解状・算用状の作成過程での収支決算などで債務債権関係が発生した。古代中世社会ではヒトやモノが商品化しないで、流通経済となっていた。こうした帳簿上で相殺・出納・収支決算処理の具体像はほとんど未解明であり、債務史の研究対象は未開拓な研究領域である。

(33)　永原慶二「荘園解体期における請負代官制」(『講座日本荘園史4』前掲注6書)。村井章介「東寺領遠江国原田村櫛両荘の代官請負について」(『静岡県史研究』七、一九九二年)。

(34)　国商人・諸国問屋の概念については注22参照。「国号を有する商人」がこの室町期に登場することはすでに豊田武『増訂中世日本商業史の研究』(岩波書店、一九五二年、二五二頁)が指摘し、脇田晴子らも丹後屋について検討している。しかし、これまではすべて「その国或いはその地方の取引を大量に営む問屋」という商業・流通論の枠を出ていない。拙論は、国商人・諸国問屋を信用保証という債務債権関係の視点と幕府・守護らの守護出銭・国料の流通・収支決算の出納関係から検討して、流通の国制的枠組みの問題として考えている。

(35)　山門・山僧については下坂守『中世寺院社会の研究』(思文閣出版、二〇〇〇年)参照。静住憲舜については、小野晃嗣「三条西家と越後青苧座の活動」(『歴史地理』六三―二、一九三四年)が、延暦寺の雑掌でかつて比叡辻の馬借手預職を知行し相当富有なる僧であったことに触れているのみである。

(36) 籾井が山城守護結城満藤らの家政職員であったこと、公方御倉でもあったことは、早島大祐『首都の経済と室町幕府』前掲書参照。最近、田中淳子「室町幕府の「御料所」納銭方支配」(『史林』八四―五、二〇〇一年)が、銭納方を請負った土倉一衆や納銭衆について検討し、それが将軍家の御料所として位置付けをもっていたとし、将軍家直属の籾井の御倉についても言及している。

(37) 榎原雅治「地域社会における街道と宿の役割」(『日本中世地域社会の構造』前掲注23書)。

(38) 薗部寿樹「中世村落における有徳人の一軌跡」(『史境』一九、一九八九年)。

(39) 商人司・商人頭については桜井英治『日本中世の経済構造』(岩波書店、一九九六年)、初期豪商については山口徹『日本近世商業史の研究』(東京大学出版会、一九九一年)。

(40) 井原今朝男「中世東国商業史の一考察」(中世東国史研究会編『中世東国史の研究』東京大学出版会、一九八八年、のちに改題して『日本中世債務史の研究』前掲注1書所収)。

(41) 寶月圭吾「中世の祠堂銭について」(『中世日本の売券と徳政』吉川弘文館、一九九九年)、百瀬今朝雄「文明十二年「徳政禁制」に関する一考察」(『史学雑誌』六六―四、一九五七年)。大徳寺の祠堂銭が堺商人の運用資金に投資されたことは、三浦圭一「大徳寺をめぐる商人たち」(『中世民衆生活史の研究』思文閣出版、一九八一年)参照。

(42) 下坂守『中世寺院社会の研究』(思文閣出版、二〇〇〇年、一一四頁)。

(43) この文正元年の合銭の債権破棄の徳政令の評価は、三浦圭一と脇田晴子の論点に関わる。三浦圭一「中世後期村落の経済生活」(『中世民衆生活史の研究』前掲注41書)は合銭を頼母子と同一とし、百瀬論文が指摘した長禄元年(一四五七)十二月五日徳政令が借銭の十分一納入による合銭破棄を認めたことに注目する。合銭・頼母子の広汎な存在から高利貸商人が徳政を要求する契機をはらんでいたと推測する。脇田晴子「都市と農村との対立」(『日本中世都市論』東京大学出版会、一九八一年)は土倉が合銭という預金を受けていたが、「洛中居住の商工業者にはそれだけの連帯が成立せず」債務破棄の申請は少なく、山徒の債務棄破申請も「おそらくこの天文十六年が最初ではないか」(三三三頁)とし、「都市に住む以上、徳政による債務棄破を要求することは都市自治を破壊するものとしての規制があり、できなかったのであろう」(三二八頁)とする。この合銭棄破をめぐる三浦説と脇田説との対立は、本稿でみるごとく文正元年(一四六六)幕府奉書による合銭破棄令から、三浦・百瀬説の正しさが実証されたものと考える。

(44)　遣明船経営と商人については、豊田武『日本商人史　中世編』(初出は一九四九年のちに『豊田武著作集三　中世の商人と交通』吉川弘文館、一九八三年)、三浦圭一「室町期における特権商人の動向」、同「楠葉西忍と策彦周良」『中世民衆生活史の研究』前掲注41書所収)。田中健夫「遣明船貿易家　楠葉西忍とその一族」(佐藤進一編『日本人物史大系　二巻　中世』毎日新聞社、一九五九年、のちに同『中世海外交渉史の研究』東京大学出版会、一九五九年所収)。最近の到達点については橋本雄「遣明船と遣朝鮮船の経営構造」(『遥かなる中世』一七、一九九八年)がある。

(45)　橋本雄「遣明船の派遣契機」(『日本史研究』四七九、二〇〇二年)。この論考で、宝徳度の遣明船が収益面では失敗し内裏造営も延期を余儀なくされたことを指摘している。

(補注1)　室町期の瀬戸内海の年貢輸送について、高野山領備後国大田荘の年貢勘録状・年貢引付によって尾道船や国料船で堺に積み出された。松岡久人「中世後期内海水運の性格」福尾猛市郎編『内海産業と水運の史的研究』吉川弘文館、一九六六年)は、鎌倉期年貢輸送に従事した梶取が荘園領主から離れて一般商品と取り扱い自由な水運業者になったと評価する。佐々木銀弥「室町時代備後国太田荘の年貢送進と尾道船」(『日本中世の流通と対外関係』吉川弘文館、一九九四年)は、尾道での積出船数・船頭・船主らをあきらかにして、尾道の都市化と地域経済圏の成立を論じている。池田剛「十五世紀における年貢送進活動とその背景」『芸備地方史研究』二二五、二〇〇一年)も、年貢送進に堺の湯川宣阿・備中屋彦五郎が関与していたことなどから、「一般商品として積み出されていた」(一三頁)と評価している。いずれも、自由商人による商品活動を高く評価し、荘園年貢が津料・関料免除であったことや、高野山側の堺との交渉の御使や堺から高野山までの「注進」料金や高野山側での自弁による堺から高野山までの輸送など、荘園制的輸送体制が存続していた側面を無視している。拙論は商品経済の進展とともに室町期再版荘園制の評価と貸付取引による商業活動の活性化を評価すべきと主張している。

あとがき

本書は、これまで発表してきた諸論文のなかから社会経済史分野の論考を選び、信用経済と徳政令のテーマにそって配し、全体としての主張を明確にするように再構成した論文集である。ようやく、あとがきを書く段階にこぎつけて一抹の感慨を覚える。私は昨年春（二〇一四年三月）に国立歴史民俗博物館と総合研究大学院大学を定年退職した。その前後から、諸論文を整理して自分の仕事を研究史の中に位置づけ、これまでいただいた諸批判やご教示に応えながら、自説を明瞭にしておきたいと準備してきた。しかし、大学共同利用機関に身を置いてきた関係から、公務にともなう史料調査や共同研究分野を優先したため、個人研究テーマである社会経済史研究のまとめは、定年後にならざるをえなかった。初出一覧をみれば、最古のものが一九八三年の長野県史荘園遺構調査報告であるから、最近の新稿に至るまで、三十二年間の歳月が流れている。あらためて論文作成の経過を辿りながら、歴史学をとりまく社会情勢の変遷と研究の軌跡を記録にとどめておきたい。

＊

本書の最古の論考は、一九八三年に『信濃』に報告した「信濃国伴野荘の交通と商業」である。当時は、自治体誌編纂事業の中で荘園遺構調査が全国各地で実施されていたが、鎌倉期の北条氏と交通・流通について論じたものとしては稀有なものとされ、『一遍聖絵』の絵画資料に伴野市庭が描かれたことからも多くのご教示・ご批判をえた。第Ⅰ部「在地領主の所領経営と流通経済」の研究テーマに合致するので、第一章とした。

長野県での県史編纂は全国の自治体誌編纂史のなかでも戦前に始まるという特殊な性格をもっていた。一九二八年、官選知事鈴木信太郎のもとで栗岩英治が県史編纂委員（専属）に任じられ、諏訪出身の東京帝国大学教授今井登志喜の指導のもとで、戦前では稀有な官営事業として推進された。「村の歴史のうえに国史を編む」という栗岩の歴史哲学にもとづいて取り組まれ、官学との摩擦も大きかった。結局、満州事変や一九四一年十二月太平洋戦争突入によって「時局にあわず」として鈴木登知事も途中で直営事業を断念せざるをえず、同年に「信濃史料刊行会」に組織換えとなり、ほそぼそと継続事業となった。戦後、国民主権・基本的人権の尊重・平和主義の原則を掲げた日本国憲法が一九四七年五月施行されると、一九五一年に「信濃史料刊行会」が再発足し、坂本太郎・寶月圭吾を監修者として一九五二年から刊行が開始、一九六九年まで三〇巻三二冊の信濃史料が刊行された。一九六八年長野県史刊行会が発足し、近世資料編・民俗・建築編・通史編の編纂がとりくまれ、一九九二年三月に完了した。

私は、東京大学史料編纂所に内地留学した直後の一九八〇年に長野県史通史編企画委員を命じられ、八二年から九一年七月まで長野県史通史編編纂委員をつとめた。監修者の稲垣泰彦先生が一九八二年二月二十八日に逝去され、石井進氏に交代した。社会編は寶月圭吾先生の指導の下で荘園調査は私の担当となった。寶月・稲垣両先生の指導を受けることができる幸運にめぐまれた。

栗岩英治の草鞋史学の伝統から、長野県に関係のある資史料の調査には、全国各地への公務出張が認められた。「中世文書は現地で読め」という稲垣さんの教えを実践する経済的体制が保証されていたことが、ありがたかった。とりわけ、寶月さんの指導はきびしかった。研究史上の論点について史料批判に耐えうる史料をみつけ、その解釈によって新しい局面を切り開く学問としての歴史分析論文と、その研究成果の上で歴史叙述としての歴史学はまったく別物だと教えられた。八〇年代の県史時代は、私の歴史研究者になるための基礎教育の時期であった。

八〇年代をふりかえってみれば、明治百年・自由民権百年にともなう地域史掘り起こし運動と自治体誌編纂事業が全国各地で取り組まれた。列島改造論にともなう地域開発が推進され、埋蔵文化財行政も活発化した時期で、大学での日本史学・考古学専攻が活況を呈するとともに地域でも郷土史・地方史・地域史研究が盛んにとりくまれた。地名収集や歴史地名辞典の出版など、出版業界を含めて歴史学・文献史学と地理学・美術史・建築史・民俗学など隣接分野との学際的研究が深化した時代であった。全国で城館・城郭・山城調査が文化庁の事業として推進された。荘園調査では、領主の居館跡や領主名・百姓名の痕跡や用水路・直営地など歴史景観をあきらかにする多くの成果があった。その全国的な集約事業が、『講座日本荘園史』（全十巻、吉川弘文館、一九八九〜二〇〇五年）であったといえよう。

＊

二番目に古い論考が一九九三年に公表の「幕府・鎌倉府の流通経済政策と年貢輸送―中世東国流通史の一考察」である。これは、永原慶二編『中世の発見』（吉川弘文館）に掲載された。この論集は、「駒の会」という自主的研究会の編集によって『大名領国を歩く』と二冊セットで刊行された。駒の会は、一九八九年四月から一九九二年六月まで、所理喜男・佐藤和彦・広瀬良弘・池享諸氏らのお世話で、ほぼ駒澤大学を会場に開催された有志の研究会であった。当時は、峰岸純夫氏を研究代表とした東国中世史研究会編『中世東国史の研究』（東京大学出版会、一九八八年）刊行のあと、その延長線上の余韻が残っていた。手弁当で自主的にあつまっては議論を重ね、いつも永原さんが出席されていた。私も東国の流通・交通問題を関銭・帆別銭・津料などの賦課権・免税権による幕府の流通経済政策として論じた。幕府や鎌倉府の経済政策論をテーマにした報告はあまりなかったこともあり、多くの方々から言及していただいた。第Ⅱ部は「幕府の流通経済政策と信用経済圏」のテーマであるので、第二章として配置した。ちょうど永原さんが古稀を迎えるというので四年間の研究成果をもとにする記念論集となった。

一九九四年には「町と村の交流」が今泉淑夫・井原今朝男の連名で公表された。山川出版社の『体系日本史叢書15　生活史Ｉ』として刊行された。『生活史Ｉ』は、森末義彰・寶月圭吾両氏の担当巻であったが、一九七七年に森末先生、八七年に寶月先生、そのあとを継がれた菊地勇次郎先生が九二年に逝去された。新しい執筆者での刊行が計画され、古代では岡本東三・黒崎直・平川南・鬼頭清明、中世ではほかに黒田日出男、薗部寿樹ら諸氏の執筆メンバーであった。山川出版社の編集部長内藤茂氏が、寶月さんとの関係から私を執筆者に加えてくれたものと耳にした。東国における交通・流通・商業のネットワークを論じたので、第Ⅱ部信用経済圏の第一章とした。民衆生活史と社会史、都市論と町場論とのちがいなどが学界での議論を呼んでいた時期であった。

この二論文が書かれた九〇年代は、バブル経済崩壊と網野社会史ブームという二つの顔をもった時代であった。ちょうど一九八五年から二〇〇一年にかけて、網野著書が毎年連続して刊行され、網野社会史ブームが到来した。勝俣鎮夫・笠松宏至・石井進氏らを加えて中世史四人組による社会史研究や歴史の読み直しブームがつづいた。前半は、バブル経済の全盛期で、ジャパン・イズ・ナンバーワンといわれ、一億総中産階級論が謳歌していた時代であった。反面で、一九九一・九二年にかけてバブル経済が崩壊し、その後不況の十年・失われた二十年といわれ、低成長時代に突入し、短命の自民党内閣がつづいた。

歴博では、一九九七年八月に石井進第三代館長が任期途中で退任され、佐原眞館長（一九九七・九〜二〇〇一・八）に交替した。私は、一九九八年四月入所であるから、佐原館長が歓迎会などでドイツ語の歌をよく歌ってくれたことを思い出す。教職員の意見をよく聞きながら誠実な大学運営をされていた。病との闘いで、四年間の任期を終えて二〇〇二年に亡くなった。葬儀の場でカトリック信者であったことを知り、合点がいったことを覚えている。代わって宮地正人氏が第五代館長（二〇〇一・九〜〇五・八）に就任して、大学共同利用機関の人間文化研究機構への改革という難題に取り組んだ。あわせて井上光貞初代館長時代からの三学協業による民衆生活史のための歴史学・歴史展示の追及という世界に触れることができた。

＊

本書には二〇〇二～〇五年に公刊した論考がもっとも多くとられている。二〇〇二年十月から十一月まで企画展示「中世寺院の姿とくらし」が実施され、今から考えると多忙な年であった。

まず「公家新制の公田興行令と得宗領の公田開発」（『信濃』五四―三、二〇〇二年）は、「信濃中世の開発と環境」の特集号のために執筆した。この特集号は、二〇〇一年三月四日に長野県立歴史館で開催された信濃史学会の春季例会の報告集で福島正樹氏が担当であった。

公武新制での公田再開発令や国衙興行令を受けて、北条氏が政所代を介して上から公田再開発を推進したことを論じた。守護や惣地頭クラスと在地領主クラスとの利害矛盾をあきらかにしたものであった。それゆえ、第Ⅰ部「在地領主の所領経営と流通経済」の第二章に配置した。

佐藤進一・笠松宏至氏の公家法研究の成果が眩しかった時期で、亀山院政の公家新制の条文が幕府の法令を介して得宗領の公田開発と直結していた事例を論証できたと意気込んでいた。しかし、学界では公武一体の国政改革問題としては、まったく議論を呼ばなかった。わずかに、入間田宣夫『北日本中世社会史論』（吉川弘文館、二〇〇五年、二〇九・二一〇頁）が、得宗領と関東御領との関係の研究課題として論じてくれたのみであった。

つぎに「中世の銭貨出挙と宋銭流通」は、二〇〇二年十二月六日の日本銀行金融研究所貨幣史研究会での口頭報告である。『貨幣史研究会東日本部会の記録』ホームページに公開されたもので、改編・加筆・補訂した。この研究会は、北海道大学におられた桜井英治氏から参加要請の手紙をもらい、慶應義塾大学の鈴木公雄氏からお誘いの電話をいただいたように記憶している。二〇〇二年一月号の『史学雑誌』（一一一—一）に「中世借用状の成立と質券之法」を公表した直後であり、幅広い研究分野の研究者との議論が大変勉強になった。脇田晴子・中島圭一・安国良一氏や東洋史の黒田明伸氏、貨幣考古学の桜木晋一氏や若手の千枝大志氏ら多様な研究者との交流や情報交換ができた。この研究会は鈴木氏の病気により二〇〇四年には休会になったが、その活動や研究成果は鈴木公雄編『貨幣の地域史』（岩波書店、二〇〇七年）にまとめられている。

論文要旨は院政期から鎌倉初期における出挙の実態や沽価法の政策転換として実証的に論じたものである。平氏政権と鎌倉幕府の貨幣政策論の対比でもあったので、さまざまな方々からご批判やご教示をえた。うれしいことに、高橋昌明・井上正夫・保立道久・中島圭一・渡邉誠・伊藤啓介氏が批判の労をとり、近年では貨幣論争などといわれており、再び社会経済史研究の活性化につながることを期待したい。第Ⅲ部「中世の信用と徳政令」の第一章として配置した。

つづいて「中世後期の債務と経済構造」が二〇〇三年に『日本史研究』四八七号に公開された。二〇〇二年度の日本史研究会大会で早島大祐氏の大会報告のコメントを桜井英治氏と私が行ったもので、翌年に刊行された。枚数制限から削減していた事例研究や史料典拠・参考論文等をもとに戻し、加筆・補訂した。室町期が貨幣流通や商品流通経済の進展した社会であるという通説の裏側で、債務が増加し不良債権処理問題が社会問題として取り組まれ、多様な慣習法が機能していた側面を問題提起した。あわせて非荘園制的な中央集権的流通が機能していた点にも論じた。それゆえ、第Ⅲ部「中世の信用と徳政令」の最後の第三章に配置した。

第二部第三章「中世の遠隔地間交通と関東ブロック経済圏の諸矛盾」は、二〇〇五年の第一回内陸遺跡研究会シンポジウムでの報告と、二〇〇四年刊行の『上越市史　通史編　中世』の拙論「海陸交通と越後府中」、二〇〇九年の

「庶民の大寺・善光寺信仰を広めた聖たち」(田中欽一責任編集『善光寺紀行』一草舎)にもとづいて書き下ろしたものである。

内陸遺跡研究会は、二〇〇三年にはじまった中部・北関東の考古学研究者の自主的研究会で、第一回シンポジウムは二〇〇五年十一月十九・二十日に山梨県笛吹市の帝京大学山梨文化財研究所で開かれた。今は京都国立博物館におられる降矢哲男氏の依頼で行った基調講演である。ちょうど一九九五年から二〇〇四年まで、山本隆志氏の紹介で私も上越市史編纂の編集委員をつとめた。東山道・中山道や中馬の道などが内陸交通路として指摘される通説では、鎌倉後期から織豊期にかけての北陸道経由の水陸交通による物流の増大という史実が欠落してしまうことを問題提起した。だが、学界では、すでに物流・流通圏問題は忘れられ、論点にはならなかった。研究史上の論点としては重要な問題と考えたので、あらたにこれらの諸論文をもとに書き下ろして第二部第三章に置いたのである。

二〇〇九年『善光寺大紀行』の刊行は地元の地方出版事業であった。長野県は郷土史・地方史研究団体が網の目のように張り巡らされて活発だといわれてきた。善光寺のご開帳や諏訪大社の御柱祭は七年周期で開催され、地方出版社も盛んに存続していた。だが、一草舎も本書の刊行後、経営にゆきづまり倒産してしまった。気がついてみれば、二〇〇〇年代後半には、古書店でも自治体誌や歴史地誌類は取引がなく廃品化していると店主が歎いていた。地方史・郷土史研究団体も教員の入会者の減少・会員の高齢化で研究会の維持が困難になっているという。歴史学・日本史学の社会的需要先であった地方自治体編纂誌や地方史・郷土史の世界が大きな変革を強いられている時代になったといえる。

＊

本書最新の論考は　第Ⅰ部第三章「日本中世における城と権力の二面性―権力の場としての城と民衆」である。二〇一〇年に小島道裕編『武士と騎士―日欧州比較中近世史の研究』として思文閣出版から刊行された。

歴博では石井進・佐原眞の両館長時代から、フランスの国立民衆伝統工芸博物館長コラルデル氏との国際交流がおこなわれており、その延長線上で宮地正人館長の代に「共同研究か展示」の申し入れがあった。中世史部門では具体的な資料にもとづいて日欧比較史研究をしてみたらどうか、という問題提起がなされ「中世城郭の社会的機能」（二〇〇四～〇五年研究代表井原今朝男）の共同研究がはじまった。第二期は「武士・騎士のイメージ」（二〇〇六～〇八、研究代表小島道裕）の研究テーマであった。城郭調査と領主制研究をドッキングして、フランスとの共同研究に取り組んだ。歴博では西洋史部門がなかったので、青山学院大学の渡辺節夫氏と、当時東洋大学におられた堀越宏一氏（現早稲田大学教授）が積極的に協力してくださった。私も二〇一二・一四年と科研で異教徒カタールの南フランス城郭調査や造幣所・会計帳簿調査などでカオール・ストラスブール・デジョンなどに出向くことができたのも、両氏のおかげでこの場をかりて感謝申し上げたい。

論文要旨は鎌倉期から室町戦国期までの在地領主制の変化と民衆動員や流通・交通・信用経済の構造転換を論じたものである。ヨーロッパ史と日本史での領主制研究にズレがあるなかで、どのように論理的整合性をもたせるか、いろいろと悪戦苦闘したことが思い出される。第Ⅰ部「在地領主の所領経営と流通経済」の総括論文として第三章に配置した。

第Ⅲ部第二章「中世質経済の展開と徳政令」は書き下ろしの新稿である。拙著『日本中世債務史の研究』（東京大学出版会、二〇一一年）刊行直後から、「永仁徳政令やもののもどり現象は債務史の視点から本当に説明できるのか」、「徳政と本主権ではなく債務から説く必要を提起したが、残念ながら本書ではその分析がない」（湯浅治久書評『日本歴史』七七四、二〇一二年）などの批判を受けてきた。高橋典幸編『週刊日本の歴史　鎌倉時代3』（朝日新聞社　二〇一四年）で、鎌倉時代の社会経済と徳政令の課題を要請されたときも、真正面から論じることができなかった。それゆえ、思い切って新稿を用意した。通説でいう御家人領の売買による生活の困窮化の実態は、むしろ、年貢公事の代納システムによる不良債務処理にともなう所領の質入・質流問題への対策として政策決定され、公武一体の公田興行令、公田売買禁令として徳政令が発せられたことを論じた。とりわけ、売買と質との未分離な社会思潮のなかから、時頼と時宗の代に、売地安堵下文によって戻りを禁止する売買地安堵政策と、戻りを認める質経済との分離政策とを推進する幕府政策論の中に永仁徳政令を位置づけたのが本章である。もとより、これで、永仁徳政令を債務史から説明しえたと主張するつもりはない。だが、売買取引と貸付取引が併存・混在した社会経済状況のなかで、戻りのない永代売買地と戻りのできる質流地の区別が、つくり出され、公田売買禁令違反に徳政令が発令される筋道を示すことができたのではないかと考えている。それゆえ、第三部の中間章としたのである。厳しいご批判をいただきながら、今後とも研究史上の難題に取組んでいきたいと決意している。

＊

こうして本書の諸論文の成立過程をたどってみると、あらためて三十二年間という時代の流れの大きさと歴史学をとりまく社会の激変を感じざるをえない。とりわけ、二〇〇〇年代は、小泉内閣によって不良債権処理問題と劇場国家論による構造改革路線が推進され、科学技術立国と大学改革路線が推進された時代であった。平川南館長（二〇〇五・九〜二〇一四・三）の時代に歴博も大きく変貌した。運営交付金の一パーセントカットは、十年もつづくと一割も予算が削減され、気がつけば三十二億円前後の運営予算規模が十八億前後に落ち込んだままであるらしい（『歴博三十年史』三六頁）。赴任時に五四名いた歴博の教員数も、退職時には四三名前後に減少していた。退職後の二〇一五年七月、下村文部科学大臣は、教員養成課程系と人文社会科学系の改組を大学改革の中期目標に盛り込むように要請するという前代未聞の事態が起きた。学問の自由・大学の自治は、政治権力の前に風前の燈となっている。あわせて安倍内閣による憲法違反・立憲主義無視の集団的自衛権による安保関連法案が、七～八割の審議不十分の国民世論を無視して衆議院で強行採決された。利害を異にする集団が共同行動をつくりだすための立憲主義を理解できない国会議員が増加し、品性と知性を欠いた総理大臣による独裁政治が「決められる政治」として世論を欺こうとしている。若者や学生らを含めた市民がもっている民主主義と憲法の力量が問い直される時代に入っている。

歴史学をとりまく学界状況も大きな変動期に直面していることはまちがいない。日本史学の社会貢献の範囲は、戦後歴史学や自治体誌編纂の時期よりも着実に狭まっているといわざるをえない。地方・地域における歴史叙述としての歴史学の貢献度はもはや右肩あがりにはなりえない。だからこそ、再度、学問としての歴史学を鍛えなおし、日本国憲法の三大原則である国民主権・基本的人権の尊重・国際平和主義を基本とした民衆の歴史学をつくりだすことが国民的課題になっている。史料批判に裏付けられた史料にもとづく史実の確定によりながら、研究史の未解明な研究課題に貢献する学問としての歴史学の力量が問い直されているといえよう。

＊

こうして来し方を振り返ってみれば、私は二十歳代で長野県史編纂を通じて寶月圭吾・稲垣泰彦両氏の日本中世史学に出会ったおかげで、歴史叙述の歴史学・学問としての歴史学・民衆生活史のための歴史学の創造の世界に触れることができた。文字どおり全国の多様な中世文書の原本に触れ、大学研究者との共同研究に駆け巡り、その研究成果を研究論文集として刊行するなど豊かな経験をさせてもらった。幸運な研究者人生であった。

本書の刊行をすすめてくれたのは、吉川弘文館の一寸木紀夫氏であった。二〇〇八年歴博共同研究での『生業から見る日本史』の刊行にはじまり、二〇〇九年の企画から一三年に完結した『環境の日本史』全五巻の刊行などで、色々と会議や行動をともにした。この間、事務担当はいつも石津輝真氏であり、私の悪文校正にも辛抱強く多くの助言をいただくことができた。とりわけ、論文目録の中から本書の論文構成を作り直す過程では、大変な時間と労力を要した。石津氏の「筋の通った論文集にしましょう」の助言がなかったならば、新稿もつくりえなかったし、本書のような体裁の書物にはなっていなかった。厚く御礼を申し述べたい。

幽明境を異にした先師・先輩・後輩の方々が数多くなった。改めて、団塊の世代といわれ、長年つづいた歴研中年・熟年部会の仲間の中で研究生活がおくれたことに感謝したい。最後に、亡き多くの先学の御霊に、学恩に対する感謝の念をおくりとどけたい。

二〇一五年七月二十二日、十七歳で逝った二女の誕生日に

井原今朝男

初出一覧

序　論　新しい経済史学の展望―近代経済学の枠組みを克服するために―
「債務」（竹内誠ほか編『方法　教養の日本史』東京大学出版会、一九九七年）、「90年代日本中世史の研究動向と課題」（『歴史評論』六一八、二〇〇一年）、「中世における信用経済と流通」（網野善彦ほか編『新訂増補週刊朝日百科　日本の歴史　古代7』朝日新聞社、二〇〇三年）、「社会経済史学と史料批判学の課題」（『歴博』一五九、二〇一〇年）、「21世紀の経済史学の未来像」（史学会一一〇回大会日本史部会シンポジウム・コメント　東京大学、二〇一二年十一月十一日口頭報告）にもとづく書き下ろし

第Ⅰ部　在地領主の所領経営と流通経済
第一章　信濃国伴野荘の交通と商業（『信濃』三五―九、一九八三年を改題、補訂）
第二章　公家新制の公田興行令と得宗領の公田開発（『信濃』五四―三、二〇〇二年を補訂）
第三章　日本中世における城と権力の二面性―権力の場としての城と民衆（小島道裕編『武士と騎士―日欧州比較中近世史の研究―』思文閣出版、二〇一〇年を補訂）

第Ⅱ部　幕府の流通経済政策と信用経済圏

第一章　町と村の交流（鬼頭清明ほか著『体系日本史叢書15　生活史Ⅰ』山川出版社、一九九四年収録の今泉淑夫・井原今朝男連名論文のうち、「Ⅱ旅の諸相」「Ⅲ交流の場」「Ⅳ各地を歩く人びと」の井原担当分を補訂）

第二章　「幕府・鎌倉府の流通経済政策と年貢輸送―中世東国流通史の一考察―」（永原慶二編『中世の発見』吉川弘文館、一九九三年を補訂）

第三章　中世の遠隔地間交通と関東ブロック経済圏の諸矛盾

「16世紀～17世紀内陸部の流通と社会背景」（第一回内陸遺跡研究会シンポジウム資料集『海なき国々のモノとヒトの動き』二〇〇五年）、「海陸交通と越後府中」（『上越市史　通史編　中世』上越市役所、二〇〇四年）、「庶民の大寺・善光寺信仰を広めた聖たち」田中欽一責任編集『善光寺大紀行』一草舎　二〇〇九年）にもとづく書き下ろし

第Ⅲ部　中世の信用と徳政令

第一章　中世の銭貨出挙と宋銭流通（日本銀行金融研究所貨幣史研究会　二〇〇二年十二月六日口頭報告、『貨幣史研究会東日本部会の記録』ホームページに公開をもとに改編・加筆・補訂）

第二章　中世質経済の展開と徳政令（新稿）

第三章　中世後期の債務と経済構造（『日本史研究』四八七、二〇〇三年の史料典拠・研究参考論文等を加筆・補訂）

中世日本の信用経済と徳政令（オンデマンド版）

Digital Publishing

2024年10月1日　発行

著　者　井原今朝男《いはらけさお》

発行者　吉川道郎

発行所　株式会社 吉川弘文館
〒113-0033　東京都文京区本郷7丁目2番8号
TEL　03(3813)9151(代表)
URL　https://www.yoshikawa-k.co.jp/

印刷・製本　株式会社 デジタルパブリッシングサービス
URL　https://d-pub.sakura.ne.jp/

井原今朝男（1949～）
ISBN978-4-642-72927-7

著者略歴

一九四九年　長野県に生まれる
一九七一年　静岡大学人文学部卒業
二〇一四年　国立歴史民俗博物館・総合研究大学院大学を定年退職
現在　国立歴史民俗博物館・総合研究大学院大学名誉教授、長野県文化財保護審議会会長、史学博士

〔主要著書〕
『日本中世の国政と家政』（校倉書房、一九九五年）
『中世のいくさ・祭り・外国との交わり』（校倉書房、一九九九年）
『中世寺院と民衆』（臨川書店、二〇〇四年、増補版二〇〇九年）
『中世の借金事情』（吉川弘文館、二〇〇九年）
『日本中世債務史の研究』（東京大学出版会、二〇一一年）
『中世の国家と天皇・儀礼』（校倉書房、二〇一二年）
『室町廷臣社会論』（塙書房、二〇一四年）

中世日本の信用経済と徳政令

二〇一五年（平成二十七）十一月二十日　第一刷発行

著者　井《い》原《はら》今《け》朝《さ》男《お》
発行者　吉川道郎
発行所　株式会社 吉川弘文館
郵便番号一一三―〇〇三三
東京都文京区本郷七丁目二番八号
電話〇三―三八一三―九一五一〈代〉
振替口座〇〇一〇〇―五―二四四番
http://www.yoshikawa-k.co.jp/

印刷＝亜細亜印刷株式会社
製本＝誠製本株式会社
装幀＝山崎　登

索　　引

Ⅰ 事　　項

あ 行

か 行

さ 行

た 行

な 行

は 行

ま　行

や　行

ら　行

わ　行

II　研究者名

か 行

さ 行

た 行

な　行

は　行

ま　行

や・ら　行

わ　行